山东统计年鉴

SHANDONG STATISTICAL YEARBOOK

2021

(总第 33 期 No．33)

山　东　省　统　计　局
国家统计局山东调查总队　编

Compiled by

Shandong Provincial Bureau of Statistics

Survey Office of the National Bureau of Statistics in Shandong

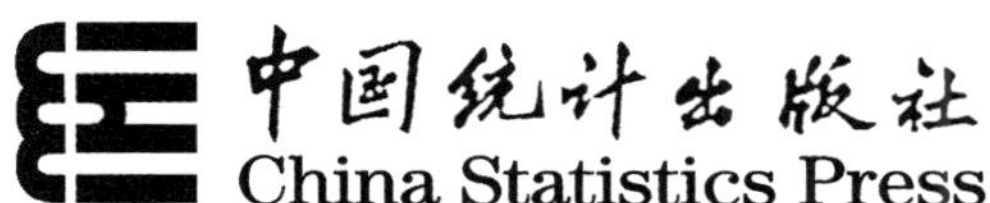

图书在版编目（CIP）数据

山东统计年鉴. 2021 = Shandong Statistical Yearbook 2021 : 汉英对照 / 山东省统计局, 国家统计局山东调查总队编. -- 北京 : 中国统计出版社, 2021.10
ISBN 978-7-5037-9683-8

Ⅰ. ①山… Ⅱ. ①山… ②国… Ⅲ. ①统计资料－山东－2021－年鉴－汉、英 Ⅳ. ①C832.52-54

中国版本图书馆 CIP 数据核字(2021)第 200699 号

山东统计年鉴—2021

作　　者/ 山东省统计局　国家统计局山东调查总队
责任编辑/ 钟　钰
校　　对/ 王莎莎　张洪涛　赵善胜　张　静
装帧设计/ 程潇濛
出版发行/ 中国统计出版社有限公司
地　　址/ 北京市丰台区西三环南路甲 6 号
邮政编码/ 100073
电　　话/ 邮购（010）63376909　书店（010）68783171
网　　址/ http://www.zgtjcbs.com
印　　刷/ 济南百思特印业有限公司
经　　销/ 新华书店
开　　本/ 890mm×1240mm　1/16
字　　数/ 1900 千字
印　　张/ 40.5
版　　别/ 2021 年 10 月第 1 版
版　　次/ 2021 年 10 月第 1 次印刷
定　　价/ 460.00 元　Price:460.00 yuan（RMB）

本书附同版本 CD-ROM 一张，光盘内容以书面文字为准。
如有印装差错，由本社发行部调换。

《山东统计年鉴—2021》
编辑委员会

Shandong Statistical Yearbook 2021

EDITORIAL BOARD AND STAFF

编辑说明

一、《山东统计年鉴》是一部全面反映山东省国民经济和社会发展情况的资料性年刊，是认识和研究山东省情、制定政策、指导国民经济发展的重要资料和历史性工具书。

二、《山东统计年鉴—2021》共包括统计表和附录两大部分。

统计表部分收录了 2020 年度山东省国民经济和社会发展方面的统计数据，共有二十二篇：第一篇，综合；第二篇，国民经济核算；第三篇，人口；第四篇，就业、工资和社会保障；第五篇，固定资产投资；第六篇，对外经济和旅游；第七篇，能源；第八篇，财政和金融；第九篇，价格指数；第十篇，居民生活；第十一篇，城市建设；第十二篇，资源和环境；第十三篇，农业；第十四篇，工业；第十五篇，建筑业；第十六篇，服务业；第十七篇，运输和邮电；第十八篇，批发和零售业、住宿和餐饮业；第十九篇，教育和科技；第二十篇，文化、体育和卫生；第二十一篇，公共管理和社会服务；第二十二篇，各县（市、区）主要经济指标。

各篇章插页后附有简要说明，概括介绍各篇主要内容和资料来源；各篇章最后附有主要统计指标解释，简要介绍指标的概念、统计方法、统计口径和统计范围。

附录部分包括全国各省（市、自治区）主要经济指标、部分国际统计资料、统计公报和统计工作等，统计工作包括综述和山东省统计局工作大事记。

三、本年鉴所列各项指标，《统计公报》使用的数字为快报数或初步统计数；其他各部分为正式年报数据。凡与本年鉴数字不符的一律以本年鉴为准。

四、本年鉴的编辑，已根据现行国家统计制度，对统计指标概念、口径、范围、计算方法、计算价格等，作了统一调整，并分别在各部分的主要指标解释或表末加以注释；各表中价值量指标，凡未加说明的，均按当年价格计算。部分数据合计数或相对数由于单位取舍不同而产生的计算误差均未作机械调整。

五、《山东统计年鉴》公开出版以来，受到了广大读者的关心与支持，对此深表谢意。本年鉴编辑中难免存在不足之处，恳请广大读者提出宝贵意见，以便改进、提高。

PREFACE

I. *Shandong Statistical Yearbook* is an annual publication, which covers very comprehensive data and reflects various aspects of Shandong's social and economic development. It can also work as an important and historical reference book which will play a great role in comprehending and studying the basic conditions of Shandong, making policies, and guiding the development of society and economy.

II. The yearbook contains the following two parts: part one statistical tables and part two appendixes.

Statistical tables contain the following twenty-two chapters, 1. General Survey; 2. National Accounts; 3. Population; 4. Employment, Wages and Social Security ; 5. Investment in Fixed Assets; 6. Foreign Trade and Tourism; 7. Energy; 8. Government Finance and Banking; 9. Price Indices; 10. People's Livelihood; 11. City Construction; 12. Natural Resources and Environment; 13. Agriculture; 14. Industry; 15. Construction; 16.Service Enterprise; 17. Transport, Postal and Telecommunication Services; 18. Wholesale, Retail, Hotels and Catering Services; 19. Education, Science and Technology; 20. Culture, Sports and Health;21.Public Management and Social Services;22. Main Indicators of Counties (Cities and Districts at County Level).

In brief introduction at the beginning of each chapter, main coverage of this chapter, data sources and statistical coverage are concerned. In addition, explanatory notes on main statistical indicators are provided at the end of each chapter, giving a brief explanation of statistical indicators, such as definition, statistical methods, statistical coverage and statistical scope.

Appendixes contain the main economic indicators of some other provinces (municipality), international statistics, Shandong Statistics Communique and Shandong Statistical Undertaking. Shandong Statistical Undertaking contains Summary and Events of Shandong Provincial Bureau of Statistics.

III. Data used in Shandong Statistics Communiqué are preliminary statistics. Data in other chapters is official annual data. Data in *Shandong Statistical Yearbook* are all verified and should be based on this standard.

IV. In *Shandong Statistical Yearbook*, statistical definitions, statistical coverage, statistical methods and prices are adjusted according to the current state statistical standards, and all changes have been noted at the end of the table or in the explanatory notes. Data in value terms are calculated at current prices if there are no notes. Statistical discrepancies on totals and relative figures due to rounding are not adjusted.

V. After this yearbook was published, it has received lots of concerns and support from readers whom we should thank. Because of our ability, it is inevitable that there are shortcomings in this book, so we welcome all candid comments and criticism from our readers to perfect this book and to offer readers better service.

目录 Contents

第一篇 综 合
CHAPTER 1 General Survey

第二篇　国民经济核算
CHAPTER　2　National Accounts

第三篇　人　　口
CHAPTER　3　Population

第四篇　就业、工资和社会保障
CHAPTER　4　Employment , Wages and Social Security

第五篇 固定资产投资
CHAPTER 5 Investment in Fixed Assets

第六篇 对外经济和旅游
CHAPTER 6 Foreign Trade and Tourism

第七篇　能　源
CHAPTER 7 Energy

第八篇　财政和金融
CHAPTER 8 Government Finance and Banking

第九篇 价格指数
CHAPTER 9 Price Indices

第十篇 居民生活
CHAPTER 10 People's Livelihood

第十一篇 城市建设
CHAPTER 11 City Construction

第十二篇 资源和环境
CHARPTER 12 Natural Resources and Environment

第十三篇 农　业
CHAPTER 13 Agriculture

第十四篇 工 业
CHAPTER 14 Industry

第十五篇 建筑业
CHAPTER 15 Construction

第十六篇 服务业
CHAPTER 16 Service Enterprises

第十七篇 运输和邮电
CHAPTER 17 Transport, Post and Telecommunication Services

第十八篇 批发和零售业、住宿和餐饮业
CHAPTER 18 Wholesale, Retail, Hotels and Catering Services

第十九篇 教育和科技
CHAPTER 19 Education, Science and Technology

第二十篇 文化、体育和卫生
CHAPTER 20 Culture, Sports and Health

第二十一篇 公共管理和社会服务
CHAPTER 21 Public Management and Social Services

第二十二篇 各县（市、区）主要经济指标
CHAPTER 22 Main Indicators of Counties (Cities and Districts at County Level)

附 录
APPENDICES

第1篇

综　合

General Survey

简 要 说 明

一、本篇资料的主要内容

本篇资料是对我省乡镇以上行政区划、分行业法人单位数和国民经济、社会发展的综合反映，主要包括行政区划、法人单位数和平均每天社会经济活动、国民经济主要比例关系、国民经济和社会发展主要指标占全国的比重、国民经济和社会发展主要指标及其增长速度等资料。

二、本篇资料的来源

1.“行政区划一览表”主要包括2020年底各（地级）市、各县（市、区）和乡镇级的行政区划资料，数据来源于省民政厅。

2.法人单位情况由省统计局普查中心整理提供。

3.国民经济和社会发展综合部分来源于本年鉴各篇章中的资料，由省统计局综合处加工整理。

Brief Introduction

I. Main Content

Data in this chapter cover the main indicators on divisions of administrative areas, corporate units and national economy and social development, including divisions of administrative areas, number of corporate units and average daily social and economic activities, ratio, and percentage of main indicators of Shandong to the whole nation and growth rate.

II. Source of Data

(1) Data on divisions of administrative areas are provided by Shandong Provincial Department of Civil Affairs.

(2) Data on corporate units situation are provided and compiled by the Census Center of Shandong Provincial Bureau of Statistics.

(3) Data on general survey of economy and society are based on those of different chapters and compiled by the Division of Comprehensive Statistics of Shandong Provincial Bureau of Statistics.

1－1　行政区划(2020年底)
Divisions of Administrative Areas (Year-end of 2020)

单位:个　　(unit)

地　区	Region	县　级 单位数 Numbers of Counties	市辖区 Districts under the Jurisdiction of Cities	县级市 Cities at County Level	县 County	乡镇级 单位数 Numbers of Towns	街　道 办事处 Street Communities	乡 Townships	镇 Towns
全　省	**Total**	**136**	**58**	**26**	**52**	**1822**	**693**	**57**	**1072**
济南市	Jinan	12	10		2	161	132		29
青岛市	Qingdao	10	7	3		145	109		36
淄博市	Zibo	8	5		3	88	31		57
枣庄市	Zaozhuang	6	5	1		64	20		44
东营市	Dongying	5	3		2	40	15	2	23
烟台市	Yantai	11	5	6		153	65	6	82
潍坊市	Weifang	12	4	6	2	118	59		59
济宁市	Jining	11	2	2	7	156	49	4	103
泰安市	Tai'an	6	2	2	2	88	20	6	62
威海市	Weihai	4	2	2		71	23		48
日照市	Rizhao	4	2		2	55	16	4	35
临沂市	Linyi	12	3		9	156	30	6	120
德州市	Dezhou	11	2	2	7	134	29	14	91
聊城市	Liaocheng	8	2	1	5	135	32	5	98
滨州市	Binzhou	7	2	1	4	91	29	4	58
菏泽市	Heze	9	2		7	167	34	6	127

1-2 国民经济和社会发展主要指标

类 别		Category		2000	2005
一、人 口		**Population**			
年末常住人口	(万人)	Total Population at the Year-end	(10 000 persons)	8997	9248
按性别分		**By Sex**			
男	(万人)	Male	(10 000 persons)	(4562)	(4676)
女	(万人)	Female	(10 000 persons)	(4413)	(4537)
按农村城镇分		**Agricultural and Non-agricultural Population**			
农村人口	(万人)	Agricultural Population	(10 000 persons)	5564	5086
城镇人口	(万人)	Non-agricultural Population	(10 000 persons)	3433	4162
人口密度	(人/平方公里)	Population Density	(persons/sq.km)	574	589
二、就业人员和劳动工资		**Employment and Wages**			
年末就业人员	(万人)	Year-end Employed Persons	(10 000 persons)	5386.7	5689.2
第一产业	(万人)	Primary Industry	(10 000 persons)	2806.5	2582.9
第二产业	(万人)	Secondary Industry	(10 000 persons)	1292.8	1587.3
第三产业	(万人)	Tertiary Industry	(10 000 persons)	1287.4	1519.0
乡村就业人员	(万人)	Rural Employed Persons	(10 000 persons)	3393.6	3282.7
城镇就业人员	(万人)	Urban Employed Persons	(10 000 persons)	1993.1	2406.5
职工年末人数	(万人)	Number of Staff and Workers at the Year-end	(10 000 persons)	790.1	871.1
#国有单位	(万人)	State-owned Units	(10 000 persons)	542.1	415.8
城镇集体单位	(万人)	Urban Collective-owned Units	(10 000 persons)	103.9	63.3
工资总额	(亿元)	Total Wages Bill	(100 million yuan)	695.1	1440.3
#国有单位	(亿元)	State-owned Units	(100 million yuan)	524.4	823.7
城镇集体单位	(亿元)	Urban Collective-owned Units	(100 million yuan)	58.8	73.2
平均工资	(元)	Average Wage	(yuan)	8772	16614
#国有单位	(元)	State-owned Units	(yuan)	9655	19823
城镇集体单位	(元)	Urban Collective-owned Units	(yuan)	5585	11474
三、国民经济核算		**National Accounting**			
地区生产总值	(亿元)	Gross Domestic Product	(100 million yuan)	8278.06	15947.51
第一产业	(亿元)	Primary Industry	(100 million yuan)	1252.08	1928.17
第二产业	(亿元)	Secondary Industry	(100 million yuan)	4120.19	8841.13
第三产业	(亿元)	Tertiary Industry	(100 million yuan)	2905.79	5178.21
人均地区生产总值	(元)	Per Capita GDP	(yuan)	9260	17308
四、固定资产投资		**Investment in Fixed Assets**			
全社会固定资产投资额	(亿元)	Total Investment in Fixed Assets	(100 million yuan)	2542.65	10541.87
国有经济	(亿元)	State-Owned Units	(100 million yuan)	1153.65	1853.29
集体经济	(亿元)	Collective-Owned Units	(100 million yuan)	679.48	1042.41
个体经济	(亿元)	Individuals Economy	(100 million yuan)	353.93	2736.61
其他经济	(亿元)	Others	(100 million yuan)	355.59	4909.56
房地产开发投资	(亿元)	Investment in Real Development	(100 million yuan)	223.29	977.71

注：1.2000和2010年年末常住人口为人口普查数，2020年为根据第七次人口普查数据推算数，其余年份均为人口抽样调查数，括号内为公安户籍人口数。
2.根据第七次人口普查结果，对全省2011—2019年年末总人口及相关指标、人均地区生产总值数据进行了修订。
3.根据第七次人口普查结果，对全省2000—2019年年末就业人员及相关指标数据进行了修订。
4.2010年起，工资总额、平均工资数据为城镇单位就业人员口径。
5.根据第四次经济普查结果，对全省2000—2018年生产总值及相关数据进行了修订。

Main Indicators on National Economic and Social Development

2010	2011	2012	2013	2014	2015	2016	2017	2018	2019	2020
9579	9665	9708	9746	9808	9866	9973	10033	10077	10106	10165
(4839)	(4870)	(4868)	(4883)	(4960)	(4999)	(5049)	(5089)	(5130)	(5153)	(5161)
(4697)	(4721)	(4712)	(4729)	(4787)	(4823)	(4872)	(4919)	(4966)	(4995)	(5011)
4817	4749	4657	4536	4436	4245	4076	3934	3884	3854	3756
4762	4916	5051	5210	5372	5621	5897	6099	6193	6252	6409
610	613	616	619	620	624	630	634	636	637	643
5940.0	5915.0	5892.0	5840.0	5798.0	5773.0	5728.0	5693.0	5621.0	5561.0	5510.0
2257.2	2164.9	2068.1	1973.9	1878.6	1795.4	1706.9	1622.5	1534.5	1445.9	1372.0
1853.3	1881.0	1914.9	1915.5	1919.1	1922.4	1907.4	1907.2	1877.4	1851.8	1840.3
1829.5	1869.1	1909.0	1950.6	2000.3	2055.2	2113.6	2163.3	2209.1	2263.3	2297.7
3166.0	3075.8	2981.4	2873.3	2771.4	2655.6	2537.5	2436.6	2338.3	2257.8	2165.4
2774.0	2839.2	2910.6	2966.7	3026.6	3117.4	3190.5	3256.4	3282.7	3303.2	3344.6
919.9	1006.0	1060.2	1237.6	1210.0	1178.0	1155.5	1130.3	1065.4	1000.1	1027.8
422.4	424.4	431.8	397.6	386.2	374.6	372.1	369.6	345.4	330.6	360.8
54.6	58.4	60.5	55.5	48.3	44.5	44.2	38.9	26.7	17.5	17.6
3166.7	3956.1	4628.2	6098.9	6545.4	7054.6	7531.7	8059.3	8260.5	8688.9	9597.4
1683.5	1885.8	2125.1	2184.5	2334.1	2677.1	2940.3	3191.7	3212.7	3378.2	3952.3
147.1	182.1	216.3	247.7	232.8	235.4	242.3	234.4	164.9	104.7	112.4
33321	37618	41904	46998	51825	57270	62539	68081	73593	81446	87749
38490	43469	47894	52811	58485	69050	76903	83845	89598	98587	106784
25626	29683	34001	41416	45015	50191	53790	58002	57237	56301	61845
33922.49	39064.93	42957.31	47344.33	50774.84	55288.79	58762.46	63012.10	66648.87	70540.48	73129.00
3411.34	3768.55	4047.06	4454.11	4662.81	4902.82	4830.25	4832.71	4950.52	5116.99	5363.76
17733.08	19926.11	21275.89	22615.89	23588.02	24814.88	25565.04	26925.59	27523.67	28171.78	28612.19
12778.07	15370.27	17634.36	20274.33	22524.01	25571.09	28367.17	31253.80	34174.68	37251.71	39153.05
35599	40581	44348	48673	51933	56205	59239	62993	66284	69901	72151
23276.69	26769.73	31255.96	36789.07	42495.55	48312.46	53322.49	55202.73			
3648.45	3783.31	3949.65	4757.31	5455.94	6304.58	7497.32	9568.25			
2627.32	2715.00	3129.27	3113.17	3380.39	3125.74	1545.38	1496.62			
6505.00	8234.50	9879.75	12827.66	16215.47	20268.78	22191.42	22328.55			
10495.92	12036.92	14297.30	16090.93	17443.75	18613.36	22088.37	21809.31			
3249.37	4106.75	4708.31	5444.53	5817.95	5892.16	6323.38	6637.25	7552.97	8614.89	9450.49

a) Data of 2000 and 2010 are based on the national census,that of 2020 are calculated according to the data of the Seventh National Census,and others are based on the sample surveys.Data in the brackets are taken from the annual of the Public Security Departments.
b) According to the Seventh National Census,the data of Total population,GDP per capita from 2011 to 2019 of Shandong Province have been revised.
c) According to the Seventh National Census,the data of Employed Persons from 2000 to 2019 of Shandong Province have been revised.
d) Since 2010,data of total wages bill and average wage refer to the range of employed persons in urban.
e) According to the Fourth National Economic Census, the data of GDP from 2000 to 2018 have been revised.

1-2 续表 1

类　别		Category		2000	2005
五、能　源		**Energy**			
能源生产总量	(万吨标煤)	Total Energy Production	(10 000 tons of SCE)	9648.75	13995.62
原　煤	(万吨标煤)	Coal	(10 000 tons of SCE)	5741.96	10021.63
原　油	(万吨标煤)	Crude Oil	(10 000 tons of SCE)	3822.49	3849.36
天然气	(万吨标煤)	Natural Gas	(10 000 tons of SCE)	83.54	123.03
水电、风电和太阳能光伏发电	(万吨标煤)	Hydro,Wind and Solar PV Power	(10 000 tons of SCE)		
六、财　政		**Government Finance**			
一般公共预算收入	(亿元)	General Public Budget Revenue	(100 million yuan)	463.68	1073.13
#税收收入		Tax Revenue		392.90	826.46
#增值税		Value Added Tax		89.69	193.00
营业税		Business Tax		87.66	217.79
企业所得税		Company Income Tax		81.87	110.83
个人所得税		Personal Income Tax		24.75	38.89
资源税		Resource Tax		6.22	18.24
城市维护建设税		Urban Maintenance and Development Tax		27.62	65.95
房产税		Tax on Real Estates		15.56	32.80
城镇土地使用税		Urban Land Using Tax		8.82	29.44
土地增值税		Land Value-added Tax		0.74	14.39
车船税		Tax on Vehicle and License		3.19	5.60
行政事业性收费收入		Income from Administrative Work Fees		30.57	108.07
一般公共预算支出	(亿元)	Expenditure for General Public Budget	(100 million yuan)	613.08	1466.23
#一般公共服务支出		Expenditure for General Public Service Expenditure			
教育支出		Expenditure for Education			
社会保障和就业支出		Expenditure for Social Security and Employment			
卫生健康支出		Expenditure for Health			
农林水支出		Expenditure for Farming、Forestry and Irrigation Affairs			
七、金　融		**Financial Intermediation**			
金融机构人民币存款余额	(亿元)	RMB Deposits	(100 million yuan)	7471.20	17103.51
#住户存款		Household Deposits		4466.72	9035.14
金融机构人民币贷款余额	(亿元)	RMB Loans	(100 million yuan)	6209.05	13381.75
八、价格指数		**Price Indices**			
居民消费价格总指数	(上年=100)	Consumer Price Index	(preceding year=100)	100.2	101.7
商品零售价格总指数	(上年=100)	Retail Price Index	(preceding year=100)	98.6	100.6
工业生产者出厂价格指数	(上年=100)	Producer Price Indices for Industrial Products	(preceding year=100)	105.9	103.7
工业生产者购进价格指数	(上年=100)	Industrial Producer Purchasing Price Indices	(preceding year=100)	104.7	105.9
九、居民生活		**People's Livelihood**			
全体居民生活		**All Households Livelihood**			
年末人均住房建筑面积	(平方米)	Per Capita Space of Living House at Year-end	(sq.m)		
人均可支配收入	(元)	Annual Per Capita Disposable Income of All Households	(yuan)	4095	6860
人均消费支出	(元)	Annual Per Capita Consumption Expenditure of All Households	(yuan)	2982	4740
农村居民生活		Rural's Livelihood			
年末人均住房建筑面积	(平方米)	Per Capita Space of Living House at Year-end	(sq.m)	23.6	29.6
人均可支配收入	(元)	Annual Per Capita Disposable Income of Rural Households	(yuan)	2663	3946
人均消费支出	(元)	Annual Per Capita Consumption Expenditure of Rural Households	(yuan)	1743	2619

注：1.2009年开始，一次能源包含水电、风电和太阳能光伏发电，2000—2008年数据不包括风电和太阳能光伏发电。
2.2014年及以前住户存款数据为储蓄存款口径数据。
3.从2013年起，全省实施城乡住户调查一体化改革，根据国家统一规定，2018年，按照新指标口径对居民收支调查历史数据进行修正。

continued

2010	2011	2012	2013	2014	2015	2016	2017	2018	2019	2020
16055.71	15997.81	16973.80	15165.08	15220.40	14693.06	13616.76	13710.27	13102.01	12539.10	12205.71
11913.14	11585.87	12528.16	10722.56	10699.80	10277.40	9404.96	9623.27	8827.54	7820.68	7422.75
3980.08	3973.65	3963.94	3894.94	3876.09	3751.91	3301.96	3192.79	3203.20	3177.70	3170.31
129.01	64.33	75.71	65.11	62.89	57.70	56.23	49.72	52.80	56.10	63.43
33.48	53.35	79.19	116.19	133.13	161.90	229.07	305.89	484.11	742.71	817.12
2749.38	3455.93	4059.43	4559.95	5026.83	5529.33	5860.18	6098.63	6485.40	6526.71	6559.93
2149.90	2603.13	3050.20	3533.49	3965.76	4203.12	4212.59	4419.40	4897.92	4849.29	4757.62
378.23	413.82	438.12	489.56	596.96	594.98	1129.75	1705.96	1902.12	1958.67	1814.47
631.51	765.72	896.64	1068.33	1135.92	1252.40	650.45				
293.31	398.56	441.64	445.95	483.01	498.72	503.24	620.30	677.38	696.20	686.55
81.01	96.58	95.11	104.59	115.18	143.12	143.15	186.73	215.30	147.47	182.06
33.29	38.36	91.11	92.62	119.57	103.81	95.18	99.56	119.75	119.98	108.27
130.74	179.60	198.88	217.84	231.33	243.71	250.83	261.82	306.46	290.13	283.97
64.65	74.02	100.83	111.75	122.49	133.86	143.36	157.81	168.25	166.73	165.57
137.69	158.46	211.69	229.16	264.69	358.75	393.74	398.18	396.84	337.27	299.89
66.19	105.67	145.21	205.91	257.74	259.51	293.15	367.18	390.79	404.28	433.38
23.27	29.72	35.86	40.26	46.65	53.31	61.00	69.37	75.85	78.10	82.30
203.02	278.82	305.29	284.12	302.20	296.74	328.25	320.28	303.52	307.22	308.32
4145.03	5002.07	5904.52	6688.80	7177.31	8250.01	8755.21	9258.40	10100.96	10739.76	11233.52
544.31	618.48	705.51	749.96	725.33	738.11	783.56	857.51	943.35	1061.95	1118.07
770.45	1047.90	1311.80	1399.67	1461.05	1690.62	1825.99	1890.00	2006.50	2156.14	2283.84
416.77	501.54	596.48	681.98	763.53	904.64	992.66	1131.96	1253.99	1444.63	1657.53
250.77	360.36	422.91	485.86	605.67	701.43	790.19	829.27	885.15	912.07	1045.50
465.98	564.00	673.82	748.14	772.84	964.42	943.44	953.59	998.50	1075.98	1065.29
41104.96	46345.41	54301.53	62077.88	67498.29	74524.16	83414.88	88531.71	94298.18	102676.38	116155.37
19648.21	22173.27	26343.31	29796.08	33178.56	37320.02	41350.93	44035.84	48434.98	55232.15	64258.40
30722.64	35179.00	42899.91	44761.26	50058.64	55437.00	61726.88	67575.96	74879.40	83702.97	95411.56
102.9	105.0	102.1	102.2	101.9	101.2	102.1	101.5	102.5	103.2	102.8
102.7	104.7	101.6	101.4	101.0	100.2	101.3	100.8	102.2	102.2	102.0
107.2	106.0	98.4	98.4	98.4	95.2	98.5	105.5	103.7	99.7	98.1
109.3	109.2	99.2	98.4	98.2	95.0	98.0	107.3	103.6	99.2	97.5
			37.9	38.7	38.5	39.6	39.9	39.6	39.9	40.0
12922	15077	17127	19008	20864	22703	24685	26930	29205	31597	32886
8560	9853	10902	11897	13329	14578	15926	17281	18780	20427	20940
34.7	36.3	38.4	39.6	40.3	40.9	42.1	42.5	43.2	43.5	43.4
7034	8395	9506	10687	11882	12930	13954	15118	16297	17775	18753
4472	5489	6304	6877	7962	8748	9519	10342	11270	12309	12660

a) Since 2009, Primary Energy has included hydro,wind and solar PV power. 2000-2008 data do not include wind and solar PV power.
b) Data of Household Deposits before 2014 refers to Urban and Rural Household Savings Deposits .
c)An integrated household survey programme has been implemented since 2013,instead of the two separate urban and rural household surveys.In 2018 according to national uniform regulation,the historical data of residents' income and expenditure are revised according to the new survey programme.

1-2 续表 2

类 别	Category	2000	2005
城镇居民生活	**Urban's Livelihood**		
年末人均住房建筑面积 (平方米)	Per Capita Space of Living House at Year-end (sq.m)	13.8	28.5
人均可支配收入 (元)	Annual Per Capita Disposable Income of Urban Households (yuan)	6417	10422
人均消费支出 (元)	Annual Per Capita Consumption Expenditure of Urban Households (yuan)	4991	7333
十、农林牧渔业	**Farming,Forestry,Animal Husbandry and Fishery**		
农林牧渔业总产值 (亿元)	Gross Output Value of Farming Forestry, Animal Husbandry and Fishery (100 million yuan)	2294.35	3741.81
农 业 (亿元)	Farming (100 million yuan)	1300.44	2033.95
林 业 (亿元)	Forestry (100 million yuan)	47.62	57.57
牧 业 (亿元)	Animal Husbandry (100 million yuan)	599.17	1125.04
渔 业 (亿元)	Fishery (100 million yuan)	347.12	465.52
农林牧渔专业及辅助性活动(亿元)	Output Value of Farming,Forestry,Animal Husbandry and Fishery professions and auxiliary activities (100 million yuan)		59.73
农业生产情况	**Farming**		
粮食总产量 (万吨)	Total Output of Grain (10 000 tons)	3837.7	3917.4
粮食单产 (千克/公顷)	Grain (kilogram/hectare)	4938	5837
棉花总产量 (万吨)	Total Output of Cotton (10 000 tons)	59.0	84.6
棉花单产 (千克/公顷)	Cotton (kilogram/hectare)	1085	1000
油料总产量 (万吨)	Total Output of Oil-bearing Crops (10 000 tons)	356.9	363.9
油料单产 (千克/公顷)	Oil-bearing Crops (kilogram/hectare)	3730	4044
肉类总产量 (万吨)	Total Output of Grain (10 000 tons)	500.0	657.8
猪存栏 (万头)	Number of Pigs (10 000 heads)	2401.8	2772.0
牛存栏 (万头)	Number of Cattles (10 000 heads)	779.9	750.4
羊存栏 (万只)	Number of Sheep and Goats (10 000 heads)	2260.1	2646.0
家禽存栏 (万只)	Number of Poultry (10 000 heads)	47789.9	54641.3
猪出栏 (万头)	Slaughtered Pigs (10 000 heads)	3213.2	4263.5
牛出栏 (万头)	Slaughtered Cattle (10 000 heads)	322.2	425.7
羊出栏 (万只)	Slaughtered Sheep (10 000 heads)	2375.7	3003.0
家禽出栏 (万只)	Slaughtered Poultry (10 000 heads)	91195.0	145089.4
禽蛋产量 (万吨)	Poultry Eggs (10 000 tons)	301.0	363.2
奶类产量 (万吨)	Milk (10 000 tons)	62.7	196.7
水产品总产量 (吨)	Total Aquatic Products (tons)	6306551	6648983
海水产品 (吨)	Seawater Aquatic Products (tons)	5375169	5655207
海洋捕捞 (吨)	Catching in Ocean (tons)	2780483	2421396
海水养殖 (吨)	Seawater Aquiculture (tons)	2594685	3233811
淡水产品产量 (吨)	Freshwater Aquatic Products (tons)	931382	993776
捕捞量 (吨)	Catching (tons)	81214	110887
养殖量 (吨)	Freshwater Aquiculture (tons)	850168	882889
水产品养殖面积 (万亩)	Aquiculture Area (10 000 mu)	788.4	1033.1
海 水 (万亩)	Seawater Aquiculture Area (10 000 mu)	420.7	611.1
淡 水 (万亩)	Freshwater Aquiculture Area (10 000 mu)	367.6	422.0
十一、工 业	**Industry**		
全部工业增加值 (亿元)	Value Added of Industry Enterprises (100 million yuan)	3620.06	7875.58
十二、建筑业	**Industry**		
建筑业增加值 (亿元)	Value Added of Construction Enterprises (100 million yuan)	500.13	965.55

continued

2010	2011	2012	2013	2014	2015	2016	2017	2018	2019	2020
32.1	33.2	33.4	36.4	37.3	36.4	37.5	37.6	36.8	37.1	37.3
18971	21678	24496	26882	29222	31545	34012	36789	39549	42329	43726
12761	14164	15349	16646	18323	19854	21495	23072	24798	26731	27291
6573.77	7311.11	7817.84	8577.06	8988.18	9283.92	9075.60	9140.36	9397.39	9671.67	10190.58
3588.42	3737.04	3829.19	4335.77	4556.10	4662.61	4387.51	4403.23	4678.26	4914.43	5168.36
86.53	99.96	107.01	120.30	131.53	139.92	147.48	165.09	181.63	197.70	214.20
1796.52	2205.73	2328.69	2410.56	2478.81	2602.08	2620.29	2501.37	2432.67	2412.06	2571.87
829.77	973.24	1227.81	1347.03	1420.85	1447.28	1409.65	1475.96	1425.91	1397.42	1432.08
272.52	295.14	325.14	363.40	400.90	432.03	510.66	594.70	678.92	750.06	804.06
4502.8	4701.3	4815.8	4883.4	5038.3	5147.4	5332.3	5374.3	5319.5	5357.0	5446.8
6043	6172	6214	6099	6087	6123	6261	6356	6329	6444	6577
59.0	60.8	51.4	43.4	44.2	33.9	32.9	20.7	21.7	19.6	18.3
945	1043	1012	923	1122	1042	1179	1185	1184	1158	1281
347.7	343.7	341.8	341.6	329.6	318.7	317.1	318.3	310.9	289.0	290.9
4317	4367	4404	4386	4355	4302	4310	4389	4370	4236	4366
754.0	763.1	822.6	838.2	836.8	845.5	837.1	866.0	854.7	704.0	728.0
2871.6	2998.2	3101.2	3167.0	3179.5	3147.3	3086.8	3040.3	2985.6	2176.5	2933.9
440.3	438.3	433.7	424.3	410.5	407.6	391.9	401.5	380.6	364.2	278.7
1926.9	1887.9	1850.3	1797.9	1765.0	1767.9	1693.1	1754.0	1801.4	1837.4	1501.7
58214.0	63790.2	70959.8	70261.3	69911.9	71816.0	78056.1	76604.5	75614.9	78864.3	83642.4
4425.5	4387.8	4800.8	5043.0	5245.7	5156.4	5093.2	5180.7	5082.3	3176.4	3344.8
413.0	390.0	385.3	382.6	372.4	370.2	360.8	361.6	363.4	345.9	275.7
2707.4	2546.5	2493.4	2472.1	2530.6	2527.1	2540.8	2629.8	2682.4	2701.1	2491.6
169549.8	181519.0	199140.7	195931.9	182274.9	192052.0	214261.0	220423.3	217200.2	231299.1	252670.8
384.8	401.6	402.4	396.6	388.4	424.3	441.1	445.1	447.4	450.6	482.2
231.0	235.8	248.6	237.7	244.7	240.7	233.8	231.3	232.5	234.5	241.6
7838259	8138280	7885248	8084522	8464587	8722448	8899622	8680030	8614032	8232724	8286092
6463345	6647212	6524046	6654179	7085761	7352063	7541952	7371727	7360685	7062086	7180937
2350888	2512437	2161603	2087829	2286654	2356409	2414112	2180891	2149830	2091101	2039543
3962643	4134775	4362443	4566350	4799107	4995654	5127840	5190836	5210855	4970985	5141394
1374914	1491068	1361202	1430344	1378826	1370385	1357670	1308303	1253347	1170638	1105155
130896	135378	112783	115167	90661	83086	93900	83730	82821	89290	95634
1244018	1355690	1248419	1315177	1288165	1287299	1263770	1224573	1170526	1081348	1009521
1136.5	1174.4	1205.2	1240.4	1252.7	1269.2	1259.3	1250.4	1173.4	1138.3	1116.9
751.4	768.2	785.6	820.2	822.7	844.8	907.2	915.6	856.3	842.3	870.5
385.1	406.2	419.6	420.1	429.9	424.4	352.1	334.8	317.1	296.1	246.4
15449.95	17280.78	18421.90	19475.30	20178.23	21156.50	21695.98	22515.81	22613.01	22755.13	23110.99
2283.13	2645.33	2853.99	3188.60	3476.06	3731.63	3909.44	4441.01	5024.90	5532.77	5616.59

1-2 续表 3

类 别		Category		2000	2005
十三、交通运输邮电		**Transport,Posts and Telecommunications**			
铁路通车里程	(公里)	Length of Railways	(km)	2672	3402
公路通车里程	(公里)	Length of Highways	(km)	70686	80132
#晴雨通车	(公里)	Length of Highways Operating under All Weathers	(km)	70038	79854
内河通航里程	(公里)	Length of Navigable Inland Waterways	(km)	1476	1012
客运量	(万人)	Passenger Traffic	(10 000 persons)	66128	98485
铁 路	(万人)	Railways	(10 000 persons)	3840	3952
公 路	(万人)	Highways	(10 000 persons)	61466	93178
水 路	(万人)	Waterways	(10 000 persons)	822	1355
客运周转量	(百万人公里)	Passenger Turnover	(million passenger-km)	54873	82778
铁 路	(百万人公里)	Railways	(million passenger-km)	22180	28268
公 路	(百万人公里)	Highways	(million passenger-km)	32358	53910
水 路	(百万人公里)	Waterways	(million passenger-km)	335	600
货运量	(万吨)	Freight Traffic	(10 000 tons)	92483	147999
铁 路	(万吨)	Railways	(10 000 tons)	11253	18338
公 路	(万吨)	Highways	(10 000 tons)	76778	120455
水 路	(万吨)	Waterways	(10 000 tons)	4452	9206
货运周转量	(百万吨公里)	Freight Turnover	(million ton-km)	403315	558286
铁 路	(百万吨公里)	Railways	(million ton-km)	79964	121908
公 路	(百万吨公里)	Highways	(million ton-km)	40575	71182
水 路	(百万吨公里)	Waterways	(million ton-km)	282776	365196
沿海主要港口货物吞吐量	(万吨)	Volume of Freight Handled in Major Coastal Ports	(10000 tons)	16025	38401
邮政局总计	(处)	Number of Post & Telecommunications Offices	(unit)	3011	3025
函 件	(万件)	Number of Letters	(10 000 pcs)	32878	24075
电信业务总量	(亿元)	Business Volume of Telecommunication Services	(100 million yuan)	186.5	675.5
邮政业务总量	(亿元)	Business Volume of Post Services	(100 million yuan)	74.2	44.6
互联网宽带接入用户	(万户)	Number of Mobile Telephone	(10 000 subscribers)		
移动电话用户	(万户)	Number of Mobile Telephone	(10 000 subscribers)	501.0	2316.0
民用汽车拥有量	(万辆)	Number of Private Vehicles	(10 000 subscribers)	112.3	420.7
十四、国内贸易		**Domestic Trade**			
社会消费品零售总额	(亿元)	Total Retail Sales of Consumer Goods	(100 million yuan)	2988.30	5366.71
商品零售	(亿元)	Retail Sales	(100 million yuan)		
餐饮收入	(亿元)	Catering Income	(100 million yuan)		
十五、对外贸易和旅游		**Foreign Economy and Trade,Tourism**			
对外贸易		Foreign Economy and Trade			
海关进出口总值	(万美元)	Total Value of Imports and Exports	(10 000 USD)	2498998	7688876
海关出口总值	(万美元)	Total Exports	(10 000 USD)	1552905	4625113
#一般贸易	(万美元)	General Trade	(10 000 USD)	746563	2310122
来料加工装配贸易	(万美元)	Processing and Assembling with Customer's Materials	(10 000 USD)	293008	594991
进料加工贸易	(万美元)	Processing and Assembling with Import Materials	(10 000 USD)	507050	1668351
海关进口总值	(万美元)	Total Imports	(10 000 USD)	946093	3063763

注：1.交通运输部2014年修订了公路、水运运输量统计试行方案，统计口径发生了变化。
2.2000年及以前邮电业务总量按1990年不变价格计算，2001—2010年按2000年不变价格计算。2011—2015年邮电业务总量按2010年价格计算；2016年起，按2015年价格计算。2012年起，邮政业务量由山东邮政管理局提供，包括快递业务量，2012年以前数据由山东省邮政公司提供。
3.2019年起，公路货运量采用全国公路货运量专项调查数据。与往年数据不可比。
4.2020年起，铁路客货运量、周转量为济南局、北京局、郑州局在山东省内数据，口径为国家铁路；铁路通车里程含地方铁路。

continued

2010	2011	2012	2013	2014	2015	2016	2017	2018	2019	2020
3833	4177	4306	4397	4546	4863	4882	5115	5676	5972	6881
229858	233189	244586	252785	259514	263447	265720	270590	275642	280325	286814
228906	232264	243779	252066	259031	262986	265265	270150	275344	280186	286741
1150	1150	1150	1150	1150	1150	1150	1150	1150	1150	1117
248720	250469	264935	269391	73582	59625	62727	64536	66613	67317	30096
6041	6609	7650	8484	9508	10666	11904	13388	14525	15722	9797
240044	241457	254711	258327	62052	46960	48823	49111	50044	49581	19475
2635	2403	2574	2580	2022	1999	2000	2037	2044	2014	824
164471	172751	183196	189285	114056	112745	116882	122676	126935	127981	59517
42135	45872	50951	54995	61734	64444	68442	73365	76302	77287	43191
121151	125691	130995	133137	51141	47137	47240	48104	49357	49256	15931
1185	1188	1250	1153	1181	1164	1200	1207	1276	1439	395
298055	314962	330270	344401	260983	258444	281557	322564	349481	304732	308627
18056	19711	19814	19043	16792	15786	16745	17853	18710	20850	23189
264366	279380	296752	311812	230018	227934	249752	288052	312807	266124	267230
15633	15871	13704	13546	14172	14724	15060	16659	17964	17758	18208
1174705	1258364	1099119	1026088	817690	833415	879552	962225	995988	1007631	1034063
144775	152606	149384	138910	123808	107728	113668	121363	126468	143456	156609
621680	662435	705922	749888	571138	587699	607143	665022	685968	674620	678440
408250	443323	243813	137290	122744	137988	158741	175840	183552	189555	199014
86421	96188	106655	118137	128593	134218	142856	151571	161512	161064	168881
2840	2851	2856	2861	2870	2870	2878	2880	2873	2889	3005
53963	46014	45663	42389	29233	18787	10328	6978	6369	6263	4341
1920.9	723.6	797.6	863.7	1067.8	1253.1	863.4	1494.8	3651.9	5786.6	7200.1
52.5	47.6	94.1	117.4	145.8	205.5	301.6	392.9	528.4	718.0	993.7
	1154.1	1364.1	1465.1	1523.9	1625.7	2366.5	2588.7	2884.8	3186.1	3445.6
6190.4	7118.0	7588.9	8333.4	8664.1	9413.8	9594.5	9943.9	10569.6	10785.5	10907.1
842.7	968.6	1122.3	1277.4	1407.2	1553.6	1750.5	1952.9	2148.3	2351.0	2537.1
12028.30	13939.83	15785.25	17703.85	19706.36	21550.95	23482.07	25527.94	27480.28	29251.18	29248.05
10829.15	12506.44	14181.87	15926.53	17744.99	19346.19	20996.37	22794.81	24421.00	25895.16	26118.91
1199.15	1433.39	1603.38	1777.32	1961.37	2204.76	2485.70	2733.13	3059.28	3356.02	3129.14
18895058	23599191	24554487	26715854	27711549	24174867	23420733	26305670	29239097	29628464	31844703
10424695	12578809	12873171	13450998	14474545	14406069	13715826	14710207	16013984	16143995	18903512
4973019	6466907	6875045	7603996	8373918	9042024	8653875	9428956	11047764	11256710	13853845
750340	842878	867657	866031	802064	739933	716557	651868	601424	605165	497612
4230872	4737751	4566215	4392892	4734553	4183875	3904404	4151643	3918203	3496008	3466764
8470390	11020382	11681316	13264856	13237004	9768798	9704906	11595464	13225113	13484469	12941191

a)The pilot statistical investigation program on passenger highway and turnover was revised in 2014,and the statistical scope was adjusted.

b) Business volume of postal service and telecommunication service before 2000 was calculated at 1990 constant prices and that from 2001 to 2010 was calculated at 2000 constant prices and that from 2011 to 2010 was calculated at 2010 constant prices. Since 2016, it was calculated at 2015 constant prices..The datas of business volume of postal service before 2012 are from Shandong Post Company,since 2012,they are from Shandong Post Bureau,including business volume of courier companies above designated size .

c)The road freight volume adopts the special survey data of national road freight volume since 2019,and not comparable with the previous.

d)Since2020, the railway passenger and freight volume and turnover refer to the data of Jinan Bureau,Beijing Bureau and Zhengzhou Bureau in Shan-dong Province,the caliber is national railway,and the data of railways length includes the local railways.

1-2 续表 4

类别	Category	2000	2005
利用外资	**Utilization of Foreign Capital**		
新设外商直接投资企业数 (个)	Number of newly established Companies by foreign direct investment (unit)	2728	6415
实际使用外商直接投资 (万美元)	Direct Foreign Investments (10 000 USD)	297119	897072
对外承包工程和劳务合作	**Foreign Contracted Projects Labor Cooperation**		
合同个数 (个)	Number of Contracts (unit)	1250	2171
合同金额 (万美元)	Contracted Value (10 000 USD)	61601	164091
营业额 (万美元)	Value of Business (10 000 USD)	45229	174518
年末在外人数 (人)	Population in Foreign Countries and Regions (person)	35028	71610
旅　游	**Tourism**		
接待海外旅游人数 (万人次)	International Tourists (10 000 person-times)	72.3	155.1
外国人 (万人次)	Foreigners (10 000 person-times)	48.0	124.8
港澳台胞 (万人次)	Compatriots from Hong Kong Macao and Taiwan (10 000 person-times)	24.3	30.3
旅游外汇收入 (万元)	Foreign Exchange Earnings (10 000 yuan)	260839	639142
旅游外汇收入 (万美元)	Foreign Exchange Earnings (10 000 USD)	31513	78023
人民币对主要外币年平均汇价(中间价)	**Average Exchange Rate of RMB Yuan Against Main Convertible Currencies (Middle Rate)**		
100美元 (人民币元)	100 US Dollars (RMB yuan)	827.72	819.17
100日元 (人民币元)	100 Japanese Yen (RMB yuan)	7.39	7.45
100港元 (人民币元)	100 Hong Kong Dollars (RMB yuan)	106.08	105.30
100欧元 (人民币元)	100Euros (RMB yuan)		1019.53
十六、教　育	**Education**		
普通高等学校	**Regular Institutions of Higher Education**		
学校数 (所)	Number of Schools (unit)	58	104
招生数 (人)	New Enrollment (person)	124817	400573
在校学生数 (人)	Total Enrollment (person)	303826	1171284
毕业生数 (人)	Graduates (person)	49687	224611
教职工数 (人)	Teachers and Staff (person)	54910	109920
#专任教师 (人)	Full-time Teachers (person)	24764	64636
中等专业学校基本情况	**Secondary Professional Schools**		
学校数 (所)	Number of Schools (unit)	243	134
招生数 (人)	New Enrollment (person)	93493	86044
毕业生数 (人)	Graduates (person)	103629	75076
在校学生数 (人)	Total Enrollment (person)	333184	257161
教职工数 (人)	Teachers and Staff (person)	37241	20406
#专任教师 (人)	Full-time Teachers (person)	20409	12193
普通中学基本情况	**Regular Senior Secondary Schools**		
学校数 (所)	Number of Schools (unit)	4575	4404
招生数 (万人)	New Enrollment (10 000 persons)	234.18	179.71
毕业生数 (万人)	Graduates (10 000 persons)	167.96	207.29
在校学生数 (万人)	Total Enrollment (10 000 persons)	678.60	592.49
教职工数 (人)	Teachers and Staff (person)	430754	470584
#专任教师 (人)	Full-time Teachers (person)	350353	377133
技工学校基本情况	**Technical Schools**		
学校数 (所)	Number of Schools (unit)	279	229
招生数 (人)	New Enrollment (person)	48008	138505
毕业生数 (人)	Graduates (person)	66546	78091
在校学生数 (人)	Total Enrollment (person)	137718	325924
教职工数 (人)	Teachers and Staff (person)	24484	22049
#专任教师 (人)	Full-time Teachers (person)	14066	15058

注:1.2004年起实行新的外商投资统计制度,取消对外借款部分,外商直接投资数据为商务部反馈数。2008年实际使用外资采用全口径统计方式。2019年起，实际使用外资采用商务部通报口径，不包含股东贷款、投资性公司投资，合同外资不再统计。
2.2010年起，中等专业学校数据改为中等职业学校口径。

continued

2010	2011	2012	2013	2014	2015	2016	2017	2018	2019	2020
1632	1433	1333	1405	1352	1509	1477	1479	2156	2517	3060
916833	1116022	1235267	1405315	1519511	1630090	1682556	1785731	2051636	1468933	1764763
3075										
1092504	948287	988209	1078349	1237694	1344383	1355479	1393003	1548846	1364140	1051092
602415	819857	898864	940828	1021544	1120799	1195427	1278651	1314181	1256300	1030379
102149	108662	103736	98988	115328	116100	119655	130384	125224	133849	89162
366.8	424.2	469.9	452.7	445.7	460.8	485.5	494.4	513.1	521.3	52.8
277.9	312.3	342.2	327.4	325.7	335.9	352.7	353.1	366.1	370.9	44.2
88.9	111.9	127.7	125.3	120.0	124.9	132.8	141.3	147.0	150.4	8.6
1458866	1647486	1845554	1691487	1667300	1804062	2034836	2143055	2226223	2354552	144162
215506	255076	292365	273120	271424	289651	306345	317405	336420	341314	20900
676.95	645.88	631.25	619.32	614.28	622.84	664.23	675.18	661.74	689.85	689.76
7.73	8.11	7.90	6.33	5.82	5.15	6.12	6.02	5.99	6.33	6.46
87.13	82.97	81.38	79.85	79.22	80.34	85.58	86.64	84.43	88.05	88.93
897.25	900.11	810.67	822.19	816.51	691.41	734.26	763.03	780.16	772.55	787.55
133	139	137	140	142	143	144	145	145	146	152
495722	497292	498621	527539	580763	595646	624408	612660	629065	741661	729927
1631373	1645589	1658490	1698545	1796665	1900612	1995880	2015345	2040793	2183944	2291481
444003	472882	474266	475858	464076	474195	509142	571220	585871	577980	605379
139100	142698	142370	142240	143939	147035	150345	154311	158526	164932	172041
91413	94621	96058	98685	101380	104724	107748	110807	112717	117609	124215
640	591	560	525	460	435	428	401	398	391	397
426954	444703	404670	363547	319143	294033	288180	261190	245355	267223	297527
439337	386564	380451	378626	354032	320353	286687	248347	250210	259891	233426
1131621	1177130	1147012	1031585	948167	857264	809826	793357	750142	730464	777416
78769	74232	71449	66810	64488	62319	60613	60408	59304	58249	58824
55465	53569	52430	50243	49274	48926	48244	48659	48269	48099	49169
3645	3569	3522	3464	3461	3446	3504	3560	3671	3791	3920
164.12	161.83	159.88	158.53	153.58	151.12	160.35	164.39	164.26	176.10	187.62
156.89	157.80	153.20	156.04	153.73	156.01	157.62	151.42	148.46	157.56	166.72
501.07	501.58	492.64	488.48	486.06	479.93	482.41	494.85	509.93	528.13	548.68
438787	462765	464942	466088	471653	475798	484579	502004	515123	536931	558935
372082	376760	376819	382340	386923	390059	397471	410339	419903	435808	453428
209	208	213	207	203	194	194	194	181	181	181
136995	149407	154546	144165	128007	131550	133600	129109	135184	151122	173803
133615	123404	113066	121782	108046	98154	89629	103815	96351	91679	95962
397719	381503	401207	369922	329473	318182	335348	332634	329897	355409	405418
18183	24379	29909	30860	29404	29228	29133	29294	29388	29438	29943
14962	21050	21451	23977	23000	22613	22908	22565	22525	22294	23573

a)Since 2004,foreign loads is canceled according to the new statistical lations on foreign investments, data of foreign direct investments come from the Ministry of Commerce.In 2008 the foreign capital actually utilized is changed to the actual received foreign capital.From 2019,Actual use of foreign capital uses Bulletin of the Ministry of Commerce,does not contain shareholder loan and the investment from investment companies,and contract foreign investment is no longer counted.

b)Data of secondary professional schools refer to the caliber of secondary vocational school since 2010 .

1-2 续表 5

类 别		Category		2000	2005
小学基本情况		**Regular Primary Schools**			
学校数	(所)	Number of Schools	(unit)	26017	15871
招生数	(万人)	New Enrollment	(10 000 persons)	104.5	104.3
毕业生数	(万人)	Graduates	(10 000 persons)	195.1	113.3
在校学生数	(万人)	Total Enrollment	(10 000 persons)	774.9	615.4
教职工数	(人)	Teachers and Staff	(person)	440161	410394
#专任教师	(人)	Full-time Teachers	(person)	408200	377729
成人高等学校基本情况		**Adult Institutions of Higher Education**			
学校数	(所)	Number of Schools	(unit)	40	24
招生数	(人)	New Enrollment	(person)	82423	108707
毕业生数	(人)	Graduates	(person)	70810	118379
在校学生数	(人)	Total Enrollment	(person)	219977	258521
教职工数	(人)	Teachers and Staff	(person)	14090	11481
#专任教师	(人)	Full-time Teachers	(person)	7084	6683
十七、科 技		**Science**			
重要科技成果		**Major Scientific Achievements**			
成果数量	(项)	Number of Achievements	(unit)	3728	2408
#农 业	(项)	Agricultural	(unit)	575	320
工 业	(项)	Industry	(unit)	1289	539
国际领先先进水平	(项)	Internationally Advanced	(unit)	599	534
国内领先先进水平	(项)	Nationally Advanced	(unit)	2861	1741
专利情况		**Patent Applications**			
申请量	(件)	Number of Patent Applications Examined	(unit)	10019	28835
授权量	(件)	Number of Patent Applications Granted	(unit)	6962	10743
#发明专利	(件)	Inventions	(unit)		903
十八、卫生、文化事业基本情况		**Public Health and Culture**			
卫生机构数	(个)	Number of Health Institutions	(unit)	17118	16788
#医院(卫生院)	(个)	Hospitals and Township Hospitals	(unit)	3150	2922
卫生机构床位数	(万张)	Number of Beds in Health Institutions	(10 000 units)	21.5	25.1
卫生技术人员数	(万人)	Medical Technical Personnel	(10 000 persons)	31.5	32.5
#执业(助理)医师	(万人)	Licensed (Assistant) Doctors	(10 000 persons)	14.5	14.1
注册护士	(万人)	Registered Nurse	(10 000 persons)	9.2	9.8
文化(艺术)馆		**Cultural(Arts) Centers**			
机构数	(个)	Number of Institutions	(unit)	159	158
人 数	(人)	Number of Employed Persons	(person)	3055	2982
文化站		**Cultural Stations**			
机构数	(个)	Number of Institutions	(unit)	2422	1768
人 数	(人)	Number of Employed Persons	(person)	3304	3166
艺术表演团体		**Arts Performance Troupes**			
机构数	(个)	Number of Institutions	(unit)	118	117
人 数	(人)	Number of Employed Persons	(person)	5943	6066
剧场(院)		**Theaters and Music Halls**			
机构数	(个)	Number of Institutions	(unit)	105	94
人 数	(人)	Number of Employed Persons	(person)	2473	1881
图书馆		**Libraries**			
机构数	(个)	Number of Institutions	(unit)	133	145
人 数	(人)	Number of Employed Persons	(person)	2506	2690
博物馆		**Museums**			
机构数	(个)	Number of Institutions	(unit)	59	75
人 数	(人)	Number of Employed Persons	(person)	1633	1723

注：1.自2011年，医疗卫生机构数含村卫生室，自2013年，含部分计划生育技术服务机构。
2.2017年以前，专利申请量是指国家知识产权局受理的专利申请数量；从2017年开始，是指国家知识产权局受理的按规定缴足申请费、符合进入初步审查阶段条件的专利申请数量。

continued

2010	2011	2012	2013	2014	2015	2016	2017	2018	2019	2020
12405	12047	11573	11151	10770	10404	10027	9738	9674	9646	9619
111.3	119.4	109.6	115.7	124.7	124.4	123.9	127.0	129.6	127.9	129.6
110.3	106.8	106.2	103.3	101.0	98.9	107.2	111.0	111.5	117.8	125.2
629.3	644.1	627.7	626.0	648.5	674.6	691.3	708.5	726.0	738.6	743.3
417504	393612	387203	383692	378886	379239	386405	391838	392333	396465	400114
387453	386280	382562	387312	389080	396368	408856	421877	430702	442729	454285
18	17	17	11	11	11	11	11	11	11	11
133191	147677	166515	165522	178737	163012	179199	157559	233966	292911	414972
110347	144703	120404	128297	147592	161377	167440	279185	181058	158662	223507
388741	386481	428180	459803	485274	484493	502274	375102	426995	556026	742379
4225	3951	4286	2843	2259	2200	1604	1580	1479	1257	1248
2946	2731	2917	1982	1544	1493	1082	1048	970	785	777
2367	2379	2393	2332	2955	3011	3016	2537	1791	2552	2342
391	305	338	297	440	385	421	363	232	316	338
751	723	853	866	1095	1019	919	796	451	807	673
676	647	609	681	817	967	762	610	416	735	485
1316	1296	1349	1067	1146	1212	1095	973	682	957	988
80856	109599	128614	155170	158619	193220	212911	204861	238795	263407	369349
51490	58843	75522	76976	72818	98101	98093	100522	132382	146481	238778
4106	5856	7454	8913	10538	16881	19404	19090	20338	20652	26745
16496	68275	68840	75475	77066	77435	77050	79099	81512	83661	84870
3099	3135	3188	3426	3491	3556	3643	4108	4219	4203	4202
38.2	41.6	47.3	49.0	50.0	51.9	54.3	58.5	60.8	63.0	64.7
44.1	48.2	53.0	59.8	60.4	61.9	64.3	68.9	73.9	78.3	81.4
17.8	18.6	20.0	23.2	23.1	23.7	24.5	26.5	29.0	31.5	32.9
15.6	17.1	19.2	24.0	24.6	25.4	26.9	29.4	32.3	34.1	35.6
158	160	158	159	158	157	157	157	157	157	158
3055	3086	3033	3062	3047	3034	3006	2978	2950	2864	2887
1855	1828	1821	1807	1811	1814	1816	1815	1819	1815	1821
4543	4643	4987	4915	5181	5534	5262	5334	5329	5581	5628
119	116	104	103	104	104	103	105	105	104	103
6268	6163	5722	5557	5728	5368	5651	5689	5539	5665	5381
91	93	93	93	93	92	93	100	106	93	87
1904	2134	2083	1719	1734	1632	1602	1821	1902	1732	1712
149	150	150	153	153	154	154	154	154	154	154
2680	2697	2647	2760	2730	2750	2828	2877	2843	2816	2904
114	120	178	194	243	312	393	485	517	541	577
2456	2787	4353	4748	5369	6310	7152	7976	8059	8319	8871

a) Since 2011,the number of health institutions includes village clinics, and since 2013, it includes family planning technical services institutions.

b) Before 2017, the amount of patent application refers to the number of patent applications accepted by the State Intellectual Property Office; from 2017, it refers to the amount of application fees paid by the State Intellectual Property Office and the number of patent applications that have entered the preliminary examination stage.

1-3 国民经济和社会发展主要指标增长速度

单位:%

类　别	Category	2000	2005
一、人　口	**Population**		
年末总人口	Population at the Year-end	1.3	0.7
按性别分	**By Sex**		
男	Male	(0.6)	(0.5)
女	Female	(0.6)	(0.6)
按农村城镇分	**Agricultural and Non-agricultural Population**		
农村人口	Agricultural Population		-1.9
城镇人口	Non-agricultural Population		4.2
人口密度	Population Density	1.2	0.5
二、就业人员和劳动工资	**Employment and Wages**		
年末就业人员	Year-end Employed Persons	1.4	1.2
第一产业	Primary Industry	-0.2	-2.3
第二产业	Secondary Industry	3.8	3.8
第三产业	Tertiary Industry	2.4	4.7
乡村就业人员	Rural Employed Persons	-6.9	-0.7
城镇就业人员	Urban Employed Persons	19.4	3.9
职工年末人数	Number of Staff and Workers at the Year-end	-2.4	12.2
#国有单位	State-owned Units	-4.3	-14.0
城镇集体单位	Urban Collective-owned Units	-12.8	-5.8
工资总额	Total Wages Bill	12.1	30.1
#国有单位	State-owned Units	10.2	6.6
城镇集体单位	Urban Collective-owned Units	-2.2	8.6
平均工资	Average Wage	14.6	15.9
#国有单位	State-owned Units	15.1	23.7
城镇集体单位	Urban Collective-owned Units	12.0	16.3
三、国民经济核算	**National Accounting**		
地区生产总值	Gross Domestic Product	9.5	12.6
第一产业	Primary Industry	2.4	4.7
第二产业	Secondary Industry	10.8	14.5
第三产业	Tertiary Industry	10.6	12.3
人均地区生产总值	Per Capita GDP	8.5	11.8
四、固定资产投资	**Investment in Fixed Assets**		
全社会固定资产投资额	Total Investment in Fixed Assets	14.4	38.2
国有经济	State-Owned Units	10.6	5.2
集体经济	Collective-Owned Units	6.9	-57.6
个体经济	Individuals Economy	13.9	254.4
其他经济	Others	52.7	86.1
房地产开发投资	Investment in Real Development	28.6	27.8

注：1.年末总人口及农村、城镇人口2011—2019年增速根据第七次人口普查修订数计算；括号内为根据公安户籍人口数计算。
2.就业人员及相关指标2005—2019年增速根据第七次人口普查修订数计算。
3.2010年起，工资总额、平均工资增速为城镇单位就业人员口径。
4.根据第四次经济普查结果，对全省2000—2018年生产总值及相关数据进行了修订。

Growth Rates of Main Indicators on National Economic and Social Development

(%)

2010	2011	2012	2013	2014	2015	2016	2017	2018	2019	2020
1.2	0.9	0.4	0.4	0.6	0.6	1.1	0.6	0.4	0.3	0.6
(1.0)	(0.6)	(0.0)	(0.3)	(1.6)	(0.8)	(1.0)	(0.8)	(0.8)	(0.4)	(0.2)
(0.9)	(0.5)	-(0.2)	(0.4)	(1.2)	(0.8)	(1.0)	(1.0)	(1.0)	(0.6)	(0.3)
-1.7	-1.4	-1.9	-2.6	-2.2	-4.3	-4.0	-3.5	-1.3	-0.8	-2.6
4.2	3.2	2.7	3.1	3.1	4.6	4.9	3.4	1.5	1.0	2.5
1.2	0.5	0.5	0.5	0.2	0.6	1.0	0.6	0.3	0.2	0.9
1.6	-0.4	-0.4	-0.9	-0.7	-0.4	-0.8	-0.6	-1.3	-1.1	-0.9
-2.0	-4.1	-4.5	-4.6	-4.8	-4.4	-4.9	-4.9	-5.4	-5.8	-5.1
4.0	1.5	1.8	0.03	0.2	0.2	-0.8	-0.01	-1.6	-1.4	-0.6
4.0	2.2	2.1	2.2	2.5	2.7	2.8	2.4	2.1	2.5	1.5
-0.4	-2.8	-3.1	-3.6	-3.5	-4.2	-4.4	-4.0	-4.0	-3.4	-4.1
4.1	2.4	2.5	1.9	2.0	3.0	2.3	2.1	0.8	0.6	1.3
3.4	5.4	5.4	16.7	-2.2	-2.6	-1.9	-2.2	-5.7	-6.1	2.8
2.2	-3.0	1.7	-7.9	-2.9	-3.0	-0.7	-0.7	-2.6	-4.3	9.1
0.4	3.5	3.6	-8.3	-13.0	-7.9	-0.7	-12.0	-25.4	-34.5	0.6
17.3	24.9	17.0	31.8	7.3	7.8	6.8	7.0	2.5	5.2	10.5
15.2	12.0	12.7	2.8	6.8	14.7	9.8	8.5	0.7	5.2	17.0
20.3	23.8	18.8	14.5	-6.0	1.1	2.9	-3.3	-29.7	-36.5	7.3
13.3	12.9	11.4	12.2	10.3	10.5	9.2	8.9	8.1	10.7	7.7
11.5	12.9	10.2	10.3	10.7	18.1	11.4	9.0	6.9	10.0	8.3
15.5	15.8	14.5	21.8	8.7	11.5	7.2	7.8	-1.3	-1.6	9.8
10.4	10.7	9.7	9.4	8.5	7.8	7.4	7.3	6.3	5.3	3.6
3.1	3.7	4.5	3.5	3.8	4.2	3.8	3.6	2.7	1.1	2.7
11.7	11.5	10.3	9.8	8.8	7.1	6.2	6.0	4.1	2.6	3.3
10.3	11.5	10.1	10.3	9.2	9.6	9.3	9.3	8.9	8.2	3.9
9.4	9.6	9.0	8.9	7.9	7.1	6.5	6.4	5.8	4.9	3.1
22.3	21.8	20.2	17.7	15.5	13.7	10.4	7.2	4.1	-8.3	3.3
18.2	3.7	12.0	21.8	14.7	15.6	18.9	30.8	3.1	8.4	-12.4
13.8	3.3	21.6	0.7	8.6	-7.5	-50.6	-2.1	-37.0	-16.8	-54.2
24.3	26.6	25.8	31.1	26.4	25.0	9.5	4.9	16.7	-29.8	4.0
24.9	14.7	50.1	13.7	8.4	6.7	18.7	-1.3	-4.2	4.9	12.4
33.8	26.4	14.6	15.6	6.9	1.3	7.3	5.0	13.8	14.1	9.7

a) The growth rate on Total population,ural and urban population from 2011 to 2019 are calculated according to the data of the Seventh National Census.Data in the brackets are based on the data from the are based on the sample surveys.

b) The growth rate of employed persons and related indicators from 2005 to 2019 is calculated according to the data of the Seventh National Census.

c) Since 2010,data of total wages bill and average wage refer to the range of employed persons in urban.

d) According to the Fourth National Economic Census, the data of GDP from 2000 to 2018 have been revised.

1-3 续表 1

单位:%

类　　别	Category	2000	2005
五、能　源	**Energy**		
能源生产总量	Total Energy Production	-6.5	-2.8
原　煤	Coal	-10.6	-4.2
原　油	Crude Oil	0.4	0.8
天然气	Natural Gas	-6.2	10.0
水电、风电和太阳能光伏发电	Hydro,Wind and Solar PV Power		
六、财　政	**Government Finance**		
一般公共预算收入	General Public Budget Revenue	14.6	29.6
#税收收入	Tax Revenue	14.6	31.7
#增值税	Value Added Tax	14.7	66.3
营业税	Business Tax	11.0	23.4
企业所得税	Company Income Tax	29.6	28.8
个人所得税	Personal Income Tax	31.9	21.7
资源税	Resource Tax	4.1	35.0
城市维护建设税	Urban Maintenance and Development Tax	16.0	20.1
房产税	Tax on Real Estates	15.4	22.5
城镇土地使用税	Urban Land Using Tax	22.8	39.1
土地增值税	Land Value-added Tax	111.9	58.4
车船税	Tax on Vehicle and License	64.2	13.5
行政事业性收费收入	Income from Administrative Fees	43.9	18.8
一般公共预算支出	General Public Budget Expenditure	11.5	23.3
#一般公共服务支出	Expenditure for General Public Services		
教育支出	Expenditure for Education		
社会保障和就业支出	Expenditure for Social Safety Net and Employment Effort		
卫生健康支出	Expenditure for Health Care		
农林水支出	Expenditure for Agriculture, Forestry and Water Conservancy		
七、金　融	**Financial Intermediation**		
金融机构人民币存款余额	RMB Deposits	13.8	17.8
#住户存款	Household Deposits	8.7	17.0
金融机构人民币贷款余额	RMB Loans	9.3	13.6
八、价格	**Price Indices**		
居民消费价格	Consumer Price	0.2	1.7
商品零售价格	Retail Price	-1.4	0.6
工业生产者出厂价格	Producer Price for Industrial Products	5.9	3.7
工业生产者购进价格	Industrial Producer Purchasing Price	4.7	5.9
九、居民生活	**People's Livelihood**		
全体居民生活	**All Households Livelihood**		
年末人均住房建筑面积	Per Capita Space of Living House at Year-end		
人均可支配收入	Annual Per Capita Disposable Income of All Households		
人均消费支出	Annual Per Capita Consumption Expenditure of All Households		
农村居民生活	**Rural's Livelihood**		
年末人均住房建筑面积	Per Capita Space of Living House at Year-end	-5.8	10.1
人均可支配收入	Annual Per Capita Disposable Income of Rural Households	4.3	12.1
人均消费支出	Annual Per Capita Consumption Expenditure of Rural Households	4.9	13.8

注：1.2009年开始，一次能源包含水电、风电和太阳能光伏发电，2000—2008年数据不包括风电和太阳能光伏发电。
2.2014年及以前住户存款数据为储蓄存款口径数据。
3.从2013年起，全省实施城乡住户调查一体化改革，根据国家统一规定，2018年，按照新指标口径对居民收支调查历史数据进行修正。

continued

(%)

2010	2011	2012	2013	2014	2015	2016	2017	2018	2019	2020
10.0	-0.4	6.1	-10.7	0.4	-3.5	-7.3	0.7	-4.4	-4.3	-2.7
14.3	-2.7	8.1	-14.4	-0.2	-3.9	-8.5	2.3	-8.3	-11.4	-5.1
-1.5	-0.2	-0.2	-1.7	-0.5	-3.2	-12.0	-3.3	0.3	-0.8	-0.2
7.5	-50.1	17.7	-14.0	-3.4	-8.2	-2.5	-11.6	6.2	6.3	13.1
113.8	59.4	48.4	46.7	14.6	21.6	41.5	33.5	58.3	53.4	10.0
25.0	25.7	17.5	12.3	10.2	10.0	8.5	6.6	6.3	0.6	0.5
25.0	21.1	17.2	15.8	12.2	6.0	4.6	9.1	10.8	-1.0	-1.9
16.6	9.4	5.9	11.7	21.9	-0.3	32.8	5.4	11.5	3.0	-7.4
34.2	21.3	17.1	19.1	6.3	10.3	-20.9				
33.1	35.9	10.8	1.0	8.3	3.3	0.9	23.3	9.2	2.8	-1.4
25.3	19.2	-1.5	10.0	10.1	24.3	持平	30.4	15.3	-31.5	23.5
1.5	15.2	137.5	1.7	29.1	-13.2	-8.3	4.6	20.3	0.2	-9.8
19.9	37.4	10.7	9.5	6.2	5.4	2.9	4.4	17.1	-5.3	-2.1
11.7	14.5	36.2	10.8	9.6	9.3	7.1	10.1	6.6	-0.9	-0.7
13.9	15.1	33.6	8.3	15.5	35.5	9.8	1.1	-0.3	-15.0	-11.1
51.0	59.6	37.4	41.8	25.2	0.7	13.0	25.3	6.4	3.5	7.2
31.5	27.7	20.6	12.3	15.9	14.3	14.4	13.7	9.3	3.0	5.4
18.3	37.3	9.5	-6.9	6.4	-1.8	10.6	-2.4	-5.2	1.2	0.4
26.8	20.7	18.0	13.3	7.3	14.9	6.1	5.2	9.1	6.3	4.6
11.1	13.6	14.1	6.3	-3.3	1.8	6.3	9.4	9.9	12.6	5.3
25.6	36.0	25.2	6.7	4.4	15.7	7.4	3.5	6.1	7.5	5.9
21.6	20.3	18.9	14.3	12.0	18.5	9.9	14.0	10.9	15.2	14.7
32.5	43.7	17.4	14.9	24.7	15.8	12.7	4.9	6.5	3.0	14.6
26.2	21.0	19.5	11.0	3.3	24.8	-2.3	1.1	4.5	7.8	-1.0
18.5	12.7	17.2	14.3	8.7	9.4	11.9	6.1	6.2	8.9	13.1
15.0	12.9	18.8	13.1	11.4	8.9	10.8	6.5	9.9	14.0	16.3
18.3	14.5	21.9	4.3	11.8	10.7	11.3	9.5	10.4	11.8	14.0
2.9	5.0	2.1	2.2	1.9	1.2	2.1	1.5	2.5	3.2	2.8
3.3	4.7	1.6	1.4	1.0	0.2	1.3	0.8	2.2	2.2	2.0
7.2	6.0	-1.6	-1.6	-1.6	-4.8	-1.5	5.5	3.7	-0.3	-1.9
9.3	9.2	-0.8	-1.6	-1.8	-5.0	-2.0	7.3	3.6	-0.8	-2.5
				2.1	-0.5	2.9	0.5	-0.6	0.9	0.05
13.4	16.7	13.6	11.0	9.8	8.8	8.7	9.1	8.4	8.2	4.1
9.8	15.1	10.6	9.1	12.0	9.4	9.2	8.5	8.7	8.8	2.5
1.4	4.6	5.8	2.9	1.7	1.6	2.9	1.0	1.6	0.8	-0.3
14.3	19.3	13.2	12.4	11.2	8.8	7.9	8.3	7.8	9.1	5.5
8.2	22.7	14.8	9.1	15.8	9.9	8.8	8.6	9.0	9.2	2.9

a) Since 2009, Primary Energy has included hydro,wind and solar PV power. 2000-2008 data do not include wind and solar PV power.

b) Data of Household Deposits before 2014 refers to Urban and Rural Household Savings Deposits .

c)An integrated household survey programme has been implemented since 2013,instead of the two separate urban and rural household surveys.In 2018 according to national uniform regulation,the historical data of residents' income and expenditure are revised according to the new survey programme.

1-3 续表 2

单位:%

类　　别	Category	2000	2005
城镇居民生活	**Urban's Livelihood**		
年末人均住房建筑面积	Per Captia Construction Area of Buildings	5.0	8.0
人均可支配收入	Annual Per Capita Disposable Income of Urban Households	11.3	13.4
人均消费支出	Annual Per Capita Consumption Expenditure of Urban Households	11.0	11.5
十、农林牧渔业	**Farming,Forestry,Animal Husbandry and Fishery**		
农林牧渔业总产值	**Gross Output Value of Farming Forestry,Animal Husbandry and Fishery**	**3.9**	**5.2**
农　业	Farming	4.0	3.9
林　业	Forestry	6.2	-3.7
牧　业	Animal Husbandry	5.4	7.3
渔　业	Fishery	0.5	6.7
农林牧渔专业及辅助性活动	Output Value of Farming,Forestry,Animal Husbandry and Fishery professions and auxiliary activities		9.2
农业生产情况	**Farming**		
粮食总产量	Total Output of Grain	-10.1	11.4
粮食单产	Grain	-6.3	4.8
棉花总产量	Total Output of Cotton	50.5	-23.0
棉花单产	Cotton	1.2	-3.5
油料总产量	Total Output of Oil-bearing Crops	11.4	-1.6
油料单产	Oil-bearing Crops	3.2	3.3
肉类总产量	Total Output of Grain	-4.7	5.8
猪存栏	Number of Pigs	-6.2	0.4
牛存栏	Number of Cattles	-20.2	-2.7
羊存栏	Number of Sheep and Goats	-10.9	-0.8
家禽存栏	Number of Poultry	-10.4	-3.9
猪出栏	Slaughtered Pigs	-1.1	5.0
牛出栏	Slaughtered Cattle	-17.6	3.0
羊出栏	Slaughtered Sheep	-16.3	4.7
家禽出栏	Slaughtered Poultry	-9.0	18.3
禽蛋产量	Poultry Eggs	-13.8	2.1
奶类产量	Milk	2.3	17.1
水产品总产量	Total Aquatic Products	0.5	2.5
海水产品	Seawater Aquatic Products	-1.2	2.3
海洋捕捞	Catching in Ocean	-7.4	-0.8
海水养殖	Seawater Aquiculture	6.5	4.7
淡水产品产量	Freshwater Aquatic Products	11.2	3.7
捕捞量	Catching	1.5	18.6
养殖量	Freshwater Aquiculture	12.2	2.1
水产品养殖面积	Aquiculture Area	9.1	1.8
海　水	Seawater Aquiculture Area	25.2	2.2
淡　水	Freshwater Aquiculture Area	-4.9	1.4
十一、工　业	**Industry**		
全部工业增加值	Value Added of Industry Enterprises	10.9	15.0
十二、建筑业	**Industry**		
建筑业增加值	Value Added of Construction Enterprises	10.1	10.8

continued

(%)

2010	2011	2012	2013	2014	2015	2016	2017	2018	2019	2020
0.9	3.4	0.8	8.8	2.5	-2.5	3.2	0.3	-2.2	0.9	0.5
11.6	14.3	13.0	9.7	8.7	8.0	7.8	8.2	7.5	7.0	3.3
9.0	11.0	8.4	8.5	10.1	8.4	8.3	7.3	7.5	7.8	2.1
3.6	**3.8**	**4.7**	**3.8**	**4.0**	**4.3**	**4.4**	**4.0**	**3.0**	**0.8**	**3.0**
2.5	3.9	2.5	4.4	4.6	4.7	5.0	4.4	3.9	3.1	3.4
9.9	9.3	3.4	9.0	9.7	8.1	9.5	9.9	9.3	9.2	6.3
3.9	2.5	7.7	2.1	2.4	3.1	2.6	3.7	-0.1	-4.6	2.3
4.9	4.4	4.1	3.3	2.7	3.2	2.0	-0.5	0.8	-2.5	1.3
9.9	7.2	7.7	9.5	9.3	8.5	15.8	12.5	13.5	9.3	5.3
1.4	4.4	2.4	1.4	3.2	2.2	3.6	0.8	-1.0	0.7	1.7
-0.7	2.1	0.7	-1.9	-0.2	0.6	2.2	1.5	-0.4	1.8	2.1
-25.3	3.0	-15.4	-15.5	1.8	-23.3	-3.0	-37.1	4.8	-9.7	-6.6
-17.9	10.3	-2.9	-8.8	21.5	-7.1	13.1	0.6	-0.1	-2.2	10.6
-0.4	-1.1	-0.6	-0.1	-3.5	-3.3	-0.5	0.4	-2.3	-7.1	0.7
-0.7	1.1	0.9	-0.4	-0.7	-1.2	0.2	1.8	-0.4	-3.1	3.1
3.2	1.2	7.8	1.9	-0.2	1.0	-1.0	3.5	-1.3	-17.6	3.4
0.9	4.4	3.4	2.1	0.4	-1.0	-1.9	-1.5	-1.8	-27.1	34.8
-2.7	-0.5	-1.1	-2.2	-3.2	-0.7	-3.9	2.4	-5.2	-4.3	-23.5
-0.6	-2.0	-2.0	-2.8	-1.8	0.2	-4.2	3.6	2.7	2.0	-18.3
6.3	9.6	11.2	-1.0	-0.5	2.7	8.7	-1.9	-1.3	4.3	6.1
4.2	-0.9	9.4	5.0	4.0	-1.7	-1.2	1.7	-1.9	-37.5	5.3
-3.2	-5.6	-1.2	-0.7	-2.7	-0.6	-2.5	0.2	0.5	-4.8	-20.3
-4.2	-5.9	-2.1	-0.9	2.4	-0.1	0.5	3.5	2.0	0.7	-7.8
5.2	7.1	9.7	-1.6	-7.0	5.4	11.6	2.9	-1.5	6.5	9.2
2.0	4.4	0.2	-1.4	-2.1	9.2	4.0	0.9	0.5	0.7	7.0
4.9	2.1	5.4	-4.4	3.0	-1.6	-2.9	-1.0	0.5	0.8	3.0
4.0	3.8	-3.1	2.5	4.7	3.0	2.0	-2.5	-0.8	-4.4	0.6
3.2	2.8	-1.9	2.0	6.5	3.8	2.6	-2.3	-0.1	-4.1	1.7
-4.0	6.9	-14.0	-3.4	9.5	3.1	2.4	-9.7	-1.4	-2.7	-2.5
3.9	4.3	5.5	4.7	5.1	4.1	2.6	1.2	0.4	-4.6	3.4
8.1	8.4	-8.7	5.1	-3.6	-0.6	-0.9	-3.6	-4.2	-6.6	-5.6
2.0	3.4	-16.7	2.1	-21.3	-8.4	13.0	-10.8	-1.1	7.8	7.1
8.8	9.0	-7.9	5.3	-2.1	-0.1	-1.8	-3.1	-4.4	-7.6	-6.6
10.4	3.3	2.6	2.9	1.0	1.3	-0.8	-0.7	-6.2	-3.0	-1.9
13.5	2.2	2.3	4.4	0.3	2.7	7.4	0.9	-6.5	-1.6	3.4
4.9	5.5	3.3	0.1	2.3	-1.3	-17.1	-4.9	-5.3	-6.6	-16.8
11.6	12.2	10.8	10.1	8.8	6.9	6.1	6.2	4.5	2.0	3.6
11.9	6.4	7.0	9.6	9.2	8.1	6.0	4.4	4.2	6.5	1.6

1-3 续表 3

单位:%

类　　别	Category	2000	2005
十三、交通运输邮电	**Transport,Posts and Telecommunications**		
铁路通车里程	Length of Railways	持平	1.6
公路通车里程	Length of Highways	4.2	3.0
#晴雨通车	Length of Highways Operating under All Weathers	4.5	3.1
内河通航里程	Length of Navigable Inland Waterways	持平	持平
客运量	Passenger Traffic	11.4	10.2
铁　路	Railways	4.6	2.5
公　路	Highways	12.1	10.5
水　路	Waterways	-4.8	9.2
客运周转量	Passenger Turnover	5.9	10.7
铁　路	Railways	7.8	5.9
公　路	Highways	12.2	13.4
水　路	Waterways	-19.1	7.5
货运量	Freight Traffic	15.3	12.1
铁　路	Railways	6.6	2.7
公　路	Highways	13.4	12.7
水　路	Waterways	14.1	26.3
货运周转量	Freight Turnover	26.7	16.7
铁　路	Railways	8.7	9.7
公　路	Highways	14.8	19.4
水　路	Waterways	70.9	18.7
沿海主要港口货物吞吐量	Volume of Freight Handled in Major Coastal Ports	15.2	25.7
邮政局总计	Number of Post & Telecommunications Offices	-31.8	0.5
函　件	Number of Letters	-6.4	-51.9
电信业务总量	Business Volume of Telecommunication Services	32.1	39.4
邮政业务总量	Business Volume of Post Services		13.4
互联网宽带接入用户	Number of Mobile Telephone		
年末移动电话用户	Number of Mobile Telephone	101.2	16.7
民用汽车拥有量	Number of Private Vehicles	14.4	22.0
十四、国内贸易	**Domestic Trade**		
社会消费品零售总额	**Total Retail Sales of Consumer Goods**	**12.4**	**15.3**
商品零售	Retail Sales		
餐饮收入	Catering Income		
十五、对外贸易和旅游	**Foreign Economy and Trade,Tourism**		
对外贸易	Foreign Economy and Trade		
海关进出口总值	Total Value of Imports and Exports	36.8	26.5
海关出口总值	Total Exports	34.1	28.9
#一般贸易	General Trade	37.9	28.4
来料加工装配贸易	Processing and Assembling with Customer's Materials	34.0	23.1
进料加工贸易	Processing and Assembling with Import Materials	28.4	33.2
海关进口总值	Total Imports	41.4	23.0

注：1.交通运输部2014年修订了公路、水运运输量统计试行方案，统计口径发生了变化。
2.2000年及以前邮电业务总量按1990年不变价格计算，2001—2010年按2000年不变价格计算。2011—2015年邮电业务总量按2010年价格计；2016年起，按2015年价格计算。2012年起，邮政业务量由山东邮政管理局提供，包括快递业务量，2012年以前数据由山东省邮政公司提供。
3.2019年起，公路货运量采用全国公路货运量专项调查数据。与往年数据不可比。
4.2020年起，铁路客货运量、周转量为济南局、北京局、郑州局在山东省内数据，口径为国家铁路；铁路通车里程含地方铁路。

continued

(%)

2010	2011	2012	2013	2014	2015	2016	2017	2018	2019	2020
5.9	9.0	3.1	2.1	3.4	7.0	0.4	4.8	11.0	5.2	
1.4	1.4	4.9	3.4	2.7	1.5	0.9	1.8	1.9	1.7	2.3
1.6	1.5	5.0	3.4	2.8	1.5	0.9	1.8	1.9	1.8	2.3
13.6	持平	持平	持平	持平	持平	持平	持平	持平	持平	-2.9
6.2	0.7	5.8	1.7	-1.0	-19.0	5.2	2.9	3.2	1.1	-55.9
4.0	9.4	15.7	10.9	12.1	12.2	11.6	12.5	8.5	8.2	-41.0
6.2	0.6	5.5	1.4	-3.1	-24.3	4.0	0.6	1.9	-0.9	-60.7
14.9	-8.8	7.1	0.2	11.8	-1.1	0.1	1.8	0.3	-1.5	-59.1
3.6	5.0	6.0	3.3	5.5	-1.1	3.7	5.0	3.5	0.8	-55.4
10.9	8.9	11.1	7.9	12.3	4.4	6.2	7.2	4.0	1.3	-47.9
1.2	3.7	4.2	1.6	-1.7	-7.8	0.2	1.8	2.6	-0.2	-67.7
18.9	0.3	5.2	-7.8	7.3	-1.5	3.1	0.6	5.7	12.7	-72.5
4.8	5.7	4.9	4.3	0.1	-1.0	8.9	14.6	8.3		1.2
-7.9	9.2	0.5	-3.9	-11.8	-6.0	6.1	6.6	4.8	11.4	10.2
5.1	5.7	6.2	5.1	1.0	-0.9	9.6	15.3	8.6		0.4
17.7	1.5	3.5	-1.2	2.7	3.9	2.3	10.6	7.8	-1.1	2.5
7.2	7.1	-12.7	-6.6	0.9	1.9	5.6	9.4	3.5	1.2	1.9
7.9	5.4	-2.1	-7.0	-10.9	-13.0	6.0	6.8	4.2	13.4	3.9
2.8	6.6	6.6	6.2	3.9	2.9	3.3	9.5	3.1	-1.7	0.6
14.4	8.6	5.5	2.1	1.3	12.4	15.0	10.8	4.4	3.3	5.0
18.3	11.3	10.9	10.8	8.9	4.4	6.4	6.1	6.6	-0.3	4.9
-0.8	0.4	0.2	0.2	0.3	持平	0.3	0.1	-0.2	0.6	4.0
3.6	-14.7	-0.8	-7.2	-31.0	-35.7	-45.0	-32.4	-8.7	-1.7	-30.7
21.1	14.8	10.2	8.3	23.6	17.3	49.3	73.1	144.3	58.5	24.4
		15.6	24.8	24.2	41.0	46.7	30.3	34.5	35.9	38.4
		18.2	7.4	4.0	6.7	45.6	9.4	11.4	10.4	8.1
15.9	15.0	6.6	9.8	4.0	8.7	1.9	3.6	6.3	2.0	1.1
18.7	14.9	15.9	13.8	10.2	10.4	12.7	11.6	10.0	9.4	7.9
16.9	**15.9**	**13.2**	**12.2**	**11.3**	**9.4**	**9.0**	**8.7**	**7.6**	**6.4**	**持平**
	15.5	13.4	12.3	11.4	9.0	8.5	8.6	7.1	6.0	0.8
	19.5	11.9	10.8	10.4	12.4	12.7	10.0	11.9	9.7	-6.2
36.3	24.9	4.1	8.8	3.7	-12.8	-3.1	12.3	11.2	1.3	7.5
31.0	20.7	2.4	4.5	7.6	-0.5	-4.8	7.2	8.9	0.8	17.1
36.7	30.0	6.3	10.6	10.1	8.0	-4.3	9.0	17.2	1.9	23.1
7.5	12.3	2.9	-0.2	-7.4	-7.7	-3.2	-9.0	-7.7	0.6	-17.8
28.4	12.0	-3.6	-3.8	7.8	-11.6	-6.7	6.3	-5.6	-10.8	-0.8
43.5	30.1	6.0	13.6	-0.2	-26.2	-0.7	19.5	14.1	2.0	-4.0

a)The pilot statistical investigation program on passenger highway and turnover was revised in 2014,and the statistical scope was adjusted.

b) Business volume of postal service and telecommunication service before 2000 was calculated at 1990 constant prices and that from 2001 to 2010 was calculated at 2000 constant prices and that from 2011 to 2010 was calculated at 2010 constant prices. Since 2016, it was calculated at 2015 constant prices..The datas of business volume of postal service before 2012 are from Shandong Post Company,since 2012,they are from Shandong Post Bureau,including business volume of courier companies above designated size .

c)The road freight volume adopts the special survey data of national road freight volume since 2019,and not comparable with the previous .

d)Since2020, the railway passenger and freight volume and turnover refer to the data of Jinan Bureau,Beijing Bureau and Zhengzhou Bureau in Shan -dong Province,the caliber is national railway,and the data of railways length includes the local railways.

1-3 续表 4

单位:%

类　　别	Category	2000	2005
利用外资	**Utilization of Foreign Capital**		
新设外商直接投资企业数	Number of newly established Companies by foreign direct investment	58.9	8.9
实际利用外商直接投资	Direct Foreign Investments	20.4	3.1
对外承包工程和劳务合作	**Foreign Contracted Projects Labor Cooperation**		
合同个数	Number of Contracts (unit)	12.0	15.5
合同金额	Contracted Value	-9.1	11.9
营业额	Value of Business	-28.9	15.1
年末在外人数	Population in Foreign Countries and Regions	13.1	14.2
旅　游	**Tourism**		
接待海外旅游人数	International Tourists	16.3	30.0
外国人	Foreigners	14.9	29.8
港澳台胞	Compatriots from Hong Kong Macao and Taiwan	23.5	31.0
旅游外汇收入(人民币)	Foreign Exchange Earnings(RMB)	18.8	36.3
旅游外汇收入(美元)	Foreign Exchange Earnings(USD)	18.8	37.7
人民币对主要外币年平均汇价(中间价)	**Average Exchange Rate of RMB Yuan Against Main Convertible Currencies (Middle Rate)**		
100美元	100 US Dollars	0.0	-1.0
100日元	100 Japanese Yen	-8.5	-2.7
100港元	100 Hong Kong Dollars	-0.4	-0.9
100欧元	100Euros		-0.9
十六、教　育	**Education**		
普通高等学校	**Regular Institutions of Higher Education**		
学校数	Number of Schools	11.5	7.2
招生数	New Enrollment	51.5	22.3
毕业生数	Graduates	0.2	34.5
在校学生数	Total Enrollment	42.2	23.8
教职工数	Teachers and Staff	10.7	17.4
#专任教师	Full-time Teachers	16.5	20.0
中等专业学校	**Secondary Professional Schools**		
学校数	Number of Schools	-3.2	-7.6
招生数	New Enrollment	-23.6	-2.1
毕业生数	Graduates	-2.9	13.8
在校学生数	Total Enrollment	-3.2	-1.2
教职工数	Teachers and Staff	-5.2	-5.6
#专任教师	Full-time Teachers	-4.2	-4.5
普通中学	**Regular Senior Secondary Schools**		
学校数	Number of Schools	-0.2	-3.6
招生数	New Enrollment	5.4	-6.6
毕业生数	Graduates	1.9	-3.0
在校学生数	Total Enrollment	9.4	-5.7
教职工数	Teachers and Staff	3.9	-0.7
#专任教师	Full-time Teachers	4.9	-0.5
技工学校	**Technical Schools**		
学校数	Number of Schools	-7.6	-8.0
招生数	New Enrollment	-5.7	14.1
毕业生数	Graduates	-6.9	32.7
在校学生数	Total Enrollment	-14.7	18.8
教职工数	Teachers and Staff	-15.2	3.2
#专任教师	Full-time Teachers	-3.2	3.1

注:1.2004年起实行新的外商投资统计制度,取消对外借款部分,外商直接投资数据为商务部反馈数。 2008年实际使用外资采用全口径统计方式。 2019年起，实际使用外资采用商务部通报口径，不包含股东贷款、投资性公司投资，合同外资不再统计。
2.2010年起，中等专业学校数据改为中等职业学校口径。

continued

(%)

2010	2011	2012	2013	2014	2015	2016	2017	2018	2019	2020
11.2	-12.2	-7.0	5.4	-3.8	11.6	-2.1	0.1	45.8	16.7	21.6
14.5	21.7	10.7	13.8	8.1	7.3	3.2	6.1	14.9	18.6	20.1
28.3										
17.2	-13.2	4.2	12.1	14.8	8.6	0.8	2.8	11.2	-11.9	-22.9
18.3	36.1	9.6	4.5	8.6	9.7	6.7	7.0	2.8	-4.4	-18.0
5.9	6.4	-4.5	2.3	16.5	0.7	3.1	9.0	-4.0	6.9	-33.4
18.3	15.7	10.8	-3.7	-1.6	3.4	5.4	1.8	3.8	1.6	-89.9
15.2	12.4	9.6	-4.3	-0.5	3.1	5.0	0.1	3.7	1.3	-88.1
29.1	25.8	14.1	-1.8	-4.3	4.1	6.3	6.4	4.0	2.3	-94.3
21.0	12.9	12.0	-8.3	-1.4	8.2	12.8	5.3	3.9	5.8	-93.9
22.1	18.4	14.6	-6.6	-0.6	6.7	5.8	3.6	6.0	1.5	-93.9
-0.9	-4.6	-2.3	-1.9	-0.8	1.4	6.6	1.6	-2.0	4.2	-0.01
5.9	4.9	-2.5	-19.9	-8.1	-11.4	18.8	-1.6	-0.6	5.8	2.0
-1.1	-4.8	-1.9	-1.9	-0.8	1.4	6.5	1.2	-2.6	4.3	1.0
-5.8	0.3	-9.9	1.4	-0.7	-15.3	6.2	3.9	2.2	-1.0	1.9
3.9	4.5	-1.4	2.2	1.4	0.7	0.7	0.7	持平	0.7	4.1
-1.1	2.6	-0.2	-0.1	10.1	2.6	4.8	-1.9	2.7	17.9	-1.6
2.9	3.5	1.5	2.7	-2.5	2.2	7.4	12.2	2.6	-1.3	4.7
2.4	0.3	0.3	5.8	5.8	5.8	5.0	1.0	1.3	7.0	4.9
1.7	0.9	0.8	2.4	1.2	2.2	2.3	2.6	2.7	4.0	4.3
1.9	6.5	0.3	0.3	2.7	3.3	2.9	2.8	1.7	4.3	5.6
	-7.7	-5.2	-6.3	-12.4	-5.4	-1.6	-6.3	-0.7	-1.8	1.5
	4.2	-9.0	-10.2	-12.2	-7.9	-2.0	-9.4	-6.1	8.9	11.3
	-12.0	-1.6	-0.5	-6.5	-9.5	-10.5	-13.4	0.8	3.9	-10.2
	4.0	-2.6	-10.1	-8.1	-9.6	-5.5	-2.0	-5.4	-2.6	6.4
	-5.8	-3.7	-6.5	-3.5	-3.4	-2.7	-0.3	-1.8	-1.8	1.0
	-3.4	-2.1	-4.2	-1.9	-0.7	-1.4	0.9	-0.8	-0.4	2.2
-2.8	-2.1	-1.3	-1.6	-0.1	-0.4	1.7	1.6	3.1	3.3	3.4
2.4	-1.4	-1.2	-0.8	-3.1	-1.6	6.1	2.5	-0.1	7.2	6.5
-1.1	0.6	-2.9	1.9	-1.5	1.5	1.0	-3.9	-2.0	6.1	5.8
0.3	0.1	-1.8	-0.8	-0.5	-1.3	0.5	2.6	3.0	3.6	3.9
-0.8	5.5	0.5	0.2	1.2	0.9	1.8	3.6	2.6	4.2	4.1
-0.1	1.3	0.02	1.5	1.2	0.8	1.9	3.2	2.3	3.8	4.0
6.6	-0.5	2.4	-2.8	-1.9	-4.4	持平	持平	-6.7	持平	持平
-6.8	9.1	3.4	-6.7	-11.2	2.8	1.6	-3.4	4.7	11.8	15.0
-4.8	-7.6	-8.4	7.7	-11.3	-9.2	-8.7	15.8	-7.2	-4.8	4.7
0.4	-4.1	5.2	-7.8	-10.9	-3.4	5.4	-0.8	-0.8	7.7	14.1
-27.2	34.1	22.7	3.2	-4.7	-0.6	-0.3	0.6	0.3	0.2	1.7
-22.8	40.7	1.9	11.8	-4.1	-1.7	1.3	-1.5	-0.2	-1.0	5.7

a)Since 2004,foreign loads is canceled according to the new statistical lations on foreign investments, data of foreign direct investments come from the Ministry of Commerce.In 2008 the foreign capital actually utilized is changed to the actual received foreign capital.From 2019,Actual use of foreign capital uses Bulletin of the Ministry of Commerce,does not contain shareholder loan and the investment from investment companies,and contract fo -reign investment is no longer counted.

b)Data of secondary professional schools refer to the caliber of secondary vocational school since 2010 .

1-3 续表 5

单位:%

类　　别	Category	2000	2005
小　学	**Regular Primary Schools**		
学校数	Number of Schools	-11.7	-6.3
招生数	New Enrollment	-10.0	-5.4
毕业生数	Graduates	1.9	-9.1
在校学生数	Total Enrollment	-11.0	-2.0
教职工数	Teachers and Staff	-2.4	0.0
#专任教师	Full-time Teachers	-2.5	-0.3
成人高等学校	**Adult Institutions of Higher Education**		
学校数	Number of Schools	持平	持平
招生数	New Enrollment	-5.4	-17.8
毕业生数	Graduates	14.9	10.0
在校学生数	Total Enrollment	-0.5	-3.6
教职工数	Teachers and Staff	-1.7	3.8
#专任教师	Full-time Teachers	-0.7	7.0
十七、科　技	**Science**		
重要科技成果	**Major Scientific Achievements**		
成果数量	Number of Achievements	1.1	-20.5
#农　业	Agricultural	3.2	-29.5
工　业	Industry	1.5	-51.9
国际领先先进水平	Internationally Advanced	-19.5	10.1
国内领先先进水平	Nationally Advanced	4.5	-27.2
专利情况	**Patent Applications**		
申请量	Number of Patent Applications Examined	16.7	56.8
授权量	Number of Patent Applications Granted	6.5	10.4
#发明专利	Inventions		14.6
十八、卫生、文化事业	**Public Health and Culture**		
卫生机构数	Number of Health Institutions	17.2	1.3
#医院(卫生院)	Hospitals and Township Hospitals	-0.0	1.1
卫生机构床位数	Number of Beds in Health Institutions	0.7	8.4
卫生技术人员数	Medical Technical Personnel	2.3	0.6
#执业(助理)医师	Licensed (Assistant) Doctors	4.3	1.5
注册护士	Registered Nurse	2.3	2.0
文化(艺术)馆	**Cultural (Arts) Centers**		
机构数	Number of Institutions	0.6	-0.6
人　数	Number of Employed Persons	-4.4	-4.9
文化站	**Cultural Stations**		
机构数	Number of Institutions	-2.9	-0.8
人　数	Number of Employed Persons	0.3	-0.8
艺术表演团体	**Arts Performance Troupes**		
机构数	Number of Institutions	0.9	-0.9
人　数	Number of Employed Persons	-2.2	1.2
剧场(院)	**Theaters and Music Halls**		
机构数	Number of Institutions	-1.9	-1.1
人　数	Number of Employed Persons	-2.8	-9.9
图书馆	**Libraries**		
机构数	Number of Institutions	持平	2.1
人　数	Number of Employed Persons	-1.9	2.2
博物馆	**Museums**		
机构数	Number of Institutions	3.5	4.2
人　数	Number of Employed Persons	-1.8	2.3

注：1.自2011年，医疗卫生机构数含村卫生室，自2013年，含部分计划生育技术服务机构。
2.2017年以前，专利申请量是指国家知识产权局受理的专利申请数量；从2017年开始，是指国家知识产权局受理的按规定缴足申请费、符合进入初步审查阶段条件的专利申请数量。

continued

(%)

2010	2011	2012	2013	2014	2015	2016	2017	2018	2019	2020
-3.5	-2.9	-3.9	-3.6	-3.4	-3.4	-3.6	-2.9	-0.7	-0.3	-0.3
9.4	7.3	-8.2	5.6	7.8	-0.2	-0.4	2.5	2.1	-1.4	1.4
0.7	-3.1	-0.6	-2.7	-2.2	-2.1	8.3	3.6	0.5	5.6	6.3
0.4	2.4	-2.5	-0.3	3.6	4.0	2.5	2.5	2.5	1.7	0.6
-0.8	-5.7	-1.6	-0.9	-1.3	0.1	1.9	1.4	0.1	1.1	0.9
-0.6	-0.3	-1.0	1.2	0.5	1.9	3.2	3.2	2.1	2.8	2.6
-14.3	-5.6	持平	-35.3	持平	持平	持平	持平	持平	持平	持平
-2.1	10.9	12.8	-0.6	8.0	-8.8	9.9	-12.1	48.5	25.2	41.7
5.0	31.1	-16.8	6.6	15.0	9.3	3.8	66.7	-35.1	-12.4	40.9
3.0	-0.6	10.8	7.4	5.5	-0.2	3.7	-25.3	13.8	30.2	33.5
-32.3	-6.5	8.5	-33.7	-20.5	-2.6	-27.1	-1.5	-6.4	-15.0	-0.7
-28.9	-7.3	6.8	-32.1	-22.1	-3.3	-27.5	-3.1	-7.4	-19.1	-1.0
0.1	0.5	0.6	-2.5	26.7	1.9	0.2	-15.9	-29.4	42.5	-8.2
27.8	-22.0	10.8	-12.1	48.1	-12.5	9.4	-13.8	-36.1	36.2	7.0
-11.5	-3.7	18.0	1.5	26.4	-6.9	-9.8	-13.4	-43.3	78.9	-16.6
-10.0	-4.3	-5.9	11.8	20.0	18.4	-21.2	-19.9	-31.8	76.7	-34.0
-6.8	-1.5	4.1	-20.9	7.4	5.8	-9.7	-11.1	-29.9	40.3	3.2
20.9	35.5	17.3	20.6	2.2	21.8	10.2		16.6	10.3	40.2
49.2	14.3	28.3	1.9	-5.4	34.7	持平	2.5	31.7	10.7	63.0
43.3	42.6	27.3	19.6	18.2	60.2	14.9	-1.6	6.5	1.5	29.5
9.3		0.8	9.6	2.1	0.5	-0.5	2.7	3.1	2.6	1.4
2.5	1.2	1.7	7.5	1.9	1.9	2.4	12.8	2.7	-0.4	-0.02
10.1	8.9	13.8	3.4	2.1	3.8	4.5	7.8	4.0	3.5	2.7
8.6	9.2	10.0	12.8	1.0	2.5	3.9	7.2	7.1	6.0	4.0
5.3	4.5	7.8	15.7	-0.4	2.6	3.4	8.0	9.6	8.7	4.5
12.5	9.8	12.1	25.3	2.3	3.4	5.8	9.2	9.9	5.8	4.2
持平	1.3	-1.3	0.6	-0.6	-0.6	持平	持平	持平	持平	0.6
-1.9	1.0	-1.7	1.0	-0.5	-0.4	-0.9	-0.9	-0.9	-2.9	0.8
-0.6	-1.5	-0.4	-0.8	0.2	0.2	0.1	-0.1	0.2	-0.2	0.3
-1.1	2.2	7.4	-1.4	5.4	6.8	-4.9	1.4	-0.1	4.7	0.8
0.8	-2.5	-10.3	-1.0	1.0	持平	-1.0	1.9	持平	-1.0	-1.0
-0.2	-1.7	-7.2	-2.9	3.1	-6.3	5.3	0.7	-2.6	2.3	-5.0
11.0	2.2	持平	持平	持平	-1.1	1.1	7.5	6.0	-12.3	-6.5
16.1	12.1	-2.4	-17.5	0.9	-5.9	-1.8	13.7	4.4	-8.9	-1.2
-0.7	0.7	持平	2.0	持平	0.7	持平	持平	持平	持平	持平
0.4	0.6	-1.9	4.3	-1.1	0.7	2.8	1.7	-1.2	-0.9	3.1
2.7	5.3	48.3	9.0	25.3	28.4	26.0	23.4	6.6	4.6	6.7
6.5	13.5	56.2	9.1	13.1	17.5	13.3	11.5	1.0	3.2	6.6

a)Since 2011,the number of health institutions includes village clinics,and since 2013 ,it includes family planning technical services institutions.

b)Before 2017, the amount of patent application refers to the number of patent applications accepted by the State Intellectual Property Office; from 2017,it refers to the amount of application fees paid by the State Intellectual Property Office and the number of patent applications that have entered the preliminary examination stage.

1-4 全省经济和社会发展结构指标

Composition Indicators on National Economic and Social Development

单位:% (%)

项 目	Item	2010	2015	2016	2017	2018	2019	2020
一、地区生产总值比例	**Structure of Gross Domestic Product**							
第一产业	Primary Industry	10.1	8.9	8.2	7.7	7.4	7.3	7.3
第二产业	Secondary Industry	52.2	44.9	43.5	42.7	41.3	39.9	39.1
第三产业	Tertiary Industry	37.7	46.2	48.3	49.6	51.3	52.8	53.6
二、常住人口比例	**Structure of Population**							
按性别分	Sexual Structure							
男	Male	50.6	50.5	50.7	50.7	50.2	49.8	50.7
女	Female	49.4	49.5	49.3	49.3	49.8	50.2	49.3
按年龄分	Age							
0-14岁	Aged 0-14	15.7	16.6	16.4	17.2	18.1	18.0	18.8
15-64岁	Aged 15-64	74.4	71.2	70.4	68.8	66.9	66.2	66.1
65岁及以上	Aged 65 and Over	9.9	12.2	13.2	14.0	15.0	15.8	15.1
按农村城镇分	Agricultural and Non-agricultural Structure							
农村人口	Agricultural Structure	50.29	43.03	40.87	39.21	38.54	38.14	36.95
城镇人口	Non-agricultural Structure	49.71	56.97	59.13	60.79	61.46	61.86	63.05
三、社会就业人员比例	**Structure of Employment**							
第一产业	Primary Industry	38.0	31.1	29.8	28.5	27.3	26.0	24.9
第二产业	Secondary Industry	31.2	33.3	33.3	33.5	33.4	33.3	33.4
第三产业	Tertiary Industry	30.8	35.6	36.9	38.0	39.3	40.7	41.7
四、农林牧渔业总产值比例	**Structure of Gross Output Value of Agriculture**							
农 业	Farming	54.6	50.2	48.3	48.2	49.8	50.8	50.7
林 业	Forestry	1.3	1.5	1.6	1.8	1.9	2.0	2.1
牧 业	Animal Husbandry	27.3	28.0	28.9	27.4	25.9	24.9	25.2
渔 业	Fishery	12.6	15.6	15.5	16.1	15.2	14.4	14.1
农林牧渔专业及辅助性活动	Farming,Forestry,Animal Husbandry and Fishery professions and auxiliary activities	4.1	4.7	5.6	6.5	7.2	7.8	7.9
五、全社会固定资产投资比例	**Structure of Investment in Fixed Assets**							
国有经济	State-owned Units	15.7	13.0	14.1	17.3	20.1	23.8	20.2
集体经济	Collective-owned Units	11.3	6.5	2.9	2.7	1.2	1.1	0.5
个体经济	Self-employed Units	27.9	42.0	41.6	40.4	39.1	29.9	30.1
其他经济	Others	45.1	38.5	41.4	39.5	39.6	45.2	49.3
六、社会消费品零售总额比例	**Structure of Total Retail Sales of Consumer Goods**							
城镇	Urban	80.7	79.9	79.8	79.7	79.5	79.4	82.2
乡村	Rural	19.3	20.1	20.2	20.3	20.5	20.6	17.8
七、人民生活	**People's Living Conditions**							
城乡居民收入比(农村居民收入为1)	Urban and Rural Income Ratio(Rural Income as 1)	2.70	2.44	2.44	2.43	2.43	2.38	2.33
城镇居民人均消费支出	Of Per Capita Consumption Expenditure of Urban Households							
食品烟酒	Food, Tobacco and Liquor	29.3	27.8	27.6	26.8	26.3	26.1	26.8
交通通信	Transport and Communications	14.4	13.8	14.0	14.2	14.5	14.1	13.5
教育文化娱乐	Education, Cultural and Recreation	9.4	10.8	11.2	11.4	11.7	11.9	11.7
医疗保健	Health Care and Medical Services	6.8	7.1	7.5	7.7	7.9	8.2	8.4
农村居民人均消费支出	Of Per Capita Consumption Expenditure of Rural Households							
食品烟酒	Food, Tobacco and Liquor	35.2	30.4	29.8	28.6	28.1	27.8	29.4
交通通信	Transport and Communications	13.9	15.9	16.2	16.5	16.6	16.2	16.7
教育文化娱乐	Education, Cultural and Recreation	10.7	10.4	10.6	11.0	11.2	11.6	10.2
医疗保健	Health Care and Medical Services	8.2	10.5	10.8	10.9	10.7	10.9	11.2

注：表中2015—2019年常住人口比例、就业人员比例根据第七次人口普查结果进行了修订。

a)According to the Seventh National Census, the data of Structure of Population and Employment between 2015 to 2019 have been revised.

1-4 续表 continued

单位:% (%)

项 目	Item	2010	2015	2016	2017	2018	2019	2020
八、一般公共预算收入与地区生产总值之比	**Proportion of General Pubilc Budget Revenue to GDP**	**8.1**	**10.0**	**10.0**	**9.7**	**9.7**	**9.3**	**9.0**
九、一般公共预算收入比例	**Of General Public Budget Revenue**							
税收收入	Tax Revenue	78.2	76.0	71.9	72.5	75.5	74.3	72.5
国内增值税	Domestic Value-added Tax	13.8	10.8	19.3	28.0	29.3	30.0	27.7
企业所得税	Corporate Income Tax	10.7	9.0	8.6	10.2	10.4	10.7	10.5
个人所得税	Individual Income Tax	2.9	2.6	2.4	3.1	3.3	2.3	2.8
十、一般公共预算支出比例	**Of of General Public Budget Expenditure**							
一般公共服务支出	Expenditure for General Public Service	13.1	8.9	8.9	9.3	9.3	9.9	10.0
科学技术支出	Expenditure for Science and Technology	2.0	1.9	1.9	2.1	2.3	2.8	2.7
教育支出	Expenditure for Education	18.6	20.5	20.9	20.4	19.9	20.1	20.3
社会保障和就业支出	Expenditure for Social Safety Net and Employment Effort	10.1	11.0	11.3	12.2	12.4	13.5	14.8
十一、交通运输	**Structure of Transport**							
货运量比例	Structure of Freight Traffic							
铁路	Railways	6.1	6.1	5.9	5.5	5.4	6.8	7.5
公路	Highways	88.7	88.2	88.7	89.3	89.5	87.3	86.6
水运	Waterways	5.2	5.7	5.3	5.2	5.1	5.8	5.9
铁路网密度(公里/万平方公里)	Railway Density (km/10 000 sq.km)	243	308	309	324	359	378	436
公路网密度(公里/万平方公里)	Highway Density (km/10 000 sq.km)	14557	16683	16827	17130	17450	17746	18157
十二、邮电通信业	**Postal and Telecommunication Services**							
电话普及率(含移动电话)(部/百人)	Popularization Rate of Telephone (Include Mobile Telephone) (set/100 persons)	85.7	106.7	105.9	107.9	113.3	118.5	118.4
移动电话普及率(部/百人)	Popularization Rate of Mobile Telephone (set/100 persons)	64.6	95.4	96.2	99.1	104.9	106.7	107.3
十三、R&D经费支出比例	**Structure of R&D Expenditure**							
#基础研究	Basic Research	2.0	2.1	2.3	2.3	3.0	3.8	3.0
应用研究	Applied Research	5.4	5.4	5.7	5.7	6.8	6.6	6.6
试验发展	Experimental Development	92.6	92.5	91.9	92.0	90.3	89.5	90.4
#政府资金	Government Funds	8.8	7.8	6.9	7.0	8.3	9.8	8.6
企业资金	Enterprises Funds	89.3	90.2	91.0	91.1	88.9	88.7	90.3
十四、卫生	**Public Health**							
卫生技术人员	**Structure of Medical Technical Personnel**							
#执业(助理)医师	Licensed (Assistant) Doctors	40.4	38.3	38.1	38.4	39.3	40.3	40.5
注册护士	Registered Nurses	35.3	41.1	41.8	42.6	43.7	43.6	43.7
每万人口执业(助理)医师数 (人)	Number of Licensed (Assistant) Doctors per 10 000 Population (person)	18.6	24.0	24.6	26.4	28.8	31.2	32.4
每万人口医疗卫生机构床位数 (张)	Number of Beds of Hospitals and Health Centers per 10 000 Population (bed)	39.9	52.6	54.4	58.3	60.4	62.3	63.7

1−5 平均每天社会经济活动

Selected Indicators on Average Daily Social and Economic Activities

指标名称	Item	2015	2016	2017	2018	2019	2020
一、全省每天创造的财富	**Daily Production**						
地区生产总值 (万元)	Gross Domestic Product (10 000 yuan)	1514761	1605532	1726359	1825996	1932616	2003534
农林牧渔业总产值 (万元)	Gross Output Value of Farming, Forestry, Animal Husbandry and Fishery (10 000 yuan)	254354	247967	250421	257463	264977	279194
建筑业总产值 (万元)	Gross Output Value of Construction (10 000 yuan)	256946	275613	314460	353378	390939	409515
一般公共预算收入 (万元)	General Public Budget Revenue (10 000 yuan)	151488	160114	167086	177682	178814	179724
原　盐 (吨)	Salt (ton)	45449	43296	38556	30652	29364	24611
布 (万米)	Cloth (10 000 m)	3175	3249	3318	1841	1216	1126
发电量 (万千瓦时)	Electricity (10 000 kW·h	128345	139443	141444	159902	161568	158389
原　油 (万吨)	Crude Oil (10 000 tons)	7.1	6.3	6.1	6.1	6.1	6.1
粗　钢 (吨)	Steel (ton)	181351	195822	195833	196636	174164	219000
汽　车 (辆)	Motor Vehicles (unit)	3208	3441	3844	3734	3113	3173
二、全省每天消费量	**Daily Consumption**						
社会消费品零售额 (万元)	Total Retail Sails of Consumer Goods (10 000 yuan)	590437	641587	699396	752884	801402	801316
三、其他经济活动	**Other Daily Economic Activities**						
铁路、公路和水路客运人数 (万人)	Passenger Traffic (10 000 persons)	163.4	171.4	176.8	182.5	184.4	82.5
铁路、公路和水路货运量 (万吨)	Freight Traffic (10 000 tons)	708.1	771.4	883.7	957.5	834.9	845.6
住宅竣工面积 (平方米)	Floor Space of Residential Buildings Completed (sq.m)	169468	173720	175519	220742	211908	196508
四、全省人口变动和婚姻	**Daily Population Changes and Marriages**						
出生人口 (人)	Birth (person)	3912	4198	5623	4111	3362	2740
死亡人口 (人)	Death (person)	1651	1460	3243	1779	1792	1973
结婚对数 (对)	Marriages (couples)	1924	1835	1718	1645	1464	1337
离婚对数 (对)	Divorces (couples)	660	695	747	752	780	711

注：1.交通运输部2014年修订了公路、水运运输量统计试行方案，统计口径发生了变化。

2.2020年起，铁路客货运量、周转量为济南局、北京局、郑州局在山东省内数据，口径为国家铁路。

a)The pilot statistical investigation program on passenger traffic and turnover was revised in 2014,and the statistical scope was adjusted.

b)The railway passenger and freight volume and turnover refer to the data of Jinan Bureau, Beijing Bureau and Zhengzhou Bureau in Shandong Province,the caliber is national railway.

1–6 国民经济和社会发展主要指标占全国的比重(2020年)

Proportion of Main Economic and Social Indicators to the Whole Country(2020)

指标名称		Item		山东 Shandong	全国 China	山东占全国比重(%) Proportion of Shandong to China (%)
一、人口与就业		**Population and Employment**				
年末总人口	(万人)	Population at the Year-end	(10 000 persons)	10165	141212	7.2
就业人员	(万人)	Employment	(10 000 persons)	5510	75064	7.3
二、土地面积	**(万平方公里)**	**Area of Land**	**(10 000 sq.km)**	**15.8**	**960**	**1.6**
三、生产总值	**(亿元)**	**Gross Domestic Product**	**(100 million yuan)**	**73129.0**	**1015986.2**	**7.2**
第一产业	(亿元)	Primary Industry	(100 million yuan)	5363.8	77754.1	6.9
第二产业	(亿元)	Secondary Industry	(100 million yuan)	28612.2	384255.3	7.4
第三产业	(亿元)	Tertiary Industry	(100 million yuan)	39153.0	553976.8	7.1
四、人均地区生产总值	**(元)**	**Per Capita Gross Domestic Product**	**(yuan)**	**72151**	**72000**	
五、农林牧渔业总产值	**(亿元)**	**Gross Output Value of Farming, Forestry, Animal Husbandry and Fishery**	**(100 million yuan)**	**10190.6**	**137782.2**	**7.4**
六、主要工农业产品产量		**Output of Major Farm and Industrial Products**				
粮食	(万吨)	Grain	(10 000 tons)	5446.8	66949.2	8.1
棉花	(万吨)	Cotton	(10 000 tons)	18.3	591.0	3.1
油料	(万吨)	Oil-bearing Crops	(10 000 tons)	290.9	3586.4	8.1
肉类	(万吨)	Meat	(10 000 tons)	728.0	7748.4	9.4
水产品	(万吨)	Aquatic products	(10 000 tons)	828.6	6549.0	12.7
原油	(万吨)	Crude Oil	(10 000 tons)	2219.2	19476.9	11.4
家用电冰箱	(万台)	Household Refrigerators	(10 000 units)	832.4	9014.7	9.2
彩色电视机	(万台)	Color Television Sets	(10 000 units)	1774.9	19626.2	9.0
原盐	(万吨)	Salt	(10 000 tons)	898.3	5852.7	15.3
农用化肥	(万吨)	Chemical Fertilizer	(10 000 tons)	353.9	5496.0	6.4
水泥	(万吨)	Cement	(10 000 tons)	15768.0	239470.8	6.6
平板玻璃	(万重量箱)	Plate Glass	(10 000 weight cases)	7782.1	95227.8	8.2
粗钢	(万吨)	Steel	(10 000 tons)	7993.5	106476.7	7.5
汽车	(万辆)	Motor Vehicles	(10 000 units)	115.8	2532.5	4.6
七、房地产开发投资	**(亿元)**	**Investment in Real Estate Development**	**(100 million yuan)**	**9450.5**	**141442.95**	**6.7**
八、财政金融		**Finance and Financial Intermediation**				
地方一般公共预算收入	(亿元)	General Public Budget Revenue	(100 million yuan)	6559.9	100143.2	6.6
地方一般公共预算支出	(亿元)	General Public Budget Expenditure	(100 million yuan)	11233.5	210583.5	5.3
住户人民币存款余额	(亿元)	RMB Savings and Deposit of Urban and Rural Households at the Year-end	(100 million yuan)	64258.4	925985.8	6.9
九、国内贸易		**Domestic Trade**				
社会消费品零售总额	(亿元)	Total Retail Sales of Consumer Goods	(100 million yuan)	29248.1	391980.6	7.5
十、外贸外经旅游		**Foreign Trade and Tourism**				
进出口总额	(亿美元)	Total Value of Imports and Exports	(100 million USD)	3184.5	46559.1	6.8
出口总额	(亿美元)	Exports	(100 million USD)	1890.4	25899.5	7.3
十一、价格指数		**Price Indices**				
商品零售价格指数	(上年=100)	Retail Price Indices	(preceding year=100)	102.0	101.4	
居民消费价格指数	(上年=100)	Consumer Price Indices	(preceding year=100)	102.8	102.5	
工业生产者出厂价格指数	(上年=100)	Producer Price Indices for Industrial Products	(preceding year=100)	98.1	98.2	
十二、人民生活		**People's Livelihood**				
城镇单位就业人员平均工资	(元)	Average Wage of Employed Persons in Urban Units	(yuan)	87749	97379	
全体居民人均可支配收入	(元)	Disposable Income of All Households	(yuan)	32886	32189	
城镇居民人均可支配收入	(元)	Disposable Income of Urban Households	(yuan)	43726	43834	
农村居民人均可支配收入	(元)	Disposable Income of Rural Households	(yuan)	18753	17131	
十三、教育、卫生		**Education and Health Care**				
普通本专科在校生数	(万人)	Total Enrollment of Institutions of Higher Education	(10 000 persons)	229.1	3285.3	7.0
医院床位数	(万张)	Number of Hospital Beds	(10 000 beds)	50.0	713.1	7.0
卫生技术人员数	(万人)	Number of Medical Technical Personnel	(10 000 persons)	81.4	1067.8	7.6

1—7 按行业分法人单位数

Number of Corporate Units by Sector

单位:个 (unit)

行 业	Sector	2017	2018	2019	2020
总 计	**Total**	**2014790**	**1801301**	**2309350**	**2842426**
农、林、牧、渔业	Agriculture,Forestry,Animal Husbandry and Fishing	140409	24243	125306	160524
采矿业	Mining	3777	2358	2558	2795
制造业	Manufacturing	342448	310428	354724	416009
电力、燃气及水的生产和供应业	Production and Supply of Electric Power and Heat Power	8453	6280	6939	7884
建筑业	Construction	118986	124512	185126	245179
批发和零售业	Wholesale and Retail Trade	661401	598403	728791	906404
交通运输、仓储和邮政业	Traffic,Transport,Storage and Post	52738	52848	66140	82583
住宿和餐饮业	Hotels and Catering Services	29388	28234	34177	41439
信息传输、软件和信息技术服务业	Information Transfer, Software and Information Technology Services	53404	58722	81022	105443
金融业	Financial Intermediation	12053	5783	8144	9842
房地产业	Real Estate	49233	51380	62011	73834
租赁和商务服务业	Leasing and Business Services	177736	171491	232003	297319
科学研究和技术服务业	Scientific Research and Technical Service	96840	93529	119160	153680
水利、环境和公共设施管理业	Management of Water Conservancy,Environment and Public Facilities	9895	10758	14663	20713
居民服务、修理和其他服务业	Households Services, Repair and Other Services	37020	33873	39141	47685
教 育	Education	35308	43057	52077	63276
卫生和社会工作	Health and Social Work	21774	18784	20243	22428
文化、体育和娱乐业	Culture,Sports and Entertainment	27861	37583	43350	50216
公共管理、社会保障和社会组织	Public management,Social Security and Social Organization	136066	129035	133775	135173
国际组织	International Organization				

1-8　按机构类型分法人单位数

Number of Corporate Units by Status of Organization

单位：个　　(unit)

机构类型	Organization Status	2010	2015	2016	2017	2018	2019	2020
合　计	**Total**	**773752**	**1269917**	**1652065**	**2014790**	**1801301**	**2309350**	**2842426**
企　业	Enterprises	592359	1048470	1344176	1675975	1547260	1982468	2483474
事业单位	Institutions	36631	40919	44903	48350	50681	47378	47480
机　关	Agencies & Organizations	12145	12411	12826	12304	12465	12213	12417
社会团体	Social Groups	13531	15919	18819	20929	13337	17384	18876
民办非企业单位	Private Non-enterprise Units	17805	16098	19740	24624	28723	34781	39907
基金会	Foundation	24	81	99	115	116	153	185
居委会	Neighborhood Committee	5950	7507	7323	7048	7307	7463	7424
村委会	Village Committee	79002	73947	73909	73453	71411	73870	73589
农民专业合作社	Professional Farmers Cooperatives			110936	136031	58750	122477	148883
其他组织机构	Others	16305	54565	19334	15961	11251	11163	10191

1-9　按地区分法人单位数

Number of Corporate Units by Region

单位：个　　(unit)

地　区	Region	2010	2015	2016	2017	2018	2019	2020
全省总计	**Total**	**773752**	**1269917**	**1652065**	**2014790**	**1801301**	**2309350**	**2842426**
济 南 市	Jinan	85972	119575	144859	162066	200414	285944	363089
青 岛 市	Qingdao	130498	230230	302471	345793	359226	427061	504379
淄 博 市	Zibo	49615	68198	89514	115280	97597	114573	134612
枣 庄 市	Zaozhuang	24618	37887	47322	60639	38717	62031	79353
东 营 市	Dongying	17078	28465	39590	49073	39374	51023	63279
烟 台 市	Yantai	75741	118699	151831	168440	182515	200567	231694
潍 坊 市	Weifang	65071	115593	154860	194938	174232	229327	276417
济 宁 市	Jining	47936	101533	123715	153557	130348	177396	214475
泰 安 市	Tai'an	37759	56600	69235	79894	65349	72766	92032
威 海 市	Weihai	30173	51595	69610	86039	64510	78757	92520
日 照 市	Rizhao	18554	29516	37205	48228	52880	69645	86002
莱 芜 市	Laiwu	13798	17200	22005	28270	29883		
临 沂 市	Linyi	48297	92164	121410	167916	109478	178389	241088
德 州 市	Dezhou	39447	51189	64949	83694	70831	91383	111800
聊 城 市	Liaocheng	25359	46442	59745	80289	60844	90489	123109
滨 州 市	Binzhou	23788	44869	61010	76260	58839	85354	110797
菏 泽 市	Heze	40048	60162	92734	114414	66264	94645	117780

注：根据行政区划调整，2019年起，莱芜市并入济南市，以下表同。
a)According to administrative division adjustment,Laiwu City merged into Jinan City from 2019.The same applies to tables following.

主要统计指标解释

行政区划 指国家对行政区域的划分。根据宪法规定，我国的行政区域划分如下：(1)全国分为省、自治区、直辖市；(2)省、自治区分为自治州、县、自治县、市；(3)自治州分为县、自治县、市；(4)县、自治县分为乡、民族乡、镇；(5)直辖市和较大的市分为区、县；(6)国家在必要时设立的特别行政区。

国民经济行业分类 自2017年统计年报开始使用新的《国民经济行业分类》(GB/T4754-2017)，该分类是由国家统计局组织修订，经原国家质量监督检验检疫总局和国家标准化管理委员会批准，于2017年6月30日发布。这次修订是在2011年分类标准的基础上，参照联合国《所有经济活动的国际标准产业分类》(ISIC/Rev.4)进行的。修订后的《国民经济行业分类》(GB/T4754-2017)共有门类20个，大类97个，中类473个，小类1380个。大类增加1个，中类增加41个，小类增加286个。

企业(单位)登记注册类型 是以在工商行政管理机关登记注册的各类企业为划分对象，以工商行政管理部门对企业登记注册的类型为依据，将企业登记注册类型分为内资企业、港澳台商投资企业和外商投资企业三大类。内资企业包括国有企业、集体企业、股份合作企业、联营企业、有限责任公司、股份有限公司、私营公司和其他企业；港澳台商投资企业和外商投资企业分别包括合资经营企业、合作经营企业、独资经营企业和股份有限公司。对不在工商行政管理部门进行登记注册的行政机关、事业单位和社会团体，主要按其经费来源和管理方式进行划分。

国有企业 指企业全部资产归国家所有，并按《中华人民共和国企业法人登记管理条例》规定登记注册的非公司制的经济组织。不包括有限责任公司中的国有独资公司。

集体企业 指企业资产归集体所有，并按《中华人民共和国企业法人登记管理条例》规定登记注册的经济组织。

股份合作企业 指以合作制为基础，由企业职工共同出资入股，吸收一定比例的社会资产投资组建，实行自主经营，自负盈亏，共同劳动，民主管理，按劳分配与按股分红相结合的一种集体经济组织。

联营企业 指两个及两个以上相同或不同所有制性质的企业法人或事业单位法人，按自愿、平等、互利的原则，共同投资组成的经济组织。联营企业包括国有联营企业、集体联营企业、国有与集体联营企业和其他联营企业。

有限责任公司 指根据《中华人民共和国公司登记管理条例》规定登记注册，由两个以上、五十个以下的股东共同出资，每个股东以其所认缴的出资额对公司承担有限责任，公司以其全部资产对其债务承担责任的经济组织。有限责任公司包括国有独资公司以及其他有限责任公司。

股份有限公司 指根据《中华人民共和国公司登记管理条例》规定登记注册，其全部注册资本由等额股份构成并通过发行股票筹集资本，股东以其认购的股份对公司承担有限责任，公司以其全部资产对其债务承担责任的经济组织。

私营企业 指由自然人投资设立或由自然人控股，以雇佣劳动为基础的营利性经济组织。包括按照《公司法》《合伙企业法》《私营企业暂行条例》规定登记注册的私营有限责任公司、私营股份有限公司、私营合伙企业和私营独资企业。

其他企业 指上述企业之外的其他内资经济组织。

与港澳台商合资经营企业 指港澳台地区投资者与内地企业依照《中华人民共和国中外合资经营企业法》及有关法律的规定，按合同规定的比例投资设立、分享利润和分担风险的企业。

与港澳台商合作经营企业 指港澳台地区投资者与内地企业依照《中华人民共和国中外合作经营企业法》及有关法律的规定，依照合作合同的约定进行投资或提供条件设立、分配利润和分担风险的企业。

港澳台商独资经营企业 指依照《中华人民共和国外资企业法》及有关法律的规定，在内地由港澳台地区投资者全额投资设立的企业。

港澳台商投资股份有限公司 指根据国家有关规定，经原外经贸部依法批准设立，其中港、澳、台商的股本占公司注册资本的比例达25%以上的股份有限公司。凡其中港、澳、台商的股本占公司注册资本的比例小于25%的，属于内资企业中的股份有限公司。

中外合资经营企业 指外国企业或外国人与中国内地企业依照《中华人民共和国中外合资经营企业法》及有关法律的规定，按合同规定的比例投资设立、分享利润和分担风险的企业。

中外合作经营企业 指外国企业或外国人与中国内地企业依照《中华人民共和国中外合作经营企业法》及有关法律的规定，依照合作合同的约定进行投资或提供条件设立、分配利润和分担风险的企业。

外资企业 指依照《中华人民共和国外资企业法》及有关法律的规定，在中国内地由外国投资者全额投资设立的企业。

外商投资股份有限公司 指根据国家有关规定，经原外经贸部依法批准设立，其中外资的股本占公司注册资本的比例达25%以上的股份有限公司。凡其中外资股本占公司注册资本的比例小于25%的，属于内资企业中的股份有限公司。

行政机关、事业单位和社会团体 参照企业登记注册类型，主要按其经费来源和管理方式划分。具体规定如下：

⑴行政机关：包括国家机关和政党机关，原则上均列为“国有”。但有特殊规定的，如供销社等，则列为“集体”。

⑵事业单位：包括经国家机构编制部门和有关业务主管部门批准成立的各类事业单位，不包括实行企业化管理的事业单位。事业单位的划分办法如下：

①由国家财政预算拨款或列入财政预算外资金管理以及经费主要来源于国有主管部门或国有上级单位的事业单位，列为“国有”。

②经费主要来源于集体单位的事业单位，列为“集体”。

③公民个人(或个人合伙)开办的事业单位，列为“私营”。

④上述以外的其他事业单位，如果其经费来源不明确，按管理方式进行归类。

⑶社会团体：包括经民政部门批准成立以及未纳入社会团体管理条例范围的工会、妇联等各类社会团体。社会团体的划分办法如下：

①未纳入民政部社会团体管理条例范围的工会、妇联、共青团、青联、工商联、科协、侨联等社会团体，国家拨款设立的基金会或基金管理组织以及经费主要来源于国有业务主管部门或国有上级单位的社会团体，列为“国有”。

②经费主要来源于集体单位的社会团体，列为“集体”。

③公民个人(或个人合伙)开办的社会团体，划为“私营”。

④上述以外的其他社会团体，如果其经费来源不明确，改按管理方式进行归类。

Explanatory Notes on Main Statistical Indicators

Divisions of Administrative Areas refers to the division of administrative areas by the state. The Constitution of the People Republic of China stipulates that the administrative areas in China are divided as: 1) The whole country is divided into provinces, autonomous regions and municipalities directly under the central government; 2) Provinces and autonomous regions are divided into autonomous prefectures, counties, autonomous counties and cities; 3) Autonomous prefectures are divided into counties, autonomous counties and cities; 4) Counties and autonomous counties are divided into townships, nationality townships and towns; 5) Municipalities and large cities are divided into districts and counties, 6) The state shall, when necessary, establish special administrative regions.

Industrial Classification of the National Economy The new Industrial Classification of the National Economy (GB/T 4754-2017) is used in **Industrial Classification of the National Economy** starting from the compilation of 2017 annual statistics. This Classification is revised and organized by the National Bureau of Statistics, promulgated by the National Administration of Quality Supervision, Inspection and Quarantine and Standardization Administration of the People's Republic of China on June 30, 2017. This revision is taking into consideration of the International Standards of the Industrial Classification of All Economic Activities (ISIC/Rev.4) of the United Nations, and based on the the Classification Standard in 2011. The revised version of the Industrial Classification of the National Economy (GB/T 4754-2017) is composed of 20 major divisions, 97 divisions, 473 major groups and 1380 groups, added 1 division, 41 major groups and 286 groups.

Registration Status of Enterprises are classified into 3 categories, namely domestic funded enterprises, enterprises with investment from Hong Kong, Macau and Taiwan, and enterprises with foreign investment, in the light of the registration status of an enterprise in industrial and commercial administration agencies. Domestic-funded enterprises include state-owned enterprises, collective-owned enterprises, cooperative enterprises, joint ownership enterprises, limited liability corporations, share-holding corporations Ltd., private enterprises and other enterprises. Included in the enterprises with investment from Hong Kong, Macau and Taiwan and enterprises with foreign investment are joint-venture enterprises, cooperative enterprises, sole investment enterprises and share holding corporations Ltd. For government agencies, institutions and social organizations which are not requested to be registered in industrial and commercial administration agencies, they are classified mainly by their sources of funds and way of management.

State-owned Enterprises refer to non-corporation economic units where the entire assets are owned by the state and which have registered in accordance with the Regulation of the People' s Republic of China on the Management of Registration of Corporate Enterprises. Excluded from this category are sole state funded corporations in the limited liability corporations.

Collective-owned Enterprises refer to economic units where the assets are owned collectively and which have registered in accordance with the Regulation of the People' s Republic of China on the Management of Registration of Corporate Enterprises.

Cooperative Enterprises refer to a form of collective economic units (enterprises) where capitals come mainly from employees as their shares, with certain proportion of capital from the outside, where production is organized on the basis of independent operation, independent accounting for profits and losses, joint work, democratic management, and a distribution system that integrates remuneration according to work with dividend according to capital share.

Joint Ownership Enterprises refer to economic units established by two or more corporate enterprises or corporate institutions of the same or different ownership, through joint investment on the basis of equality, voluntary participation and mutual benefits. They include state joint ownership enterprises, collective joint ownership enterprises, joint state-collective enterprises, other joint ownership enterprises.

Limited Liability Corporations refer to economic units established with investment from 2-50 investors and registered in accordance with the Regulation of the People' s Republic of China on the Management of Registration of Corporations, each investor bearing limited liability to the corporation depending on its share of investment, and the corporation bearing liability to its debt to the maximum of its total assets. Limited liability corporations include exclusive state funded limited liability corporations and other limited liability corporations.

Share-holding Corporations Ltd. refer to economic units registered in accordance with the Regulation of the People' s Republic of China on the Management of Registration of Corporations, with total registered capitals divided into equal shares and raised through issuing stocks. Each investor bears limited liability to the corporation depending on the holding of shares, and the corporation bears liability to its debt to the maximum of its total assets.

Private Enterprises refer to profit-making economic units invested and established by natural persons, or controlled by natural persons using employed labour. Included in this category are private limited liability corporations, private share-holding corporations Ltd., private partnership enterprises and private-funded enterprises registered in accordance with the Corporation Law, Partnership Enterprises Law and Interim Regulations on Private Enterprises.

Other Domestic-funded Enterprises refer to domestic funded economic units other than those mentioned above.

Cooperative Enterprises with Funds from Hong Kong Macau and Taiwan established by investors from Hong

Kong, Macau and Taiwan with enterprises in the mainland of China in accordance with the Law of the People' s Republic of China on Sino-foreign Cooperative Enterprises and other relevant laws, where the investment or provision of facilities, and the share of profits and risks is stipulated in the cooperative contract.

Enterprises with Sole (exclusive) Investment from Hong Kong, Macau and Taiwan refer to enterprises established in the mainland of China with exclusive investment from investors from Hong Kong, Macau and Taiwan in accordance with the Law of the People's Republic of China on Foreign Funded Enterprises and other relevant laws.

Share-holding Corporations Ltd. with Investment from Hong Kong, Macau and Taiwan refer to share holding corporations Ltd. established with the approval from the former Ministry of Foreign Trade and Economic Relations in line with relevant state regulations, where the share of investment from Hong Kong, Macau or Taiwan businessmen exceeds 25% of the total registered capital of the corporation. In case the share of investment from Hong Kong, Macau or Taiwan is less than 25% of the total registered capital, the enterprise is to be classified as domestic-funded share-holding corporation Ltd.

Joint-venture Enterprises with Foreign Investment refer to enterprises jointly established by foreign enterprises or foreigners with enterprises in the mainland of China in accordance with the Law of the People' s Republic of China on Sino-foreign Joint Venture Enterprises and other relevant laws, where the share of investment, profits and risks is stipulated in the contract.

Cooperation Enterprises with Foreign Investment refer to enterprises jointly established by foreign enterprises or foreigners with enterprises in the mainland of China in accordance with the Law of the People' s Republic of China on Sino foreign Cooperative Enterprises and other relevant laws, where the investment or provision of facilities, and the share of profits and risks is stipulated in the cooperative contract.

Enterprises with Sole (exclusive) Foreign Investment refer to enterprises established in the mainland of China with exclusive investment from foreign investors in accordance with the Law of the People' s Republic of China on Foreign Funded Enterprises and other relevant laws.

Share-holding Corporations Ltd. with Foreign Investment refer to share-holding corporations Ltd. established with the approval from the Ministry of Foreign Trade and Economic Relations in line with relevant state regulations, where the share of investment from foreign investors exceeds 25% of the total registered capital of the corporation. In case the share of foreign investment is less than 25% of the total registered capital, the enterprise is to be classified as domestic funded share holding corporation Ltd.

Government Agencies, Institutions and Social Organizations are classified into following categories by source of funds and way of management taking reference of the registration status of enterprises:

(1) Government agencies: include state and party agencies, classified in principle as state owned. There are exceptions, such as supply and marketing cooperatives which are classified as collective-owned.

(2) Institutions: include institutions of various types established with the approval by organization and staffing departments of the government, but exclude institutions where enterprise management system is introduced. Institutions are further classified as follows:

(a) Institutions whose main budget is listed in the government budget appropriations or extra budget funds, or allocated from the budget of their competent government agencies. Such institutions are classified as state owned.

(b) Institutions whose budget mainly comes from collective units. Such institutions are classified as collective owned.

(c) Social organizations established by individual or a group of citizens, which are classified as private.

(d) Institutions other than those mentioned above whose source of budget is not clear. Such institutions are classified by way of management.

(3) Social organizations: include social organizations established with the approval from the Ministry of Civil Affairs, and organizations that are not covered by social organization management regulations such as trade unions, women federations etc.. Social organizations are further classified as follows:

(a) Social organizations that are not covered by social organization management regulations of the Ministry of Civil Affairs such as trade unions, women federations, communist youth leagues, youth associations, industrial and commerce associations, scientists associations, overseas Chinese associations, etc., foundations and fund management organizations established with funds from the state, and social organizations whose funds mainly come from the budget of their competent government agencies. Such institutions are classified as state owned.

(b) Social organizations whose budget mainly comes from collective units. Such institutions are classified as collective owned.

(c) Social organizations established by individual or a group of citizens, which are classified as private.

(d) Social organizations other than those mentioned above whose source of budget is not clear. Such organizations are classified by way of management.

第2篇

国民经济核算

National Accounts

简 要 说 明

一、本篇资料的主要内容

本篇资料从宏观上反映了经济发展的总体状况和发展水平，主要包括地区生产总值及其增长、结构、三次产业对经济增长的贡献等方面的资料。

根据国家统计局统一要求，支出法地区生产总值历史数据修订工作正在进行中，故暂时无法提供按支出法计算的地区生产总值及居民消费水平等数据。

二、本篇资料的来源

本篇资料来源于国民经济核算统计报表，由省统计局核算处整理提供。

Brief Introduction

I. Main Content

Data in the chapter reflect the overall situation and development of economy on the macro level, including growth rate and components of GDP, share of the three industries to the increase of GDP and household consumption expenditure.

According to the unified work arrangement of the National Bureau of Statistics, the work of revising the historical data of GDP by Expenditure Approach is in progress, so data of GDP by Expenditure Approach and the Resident Consumption Level can't be provided temporarily.

II. Source of Data

Data in this chapter are prepared according to the data of national accounts and compiled by the Division of National Accounts of Shandong Provincial Bureau of Statistics.

2-1 主要年份地区生产总值

Gross Domestic Product in Major Years

单位:亿元 (100 million yuan)

年 份 Year	地 区 生产总值 Gross Domestic Product	第一产业 Primary Industry	第二产业 Secondary Industry	第三产业 Tertiary Industry	#工 业 Industry	#建筑业 Construction	人均地区 生产总值 (元) Per Capita GDP (yuan)
1952	43.81	29.55	7.27	6.99	6.82	0.45	91
1955	57.78	35.52	11.42	10.84	10.81	0.61	113
1957	61.39	31.95	17.59	11.85	16.62	0.97	116
1962	64.38	30.42	16.91	17.05	15.90	1.01	120
1965	86.25	42.24	28.96	15.05	25.99	2.97	152
1970	126.31	52.23	53.71	20.37	50.16	3.55	199
1975	166.19	65.54	75.31	25.34	69.76	5.55	240
1978	225.45	75.06	119.35	31.04	108.53	10.82	316
1979	251.60	91.12	127.68	32.80	114.67	13.01	350
1980	292.13	106.43	146.11	39.59	130.55	15.56	402
1981	346.57	132.21	155.41	58.95	138.09	17.32	472
1982	395.38	154.07	166.05	75.26	147.10	18.95	531
1983	459.83	185.57	178.75	95.51	159.15	19.60	611
1984	581.56	222.13	239.27	120.16	214.20	25.07	765
1985	680.46	235.96	293.07	151.43	259.42	33.65	887
1986	742.05	252.73	313.21	176.11	274.80	38.41	956
1987	892.29	287.31	384.57	220.41	341.31	43.26	1131
1988	1117.66	331.94	497.10	288.62	435.51	61.59	1395
1989	1293.94	359.14	579.65	355.15	513.97	65.68	1595
1990	1511.19	425.29	635.98	449.92	568.25	67.73	1815
1991	1810.54	521.85	745.90	542.79	663.90	82.00	2122
1992	2196.53	534.62	999.11	662.80	889.59	109.52	2557
1993	2770.37	596.63	1355.71	818.03	1201.67	154.04	3212
1994	3844.50	775.03	1891.43	1178.04	1692.10	199.33	4441
1995	4953.35	1010.13	2355.78	1587.44	2098.06	257.73	5701
1996	5883.80	1200.17	2784.09	1899.54	2475.99	308.10	6746
1997	6537.07	1195.00	3147.37	2194.70	2796.02	351.35	7461
1998	7021.35	1215.81	3408.06	2397.49	3008.45	399.61	7968
1999	7493.84	1221.00	3644.32	2628.52	3197.16	447.16	8483
2000	8278.06	1252.08	4120.19	2905.79	3620.06	500.13	9260
2001	9076.22	1340.46	4466.74	3269.02	3911.03	555.71	10063
2002	10076.52	1369.15	5037.63	3669.74	4364.37	673.26	11120
2003	10903.23	1456.98	5720.01	3726.24	4995.68	724.33	11977
2004	13308.08	1748.22	7327.61	4232.25	6497.70	829.91	14540
2005	15947.51	1928.17	8841.13	5178.21	7875.58	965.55	17308
2006	18967.80	2098.26	10568.49	6301.05	9467.48	1101.01	20443
2007	22718.06	2451.01	12529.41	7737.64	11233.13	1296.28	24329
2008	27106.22	2876.20	14911.50	9318.52	13310.80	1600.70	28861
2009	29540.80	3076.19	15919.67	10544.94	13998.52	1921.15	31282
2010	33922.49	3411.34	17733.08	12778.07	15449.95	2283.13	35599
2011	39064.93	3768.55	19926.11	15370.27	17280.78	2645.33	40581
2012	42957.31	4047.06	21275.89	17634.36	18421.90	2853.99	44348
2013	47344.33	4454.11	22615.89	20274.33	19475.30	3188.60	48673
2014	50774.84	4662.81	23588.02	22524.01	20178.23	3476.06	51933
2015	55288.79	4902.82	24814.88	25571.09	21156.50	3731.63	56205
2016	58762.46	4830.25	25565.04	28367.17	21695.98	3909.44	59239
2017	63012.10	4832.71	26925.59	31253.80	22515.81	4441.01	62993
2018	66648.87	4950.52	27523.67	34174.68	22613.01	5024.90	66284
2019	70540.48	5116.99	28171.78	37251.71	22755.13	5532.77	69901
2020	73129.00	5363.76	28612.19	39153.05	23110.99	5616.59	72151

注:1. 本表按当年价格计算。
2. 根据第四次经济普查结果，对全省2000—2018年生产总值进行了修订。
3. 2020年数据为初步核算数(以下相关表同)。
4. 根据第七次人口普查结果，对全省2011—2019年人均生产总值进行了修订(以下相关表同)。

a) Data in this table are calculated at current prices.
b) According to the Fourth National Economic Census, the data of GDP from 2000 to 2018 of Shandong have been revised.
c) The data of 2020 come form the number of preliminary accounting(the same as in the following tables).
d)According to the Seventh National Census,the data of GDP per capita from 2011 to 2019 of Shandong have been revised(the same as in the following tables).

2-2 主要年份地区生产总值指数

Indices of Gross Domestic Product in Major Years

(以1952年为100) (1952=100)

年份 Year	地区生产总值 Gross Domestic Product	第一产业 Primary Industry	第二产业 Secondary Industry	第三产业 Tertiary Industry	#工业 Industry	#建筑业 Construction
1952	100.0	100.0	100.0	100.0	100.0	100.0
1955	127.4	115.6	155.2	147.0	157.1	127.3
1957	137.4	101.6	261.9	154.6	264.5	222.5
1962	113.4	69.6	214.8	184.4	213.0	238.4
1965	171.1	107.1	404.7	197.9	385.5	679.0
1970	251.6	129.1	752.8	261.0	747.3	825.5
1975	361.5	154.4	1364.7	310.7	1372.4	1222.2
1978	466.1	174.3	1945.2	379.7	1904.6	2547.8
1979	496.9	188.7	2067.8	395.2	2001.7	3066.1
1980	557.7	207.2	2315.5	470.1	2230.1	3612.1
1981	589.9	220.6	2388.6	524.9	2326.7	3369.6
1982	656.3	244.3	2522.3	667.6	2440.2	3786.0
1983	747.4	283.3	2712.8	825.9	2644.2	3803.4
1984	877.3	335.1	3191.5	951.8	3085.0	4824.9
1985	977.4	342.3	3780.2	1094.0	3612.6	6280.4
1986	1038.4	340.0	4184.8	1189.3	4029.1	6546.0
1987	1182.0	365.0	4898.3	1391.9	4786.5	6703.9
1988	1330.2	364.1	6007.7	1526.1	5850.6	8493.7
1989	1383.0	361.7	6431.1	1568.0	6348.5	7929.7
1990	1455.6	381.0	6890.7	1578.2	6856.4	7761.3
1991	1668.4	435.0	7852.0	1830.7	7881.5	8192.2
1992	1950.5	435.6	10095.2	2129.1	10201.7	9881.3
1993	2347.5	462.2	12928.1	2553.8	13124.4	12085.4
1994	2728.7	495.9	15178.6	3081.3	15432.8	13962.6
1995	3110.0	540.3	17316.2	3604.3	17555.3	16412.5
1996	3484.8	575.9	19711.9	4053.9	19965.0	18865.3
1997	3871.4	578.6	22218.1	4639.7	22500.5	21290.6
1998	4287.6	611.3	24899.0	5159.4	25218.7	23828.6
1999	4717.3	640.1	27902.2	5639.3	28300.6	26321.9
2000	5164.9	655.1	30913.4	6235.7	31374.3	28976.9
2001	5650.4	679.9	34004.5	6920.0	34524.3	31789.3
2002	6272.0	696.5	38736.5	7636.1	39113.1	37653.9
2003	6949.4	734.4	43967.8	8314.1	44593.1	41416.4
2004	7818.0	784.7	50992.2	9086.7	52513.4	42711.3
2005	8803.1	821.9	58393.5	10205.3	60374.9	47310.5
2006	9885.9	862.4	66431.1	11485.2	68961.9	52054.1
2007	11062.3	895.8	75125.0	12936.9	78460.7	55838.7
2008	12135.4	938.2	82158.3	14473.5	86163.7	58781.6
2009	13324.6	976.1	91377.0	15793.2	94658.2	72879.4
2010	14710.4	1006.3	102047.6	17417.1	105682.9	81575.7
2011	16284.4	1044.0	113741.2	19420.7	118589.2	86765.1
2012	17864.0	1091.4	125476.1	21387.1	131379.7	92815.2
2013	19543.2	1129.5	137729.1	23587.1	144601.3	101726.2
2014	21204.4	1172.2	149816.6	25748.1	157319.4	111049.5
2015	22858.3	1220.9	160408.1	28212.8	168215.0	120084.1
2016	24554.6	1267.8	170359.5	30833.1	178426.6	127264.4
2017	26352.1	1312.9	180536.8	33693.5	189478.4	132822.5
2018	28013.0	1347.8	188000.6	36697.4	197929.8	138455.7
2019	29483.7	1362.1	192953.8	39713.3	201840.0	147443.8
2020	30533.3	1398.3	199377.0	41257.6	209132.8	149875.3

注：本表按可比价格计算。

a) Data in this table are calculated at constant prices.

2-2 续表 continued

(以上年为100) (preceding year=100)

年 份 Year	地 区 生产总值 Gross Domestic Product	第一产业 Primary Industry	第二产业 Secondary Industry	第三产业 Tertiary Industry	#工 业 Industry	#建筑业 Construction	人均地区 生产总值 Per Capita GDP
1955	109.5	110.4	104.5	112.2	104.7	101.6	107.0
1957	96.5	87.5	110.8	101.9	112.9	83.0	95.2
1962	97.4	106.8	79.8	108.2	80.7	70.7	95.1
1965	122.0	126.6	130.0	102.5	125.7	180.2	120.4
1970	115.7	103.5	126.1	117.4	127.1	114.9	112.6
1975	129.2	110.6	159.8	104.7	163.6	113.1	127.8
1978	110.1	94.0	125.4	100.8	123.5	152.1	109.1
1979	106.6	108.2	106.3	104.1	105.1	120.3	105.8
1980	112.2	109.8	112.0	118.9	111.4	117.8	111.0
1981	105.8	106.5	103.2	111.7	104.3	93.3	104.7
1982	111.3	110.8	105.6	127.2	104.9	112.4	109.7
1983	113.9	116.0	107.6	123.7	108.4	100.5	112.7
1984	117.4	118.3	117.6	115.3	116.7	126.9	116.2
1985	111.4	102.1	118.4	114.9	117.1	130.2	110.4
1986	106.2	99.3	110.7	108.7	111.5	104.2	105.0
1987	113.8	107.3	117.0	117.0	118.8	102.4	112.0
1988	112.5	99.7	122.6	109.6	122.2	126.7	110.8
1989	104.0	99.3	107.0	102.7	108.5	93.4	102.7
1990	105.3	105.3	107.1	100.6	108.0	97.9	102.6
1991	114.6	114.2	114.0	116.0	115.0	105.6	111.8
1992	116.9	100.2	128.6	116.3	129.4	120.6	116.1
1993	120.4	106.1	128.1	120.0	128.6	122.3	119.9
1994	116.2	107.3	117.4	120.7	117.6	115.5	115.8
1995	114.0	108.9	114.1	117.0	113.8	117.5	113.6
1996	112.1	106.6	113.8	112.5	113.7	114.9	111.6
1997	111.1	100.5	112.7	114.4	112.7	112.9	110.6
1998	110.8	105.7	112.1	111.2	112.1	111.9	110.1
1999	110.0	104.7	112.1	109.3	112.2	110.5	109.4
2000	109.5	102.4	110.8	110.6	110.9	110.1	108.5
2001	109.4	103.8	110.0	111.0	110.0	109.7	108.4
2002	111.0	102.5	113.9	110.3	113.3	118.4	110.5
2003	110.8	105.4	113.5	108.9	114.0	110.0	110.3
2004	112.5	106.8	116.0	109.3	117.8	103.1	111.9
2005	112.6	104.7	114.5	112.3	115.0	110.8	111.8
2006	112.3	104.9	113.8	112.5	114.2	110.0	111.5
2007	111.9	103.9	113.1	112.6	113.8	107.3	111.2
2008	109.7	104.7	109.4	111.9	109.8	105.3	109.1
2009	109.8	104.0	111.2	109.1	109.9	124.0	109.2
2010	110.4	103.1	111.7	110.3	111.6	111.9	109.4
2011	110.7	103.7	111.5	111.5	112.2	106.4	109.6
2012	109.7	104.5	110.3	110.1	110.8	107.0	109.0
2013	109.4	103.5	109.8	110.3	110.1	109.6	108.9
2014	108.5	103.8	108.8	109.2	108.8	109.2	107.9
2015	107.8	104.2	107.1	109.6	106.9	108.1	107.1
2016	107.4	103.8	106.2	109.3	106.1	106.0	106.5
2017	107.3	103.6	106.0	109.3	106.2	104.4	106.4
2018	106.3	102.7	104.1	108.9	104.5	104.2	105.8
2019	105.3	101.1	102.6	108.2	102.0	106.5	104.9
2020	103.6	102.7	103.3	103.9	103.6	101.6	103.1

2-3 主要年份地区生产总值构成

Composition of Gross Domestic Product in Major Years

单位:% (%)

年份 Year	地区生产总值 Gross Domestic Product	第一产业 Primary Industry	第二产业 Secondary Industry	第三产业 Tertiary Industry	#工业 Industry	#建筑业 Construction
1952	100	67.4	16.6	16.0	15.6	1.0
1955	100	61.5	19.7	18.8	18.7	1.0
1957	100	52.0	28.7	19.3	27.1	1.6
1962	100	47.2	26.3	26.5	24.7	1.6
1965	100	49.0	33.5	17.5	30.1	3.4
1970	100	41.4	42.5	16.1	39.7	2.8
1975	100	39.4	45.3	15.3	42.0	3.3
1978	100	33.3	52.9	13.8	48.1	4.8
1979	100	36.2	50.8	13.0	45.6	5.2
1980	100	36.4	50.0	13.6	44.7	5.3
1981	100	38.2	44.8	17.0	39.8	5.0
1982	100	39.0	42.0	19.0	37.2	4.8
1983	100	40.3	38.9	20.8	34.6	4.3
1984	100	38.2	41.1	20.7	36.8	4.3
1985	100	34.7	43.0	22.3	38.1	4.9
1986	100	34.1	42.2	23.7	37.0	5.2
1987	100	32.2	43.1	24.7	38.3	4.8
1988	100	29.7	44.5	25.8	39.0	5.5
1989	100	27.8	44.8	27.4	39.7	5.1
1990	100	28.1	42.1	29.8	37.6	4.5
1991	100	28.8	41.2	30.0	36.7	4.5
1992	100	24.3	45.5	30.2	40.5	5.0
1993	100	21.5	49.0	29.5	43.4	5.6
1994	100	20.2	49.2	30.6	44.0	5.2
1995	100	20.4	47.6	32.0	42.4	5.2
1996	100	20.4	47.3	32.3	42.1	5.2
1997	100	18.3	48.1	33.6	42.7	5.4
1998	100	17.3	48.5	34.2	42.8	5.7
1999	100	16.3	48.6	35.1	42.6	6.0
2000	100	15.1	49.8	35.1	43.7	6.0
2001	100	14.8	49.2	36.0	43.1	6.1
2002	100	13.6	50.0	36.4	43.3	6.7
2003	100	13.4	52.4	34.2	45.8	6.6
2004	100	13.1	55.1	31.8	48.8	6.2
2005	100	12.1	55.4	32.5	49.4	6.1
2006	100	11.1	55.7	33.2	49.9	5.8
2007	100	10.8	55.1	34.1	49.4	5.7
2008	100	10.6	55.0	34.4	49.1	5.9
2009	100	10.4	53.9	35.7	47.4	6.5
2010	100	10.1	52.2	37.7	45.5	6.7
2011	100	9.6	51.1	39.3	44.2	6.8
2012	100	9.4	49.5	41.1	42.9	6.6
2013	100	9.4	47.8	42.8	41.1	6.7
2014	100	9.2	46.4	44.4	39.7	6.8
2015	100	8.9	44.9	46.2	38.3	6.7
2016	100	8.2	43.5	48.3	36.9	6.7
2017	100	7.7	42.7	49.6	35.7	7.0
2018	100	7.4	41.3	51.3	33.9	7.5
2019	100	7.3	39.9	52.8	32.3	7.8
2020	100	7.3	39.1	53.6	31.6	7.7

注:本表按当年价格计算。
a)Data in this table are calculated at current prices.

2-4 地区生产总值

Gross Domestic Product

单位:亿元 (100 million yuan)

分 组	Sector	2019	2020	2019年为 2018年 % 2018=100	2020年为 2019年 % 2019=100
地区生产总值	**Gross Domestic Product**	**70540.48**	**73129.00**	**105.3**	**103.6**
第一产业	Primary Industry	5116.99	5363.76	101.1	102.7
第二产业	Secondary Industry	28171.78	28612.19	102.6	103.3
第三产业	Tertiary Industry	37251.71	39153.05	108.2	103.9
农林牧渔业	Agriculture, Forestry, Animal Husbandry and Fishery	5477.06	5749.47	101.7	102.8
工 业	Industry	22755.13	23110.99	102.0	103.6
建筑业	Construction	5532.77	5616.59	106.5	101.6
批发和零售业	Wholesale and Retail Trades	9564.83	9751.16	110.8	101.9
交通运输、仓储和邮政业	Transport, Storage and Postal Services	3636.06	3553.15	108.6	101.8
住宿和餐饮业	Hotels and Catering Services	1173.68	1102.45	108.8	90.5
信息传输、软件和信息技术服务业	Information Transmission, Software and Information Technology	1529.98	1757.76	119.8	116.9
金融业	Financial Intermediation	4177.35	4567.36	106.6	107.1
房地产业	Real Estate	4073.67	4298.02	101.6	102.5
租赁和商务服务业	Leasing and Business Services	1942.11	1978.65	108.9	100.5
科学研究和技术服务业	Scientific Research and Technical Services	1301.84	1476.11	104.8	108.4
水利、环境和公共设施管理业	Management of Water Conservancy, Environment and Public Facilities	369.29	442.48	109.0	113.5
居民服务、修理和其他服务业	Service to Households, Repair and Other Services	1251.06	1321.54	107.7	100.8
教 育	Education	2462.98	2742.08	106.1	107.9
卫生和社会工作	Financial Intermediation	1416.09	1543.22	104.6	106.9
文化、体育和娱乐业	Culture, Sports and Recreation	472.12	458.40	109.2	94.7
公共管理、社会保障和社会组织	Public Management,Social Security and Social Organization	3404.45	3659.57	108.4	106.2
人均地区生产总值(元)	**Per Capita GDP (yuan)**	**69901**	**72151**	**104.9**	**103.1**

注:本表绝对数按当年价格计算,指数按可比价格计算。
a)Data in this table are calculated at current prices.Indices are calculated at constant prices.

2-5 三次产业对经济增长的贡献率及拉动百分点

Share and Contribution of the Three Industries to the Increase of GDP

单位:% (%)

年 份 Year	贡 献 率 Share			地 区 生产总值 增 长 率 Increase Rate of Gross Domestic Product	拉动百分点(个) Contribution (unit)		
	第一产业 Primary Industry	第二产业 Secondary Industry	第三产业 Tertiary Industry		第一产业 Primary Industry	第二产业 Secondary Industry	第三产业 Tertiary Industry
1980	25.6	53.4	21.0	12.2	3.1	6.5	2.6
1981	42.0	25.2	32.8	5.8	2.4	1.5	1.9
1982	36.2	22.4	41.4	11.3	4.1	2.5	4.7
1983	43.3	23.3	33.4	13.9	6.0	3.2	4.7
1984	40.3	41.0	18.7	17.4	7.0	7.1	3.3
1985	7.3	65.4	27.3	11.4	0.8	7.5	3.1
1986	-3.7	73.7	30.0	6.2	-0.2	4.6	1.8
1987	17.6	55.3	27.1	13.8	2.4	7.6	3.8
1988	-0.6	83.2	17.4	12.5	-0.1	10.4	2.2
1989	-4.6	89.3	15.3	4.0	-0.2	3.6	0.6
1990	27.0	70.3	2.7	5.3	1.4	3.7	0.2
1991	27.2	40.2	32.6	14.6	4.0	5.9	4.7
1992	0.3	70.7	29.0	16.9		12.0	4.9
1993	7.2	63.4	29.4	20.4	1.5	12.9	6.0
1994	9.5	52.5	38.0	16.2	1.5	8.5	6.2
1995	12.5	49.8	37.7	14.0	1.7	7.0	5.3
1996	10.2	56.8	33.0	12.1	1.2	6.9	4.0
1997	0.8	57.6	41.6	11.1	0.1	6.4	4.6
1998	8.4	57.3	34.3	10.8	0.9	6.2	3.7
1999	7.2	62.1	30.7	10.0	0.7	6.2	3.1
2000	3.6	59.8	36.6	9.5	0.3	5.7	3.5
2001	6.1	52.9	41.0	9.4	0.6	4.9	3.9
2002	3.2	63.3	33.5	11.0	0.4	6.9	3.7
2003	6.7	64.2	29.1	10.8	0.7	7.0	3.1
2004	3.9	66.9	29.2	12.5	0.5	8.3	3.7
2005	4.5	62.5	33.0	12.6	0.6	7.8	4.2
2006	4.9	62.0	33.1	12.3	0.6	7.6	4.1
2007	3.7	61.7	34.6	11.9	0.4	7.4	4.1
2008	5.1	54.8	40.1	9.7	0.5	5.3	3.9
2009	4.1	64.8	31.1	9.8	0.4	6.4	3.0
2010	2.8	64.4	32.8	10.4	0.3	6.7	3.4
2011	3.5	56.0	40.5	10.7	0.4	6.0	4.3
2012	4.4	56.0	39.6	9.7	0.4	5.5	3.8
2013	2.9	59.9	37.2	9.4	0.3	5.6	3.5
2014	3.8	54.8	41.4	8.5	0.3	4.7	3.5
2015	4.3	48.3	47.4	7.8	0.3	3.8	3.7
2016	4.6	37.5	57.9	7.4	0.3	2.8	4.3
2017	4.2	36.2	59.6	7.3	0.3	2.7	4.3
2018	3.5	28.7	67.8	6.3	0.2	1.8	4.3
2019	1.6	21.5	76.9	5.3	0.1	1.1	4.1
2020	5.7	39.2	55.1	3.6	0.2	1.4	2.0

注:本表按可比价格计算。

a) Data in this table are calculated at constant prices.

2-6　各市生产总值(2020年)

Gross Domestic Product by Region(2020)

单位:亿元　　(100 million yuan)

地　区	Region	地区生产总值 Gross Domestic Product		第一产业增加值 Value-added of Primary Industry		第二产业增加值 Value-added of Secondary Industry	
		2020	2020年为2019年% 2019=100	2020	2020年为2019年% 2019=100	2020	2020年为2019年% 2019=100
全　省	**Total**	**73129.00**	**103.6**	**5363.76**	**102.7**	**28612.19**	**103.3**
济南市	Jinan	10140.91	104.9	361.66	102.2	3530.67	107.0
青岛市	Qingdao	12400.56	103.7	425.41	102.6	4361.56	103.0
淄博市	Zibo	3673.54	102.5	157.18	102.8	1777.15	103.1
枣庄市	Zaozhuang	1733.25	103.0	165.69	102.0	704.12	99.4
东营市	Dongying	2981.19	103.8	156.56	104.2	1678.53	104.6
烟台市	Yantai	7816.42	103.6	572.74	102.4	3192.39	104.6
潍坊市	Weifang	5872.17	103.6	535.64	102.4	2308.10	103.9
济宁市	Jining	4494.31	103.6	525.61	102.4	1761.68	103.6
泰安市	Tai'an	2766.46	103.5	299.66	102.3	1080.38	103.5
威海市	Weihai	3017.79	103.0	301.66	102.9	1162.27	102.1
日照市	Rizhao	2006.43	103.8	171.33	102.1	844.20	105.0
临沂市	Linyi	4805.25	103.9	440.92	103.7	1756.43	104.2
德州市	Dezhou	3078.99	103.6	327.01	102.3	1235.87	104.1
聊城市	Liaocheng	2316.84	102.8	333.26	102.9	795.59	102.9
滨州市	Binzhou	2508.11	103.7	243.15	102.7	1021.56	103.1
菏泽市	Heze	3483.11	103.9	345.99	103.8	1399.63	100.0

注:本表绝对额按当年价格计算,速度按可比价格计算。
a)Absolute figure in this table are calculated at current prices while growth rate at constant prices.

2-6　续表 continued

单位:亿元　　(100 million yuan)

地　区	Region	第三产业增加值 Value-added of Tertiary Industry		工业增加值 Value-added of Industry		人均地区生产总值(元) Per Capita GDP (yuan)
		2020	2020年为2019年% 2019=100	2020	2020年为2019年% 2019=100	2020
全　省	**Total**	**39153.05**	**103.9**	**23110.99**	**103.6**	**72151**
济南市	Jinan	6248.58	103.7	2360.48	108.2	110681
青岛市	Qingdao	7613.59	104.1	3268.38	102.8	123828
淄博市	Zibo	1739.21	101.8	1504.76	103.6	78089
枣庄市	Zaozhuang	863.44	106.3	567.36	99.7	44928
东营市	Dongying	1146.10	102.2	1615.76	104.4	136330
烟台市	Yantai	4051.29	102.7	2727.34	105.3	110225
潍坊市	Weifang	3028.44	103.5	1910.21	104.5	62524
济宁市	Jining	2207.01	103.8	1501.97	103.7	53764
泰安市	Tai'an	1386.42	103.6	670.77	103.6	50444
威海市	Weihai	1553.86	103.7	993.64	102.4	104065
日照市	Rizhao	990.90	102.9	679.69	106.3	67720
临沂市	Linyi	2607.90	103.6	1431.60	104.3	43850
德州市	Dezhou	1516.11	103.3	1094.96	104.5	54691
聊城市	Liaocheng	1187.99	102.6	678.02	103.2	38901
滨州市	Binzhou	1243.41	104.4	914.96	103.1	63915
菏泽市	Heze	1737.49	107.7	1191.08	100.9	39718

2-7 各市生产总值构成(2020年)
Composition of Gross Domestic Product by Region(2020)

单位:% (%)

地 区	Region	地区生产总值 Gross Domestic Product	第一产业 Primary Industry	第二产业 Secondary Industry	第三产业 Tertiary Industry
全 省	**Total**	**100.0**	**7.3**	**39.1**	**53.6**
济南市	Jinan	100.0	3.6	34.8	61.6
青岛市	Qingdao	100.0	3.4	35.2	61.4
淄博市	Zibo	100.0	4.3	48.4	47.3
枣庄市	Zaozhuang	100.0	9.6	40.6	49.8
东营市	Dongying	100.0	5.3	56.3	38.4
烟台市	Yantai	100.0	7.3	40.8	51.9
潍坊市	Weifang	100.0	9.1	39.3	51.6
济宁市	Jining	100.0	11.7	39.2	49.1
泰安市	Tai'an	100.0	10.8	39.1	50.1
威海市	Weihai	100.0	10.0	38.5	51.5
日照市	Rizhao	100.0	8.5	42.1	49.4
临沂市	Linyi	100.0	9.2	36.5	54.3
德州市	Dezhou	100.0	10.6	40.2	49.2
聊城市	Liaocheng	100.0	14.4	34.3	51.3
滨州市	Binzhou	100.0	9.7	40.7	49.6
菏泽市	Heze	100.0	9.9	40.2	49.9

注:本表按当年价格计算。
a)Data in this table are calculated at current prices.

主要统计指标解释

国内生产总值（GDP） 指一个国家（或地区）所有常住单位在一定时期内生产活动的最终成果。

国内生产总值有三种表现形态，即价值形态、收入形态和产品形态。

从价值形态看，它是所有常住单位在一定时期内生产的全部货物和服务价值超过同期中间投入的全部非固定资产货物和服务价值的差额，即所有常住单位的增加值之和；

从收入形态看，它是所有常住单位在一定时期内创造并分配给常住单位和非常住单位的初次收入分配之和；

从产品形态看，它是所有常住单位在一定时期内最终使用的货物和服务价值与货物和服务净出口价值之和。

在实际核算中，国内生产总值有三种计算方法，即生产法、收入法和支出法。三种方法分别从不同的方面反映国内生产总值及其构成。

①生产法 是从生产过程中生产的货物和服务总产品价值入手，剔除生产过程中投入的中间产品的价值，得到增加价值的一种方法，公式为：

增加值＝总产出－中间投入

总产出 是一定时期内一个国家（或地区）常住单位生产的所有货物和服务的价值。既包括新增价值，也包括转移价值。

中间投入 是常住单位在生产或提供货物与服务过程中，消耗和使用的所有非固定资产货物和服务的价值。中间投入也称为中间消耗。

增加值 是指常住单位生产过程创造的新增价值和固定资产的转移价值。按生产法计算它等于总产出减去中间投入。

②收入法 收入法也称分配法，按收入法计算国内生产总值是从生产过程创造收入的角度，对常住单位的生产活动成果进行核算。按照这种计算方法，增加值由劳动者报酬、生产税净额、固定资产折旧和营业盈余四个部分组成。

用公式表示为：

增加值＝劳动者报酬+生产税净额+固定资产折旧+营业盈余

国民经济各部门的增加值之和等于国内生产总值。

劳动者报酬 指劳动者因从事生产活动所获得的全部报酬。它包括劳动者获得的各种形式工资、奖金和津贴，既包括货币形式的，也包括实物形式的，它还包括劳动者所享受的公费医疗和医疗卫生费、上下班交通补贴和单位直接支付的社会保险费等。

生产税净额 生产税减生产补贴后的差额。

生产税指政府对生产单位生产、销售和从事经营活动以及因从事生产活动使用某些生产要素，如固定资产、土地、劳动力所征收的各种税、附加费和规费。具体包括销售税金及附加、增值税、管理费中开支的各种税、应交纳的养路费、排污费和水电费附加、烟酒专卖上缴政府的专项收入等。

生产补贴与生产税相反，是政府对生产单位的单方面收入转移，因此视为负生产税处理，包括政策亏损补贴、粮食系统价格补贴、外贸企业出口退税收入等。

固定资产折旧 指一定时期内为弥补固定资产损耗按照核定的固定资产折旧率提取的固定资产折旧，或按国民经济核算统一规定的折旧率虚拟计算的固定资产折旧。它反映了固定资产在当期生产中的转移价值。各种类型企业和企业化管理的事业单位的固定资产折旧指实际计提并计入成本费用中的折旧费；不计提折旧的单位，如政府机关、非企业化管理的事业单位和居民住房的固定资产折旧则是按照统一规定的折旧率和固定资产原值计算的虚拟折旧。

营业盈余 是指常住单位创造的增加值扣除劳动者报酬、生产税净额和固定资产折旧后的余额。它相当于企业的营业利润加上生产补贴，但要扣除从利润中开支的工资和福利等。

③支出法 支出法是从最终使用角度来反映国内生产总值最终去向的一种方法。最终使用包括货物和服务的最终消费支出、资本形成总额、货物和服务净出口三部分。

最终消费 指常住单位在一定时期内对于货物和服务的全部最终消费支出，也就是常住单位为满足物质、文化和精神生活的需要，从本国经济领土和国外购买的货物和服务的支出；不包括非常住单位在本国经济领土内的消费支出。最终消费分为居民消费和政府消费。

居民消费 指常住住户对货物和服务的全部最终消费支出。居民消费按市场价格计算，即按居民支付的购买者价格计算。购买者价格是购买者取得货物所支付的价值，包括购买者支付的运输和商业费用。

居民消费除了直接以货币形式购买货物和服务的消费之外，还包括以其他方式获得的货物和服务的消费支出，即所谓的虚拟消费支出。居民虚拟消费支出包括以下几种类型：单位以实物报酬及实物转移的形式提供给劳动者的货物和服务；住户生产并由本住户消费的货物和服务，其中的服务仅指住户的自有住房服务；金融机构提供的金融媒介服务；保险公司提供的保险服务。

政府消费 指政府部门为全社会提供公共服务的消费支出和免费或以较低价格向住户提供的货物和服务的净支出。前者等于政府服务的产出价值减去政府单位所获得的经营收入的价值，政府服务的产出价值等于它的经常性业务支出加上固定资产折旧；后者等于政府部门免费或以较低价格向住户提供的货物和服务的市场价值减去向住户收取的价值。

资本形成总额 指常住单位在一定时期内获得减去处置的固定资产和存货的净额，包括固定资本形成总额和存货增加两部分。

固定资本形成总额 指常住单位购置、转入和自产自用的固定资产价值，扣除销售和转出的价值，包括有形固定资产形成总额和无形固定资产形成总额。有形固定资产形成总额包括一定时期内完成的建筑工程、安装工程和设备工器具购置（减处置）价值，商品房销售增值，土地改良形成的固定资产，新增役、种、奶、毛、娱乐用牲畜和新增经济林木价值。无形固定资产形成总额包括矿藏勘探、计算机软件、娱乐和文学艺术品原件等获得减处置的价值。

存货增加 指常住单位存货实物量变动的市场价值，即期末价值减期初价值的差额。存货增加可以是正值，也可以是负值；正值表示存货上升，负值表示存货下降。它包括生产单位购进的原材料、燃料和储备物资等存货，以及生产单位生产的产成品、在制品等存货等。

货物和服务净出口 指货物和服务出口减货物和服务进口的差额。出口包括常住单位向非常住单位出售或无偿转让的各种货物和服务的价值；进口包括常住单位从非常住单位购买或无偿得到的各种货物和服务的价值。由于服务活动的提供与使用同时发生，因此服务的进出口业务并不发生出入境现象，一般把常住单位从国外得到的服务作为进口，非常住单位从本国得到的服务作为出口。货物的出口和进口都按离岸价格计算。

三次产业 三次产业的划分是世界上较为常用的产业结构分类，但各国的划分不尽一致。根据《国民经济行业分类》（GB/T 4754—2017）和《三次产业划分规定》，我国的三次产业划分是：

第一产业 指农、林、牧、渔业（不含农、林、牧、渔专业及辅助性活动）。

第二产业 指采矿业（不含开采专业及辅助性活动），制造业（不含金属制品、机械和设备修理业），电力、热力、燃气及水生产和供应业，建筑业。

第三产业 即服务业，是指除第一产业、第二产业以外的其他行业。

当年价格 指报告期的实际价格，如工业品的出厂价格，农产品的收购价格，商业的零售价格等。按当年价格计算，是指一些以货币表现的物量指标，如工农业总产值、国内生产总值等，按照当年的实际价格来计算总量。使用当年价格计算的数字，是为了使国民经济各项指标互相衔接，便于考察当年社会经济效益，便于对生产流通、生产和分配、生产和消费进行经济核算和综合平衡。

按当年价格计算的价值指标，在不同年份之间进行对比时，因为包含有各年间价格变动的因素，不能确切地反映实物量的增减变动。必须消除价格变动因素后，才能真实反映经济发展动态。因此，在计算增长速度时都使用按可比价格计算的数字。

可比价格 指计算各种总量指标所采用的扣除了价格变动因素的价格，可进行不同时期总量指标的对比。按可比价格计算总量指标有两种方法：一种是直接用产品产量乘某一年的不变价格计算；另一种是用价格指数进行换算。

不变价格 指以同类产品某一时期的平均价格作为固定价格，用于计算各时期的产品价值。按不变价格计算的产品价值消除了价格变动因素，不同时期对比可以反映生产的发展速度。新中国成立后，随着工农业产品价格水平的变化，国家统计局先后八次制定了全国统一的工业产品不变价格和农业产品不变价格。从 1949 年到 1957 年使用 1952 年工（农）业产品不变价格，从 1957 年到 1971 年使用 1957 年不变价格，从 1971 年到 1981 年使用 1970 年不变价格，从 1981 年到 1990 年使用 1980 年不变价格，从 1991 年到 2000 年使用 1990 年不变价格，从 2001 年到 2005 年使用 2000 年不变价格，从 2006 年开始使用 2005 年不变价格，从 2011 年开始使用 2010 年不变价格，从 2016 年开始使用 2015 年不变价格。

Explanatory Notes on Main Statistical Indicators

Gross Domestic Product refers to the final products at market prices produced by all residents in a country (or a region) during a certain period of time.

Gross domestic product is expressed in three different forms, i.e. value, income, and products respectively.

GDP in its value form refers to the total value of all goods and services produced by all resident units during a certain period of time, minus the total value of input of goods of non-fixed assets and services; in other term, it is the sum of the value-added of all resident units.

GDP in the form of income includes the income created by all resident units and distributed to resident and non-resident units.

GDP in the form of products refers to the value of all goods and services for final consumption by all resident units minus the net exports of goods and services during a given period of time.

In the practice of national accounting, gross domestic product is calculated with three approaches, i.e. production approach, income approach and expenditure approach, which reflect gross domestic product and its composition from different aspects.

Production Approach focuses on the total value of goods and services produced in production activities. GDP by Production Approach equals the value of total output minus that of input consumed in production process.

GDP by Production Approach = gross output — intermediate input

Gross Output refers to the total value of goods and service produced by all residents in a given period,including newly-produced goods and service, and intermediate input.

Intermediate Input refers to non-fixed assets and paid service consumed during production process when goods and service are produced. Intermediate input is also called intermediate consumption.

Value-added refers to the value of newly-produced goods and service and that of consumed fixed assets. By production approach, it equals gross output minus intermediate input.

Income Approach (also known as distribution approach): refers to the method measuring the final results of production activities o from the perspective of income made by all residents. GDP of income approach includes laborers' remuneration,net taxed on production, depreciation of fixed assets and operating surplus.

GDP by income approach = laborers' remuneration+ net taxed on production+depreciation of fixed assets+operating surplus.

The sum of value added made by different industries is GDP.

Laborers' Remuneration refers to the whole payment of various forms earned by the laborers' from the productive activities they are engaged in. It includes wages, bonuses and allowances the laborers' earned in monetary form and in kind. It also includes the free medical services provided to the laborers' and the medicine expenses, traffic subsidies and social insurance, housing fund paid by the employers.

Net Taxes on Production refers to the difference of the taxes on production minus the subsidies on production.

Taxes on production refers to the various taxes, extra charges and fees levied on the production units on their production, sale and business activities as well as on the use of some factors of production, such as fixed assets, land and labor force in the production activities they are engaged in.

In contrast to the taxes on production, the subsidies on production refer to the unilateral government transfer to the production units and are therefore regarded as negative taxes on production.They include subsidies on the loss due to implementation of government policies, price subsidies, etc.

Depreciation of Fixed Assets refers to the depreciation of fixed assets of a given period, drawn in accordance with the stipulated depreciation rate for the purpose of compensating the wear loss of the fixed assets or the depreciation of fixed assets calculated in a fictitious way in accordance with the stipulated unified depreciation rate in the national economic accounting system. It reflects the value of transfer of the fixed assets in the production of the current period. The depreciation of fixed assets in various enterprises and institutions managed as enterprises refers to the depreciation expenses actually drawn. In government agencies and institutions not managed as enterprises which do not draw the depreciation expenses, as well as for the houses of residents, the depreciation of fixed assets is the imputed depreciation, which is calculated in accordance with the stipulated unified depreciation rate. In principle, the depreciation of fixed assets should be calculated on the basis of the re-purchased value of the fixed assets.

Operating Surplus refers to the balance of the value added created by the resident units deducting the laborers' remuneration, net taxes on production and the depreciation of fixed assets. It is equivalent to the business profit of the enterprises plus subsidies on production, but the wages and welfare expenses paid from the profits should be deducted.

GDP by Expenditure Approach refers to the method of measuring the final results of production activities of a country (region) during a given period from the perspective of final use. It includes final consumption expenditure, total capital formation and net export of goods and services.

Final Consumption Expenditure refers to the total expenditure on goods and services in a given period, which means the total expenditure of resident units for purchases of goods and services from domestic economic territory and abroad to meet the requirements of material, cultural and spiritual life. It excludes the expenditure of non-resident units on consumption in the economic territory of the country. The final consumption expenditure is broken down into household consumption expenditure and government consumption expenditure.

Household consumption refers to the consumption expenditure made by household on goods and services. It is calculated at market price which is the purchasers'price. Purchasers'price means the money the purchasers paid for goods, including transportation fees and operating fees.

In addition to the consumption of goods and services bought by the households directly with money, the households consumption expenditure also includes expenditure on goods and services obtained by the households in other ways, i.e. the so-called imputed consumption expenditure, which includes the following: (a) the goods and services provided to the households by the employer in the form of payment in kind and transfer in kind; (b) goods and services produced and consumed by the households themselves, in which the services refer only to the owner-occupied housing and domestic and individual services provided by the paid household workers; (c) financial intermediate services provided by financial institutions; (d) insurance services provided by insurance companies.

Government Consumption Expenditure refers to the expenditure on the consumption of the public services provided by the government to the whole society and the net expenditure on the goods and services provided by the government to the households free of charge or at low prices. The former equals to the output value of the government services minus the value of operating income obtained by the government departments. The latter equals to the market value of the goods and services provided by the government free of charge or at low prices to the households minus the value received by the government from the households.

Total Capital Formation refers to the fixed assets acquired minus those disposed of and the net value of inventory, including the total fixed capital formation and the increase in inventory.

Total Fixed Capital Formation refers to the value of fixed assets acquired minus those disposed of during a given period. Fixed assets are the assets produced through production activities with specified unit value which could be used for over one year, excluding natural assets. Total fixed capital formation can be categorized into total tangible capital formation and total intangible capital formation. The total tangible capital formation include the value of the construction projects, installation projects completed and the equipment,apparatus and instruments purchased as well as the value of land improved, the value of draught animals, breeding stock, animals for milk, wool and for recreational purpose, and the newly increased forest with economic value during a given period. The total intangible capital formation includes the prospecting of minerals, the acquisition of computer software, artisticworks artistic minus the disposal of them.

Increase in Inventory refers to the market value of the change in inventory of resident units during a given period, i.e. the difference of value between the beginning and the end of the period minus the current gains due to the change in prices. The increase in inventory can be positive or negative. A positive value indicates the increase in inventory while a negative value indicates the decrease in stock. The inventory includes the raw materials, fuels and reserve materials purchased by the production units as well as the inventory of finished products, semi-finished products, work-in-progress, etc.

Net Export of Goods and Services refers to the difference of the exports of goods and services minus the imports of goods and services. The imports include the value of various goods and services sold or gratuitously transferred by the resident units to the non-resident units. The imports include the value of various goods and services purchased or gratuitously acquired by the resident units from the non-resident units. Because the provision of services and the use of them happen simultaneously, the acquisition of services by the resident units from abroad is usually treated as import while the acquisition of services by non-resident units in this country is usually treated as export. The export and import of goods are calculated at FOB.

Three Strata of Industry Classification of economic activities into three strata of industries is a common practice in the world, although the grouping varies to some extent from country to country. In China, according to Industrial Classification for National Economic Activities (GB/T 4754—2017) and Rules on Division of Three Strata of Industries, economic activities are categorized into the following three strata of industries:

Primary industry refers to agriculture, forestry, animal husbandry and fishery industries (not including services in support of agriculture, forestry, animal husbandry and fishery industries).

Secondary industry refers to mining and quarrying (not including support activities for mining), manufacturing (not including repair service of metal products, machinery and equipment), production and supply of electricity, heat, gas and water, and construction.

Tertiary industry refers to all other economic activities not included in the primary or secondary industries.

Current Price refers to the actual price during the reporting period, such as Ex-factory Price of Industrial Products, purchasing price of agricultural produces and retail price. Some indicators calculatedat current price are volume indicators in the value form, such as total value of output of industrial and agricultural industries and GDP, etc. Data calculated at current price are useful when it comes to evaluating the economic development and analyzing different aspects of economy, such as production, circulation,distribution and consumption.

When the different indicators calculated at current price are compared, it is in evitable that price changes will affect the comparison. Therefore, the change in volume cannot be showed. In order to eliminate the effect of price and reflect economic development, growth rate is calculated at current price.

Constant Price refers to the price without the effect of price change. By using constant price, total amount indices of different periods can be compared. There are two methods in which total amount indices are obtained, one using current price of some year to multiply the physical volume of certain products and the other using price index.

Fixed Price refers to the average price of similar products in a given period, with which the product value of different period can be calculated. The product value calculated at fixed price can show the growth rate of production in different period. Since 1949, NBS has framed the united industrial and agricultural fixed price 8 times, including the fixed price of 1952 used from 1949 to 1957, the fixed price of 1957 used from 1957 to 1971, the fixed price of 1970 used from 1971 to 1981, the fixed price of 1980 used from 1981 to 1990, the fixed price of 1990 used from 1991 to 2000, the fixed price of 2000 used from 2001 to 2005, the fixed price of 2005 used from 2006, the fixed price of 2010 used from 2011, and the fixed price of 2015 used from 2016.

第3篇

人　　口

Population

简 要 说 明

一、本篇资料的主要内容

本篇资料主要反映了我省人口方面的基本情况，包括全省 16 个市的主要人口统计数据、历年人口数、农村和城镇人口数、人口出生率、死亡率、自然增长率。另外，还对中华人民共和国成立以来开展的 7 次人口普查主要数据进行了比较。

二、本篇资料的来源

本篇资料分别来源于国家开展的人口普查、人口抽样调查和省公安厅的户籍登记资料，由省统计局人口处（社科处）整理提供。

Brief Introduction

I. Main Content

Data in this chapter show the basic condition of population, such as the basic condition of 16 cities, population, rural and urban population, birth rate, death rate and natural growth rate. Furthermore, relevant figures obtained from seven national population censuses have been compared.

II. Source of Data

Data in this chapter are from national population censuses, national sample survey. Some are derived from household registration provided by Shandong Provincial Department of Public Security. The data above are compiled by the Division of Urbanization,Population and Employment Statistics（by the Division of Social,Science and Culture Industry Employment Statistics）of Shandong Provincial Bureau of Statistics.

3-1 主要年份总人口

Population in Major Years

单位:万人 (10 000 persons)

年 份 Year	总人口 Total	按性别分 Grouped by Sex 男 Male	 女 Female	按农村、城镇分 Grouped by Rural and Urban 农村人口 Rural Population	 城镇人口 Urban Population	人口密度 Density of Population (人/平方公里) (Person/sq.km)
1949	(4549)	(2199)	(2350)	(4289)	(260)	290
1952	(4827)	(2392)	(2435)	(4538)	(289)	308
1955	(5174)	(2587)	(2587)	(4796)	(378)	330
1957	(5373)	(2694)	(2679)	(4936)	(437)	343
1962	(5426)	(2718)	(2708)	(5015)	(411)	346
1965	(5711)	(2866)	(2845)	(5258)	(453)	364
1970	(6441)	(3241)	(3200)	(5966)	(475)	411
1975	(6971)	(3524)	(3447)	(6408)	(563)	445
1976	(7038)	(3561)	(3477)	(6455)	(583)	449
1977	(7099)	(3592)	(3507)	(6507)	(592)	453
1978	(7160)	(3624)	(3536)	(6533)	(627)	457
1979	(7232)	(3660)	(3572)	(6570)	(661)	462
1980	(7296)	(3694)	(3602)	(6605)	(691)	466
1981	(7395)	(3750)	(3645)	(6659)	(736)	472
1982	(7494)	(3806)	(3688)	(6720)	(774)	478
1983	(7564)	(3847)	(3717)	(6753)	(811)	483
1984	(7637)	(3887)	(3750)	(6701)	(936)	487
1985	7711(7695)	(3922)	(3773)	(6676)	(1017)	492
1986	7818(7776)	(3967)	(3810)	(6797)	(979)	499
1987	7958(7889)	(4029)	(3860)	(6844)	(1045)	508
1988	8061(8009)	(4092)	(3917)	(6702)	(1307)	514
1989	8160(8181)	(4181)	(4000)	(6698)	(1483)	521
1990	8493(8424)	(4299)	(4125)	(6846)	(1578)	542
1991	8570(8534)	(4352)	(4182)	(6884)	(1650)	547
1992	8610(8580)	(4373)	(4207)	(6819)	(1761)	549
1993	8642(8620)	(4392)	(4228)	(6724)	(1896)	551
1994	8671(8653)	(4407)	(4246)	(6574)	(2079)	553
1995	8705(8701)	(4429)	(4272)	(6531)	(2170)	556
1996	8738(8747)	(4452)	(4295)	(6484)	(2263)	558
1997	8785(8810)	(4483)	(4327)	(6500)	(2310)	561
1998	8838(8872)	(4513)	(4359)	(6575)	(2296)	564
1999	8883(8922)	(4537)	(4385)	(6600)	(2322)	567
2000	8997(8975)	(4562)	(4413)	(6566)	(2409)	574
2001	9041(9024)	(4584)	(4440)	(6507)	(2517)	577
2002	9082(9069)	(4607)	(4463)	(6435)	(2634)	580
2003	9125(9108)	(4624)	(4484)	(6275)	(2833)	582
2004	9180(9163)	(4652)	(4512)	(6212)	(2951)	586
2005	9248(9212)	(4676)	(4537)	(6066)	(3147)	589
2006	9309(9282)	(4707)	(4575)	(6055)	(3228)	592
2007	9367(9346)	(4739)	(4606)	(5909)	(3436)	596
2008	9417(9392)	(4761)	(4632)	(5860)	(3532)	599
2009	9470(9449)	(4792)	(4658)	(5902)	(3548)	603
2010	9579(9536)	(4839)	(4697)	(5698)	(3839)	610
2011	9665(9591)	(4870)	(4721)	(5646)	(3945)	613
2012	9708(9580)	(4868)	(4712)	(5559)	(4021)	616
2013	9746(9612)	(4883)	(4729)	(5482)	(4130)	619
2014	9808(9747)	(4960)	(4787)	(5462)	(4285)	620
2015	9866(9822)	(4999)	(4823)	(5120)	(4702)	624
2016	9973(9921)	(5049)	(4872)	(5056)	(4865)	630
2017	10033(10009)	(5089)	(4919)	(4984)	(5024)	634
2018	10077(10096)	(5130)	(4966)	(4953)	(5143)	636
2019	10106(10148)	(5153)	(4995)	(5080)	(5068)	637
2020	10165(10172)	(5162)	(5011)	(5047)	(5125)	643

注:1.1990、2000和2010年为人口普查数,其余年份均为人口抽样调查数,括号内为公安户籍人口数。2006年之前的农村、城镇人口分别为公安户籍统计的农业、非农业人口。

2.根据第七次人口普查结果,对全省2011—2019年年末总人口进行了修订。

3.2020年为根据第七次人口普查数据推算年末人口数。

a) Data of 1990、2000 and 2010 are based on the national population census,and others are based on the sample surveys.Data in the brackets are from the annual reports of the Public Security Departments.Before 2006,the rural and urban population are changed to the agriculture and non-agricultural population from the Public Security Departments.

b) According to the Seventh National Census, the data of total population from 2011 to 2019 of Shandong have been revised.

c) Data of 2020 are calculated according to the data of the Seventh National Census.

3-2 主要年份人口出生率、死亡率、自然增长率

Birth Rate,Death Rate and Natural Growth Rate of Population in Major Years

年 份 Year	出生率 (‰) Birth Rate (‰)	死亡率 (‰) Death Rate (‰)	自然增长率 (‰) Natural Growth Rate (‰)	出生人口数 (万人) Population of Birth (10 000 persons)	死亡人口数 (万人) Population of Death (10 000 persons)	自然增长人数 (万人) Population of Natural Growth (10 000 persons)
1949	(28.10)	(12.20)	(15.90)			
1952	(31.50)	(12.20)	(19.30)			
1955	(37.30)	(13.70)	(23.60)	(191)	(70)	(121)
1957	(35.80)	(12.10)	(23.70)	(190)	(64)	(126)
1962	(38.10)	(12.40)	(25.70)	(204)	(66)	(138)
1965	(35.50)	(10.20)	(25.30)	(201)	(58)	(143)
1970	(33.89)	(7.34)	(26.55)	(215)	(47)	(168)
1975	(21.56)	(7.53)	(14.03)	(149)	(52)	(97)
1976	(18.46)	(7.63)	(10.83)	(129)	(53)	(76)
1977	(16.96)	(7.24)	(9.72)	(120)	(51)	(69)
1978	(16.80)	(6.50)	(10.30)	(119)	(46)	(73)
1979	(16.94)	(6.15)	(10.79)	(122)	(44)	(78)
1980	(13.91)	(6.40)	(7.51)	(101)	(47)	(54)
1981	(16.48)	(6.41)	(10.07)	(121)	(47)	(74)
1982	(17.05)	(6.10)	(10.95)	(127)	(45)	(82)
1983	15.10(12.76)	6.73(5.87)	8.37(6.89)	114(96)	51(44)	63(52)
1984	13.80(12.99)	5.80(6.03)	8.00(6.96)	104(99)	44(46)	60(53)
1985	15.12(11.75)	6.64(5.90)	8.48(5.85)	116(90)	51(45)	65(45)
1986	19.90(14.71)	7.28(5.86)	12.62(8.85)	156(114)	57(46)	99(68)
1987	23.35(17.43)	7.07(5.64)	16.28(11.79)	184(137)	56(44)	128(93)
1988	17.54(17.95)	6.04(5.95)	11.50(12.00)	140(143)	48(47)	92(96)
1989	16.88(18.87)	5.70(5.51)	11.18(13.36)	137(153)	46(45)	91(108)
1990	18.21(26.10)	6.96(6.02)	11.25(20.08)	152(217)	58(50)	94(167)
1991	15.40(16.39)	6.54(5.73)	8.86(10.66)	131(139)	56(49)	75(90)
1992	11.43(10.95)	6.88(6.02)	4.55(4.93)	98(94)	59(52)	39(42)
1993	10.49(9.47)	6.76(5.84)	3.73(3.63)	90(81)	58(50)	32(31)
1994	9.69(9.31)	6.67(5.99)	3.02(3.32)	84(80)	58(52)	26(28)
1995	9.82(9.66)	6.47(5.83)	3.35(3.83)	85(84)	56(51)	29(33)
1996	10.60(10.33)	6.76(6.04)	3.84(4.29)	92(90)	59(53)	33(37)
1997	11.28(10.84)	6.65(5.90)	4.63(4.94)	99(95)	58(52)	41(43)
1998	11.58(11.52)	6.12(5.95)	5.46(5.57)	102(102)	54(53)	48(49)
1999	11.08(10.23)	6.27(5.72)	4.81(4.51)	98(91)	55(51)	43(40)
2000	10.75(11.38)	6.29(6.70)	4.46(4.68)	97(102)	56(60)	40(42)
2001	11.12(9.93)	6.24(5.46)	4.88(4.47)	100(89)	56(49)	44(40)
2002	11.17(10.20)	6.62(5.86)	4.55(4.34)	101(92)	60(53)	41(39)
2003	11.42(9.31)	6.64(6.07)	4.78(3.24)	104(85)	61(55)	43(30)
2004	12.50(10.59)	6.49(5.60)	6.01(4.99)	114(97)	59(51)	55(46)
2005	12.14(10.17)	6.31(5.85)	5.83(4.32)	112(94)	58(54)	54(40)
2006	11.60(9.59)	6.10(5.62)	5.50(3.97)	108(89)	57(52)	51(37)
2007	11.11(10.05)	6.11(6.47)	5.00(3.58)	104(94)	57(60)	47(33)
2008	11.25(10.13)	6.16(6.81)	5.09(3.32)	106((95)	58(64)	48(31)
2009	11.70(10.96)	6.08(6.11)	5.62(4.86)	110(103)	57(58)	53(46)
2010	11.65(15.82)	6.26(8.58)	5.39(7.24)	111(150)	60(81)	51(69)
2011	11.50(11.97)	6.10(7.07)	5.40(4.90)	110(114)	59(68)	51(47)
2012	11.90(11.74)	6.95(8.33)	4.95(3.40)	115(113)	67(80)	48(33)
2013	11.41(12.19)	6.40(6.23)	5.01(5.95)	111(117)	59(60)	52(57)
2014	14.23(22.74)	6.84(6.39)	7.39(16.35)	139(220)	67(62)	72(158)
2015	12.55(14.59)	6.67(6.16)	5.88(8.43)	124(143)	66(60)	58(83)
2016	17.89(15.56)	7.05(5.41)	10.84(10.15)	177(154)	70(53)	107(101)
2017	17.54(20.59)	7.40(11.88)	10.14(8.71)	175(205)	74(118)	101(87)
2018	13.26(14.93)	7.18(6.46)	6.08(8.47)	133(150)	72(65)	61(85)
2019	11.77(12.13)	7.50(6.46)	4.27(5.67)	118(123)	75(65)	43(58)
2020	8.56(9.87)	7.25(7.12)	1.31(2.75)	87(100)	74(72)	13(28)

注:1990、2000年为普查数，2010年、2020年为人口普查推算数据，其余年份均为人口抽样调查数，括号内为当年前往公安机关申报登记数。

a)Data of 1990 and 2000 are based on the national population census,data of 2010 and 2020 are calculated according to the national population census, others are based on the sample surveys. Data in the brackets are registration data of the public security department.

3-3 人口年龄结构、抚养比和性别比

Age Composition and Dependency Ratio of Population

单位：% (%)

年 份 Year	总人口性别比(以女性为100) Sex Ratio of Total Population (female=100)	各年龄段所占比重 The Proportion of Total Population By Age			总抚养比 Gross Dependency Ratio	少儿抚养比 Children Dependency Ratio	老年抚养比 Old Dependency Ratio
		0-14岁 Aged 0-14	15-64岁 Aged 15-64	65岁及以上 Aged 65 and Over			
1982	102.9	31.0	63.4	5.6	57.7	48.9	8.8
1990	103.5	26.6	67.2	6.2	48.8	39.6	9.2
1995	103.7	24.6	68.0	7.4	47.1	36.2	10.9
2000	102.5	20.8	71.1	8.1	40.6	29.3	11.4
2001	102.7	20.4	71.4	8.2	40.1	28.6	11.5
2002	102.4	18.8	72.7	8.5	37.6	25.9	11.7
2003	100.4	18.4	72.6	9.1	37.8	25.3	12.5
2004	100.7	17.1	73.7	9.2	35.8	23.2	12.5
2005	102.0	15.9	74.1	9.9	34.9	21.5	13.4
2006	100.8	15.3	74.7	10.0	33.9	20.5	13.4
2007	101.4	15.0	74.8	10.2	33.7	20.1	13.6
2008	100.2	15.6	74.1	10.3	34.9	21.0	13.8
2009	102.3	15.7	73.9	10.4	35.4	21.2	14.1
2010	102.3	15.7	74.4	9.9	34.4	21.1	13.3
2011	102.0	15.7	74.3	10.0	34.6	21.1	13.5
2012	101.4	16.1	73.5	10.4	36.0	21.8	14.2
2013	101.2	16.1	72.9	11.0	37.1	22.1	15.0
2014	101.1	16.4	72.0	11.6	38.9	22.8	16.1
2015	102.1	16.6	71.2	12.2	40.4	23.3	17.1
2016	102.8	16.4	70.4	13.2	42.0	23.3	18.8
2017	102.7	17.2	68.8	14.0	45.3	25.0	20.3
2018	100.8	18.1	66.9	15.0	49.5	27.0	22.5
2019	99.2	18.0	66.2	15.8	51.1	27.2	23.9
2020	102.7	18.8	66.1	15.1	51.3	28.4	22.9

注：1982、1990、2000、2010和2020年数据为人口普查数据；2001-2004年为抽样调查样本数据；其他年份为抽样调查估算数据。

a)Data of 1982、1990、2000、2010 and 2020 are taken from the national population census.Data of 2001-2004 are taken from Population Sample Survey. Others are estimated on population sample survey.

3-4 各市人口数和总户数(2020年)

Population and Households by Region (2020)

地 区	Region	年末总人口(万人) Total year-end Population (10 000 persons)	按性别分(万人) Grouped by Sex (10 000 persons)		按农村、城镇分(万人) Grouped by Rural and Urban (10 000persons)		年末总户数(万户) Total year-end Households (10 000 households)	平均家庭户规模(人/户) Average Family Size(person/household)
			男 Male	女 Female	农村人口 Rural Population	城镇人口 Urban Population		
全省总计	**Total**	**10164.51(10172.47)**	**(5161.51)**	**(5010.96)**	**3755.67**	**6408.84**	**(3389.31)**	**(3.00)**
济南市	Jinan	924.16(806.73)	(399.62)	(407.11)	245.28	678.88	(276.36)	(2.92)
青岛市	Qingdao	1010.57(836.84)	(412.8)	(424.04)	239.13	771.44	(277.77)	(3.01)
淄博市	Zibo	470.56(434.49)	(215.65)	(218.84)	121.09	349.47	(154.91)	(2.80)
枣庄市	Zaozhuang	385.86(426.11)	(222.97)	(203.14)	156.95	228.91	(128.12)	(3.33)
东营市	Dongying	219.35(197.96)	(98.28)	(99.68)	62.63	156.72	(70.23)	(2.82)
烟台市	Yantai	710.37(651.86)	(323.48)	(328.38)	232.24	478.13	(238.16)	(2.74)
潍坊市	Weifang	939.36(919.04)	(462.97)	(456.07)	334.31	605.05	(292.45)	(3.14)
济宁市	Jining	836.07(894.16)	(460.96)	(433.2)	333.68	502.39	(273.36)	(3.27)
泰安市	Tai'an	547.85(570.77)	(288.17)	(282.6)	197.64	350.21	(194.89)	(2.93)
威海市	Weihai	291.08(256.62)	(126.86)	(129.76)	86.69	204.39	(94.27)	(2.72)
日照市	Rizhao	297.17(309.02)	(157.13)	(151.89)	115.50	181.67	(111.12)	(2.78)
临沂市	Linyi	1102.57(1197.01)	(619)	(578.01)	495.53	607.04	(388.5)	(3.08)
德州市	Dezhou	561.36(597.8)	(303.02)	(294.78)	262.14	299.22	(199.43)	(3.00)
聊城市	Liaocheng	595.25(648.28)	(333.22)	(315.06)	279.93	315.32	(212.36)	(3.05)
滨州市	Binzhou	393.03(397.54)	(200.52)	(197.02)	158.60	234.43	(138.63)	(2.87)
菏泽市	Heze	879.9(1028.24)	(536.86)	(491.38)	433.56	446.34	(338.75)	(3.04)

注：年末总人口根据第七次人口普查数据推算，括号内为公安户籍统计数字。

a)Data on total year-end population are calculated according to the data of the Seventh National Census..Data in the brackets are taken from the annual reports of public security departments.

3-5 七次人口普查主要数据

Major Data of All Previous Provincial Population Census

指　标	Item	第一次人口普查 The First (1953.7.1)	第二次人口普查 The Second (1964.7.1)	第三次人口普查 The Third (1982.7.1)	第四次人口普查 The Fourth (1990.7.1)
一、总人口　(万人)	**Total　(10 000 persons)**	**4887.65**	**5549.62**	**7441.91**	**8439.21**
按性别分	By Sex				
男	Male	2431.14	2790.45	3773.74	4291.32
女	Female	2456.52	2759.17	3668.16	4147.89
二、总户数　(万户)	**Total Households　(10 000 units)**	**1109.77**	**1277.08**	**1739.04**	**2197.56**
家庭户　(万户)	Households　(10 000 units)			1733.55	2187.44
平均家庭户规模(人)	Average Household Size　(person)			4.20	3.75
三、民　族	**Nationalities**				
民族个数　(个)	The number of Nationalities　(unit)	17	32	39	54
汉族人口　(万人)	Total Population of Han Nationality　(10 000 persons)	4862.40	5520.04	7401.14	8388.62
少数民族人口(万人)	Total Population of Minority Nationalities　(10 000 persons)	25.24	29.55	40.74	50.59
四、市镇人口　(万人)	**Population of City and Town (10 000 persons)**	**357.92**	**717.57**	**1419.05**	**2307.67**
五、平均预期寿命(岁)	**Life Expectancy　(year old)**			**69.2**	**70.6**
六、各种文化程度人口	**Population by Education**				
大　学　(万人)	University and Above　(10 000 persons)			26.32	82.29
高　中　(万人)	Senior Middle Schools　(10 000 persons)			438.72	603.36
初　中　(万人)	Junior Middle Schools　(10 000 persons)			1316.97	2125.47
小　学　(万人)	Primary Schools　(10 000 persons)			2510.81	3061.20
文盲半文盲　(万人)	Illiterate or Semiliterate　(10 000 persons)			2045.72	1425.61
七、6岁及以上人口平均受教育年限　(年)	**Years of education of Population Aged 6 and Over　(year)**			**4.9**	**6.2**
八、就业人口　(万人)	**Economically Active Population(10 000 persons)**			**4009.79**	**5077.21**

3-5 续表 continued

指　标	Item	第五次人口普查 The Fifth (2000.11.1)	第六次人口普查 The Sixth (2010.11.1)	第七次人口普查 The Seventh (2020.11.1)
一、总人口　(万人)	**Total　(10 000 persons)**	**8997.18**	**9579.27**	**10152.75**
按性别分	By Sex			
男	Male	4554.21	4844.69	5143.29
女	Female	4442.97	4734.58	5009.45
二、总户数　(万户)	**Total Households　(10 000 units)**	**2732.04**	**3079.47**	**3704.55**
家庭户　(万户)	Households　(10 000 units)	2670.93	3010.55	3518.42
平均家庭户规模(人)	Average Household Size　(person)	3.22	2.98	2.70
三、民　族	**Nationalities**			
民族个数　(个)	The number of Nationalities　(unit)	56	56	56
汉族人口　(万人)	Total Population of Han Nationality　(10 000 persons)	8933.90	9506.68	10062.25
少数民族人口(万人)	Total Population of Minority Nationalities　(10 000 persons)	63.27	72.59	90.50
四、市镇人口　(万人)	**Population of City and Town (10 000 persons)**	**3432.59**	**4762.07**	**6401.43**
五、平均预期寿命(岁)	**Life Expectancy　(year old)**	**73.9**	**76.5**	**79.2**
六、各种文化程度人口	**Population by Education**			
大　学　(万人)	University and Above　(10 000 persons)	300.08	832.87	1460.35
高　中　(万人)	Senior Middle Schools　(10 000 persons)	994.64	1332.26	1455.28
初　中　(万人)	Junior Middle Schools　(10 000 persons)	3297.35	3846.80	3632.42
小　学　(万人)	Primary Schools　(10 000 persons)	2946.97	2391.22	2405.46
文盲半文盲　(万人)	Illiterate or Semiliterate　(10 000 persons)	765.43	475.73	330.83
七、6岁及以上人口平均受教育年限　(年)	**Years of education of Population Aged 6 and Over　(year)**	**7.5**	**8.8**	**9.4**
八、就业人口　(万人)	**Economically Active Population(10 000 persons)**	**5477.41**	**5902.34**	**5510.00**

主要统计指标解释

人口数 指一定时点、一定地区范围内有生命的个人总和。

年度统计的年末人口数 指每年 12 月 31 日 24 时的人口数。

城镇人口和乡村人口 普查的城镇人口是指居住在城镇范围内的全部常住人口；乡村人口是除上述人口以外的全部人口。公安机关登记的城镇人口是指户口登记在城镇的人口，其统计口径是以居民常住户口所在地的城乡性质划分的。

出生率（又称粗出生率） 指在一定时期内(通常为一年)一定地区的出生人数与同期内平均人数(或期中人数)之比，用千分率表示。本资料中的出生率指年出生率，其计算公式为：

$$出生率=\frac{年出生人数}{年平均人数}\times 1000‰$$

式中：出生人数指活产婴儿，即胎儿脱离母体时(不管怀孕月数)，有过呼吸或其他生命现象。年平均人数指年初、年底人口数的平均数，也可用年中人口数代替。

死亡率（又称粗死亡率） 指在一定时期内(通常为一年)一定地区的死亡人数与同期内平均人数(或期中人数)之比，用千分率表示。本资料中的死亡率指年死亡率，其计算公式为：

$$死亡率=\frac{年死亡人数}{年平均人数}\times 1000‰$$

人口自然增长率 指在一定时期内(通常为一年)人口自然增加数(出生人数减死亡人数)与该时期内平均人数(或期中人数)之比，用千分率表示。计算公式为：

$$人口自然增长率=\frac{本年出生人数-本年死亡人数}{年平均人数}\times 1000‰$$

$$=人口出生率-人口死亡率$$

总抚养比 也称总负担系数。是指人口总体中非劳动年龄人口数与劳动年龄人口数之比。通常用百分比表示。说明每 100 名劳动年龄人口要负担多少名非劳动年龄人口。用于从人口角度反映人口与经济发展的基本关系。

计算公式为：

$$GDR=\frac{P_{0\sim14}+P_{65+}}{P_{15\sim64}}\times 100\%$$

其中：GDR 为总抚养比；

$P_{0\sim14}$ 为0~14岁少年儿童人口数；

P_{65+} 为65 岁及以上的老年人口数；

$P_{15\sim64}$ 为15~64 岁劳动年龄人口数。

老年人口抚养比 也称老年人口抚养系数。是指某人口总体中老年人口数与劳动年龄人口数之比。通常用百分比表示。用以表明每100名劳动年龄人口要负担多少名老年人。老年人口抚养比是从经济角度反映人口老化社会后果的指标之一。

计算公式为：

$$ODR=\frac{P_{65+}}{P_{15\sim64}}\times 100\%$$

其中：ODR 为老年人口抚养比；

P_{65+} 为65岁及以上的老年人口数；

$P_{15\sim64}$ 为15~64岁的劳动年龄人口数。

少年儿童抚养比 也称少年儿童抚养系数。是指某人口总体中少年儿童人口与劳动年龄人口数之比。通常用百分比表示。用以反映每100名劳动年龄人口要负担多少名少年儿童。

计算公式为：

$$CDR=\frac{P_{0\sim14}}{P_{15\sim64}}\times 100\%$$

其中：CDR 为少年儿童抚养比；

$P_{0\sim14}$ 为0~14岁少年儿童人口数；

$P_{15\sim64}$ 为15~64岁劳动年龄人口数。

Explanatory Notes on Main Statistical Indicators

Total Population refers to the total number of people alive at a certain point of time within a given area.

The annual statistics on total population is taken at midnight, the 31st of December.

Urban Population and Rural Population Urban population refer to all people residing in cities and towns, while rural population refer to population other than urban population. Urban population data of public security department only include persons whose household registration in urban.

Birth Rate (or Crude Birth Rate) refers to the ratio of the number of births to the average population (or mid period population) during a certain period of time (usually a year), expressed in ‰. Birth rate in the chapter refers to annual birth rate. The following formula is used:

$$\text{Birth Rate} = \frac{\text{Number of Births}}{\text{Annual Average Population}} \times 1000‰$$

Number of births in the formula refers to live births, i.e. when a baby has breathed or showed any vital phenomena regardless of the length of pregnancy.

Annual average number of population is the average of the number of population at the beginning of the year and that at the end of the year. Sometimes it is substituted by the mid year population.

Death Rate (or Crude Death Rate) refers to the ratio of the number of deaths to the average population (or mid period population) during a certain period of time (usually a year), expressed in ‰. Death rate in the chapter refers to annual death rate. The following formula is used:

$$\text{Death Rate} = \frac{\text{Number of Deaths}}{\text{Annual Average Population}} \times 1000‰$$

Natural Growth Rate of Population refers to the ratio of natural increase in population (number of births minus number of deaths) in a certain period of time (usually a year) to the average population (or mid period population) of the same period, expressed in ‰. The following formula is applied:

$$\text{Natural Growth Rate of Population} = \frac{\text{Number of Births} - \text{Number of Deaths}}{\text{Annual Average Population}} \times 1000‰$$

Natural Growth Rate of Population = Birth Rate − Death

Gross Dependency Ratio also called gross dependency coefficient, refers to the ratio of non-working-age population to the working-age population ,express in %. Describing in general the number of non-working-age population that every 100 people at working ages will take care of, this indicator reflects the basic relation between population and economic development from the demographic perspective. The gross dependency ratio is calculated with the following formula:

$$\text{GDR} = \frac{P_{0\sim14} + P_{65+}}{P_{15\sim64}} \times 100\%$$

Where: GDR is the gross dependency ratio,

$P_{0\sim14}$ is the population of children aged 0-14;

P_{65+} is the elderly population aged 65 and over ;

$P_{15\sim64}$ is the working –age population aged 15-64.

Old Dependency Ratio also called old dependency coefficient,refers to the ratio of the elderly population to the working-age population, express in %.It describes the number of the elderly population that every 100 people at working ages will take care of. Old dependency ratio is one of the indicators reflecting the social implication of population aging from the economic perspective. The old dependency ratio is calculated with the following formula:

$$\text{ODR} = \frac{P_{65+}}{P_{15\sim64}} \times 100\%$$

Where: ODR is the old dependency ratio,

P_{65+} is the elderly population aged 65 and over;

$P_{15\sim64}$ is the working –age population aged 15-64.

Children Dependency Ratio also called children dependency coefficient, refers to the ratio of the children population to the working-age population ,express in %.It describes the number of children population that every 100 people at working ages will take care of. The children dependency ratio is calculated with the following formula:

$$\text{CDR} = \frac{P_{0\sim14}}{P_{15\sim64}} \times 100\%$$

Where:CDR is the children dependency ratio;

$P_{0\sim14}$ is the children population aged 0-14;

$P_{15\sim64}$ is the working-age population aged 15-64.

第
4
篇

就业、工资和社会保障

Employment, Wages and Social Security

简 要 说 明

一、本篇资料的主要内容

本篇资料反映我省劳动经济方面的基本情况，包括就业人员及职工人数，城镇登记失业人数，就业人员工资总额，平均工资等。

二、本篇资料的来源

1.就业基本情况及分组资料、工资总额、平均工资等资料取自《劳动工资统计报表制度》。

2.城镇登记失业人员及失业率、社会保障等资料由省人力资源和社会保障厅、省医疗保障局根据其相关统计制度整理提供。

3.本篇资料由省统计局人口处（社科处）整理提供。

Brief Introduction

I. Main Content

Data in this chapter show the basic conditions of Shandong's labor economy, including number of employed persons, number of registered unemployed persons in urban areas, total wage bills and average wages of employed persons, etc.

II. Source of Data

(1) Data on basic conditions of employment,data by groups, total wage bills and average wages of employed persons are collected and compiled through The Reporting Form System on Labour Wage Statistics.

(2) Data on registered unemployed persons in urban areas and unemployment rate and social securities are provided by Shandong Provincial Department of Human Resource and Social Security,Medical Insurance Bureau.

(3) Data in this chapter are prepared and compiled by the Division of Urbanization,Population and Employment Statistics（by the Division of Social,Science and Culture Industry Employment Statistics）of Shandong Provincial Bureau of Statistics.

4-1 就业基本情况
Employment

类　　别	Category	2016	2017	2018	2019	2020
就业人员合计　（万人）	**Total Number of Employed Persons　(10 000 persons)**	**5728**	**5693**	**5621**	**5561**	**5510**
第一产业	Primary Industry	1706.9	1622.5	1534.5	1445.9	1372.0
第二产业	Secondary Industry	1907.4	1907.2	1877.4	1851.8	1840.3
第三产业	Tertiary Industry	2113.6	2163.3	2209.1	2263.3	2297.7
就业人员构成　（合计=100）	**Composition of Employed Persons　(total=100)**					
第一产业	Primary Industry	29.8	28.5	27.3	26.0	24.9
第二产业	Secondary Industry	33.3	33.5	33.4	33.3	33.4
第三产业	Tertiary Industry	36.9	38.0	39.3	40.7	41.7
按城乡分就业人员	**Number of Employed Persons by Urban and Rural Areas**					
城镇就业人员　（万人）	Urban Employed Persons　(10 000 persons)	3190.5	3256.4	3282.7	3303.2	3344.6
#国有单位	State-owned Units	387.2	384.9	359.9	345.4	372.8
城镇集体单位	Urban Collective-owned Units	46.2	41.0	29.0	18.7	18.6
股份合作单位	Cooperative Units	7.0	6.5	4.6	1.8	2.5
联营单位	Joint Ownership Units	0.8	0.7	0.5	0.5	0.8
有限责任公司	Limited Liability Corporations	468.0	471.5	461.6	424.2	420.9
股份有限公司	Share-holding Corporations Ltd.	145.4	144.1	148.1	147.3	153.6
港澳台投资单位	Units with Funds from Hong Kong,Macao & Taiwan	40.9	36.6	33.4	31.9	33.4
外商投资单位	Foreign Funded Units	101.6	91.1	77.5	76.2	73.9
乡村就业人员　（万人）	Rural Employed Persons　(10 000 persons)	2537.5	2436.6	2338.3	2257.8	2165.4
城镇非私营单位在岗职工人数（万人）	**Number of Staff and Workers on the job of Urban Non private units　(10 000 persons)**	**1155.5**	**1130.3**	**1065.4**	**1000.1**	**1027.8**
国有单位	State-owned Units	372.1	369.6	345.4	330.6	360.8
城镇集体单位	Urban Collective-owned Units	44.2	38.9	26.7	17.5	17.6
其他单位	Units of Other Types of Ownership	739.2	721.7	693.2	652.0	649.4
城镇非私营单位女性就业人员（万人）	**Urban Employed Female Persons of Urban Non private units　(10 000 persons)**	**435.9**	**430.2**	**410.6**	**406.7**	**426.8**
城镇累计新增就业人数　（万人）	**Number of Newly Employed Persons in Urban Areas　(10 000 persons)**	**121.0**	**128.3**	**136.8**	**138.3**	**122.7**
就业转失业人员再就业　（万人）	**Number of reemployed Persons　(10 000 persons)**	**57.6**	**58.1**	**54.5**	**51.7**	**48.0**
#困难群体再就业	Reemployed Persons in Difficult Groups	9.0	8.8	10.1	11.6	7.5
城镇登记失业人数　（万人）	**Number of Registered Unemployed Persons in Urban Areas　(10 000 persons)**	**45.8**	**45.7**	**46.5**	**44.2**	**46.7**
城镇登记失业率　（%）	**Registered Unemployment Rate in Urban Areas　(%)**	**3.5**	**3.4**	**3.4**	**3.3**	**3.1**

注：2000—2019年就业人员相关数据根据第七次全国人口普查修订（以下相关表同）。

a)According to the Seventh National Census, the data of Employed Persons from 2000 to 2019 of Shandong have been revised(the same as in the tables).

4-2 按三次产业分的年底就业人员数

Number of Employed Persons at the Year-end by Three Industries

年 份 Year	就业人员 (万人) Total Employed Persons (10 000 Persons)				构成(合计=100) Composition in Percentage(Total=100)		
		第一产业 Primary Industry	第二产业 Secondary Industry	第三产业 Tertiary Industry	第一产业 Primary Industry	第二产业 Secondary Industry	第三产业 Tertiary Industry
1949	1859.3						
1952	1897.2						
1955	1959.7						
1957	2150.4						
1962	1981.2						
1965	2146.0						
1970	2606.0						
1975	2925.0						
1978	2969.8	2350.9	366.6	252.3	79.2	12.3	8.5
1980	3117.5	2458.1	382.5	276.9	78.9	12.3	8.9
1981	3192.4	2508.2	389.0	295.2	78.6	12.2	9.3
1982	3270.0	2520.8	442.2	307.0	77.1	13.5	9.4
1983	3795.1	2950.8	465.8	378.5	77.8	12.3	10.0
1984	3563.7	2509.1	528.8	525.8	70.4	14.8	14.8
1985	3561.1	2438.6	705.3	417.2	68.5	19.8	11.7
1986	3651.2	2431.1	776.0	444.1	66.6	21.3	12.2
1987	3765.7	2422.6	848.2	494.9	64.3	22.5	13.1
1988	3887.1	2474.5	905.1	507.5	63.7	23.3	13.1
1989	3940.3	2527.6	902.6	510.1	64.2	22.9	13.0
1990	4043.2	2585.7	922.5	535.0	64.0	22.8	13.2
1991	4219.3	2708.0	958.7	552.6	64.2	22.7	13.1
1992	4302.6	2705.1	1000.8	596.7	62.9	23.3	13.9
1993	4379.3	2689.9	1070.4	619.0	61.4	24.4	14.1
1994	4382.1	2541.6	1098.0	742.5	58.0	25.1	16.9
1995	5207.4	2832.3	1305.5	1069.6	54.4	25.1	20.5
1996	5227.4	2788.0	1286.1	1153.3	53.3	24.6	22.1
1997	5256.0	2812.5	1311.9	1131.6	53.5	25.0	21.5
1998	5287.6	2837.3	1245.8	1204.5	53.7	23.6	22.8
1999	5314.7	2811.7	1245.7	1257.3	52.9	23.4	23.7
2000	5386.7	2806.5	1292.8	1287.4	52.1	24.0	23.9
2001	5430.9	2791.5	1336.0	1303.4	51.4	24.6	24.0
2002	5510.2	2755.1	1394.1	1361.0	50.0	25.3	24.7
2003	5541.0	2687.4	1446.2	1407.4	48.5	26.1	25.4
2004	5622.4	2642.5	1529.3	1450.6	47.0	27.2	25.8
2005	5689.2	2582.9	1587.3	1519.0	45.4	27.9	26.7
2006	5756.3	2527.0	1640.5	1588.7	43.9	28.5	27.6
2007	5803.6	2460.7	1688.9	1654.0	42.4	29.1	28.5
2008	5815.1	2378.4	1732.9	1703.8	40.9	29.8	29.3
2009	5844.7	2302.8	1782.6	1759.3	39.4	30.5	30.1
2010	5940.0	2257.2	1853.3	1829.5	38.0	31.2	30.8
2011	5915.0	2164.9	1881.0	1869.1	36.6	31.8	31.6
2012	5892.0	2068.1	1914.9	1909.0	35.1	32.5	32.4
2013	5840.0	1973.9	1915.5	1950.6	33.8	32.8	33.4
2014	5798.0	1878.6	1919.1	2000.3	32.4	33.1	34.5
2015	5773.0	1795.4	1922.4	2055.2	31.1	33.3	35.6
2016	5728.0	1706.9	1907.4	2113.6	29.8	33.3	36.9
2017	5693.0	1622.5	1907.2	2163.3	28.5	33.5	38.0
2018	5621.0	1534.5	1877.4	2209.1	27.3	33.4	39.3
2019	5561.0	1445.9	1851.8	2263.3	26.0	33.3	40.7
2020	5510.0	1372.0	1840.3	2297.7	24.9	33.4	41.7

4-3 按登记注册类型和行业分城镇非私营单位就业人员数(2020年底)
Number of Employed Persons in Urban Non-private units at the Year-end by Status of Registration and Sector(2020)

单位:万人 (10 000 persons)

类 别	Category	总 计 Total	在岗职工 Staff and Workers	国有单位 State -owned Units	城镇集体单位 Urban Collective -owned Units
总 计	**Total**	**1098.3**	**1027.8**	**372.8**	**18.6**
按企、事业和机关分	**Grouped by Enterprises,institutions and Agencies**				
企 业	Enterprises	756.6	697.0	53.2	12.2
政 府	Government	327.3	317.1	317.3	5.2
民间非营利组织	Civil Nonprofit Organization	13.7	13.1	2.0	1.1
其 他	Others	0.7	0.7	0.4	
按国民经济行业分	**Grouped by Sector**				
农、林、牧、渔业	Agriculture,Forestry,Animal Husbandry and Fishing	1.3	1.3	0.5	0.1
采矿业	Mining	28.5	27.6	2.1	0.1
制造业	Manufacturing	273.3	270.2	3.2	1.2
电力、热力、燃气及水的生产和供应业	Production and Supply of Electric, Heat, Gas and Water	28.3	28.0	12.9	0.1
建筑业	Construction	139.6	125.6	6.2	7.6
批发和零售业	Wholesale and Retail Trade	44.4	43.4	1.8	0.7
交通运输、仓储和邮政业	Traffic,Transport,Storage and Post	47.6	46.6	6.6	0.3
住宿和餐饮业	Hotels and Catering Services	11.3	10.7	2.2	0.1
信息传输、软件和信息技术服务业	Information Transfer, Software and Information Technology Services	19.9	19.8	1.9	
金融业	Financial Intermediation	65.7	34.4	5.6	
房地产业	Real Estate	27.6	26.5	1.6	0.5
租赁和商务服务业	Leasing and Business Services	23.5	22.4	4.2	0.5
科学研究和技术服务业	Scientific Research and Technical Service	20.5	19.9	6.9	0.3
水利、环境和公共设施管理业	Management of Water Conservancy,Environment and Public Facilities	17.7	13.1	5.3	0.2
居民服务、修理和其他服务业	Households Services, Repair and Other Services	3.0	2.9	0.6	0.1
教 育	Education	129.1	126.1	109.2	3.8
卫生和社会工作	Health and Social Work	73.0	70.1	61.9	2.5
文化、体育和娱乐业	Culture,Sports and Entertainment	7.5	7.3	4.8	0.1
公共管理、社会保障和社会组织	Public management,Social Security and Social Organization	136.5	132.0	135.4	0.4
国际组织	International Organization				

4-4 各市年底就业人员数(2020年底)

Number of Employed Persons at the Year-end by Region（2020）

单位:万人 (10 000 persons)

地 区	Region	总 计 Total	城镇非私营单位 Urban Non-private Units	农、林、牧、渔业 Agriculture, Forestry, Animal Husbandry and Fishing	采矿业 Mining	制造业 Manufacturing	电力、热力、燃气及水的生产和供应业 Production and Supply of Electric Heat, Gas and Water	建筑业 Construction	批发和零售业 Wholesale and Retail Trade
全省合计	**Total**	**5510.0**	**1098.3**	**1.3**	**28.5**	**273.3**	**28.3**	**139.6**	**44.4**
济南市	Jinan	468.9	155.0	0.1	1.5	25.2	1.9	29.6	8.1
青岛市	Qingdao	525.6	147.7			44.5	2.1	15.8	8.3
淄博市	Zibo	226.8	69.2		0.4	16.5	1.5	19.6	1.7
枣庄市	Zaozhuang	197.2	33.4		2.4	6	0.6	5.6	0.8
东营市	Dongying	124.0	37.6	0.1	8.9	7.8	0.5	3	1.2
烟台市	Yantai	429.1	82.7	0.1	1.6	31.1	1.7	5.6	3.7
潍坊市	Weifang	530.6	97.9	0.2	0.1	33.8	1.1	7.8	4.1
济宁市	Jining	429.2	78.6	0.1	9.3	13	1.1	9.1	2.1
泰安市	Tai'an	299.0	50.1		2.9	9.7	0.8	11.1	1.7
威海市	Weihai	173.3	49.1	0.1		21.1	1	2.5	2.9
日照市	Rizhao	166.9	30.3			8.2	0.4	3.1	1.5
临沂市	Linyi	621.3	72.1	0.1	0.2	14.5	1	10.2	3.7
德州市	Dezhou	328.5	40.7	0.1	0.1	10.6	0.8	4.3	1.5
聊城市	Liaocheng	289.1	41.2			7.9	0.6	4.1	0.8
滨州市	Binzhou	212.4	44.8		0.2	18	1.6	2.8	1.2
菏泽市	Heze	488.1	48.1	0.1	0.9	4.8	0.5	5.3	1

4−4 续表 1 continued

单位:万人 (10 000 persons)

地 区	Region	交通运输、仓储和邮政业 Traffic, Transport, Storage and Post	住宿和餐饮业 Hotels and Catering Services	信息传输、软件和信息技术服务业 Information Transfer, Software and Information Technology Services	金融业 Financial Intermediation	房地产业 Real Estate	租赁和商务服务业 Leasing and Business Services	科学研究和技术服务业 Scientific Research and Technical Service
全省总计	**Total**	**47.6**	**11.3**	**19.9**	**65.7**	**27.6**	**23.5**	**20.5**
济南市	Jinan	7.7	2.3	9.0	9.3	6.4	4.8	6.7
青岛市	Qingdao	9.3	2.7	2.4	11.4	5.0	3.5	4.3
淄博市	Zibo	1.1	0.3	1.7	4.4	0.9	1.7	0.8
枣庄市	Zaozhuang	1.0	0.2	0.3	2.1	0.5	0.4	0.4
东营市	Dongying	0.9	0.3	0.4	1.3	0.6	2.9	1.0
烟台市	Yantai	3.8	1.0	1.2	4.8	2.2	1.4	1.5
潍坊市	Weifang	1.9	0.7	1.1	3.4	2.3	1.6	1.0
济宁市	Jining	1.9	0.7	0.5	5.7	1.3	1.6	0.8
泰安市	Tai'an	1.1	0.5	0.6	4.2	1.0	0.5	0.5
威海市	Weihai	1.7	0.7	0.4	2.9	1.7	1.2	0.6
日照市	Rizhao	2.9	0.2	0.3	1.4	0.8	0.8	0.4
临沂市	Linyi	1.7	0.6	0.6	4.5	1.8	1.1	0.7
德州市	Dezhou	1.0	0.3	0.4	2.9	0.8	0.7	0.5
聊城市	Liaocheng	0.9	0.2	0.3	3.8	0.5	0.3	0.4
滨州市	Binzhou	1.1	0.3	0.3	1.7	0.8	0.4	0.4
菏泽市	Heze	1.3	0.2	0.4	2.0	0.8	0.5	0.5

4−4 续表 2 continued

单位:万人 (10 000 persons)

地 区	Region	水利、环境和公共设施管理业 Management of Water Conservancy, Environment and Public Facilities	居民服务、修理和其他服务业 Households Services, Repair and Other Services	教 育 Education	卫生和社会工作 Health and Social Work	文化、体育和娱乐业 Culture,Sports and Entertainment	公共管理、社会保障和社会组织 Public management, Social Security and Social Organization	国际组织 International Organization
全省总计	**Total**	**17.7**	**3.0**	**129.1**	**73.0**	**7.5**	**136.5**	
济南市	Jinan	1.9	0.8	15.4	9.3	1.8	13.0	
青岛市	Qingdao	2.4	0.5	13.9	7.7	1.2	12.6	
淄博市	Zibo	1.0	0.1	6.6	3.9	0.4	6.6	
枣庄市	Zaozhuang	0.4	0.1	4.6	2.2	0.2	5.5	
东营市	Dongying	0.4	0.1	3.0	1.6	0.2	3.6	
烟台市	Yantai	0.6	0.2	7.5	5.6	0.4	8.7	
潍坊市	Weifang	5.4	0.2	12.8	6.8	0.5	13.0	
济宁市	Jining	0.8	0.1	10.4	6.0	0.5	13.5	
泰安市	Tai'an	0.7	0.1	5.7	3.7	0.3	5.0	
威海市	Weihai	0.5	0.2	3.8	2.8	0.3	4.7	
日照市	Rizhao	0.5		3.4	1.9	0.2	4.2	
临沂市	Linyi	1.5	0.3	12.1	6.1	0.4	11.2	
德州市	Dezhou	0.5	0.2	6.0	2.9	0.4	6.8	
聊城市	Liaocheng	0.4	0.1	8.5	4.3	0.2	7.7	
滨州市	Binzhou	0.2	0.1	5.5	2.5	0.2	7.4	
菏泽市	Heze	0.7	0.1	9.9	5.8	0.3	13.1	

4-5 按登记注册类型和行业分城镇非私营单位就业人员工资总额(2020年)

Total Wages Bill of Employed Persons in Urban Non-private units by Status of Registration and Sector(2020)

单位:万元 (10 000 yuan)

类 别	Category	总 计 Total	在岗职工 Staff and Workers	国有单位 State -owned Units	城镇集体单位 Urban Collective -owned Units
总 计	**Total**	**95973741**	**92554758**	**39522601**	**1123537**
按企、事业和机关分	**Grouped by Enterprises,institutions and Agencies**				
企 业	Enterprises	60328095	57363954	5494666	588707
政 府	Government	34839674	34414934	33841284	477096
民间非营利组织	Civil Nonprofit Organization	739481	710945	136557	55712
其 他	Others	66491	64926	50094	2023
按国民经济行业分	**Grouped by Sector**				
农、林、牧、渔业	Agriculture,Forestry,Animal Husbandry and Fishing	85557	84652	37490	3820
采矿业	Mining	3011773	2969564	154093	3633
制造业	Manufacturing	20381204	20174500	292382	61142
电力、热力、燃气及水的生产和供应业	Production and Supply of Electric, Heat, Gas and Water	3251530	3237906	1691083	3775
建筑业	Construction	10032036	9113511	522065	353814
批发和零售业	Wholesale and Retail Trade	3064473	3011731	140560	32470
交通运输、仓储和邮政业	Traffic,Transport,Storage and Post	4516392	4470669	647086	14590
住宿和餐饮业	Hotels and Catering Services	527913	516463	112346	4909
信息传输、软件和信息技术服务业	Information Transfer, Software and Information Technology Services	2080716	2074002	232911	235
金融业	Financial Intermediation	6239193	4781549	734757	429
房地产业	Real Estate	2044599	2007796	103767	23102
租赁和商务服务业	Leasing and Business Services	1733438	1703071	315297	29846
科学研究和技术服务业	Scientific Research and Technical Service	2262695	2215340	867059	21259
水利、环境和公共设施管理业	Management of Water Conservancy,Environment and Public Facilities	831051	753851	414344	10234
居民服务、修理和其他服务业	Households Services, Repair and Other Services	164606	158286	47155	5626
教 育	Education	13585661	13457968	12244005	323638
卫生和社会工作	Health and Social Work	7684458	7526225	6819903	188404
文化、体育和娱乐业	Culture,Sports and Entertainment	728114	713356	494861	5737
公共管理、社会保障和社会组织	Public management,Social Security and Social Organization	13748331	13584319	13651436	36874
国际组织	International Organization				

4-6 各市按行业分城镇非私营单位就业人员工资总额(2020年)

Total Wages Bill of Employed Persons in Urban Non-private units by Sector and Region (2020)

单位:万元 (10 000 yuan)

地 区	Region	总 计 Total	农、林、牧、渔业 Agriculture, Forestry, Animal Husbandry and Fishing	采矿业 Mining	制造业 Manufacturing	电力、热力、燃气及水的生产和供应业 Production and Supply of Electric Heat, Gas and Water	建筑业 Construction	批发和零售业 Wholesale and Retail Trade
全省合计	**Total**	**95973741**	**85557**	**3011773**	**20381204**	**3251530**	**10032036**	**3064473**
济 南 市	Jinan	16196772	15275	128678	2314398	204001	2746829	639835
青 岛 市	Qingdao	15603819	2230	634	3788927	210292	1374121	740077
淄 博 市	Zibo	5584201	2593	33000	1273808	162126	1383058	104659
枣 庄 市	Zaozhuang	2479006	835	204577	343605	46465	295599	49260
东 营 市	Dongying	3912629	4565	1269051	598602	47599	196446	75690
烟 台 市	Yantai	7173303	8129	157444	2290293	208415	321277	244533
潍 坊 市	Weifang	7701362	14326	7329	2486871	99065	649759	269217
济 宁 市	Jining	6148955	6063	892978	830920	103900	500419	114266
泰 安 市	Tai'an	3595859	417	187715	611675	69376	637320	100933
威 海 市	Weihai	3737794	7078		1381902	91536	162100	162032
日 照 市	Rizhao	2528195	2628	967	647149	43481	199150	78261
临 沂 市	Linyi	5492130	4361	16855	925641	93965	572562	224309
德 州 市	Dezhou	3037689	8894	7036	815839	77557	275384	78466
聊 城 市	Liaocheng	3166458	1871		454612	53355	284708	50566
滨 州 市	Binzhou	3532584	3149	11398	1234453	149320	173761	68367
菏 泽 市	Heze	3314291	3143	94111	269326	32712	259544	64001

4-6 续表 1 continued

单位:万元 (10 000 yuan)

地 区	Region	交通运输、仓储和邮政业 Traffic, Transport, Storage and Post	住宿和餐饮业 Hotels and Catering Services	信息传输、软件和信息技术服务业 Information Transfer,Software and Information Technology Services	金融业 Financial Intermediation	房地产业 Real Estate	租赁和商务服务业 Leasing and Business Services	科学研究和技术服务业 Scientific Research and Technical Service
全省合计	**Total**	**4516392**	**527913**	**2080716**	**6239193**	**2044599**	**1733438**	**2262695**
济南市	Jinan	804039	106549	909368	1260857	455702	432459	828365
青岛市	Qingdao	889233	156778	326602	1201581	558777	321573	583988
淄博市	Zibo	84125	12597	166146	324081	55468	75600	77268
枣庄市	Zaozhuang	47916	8001	28036	186402	32257	21285	33740
东营市	Dongying	75359	14091	45708	132779	35009	315720	100036
烟台市	Yantai	387627	45760	125741	434907	183334	97883	148780
潍坊市	Weifang	141376	30877	83962	328477	141447	96845	75863
济宁市	Jining	112481	27859	54289	402052	80954	70030	66947
泰安市	Tai'an	69643	19048	74112	298556	58726	32405	44412
威海市	Weihai	117265	32506	42247	268573	99965	62881	48973
日照市	Rizhao	240812	8787	27587	111958	44888	33258	36944
临沂市	Linyi	127849	24263	58939	346845	116949	67475	56942
德州市	Dezhou	71159	15229	33069	282207	55156	34155	40063
聊城市	Liaocheng	68732	8717	32405	349621	35016	25946	40690
滨州市	Binzhou	90533	9613	29029	166874	41280	23042	39245
菏泽市	Heze	91098	7238	43479	143423	49671	22881	40439

4-6 续表 2 continued

单位:万元 (10 000 yuan)

地 区	Region	水利、环境和公共设施管理业 Management of Water Conservancy, Environment and Public Facilities	居民服务、修理和其他服务业 Households Services, Repair and Other Services	教 育 Education	卫生和社会工作 Health and Social Work	文化、体育和娱乐业 Culture, Sports and Entertainment	公共管理、社会保障和社会组织 Public management, Social Security and Social Organization	国际组织 International Organization
全省合计	**Total**	**831051**	**164606**	**13585661**	**7684458**	**728114**	**13748331**	
济南市	Jinan	147399	42278	1840784	1355650	232554	1731754	
青岛市	Qingdao	149952	38410	2029816	1131180	147493	1952156	
淄博市	Zibo	29495	3840	761416	356219	31134	647570	
枣庄市	Zaozhuang	22039	3344	402315	216201	16244	520885	
东营市	Dongying	22853	4100	336629	182913	17056	438423	
烟台市	Yantai	44760	11741	923809	585426	31644	921801	
潍坊市	Weifang	111999	8231	1274149	597508	35092	1248969	
济宁市	Jining	47712	4875	1055729	592253	37319	1147910	
泰安市	Tai'an	39764	4029	539322	299921	21428	487058	
威海市	Weihai	29084	8059	457686	248156	27580	490172	
日照市	Rizhao	34854	1953	357185	194469	20555	443309	
临沂市	Linyi	48398	10840	1159689	589974	33622	1012651	
德州市	Dezhou	25858	6405	460379	240806	22586	487439	
聊城市	Liaocheng	27168	4092	714735	420542	14956	578726	
滨州市	Binzhou	17596	8270	550339	234689	18095	663532	
菏泽市	Heze	32119	4141	721681	438552	20754	975978	

4-7 按登记注册类型和行业分城镇非私营单位就业人员平均工资(2020年)

Average Earning of Employed Persons in Urban Non-private units by Status of Registration and Sector(2020)

单位:元 (yuan)

类别	Category	总计 Total	在岗职工 Staff and Workers	国有单位 State -owned Units	城镇集体单位 Urban Collective -owned Units
总计	**Total**	**87749**	**90661**	**106784**	**61845**
按企、事业和机关分	**Grouped by Enterprises,institutions and Agencies**				
企业	Enterprises	79865	82733	102900	49515
政府	Government	107426	109542	107634	92612
民间非营利组织	Civil Nonprofit Organization	55311	55929	70532	50872
其他	Others	97792	100880	134843	66098
按国民经济行业分	**Grouped by Sector**				
农、林、牧、渔业	Agriculture,Forestry,Animal Husbandry and Fishing	66966	67515	80213	57147
采矿业	Mining	103837	105919	74326	52472
制造业	Manufacturing	75024	75116	91585	50633
电力、热力、燃气及水的生产和供应业	Production and Supply of Electric, Heat, Gas and Water	114740	115499	129794	64055
建筑业	Construction	72969	74141	82705	48280
批发和零售业	Wholesale and Retail Trade	67322	67601	75660	49748
交通运输、仓储和邮政业	Traffic,Transport,Storage and Post	94427	95532	96870	48902
住宿和餐饮业	Hotels and Catering Services	46966	48272	50507	40055
信息传输、软件和信息技术服务业	Information Transfer, Software and Information Technology Services	105284	105640	124298	90269
金融业	Financial Intermediation	93192	138976	130624	129939
房地产业	Real Estate	74682	76425	69829	46800
租赁和商务服务业	Leasing and Business Services	73711	75989	74664	55815
科学研究和技术服务业	Scientific Research and Technical Service	112510	113452	126669	73909
水利、环境和公共设施管理业	Management of Water Conservancy,Environment and Public Facilities	45567	57469	78149	45938
居民服务、修理和其他服务业	Households Services, Repair and Other Services	55092	55819	77873	50228
教育	Education	106901	108452	113686	87022
卫生和社会工作	Health and Social Work	106272	108425	111130	75497
文化、体育和娱乐业	Culture,Sports and Entertainment	96490	97891	103910	73454
公共管理、社会保障和社会组织	Public management,Social Security and Social Organization	101467	103679	101506	89298
国际组织	International Organization				

4-8 各市按行业分城镇非私营单位就业人员平均工资(2020年)
Average Earning of Employed Persons in Urban Non-private units by Sector and Region (2020)

单位:元 (yuan)

地 区	Region	总 计 Total	农、林、牧、渔业 Agriculture, Forestry, Animal Husbandry and Fishing	采矿业 Mining	制造业 Manufacturing	电力、热力、燃气及水的生产和供应业 Production and Supply of Electric Heat, Gas and Water	建筑业 Construction	批发和零售业 Wholesale and Retail Trade
全省合计	**Total**	**87749**	**66966**	**103837**	**75024**	**114740**	**72969**	**67322**
济南市	Jinan	104990	110352	88095	93771	108170	93258	78308
青岛市	Qingdao	106011	69497	53095	85690	100562	95072	79865
淄博市	Zibo	81864	52759	75871	76899	107922	73894	59877
枣庄市	Zaozhuang	73411	53745	82030	56947	72438	51295	57806
东营市	Dongying	103782	72569	141060	77529	94584	64552	63256
烟台市	Yantai	87063	60633	100155	74108	125038	59266	65976
潍坊市	Weifang	78090	58723	53360	74392	87684	74516	64984
济宁市	Jining	79236	47749	94032	64741	93949	55584	55324
泰安市	Tai'an	72337	44598	62084	64445	82411	58991	58033
威海市	Weihai	76525	82647		65660	90953	62135	54674
日照市	Rizhao	83257	67317	78341	79104	105684	62444	50638
临沂市	Linyi	77062	62084	83701	63895	91326	57673	61900
德州市	Dezhou	74987	71358	88599	76191	100607	66031	54155
聊城市	Liaocheng	76531	63069		56435	83606	66241	62860
滨州市	Binzhou	79193	56234	63456	68523	88934	63030	58270
菏泽市	Heze	69756	52448	104029	56377	62827	50358	59680

4-8 续表 1 continued

单位:元 (yuan)

地 区	Region	交通运输、仓储和邮政业 Traffic, Transport, Storage and Post	住宿和餐饮业 Hotels and Catering Services	信息传输、软件和信息技术服务业 Information Transfer,Software and Information Technology Services	金融业 Financial Intermediation	房地产业 Real Estate	租赁和商务服务业 Leasing and Business Services	科学研究和技术服务业 Scientific Research and Technical Service
全省合计	**Total**	**94427**	**46966**	**105284**	**93192**	**74682**	**73711**	**112510**
济南市	Jinan	103707	46800	101684	130997	72138	90334	127001
青岛市	Qingdao	96712	57880	137344	101219	108896	89117	136204
淄博市	Zibo	74250	42287	102711	73763	58696	44216	92343
枣庄市	Zaozhuang	48357	37426	103214	82898	62603	50197	82840
东营市	Dongying	82667	48044	107198	99343	57108	106544	105120
烟台市	Yantai	98831	44536	103448	89031	82105	70441	106236
潍坊市	Weifang	71828	43085	75695	95832	61147	57893	77500
济宁市	Jining	58059	38849	119029	74644	63809	45800	86861
泰安市	Tai'an	66677	42492	123086	69169	58919	55548	86931
威海市	Weihai	71410	44684	104705	92234	61017	55767	88700
日照市	Rizhao	82273	42424	89719	83703	61269	42390	94367
临沂市	Linyi	74261	42274	97668	76344	66325	62291	85612
德州市	Dezhou	74153	41009	93719	91357	70049	47666	86328
聊城市	Liaocheng	71766	39843	112051	89762	71259	81770	102193
滨州市	Binzhou	79786	38931	81800	99729	49428	62596	89028
菏泽市	Heze	71499	37164	100674	71363	62405	50660	75949

4-8 续表 2 continued

单位:元 (yuan)

地 区	Region	水利、环境和公共设施管理业 Management of Water Conservancy, Environment and Public Facilities	居民服务、修理和其他服务业 Households Services, Repair and Other Services	教 育 Education	卫生和社会工作 Health and Social Work	文化、体育和娱乐业 Culture, Sports and Entertainment	公共管理、社会保障和社会组织 Public management, Social Security and Social Organization	国际组织 International Organization
全省合计	**Total**	**45567**	**55092**	**106901**	**106272**	**96490**	**101467**	
济 南 市	Jinan	79847	51283	120494	147794	126905	130200	
青 岛 市	Qingdao	62512	75162	147920	148064	121320	156793	
淄 博 市	Zibo	30813	64941	116263	92367	87772	99830	
枣 庄 市	Zaozhuang	55885	45588	88922	96831	74468	95486	
东 营 市	Dongying	61805	72142	116147	114395	95264	122529	
烟 台 市	Yantai	69569	48152	122203	105954	80194	107851	
潍 坊 市	Weifang	19007	61643	101696	88953	70435	97109	
济 宁 市	Jining	64610	69040	103013	99124	75501	85801	
泰 安 市	Tai'an	61659	51076	95541	82635	63436	98150	
威 海 市	Weihai	66943	48728	123944	87128	78598	105671	
日 照 市	Rizhao	53628	40749	106978	106748	88173	105345	
临 沂 市	Linyi	33053	39808	99149	98262	75552	91281	
德 州 市	Dezhou	47327	41181	77650	82977	62049	74200	
聊 城 市	Liaocheng	72620	57529	84757	98869	89622	75328	
滨 州 市	Binzhou	76339	61717	101805	95353	98030	91180	
菏 泽 市	Heze	49198	46018	74877	77334	75074	75049	

4-9 各市按行业分城镇私营单位就业人员平均工资(2020年)
Average Wage of Staff and Workers in Urban Non-private units by Sector and Region(2020)

单位:元 (yuan)

地 区	Region	总 计 Total	农、林、牧、渔业 Agriculture, Forestry, Animal Husbandry and Fishing	采矿业 Mining	制造业 Manufacturing	电力、热力、燃气及水的生产和供应业 Production and Supply of Electric, heat,gas and water	建筑业 Construction	批发和零售业 Wholesale and Retail Trade
全省合计	**Total**	**55542**	**49850**	**61525**	**54833**	**62537**	**58916**	**54155**
济 南 市	Jinan	60348	51357	67123	57377	58784	62378	60051
青 岛 市	Qingdao	61761	56638	62621	58905	60803	65710	56150
淄 博 市	Zibo	54734	42817	62843	53457	59983	62193	52673
枣 庄 市	Zaozhuang	49961	45865	49851	52036	59080	53881	46871
东 营 市	Dongying	60449	49701	64585	67375	69566	59771	59143
烟 台 市	Yantai	54694	51207	47173	55498	62414	54762	56531
潍 坊 市	Weifang	54476	53240	48482	57383	64473	57272	47247
济 宁 市	Jining	51822	51300	62471	53330	60620	55043	48562
泰 安 市	Tai'an	54496	40985	70891	51996	56292	66564	48736
威 海 市	Weihai	55683	52395	49009	56569	55775	53781	60038
日 照 市	Rizhao	55972	53504	58026	53097	82835	60502	50266
临 沂 市	Linyi	55453	45420	54045	54458	61041	57687	55942
德 州 市	Dezhou	52260	49854		53917	59628	59563	49964
聊 城 市	Liaocheng	49447	48915		46432	57851	54076	53224
滨 州 市	Binzhou	54640	48160	50311	56139	70767	55848	54537
菏 泽 市	Heze	48503	44087	67695	47428	57766	50186	48538

4-9 续表 1 continued

单位：元 (yuan)

地　区	Region	交通运输、仓储和邮政业 Traffic, Transport, Storage and Post	住宿和餐饮业 Hotels and Catering Services	信息传输、软件和信息技术服务业 Information Transfer, Software and Information Technology Services	金融业 Financial Intermediation	房地产业 Real Estate	租赁和商务服务业 Leasing and Business Services	科学研究和技术服务业 Scientific Research and Technical Service
全省合计	**Total**	**55780**	**43445**	**67111**	**69813**	**57196**	**54750**	**63383**
济南市	Jinan	61980	47196	76097	82566	63579	57119	69465
青岛市	Qingdao	61024	48107	75357	84597	68930	71823	77757
淄博市	Zibo	57316	39745	68570	65239	54719	47698	66677
枣庄市	Zaozhuang	51705	35469	51963	76486	50115	44000	50474
东营市	Dongying	61299	39416	65060	66040	53001	51537	65959
烟台市	Yantai	53679	45388	66605	69677	44211	52396	59274
潍坊市	Weifang	55988	39888	59393	60586	51489	45946	49449
济宁市	Jining	54714	38158	53993	79821	53147	50706	49504
泰安市	Tai'an	47223	36701	49108	56771	47865	41805	54866
威海市	Weihai	51095	44566	61062	59793	65648	51542	54428
日照市	Rizhao	62929	44679	70463	71083	66836	50195	57801
临沂市	Linyi	53126	46350	59897	65689	68027	60069	70779
德州市	Dezhou	50000	41050	61982	73342	59527	39463	48445
聊城市	Liaocheng	47346	37428	54455	59291	60046	45711	60788
滨州市	Binzhou	58290	36342	51134	61626	52744	52550	58877
菏泽市	Heze	51222	37688	53124	60195	58526	43049	59509

4-9 续表 2 continued

单位：元 (yuan)

地　区	Region	水利、环境和公共设施管理业 Management of Water Conservancy, Environment and Public Facilities	居民服务、修理和其他服务业 Households Services, Repair and Other Services	教　育 Education	卫生和社会工作 Health and Social Work	文化、体育和娱乐业 Culture, Sports and Entertainment	公共管理、社会保障和社会组织 Public management, Social Security and Social Organization	国际组织 International Organization
全省合计	**Total**	**37257**	**43923**	**52563**	**55850**	**53455**		
济南市	Jinan	40473	41836	58700	60558	56692		
青岛市	Qingdao	38535	49527	60825	63776	63797		
淄博市	Zibo	37412	44534	41779	55994	44061		
枣庄市	Zaozhuang	33423	45689	44311	42416	48414		
东营市	Dongying	36570	43529	44123	43478	50089		
烟台市	Yantai	33032	50679	56621	58214	53748		
潍坊市	Weifang	31542	36100	50472	53525	53083		
济宁市	Jining	42869	40110	47914	55201	49434		
泰安市	Tai'an	26685	35966	44272	54003	45451		
威海市	Weihai	39437	46605	58994	46501	56157		
日照市	Rizhao	49115	48178	54199	47518	56000		
临沂市	Linyi	41320	48375	52531	56120	51875		
德州市	Dezhou	46610	41235	45606	49176	52940		
聊城市	Liaocheng	29244	36641	49610	44725	40928		
滨州市	Binzhou	29134	45726	53269	46813	48363		
菏泽市	Heze	40558	41025	47630	52812	49251		

4-10 各市城镇登记失业人员及失业率

Registered Urban Unemployed Persons and Unemployment Rate by Region

地 区	Region	失业人员(万人) Unemployment(10 000 persons)						登记失业率(%) Unemployment Rate(%)					
		2015	2016	2017	2018	2019	2020	2015	2016	2017	2018	2019	2020
全省总计	**Total**	**43.7**	**45.8**	**45.7**	**46.5**	**44.2**	**46.7**	**3.4**	**3.5**	**3.4**	**3.4**	**3.3**	**3.1**
济 南 市	Jinan	3.2	3.4	3.2	3.5	3.5	3.6	2.0	2.2	2.1	2.1	2.0	2.0
青 岛 市	Qingdao	7.5	8.0	7.8	7.4	8.3	8.7	3.0	3.2	3.1	2.9	3.0	3.0
淄 博 市	Zibo	3.0	3.2	3.4	3.4	2.8	3.0	2.8	2.7	2.9	2.4	2.2	2.3
枣 庄 市	Zaozhuang	1.9	1.9	1.9	2.6	2.0	2.2	2.3	2.4	2.4	3.0	2.2	2.3
东 营 市	Dongying	1.0	1.2	1.3	1.4	1.4	1.4	2.2	2.4	2.5	2.5	2.6	2.7
烟 台 市	Yantai	5.4	5.7	5.5	5.0	4.4	4.8	3.2	3.2	3.3	2.9	2.2	2.5
潍 坊 市	Weifang	3.9	3.9	3.9	4.0	3.8	3.5	2.9	2.9	2.9	2.9	2.7	2.5
济 宁 市	Jining	3.1	3.3	3.3	3.1	3.3	3.0	3.0	3.1	3.1	3.0	3.1	2.3
泰 安 市	Tai'an	2.1	2.6	2.5	2.4	2.2	2.3	2.1	2.5	2.4	2.2	2.0	2.1
威 海 市	Weihai	0.8	0.8	1.0	1.0	0.9	1.2	1.5	1.5	1.7	1.8	1.8	2.4
日 照 市	Rizhao	1.1	1.2	1.3	1.6	1.0	1.1	2.0	2.2	2.2	2.3	1.7	2.0
莱 芜 市	Laiwu	0.7	0.7	0.7	0.7			2.5	2.6	2.6	2.7		
临 沂 市	Linyi	2.6	2.6	2.7	2.8	3.0	3.4	2.4	2.3	2.3	2.3	2.2	2.4
德 州 市	Dezhou	1.9	1.8	1.7	2.0	1.9	2.0	2.8	2.6	2.5	2.4	2.4	2.5
聊 城 市	Liaocheng	2.6	2.6	2.5	2.6	2.3	2.5	3.0	3.1	3.0	3.1	2.7	3.0
滨 州 市	Binzhou	1.2	1.2	1.2	1.5	1.3	1.7	2.2	2.1	2.1	2.6	1.8	2.5
菏 泽 市	Heze	1.8	1.7	1.7	1.8	2.2	2.2	3.2	3.1	3.1	2.7	3.1	2.8

注：根据行政区划调整，2019年起，莱芜市并入济南市，以下表同。
a)According to administrative division adjustment,Laiwu City merged into Jinan City from 2019.The same applies to tables following.

4-11 主要年份年末离休、退休、退职人员人数

Numbers of Retired and Resigned Persons at Year-end in Major Years

单位：人 (person)

年 份 Year	总 计 Total	离休人员 Retired Veterans	退休人员 Retired Persons	领取定期生活费的退职人员 Resigned Persons
2000	1803820	144063	1592549	67208
2001	1880547	141761	1684005	54781
2002	2005227	130318	1830820	44089
2003	2121128	124002	1948428	48698
2004	2244567	118302	2077937	48328
2005	2487619	114650	2372969	
2006	2617076	104437	2512563	
2007	2821703	99016	2722687	
2008	3050455	93560	2956895	
2009	3260326	88574	3171752	
2010	3450734	79974	3370760	
2011	3730537	71844	3623657	35036
2012	4163329	68132	4058431	36766
2013	4591639	62261	4492295	37083
2014	5115111	56939	5020415	37757
2015	5543745	49531	5454932	39282
2016	6073980	28093	6008374	37513
2017	6387821	20093	6330627	37101
2018	6771167	17504	6715388	38275
2019	7111822	14915	7060702	36205
2020	7541440	12804	7486120	42516

注：本表不包括民政部门支付离休、退休、退职费的人数。
a)Data in this table exclude the number of retired or resigned people whose pensions are paid by civil affair departments.

4-12 离休、退休人员数(2020年底)

Numbers of Retired and Resigned Persons at Year-end(2020)

单位:人 (person)

类别	Category	离休、退休退职人员 Retired and Resigned Persons	离休人员 Retired Veterans	退休人员 Retired Persons
总计	**Total**	**7541440**	**12804**	**7486120**
一、执行企业养老保险制度	**According to the Enterprise Pension Insurance System**	**6243316**	**12797**	**6189096**
(一)企业	Enterprise	4096290	12774	4053417
1. 内资企业	Domestic Funded Enterprises	4015629	12720	3973376
国有企业	State-owned Enterprises	1858143	8890	1833811
集体企业	Collective Owned Enterprises	896602	1649	888474
其他企业	Others	1260884	2181	1251091
2. 港、澳、台及外资企业	Enterprises with Investment from Hong Kong, Macao and Taiwan	80661	54	80041
(二)事业	Institutions	9093	8	9004
(三)机关	Government Agencies	3188	11	3121
(四)其他人员	Others	2134745	4	2123554
二、执行机关事业单位养老保险制度	**According to the Government Agencies and Institutions Pension Insurance System**	**1298124**	**7**	**1297024**
(一)机关	Government Agencies	296743	2	296661
(二)事业	Institutions	1001354	5	1000336
(三)其他单位	Others	27		27

4-13 各市离休、退休人员数(2020年底)

Numbers of Retired and Resigned Persons at Year-end by Region(2020)

单位:人 (person)

地区	Region	离休、退休退职人员 Retired and Resigned Persons	离休人员 Retired Veterans	退休人员 Retired Persons
全省总计	**Total**	**7541440**	**12804**	**7486120**
济南市	Jinan	730672	1646	725779
青岛市	Qingdao	1128289	1417	1122612
淄博市	Zibo	467646	713	464576
枣庄市	Zaozhuang	192862	234	189473
东营市	Dongying	68829	89	68449
烟台市	Yantai	770608	1174	764679
潍坊市	Weifang	592205	851	586557
济宁市	Jining	395128	564	392370
泰安市	Tai'an	322580	369	315059
威海市	Weihai	464214	322	462635
日照市	Rizhao	234583	128	232361
临沂市	Linyi	414176	528	413603
德州市	Dezhou	246367	345	245141
聊城市	Liaocheng	240328	278	238977
滨州市	Binzhou	213474	284	211997
菏泽市	Heze	261814	323	260966

注：各市数据不包括省直管企业参保离退休人数。

a)Municipal data exclude the number of retired and resigned persons in provincial enterprises.

4-14 离休、退休人员保险福利费用(2020年)

Social Insurance and Welfare Funds for Retired Persons(2020)

单位：万元 (10 000 yuan)

类别	Category	总计 Total	离休金 Pensions for Retired Veterans	退休金 Pensions for Retired Persons
总计	**Total**	**30106949**	**146611**	**29039393**
一、执行企业养老保险制度	**According to the Enterprise Pension Insurance System**	**21671322**	**146551**	**20607549**
(一)企业	Enterprise	16216614	146323	15410502
1．内资企业	Domestic Funded Enterprises	15864804	145590	15068739
国有企业	State-owned Enterprises	8375025	100162	7948382
集体企业	Collective Owned Enterprises	3146188	19129	2978728
其他企业	Others	4343591	26299	4141629
2．港、澳、台及外资企业	Enterprises with Investment from Hong Kong, Macao and Taiwan	351810	733	341763
(二)事业	Institutions	21328	58	19358
(三)机关	Government Agencies	10264	130	9531
(四)其他人员	Others	5423116	40	5168158
二、执行机关事业单位养老保险制度	**According to the Government Agencies and Institutions Pension Insurance System**	**8435627**	**60**	**8431844**
(一)机关	Government Agencies	1966589	18	1966353
(二)事业	Institutions	6468885	42	6465338
(三)其他单位	Others	153		153

4-15 各市离休、退休保险福利费用(2020年)

Social Insurance and Welfare Funds for Retired Persons by Region(2020)

单位：万元 (10 000 yuan)

地区	Region	总计 Total	离休金 Pensions for Retired Veterans	退休金 Pensions for Retired Persons
全省总计	**Total**	**30106949**	**146611**	**29039393**
济南市	Jinan	3115203	20706	2976369
青岛市	Qingdao	4370986	22799	4162304
淄博市	Zibo	1782556	6284	1763987
枣庄市	Zaozhuang	815072	3381	783258
东营市	Dongying	295161	762	285966
烟台市	Yantai	2904605	13298	2877798
潍坊市	Weifang	2272180	8298	2169342
济宁市	Jining	1629644	7263	1563862
泰安市	Tai'an	1195043	4328	1165388
威海市	Weihai	1367263	2927	1291107
日照市	Rizhao	701350	1789	659536
临沂市	Linyi	1533738	7246	1499555
德州市	Dezhou	955062	3903	916111
聊城市	Liaocheng	924288	3331	892503
滨州市	Binzhou	689394	3680	654490
菏泽市	Heze	1026338	2998	1011011

注：各市数据不包括省直管企业离退休费用。
a)Municipal data exclude the costs of retired and resigned persons in provincial enterprises.

4-16 社会保险基金收支及累计结余

Revenue, Expenses and Balance of Social Insurance Fund

单位：亿元 (100 million yuan)

年份 Year	合计 Total	基本养老保险 Basic Pension Insurance	失业保险 Unemployment Insurance	基本医疗保险 Basic Medical Care Insurance	工伤保险 Work Injury Insurance	生育保险 Maternity Insurance
基金收入 Revenue						
2005	474.9	360.5	23.5	82.1	5.0	3.8
2006	592.9	441.1	31.3	108.2	7.3	5.0
2007	782.9	591.8	36.5	137.7	10.4	6.5
2008	938.4	687.5	45.5	183.0	13.3	9.1
2009	1109.4	825.7	41.8	215.4	16.8	9.7
2010	1283.0	943.5	43.1	264.2	20.5	11.7
2011	1645.9	1191.1	65.5	343.1	28.4	17.8
2012	1883.4	1316.6	83.2	425.8	34.7	23.1
2013	2114.7	1489.0	57.3	500.3	40.0	28.1
2014	2589.5	1672.7	68.6	770.5	45.1	32.6
2015	3206.9	2105.6	71.6	942.7	51.0	36.0
2016	3502.4	2242.5	92.4	1081.5	50.2	35.8
2017	3663.7	2289.3	67.6	1195.2	58.9	52.7
2018	4460.9	2728.1	74.1	1530.5	64.1	64.1
2019	4579.2	2784.7	82.1	1582.7	56.9	72.8
2020	4164.5	2491.2	58.3	1585.1	29.9	
基金支出 Expenses						
2005	379.0	296.2	14.0	63.2	3.3	2.3
2006	450.9	352.1	13.3	77.7	4.8	3.0
2007	571.1	443.9	13.6	102.0	7.3	4.3
2008	690.7	530.5	14.7	131.2	8.7	5.6
2009	840.5	622.7	22.4	177.0	11.7	6.7
2010	1027.1	749.3	31.4	222.2	15.1	9.1
2011	1223.9	886.9	25.9	279.3	20.1	11.7
2012	1475.6	1059.0	35.3	336.0	28.0	17.3
2013	1783.9	1270.5	46.3	413.5	31.3	22.3
2014	2365.8	1557.7	49.3	692.3	35.0	31.5
2015	2791.4	1845.2	57.3	820.4	38.4	30.1
2016	3202.3	2090.3	70.0	956.7	39.4	45.9
2017	3622.9	2358.7	65.2	1094.6	42.2	62.2
2018	4081.1	2656.5	64.5	1253.7	47.8	58.6
2019	4512.4	2954.7	77.7	1362.6	53.8	63.6
2020	4879.7	3232.8	134.0	1457.1	55.8	
累计结余 Balance at Year-end						
2005	410.0	293.7	40.2	64.1	6.3	5.7
2006	552.2	382.7	58.3	94.6	8.8	7.8
2007	756.9	523.4	81.3	130.4	11.8	10.0
2008	1004.6	680.4	112.1	182.2	16.4	13.5
2009	1273.4	883.4	131.5	220.6	21.4	16.5
2010	1529.2	1077.6	143.2	262.5	26.9	19.0
2011	1951.4	1381.9	182.9	326.3	35.2	25.1
2012	2359.8	1639.5	230.7	416.7	41.9	31.0
2013	2693.3	1857.9	241.7	506.3	50.6	36.8
2014	2959.3	1973.0	261.0	626.8	60.6	37.9
2015	3378.0	2233.4	275.3	752.4	73.1	43.8
2016	3678.8	2385.7	297.8	877.6	83.9	33.8
2017	3718.8	2315.7	300.1	979.2	100.6	23.2
2018	4098.7	2387.2	309.8	1256.1	116.9	28.7
2019	4126.8	2217.2	252.2	1492.7	119.7	45.0
2020	3411.7	1475.7	176.5	1665.7	93.8	

注：基本养老保险不包含居民养老保险；自2014年起，基本医疗保险包括职工基本医疗保险和居民基本医疗保险。自2020起，生育保险和职工基本医疗保险合并实施，基金合并运行。

a)Basic Pension Insurance doesn't include that for residents. Since 2014, Basic Medical Care Insurance includes employee and residents medical care insurance. Since 2020, maternity insurance and basic medical insurance for employees will be implemented together, and the fund will be operated together.

4-17 主要年份年末社会保险参保人数

Number of Persons Participated in Social Insurance in Major Years

单位:万人 (10 000 persons)

年 份 Year	职工基本养老保险 Urban Basic Pension Insurance	企业基本养老保险 Enterprise's Pension Insurance	机关事业养老保险 Institution and Government Agency's Pension Insurance	医疗保险 Medical Care Insurance	失业保险 Unemployment Insurance	工伤保险 Work Injury Insurance	生育保险 Maternity Insurance
2000	972.2	757.6	214.6	255.5	715.0	279.4	325.5
2001	1022.2	793.9	228.3	490.2	700.2	285.5	331.8
2002	1043.0	805.0	238.0	625.6	701.2	278.2	323.2
2003	1135.9	883.5	252.4	691.1	719.1	281.8	336.5
2004	1218.7	958.1	260.6	771.9	747.5	476.7	390.8
2005	1302.5	1027.4	275.1	861.5	771.1	578.7	461.2
2006	1368.0	1086.2	281.8	996.1	789.7	647.3	488.8
2007	1455.7	1165.4	291.6	1115.9	814.9	745.0	563.3
2008	1565.8	1266.1	299.7	1266.2	864.1	865.0	638.0
2009	1661.0	1352.1	308.9	2540.2	899.5	1064.6	703.0
2010	1773.0	1459.5	313.5	2770.6	931.2	1211.2	774.1
2011	1907.1	1589.4	317.6	2947.8	964.9	1276.1	857.8
2012	2063.2	1739.8	323.4	3101.2	1009.8	1339.6	919.0
2013	2259.6	1931.7	327.8	3647.9	1089.6	1371.9	974.4
2014	2370.2	2037.5	332.7	3988.0	1154.3	1421.5	1046.5
2015	2477.5	2138.5	339.0	9235.8	1203.8	1473.5	1111.3
2016	2576.4	2224.2	352.2	9188.8	1222.9	1510.9	1139.1
2017	2660.9	2303.4	357.6	9295.7	1268.3	1569.1	1186.6
2018	2762.7	2399.5	363.2	9437.1	1318.5	1633.0	1235.4
2019	2868.0	2494.0	374.1	9569.6	1366.0	1710.7	1298.8
2020	3046.3	2655.3	391.0	9697.8	1466.1	1822.1	1534.3

注：城镇职工社会基本养老保险参保人数包含离退休人数；2009年起，医疗保险参保人数包含城镇居民医疗保险。2015年起，医疗保险参保人数中含新农合并入人员。

a) Number of persons participated in urban basic pension insurance include retirees.Since 2009,number of persons participated in medical care insurance include urban residents participated in medical care insurance. Since 2015,number or persons participated in medical care insurance included the new rural co-operative medical system incorporated into the personnel.

4-18 各市社会保险参保人数(2020年底)

Number of Persons Participated in Social Insurance at Year-end by Region(2020)

单位:万人 (10000 persons)

地 区	Region	城镇职工基本养老保险 Urban Basic Pension Insurance	企业基本养老保险 Enterprise's Pension Insurance	机关事业养老保险 Institution and Government Agency's Pension Insurance	医疗保险 Medical Care Insurance	失业保险 Unemployment Insurance	工伤保险 Work Injury Insurance	生育保险 Maternity Insurance
全省总计	**Total**	**3046.3**	**2655.3**	**391.0**	**9697.8**	**1466.1**	**1822.1**	**1534.3**
济南市	Jinan	437.3	407.2	30.1	821.1	213.6	278.6	213.1
青岛市	Qingdao	477.3	441.7	35.6	891.0	262.6	302.3	304.4
淄博市	Zibo	181.4	162.9	18.5	432.9	96.1	128.9	87.6
枣庄市	Zaozhuang	92.9	78.6	14.4	380.9	46.4	49.0	41.2
东营市	Dongying	65.6	56.5	9.1	181.8	34.4	68.6	34.4
烟台市	Yantai	276.0	247.1	28.9	642.2	128.2	151.9	133.2
潍坊市	Weifang	224.0	190.8	33.2	888.5	114.7	164.1	122.9
济宁市	Jining	171.6	141.0	30.6	822.1	87.5	101.6	84.3
泰安市	Tai'an	132.8	114.5	18.3	535.9	66.1	89.5	68.9
威海市	Weihai	133.9	122.3	11.6	263.0	61.1	63.7	79.3
日照市	Rizhao	79.6	69.7	9.9	283.3	30.2	45.1	35.9
临沂市	Linyi	175.7	142.8	32.9	1079.0	74.8	110.5	106.1
德州市	Dezhou	101.3	80.1	21.1	530.2	46.0	65.1	50.6
聊城市	Liaocheng	90.9	68.6	22.3	575.7	42.9	63.2	47.4
滨州市	Binzhou	89.7	75.9	13.8	383.0	43.4	56.6	38.5
菏泽市	Heze	125.9	91.4	34.5	929.4	44.1	72.6	49.4

注:各市养老、失业保险人数不包括省直管企业人数。

a)Municipal data on pension insurance exclude the staff and workers of provincial enterprise.

4-19 职工养老保险基本情况

Basic Statistics on Pension Insurance in Urban Areas

类别	Category	2015	2016	2017	2018	2019	2020
一、年末参保人数 （万人）	**Number of People Insured (10 000 persons)**	**2477.5**	**2576.4**	**2660.9**	**2762.7**	**2868.0**	**3046.3**
职工 （万人）	Employed People (10 000 persons)	1923.1	1969.0	2022.2	2085.6	2156.8	2292.1
#企业 （万人）	Enterprises (10 000 persons)	1681.4	1722.3	1775.3	1838.7	1904.9	2031.0
离休、退休、退职人数 （万人）	Retired and Resigned Persons (10 000 persons)	554.4	607.4	638.8	677.1	711.2	754.1
二、基金收支情况	**Revenue and Expenses**						
基金收入 （亿元）	Revenue (100 million yuan)	2105.5	2242.5	2289.3	2728.1	2784.7	2491.2
基金支出 （亿元）	Expenses (100 million yuan)	1845.2	2090.3	2358.7	2656.5	2954.7	3232.8
三、企业养老金社会化发放人情况	**Payment of Pension Insurance**						
养老金实发人数 （万人）	People Receiving Pension Insurance (10 000 persons)	457.0	501.9	528.1	560.7	589.0	624.3
#社会化发放人数 （万人）	People Receiving Socialized Pension Insurance (10 000 persons)	457.0	501.9	528.1	560.7	589.0	624.3
社会化发放率 (%)	Rate of Socialized Pension Insurance (%)	100.0	100.0	100.0	100.0	100.0	100.0

4-20 各市居民基本养老保险情况(2020年)

Statistics on Residents Old-age Insurance by Region(2020)

地区	Region	参保人数(人) Contributors at Year-end (person)	达到领取待遇年龄参保人数 Number of Participants Who Have Reached the Prescribed Age of Benefit Entilement	基金收支情况(亿元) Revenue and Expense(100 million yuan) 基金收入 Revenue	基金支出 Expenses	累计结余 Balance at Year-end
全省总计	**Total**	**45903900**	**15640185**	**505.0**	**340.2**	**1290.7**
济南市	Jinan	3026746	1046482	39.8	23.5	112.1
青岛市	Qingdao	2831201	1049956	48.3	41.1	95.6
淄博市	Zibo	1479473	645887	17.0	13.2	52.5
枣庄市	Zaozhuang	1962752	570606	17.0	10.7	34.8
东营市	Dongying	745929	281633	10.1	8.2	40.2
烟台市	Yantai	3168742	1253108	48.5	33.7	184.5
潍坊市	Weifang	4737683	1616110	48.9	34.5	145.2
济宁市	Jining	4492698	1340347	41.6	25.3	113.5
泰安市	Tai'an	2765062	959727	22.8	16.9	45.2
威海市	Weihai	910013	391066	13.5	10.6	44.9
日照市	Rizhao	1399811	484154	12.5	8.9	30.9
临沂市	Linyi	5554688	1897494	50.1	36.0	115.6
德州市	Dezhou	3068577	977380	23.9	17.2	59.5
聊城市	Liaocheng	3054044	968331	52.9	19.1	87.5
滨州市	Binzhou	1984597	680627	22.4	16.1	44.6
菏泽市	Heze	4721884	1477277	35.7	25.2	84.1

主要统计指标解释

就业人员　指在16周岁及以上，从事一定社会劳动并取得劳动报酬或经营收入的人员。这一指标反映了一定时期内全部劳动力资源的实际利用情况，是研究我国基本国情国力的重要指标。

单位就业人员　指在各级国家机关、政党机关、社会团体及企业、事业单位中工作，取得工资或其他形式的劳动报酬的全部人员。包括在岗职工、再就业的离退休人员、民办教师以及在各单位中工作的外方人员和港澳台方人员、兼职人员、借用的外单位人员和第二职业者。不包括离开本单位仍保留劳动关系的职工。单位就业人员反映了各单位实际参加生产或工作的全部劳动力。

城镇登记失业人员　指报告期末，公共就业和人才交流服务机构登记在册的城镇失业人员总数。期末领取失业保险金的城镇户籍人员，应全部统计为登记失业人员。

城镇登记失业率　指报告期末，城镇登记失业人员期末实有人数占期末从业人员总数与城镇登记失业人员期末实有人数之和的比重。其中，期末从业人员总数，是指截至报告期末，辖区内城镇劳动年龄人口中就业人员及离岗职工总数，不包括聘用的离退休人员，台、港、澳和外籍人员及使用的农村劳动力。计算公式为：

$$\text{城镇登记失业率}=\frac{\text{城镇登记失业人员期末实有人数}}{\text{期末从业人员总数}+\text{城镇登记失业人员期末实有人数}}\times 100\%$$

国有单位　指资产归国家所有的经济组织。包括按《中华人民共和国企业法人登记管理条例》规定登记注册的非公司制的经济组织，以及中央、地方各级国家机关、事业单位和社会团体。

集体单位　指生产资料归集体所有，并按《中华人民共和国企业法人登记管理条例》规定登记注册的经济组织。

其他单位　包括股份合作单位、联营单位、有限责任公司、股份有限公司、港澳台商投资单位以及外商投资单位等其他登记注册类型单位。

在岗职工　指在本单位工作并由单位支付工资的人员，以及有工作岗位，但由于学习、病伤产假等原因暂未工作，仍由单位支付工资的人员。

工资总额　指各单位在一定时期内直接支付给本单位全部职工的劳动报酬总额。工资总额的计算原则应以直接支付给职工的全部劳动报酬为根据。各单位支付给职工的劳动报酬以及其他根据有关规定支付的工资，不论是计入成本的还是不计入成本的，不论是按国家规定列入计征奖金税项目的，还是未列入计征奖金税项目的，不论是以货币形式支付的还是以实物形式支付的，均包括在工资总额内。

平均工资　指企业、事业、机关单位的职工在一定时期内平均每人所得的货币工资额。它表明一定时期职工工资收入的高低程度，是反映职工工资水平的主要指标。计算公式为：

$$\text{平均工资}=\frac{\text{报告期实际支付的全部职工工资总额}}{\text{报告期全部职工平均人数}}$$

基本养老保险

1.（参保）职工人数：指报告期末按照国家法律、法规和有关政策规定参加基本养老保险并在社保经办机构已建立缴费记录档案的职工人数，包括中断缴费但未终止养老保险关系的职工人数，不包括只登记未建立缴费记录档案的人数。

2.（参保）离退休人员人数：指报告期末参加基本养老保险的离休、退休和退职人员的人数。

3.基本养老保险基金收入：指根据国家有关规定，由纳入基本养老保险范围的缴费单位和个人按国家规定的缴费基数和缴费比例缴纳的养老保险基金，以及通过其他方式取得的形成基金来源的收入。包括单位和职工个人缴纳的基本养老保险费、基本养老保险基金利息收入、上级补助收入、下级上解收入、转移收入、财政补贴和其他收入。

4.基本养老保险基金支出：指按照国家政策规定的开支范围和开支标准从养老保险基金中支付给参加基本养老保险的离休、退休、退职人员个人的养老金、丧葬抚恤补助，以及由于保险关系转移、上下级之间调剂资金等原因而发生的支出。包括离休金、退休金、退职金、各种补贴、医疗费、死亡丧葬补助费、抚恤救济费、社会保险经办机构管理费、补助下级支出、上解上级支出、转移支出、其他支出等。

5.基本养老保险基金累计结余：指截至报告期末基本养老保险基金收支相抵后的累计余额。

离休、退休、退职人员　指正式办理了离休、退休、退职手续，并享受相应的离休、退休、退职待遇的人员。

基本医疗保险

1.参保人数：指报告期末按国家有关规定参加基本医疗保险的人数。包括参加职工基本医疗保险和城乡居民基本医疗保险人数。

2.基金收入：指根据国家有关规定，由纳入基本医疗保险范围的缴费单位和个人，按国家规定的缴费基数和缴费比例缴纳的基金，以及通过其他方式取得的形成基金来源的款项，包括：单位缴纳的社会统筹基金收入、个人缴纳的个人账户基金收入、财政补贴收入、利息收入、其他收入。

3.基金支出：指按照国家政策规定的开支范围和开支标准从社会统筹基金中支付给参加基本医疗保险的职工和退休人员的医疗保险待遇支出，和从个人帐户基金中支付给参加基本医疗保险的职工和退休人员的医疗费用支出，以及其他支出。包括：住院医疗费用支出、门急诊医疗费用支出、个人账户基金支出、其他支出。

4.基金累计结余：指截至报告期末基本医疗保险的社会

统筹和个人账户基金累计结余金额。包括银行存款、财政专户、债券投资和其他。

失业保险

1.参保人数：指报告期末按照国家法律、法规和有关政策规定参加了失业保险的城镇企业事业单位的职工及地方政府规定参加失业保险的其他人员的人数。

2.失业保险基金收入：指按照规定从企业、事业及其他单位筹集的失业保险费及其他并入失业保险基金收入的总额。包括单位和个人缴纳的失业保险费、失业保险基金利息收入、上级补助收入、下级上解收入、转移收入、财政补贴和其他收入。

3.失业保险基金支出：指报告期内为保障失业人员和下岗职工基本生活、促进其再就业等支出的基金总额。包括失业救济金、医疗费、死亡丧葬补助费、抚恤救济费、转业训练费支出、失业保险经办机构管理费、补助下级支出、上解上级支出、转移支出和其他支出。

4.基金累计结余：指截至报告期末失业保险基金收支相抵后的累计余额。

工伤保险

1.参加保险人数：指报告期末依据国家有关规定参加工伤保险的职工人数。

2.享受保险待遇人数：指劳动者因工负伤致残、死亡或因患职业病致残，根据有关规定享受工伤保险待遇职工或供养直系亲属人数。包括伤残人数、职业病人数、因工死亡人数、供养直系亲属人数。

3.基金收入：指根据国家有关规定，由参加工伤保险的单位按国家规定的缴费基数和缴费比例缴纳的工伤保险基金，以及通过其他形式取得的形成基金来源的款项。包括：单位缴纳的社会统筹基金收入、财政补贴收入、利息收入、其他收入。

4.基金支出：指按照国家政策规定的开支范围和开支标准从工伤保险基金中支付给参加工伤保险的人员及供养直系亲属工伤保险待遇支出及其他支出。包括工伤医疗费、伤残补助金、工亡补助金、护理费、丧葬补助费、工伤预防费用、职业康复费用和其他支出。

5.基金累计结余：指截至报告期末工伤保险基金累计结余金额。包括银行存款、财政专户、债券投资和其他。

生育保险

1.参保人数：指报告期末依据有关规定参加生育保险的职工人数。

2.基金收入：指根据国家有关规定，由参加生育保险的单位按照国家规定的缴费基数和缴费比例缴纳的生育保险基金，以及通过其他方式取得的形成基金来源的款项，包括：单位缴纳的基金收入、利息收入和其他收入。

3.基金支出：指按照国家政策规定的开支范围和开支标准，从生育保险基金中支付给参加生育保险的职工，因妊娠、分娩和计划生育手术而享受的待遇及其他支出。包括：生育津贴、医疗费用支出及其他支出。

4.基金累计结余：指截至报告期末生育保险基金累计结余金额。包括银行存款、财政专户、债券投资和其他。

离休、退休、退职人员保险福利费用　指离休、退休、退职人员实际得到的生活费用总额，包括从社会保险经办机构和单位得到的费用。

1.离休金：指按规定支付给离休人员的生活费用。

2.退休金：指按规定支付给退休人员的生活费用。

3.退职生活费：指按规定支付给退职人员的生活费用。

4.医疗卫生费：指单位直接支付给离休、退休、退职人员的医疗费、住院费以及住院伙食补助等费用。

5.其他：指离休金、退休金、退职生活费和医疗卫生费以外的其他保险福利费用，如丧葬抚恤救济费、生活补贴、物价补贴、冬季取暖补贴等。

Explanatory Notes on Main Statistical Indicators

Employed Persons refer to the persons aged 16 and over who are engaged in social working and receive remuneration payment or earn business income. This indicator reflects the actual utilization of total labour force during a certain period of time and is often used for the research on China' s economic situation and national power.

Persons Employed in Units refer to all the persons working in government agencies of various levels, political and party organizations, social organizations, enterprises and institutions, and receiving wages or other forms of payment. They include fully employed staff and workers, re employed retirees, teachers in schools run by the local people, foreigners and Chinese compatriots from Hong Kong, Macao, and Taiwan working in various units, part time employees, employees of other units working temporarily at current posts, and employees holding the second job, but exclude staff and workers who have left their working units while keeping their labour contract (employment relation) unchanged. This indicator reflects the total number of laborers actually engaged in production or other operations in various units.

Registered Urban Unemployed Persons refer to the total number of urban unemployed registered by public employment and personnel exchange service agencies at the end of the reporting period. The urban household registration personnel who receive unemployment insurance compensation at the end of the reporting period shall be all counted as registered unemployed persons.

Registered Urban Unemployment Rate refers to the ratio of the actual number of registered urban unemployed persons to the total number of employees and the total number of registered urban unemployed persons at the end of the period. Total number of employees refers to the number of persons employed and laid-off workers in the working-age population in urban units at the end of the reporting period(minus the rural labor force, retirees, and Hong Kong, Macao, Taiwan or foreign employees they employ). The formula is as follows:

Registered urban unemployment rate=number of registered urban unemployed persons÷(number of employees in urban units + number of registered urban unemployed persons) ×100%.

State owned Units refer to economic units whose assets are owned by the state. Included are non corporation units registered according to Regulation of the People Republic of China on the Registration of Enterprises and Corporations,state organs, institutions and social organizations at the central and local levels.

Collective Owned Units refer to economic units registered according to Regulation of the People Republic of China on the Registration of Enterprises and Corporations where the means of production are collectively owned.

Units of Other Types of Ownership refer to units registered with other types of ownership, including cooperative units, joint ownership units, limited companies, share holding corporations, units invested by entrepreneurs from Hong Kong, Macao, and Taiwan, and foreign invested units.

Fully Employed Staff and Workers refer to persons who work in, and receive wages from their working units, as well as persons who have their work posts, but are temporarily absent from work for reasons of study or on sick, injury or maternal leave and still receive wages from their working units.

Total Wages Bill refer to the total remuneration payment to staff and workers in various units during a certain period of time. The calculation of total wages is based on the total remuneration payment to the staff and workers. Therefore, all the wages and salaries and other payments to staff and workers are included in the total wages regardless of their sources, category, and forms (in kind or cash). (Total wages of staff and workers in this yearbook include only total wages of fully employed staff and workers, excluding the living allowances distributed to those who have left their working units while keeping their labour contract/employment relation unchanged).

Average Wage refers to the average wage in money terms per person during a certain period of time for staff and workers in enterprises, institutions, and government agencies, which reflects the general level of wage income during a certain period of time and is calculated as follows:

Average Wage=Total Wages of Staff and Workers at Reference Time/Average Number of Staff and Workers at Reference Time.

Basic Pension Insurance

1.Number of staff and workers covered refer to staff and workers participating in basic pension insurance programme in line with national laws, regulations and related policies by the end of reference period, who have already had payment records in social security management agencies, including those who interrupt payment without terminating the insurance programme. Those who have registered in the programme with no payment records are not included.

2. Number of retirees participating in basic pension insurance programme refer to number of retirees participating in basic pension insurance programme by the end of reference period.

3. Revenue of basic pension insurance refer to payments made by employers and individuals participating in pension insurance programs in accordance with the basis and proportion stipulated in state regulations, and income from other sources that become source of pension insurance fund, including the premium paid by employers and staff and works, interest income, subsidies from higher level agencies, income as transfer from subordinate agencies, transferred income, government financial subsidies and other income.

4. Expenses of basic pension insurance refer to payment

made to those retired and resigned people covered in pension insurance program in terms of pension or compensation within the scope and standards of expenditure according to related national policies, and expenditure occurred due to shift of the insurance relationship or adjustment of funds among agencies, including pension for resigned people, pension for retired people, pension for people quitting jobs, various subsidies, medical fees, funeral subsidies, compensation pension, management fees for social security agencies, expenses on subsidies to lower subordinates, expenses as transfer to agencies at higher level, transferred expenditure and other expenditure.

5. Balance of basic pension insurance refers to the balance of basic pension insurance at the end of the reference period after deducting expenses from revenue.

Retired or Resigned Personnel refers to people who have formally completed formalities for their retirement or quitting work and enjoy the corresponding retirement treatments.

Basic Medical Care Insurance

1. Number of participants refers to people participating in the basic medical care insurance programme according to related regulations by the end of reference period, including the number of people participating in the basic medical care insurance for staff and workers and the number of people participating in the basic medical care insurance for urban and rural residents.

2. Revenue of insurance programme refer to payments made by employers and individuals participating in medical care insurance programs in accordance with the basis and proportion stipulated in state regulations, and income from other sources that become source of medical insurance fund, including income of social comprehensive funds paid by employers, income from individual accounts, government financial subsidies, interest income and other income.

3. Expenses of insurance programme refer to payment made from social comprehensive funds to those retired and resigned people covered in basic medical care insurance within the scope and standards of expenditure according to related national policies, and medical care payment made from individual accounts to staff and workers and retirees, and other expenses, including medical expenses of hospital inpatients, medical expenses for outpatients and emergency patients, payment from individual accounts and other expenditure.

4. Balance of basic medical care insurance refer to the balance of medical care insurance of social comprehensive funds and individual accounts at the end of the reference period, including bank savings, special fiscal accounts, investment in bonds and others.

Unemployment Insurance

1. Number of people covered refers to staff and workers in urban enterprises or institutions who have participated in unemployment insurance programme in line relevant policies and regulations, and other people who have participated according to local government regulations, by the end of reference period.

2. Revenue of unemployment insurance refer to payments made by employers and individuals participating in unemployment insurance programme in accordance with relevant regulations and other income contributed to this programme, including unemployment insurance premium made by employers and individuals, interest income, subsidies from higher level agencies, income as transfer from subordinate agencies, transferred income, government financial subsidies and other income.

3. Expenses of unemployment insurance refer to total expenses during the reference period to guarantee the basic livelihood of unemployed people and laid off staff and workers and to encourage their re employment. Included are unemployment relief, medical fees, funeral subsidies, compensation pension, training expenses, management fees for unemployment insurance agencies, subsidies to lower level agencies, expenses as transfer to higher level agencies, transferred expenditure and other expenditure.

4. Balance of unemployment insurance refer to the balance of unemployment revenue deducting unemployment expenses at the end of the reference period.

Work Injury Insurance

1. Number of people covered refers to staff and workers who have participated in work injury insurance programme in line with relevant national regulations.

2. Number of beneficiaries refers to staff and workers and their direct dependents who can, in line with relevant regulations, benefit from work injury insurance, as a result of work injury leading to disability or death of the staff/worker, or occupational disease leading to disability. Included in this category are number of injured and disabled people, number of people with occupational diseases, number of deaths at work places, and number of direct dependents.

3. Revenue of work injury insurance refer to payments made by employers participating in work injury insurance programs in accordance with the basis and proportion stipulated in state regulations, and income from other sources that become source of work injury insurance fund, including income of social comprehensive funds paid by employers, government financial subsidies, interest income and other income.

4. Expenses of work injury insurance refer to payments made from work injury insurance funds to those who participated in the work injury insurance programme and their direct dependents within the scope and standards of expenditure according to related national policies, and other expenditure, including medical fees for work injury, injury and disability subsidies, death subsidies, nursing fees, funeral subsidies, injury prevention fees, rehabilitation fees for occupational diseases and other expenditure.

5. Balance of work injury insurance refer to the balance of the work injury funds at the end of the reference period, including bank savings, special fiscal account, investment in bonds and others.

Maternity Insurance

1. Number of people covered refers to staff and workers who have participated in maternity insurance programme according to relevant regulation at the end of the reporting period.

2. Revenue of maternity insurance refers to payments made by employers participating in maternity insurance programs in accordance with the basis and proportion stipulated in state regulations, and income from other sources that become source of maternity insurance fund, including income of funds paid by employers, interest income and other income.

3. Expenses of maternity insurance refer to payments made from maternity insurance funds to staff and workers who participated in maternity insurance programme within the scope and standards of expenditure according to related national policies, expenses paid for pregnancy, child delivery or surgeries related to family planning, and other expenditure, including allowance for child bearing, medical fees and other expenditure.

4. Balance of the maternity insurance refers to the balance of the maternity insurance funds at the end of reference period, including bank savings, special fiscal account, investment in funds and others.

Insurance and Welfare Funds for Retirees refer to the total payment for living expenses actually received by retirees, including payment received from social insurance management agencies and units.

1. Pensions for retired veteran cadres refer to living expenses paid to retired veteran cadres according to related regulations.

2. Pensions for retirement refer to living expenses paid to retired staff and workers according to related regulations.

3. Living allowances for resigned staff and workers refer to living expenses paid to resigned staff and workers according to related regulation.

4. Medical care expenses refer to medical fees, hospitalization cost and per diem subsidies during hospitalizations paid by employers directly to retirees.

5. Others refer to insurance and welfare payments other than the above mentioned payments, including funeral subsidies, living allowances, price subsidies and heating subsidies during winter.

第5篇

固定资产投资

Investment in Fixed Assets

简 要 说 明

一、本篇资料的主要内容

本篇资料主要反映了全省固定资产投资方面的情况，主要包括固定资产投资的规模、结构、资金来源和投资的效果等方面的资料。2011 年，固定资产投资项目统计起点由 50 万元提高到 500 万元，名称统一规范为“固定资产投资”，其中包括城镇、非农户 500 万元及以上项目投资、房地产开发投资；“全社会固定资产投资”包括“固定资产投资加农户固定资产投资”。

二、本篇资料的来源

本篇资料来源于固定资产投资统计年报，由省统计局投资处整理提供。

三、内容修订

为进一步贯彻新发展理念，更好地反映经济结构和质量的变化，反映投资对优化供给结构的关键性作用。本篇资料对固定资产投资表式进行了改版，内容以各分组固定资产投资比上年增长速度为主，通过速度变化反映固定资产投资形势及政策效应。

Brief Introduction

I. Main Content

Data in this chapter show the basic conditions of investment in fixed assets of Shandong Province, mainly including the total investment in fixed assets, the structure of investment, the resources of investment and the results of investment, etc.Since 2011, the statistical criteria of fixed assets investment projects had been increased from 500 thousand to 5 million yuan. Investment in fixed assets include urban area and non-farmers 5 million and above project investments, real estate development investment; the total investment include investment in fixed assets and farmer investment in fixed assets.

II. Source of Data

Data in this chapter are based on the yearly report on investment in fixed assets and provided by the Division of Investment and Construction Statistics of Shandong Provincial Bureau of Statistics.

III. Revision of Content

In order to further implement the New Development Principles, better reflect the changes in economic structure and quality, and reflect the key role of investment in optimizing the supply structure. This chapter revises the fixed assets investment form. The content is mainly about the growth rate of fixed assets investment in each group compared with the preceding year, reflecting the situation of fixed assets investment and policy effects through the change of speed.

5-1 1978-2017年全社会固定资产投资总额

Total Investments in Fixed Assets from 1978 to 2017

单位：亿元 (100 million yuan)

年 份 Year	全社会固定资产投资额 Total Investment	国有经济 State-owned Units	集体经济 Collective-owned Units	#城 镇 Urban	个体经济 Self-employed Units	#农 村 Rural	其他经济 Others
1978	41.87	29.27	8.42	1.78	4.18	3.98	
1979	61.35	31.62	18.97	1.55	10.76	10.41	
1980	69.97	35.83	22.24	3.12	11.90	11.47	
1981	79.60	29.63	32.08	3.27	17.89	17.28	
1982	85.00	43.29	23.38	4.38	18.33	17.46	
1983	96.46	49.11	19.19	3.76	28.16	26.48	
1984	140.15	67.09	25.29	5.01	47.77	44.43	
1985	194.33	100.42	30.21	8.64	63.70	58.51	
1986	223.08	121.95	43.09	11.95	58.04	52.32	
1987	297.77	155.65	78.75	17.84	63.37	56.05	
1988	369.82	192.20	100.97	35.46	76.65	64.83	
1989	305.54	162.30	69.68	19.68	73.56	62.00	
1990	335.66	185.44	71.51	18.63	78.71	67.47	
1991	439.82	234.04	104.73	25.06	101.05	85.73	
1992	601.50	343.17	186.43	42.27	71.90	54.19	
1993	892.48	476.26	245.90	49.90	105.44	83.05	64.88
1994	1108.00	537.59	318.42	56.42	118.45	92.30	133.54
1995	1320.97	611.92	383.97	51.62	140.54	113.13	184.55
1996	1558.01	691.76	484.79	79.79	202.65	166.14	178.81
1997	1792.22	773.30	569.70	60.15	241.76	198.68	207.46
1998	2056.97	938.73	610.20	66.70	274.20	227.00	233.84
1999	2222.17	1043.13	635.55	82.72	310.64	228.43	232.85
2000	2542.65	1153.65	679.48	108.63	353.93	254.11	355.59
2001	2807.79	1157.44	688.61	134.92	384.06	263.35	577.68
2002	3509.29	1237.16	812.65	196.78	487.31	285.64	972.17
2003	5328.44	1615.57	1177.00	321.79	733.64	296.03	1802.23
2004	7629.04	1762.29	2455.86	383.83	772.28	116.36	2638.61
2005	10541.87	1853.29	1042.41	620.23	2736.61	1491.55	4909.56
2006	11136.06	1855.41	1063.61	713.49	3096.56	1186.20	5120.48
2007	12537.02	1838.55	1269.64	857.34	3566.49	1141.34	5862.34
2008	15435.93	2431.54	1811.23	1333.23	4360.90	1304.02	6832.27
2009	19030.97	3086.82	2308.54	1717.74	5235.29	1586.71	8400.32
2010	23276.69	3648.45	2627.32	1841.40	6505.00	1822.99	10495.92
2011	26769.73	3783.31	2715.00		8234.50		12036.92
2012	31255.96	3949.65	3129.27		9879.75		14297.30
2013	36789.07	4757.31	3113.17		12827.66		16090.93
2014	42495.55	5455.94	3380.39		16215.47		17443.75
2015	48312.46	6304.58	3125.74		20268.78		18613.36
2016	53322.49	7497.32	1545.38		22191.42		22088.37
2017	55202.73	9568.25	1496.62		22328.55		21809.31

注：1.2011年起，集体经济和个体经济不再细分城镇和农村(下表同)。

2.2011年起，固定资产投资项目统计起点由50万元提高到500万元，名称统一规范为“固定资产投资”，其中包括城镇、非农户500万元及以上项目投资和房地产开发投资；“全社会固定资产投资”包括“固定资产投资加农户固定资产投资”(下表同)。

a)Collective-owned Units and Self-employed Units had no longer divided into urban and rural unit since 2011.The same applies to tables following.

b)Since 2011, the statistical criteria of fixed assets investment projects had been increased from 500 thousand to 5 million yuan. Investment in fixed assets include urban area and non-farmers 5 million and above project investments, real estate development and investment.Total investment include investment in fixed assets and farmer investment in fixed assets.The same applies to tables following.

5-2 1978-2020年全社会固定资产投资构成

Composition of Total Investments in Fixed Assets from 1978 to 2020

单位:% (%)

年份 Year	全社会固定资产投资额 Total Investment	国有经济 State-owned Units	集体经济 Collective-owned Units	#城镇 Urban	个体经济 Self-employed Units	#农村 Rural	其他经济 Others
1978	100.0	69.9	20.1	4.2	10.0	9.5	
1979	100.0	51.5	30.9	2.5	17.6	17.0	
1980	100.0	51.2	31.8	4.5	17.0	16.4	
1981	100.0	37.2	40.3	4.1	22.5	21.7	
1982	100.0	50.9	27.5	5.1	21.6	20.5	
1983	100.0	50.9	19.9	3.9	29.2	27.5	
1984	100.0	47.9	18.0	3.6	34.1	31.7	
1985	100.0	51.7	15.5	4.5	32.8	30.1	
1986	100.0	54.7	19.3	5.4	26.0	23.5	
1987	100.0	52.3	26.4	6.0	21.3	18.8	
1988	100.0	52.0	27.3	9.6	20.7	17.5	
1989	100.0	53.1	22.8	6.4	24.1	20.3	
1990	100.0	55.2	21.3	5.6	23.5	20.1	
1991	100.0	53.2	23.8	5.7	23.0	19.5	
1992	100.0	57.1	31.0	7.0	11.9	9.0	
1993	100.0	53.4	27.6	5.6	11.8	9.3	7.2
1994	100.0	48.5	28.7	5.1	10.7	8.3	12.1
1995	100.0	46.3	29.1	3.9	10.6	8.6	14.0
1996	100.0	44.4	31.1	5.1	13.0	10.7	11.5
1997	100.0	43.1	31.8	3.4	13.5	11.1	11.6
1998	100.0	45.6	29.7	3.3	13.3	11.0	11.4
1999	100.0	46.9	28.6	3.7	14.0	10.3	10.5
2000	100.0	45.4	26.7	4.3	13.9	10.0	14.0
2001	100.0	41.2	24.5	4.8	13.7	9.4	20.6
2002	100.0	35.3	23.1	5.6	13.9	8.1	27.7
2003	100.0	30.3	22.1	6.0	13.8	5.6	33.8
2004	100.0	23.1	32.2	5.0	10.1	1.5	34.6
2005	100.0	17.6	9.9	5.9	25.9	14.1	46.6
2006	100.0	16.7	9.5	6.4	27.8	10.7	46.0
2007	100.0	14.7	10.1	6.8	28.4	9.1	46.8
2008	100.0	15.8	11.7	8.6	28.3	8.4	44.3
2009	100.0	16.2	12.1	9.0	27.5	8.3	44.1
2010	100.0	15.7	11.3	7.9	27.9	7.8	45.1
2011	100.0	14.1	10.1		30.8		45.0
2012	100.0	12.6	10.0		31.6		45.7
2013	100.0	12.9	8.5		34.9		43.7
2014	100.0	12.8	8.0		38.2		41.0
2015	100.0	13.0	6.5		42.0		38.5
2016	100.0	14.1	2.9		41.6		41.4
2017	100.0	17.3	2.7		40.4		39.5
2018	100.0	20.1	1.2		39.1		39.6
2019	100.0	23.8	1.1		29.9		45.2
2020	100.0	20.2	0.5		30.1		49.3

5-3 按产业分固定资产投资总额
Total Investment in Fixed Assets by Three Strata of Industry

单位:亿元 (100 million yuan)

年 份 Year	固定资产投资额 Investment in Fixed Assets	按产业分 Grouped by Three Strata of Industry			构成(%) Grouped by Structure		
		第一产业 Primary Industry	第二产业 Secondary Industry	第三产业 Tertiary Industry	第一产业 Primary Industry	第二产业 Secondary Industry	第三产业 Tertiary Industry
2000	2542.7	77.1	1176.7	1288.8	3.0	46.3	50.7
2001	2807.8	95.0	1289.8	1423.1	3.4	45.9	50.7
2002	3509.3	131.7	1650.6	1727.0	3.8	47.0	49.2
2003	5328.4	167.5	2799.5	2361.5	3.1	52.5	44.3
2004	7629.0	249.7	4577.1	2802.3	3.3	60.0	36.7
2005	10541.9	308.4	6653.5	3579.6	2.9	63.1	34.0
2006	11136.1	291.7	6908.7	3935.6	2.6	62.0	35.3
2007	12537.0	360.4	7508.2	4668.4	2.9	59.9	37.2
2008	15435.9	563.2	8182.1	6690.6	3.6	53.0	43.3
2009	19031.0	614.8	9615.4	8800.8	3.2	50.5	46.2
2010	23276.7	551.8	11332.4	11392.5	2.4	48.7	48.9
2011	25927.1	533.3	12425.3	12968.5	2.1	47.9	50.0
2012	30319.8	679.6	14432.3	15207.9	2.2	47.6	50.2
2013	35875.9	644.8	17204.1	18027.0	1.8	48.0	50.2
2014	41599.1	705.3	21287.7	19606.1	1.7	51.2	47.1
2015	47381.5	898.3	24092.7	22390.4	1.9	50.8	47.3
2016	52364.5	973.6	27425.7	23965.1	1.9	52.4	45.8
2017	54236.0	1029.6	26876.3	26330.1	1.9	49.6	48.5
2018					1.7	39.5	58.8
2019					1.7	30.1	68.2
2020					2.3	31.3	66.4

注：2000—2010年数据为全社会固定资产投资口径，2011年起数据为固定资产投资口径(不含农户固定资产投资)。
a)Caliber of 2000-2010 data is total investment, from 2011 data is investment in fixed assets.

5-4 固定资产投资(2020年)
Total Investments in Fixed Assets (2020)

单位:% (%)

类别	Category	增长速度 The growth		构成 Grouped by Structure	
		固定资产投资 Investment in Fixed Assets	#房地产开发投资 Investment in Real Estate Development	固定资产投资 Investment in Fixed Assets	#房地产开发投资 Investment in Real Estate Development
总　计	**Total**	**3.6**	**9.7**	**100.0**	**100.0**
按登记注册类型分	**Registration Status**				
内　资	Domestic Fund	2.4	8.0	94.5	93.8
国　有	State-owned	-19.3	195.0	12.6	1.6
集　体	Collective-owned	-53.9	100.8	0.5	0.6
股份合作	Cooperative	21.2		0.1	0.2
联　营	Joint Ownership Units	77.3		0.0	0.0
有限责任	Limited Liability	14.7	3.2	45.3	56.6
股份有限	Share-holding Corporations Ltd.	-18.3	-50.3	3.3	1.4
私营	Private	5.8	17.0	31.0	33.2
其　他	Others	-36.0		1.9	0.2
港澳台商投资	Fund from Hong Kong,Macao and Taiwan	36.2	50.0	2.9	4.9
合资经营	Joint Venture	60.8	79.8	1.7	2.8
合作经营	Collaborative Operation	-64.1	-87.7	0.0	0.0
独　资	Solely Foreign-owned	6.6	26.9	1.0	1.9
股　份	Share-holding	245.7	238.1	0.1	0.0
其　他	Others	33.1	-31.5	0.1	0.1
外商投资	Fund from Overseas	24.0	23.3	2.5	1.3
合资经营	Joint Venture	41.7	46.3	1.8	1.0
合作经营	Collaborative Operation	-47.6	-85.7	0.0	0.0
外　资	Foreign Funded	-10.4	33.3	0.5	0.2
股　份	Share-holding	183.3	60.8	0.1	0.0
其　他	Others	-64.5	-77.5	0.0	0.0
个体经营	Self-employed	51.0		0.1	
按建设性质分	**Investment by Type of Construction**				
新　建	New Construction	-0.8		61.3	
扩　建	Expansion	0.6		12.0	
改建和技术改造	Reconstruction and Technical Transformation	9.2		24.1	
单纯建造生活设施	Housing	-56.3		0.2	
迁　建	Removal and Reconstruction	19.4		1.6	
恢　复	Resumption	49.2		0.2	
单纯购置	Purchase only	-41.5		0.5	

注：本表固定资产投资不含农户投资，下表同。
a)Data in this table of investment in fixed asset does not include farmers investment.The same applies to tables following.

5-5 固定资产投资项目情况(2020年)

Investment Projects in Fixed Assets(2020)

单位：% (%)

类别	Category	增长速度 The growth		构成 Grouped by Structure	
		总计 Total	地方项目 Local Investment	总计 Total	地方项目 Local Investment
计划总投资	**Total planned investment**	**10.7**	**10.9**		
自开始建设累计完成投资	**Completed Investment from Beginning**	**6.1**	**7.8**		
本年完成投资	**Investment Completed This Year**	**1.4**	**2.2**	**100.0**	**100.0**
#住宅投资	Residential Buildings	90.8	97.0	3.4	3.5
按构成分	**Investment by Structure**				
建筑安装工程	Construction and Installation	-0.1	0.2	70.6	70.7
设备工器具购置	Purchase of Equipment and Instruments	1.7	3.8	17.0	16.8
#购置旧设备	Purchase of Second-hand Equipment	21.9	21.0	0.1	0.1
其他费用	Others	10.2	12.8	12.3	12.5
#旧建筑物购置费	Purchase of Used Buildings	-18.2	-18.7	0.3	0.3
#建设用地费	Cost of Construction Land	13.6	16.0	7.4	7.6
本年新增固定资产	**Newly Increased Real Estate**	**-2.4**	**-1.7**		
施工项目个数	**Number of Projects Under Construction**	**1.3**	**0.9**	**100.0**	**100.0**
#本年新开工	Started This Year	-10.4	-10.7	57.0	57.0
本年投产项目个数	**Number of Projects Put into Use**	**-10.6**	**-10.7**		
本年资金来源合计	**Total Fund of Different Sources**				
上年末结余资金	Fund Left Last Year	-61.2	-58.9		
本年资金来源小计	Total Fund of This Year	6.7	6.8	100.0	100.0
国家预算内资金	State Budgetary Appropriations	65.9	94.7	9.0	9.2
国内贷款	Domestic Loans	-4.3	1.0	9.6	8.9
债　券	Stock	-32.4	-31.5	0.3	0.3
利用外资	Overseas Funds	-34.9	-35.3	0.5	0.6
自筹资金	Self-raised Fund	5.4	3.5	73.9	74.3
其他资金来源	Others	-3.2	-4.2	6.6	6.8
本年各项应付款合计	**Total of Account Payable**	**21.9**	**26.8**	**100.0**	**100.0**
#工程款	for Projects	26.0	29.9	42.1	42.3

注：本表固定资产投资不含房地产开发投资和农户投资。

a)Data in this table of investment in fixed asset does not include investment in real estate development and farmers investment.

5-6 按行业分的固定资产投资增长速度(2020年)

The growth of Investments in Fixed Assets by Sector(2020)

单位:% (%)

类　别	Category	固定资产投资额 Investments in Fixed Assets	计划总投资 Total planned investment	施工项目 Number of Project under Cons-truction	新开工项目 Started This Year
总　计	**Provincial Total**	**3.6**	**10.7**	**1.3**	**-10.4**
(一)农、林、牧、渔业	**Farming, Forestry, Animal Husbandry and Fishery**	**43.2**	**36.0**	**21.7**	**5.4**
农　业	Farming	26.4	27.4	18.2	
林　业	Forestry	-47.9	-23.4	-34.1	-45.6
畜牧业	Animal Husbandry	99.6	58.0	60.0	40.1
渔　业	Fishery	10.0		-20.1	-24.8
农林牧渔业及辅助性活动	Services for Farming, Forestry, Animal Husbandry and Fishery	41.6	61.2	13.3	-4.0
(二)采矿业	**Mining**	**-23.1**	**-9.3**	**-21.6**	**-30.3**
煤炭开采和洗选业	Mining and Washing of Coal	-1.1	3.0	1.7	11.9
石油和天然气开采业	Extraction of Petroleum and Natural Gas	-21.4	1.8	30.8	36.4
黑色金属矿采选业	Mining and Dressing of Ferrous Metal Ores	21.1	42.1	127.3	250.0
有色金属矿采选业	Mining and Dressing of Nonferrous Metals Ores	-46.2	-38.4	-34.4	-66.7
非金属矿采选业	Mining and Dressing of Nonmetal Ores	-21.2	-20.7	-34.5	-42.4
开采专业及辅助性活动	Mining Specialties and Auxiliary Activities	-25.9	15.9	-53.3	
其他采矿业	Mining and Dressing of Other Ores	-73.8	-67.7	-42.9	-60.0
(三)制造业	**Manufacture**	**7.6**	**17.7**	**4.3**	**-3.6**
农副食品加工业	Processing of Farm and Sideline Food	-11.7	-16.3	-0.9	-4.0
食品制造业	Manufacture of Food	16.5	21.8	20.7	8.1
酒、饮料和精制茶制造业	Manufacture of Wine, Drinks and Refined Tea	-31.4	-16.2	-19.1	-24.3
烟草制品业	Tobacco Products	110.8	-10.2	33.3	300.0
纺织业	Textile Industry	-22.6	-5.6	7.8	18.3
纺织服装、服饰业	Manufacture of Textile Wearing Apparel and Finery	-42.8	-50.1	-29.2	-31.3
皮革、毛皮、羽毛及其制品和制鞋业	Manufacture of Leather, Fur, Feather & Its Products and Footwear	-51.7	-12.1	-22.4	-17.6
木材加工及木、竹、藤、棕、草制品业	Timber Processing, Bamboo, Cane, Palm Fiber & Straw Products	-37.3	-37.3	-8.6	5.8
家具制造业	Manufacture of Furniture	-33.8	-33.8	-21.7	-23.9
造纸及纸制品业	Papermaking and Paper Products	-29.2	-30.6	-9.3	-16.8
印刷和记录媒介复制业	Printing, Reproduction of Recording Media	-41.6	-13.2	-0.8	-14.9
文教、工美、体育和娱乐用品制造业	Manufacture of Culture, Education,Arts and crafts, Sport and Entertainment Goods	-29.5	-22.9	-15.0	-18.9
石油、煤炭及其他燃料加工业	Processing of Oil, Coal and Other Fuel	-18.5	-18.8	-12.1	-7.4
化学原料和化学制品制造业	Manufacture of Raw Chemical Materials and Chemica Products	50.7	75.8	20.1	18.0
医药制造业	Manufacture of Medicines	54.7	28.8	73.9	100.8
化学纤维制造业	Manufacture of Chemical Fibers	-39.9	-0.5	4.8	-1.9
橡胶和塑料制品业	Manufacture of Rubber and Plastic	3.0	19.9	-0.9	-9.1
非金属矿物制品业	Nonmetal Mineral Products	-5.3	8.4	-1.4	-16.0
黑色金属冶炼及压延加工业	Smelting and Pressing of Ferrous Metals	67.8	-1.7	7.1	-20.8
有色金属冶炼及压延加工业	Smelting and Pressing of Nonferrous Metals	-0.4	16.9	-20.7	-34.3
金属制品业	Manufacture of Metal Products	-10.8	-2.7	-3.5	-12.3

注：计划总投资、施工及新开工项目个数等指标不含房地产企业开发数据(下表同)。

a)Data of total planned investment , number of project under construction and new started exclude those developed by real estate companies. The same applies to tables following.

5-6 续表 1 continued

单位:% (%)

类 别	Category	固定资产投资 Investments in Fixed Assets	计 划 总投资 Total planned investment	施工项目 Number of Project under Cons -truction	新开工项 目 Started This Year
通用设备制造业	Manufacture of General Purpose Machinery	8.3	19.0	5.9	-3.9
专用设备制造业	Manufacture of Special Purpose Machinery	4.4	20.3	12.4	2.8
汽车制造业	Manufacture of Automotive	-17.3	-9.9	-13.5	-8.9
铁路、船舶、航空航天和其他运输设备制造业	Manufacture of Railroad,Marine,Aerospace and Other Transportation Equipment	68.9	135.2	24.3	9.9
电气机械及器材制造业	Manufacture of Electrical Machinery & Equipment	8.6	6.5	-12.5	-22.5
计算机、通信和其他电子设备制造业	Manufacture of Computer, Communications and Other Electronic Equipment	42.8	32.9	31.0	5.0
仪器仪表制造业	Manufacture of Measuring Instrument	1.7	20.0	8.9	-23.1
其他制造业	Other Manufacture	-49.4	-28.6	-19.4	-34.1
废弃资源综合利用业	Comprehensive Utilization of Waste	35.2	23.7	13.4	-9.7
金属制品、机械和设备修理业	Metal Products, Machinery and Equipment Repair Industry	-21.2	-50.8		7.7
(四)电力、热力、燃气及水的生产和供应业	**Production and Supply of Electric, Heat, Gas and Water**	**20.1**	**12.4**	**0.1**	**-18.2**
电力、热力生产和供应业	Production and Supply of Electric Power and Heating Power	9.8	3.3	-7.6	-27.7
燃气生产和供应业	Production and Supply of Gas	16.6	17.1	-5.8	-20.6
水的生产和供应业	Production and Supply of Tap Water	71.4	92.3	22.3	7.6
(五)建筑业	**Construction**	**-90.1**	**-59.0**	**-46.2**	**-72.7**
房屋建筑业	Building Construction	-56.2	-46.2	-40.0	-75.0
土木工程建筑业	Civil Engineering Construction	-91.6	-66.0	-50.0	-100.0
建筑安装业	Construction Installment	-97.5	-98.8	-50.0	
建筑装饰和其他建筑业	Construction Decoration and Others	-87.5	463.5	-50.0	-50.0
(六)批发和零售业	**Wholesale and Retail Trade**	**-10.0**	**-10.7**	**-26.7**	**-32.5**
批发业	Wholesale	-35.3	-35.8	-27.0	-31.6
零售业	Retail Trade	11.6	11.1	-26.4	-33.2
(七)交通运输、仓储和邮政业	**Transport, Storage and Postal Services**	**-10.8**	**-3.8**	**-1.4**	**-16.7**
铁路运输业	Railway Transport	-20.4	12.9	10.2	127.3
道路运输业	Road Transport	-12.8	-14.7	-8.7	-24.7
水上运输业	Waterway Transport	10.2	66.7	11.6	-28.6
航空运输业	Air Transport	-16.2	14.8	27.3	62.5
管道运输业	Pipeline Transport	-47.3	-36.6	-13.9	-41.7
多式联运和运输代理业	Multimodal transport and Transportation agency	-10.8	49.2	3.1	-10.5
装卸搬运和仓储业	Loading and Unloading and Storage	19.0	5.8	26.7	16.8
邮政业	Postal Services	-9.2	37.3	77.8	100.0
(八)住宿和餐饮业	**Accommodations and Catering Services**	**-2.9**	**19.4**	**-17.0**	**-35.0**
住宿业	Accommodations	0.3	25.5	-10.1	-35.1
餐饮业	Catering Services	-17.1	-26.0	-35.7	-34.6
(九)信息传输、软件和信息技术服务业	**Information Transmission, Computer Services and Software**	**47.5**	**59.9**	**27.8**	**25.7**
电信、广播电视和卫星传输服务	Telecommunications, Radio and Television and Satellite Transmission Services	271.1	331.5	26.0	85.0
互联网和相关服务	Internet and related Services	9.4	58.2	27.8	1.1
软件和信息技术服务业	Software and Information Technology Services	50.9	47.1	28.9	25.4
(十)金融业	**Finance**	**-28.8**	**-7.5**	**-4.8**	**-4.3**
货币金融服务	Monetary and Financial Services	-90.1	-71.0	-9.5	-15.4
资本市场服务	Capital Market Services	100.1	13.3	11.1	-20.0

5-6 续表 2 continued

单位:% (%)

类别	Category	固定资产投资 Investments in Fixed Assets	计划总投资 Total planned investment	施工项目 Number of Project under Cons-truction	新开工项目 Started This Year
保险业	Insurance	-100.0	-100.0	-100.0	-100.0
其他金融业	Others	373.8	122.5	22.2	75.0
(十一)房地产业	**Real Estate**	**-0.3**	**-17.4**	**-22.8**	**-50.2**
(十二)租赁和商务服务业	**Leasing and Business Services**	**-5.4**	**14.6**	**10.3**	**0.2**
租赁业	Leasing Services	-10.1	-5.1	-37.5	-70.0
商务服务业	Business Services	-5.3	14.9	11.3	1.9
(十三)科学研究和技术服务	**Scientific Research and Technical Services**	**-2.6**	**10.3**	**1.6**	**-23.0**
研究与试验发展	Research and Experimental Development	-11.9	8.0	15.4	-7.8
专业技术服务业	Special Technical Services	1.2	-13.6	-9.0	-38.3
科技推广和应用服务业	Science and Technology Promotion and Application Services	14.6	27.8	4.0	-14.2
(十四)水利、环境和公共设施管理业	**Management of Water Conservancy, Environment and Public Facilities**	**15.1**	**29.0**	**-0.7**	**-13.2**
水利管理业	Management of Water Conservancy	20.8	4.9	7.3	-1.7
生态保护和环境治理业	Ecological Protection and Environmental Management	23.1	45.1	-11.2	-31.3
公共设施管理业	Management of Public Facilities	13.6	32.3	1.3	-10.8
土地管理业	Management of Land	-17.0	1.3	-52.7	-62.9
(十五)居民服务、修理和其他服务业	**Households services, Repair and Other Services**	**-5.2**	**17.2**	**-7.8**	**-31.0**
居民服务业	Services to Households	-1.7	3.8		-24.0
机动车、电子产品和日用产品修理业	Motor Vehicles, Electronics and Household Products Repair	-54.1	-21.6	-11.8	-28.6
其他服务业	Other Services	2.8	222.1	-40.6	-57.1
(十六)教　育	**Education**	**-5.1**	**7.4**	**-3.1**	**-14.4**
教　育	Education	-5.1	7.4	-3.1	-14.4
(十七)卫生和社会工作	**Health and Social Work**	**45.1**	**36.4**	**26.8**	**15.3**
卫　生	Health Care	45.8	54.5	34.6	40.2
社会工作	Social Work	43.3	0.9	13.1	-16.9
(十八)文化、体育和娱乐业	**Culture, Sports and Recreation**	**12.1**	**14.4**	**-1.9**	**-17.6**
新闻和出版业	News and Publication	38.7	14.3		-50.0
广播、电视、电影和影视录音制作业	Radio, Television, Film and Video Recording Production	-14.3	-8.4	-15.2	-27.8
文化艺术业	Culture and Arts	-25.9	-22.0	-11.9	-25.7
体　育	Sports	53.1	16.7	22.4	34.0
娱乐业	Recreation	30.8	30.2	-0.4	-21.6
(十九)公共管理、社会保障和社会组织	**Public Management,Social Security and Social Organizations**	**-23.2**	**-23.7**	**-32.2**	**-43.7**
中国共产党机关	CPC Agencies	-59.7	59.1	-37.5	-50.0
国家机构	Government Agencies	-16.6	-9.8	-24.3	-35.8
人民政协、民主党派	CPPCC and Democratic Parties				
社会保障	Social Security	267.5	2541.8	100.0	200.0
群众团体、社会团体和其他成员组织	Mass Organizations, Social Organizations and Other Organizations	-67.2	-57.5	-50.0	-83.3
基层群众自治组织	Self-governing Mass Organizations at the Grass-roots Level	-56.9	-86.5	-72.5	-80.4
(二十)国际组织	**International Organizations**				
国际组织	International Organizations				

5—7 按行业分的固定资产投资构成(2020年)

Composition of Investments in Fixed Assets by Sector(2020)

单位:%　　(%)

类　别	Category	固定资产投资 Investments in Fixed Assets	计　划 总投资 Total planned investment	施工项目 Number of Project under Cons -truction	新开工项目 Started This Year
总　计	**Provincial Total**	**100.0**	**100.0**	**100.0**	**100.0**
(一)农、林、牧、渔业	**Farming, Forestry, Animal Husbandry and Fishery**	**2.9**	**3.6**	**6.9**	**7.5**
农　业	Farming	0.9	1.2	2.6	2.8
林　业	Forestry	0.1	0.1	0.3	0.2
畜牧业	Animal Husbandry	1.1	1.2	2.4	2.7
渔　业	Fishery	0.2	0.3	0.3	0.4
农林牧渔业及辅助性活动	Services for Farming, Forestry, Animal Husbandry and Fishery	0.6	0.8	1.3	1.3
(二)采矿业	**Mining**	**0.9**	**0.5**	**0.8**	**0.9**
煤炭开采和洗选业	Mining and Washing of Coal	0.1	0.1	0.2	0.3
石油和天然气开采业	Extraction of Petroleum and Natural Gas	0.5	0.2	0.1	0.1
黑色金属矿采选业	Mining and Dressing of Ferrous Metal Ores			0.1	0.1
有色金属矿采选业	Mining and Dressing of Nonferrous Metals Ores	0.1	0.1	0.3	0.2
非金属矿采选业	Mining and Dressing of Nonmetal Ores	0.1	0.1	0.2	0.2
开采专业及辅助性活动	Mining Specialties and Auxiliary Activities				
其他采矿业	Mining and Dressing of Other Ores				
(三)制造业	**Manufacture**	**25.8**	**34.5**	**45.2**	**48.1**
农副食品加工业	Processing of Farm and Sideline Food	0.9	0.8	2.5	2.9
食品制造业	Manufacture of Food	0.9	0.9	2.0	2.1
酒、饮料和精制茶制造业	Manufacture of Wine, Drinks and Refined Tea	0.2	0.2	0.4	0.4
烟草制品业	Tobacco Products				
纺织业	Textile Industry	0.4	0.5	1.5	1.9
纺织服装、服饰业	Manufacture of Textile Wearing Apparel and Finery	0.2	0.1	0.4	0.5
皮革、毛皮、羽毛及其制品和制鞋业	Manufacture of Leather, Fur, Feather & Its Products and Footwear		0.1	0.1	0.2
木材加工及木、竹、藤、棕、草制品业	Timber Processing, Bamboo, Cane, Palm Fiber & Straw Products	0.2	0.2	0.6	0.8
家具制造业	Manufacture of Furniture	0.2	0.2	0.4	0.5
造纸及纸制品业	Papermaking and Paper Products	0.3	0.4	0.6	0.6
印刷和记录媒介复制业	Printing, Reproduction of Recording Media	0.1	0.2	0.4	0.4
文教、工美、体育和娱乐用品制造业	Manufacture of Culture, Education,Arts and crafts, Sport and Entertainment Goods	0.2	0.3	0.6	0.5
石油、煤炭及其他核燃料加工业	Processing of Oil, Coal and Other Fuel	0.5	0.7	0.6	0.6
化学原料和化学制品制造业	Manufacture of Raw Chemical Materials and Chemica Products	4.3	7.2	4.1	4.4
医药制造业	Manufacture of Medicines	1.7	2.4	2.5	2.7
化学纤维制造业	Manufacture of Chemical Fibers	0.2	0.4	0.3	0.3
橡胶和塑料制品业	Manufacture of Rubber and Plastic	0.7	0.8	2.0	2.3
非金属矿物制品业	Nonmetal Mineral Products	2.4	2.8	5.8	6.1
黑色金属冶炼及压延加工业	Smelting and Pressing of Ferrous Metals	1.0	1.6	0.6	0.6
有色金属冶炼及压延加工业	Smelting and Pressing of Nonferrous Metals	0.8	0.9	1.0	1.0
金属制品业	Manufacture of Metal Products	1.3	1.4	2.8	3.0

注：计划总投资、施工及新开工项目个数等指标不含房地产企业开发数据(下表同)。
a)Data of total planned investment, number of project under construction and new started exclude those developed by real estate companies. The same applies to tables following.

5-7 续表 1 continued

单位:% (%)

类　别	Category	固定资产投资额 Investments in Fixed Assets	计划总投资 Total planned investment	施工项目 Number of Project under Cons-truction	新开工项目 Started This Year
通用设备制造业	Manufacture of General Purpose Machinery	2.3	2.4	4.7	5.1
专用设备制造业	Manufacture of Special Purpose Machinery	1.9	2.4	4.3	4.6
汽车制造业	Manufacture of Automotive	1.2	1.4	1.7	1.8
铁路、船舶、航空航天和其他运输设备制造业	Manufacture of Railroad,Marine,Aerospace and Other Transportation Equipment	0.6	0.9	0.7	0.7
电气机械及器材制造业	Manufacture of Electrical Machinery & Equipment	1.1	1.6	1.6	1.5
计算机、通信和其他电子设备制造业	Manufacture of Computer, Communications and Other Electronic Equipment	1.6	2.9	1.7	1.4
仪器仪表制造业	Manufacture of Measuring Instrument	0.3	0.3	0.5	0.4
其他制造业	Other Manufacture	0.1	0.1	0.2	0.2
废弃资源综合利用业	Comprehensive Utilization of Waste	0.3	0.3	0.6	0.5
金属制品、机械和设备修理业	Metal Products, Machinery and Equipment Repair Industry				0.1
(四)电力、热力、燃气及水的生产和供应业	**Production and Supply of Electric, Heat, Gas and Water**	**4.7**	**6.2**	**5.5**	**5.1**
电力、热力生产和供应业	Production and Supply of Electric Power and Heating Power	3.4	5.0	3.4	3.0
燃气生产和供应业	Production and Supply of Gas	0.2	0.2	0.5	0.4
水的生产和供应业	Production and Supply of Tap Water	1.1	1.0	1.7	1.7
(五)建筑业	**Construction**				
房屋建筑业	Building Construction				
土木工程建筑业	Civil Engineering Construction				
建筑安装业	Construction Installment				
建筑装饰和其他建筑业	Construction Decoration and Others				
(六)批发和零售业	**Wholesale and Retail Trade**	**0.7**	**0.8**	**1.2**	**1.3**
批发业	Wholesale	0.2	0.3	0.5	0.6
零售业	Retail Trade	0.5	0.5	0.7	0.7
(七)交通运输、仓储和邮政业	**Transport, Storage and Postal Services**	**9.6**	**13.4**	**6.5**	**6.1**
铁路运输业	Railway Transport	1.4	2.3	0.2	0.1
道路运输业	Road Transport	6.1	8.0	4.4	4.2
水上运输业	Waterway Transport	0.7	1.1	0.3	0.2
航空运输业	Air Transport	0.3	0.6	0.1	0.1
管道运输业	Pipeline Transport	0.1	0.1	0.1	0.1
多式联运和运输代理业	Multimodal transport and Transportation agency	0.1	0.2	0.1	0.1
装卸搬运和仓储业	Loading and Unloading and Storage	1.0	1.1	1.2	1.2
邮政业	Postal Services				0.1
(八)住宿和餐饮业	**Accommodations and Catering Services**	**0.5**	**0.7**	**0.8**	**0.7**
住宿业	Accommodations	0.4	0.7	0.6	0.5
餐饮业	Catering Services	0.1	0.1	0.2	0.2
(九)信息传输、软件和信息技术服务业	**Information Transmission, Computer Services and Software**	**1.3**	**2.1**	**1.4**	**1.4**
电信、广播电视和卫星传输服务	Telecommunications, Radio and Television and Satellite Transmission Services	0.3	0.1	0.3	0.4
互联网和相关服务	Internet and related Services	0.5	1.0	0.6	0.5
软件和信息技术服务业	Software and Information Technology Services	0.6	1.0	0.5	0.5
(十)金融业	**Finance**	**0.2**	**0.3**	**0.1**	**0.1**
货币金融服务	Monetary and Financial Services			0.1	0.1
资本市场服务	Capital Market Services	0.1	0.1		

5-7 续表 2 continued

单位:% (%)

类别	Category	固定资产投资额 Investments in Fixed Assets	计划总投资 Total planned investment	施工项目 Number of Project under Cons -truction	新开工项目 Started This Year
保险业	Insurance				
其他金融业	Others	0.1	0.1		
(十一)房地产业	**Real Estate**	**34.0**	**9.3**	**4.3**	**2.4**
(十二)租赁和商务服务业	**Leasing and Business Services**	**2.8**	**5.3**	**2.6**	**2.4**
租赁业	Leasing Services	0.1	0.1		
商务服务业	Business Services	2.7	5.3	2.6	2.4
(十三)科学研究和技术服务	**Scientific Research and Technical Services**	**2.2**	**2.9**	**2.3**	**1.9**
研究与试验发展	Research and Experimental Development	1.1	1.2	0.6	0.5
专业技术服务业	Special Technical Services	0.4	0.5	0.8	0.7
科技推广和应用服务业	Science and Technology Promotion and Application Services	0.7	1.2	0.9	0.8
(十四)水利、环境和公共设施管理业	**Management of Water Conservancy, Environment and Public Facilities**	**7.7**	**9.7**	**12.5**	**13.5**
水利管理业	Management of Water Conservancy	1.3	1.1	1.9	2.2
生态保护和环境治理业	Ecological Protection and Environmental Management	0.7	0.9	1.2	1.1
公共设施管理业	Management of Public Facilities	5.6	7.6	9.3	10.0
土地管理业	Management of Land	0.1	0.1	0.2	0.2
(十五)居民服务、修理和其他服务业	**Households services, Repair and Other Services**	**0.3**	**0.4**	**0.6**	**0.5**
居民服务业	Services to Households	0.2	0.3	0.4	0.4
机动车、电子产品和日用产品修理业	Motor Vehicles, Electronics and Household Products Repair				0.1
其他服务业	Other Services		0.1	0.1	0.1
(十六)教　育	**Education**	**2.3**	**2.4**	**3.4**	**2.9**
教　育	Education	2.3	2.4	3.4	2.9
(十七)卫生和社会工作	**Health and Social Work**	**1.7**	**3.0**	**2.3**	**2.1**
卫　生	Health Care	1.3	2.2	1.6	1.4
社会工作	Social Work	0.5	0.8	0.8	0.6
(十八)文化、体育和娱乐业	**Culture, Sports and Recreation**	**2.1**	**4.5**	**2.5**	**2.2**
新闻和出版业	News and Publication				
广播、电视、电影和影视录音制作业	Radio, Television, Film and Video Recording Production	0.1	0.1	0.1	0.1
文化艺术业	Culture and Arts	0.5	0.8	0.6	0.5
体　育	Sports	0.4	0.5	0.3	0.3
娱乐业	Recreation	1.2	3.1	1.5	1.3
(十九)公共管理、社会保障和社会组织	**Public Management,Social Security and Social Organizations**	**0.3**	**0.3**	**0.9**	**0.9**
中国共产党机关	CPC Agencies				
国家机构	Government Agencies	0.3	0.2	0.8	0.8
人民政协、民主党派	CPPCC and Democratic Parties				
社会保障	Social Security				
群众团体、社会团体和其他成员组织	Mass Organizations, Social Organizations and Other Organizations				
基层群众自治组织	Self-governing Mass Organizations at the Grass-roots Level			0.1	0.1
(二十)国际组织	**International Organizations**				
国际组织	International Organizations				

5-8 各市固定资产投资增长速度

The growth of Total Investments in Fixed Assets by Region

单位:% (%)

地　区	Region	2017	2018	2019	2020
全省总计	**Total**	**7.3**	**4.1**	**-8.4**	**3.6**
济南市	Jinan	13.5	9.6	12.6	4.0
青岛市	Qingdao	7.4	7.9	21.6	3.2
淄博市	Zibo	3.4	6.6	-44.6	7.5
枣庄市	Zaozhuang	5.7	-19.8	-15.8	3.2
东营市	Dongying	5.8	-10.0	-32.6	8.9
烟台市	Yantai	8.5	6.0	5.0	2.9
潍坊市	Weifang	0.5	4.4	-23.2	4.5
济宁市	Jining	8.4	7.1	-3.6	3.2
泰安市	Tai'an	7.2	5.8	-23.3	2.9
威海市	Weihai	8.7	7.5	-15.0	2.9
日照市	Rizhao	9.5	6.3	-16.5	3.2
莱芜市	Laiwu	5.5	7.2		
临沂市	Linyi	8.0	7.8	-23.5	4.0
德州市	Dezhou	8.0	7.3	-13.6	-2.9
聊城市	Liaocheng	10.7	-4.3	-41.2	6.8
滨州市	Binzhou	5.6	-16.8	-23.5	7.8
菏泽市	Heze	9.5	8.0	8.1	7.5

注：根据行政区划调整，2019年起，莱芜市并入济南市，以下表同。

a)According to administrative division adjustment,Laiwu City merged into Jinan City from 2019.The same applies to tables following.

5-9 各市民间固定资产投资增长速度

The growth of Non-government Investments in Fixed Assets by Region

单位:% (%)

地　区	Region	2017	2018	2019	2020
全省总计	**Total**	**2.1**	**4.1**	**-18.0**	**6.9**
济南市	Jinan	5.7	8.5	-10.9	3.9
青岛市	Qingdao	-9.2	21.8	20.9	13.0
淄博市	Zibo	-7.3	15.8	-45.3	7.8
枣庄市	Zaozhuang	5.2	-21.3	-32.3	2.7
东营市	Dongying	3.1	-9.6	-45.7	7.0
烟台市	Yantai	6.9	2.9	6.4	3.6
潍坊市	Weifang	-2.4	8.9	-31.8	11.8
济宁市	Jining	6.2	2.6	-8.8	10.3
泰安市	Tai'an	6.1	-6.4	-33.0	-4.1
威海市	Weihai	3.1	7.1	-21.9	-5.9
日照市	Rizhao	-4.4	-3.6	-13.7	26.6
莱芜市	Laiwu	0.5	5.9		
临沂市	Linyi	8.6	9.5	-36.9	8.3
德州市	Dezhou	5.0	12.3	-18.8	-2.9
聊城市	Liaocheng	8.1	-5.7	-47.2	0.9
滨州市	Binzhou	8.9	-21.5	-29.9	7.2
菏泽市	Heze	9.1	4.5	-5.2	15.5

5-10 各市房地产开发投资和销售情况(2020年)

General Scale of Investment Actually Completed by Enterprises for Real Estate Development and Floor Space of Commercialized Buildings Sold(2020)

地 区	Region	本年完成投资(万元) Investment Completed This Year (10 000 yuan)	#住宅 Residential Buildings	商品房销售面积(平方米) Floor Space of Commercialized Buildings Sold(sq.m)	#住宅 Residential Buildings	商品房销售额(万元) Total Sale of Commercialized Buildings Sold(10 000 yuan)	#住宅 Residential Buildings
全省总计	**Total**	**94504902**	**72963980**	**132717427**	**119047352**	**110656177**	**101095521**
济南市	Jinan	17076304	12043120	13357486	11452394	15719460	14065259
青岛市	Qingdao	20451153	14791719	16535912	14303733	22168506	20108187
淄博市	Zibo	3669453	2762578	4957957	4560232	4199665	3847417
枣庄市	Zaozhuang	2881573	2267079	5157827	4743297	3677876	3439857
东营市	Dongying	1872650	1515910	2726178	2483067	1902970	1734217
烟台市	Yantai	8152304	6795872	10380718	9634055	8868658	8219187
潍坊市	Weifang	8307503	6833738	13123522	11793371	8601899	7942430
济宁市	Jining	5056230	4239296	11114202	10439913	7328725	6858149
泰安市	Tai'an	2640627	2164807	4612967	4341204	3557344	3363160
威海市	Weihai	3935143	3310756	5544572	5114521	4371020	4052623
日照市	Rizhao	2163074	1560794	3266724	2978533	2555964	2397178
临沂市	Linyi	6346950	4887237	15222068	13027531	11178925	10002907
德州市	Dezhou	4107631	3502289	6932486	6504882	4690073	4443353
聊城市	Liaocheng	3036717	2347628	6494388	5330685	4391044	3809037
滨州市	Binzhou	1665181	1449639	4428955	4128503	2841190	2694013
菏泽市	Heze	3142409	2491518	8861465	8211431	4602858	4118547

5-11 按登记注册类型分的房地产开发投资情况(2020年)

类　别		Category		总计 Total	内资企业 Domestic Funded	国有企业 State-owned Enterprises
计划总投资	**(万元)**	**Intended Investment**	**(10 000 yuan)**	**637846699**	**603543714**	**9347711**
自开始建设累计完成投资	**(万元)**	**Cumulative Investment**	**(10 000 yuan)**	**362743807**	**344466080**	**5984496**
本年完成投资	**(万元)**	**Investment Completed in Current Year**	**(10 000 yuan)**	**94504902**	**88643482**	**1483142**
按构成分		**Grouped by Use of Funds**				
建筑工程	(万元)	Construction	(10 000 yuan)	60734002	57261844	946704
安装工程	(万元)	Installation	(10 000 yuan)	6332199	6153106	205289
设备工器具购置	(万元)	Purchase of Equipment and Instruments	(10 000 yuan)	1123374	1095466	14718
其他费用	(万元)	Others	(10 000 yuan)	26315327	24133066	316431
#旧建筑物购置费	(万元)	Purchase of Used Building	(10 000 yuan)	90213	88213	3134
土地购置费	(万元)	Purchase of Land	(10 000 yuan)	22100347	20252797	241661
按工程用途分		**Grouped by Use of Buildings**				
住　宅	(万元)	Residential Buildings	(10 000 yuan)	72963980	68268995	1100344
#90平方米以下住宅	(万元)	Residential Buildings below 90sq.m	(10 000 yuan)	7523969	6866378	70790
144平方米以上住宅	(万元)	Residential Buildings above 144sq.m	(10 000 yuan)	17451154	16682814	301819
办公楼	(万元)	Office Buildings	(10 000 yuan)	4259616	3934801	65705
商业营业用房	(万元)	Buildings for Business	(10 000 yuan)	7957121	7631904	87188
其　他	(万元)	Others	(10 000 yuan)	9324185	8807782	229905
本年新增固定资产	**(万元)**	**Newly Increased Fixed Assets**	**(10 000 yuan)**	**32011219**	**30768641**	**442709**
到位资金情况		**Funds in Place**				
上年末结余资金	(万元)	Fund Left from Last Year	(10 000 yuan)	45582075	42709941	611136
本年资金来源小计	(万元)	Fund of All Sources in Current Year	(10 000 yuan)	128791182	119647278	1625182
国内贷款	(万元)	Domestic Loans	(10 000 yuan)	17183322	15881327	126084
#银行贷款	(万元)	from Banks	(10 000 yuan)	13257997	12069402	119384
非银行金融机构贷款	(万元)	from Other Financial Departments	(10 000 yuan)	3925325	3811925	6700
利用外资	(万元)	Foreign Investment	(10 000 yuan)	369561	50865	
自筹资金	(万元)	Self-Raising Funds	(10 000 yuan)	41301016	38508452	697496
定金及预付款	(万元)	Earnest Money and Advance Charge	(10 000 yuan)	47561776	44062040	554850
个人按揭贷款	(万元)	Mortgage Loans	(10 000 yuan)	18720610	17665170	158122
其他到位资金	(万元)	Others	(10 000 yuan)	3654897	3479424	88630
本年各项应付款合计	(万元)	Account Payable	(10 000 yuan)	32046206	30373585	450668
#工程款	(万元)	Payment for Construction	(10 000 yuan)	18360986	17340100	333047
待开发土地面积	**(平方米)**	**Space of Land to be Developed**	**(sq.m)**	**36376702**	**34942461**	**540696**
本年购置土地面积	**(平方米)**	**Space of Land Purchased in Current Year**	**(sq.m)**	**24657986**	**22549885**	**382418**
本年土地成交价款	**(万元)**	**Value of Commercial Land**	**(10 000 yuan)**	**10545909**	**9313581**	**130130**

Investment in Real Development by Registration Status(2020)

集体企业 Collective-owned Enterprises	股份合作企业 Cooperative Enterprises	联营企业 Joint-owned Enterprises	有限责任公司 Limited Liability Corporations	股份有限公司 Share-holding Corporations Limited	私营企业 Private Enterprises	其他企业 Other Enterprises	港澳台商投资企业 Enterprises with Funds from Hong Kong, Macao and Taiwan	外商投资企业 Foreign Funded Enterprises
2598218	**613464**	**109000**	**356185752**	**9021130**	**224924213**	**744226**	**26350249**	**7952736**
1319407	**288864**	**26464**	**200108395**	**6003497**	**130501673**	**233284**	**13774806**	**4502921**
566562	**182093**	**26464**	**53463808**	**1307978**	**31406090**	**207345**	**4595710**	**1265710**
191035	90160	14334	34425281	831977	20703715	58638	2710867	761291
22208	2211		3189278	117877	2603616	12627	135929	43164
9468	270		586918	10994	460790	12308	19731	8177
343851	89452	12130	15262331	347130	7637969	123772	1729183	453078
			55442	292	29345		2000	
305347	88500	12130	12737107	325094	6477979	64979	1477176	370374
363781	119892	25724	41281784	962768	24241944	172758	3691870	1003115
30747	60252		4475379	56675	2172535		326232	331359
144596	9079	360	10377123	169971	5599846	80020	604299	164041
7130			2769684	17811	1074471		286370	38445
19617	60752	500	4185876	173044	3090635	14292	226486	98731
176034	1449	240	5226464	154355	2999040	20295	390984	125419
189396	**15267**		**16100375**	**461727**	**13559167**		**604335**	**638243**
125218	40328	2483	27923390	821402	13185886	98	2275395	596739
613406	184452	50233	75149313	1457726	40357813	209153	6937811	2206093
64090	71000		12117874	144577	3339902	17800	785920	516075
64090	71000		9041649	141777	2631502		749520	439075
			3076225	2800	708400	17800	36400	77000
			41307		9558		256732	61964
123245	65402	2130	23222348	528939	13761285	107607	2168958	623606
311266	42483	27903	27754851	513964	14808874	47849	2703047	796689
114805	5203	20200	9865172	248065	7217706	35897	896428	159012
	364		2147761	22181	1220488		126726	48747
146142	81243	10631	18421418	563213	10690691	9579	1219799	452822
74724	33788	10631	10407545	305230	6166332	8803	706121	314765
			19965828	**834583**	**13478305**	**123049**	**1065374**	**368867**
		49639	**14262848**	**262950**	**7341870**	**250160**	**1599552**	**508549**
		12536	**6478277**	**138937**	**2479282**	**74419**	**999725**	**232603**

5-12 按登记注册类型分的房地产开发财务情况(2020年)

单位:万元

类 别	Category	总 计 Total	内资企业 Domestic Funded	国有企业 State-owned Enterprises
一、期初存货	**Initial Inventory**	**304581743**	**289207702**	**7864286**
二、期末资产负债	**Property debt at the End**			
流动资产合计	Total Liquid Liabilities	617778704	583646369	13343514
#应收账款	Accounts receivable	19863470	18249646	353890
存 货	Inventory	346660123	327997966	8869393
固定资产原价	Fixed Asset Value	16174500	15002287	588932
累计折旧	Accumulated Depreciation	3258188	2944635	63747
#本年折旧	in Current Year	635429	596051	16075
资产总计	Assets	725541814	684754399	16754433
负债合计	Liabilities	611089821	582902982	13352375
所有者权益合计	Owners' Equity	114451993	101851416	3402058
#实收资本	Paid-up Capital	70490511	59429269	905574
三、损益及分配	**Net Income or Loss and Distribution**			
营业收入	Revenues from Business	88182485	83580775	879441
#主营业务收入	Revenues from Principal Business	79972169	76004953	827980
土地转让收入	Revenues from Land Transfer	738049	725590	11131
商品房屋销售收入	Revenues from Commercial Housing Sales	76697926	72902234	792769
自持物业收入	Self Holding Property Income	676611	565986	6560
#房屋出租收入	Housing Rental Income	477305	387192	6501
其他收入	Others	1859583	1811143	17520
营业成本	Business Cost	68024926	64793440	621096
#主营业务成本	Main Business Cost	61802176	59053448	593873
营业税金及附加	Business Tax and Extra Charges	4555890	4259162	59469
其他业务利润	Other Operating Profits	204511	191121	1018
销售费用	Sales Expenses	3551384	3274899	28995
管理费用	Management Expenses	3304884	3133028	49619
财务费用	Financial Expenses	2198992	2169261	20637
营业利润	Business Profits	7942201	7288902	72921
营业外收入	Non-operating Income	578902	556954	11027
营业外支出	Non-operating Expenses	703776	685680	16520
利润总额	Total Profits	7657778	7014755	65055
所得税费用	Income Tax Payable	2235072	2023053	27878
应交增值税	Value-added Tax Payable	2311831	2264098	16889
四、人工成本	**Labor costs**			
本年应付工资总额	Wages Payable in Current Year	2303231	2146122	38532

Financial Indicators of Real Estate Development by Registration Status(2020)

(10 000 yuan)

集体企业 Collective-owned Enterprises	股份合作企业 Cooperative Enterprises	联营企业 Joint-owned Enterprises	有限责任公司 Limited Liability Corporations	股份有限公司 Share-holding Corporations Limited	私营企业 Private Enterprises	其他企业 Other Enterprises	港澳台商投资企业 Enterprises with Funds from Hong Kong, Macao and Taiwan	外商投资企业 Foreign Funded Enterprises
1855554	**214227**	**12278**	**179923764**	**3742957**	**95277411**	**317226**	**11674639**	**3699402**
2994904	168712	60580	376270370	10490049	179496033	822206	26445074	7687261
93416	229		11628453	258537	5915120		1427449	186376
2199783	133410	37701	204963386	4337008	106973685	483600	14493483	4168674
109592	1291	193	10068399	315369	3916992	1519	1084341	87872
42129	840	47	1424370	90130	1321985	1389	292132	21421
5278	40	23	328194	11333	235093	14	35604	3775
3281304	351165	60817	450317416	15289517	197873422	826325	32540992	8246423
3241870	353803	58817	374019168	11847365	179538713	490871	22587382	5599457
39434	-2639	2000	76298248	3442153	18334709	335454	9953610	2646966
113604	6399	1980	39140817	1172962	17747167	340766	8831239	2230003
299088	1224	46686	50464425	1444886	30349513	95512	2949571	1652140
291038	1224	46686	45688151	1294294	27760067	95512	2771933	1195283
3688			627803	1442	81527		12459	
278977	1050	46686	43363890	1170511	27153983	94369	2607528	1188163
8189			327727	30866	192242	402	106939	3686
8182			205810	25686	140610	402	87136	2978
184	174		1368732	91475	332316	742	45007	3434
197792	804	45221	38679866	1076938	24074582	97142	2006621	1224865
190734	804	45221	35008112	1030713	22086861	97131	1872837	875892
12909	494	1736	2845359	75462	1262841	890	205503	91225
300			101239	23586	64979		13760	-370
16893	2226	1251	1964986	45325	1207081	8143	194641	81844
29914	2201	671	1650544	77283	1319330	3467	124098	47758
8512	725	71	1584857	40260	520759	-6559	24808	4922
35158	-5151	-2243	4682062	495873	2017813	-7530	455664	197635
1099	97	13	314120	7985	222562	52	18684	3264
2120	30		374057	7679	285269	6	14870	3226
34150	-5102	-2230	4564336	496812	1869219	-7484	447120	195904
15752		21	1376091	34902	569722	-1313	141465	70554
17071	8445	1401	1261595	39059	917688	1952	34552	13181
6203	966	154	1147048	55478	894518	3224	125055	32054

5-13 房地产开发企业(单位)施工、销售和待售情况(2020年)

类别		Category		合计 Total
房屋施工面积	**(平方米)**	**Floor Space Under Construction**	**(sq.m)**	**797918889**
#新开工面积	(平方米)	Recently-started Projects	(sq.m)	202040827
房屋竣工面积	**(平方米)**	**Floor Space Completed**	**(sq.m)**	**93258594**
#不可销售面积	(平方米)	Space of Floor not Ready for Sale	(sq.m)	3066081
商品住宅竣工套数	**(套)**	**Number of Commercial Buildings Completed**	**(unit)**	
竣工房屋价值	**(万元)**	**Value of Buildings Completed**	**(10 000 yuan)**	**25574115**
出租房屋面积	**(平方米)**	**Floor Space of Buildings to Lease**	**(sq.m)**	**1044115**
商品房销售面积	**(平方米)**	**Floor Space of Commercial Buildings Sold**	**(sq.m)**	**132717427**
#现房销售面积	(平方米)	Floor Space of Complete Departments	(sq.m)	11481864
期房销售面积	(平方米)	Floor Space of Forward Delivery Housing	(sq.m)	121235563
商品房销售额	**(万元)**	**Total Sale of Commercial Building**	**(10 000 yuan)**	**110656177**
#现房销售额	(万元)	Sale of Complete Departments	(10 000 yuan)	7444705
期房销售额	(万元)	Sale of Forward Delivery Housing	(10 000 yuan)	103211472
商品住宅销售套数	**(套)**	**Number of Commercial Buildings Sold**	**(unit)**	
#现房销售套数	(套)	Complete Departments	(unit)	
期房销售套数	(套)	Forward Delivery Housing	(unit)	
待售面积	**(平方米)**	**Floor Space of Waiting For Sale**	**(sq.m)**	**25333793**
#待售1-3年(含1年)	(平方米)	1 to 3 years	(sq.m)	10924052
待售3年以上(含3年)	(平方米)	more than 3 years	(sq.m)	6488084

Construction and Sale of Buildings Made by Real Estate Enterprises(2020)

住宅 Residential Buildings	按户型面积分 #90平方米及以下住宅 Below or Equal 90 sq.m	按户型面积分 144平方米以上住宅 Above 144 sq.m	办公楼 Office Buildings	商业营业用房 Buildings for Business	其他 Others
589136117	**67286650**	**124083591**	**28911707**	**66118583**	**113752482**
150637058	10983680	30494444	5980337	13467375	31956057
71725477	**8459232**	**14290563**	**2195061**	**7063190**	**12274866**
1101599	376367	77647	170625	484632	1309225
587809	**116096**	**75277**			
19754039	**2357776**	**4350570**	**651344**	**2216582**	**2952150**
32900	**32900**		**165944**	**679927**	**165344**
119047352	**7182338**	**26464599**	**2015348**	**4939805**	**6714922**
9180499	1285681	1994287	475925	1138821	686619
109866853	5896657	24470312	1539423	3800984	6028303
101095521	**5558775**	**26326650**	**2060253**	**4764830**	**2735573**
5836647	811174	1558966	466027	908183	233848
95258874	4747601	24767684	1594226	3856647	2501725
963273	**101088**	**157072**			
81074	20041	11420			
882199	81047	145652			
14352080	**2231981**	**3801794**	**1775277**	**6166171**	**3040265**
6870936	902097	2156892	599381	1964862	1488873
2714678	822243	500025	512338	2623976	637092

主要统计指标解释

全社会固定资产投资 是以货币形式表现的在一定时期内全社会建造和购置固定资产的工作量以及与此有关的费用的总称。该指标是反映固定资产投资规模、结构和发展速度的综合性指标,又是观察工程进度和考核投资效果的重要依据。全社会固定资产投资按登记注册类型可分为国有、集体、个体、联营、股份制、外商、港澳台商、其他等。

房地产开发投资 指各种登记注册类型的房地产开发公司、商品房建设公司及其他房地产开发法人单位和附属于其他法人单位实际从事房地产开发或经营活动的单位统一开发的包括统代建、拆迁还建的住宅、厂房、仓库、饭店、宾馆、度假村、写字楼、办公楼等房屋建筑物和配套的服务设施,土地开发工程(如道路、给水、排水、供电、供热、通讯、平整场地等基础设施工程)的投资;不包括单纯的土地交易活动。

农村投资 指发生在农村区域范围内的非农户固定资产投资项目完成的投资。

计划总投资 是指在建的建设工程按照总体设计(或按设计概算或预算)规定的内容全部建成计划需要的总投资。

固定资产投资的资金来源 根据固定资产投资的资金来源不同,分为国家预算内资金、国内贷款、利用外资、自筹资金和其他资金。

(1)国家预算内资金:分为财政拨款和财政安排的贷款两部分。包括中央财政的基本建设基金(分经营性基金和非经营性基金两部分)、专项支出(如煤代油专项等)、收回再贷、贴息资金,财政安排的挖潜改造和新产品试制支出、城建支出、商业部门简易建筑支出、不发达地区发展基金等资金中用于固定资产投资的资金;地方财政中由国家统筹安排的资金等。

(2)国内贷款:指报告期固定资产投资单位向银行及非银行金融机构借入的用于固定资产投资的各种国内借款,包括银行利用自有资金及吸收的存款发放的贷款、上级主管部门拨入的国内贷款、国家专项贷款(包括煤代油贷款、劳改煤矿专项贷款等)、地方财政专项资金安排的贷款、国内储备贷款、周转贷款等。

(3)利用外资:指报告期收到的用于固定资产建造和购置的国外资金(包括设备、材料、技术在内)。包括对外借款(外国政府、国际金融组织贷款、出口信贷、外国银行商业贷款、对外发行债券和股票)、外商直接投资及外商其他投资。不包括我国自有外汇资金(国家外汇、地方外汇、留成外汇、调剂外汇和中国银行自有资金发行的外汇贷款等)。计算利用外资时,需要折算成人民币,折算中所使用的外汇汇率按现汇计算,即按使用外汇时的汇率计算。

(4)自筹资金:指固定资产投资单位报告期收到的,由各地区、各部门及企、事业单位筹集用于固定资产投资的预算外资金,包括中央各部门、各级地方和企、事业单位的自筹资金。

(5)其他资金:指在报告期收到的除以上各种资金之外其他用于固定资产投资的资金,包括企业或金融机构通过发行各种债券筹集到的资金、群众集资、个人资金、无偿捐赠的资金及其他单位拨入的资金等。

固定资产投资按国民经济行业分 根据建设项目建成投产后的主要产品或主要用途及社会经济活动性质来确定国民经济行业。一般情况下,一个建设项目或一个企业、事业单位只能属于一种国民经济行业。

固定资产投资按建设性质分 根据整个建设项目情况来确定。建设项目的性质一般分为新建、扩建、改建和技术改造、迁建、恢复。房地产开发单位投资不划分建设性质。

(1)新建:一般指从无到有"平地起家"开始建设的企业、事业和行政单位或建设项目。现有企业、事业、行政单位一般不属于新建。但如有的单位原有基础很小,经过建设后新增的固定资产价值超过该企、事业、行政单位原有固定资产价值(原值)三倍以上的也应作为新建。

(2)扩建:指在厂内或其他地点,为扩大原有产品的生产能力(或效益)或增加新的产品生产能力,而增建主要的生产车间(或主要工程)、分厂、独立的生产线。行政、事业单位在原单位增建业务用房(如学校增建教学用房、医院增建门诊部、病房等)也作为扩建。

现有企、事业单位为扩大原有主要产品生产能力或增加新的产品生产能力,增建一个或几个主要生产车间(或主要工程)、分厂,同时进行一些更新改造工程的,也应作为扩建。

(3)改建和技术改造:指现有企业、事业单位,对原有设施进行技术改造或更新(包括相应配套的辅助性生产、生活福利设施)的建设项目。现有企业、事业单位为适应市场变化的需要,而改变企业的主要产品种类(如军工企业转产民用品等)的建设项目,应作为改建。原有产品生产作业线由于各工序(车间)之间能力不平衡,为填平补齐充分发挥原有生产能力而增建不增加本企业主要产品设计能力的车间,也应作为改建。技术改造是指企业、事业单位在现有基础上,用先进的技术代替落后的技术,用先进的工艺和装备代替落后的工艺和装备,以改变企业落后的技术经济面貌,实现以内涵为主的扩大再生产,达到提高产品质量、促进产品更新换代、节约能源、降低消耗、扩大生产规模、全面提高社会经济效益的目的。技术改造具体包括以下内容:机器设备和工具的更新改造;生产工艺改革、节约能源和原材料的改造;厂房建筑和公共设施的改造;劳动条件和生产环境的改造等。

固定资产投资按构成分 固定资产投资活动按其工作内容和实现方式分为建筑安装工程,设备、工具、器具购置,其他费用三个部分。

(1)建筑安装工程(建筑安装工作量):指各种房屋、建筑物的建造工程和各种设备、装置的安装工程。包括各种房屋

建造工程；各种用途设备基础和各种工业窑炉的砌筑工程及金属结构工程；为施工而进行的各种准备工作和临时工程以及完工后的清理工作等；铁路、道路的铺设，矿井的开凿及石油管道的架设等；水利工程；防空地下建筑等特殊工程；列入房屋工程预算内的暖气、卫生、通风、照明、煤气等设备的价值及装设油饰工程；列入建筑工程预算内的各种管道(蒸汽、压缩空气、石油、给排水等管道)、电力、电讯电缆导线等的敷设工程；以及各种机械设备的安装工程；为测定安装工程质量，对设备进行的试运工作；房地产开发单位进行的商品房屋开发建设工程、土地开发工程。

在安装工程中，不包括被安装设备本身的价值。

(2)设备、工具、器具购置：指建设单位或企、事业单位购置或自制的，达到固定资产标准的设备、工具、器具的价值。新建单位及扩建单位的新建车间，按照设计或计划要求购置或自制的全部设备、工具、器具，不论是否达到固定资产标准均计入“设备、工具、器具购置”中。

(3)其他费用：指在固定资产建造和购置过程中发生的，除上述几项内容以外的各种应分摊计入固定资产的费用。

施工项目 指报告期内进行过建筑或安装施工活动的项目。凡是报告期内施过工的建设项目，不论施工时间长短，均作为施工项目统计。施工项目个数可以反映一定时期固定资产投资的实际规模，与同期全部建成投产项目个数相比，可以从建设速度的角度反映固定资产投资的效果。根据建设项目施工活动的不同性质，施工项目又分为：本年正式施工项目、本年收尾项目和以前年度全部停缓建项目。

全部建成投产项目 工业项目指设计文件规定形成生产能力的主体工程及其相应配套的辅助设施全部建成，经负荷试运转，证明具备生产设计规定合格产品的条件，并经过验收鉴定合格或达到竣工验收标准，与生产性工程配套的生活福利设施可以满足近期正常生产的需要，正式移交生产的建设项目。非工业项目指设计文件规定的主体工程和相应的配套工程全部建成，能够发挥设计规定的全部效益，经验收鉴定合格或达到竣工验收标准，正式移交使用的建设项目。

新增固定资产 指报告期内已经完成建造和购置过程，并已交付生产或使用单位的固定资产价值。该指标是表示固定资产投资成果的价值指标，也是反映建设进度，计算固定资产投资效果的重要指标。

商品房销售面积 指报告期内出售商品房屋的合同总面积(即双方签署的正式买卖合同中所确定的建筑面积)。由现房销售建筑面积和期房销售建筑面积两部分组成。

商品房销售额 指报告期内出售商品房屋的合同总价款(即双方签署的正式买卖合同中所确定的合同总价)。该指标与商品房销售面积同口径，由现房销售额和期房销售额两部分组成。

Explanatory Notes on Main Statistical Indicators

Total Investment in Fixed Assets in the Whole Country refers to the volume of activities in construction and purchases of fixed assets and related fees, expressed in monetary terms. It is a comprehensive indicator which shows the size, structure and growth of the investment in fixed assets, providing basis for observing the progress of construction projects and evaluating results of investment. Total investment in fixed assets in the whole country includes, by type of ownership, the investment by the state owned units, collective units, individuals, joint ownership units, share holding units, as well as investment by businessmen from foreign countries and from Hong Kong, Macao and Taiwan, and by other units.

Investment in Real Estate Development refers to the investment by the real estate development companies, commercial buildings construction companies and other real estate development units of various types of ownership in the construction of house buildings, such as residential buildings, factory buildings, warehouses, hotels, guesthouses, holiday villages, office buildings, and the complementary service facilities and land development projects, such as roads, water supply, water drainage, power supply, heating, telecommunications, land leveling and other projects of infrastructure. It excludes the activities in pure land transactions.

Investment in Rural Areas refers to investment in fixed assets by enterprises, institutions and individuals in rural areas.

Total planned investment refers to total investment needed to complete all the items of a project under construction as laid out in the overall design (or the budget estimate or budget of the design).

Sources of Funds for Investment in Fixed Assets include fund from state budget, domestic loans, foreign investment, self raised funds, and others depending on the source of investment.

(1) Fund from state budget consists of budgetary appropriation and loans from state budget. More specifically, it includes, from the budget of the central government, capital construction fund (operation fund and non-operational fund), special expenses (e.g. expenses on substituting petroleum with coal), loans from repayment, discount fund, expenses on innovation and trial production of new products, expenses on urban construction, expenses on temporary construction by trade departments, development fund for less developed areas, as well as local budgetary fund transferred from the central budget.

(2) Domestic loans refer to loans of various forms borrowed by investing units from banks and non-bank financial institutions during the reference period for the purpose of investment in fixed assets, including loans issued by banks from their self owned funds and deposit, loans appropriated by higher responsible authorities, special loans by government (including loan for substituting petroleum with coal, special loan for reform through labour coal mines), loans arranged by local government from special funds, domestic reserve loan, and working loan, etc.

(3) Foreign Investment refers to foreign funds received during the reference period for the construction and purchase of investment in fixed assets (covering equipment, materials and technology), including foreign borrowings (loans from foreign governments and international financial institutions, export credit, commercial loans from foreign banks, issue of bonds and stocks overseas), foreign direct investment and other foreign investment. Excluded in this category are capitals in foreign exchanges owned by China (foreign exchanges owned by the central and local governments, foreign exchanges retained by enterprises, foreign exchanges by enterprises through regulating mechanism, loans in foreign exchanges issued by the Bank of China with its own fund, etc.). In calculating the utilization of foreign capitals, foreign currencies are converted into Chinese Renminbi applying the current exchange rate when the foreign capitals are actually used.

(4) Self-raised funds refer to extra budgetary funds for investment in fixed assets received by investing units from central government ministries, local governments, enterprises and institutions, including their self raised funds.

(5) Others refer to funds for investment in fixed assets received from the sources other than those listed above, including capitals raised through issuing bonds by enterprises or financial institutions, funds raised from individuals and through donations, and funds transferred from other units.

Investment in Fixed Assets by Sector The classification of construction projects by sector is determined by the major products or the purpose of the projects when they are put into production or use, and by the nature of their social economic activities. In general, one project or one enterprise or institution can only be classified into one sector.

Investment in Fixed Assets by Type of Construction The construction projects in general can be classified, by the type of construction, into new construction, expansion, reconstruction and technical transformation, moving and restoration. However, investment by type of construction is not applied to investment by real estate development units.

(1) New construction in general refers to newly constructed enterprises, institutions, administrative agencies or independent projects from scratch. Construction in the existing enterprises, institutions or agencies is not considered as new construction. In case the assets of the existing unit is quite small, and the value of newly added fixed assets exceeds the original value of assets by three times, the expansion will be considered as new construction.

(2) Expansion refers to construction of new major production workshop, branch factory or independent production line within a factory or in other locations, for the purpose of increasing the production capacity (or improving efficiency) of the original products. Newly constructed houses for the operation of institutions and administrative organizations (such

as the newly constructed buildings for teaching in schools, buildings for clinics or wards in hospitals, etc.) are also classified as expansion.

Also included in the expansion are investments by existing enterprises or institutions in building major production line(s) or branch factory(ies) along with some work on innovation, for the purpose of expending the production capacity of original products or producing new products.

(3) Reconstruction refers to construction projects by existing enterprises or institutions in innovation or technical transformation of the old facilities (including auxiliary production equipment and welfare facilities).Also considered as reconstruction is the construction of new workshops by the existing enterprises or institutions to change the variety of products to meet the market demand (such as the production of civil products by defence industries), or to bring the designed production capacity into full play through a more balanced production process on production lines. Technical transformation refers to replacement of old technology or equipment by new technology or equipment, in order to expand the reproduction through improvement of technology contents in production, to improve product quality, to promote new products, to save energy and reduce consumption and to improve overall social economic efficiency. Contents of technical transformation include: updating of machinery, equipment and tools; reforming production process by using energy or materials saving technology; construction of factory workshops and transformation of public facilities; improvement of working conditions and environment, etc.

Investment in Fixed Assets by Structure By their contents, investment activities are classified into 3 categories, i.e. construction and installation, purchase of equipment and instrument, and other expenses.

(1) Construction and installation (work volume of construction and installation) refers to the construction of various houses and buildings and installation of various kinds of equipment and instruments. They include construction of various houses; equipment foundations, industrial kilns and stoves, and metal structure work; preparation works for project construction, and clearing up works post project construction; pavement of railways and roads, drilling of mines and putting up of oil pipes; construction of projects of water conservancy; construction of underground air raid shelters and construction of other special projects; value of equipment for heating, sanitation, ventilation, lighting, gas, painting, etc. that are covered by the budget of housing projects; laying out of various pipelines (for steam, compressed air, petroleum, tap water and sewage) and lines for electric power and for communications; installation of various machinery equipment, testing operation for pre testing the quality of installation projects, and land and other development work conducted by real estate developers for commercial housing. The value of equipment installed is not included in the value of installation projects.

(2) Purchase of equipment and instruments refers to the total value of equipment, tools, and instruments purchased or self produced which come up to standards for fixed assets by the construction units or investing enterprises or institutions. Equipment, tools and instruments purchased or self produced for new workshops by newly established or expanded units are categorized as "purchase of equipment and instruments" no matter whether they come up to the standards for fixed assets.

(3)Other expenses refer to expenses occurring during the construction or purchase of fixed assets other than those mentioned above.

Projects under Construction refer to projects with construction and installation activities undertaken in the reference period. All projects that have construction activities undertaken during the reference period are reported as projects under construction irrespective of the length of construction work. The number of projects under construction can reflect the actual size of investment in fixed assets during a given period, and when compared with the number of projects completed and put into use during the same period, it demonstrates the results of investment in fixed assets. Depending on the nature of construction activities, projects under construction can also be classified into projects under construction in current year, winding up projects in current year and stopped or suspended projects in previous years (with preservation work in current year).

Projects Completed and Put into Use Industrial projects refer to the major projects and accessory facilities completed which result in forming production capacity and have been checked and accepted while the living and welfare facilities have been completed and can ensure normal production and formally put into production. Non industrial projects refer to the major projects and accessory facilities completed which possess the designed capacity and have been checked, accepted and formally put into production.

Newly Increased Fixed Assets refer to the newly increased value of fixed assets, constructed or purchased, that have been transferred to the investors. This is an indicator that demonstrates the results of investment in fixed assets in monetary terms, and an important indicator to reflect the speed of construction and to calculate the efficiency of investment.

Area of Commercial Housing Sold refers to total contracted area of commercial housing (i.e. area of floor space as designated in the formal contracts signed by both sides) during the reference time. It constitutes floor space of completed housing and floor space of future housing.

Value of Commercial Housing Sold refer to total value of contracts (i.e. value of sales/purchase for selling/purchase of commercial housing as designated in the contracts signed by both sides) during the reference time. It has the same coverage as the area of commercial housing sold, constituting completed housing and floor space of future housing.

第6篇

对外经济和旅游

Foreign Trade and Tourism

简　要　说　明

一、本篇资料的主要内容

本篇资料反映了全省外经外贸和旅游的基本情况，主要包括进出口、利用外资、境外投资、对外承包工程和劳务合作、人民币外汇牌价、旅游业基本情况等方面的内容。

二、本篇资料的来源

1.进出口数据来源于海关统计，进出口商品价值，出口按离岸价（FOB）、进口按到岸价（CIF）统计。

2.利用外资、对外承包工程和劳务合作、境外投资等资料来源于省商务厅。

3.历年人民币对主要外币的年平均汇价资料来源于国家外汇管理局，是根据当年国家外汇管理局提供的每日汇价进行加权平均计算而得出的当年年平均汇价。

4.旅游资料来源于省文化和旅游厅财务处。

本篇资料由省统计局贸易处整理提供。

Brief Introduction

I. Content

Data in this chapter show the basic conditions of foreign trade and tourism, mainly including imports and exports, utilization of foreign capitals, overseas direct investments, contracted projects, labor services cooperation, exchange rate of RMB to other currencies and tourism, etc.

II. Source of Data

(1)Data on foreign trade are based on the statements made by the Administration of Customs. Exports are calculated at FOB, imports at CIF.

(2)Data on utilization of foreign capitals, contracted projects and labor services cooperation are provided by the Bureau of Commerce of Shandong Province.

(3)Average exchange rates of RMB yuan to other currencies over the years come from the State Administration of Exchange Control. The annual average exchange rate is calculated as the weighted mean of the daily exchange rates provided by the State Administration of Exchange Control.

(4)Data on tourism are provided by the Division of Finance of the Culture and Tourism of Shandong Province.

Data in this chapter are prepared and compiled by the Division of Trade and External Economic Relations Statistics of Shandong Provincial Bureau of Statistics.

6-1 1978-2020年人民币对主要外币年平均汇价(中间价)
Average Exchange Rate of RMB Yuan Against Main Convertible Currencies from 1978 to 2020(Middle Rate)

单位:人民币元 (RMB yuan)

年 份 Year	100美元 100 US Dollars	100日元 100 Japanese Yen	100港元 100 Hong Kong Dollars	100欧元 100Euros
1978	168.36	0.81	36.16	
1979	155.49	0.71	31.35	
1980	149.84	0.66	30.15	
1981	170.51	0.77	30.41	
1982	189.26	0.76	31.15	
1983	197.57	0.83	27.36	
1984	232.70	0.98	29.71	
1985	293.67	1.25	37.57	
1986	345.28	2.07	44.22	
1987	372.21	2.58	47.74	
1988	372.21	2.91	47.70	
1989	376.59	2.74	48.28	
1990	478.38	3.32	61.39	
1991	532.27	3.96	68.45	
1992	551.49	4.36	71.24	
1993	576.19	5.20	74.41	
1994	861.87	8.44	111.53	
1995	835.07	8.92	107.96	
1996	831.42	7.64	107.51	
1997	828.98	6.86	107.09	
1998	827.91	6.35	106.88	
1999	827.96	8.07	106.53	
2000	827.72	7.39	106.08	
2001	827.70	6.81	106.08	
2002	827.70	6.62	106.07	800.58
2003	827.70	7.15	106.24	936.13
2004	827.68	7.66	106.23	1029.00
2005	819.17	7.45	105.30	1019.53
2006	797.18	6.86	102.62	1001.90
2007	760.40	6.46	97.46	1041.75
2008	694.51	6.74	89.19	1022.27
2009	683.10	7.30	88.12	952.70
2010	676.95	7.73	87.13	897.25
2011	645.88	8.11	82.97	900.11
2012	631.25	7.90	81.38	810.67
2013	619.32	6.33	79.85	822.19
2014	614.28	5.82	79.22	816.51
2015	622.84	5.15	80.34	691.41
2016	664.23	6.12	85.58	734.26
2017	675.18	6.02	86.64	763.03
2018	661.74	5.99	84.43	780.16
2019	689.85	6.33	88.05	772.55
2020	689.76	6.46	88.93	787.55

6-2 1984-2020年海关进出口情况

Basic Statistics on Imports and Exports from 1984 to 2020

单位:万美元 (10 000 USD)

年 份 Year	进出口总值 Total Value of Imports and Exports	出口总值 Total Value of Exports	一般贸易 General Trade	来料加工装配贸易 Processing and Assembling Trade with Sent Materials	进料加工贸 易 Processing Trade with Imported Materials	其他贸易 Other Trades	进口总值 Total Value of Imports
1984	352012	207786					144226
1985	414448	234652					179796
1986	382840	191926					190914
1987	355294	289938	264633	2566	19232	3507	65356
1988	573361	309773	261451	3796	40458	4068	263588
1989	616511	327015	266337	6274	49047	5357	289496
1990	428522	341719	274898	8660	53152	5009	86803
1991	483200	375230	293951	13681	63430	4168	107970
1992	778140	433752	330729	18598	79452	4973	344388
1993	728586	420360	292058	23834	96748	7720	308226
1994	962927	587011	371013	40640	168470	6888	375916
1995	1395007	816101	460278	77503	270177	8143	578906
1996	1616394	918298	449683	130565	331035	6339	698096
1997	1753631	1085888	483895	185156	410664	6173	667743
1998	1661740	1034705	458607	172262	396013	7823	627035
1999	1827094	1157909	541405	218625	394880	2999	669185
2000	2498998	1552905	746563	293008	507050	6284	946093
2001	2896313	1812899	913253	310013	579125	10508	1083414
2002	3394175	2111511	1089063	341530	669958	10960	1282664
2003	4465752	2657285	1400709	392861	845249	18466	1808467
2004	6078136	3587286	1799792	483369	1252126	51999	2490850
2005	7688876	4625113	2310122	594991	1668351	51649	3063763
2006	9528817	5864717	3013461	655916	2083042	112298	3664100
2007	12261798	7524374	3800924	679014	2863332	181104	4737424
2008	15814480	9317486	4739880	722044	3573434	282128	6496994
2009	13860378	7956530	3637582	697915	3296132	324901	5903848
2010	18895085	10424695	4973019	750340	4230872	470464	8470390
2011	23599191	12578809	6466907	842878	4737751	531273	11020382
2012	24554487	12873171	6875045	867657	4566215	564254	11681316
2013	26715854	13450998	7603966	866031	4392892	588109	13264856
2014	27711549	14474545	8373918	802064	4734553	564010	13237004
2015	24174867	14406069	9042024	739933	4183875	440237	9768798
2016	23420733	13715826	8653875	716557	3904404	440990	9704906
2017	26305670	14710207	9428956	651868	4151643	477739	11595464
2018	29239097	16013984	11047764	601424	3918203	446592	13225113
2019	29628464	16143995	11256710	605165	3496008	786112	13484469
2020	31844703	18903512	13853845	497612	3466764	1085291	12941191

6-3　进出口主要分类情况

Imports and Exports by Category

单位:亿美元　　(100 million USD)

类　别	Category	2005	2010	2015	2016	2017	2018	2019	2020
一、进出口总值	**Total Value of Imports and Exports**	**768.9**	**1889.5**	**2417.5**	**2342.1**	**2630.6**	**2923.9**	**2962.8**	**3184.5**
出口额	Exports	462.3	1042.5	1440.6	1371.6	1471.0	1601.4	1614.4	1890.4
进口额	Imports	306.4	847.0	976.9	970.5	1159.5	1322.5	1348.4	1294.1
二、出口商品	**Exported Goods**								
初级产品	Primary Goods	16.8	138.5	159.7	172.9	179.6	189.6	194.9	195.8
工业制品	Manufactured Goods	83.2	903.6	1279.6	1198.0	1290.7	1412.3	1419.5	1693.5
三、进口商品	**Imported Goods**								
初级产品	Primary Goods	38.3	360.6	508.0	551.7	757.1	904.4	967.4	896.1
工业制品	Manufactured Goods	61.7	434.9	458.8	421.4	418.0	418.4	387.8	416.1
四、纺织服装进出口总值	**Total Value of Imports and Exports of Textile Apparel**	**121.3**	**188.5**	**228.8**	**221.4**	**227.0**	**243.8**	**231.3**	**274.2**
出口额	Exports	106.2	173.3	212.5	206.5	213.2	230.4	219.7	264.3
进口额	Imports	15.1	15.2	16.3	14.9	13.8	13.4	11.6	9.9
五、农(副)产品进出口总值	**Total Value of Imports and Exports of Agricultural Products(By-products)**	**119.2**	**250.6**	**313.7**	**298.0**	**310.9**	**323.5**	**334.7**	**352.5**
出口额	Exports	69.1	127.0	153.1	162.9	170.1	174.2	178.9	181.7
进口额	Imports	50.1	123.6	160.7	135.1	140.8	149.3	155.8	170.8
六、机电产品进出口总值	**Total Value of Imports and Exports of Mechanical and Electrical Products**	**240.3**	**725.0**	**871.8**	**786.0**	**835.6**	**867.6**	**846.5**	**1076.3**
出口额	Exports	135.7	450.7	576.3	524.9	572.4	602.6	603.6	809.5
进口额	Imports	104.6	274.3	295.6	261.1	263.1	265.0	242.9	266.8
七、高新技术产品进出口总值	**Total Value of Imports and Exports of High and New-tech Products**	**85.0**	**329.1**	**352.8**	**293.7**	**293.0**	**300.0**	**266.7**	**316.1**
出口额	Exports	42.5	175.8	177.1	147.8	146.2	153.6	133.3	153.6
进口额	Imports	42.6	153.3	175.8	145.9	146.9	146.3	133.4	162.5
八、外商投资企业进出口总值	**Total Value of Imports and Exports of**	**413.9**	**962.8**	**926.2**	**824.6**	**841.6**	**857.7**	**749.1**	**707.6**
出口额	Exports	238.1	565.7	561.3	504.8	508.1	515.8	456.8	438.0
进口额	Imports	175.8	397.1	364.9	319.8	333.5	341.9	292.3	269.6
九、一般贸易进出口总值	**Total Value of Imports and Exports under General Trades**	**358.6**	**974.4**	**1493.7**	**1478.7**	**1717.3**	**1972.1**	**1989.1**	**2180.9**
出口额	Exports	231.0	497.3	904.2	865.4	942.9	1104.8	1125.7	1385.4
进口额	Imports	127.5	477.0	589.5	613.3	774.4	867.4	863.4	795.5
十、加工贸易进出口总值	**Total Value of Imports and Exports under Processing Trades**	**360.9**	**756.4**	**744.7**	**683.5**	**699.2**	**657.3**	**573.3**	**555.2**
出口额	Exports	226.3	498.1	492.4	462.1	480.4	452.0	410.1	396.4
进口额	Imports	134.6	258.3	252.3	221.4	218.9	205.4	163.2	158.7
来料加工贸易进出口总值	Total Value of Imports and Exports under Processing Trades with Sent Materials	99.0	118.3	113.2	112.9	101.0	95.2	94.0	79.0
出口额	Exports	59.5	75.0	74.0	71.7	65.2	60.1	60.5	49.8
进口额	Imports	39.5	43.3	39.2	41.2	35.9	35.0	33.5	29.2
进料加工贸易进出口总值	Total Value of Imports and Exports under Processing Trades with Imported Materials	261.9	638.1	631.5	570.7	598.2	562.2	479.3	476.2
出口额	Exports	166.8	423.1	418.4	390.4	415.2	391.8	349.6	346.7
进口额	Imports	95.1	215.0	213.1	180.2	183.0	170.4	129.7	129.5

注:农副产品2004年以后为农产品数据，出口商品、进口商品2005年为构成比。

a)Since 2004,data of agricultural by-products is agricultural products data.Since 2011,Total value of imports of textile apparel no include the value of apparel. Exported and imported goods were constructed in 2005.

6-4 按主要国家(地区)分海关进出口商品总值(2020年)

Total Value of Import and Export Commodities by Countries or Regions(2020)

单位:万美元 (10 000 USD)

国别(地区)	Country(Region)	进出口总值 Total Value of Imports and Exports	出口总值 Total Value of Exports	进口总值 Total Value of Imports
合　计	**Total**	**31844703**	**18903512**	**12941191**
亚　洲	**Asia**	**14211352**	**9023616**	**5187736**
东　盟	Asean	4357568	2636486	1721082
香　港	Hong kong	517473	505543	11930
日　本	Japan	2268228	1739445	528783
韩　国	Republic of Korea	3007923	1930663	1077260
台　湾	Taiwan	740928	213525	527403
马来西亚	Malaysia	1124589	411184	713405
印度尼西亚	Indonesia	594587	376099	218488
新加坡	Singapore	519104	393629	125475
印　度	India	595212	424096	171116
泰　国	Thailand	726513	375399	351114
非　洲	**Africa**	**2121368**	**1107150**	**1014218**
南　非	South Africa	186678	128494	58184
欧　洲	**Europe**	**6036374**	**3724604**	**2311770**
欧　盟	EU	3360375	2529088	831287
英　国	United Kingdom	681876	608735	73141
德　国	Germany	843783	536007	307776
法　国	France	272101	211801	60300
意大利	Italy	274639	209316	65324
荷　兰	Netherlands	569819	513964	55855
西班牙	Spain	292975	221535	71440
瑞　典	Sweden	98005	60021	37984
瑞　士	Switzerland	47296	22244	25052
俄罗斯	Russia	1355249	391116	964133
比利时	Belgium	188864	164846	24018
拉丁美洲	**Latin America**	**3670357**	**1246129**	**2424228**
阿根廷	Argentina	132251	60729	71522
巴　西	Brazil	1932796	259725	1673071
智　利	Chile	424206	120558	303648
墨西哥	Mexico	430500	379849	50651
巴拿马	Panama	46676	45069	1607
北美洲	**North America**	**4187490**	**3295087**	**892402**
美　国	United States	3526220	2896080	630140
加拿大	Canada	647016	398889	248128
大洋洲	**Oceanic**	**1615296**	**506925**	**1108371**
澳大利亚	Australia	1419368	427403	991965
新西兰	New Zealand	153384	55212	98172

注:进口国别指原产国,出口国别指最终消费国。

a)The importing country refers to country of origin and the exporting country refers to country of final consumption.

6-5 海关进出口商品分类金额(2020年)
Imports and Exports Value by Category of Commodities(2020)

单位:万美元 (10 000 USD)

商品类别	Category	出口 Export	进口 Import
总　计	**Total**	**18903512**	**12941191**
一、活动物;动物产品	Live Animals & Animal Products	322159	688622
二、植物产品	Plant Products	725892	705089
三、动植物油脂、蜡及分解产品;食用油	Animal and Vegetable Oils; Fats and Wax; Edible Oils and Fats	8262	59395
四、食品饮料酒醋;烟草及代用品	Food; Beverages; Liquor and Vinegar; Tobacco and Tobacco Substitutes	711867	137705
五、矿产品	Minerals	166763	6182855
六、化学工业及其相关工业产品	Chemicals and Related Products	1618266	379912
七、塑料及其制品;橡胶及其制品	Plastics and Related Products; Rubber and Related Products	1858449	769021
八、皮及皮制品;旅行用品;动物肠线	Leather and Leather Products; Travel Articles; Animal Casing	189614	37527
九、木及软木制品、编结材料制品	Wood and Wooden Products; Plaited Products	352961	217173
十、木浆及纤维状纤维素浆;废纸纸板及制品	Paper Pulp and Cellulose Pulp; Paper and Waste Paper; Paperboard and Related Products	217128	364757
十一、纺织原料及纺织制品	Textile Materials and Products	2460890	208794
十二、鞋帽伞杖鞭及零件;羽毛人发制品	Footwear; Headgear; Umbrellas; Canes; Whips; Feather and Wigs and Related Products	376019	19201
十三、石料膏泥棉云母及制品;陶瓷玻璃	Gypsum; Cement; Asbestos; Mica; Ceramic Glass	637990	28709
十四、珍珠宝石贵金属及制品;仿首饰	Pearls and Precious Stones; Precious Metal and Related Products; Artificial Jewelry	83097	9975
十五、贱金属及制品	Base Metals and Related Products	1842430	480457
十六、机械、电气设备、电视机及音响设备	Machinery; Electric Equipment; TV Sets and Audio	4154553	2173214
十七、车辆,航空器,船舶及运输设备	Locomotives; Vehicles; Aircraft; Ship and Related Transportation Equipment	1148857	75167
十八、照相计量医疗精密仪器及设备,零附件	Photographic, Measuring and Medical Instruments and Equipment; Related Parts and Accessories	195204	334125
十九、武器弹药及其零件、附件	Weapons and Ammunition; Related Parts and Accessories	2232	
二十、杂项制品	Miscellaneous Products	1799520	25661
二十一、艺术品,收藏品及古物	Works of Art, Collectibles and Antiques	2205	1863
二十二、特殊交易品及未分类商品	Special Transactions Goods and Products Not Otherwise Classified		

6-6 各市进口总值

Import Value by Region

单位:万美元 (10 000 USD)

地 区	Region	2005	2010	2012	2013	2014	2015	2016	2017	2018	2019	2020
全省总计	**Total**	**3063763**	**8470390**	**11681316**	**13264856**	**13237004**	**9768798**	**9704906**	**11595464**	**13225113**	**13484469**	**12941191**
济南市	Jinan	198370	338077	341237	408513	443894	391559	350402	379949	463640	695984	904029
青岛市	Qingdao	1360157	2316976	3241127	3595284	3411137	2487228	2311566	2953121	3250313	3649250	3659830
淄博市	Zibo	111835	267156	421339	375846	334093	184217	267096	451785	807562	672788	574169
枣庄市	Zaozhuang	5843	16510	19205	30477	28668	19188	13080	17748	10649	10544	20531
东营市	Dongying	62810	524370	731888	734502	716119	794434	1051990	1443459	1905102	1866571	1281659
烟台市	Yantai	499666	1830134	1944322	1983808	2334823	2134194	1907065	1974377	1942911	1702423	1813701
潍坊市	Weifang	98977	305563	400365	455585	545743	593745	647520	752393	890728	952781	993774
济宁市	Jining	70406	216172	191947	189611	196240	200202	205097	255957	311351	256535	229387
泰安市	Tai'an	19984	66296	93837	111785	124246	53469	39068	51570	50248	54662	96445
威海市	Weihai	281329	498919	646678	644731	521511	431693	609922	809153	724569	698916	648185
日照市	Rizhao	122377	1116594	2141712	2916013	2998036	1105077	819816	824426	743880	937008	982816
莱芜市	Laiwu	39251	168635	139196	175308	129828	91300	72516	54134	59062		
临沂市	Linyi	52039	194120	398994	477219	509646	268604	270149	257005	215443	224314	253860
德州市	Dezhou	18292	61408	85025	151165	128026	96771	92607	95686	157768	205904	203171
聊城市	Liaocheng	17787	234233	374313	418645	336790	253633	268550	329540	368833	292517	254647
滨州市	Binzhou	100308	253989	344896	474668	341746	450673	494963	592241	778990	814833	708364
菏泽市	Heze	4334	61237	165234	121695	136457	212811	283487	352919	544064	449439	316623

注：根据行政区划调整，2019年起，莱芜市并入济南市，以下表同。

a)According to administrative division adjustment,Laiwu City merged into Jinan City from 2019.The same applies to tables following.

6-7 各市出口总值

Export Value by Region

单位:万美元 (10 000 USD)

地 区	Region	2005	2010	2012	2013	2014	2015	2016	2017	2018	2019	2020
全省总计	**Total**	**4625113**	**10424695**	**12873171**	**13450998**	**14474545**	**14406069**	**13715826**	**14710207**	**16013984**	**16143995**	**18903512**
济南市	Jinan	177843	405065	571423	548093	606119	599604	734449	750622	855195	934788	1089566
青岛市	Qingdao	1942323	3388997	4079090	4195962	4577696	4532685	4246549	4459296	4795545	4943258	5608922
淄博市	Zibo	201683	403077	531938	524998	559843	578724	523697	549162	632460	605733	710361
枣庄市	Zaozhuang	31357	74567	93923	94656	115373	140271	121770	130190	149161	200853	364322
东营市	Dongying	85448	275753	498199	580290	609488	496787	455879	492935	558417	497315	663184
烟台市	Yantai	648308	2547962	2835914	2947468	2940357	2804476	2484594	2566322	2675220	2510602	2842338
潍坊市	Weifang	295085	869581	1096820	1160420	1232904	1298380	1234913	1396149	1570247	1637051	1757251
济宁市	Jining	116360	229866	319613	333417	326913	343461	336635	348655	331002	410928	561337
泰安市	Tai'an	54476	92614	122221	136696	173108	174881	161578	173000	188253	191794	211879
威海市	Weihai	473400	891721	1065926	1070238	1137218	1262087	1167064	1258820	1382187	1336251	1686362
日照市	Rizhao	132341	221080	387622	387918	478865	413386	422266	515035	615483	590263	496514
莱芜市	Laiwu	66029	103202	73382	75095	92056	98413	97606	103086	108868		
临沂市	Linyi	127688	282591	389726	463548	569408	605650	592273	727522	806213	982973	1440346
德州市	Dezhou	55209	133596	186760	202646	222717	220674	224347	264983	284894	295105	358361
聊城市	Liaocheng	46001	128938	184919	200303	238553	253684	292520	345107	369527	300099	328837
滨州市	Binzhou	124096	254980	282876	354250	378169	363203	376194	398407	461493	452084	473651
菏泽市	Heze	47465	121105	152819	175000	215759	219703	243491	230915	229820	254895	310280

6-8 各市外商投资企业进口总值

Import Value of Foreign-funded Enterprises by Region

单位:万美元 (10 000 USD)

地 区	Region	2005	2010	2012	2013	2014	2015	2016	2017	2018	2019	2020
济南市	Jinan	64166	98172	85119	137608	121857	59933	71494	78449	87785	79017	94474
青岛市	Qingdao	765464	946037	941800	935831	963393	839443	737077	817862	937447	947372	852617
淄博市	Zibo	55656	73952	88517	72702	73356	54431	50150	52439	51745	52905	36709
枣庄市	Zaozhuang	4407	9145	6859	6137	7045	7476	6962	6447	1924	2964	6647
东营市	Dongying	5119	225175	259554	199707	194742	156487	193733	228643	156866	90661	36951
烟台市	Yantai	426616	1523651	1408391	1318853	1600465	1481398	1220765	1215986	1082135	718017	778277
潍坊市	Weifang	56398	119937	139381	153361	157793	135743	138059	116589	128191	101739	98588
济宁市	Jining	63631	182080	134841	138489	136729	124541	90107	104127	121811	92426	66528
泰安市	Tai'an	2921	3546	4938	4583	3722	8807	5891	5378	4383	8082	12163
威海市	Weihai	213080	356285	353942	332885	310320	270964	245756	255345	248512	248222	236627
日照市	Rizhao	43823	200410	462024	560543	582506	309894	280355	235303	275238	223917	165105
莱芜市	Laiwu	1224	4746	703	4158	4086	5872	6743	6945	6309		
临沂市	Linyi	15493	81620	141203	195419	178341	53095	28245	31840	25895	32560	56064
德州市	Dezhou	7078	8884	11957	14373	12673	9985	24016	32370	41173	46482	52431
聊城市	Liaocheng	7034	41743	43793	54378	44011	29577	21758	46088	31927	39541	27252
滨州市	Binzhou	24800	83601	42249	129309	73674	89302	67496	89019	205538	222045	159863
菏泽市	Heze	1497	17199	22938	20673	10837	12258	9354	12206	12273	14775	15436

6-9 各市外商投资企业出口总值

Export Value of Foreign-funded Enterprises by Region

单位:万美元 (10 000 USD)

地 区	Region	2005	2010	2012	2013	2014	2015	2016	2017	2018	2019	2020
济南市	Jinan	41785	131488	152160	160182	169035	175359	159112	202975	218474	248186	259217
青岛市	Qingdao	1072594	1676534	1764622	1660659	1727138	1623387	1414566	1463348	1532797	1351204	1274682
淄博市	Zibo	105493	212442	261842	248033	245167	218869	199297	209282	228176	206778	199979
枣庄市	Zaozhuang	6885	22546	30954	29827	39001	37026	29547	28975	29809	30150	32151
东营市	Dongying	7118	62815	60123	46084	51501	28559	22994	24500	25899	28463	35406
烟台市	Yantai	461920	2170903	2077348	1967676	2166016	1938415	1793586	1741082	1713560	1366005	1314798
潍坊市	Weifang	132678	301865	381763	392609	420019	381747	378298	357239	364546	328763	313047
济宁市	Jining	51804	81702	125593	125724	126494	112577	82944	79997	81521	73227	66960
泰安市	Tai'an	14106	22570	23355	22901	23294	20907	23017	20971	16956	15921	13819
威海市	Weihai	313405	566264	607243	570564	571512	523011	454534	475067	462686	453624	407412
日照市	Rizhao	57602	108232	235944	243267	321319	237924	176171	135927	154932	177644	153215
莱芜市	Laiwu	7370	15125	8037	9245	12908	12661	11381	9091	7824		
临沂市	Linyi	51720	123593	157795	172855	175650	141064	133516	132507	124813	104141	120611
德州市	Dezhou	14710	38784	49103	54410	49228	41164	46288	56796	64002	76540	85473
聊城市	Liaocheng	17416	27318	21974	18049	18274	20572	21007	28798	30939	27631	28732
滨州市	Binzhou	12927	61757	51299	51793	49035	40845	41792	41611	45778	34979	35055
菏泽市	Heze	11242	32385	39775	49986	63063	58844	60196	73012	54866	44569	39354

6-10 1979-2020年利用外资情况

Statistics on Utilization of Foreign Capitals from 1979 to 2020

单位:万美元 (10 000 USD)

年份 Year	新设企业数(个) Number of Newly Established Companies	#外商直接投资 Foreign Direct Investments	合同外资金额 Total Amount of Contracted Foreign Capital	#外商直接投资 Foreign Direct Investments	实际使用外资金额 Total Amount of Foreign Capital Actually Utilized	#外商直接投资 Foreign Direct Investments
1979	49		1278		1276	
1980	46		1254		1245	
1981	40	1	1296	10	1296	10
1982	60		1348		1327	
1983	51		2010		1831	
1984	100	16	15283	10470	1642	40
1985	232	32	10994	4925	6375	559
1986	109	37	13377	5927	11743	1939
1987	151	53	30520	3890	10219	2381
1988	458	203	59553	26020	14231	3908
1989	485	240	55272	17855	31498	13132
1990	674	366	55164	23283	31123	15084
1991	1187	801	102358	65481	46789	17950
1992	4651	4109	471994	391961	137684	97335
1993	8012	7229	754863	705116	226068	184319
1994	4747	3650	624570	526217	340137	253566
1995	5035	2709	532980	462521	326698	260719
1996	2223	2175	633894	539797	339426	259041
1997	1681	1597	454145	328037	358447	250044
1998	1434	1366	367072	221866	361036	222262
1999	1745	1717	421333	311087	374464	246878
2000	2733	2728	561066	507435	381243	297119
2001	3058	3047	715880	672040	424886	362093
2002	4072	4065	1186072	1130680	652124	558603
2003	5305	5305	1989296	1341413	1125985	709371
2004	5890	5890	2144647	2028958	982105	870064
2005	6415	6415	2884398	2749510	1101441	897072
2006	4030	4030	1645089	1624175	1020966	1000069
2007		2717		1173880		1101159
2008		1527		1014959		820246
2009		1468		871045		801007
2010		1632		1363381		916833
2011		1433		1579081		1116022
2012		1333		1655717		1235267
2013		1405		1770879		1405315
2014		1352		1595327		1519511
2015		1509		2004467		1630090
2016		1477		2115351		1682556
2017		1479		2740567		1785731
2018		2156		2850735		2051636
2019		2517				1468933
2020		3060				1764763

注:2003年实际利用外资金额是全口径数据包括对外借款,合同外资个数和合同外资金额不包括对外借款部分。2004年起实行新的外商投资统计制度,取消对外借款部分,外商直接投资数据为商务部反馈数。2008年起实际使用外资采用全口径统计方式。2019年起,实际使用外资采用商务部通报口径,不包含股东贷款、投资性公司投资,合同外资不再统计

a)In 2003,data of total amount of foreign capital actually utilized are including foreign loads.And Data of projects for contracted foreign capital and total amount of contracted foreign capital are excluding foreign loads.Since 2004,foreign loads is canceled according to the new statistical fations on foreign investments.Data of foreign direct investments come from the Ministry of Commerce.In 2008 the foreign capital actually utilized is received foreign capital.From 2019,Actual use of foreign capital uses Bulletin of the Ministry of Commerce, does not contain shareholder loan,the changed to the actual investment of investment company,and contract foreign investment is no longer counted

6-11 按主要国家(地区)分外商直接投资

Foreign Direct Investment by Countries or Regions

单位:万美元 (10 000 USD)

国家(地区)	Country(Region)	新设企业数(个) Number of Newly Established Companies (unit)		实际使用外商投资金额 Total Amount of Foreign Capital Actually Utilized	
		2019	2020	2019	2020
总计	**Total**	**2517**	**3060**	**1468933**	**1764763**
韩国	Republic of Korea	589	621	37189	87895
香港地区	Hong Kong	911	1230	1100347	1351694
美国	United States	123	104	22171	23085
日本	Japan	83	125	14586	31459
台湾省	Taiwan	187	180	10452	12115
英属维尔京群岛	Virgin Islands	14	14	59976	45735
新加坡	Singapore	70	94	74767	101550
英国	United Kingdom	50	47	13801	12442
加拿大	Canada	46	67	7963	9248
澳大利亚	Australia	41	61	7795	11026
法国	France	13	15	1722	756
德国	Germany	41	46	42704	12519
毛里求斯	Mauritius			250	160
马来西亚	Malaysia	16	22	176	373
萨摩亚	Samoa	10	3	14131	10836
意大利	Italy	8	13	630	2102
荷兰	Netherlands	16	7	21843	18115
开曼群岛	Cayman Islands	5	3	1812	7764
泰国	Thailand	7	10	2392	287
澳门	Macao	6	14	6916	4576
瑞士	Switzerland	2	4	8117	108
巴拿马	Panama				
百慕大	Bermuda		1	2756	4750
俄罗斯	Russia	33	30	353	97
菲律宾	Philippines	4	1		1661
丹麦	Denmark	4	3	756	824
印度尼西亚	Indonesia	4	7	71	112
奥地利	Austria	6	4	3482	3345
西班牙	Spain	8	2	140	5
新西兰	New Zealand	10	9	286	27
卢森堡	Luxembourg	1		872	
瑞典	Sweden	7	4	32	23
比利时	Belgium	2	5	38	255
欧洲联盟	The European Union	171	115	86806	38045
东南亚联盟	Southeast Asian Union	106	149	77421	104243

6−12　按行业分外商直接投资(2020年)
Foreign Direct Investment by Sector(2020)

行　　业	Sector	新设企业数(个) Number of Newly Established Companies(unit)		
		本年新增 Newly Added in the Year	比上年增长(%) Growth Rate (%)	2020年止累计 Accumulative number end to 2020
总　计	**Total**	**3060**	**21.6**	**79819**
第一产业	**Primary Industry**	**62**	**17.0**	**2535**
第二产业	**Secondary Industry**	**685**	**13.8**	**56115**
采矿业	Mining	6	50.0	242
制造业	Manufacturing	568	7.8	53814
电力、热力、燃气及水的生产和供应业	Production and Supply of Electric, Heat, Gas and Water	60	17.7	687
建筑业	Construction	56	154.6	1379
第三产业	**Tertiary Industry**	**2313**	**24.2**	**21169**
交通运输、仓储和邮政业	Transport, Storage and Post	44	-2.2	942
信息传输、计算机服务和软件业	Information Transmission, Computer Services and Software	207	52.2	917
批发和零售业	Wholesale and Retail Trade	907	30.9	7530
住宿和餐饮业	Hotels and Catering Services	43	-24.6	1679
金融业	Financial Intermediation	64	-62.8	687
房地产业	Real Estate	202	26.3	2825
租赁和商务服务业	Leasing and Business Services	335	37.9	3351
居民服务和其他服务业	Services to Households and Other Services	19	-13.6	309
科学研究和技术服务业	Scientific Research, Technical Service and Geologic Prospecting	319	40.5	1565
水利、环境和公共设施管理业	Management of Water Conservancy, Environment and Public Facilities	38	65.2	212
教　育	Education	41	141.2	190
文化、体育和娱乐业	Culture, Sports and Entertainment	56	86.7	776
卫生和社会工作	Health, Social Work	11	-35.3	137
公共管理、社会保障和社会组织	Public Management,Social Security and Social Organizations			3

6-12 续表 continued

行 业	Sector	实际使用外资金额 Total Amount of Foreign Capital Actually Utilized		
		本 年 (万美元) This Year (10000 USD)	比上年增 长 (%) Growth Rate (%)	2020年止累计 (亿美元) Accumulative number end to 2020 (100 million USD)
总 计	**Total**	**1764763**	**20.1**	**2582.4**
第一产业	**Primary Industry**	**9924**	**-11.4**	**66.6**
第二产业	**Secondary Industry**	**510518**	**8.3**	**1617.2**
采矿业	Mining	2308	-94.7	18.7
制造业	Manufacturing	378369	11.0	1470.3
电力、热力、燃气及水的生产和供应业	Production and Supply of Electric, Heat, Gas and Water	69021	-5.6	96.6
建筑业	Construction	60820	335.0	31.2
第三产业	**Tertiary Industry**	**1244321**	**26.1**	**898.6**
交通运输、仓储和邮政业	Transport, Storage and Post	62945	-16.4	80.6
信息传输、计算机服务和软件业	Information Transmission, Computer Services and Software	91301	119.0	32.9
批发和零售业	Wholesale and Retail Trade	219446	138.8	137.7
住宿和餐饮业	Hotels and Catering Services	14012	-23.3	19.9
金融业	Financial Intermediation	66833	32.8	77.6
房地产业	Real Estate	404432	-13.2	338.5
租赁和商务服务业	Leasing and Business Services	202378	52.1	90.9
居民服务和其他服务业	Services to Households and Other Services	1290	-25.5	5.9
科学研究和技术服务业	Scientific Research, Technical Service and Geologic Prospecting	152253	123.3	85.1
水利、环境和公共设施管理业	Management of Water Conservancy, Environment and Public Facilities	7366	-12.1	9.9
教 育	Education	750	-2.5	2.1
文化、体育和娱乐业	Culture, Sports and Entertainment	12547	-45.3	14.1
卫生和社会工作	Health, Social Work	1608	44.1	1.8
公共管理、社会保障和社会组织	Public Management,Social Security and Social Organizations			

6-13 按方式分外商直接投资

Basic Statistics on Foreign Direct Investments by Form

单位:万美元 (10 000 USD)

类　别	Category	新设企业数(个) Number of Newly Established Companies(unit)					实际使用外资金额 Total Amount of Foreign Capital Actually Utilized				
		2016	2017	2018	2019	2020	2016	2017	2018	2019	2020
外商直接投资	**Foreign Direct Investments**	**1477**	**1479**	**2156**	**2517**	**3060**	**1682556**	**1785731**	**2051636**	**1468933**	**1764763**
合资经营企业	Sino-foreign Joint-ventures enterprises	401	500	771	1021		462093	523682	495124	551829	
合作经营企业	Sino-foreign Cooperative Operation enterprises	9	11	12	6		3723	22112	29364	1364	
外资企业	Foreign Investment Enterprises	1061	960	1366	1472		1186272	1189814	1493011	770140	
外商投资股份制企业	Foreign Investment Share Enterprises	6	8	7	10		30468	50123	34137	143156	
合作开发	Cooperative Development									2000	
其他	Others				8					444	

注：2020年起，《外商投资法》实施，不再区分合资、合作、独资企业。

a)Since 2020, the foreign investment law has been implemented, and there will be no distinction between joint venture, cooperative and wholly-owned enterprises.

6-14 各市外商直接投资

Foreign Direct Investment by Region

单位:万美元 (10 000 USD)

地　区	Region	新设企业数(个) Number of Newly Established Companies (unit)		实际使用外资 Amount of Foreign Capital Actually Utilized	
		2019	2020	2019	2020
全省总计	**Total**	**2517**	**3060**	**1468933**	**1764763**
济南市	Jinan	228	203	224249	192456
青岛市	Qingdao	954	870	584193	585297
淄博市	Zibo	91	91	22553	37812
枣庄市	Zaozhuang	59	117	14482	30495
东营市	Dongying	35	64	24385	44493
烟台市	Yantai	346	482	194054	228263
潍坊市	Weifang	120	292	69940	108326
济宁市	Jining	65	132	45156	81239
泰安市	Tai'an	50	80	45908	68251
威海市	Weihai	273	329	122247	135822
日照市	Rizhao	42	42	18692	46664
临沂市	Linyi	127	173	38730	93156
德州市	Dezhou	36	39	16001	26584
聊城市	Liaocheng	35	62	7253	20844
滨州市	Binzhou	21	37	21720	36058
菏泽市	Heze	35	47	19370	29003

6-15 境外投资情况
Overseas Investment

类别	Category	境外投资项目(个) Overseas Investment Projects (unit)		备案核准中方投资总额(万美元) Approved and Registered Total Amount of Chinese Investment (10 000 USD)	
		2020	2020年止累计 Accumulative number end to 2020	2020	2020年止累计 Accumulative number end to 2020
总　计	**Total**	**308**	**6806**	**651812**	**10310060**
贸易性企业	Trade Enterprises	134	2789	47243	1318485
非贸易性企业	Non-trade Enterprises	136	3250	604569	8991576
资源开发企业	Resource Development	13	475	116113	1726304

6-16 各市境外投资情况
Overseas Investment by Region

单位:万美元　　(10 000 USD)

地　区	Region	企业数(个) Number of Enterprises(unit)		备案核准投资额 Approved and Registered Amount of Investment		对外实际投资额 Actual amount of Overseas Investment	
		2019	2020	2019	2020	2019	2020
全省总计	**Total**	**422**	**308**	**797534**	**651812**	**613331**	**835470**
济南市	Jinan	95	79	127917	138854	110798	191321
青岛市	Qingdao	98	61	150376	130103	154487	103217
淄博市	Zibo	28	18	53334	12426	33924	51398
枣庄市	Zaozhuang		2		590	180	210
东营市	Dongying	11	10	19613	5305	4913	18306
烟台市	Yantai	29	28	254612	103111	108878	169456
潍坊市	Weifang	36	22	60620	140023	29798	48134
济宁市	Jining	16	18	14437	43889	75417	95828
泰安市	Tai'an	10	13	19111	1435	7265	5525
威海市	Weihai	49	20	53966	26230	30437	48790
日照市	Rizhao	4	5	298	6020	4111	10449
临沂市	Linyi	19	11	8313	13039	4430	1985
德州市	Dezhou	14	11	6302	17555	10091	10469
聊城市	Liaocheng	5	6	4811	4126	6908	19067
滨州市	Binzhou	5	2	30156	9007	27435	54040
菏泽市	Heze	3	2	-6330	99	4260	7274

6-17 按主要国别(地区)分境外投资情况

Overseas Investment by Countries or Regions

单位：万美元 (10 000 USD)

国别(地区)	Country(Region)	项目数(个) Number of Projects(unit)		备案核准中方投资额 Approved and Registered Amount of Chinese Investment	
		2019	2020	2019	2020
总计	**Total**	**422**	**308**	**797534**	**651812**
亚洲小计	**Subtotal of Asia**	**256**	**170**	**361191**	**256942**
阿富汗	Afghanistan				
阿联酋	UAE	7	3	12058	-3188
澳门	Macao	1			
巴基斯坦	Pakistan	2	2	111	6905
巴林	Bahrain				
朝鲜	Korea DPR				
东帝汶	East Timor		2		15
菲律宾	Philippine	5	2	52	
哈萨克斯坦	Kazakhstan	3	2	15	37
韩国	Republic of Korea	29	12	8730	11413
吉尔吉斯斯坦	Kyrgyzstan	1		6000	
柬埔寨	Cambodia	7	2	6209	5417
卡塔尔	Qatar				
科威特	Kuwait				
老挝	Laos	3	2	4500	1332
马来西亚	Malaysia	13	5	4344	554
蒙古	Mongolia		1	3386	1604
孟加拉国	Bangladesh	8	2	61926	-720
缅甸	Myanmar	10	1	3044	300
日本	Japan	23	16	7057	2757
沙特阿拉伯	Saudi Arabia	1	1		250
斯里兰卡	Sri Lanka	1	3		30900
塔吉克斯坦	Tajikistan				
中国台湾	Taiwan,China	3		19	
泰国	Thailand	16	7	54600	26734
土库曼斯坦	Turkmenistan				
乌兹别克斯坦	Uzbekistan	5	1	-84	20
香港	Hong Kong	51	61	44057	61138
新加坡	Singapore	10	24	24050	52785
叙利亚	Syria				
也门	Yemen				
伊朗	Iran				
以色列	Israel				
印度	India	16	3	42673	25081
印度尼西亚	Indonesia	15	5	13013	24943
约旦	Jordan				
越南	Vietnam	18	11	60253	8636
伊拉克	Iraq		1		
马尔代夫	Maldives				
阿曼	Oman	2		306	
格鲁吉亚	Georgia				
尼泊尔	Nepal	2		300	
土耳其	Turkey	3	1	4273	30
非洲小计	**Subtotal of Africa**	**49**	**39**	**35545**	**29421**
阿尔及利亚	Algeria				
埃及	Egypt	1	1		
埃塞俄比亚	Ethiopia	4	4	860	550
安哥拉	Angola	3	2	600	1000
贝宁	Benin				
博茨瓦纳	Botswana				

6-17 续表 1 continued

单位:万美元 (10 000 USD)

国别(地区)	Country(Region)	项目数(个) Number of Projects(unit)		备案核准中方投资额 Approved and Registered Amount of Chinese Investment	
		2019	2020	2019	2020
布基纳法索	Burkina Faso		1		
赤道几内亚	Eq.Guinea				
多哥	Togo		1		20
厄立特里亚	Eritrea				
佛得角	Cape Verde				
冈比亚	Gambia			3	
刚果(布)	Congo Rep	2			
刚果(金)	Congo DR				
几内亚	Guinea	1	2	332	1200
几内亚(比绍)	Guinea-Bissau	4		200	
加纳	Ghana	1	1	250	500
加蓬	Gabon	6		300	
津巴布韦	Zimbabwe	1		500	
喀麦隆	Cameroon	1			
科特迪瓦	Cote D'Ivoire	1	2		12461
肯尼亚	Kenya	1	2	7411	165
莱索托	Lesotho	5			
利比里亚	Liberia	1			
利比亚	Libya				
马里	Mali			34	
马达加斯加	Madagascar	1		500	
毛里求斯	Mauritius	1	1	17859	2200
毛里塔尼亚	Mauritania		1	450	100
摩洛哥	Morocco	1			
马拉维	Malawi				
莫桑比克	Mozambique		3		903
纳米比亚	Namibia				-40
南非	South Africa		2		39
南苏丹	South Sudan		2	520	
尼日利亚	Nigeria	2	4		10076
尼日尔	Niger		1		0
塞内加尔	Senegal			202	
塞拉利昂	Sierra Leone	2			
塞浦路斯	Cyprus				
塞舌尔	Seychelles				
苏丹	Sudan		1		50
坦桑尼亚	Tanzania	4	2	2525	92
突尼斯	Tunisia				
乌干达	Uganda	3	1	129	
赞比亚	Zambia	2	3	350	106
中非	Central Africa				
乍得	Chad		2		
吉布提	Djibouti			2500	
欧洲小计	**Subtotal of Europe**	**49**	**48**	**191172**	**167959**
阿塞拜疆	Azerbaijan				
奥地利			1		1527
白俄罗斯	Belorussia				
保加利亚	Bulgaria		1		11088
比利时	Belgium		2		362
波黑	Bosnia and Herzegovina	1	1	223	
波兰	Poland	3	1	1170	6000
德国	Germany	20	10	39425	62455
丹麦	Denmark			2941	-2080
俄罗斯	Russia	2	9	1065	26756
法国	France	1	3	7784	19552
芬兰	Finland				
荷兰	Netherlands	3		8649	
捷克	Czech		1		114

6-17 续表 2 continued

单位:万美元 (10 000 USD)

国别(地区)	Country(Region)	项目数(个) Number of Projects(unit) 2019	2020	备案核准中方投资额 Approved and Registered Amount of Chinese Investment 2019	2020
拉托维亚	Latvia				
立陶宛	Lithuania				
卢森堡	Luxembourg				
罗马尼亚	Romania	1	2	1100	4232
挪威	Norway				
葡萄牙	Portugal				
瑞典	Sweden		2		1605
瑞士	Switzerland	2	1	21933	100
斯洛伐克	Slovakia				
塞浦路斯	Cyprus				
乌克兰	Ukraine	1	1	200	800
西班牙	Spain	1	3	3343	1123
希腊	Greece		1		550
匈牙利	Hungary	1	1	437	300
亚美尼亚	Armenia	1		1	
意大利	Italy	2	2	2651	30088
英国	United Kingdom	6	5	3692	3136
塞尔维亚	Serbia	5		96559	
爱尔兰	Ireland				
斯洛文尼亚	Slovenia		1		250
拉丁美洲小计	**Subtotal of Latin America**	**14**	**19**	**35371**	**43049**
阿根廷	Argentina	1	2	832	3342
安提瓜和巴布达	Antigua and Barbuda				
巴巴多斯	Barbados				
巴拉圭	Paraguay				
巴拿马	Panama				
巴西	Brazil	3	3	428	400
玻利维亚	Bolivia		1		
多米尼加	Dominican Rep.				
厄瓜多尔	Ecuador		1		100
圭亚那	Guyana		1		500
哥伦比亚	Colombia	2	2	100	7
哥斯达黎加	Costa Rica				
古巴	Cuba				
秘鲁	Peru	2		600	300
开曼群岛	Cayman Islands		2	8040	30413
苏里南	Surinam				
圣卢西亚	Saint Lucia				
特立尼达和多巴哥	Trinidad and Tobago		1		500
危地马拉	Guatemala				
委内瑞拉	Venezuela	1		10	
乌拉圭	Uruguay	1		21000	
英属安圭拉	Anguilla				
英属维尔京群岛	British Virgin Islands	3	2	110	6
智利	Chile		1		10
牙买加	Jamaica				
墨西哥	Mexico	1	3	4251	7470
北美洲小计	**Subtotal of North America**	**46**	**24**	**158598**	**107046**
百慕大群岛	Bermuda	1		19789	61193
加拿大	Canada	6	8	621	21428
美国	United States	39	16	138189	24425
大洋洲小计	**Subtotal of Oceanic**	**8**	**8**	**15658**	**47394**
澳大利亚	Australia	6	8	7916	44094
巴布亚新几内亚	Papua New Guinea				
斐济	Fiji				
新西兰	New Zealand	2		7742	3300
所罗门	Solomon				
汤加	Tonga				
萨摩亚	Samoa				

6-18 1982-2020年对外承包工程和劳务合作情况

Statistics on Contracted Projects and Labor Services Cooperation with Foreign Countries 1982 to 2020

年 份 Year	合同个数 (个) Number of Contracts (unit)	合同金额 (万美元) Contracted Value (10 000 USD)	营业额 (万美元) Turnover (10 000 USD)	年末在外人数 (人) Number of Persons outside the Country at Year-end (person)	派出人数 (人) Number of Persons Sent out(person)
1982	1	421	421		
1983	1	1286	40	408	
1984	1	451	664	783	
1985	4	645	852	1147	
1986	26	1099	876	1597	
1987	33	802	999	1239	
1988	34	502	987	865	
1989	69	1389	1000	1179	
1990	91	3377	1712	1462	
1991	123	5952	3017	2326	
1992	192	8747	3882	3571	
1993	299	20250	6959	7254	
1994	411	31882	12222	10288	
1995	672	38604	18274	16217	
1996	880	52005	28933	23355	
1997	966	57654	36315	26626	
1998	1296	73703	46508	29121	
1999	1116	67729	63615	30979	
2000	1250	61601	45229	35028	
2001	1580	104622	55913	36489	
2002	1380	134098	83133	43554	
2003	1322	124243	99213	52077	
2004	1879	146590	151568	62705	
2005	2171	164091	174518	71610	37797
2006	2513	392134	232293	83974	41369
2007	2642	540344	301928	93797	45212
2008	2880	754137	358867	90623	45269
2009	2397	932312	509083	96421	46296
2010	3075	1092504	602415	102149	47300
2011		948287	819857	108662	48836
2012		988209	898864	103736	51425
2013		1078349	940828	98988	52591
2014		1237694	1021544	115328	59941
2015		1344383	1120799	116100	60764
2016		1355479	1195427	119655	68673
2017		1393003	1278651	130384	71570
2018		1548846	1314181	125224	57878
2019		1364140	1256300	133849	62734
2020		1051092	1030379	89162	31484

注：2011年起，商务部不再对外公布对外劳务合作合同数(下表同)。

a)The Commerce Department had no longer published data refer to Contracts of Labor Cooperation since 2011.The same applies to tables following.

6–19 对外承包工程和劳务合作情况

Statistics on Contracted Projects and Labour Cooperation with Foreign Countries or Regions

项　目		Item		2015	2016	2017	2018	2019	2020
一、承包工程合同个数	**（个）**	**Number of Contracted Projects**	**(unit)**	**352**	**306**	**417**	**484**	**504**	**475**
二、合同金额	**（万美元）**	**Contracted Value**	**(10 000 USD)**	**1344383**	**1355479**	**1393003**	**1548846**	**1364140**	**1051092**
承包工程	（万美元）	Contracted Projects	(10 000 USD)	1198283	1266500	1295541	1439085	1269937	1010672
劳务合作	（万美元）	Labor Cooperation	(10 000 USD)	146100	88979	97462	109761	94203	40420
三、营业额	**（万美元）**	**Turnover**	**(10 000 USD)**	**1120799**	**1195427**	**1278651**	**1314181**	**1256300**	**1030379**
承包工程	（万美元）	Contracted Projects	(10 000 USD)	1017083	1093045	1175577	1219211	1147941	942980
劳务合作	（万美元）	Labor Cooperation	(10 000 USD)	103716	102382	103074	94970	108359	87399
四、年末在国外人数	**（人）**	**Number of Persons outside the Country at year end**	**(person)**	**116100**	**119655**	**130384**	**125224**	**133849**	**89162**
承包工程	（人）	Contracted Projects	(person)	31452	30546	35470	30885	33449	31177
劳务合作	（人）	Labor Cooperation	(person)	84648	89109	94914	94339	100400	57985
五、派出人数	**（人）**	**Number of Persons Sent out**	**(person)**	**60764**	**68673**	**71570**	**57878**	**62734**	**31484**
承包工程	（人）	Contracted Projects	(person)	16826	24730	25216	21618	21192	13663
劳务合作	（人）	Labor Cooperation	(person)	43938	43943	46354	36260	41542	17821

6–20 旅 游 业 情 况

Tourism

类　别		Category		2019	2020
旅行社总数	（个）	Total Number of Travel Agencies	(unit)	2630	2685
星级饭店总数	（个）	Total Number of Star-rated Hotels	(unit)	637	539
A级旅游景区总数	（个）	The total number of A-grade scenic spot	(unit)	1229	1227
接待入境游客	（万人次）	Number of International Tourists Arrival to China	(10 000 person-time)	521.3	52.8
外国人	（万人次）	Foreigners	(10 000 person-time)	370.9	44.2
港澳台胞	（万人次）	Hong Kong, Macao and Taiwan Compatriots	(10 000 person-time)	150.4	8.6
港澳同胞	（万人次）	Compatriots from Hong Kong and Macao	(10 000 person-time)	83.9	4.8
台湾同胞	（万人次）	Compatriots from Taiwan	(10 000 person-time)	66.6	3.8
国内旅游人数	（万人次）	Number of Domestic Tourists	(10 000 person-time)	93288.0	57669.6
旅游总收入	（亿元）	Total Tourism Consumption	(100 million yuan)	11087.3	6019.7
入境旅游收入	（亿美元）	International Tourism Earnings	(100 million USD)	34.1	2.1
国内旅游收入	（亿元）	Domestic Tourism Earnings	(100 million yuan)	10851.3	6005.3

6−21 1995−2020年国内旅游情况

Domestic Tourism 1995 to 2020

年份 Year	国内游客人数 (万人次) Number of Domestic Tourists (10 000 person-time)	国内旅游收入 (亿元) Domestic tourism revenue (100 million yuan)	人均花费 (元) Per Capita Expenditure (yuan)
1995	4655	157.68	338.7
1996	5151	187.43	363.9
1997	5488	213.02	388.2
1998	5844	245.83	420.7
1999	6429	285.17	443.6
2000	7007	386.49	551.6
2001	8086	462.64	572.2
2002	9573	571.53	597.0
2003	8918	542.78	608.6
2004	11749	767.65	653.4
2005	14097	974.59	691.3
2006	16775	1214.82	724.2
2007	20343	1550.76	762.3
2008	24046	1908.53	793.7
2009	28882	2331.70	807.3
2010	34990	2915.80	833.3
2011	41696	3573.70	857.1
2012	48739	4335.03	889.4
2013	54262	5014.74	924.2
2014	59577	5711.20	958.6
2015	65045	6505.11	1000.1
2016	70716	7399.61	1046.4
2017	77966	8491.46	1089.1
2018	85899	9661.50	1124.7
2019	93288	10851.33	1163.2
2020	57670	6005.32	1041.3

6-22 按主要国家分接待外国旅游人数
Number of Foreigner Tourists by Country

单位:人 (person)

国别	Country	2005	2010	2014	2015	2016	2017	2018	2019	2020
总计	**Total**	**1247842**	**2778699**	**3256968**	**3358553**	**3525019**	**3530595**	**3661207**	**3708645**	**442477**
亚洲	**Asia**	**1030169**	**2159102**	**2297202**	**2377625**	**2509292**	**2481664**	**2557490**	**2607694**	**298913**
印度	India	6759	23932	30742	32543	32988	34063	35155	35409	2499
印度尼西亚	Indonesia	6881	24835	29985	29906	28879	31381	37032	37805	2999
日本	Japan	278170	566511	353641	357727	375306	391238	409105	419598	55197
马来西亚	Malaysia	22534	40230	59870	62694	65075	68583	69984	89236	5502
蒙古	Mongolia	1155	7064	12060	12356	11725	11697	12457	12563	120
菲律宾	Philippines	16327	42487	34118	34364	36647	37430	41513	41486	3803
新加坡	Singapore	25509	70126	94270	95077	99340	102910	108786	111907	8901
韩国	Republic of Korea	640056	1292880	1518088	1580582	1683278	1606678	1643098	1671997	201703
泰国	Thailand	7281	13387	21625	22422	22939	27869	32471	33208	5798
非洲	**Africa**	**3819**	**15843**	**52335**	**43580**	**42524**	**49292**	**56100**	**60647**	**8514**
欧洲	**Europe**	**109671**	**331858**	**471825**	**484332**	**488489**	**516169**	**535336**	**532784**	**65092**
英国	United Kingdom	17295	62730	82902	82032	88529	89610	93672	93170	12835
德国	Germany	22459	63694	79758	80739	85920	88434	92920	92580	11408
法国	France	13794	40839	65805	66841	71390	72451	75637	73500	5473
意大利	Italy	9004	24532	32505	34034	34587	37851	38082	37709	3065
荷兰	Netherlands	3008	6376	5997	6190	5483	5778	5595	5201	6737
瑞典	Sweden	3162	8498	8792	9018	9539	10361	10150	10287	2698
瑞士	Switzerland	2435	8358	10670	11031	11913	12696	13089	12246	2072
俄罗斯	Russia	19484	63036	98948	102785	109069	121093	131870	134413	10202
美洲	**America**	**73303**	**191175**	**270534**	**281514**	**296476**	**314376**	**323872**	**318799**	**48148**
加拿大	Canada	13513	39869	47632	54636	53104	56149	60628	62376	6618
美国	United States	54510	133305	193175	196761	211042	221693	219419	207074	39721
大洋洲	**Oceanic**	**15393**	**58310**	**94719**	**93197**	**100238**	**104235**	**112397**	**111976**	**9748**
澳大利亚	Australia	10643	40738	55602	57523	62747	66456	69576	68795	7297
新西兰	New Zealand	2369	12588	16947	17359	19590	21362	25167	26870	2018
其他	**Others**	**15487**	**22411**	**70353**	**78305**	**88000**	**64859**	**76012**	**76386**	**12062**

6-23 各市按主要国家分接待外国旅游人数(2020年)
Number of Foreigner Tourists by Country and Region(2020)

单位:人次 (person-time)

地 区	Region	合 计 Total	#韩 国 Republic of Korea	日 本 Japan	马来西亚 Malaysia	新加坡 Singapore	菲律宾 Philippines	印 尼 Indonesia	泰 国 Thailand	印 度 India	美 国 United States
全省总计	**Total**	**442477**	**201703**	**55197**	**5502**	**8901**	**3803**	**2999**	**5798**	**2499**	**39721**
济南市	Jinan	87764	5823	2888	1758	2754	1446	1983	3070	770	20623
青岛市	Qingdao	157340	66680	40266	2520	3878	1327	460	1542	973	9079
淄博市	Zibo	4723	270	334	49	81	577	25	19	64	450
枣庄市	Zaozhuang	1201	284	274	40	50	36	19	25	8	74
东营市	Dongying	1003	114	138	70	87	2	13	2	13	163
烟台市	Yantai	107897	76318	5266	395	1066	117	22	716	148	5939
潍坊市	Weifang	11760	1128	1191	230	174	63	45	101	194	777
济宁市	Jining	7451	401	1432	117	134	53	277	230	127	1301
泰安市	Tai'an	4052	945	745	128	428	16	79	34	31	437
威海市	Weihai	51271	47762	1781	38	95	87	10	11	107	251
日照市	Rizhao	2786	1173	253	31	61	36	17	28	31	148
临沂市	Linyi	2898	253	238	108	53	25	29	15	17	178
德州市	Dezhou	361	133	44	3	5	3	10	1	4	24
聊城市	Liaocheng	339	63	22	4	14	3	3		8	45
滨州市	Binzhou	1431	318	292	11	19	11	5	1	4	222
菏泽市	Heze	200	38	33		2	1	2	3		10

6-23 续表 continued

单位:人次 (person-time)

地 区	Region	加拿大 Canada	德 国 Germany	俄罗斯 Russia	英 国 United Kingdom	法 国 France	意大利 Italy	瑞 典 Sweden	荷 兰 Netherlands	澳大利亚 Australia	新西兰 New Zealand
全省总计	**Total**	**6618**	**11408**	**10202**	**12835**	**5473**	**3065**	**2698**	**6737**	**7297**	**2018**
济南市	Jinan	1836	2557	3034	7623	1555	583	1803	6409	3783	815
青岛市	Qingdao	2248	5874	4896	3588	2708	1563	557	90	1679	429
淄博市	Zibo	141	697	51	56	110	117	37	13	77	5
枣庄市	Zaozhuang	33	47	57	55	34	14	5	2	11	8
东营市	Dongying	116	12	13	17	3	1	1	2	82	19
烟台市	Yantai	1013	986	593	547	373	128	159	66	405	171
潍坊市	Weifang	348	369	201	208	192	120	24	41	286	74
济宁市	Jining	317	301	246	314	172	221	37	8	513	360
泰安市	Tai'an	302	168	54	119	84	65	5	25	116	22
威海市	Weihai	39	139	659	49	42	35	4	16	54	8
日照市	Rizhao	101	103	92	55	51	46	11	11	77	27
临沂市	Linyi	59	58	136	114	70	84	49	43	159	55
德州市	Dezhou	3	8	5	6	6	5			1	1
聊城市	Liaocheng	9	15	8	11	1	7	1	4	12	1
滨州市	Binzhou	51	70	155	60	70	22	5	6	41	22
菏泽市	Heze	2	4	2	13	2	54		1	1	1

6-24 接待入境游客构成

Structure of Foreigner Tourists

单位:% (%)

指 标	Indicator	2010	2011	2012	2013	2014	2015	2016	2017	2018	2019
总 计	**Total**	**100.0**	**100.0**	**100.0**	**100.0**	**100.0**	**100.0**	**100.0**	**100.0**	**100.0**	**100.0**
按性别分	**by Sex**	**100.0**	**100.0**	**100.0**	**100.0**	**100.0**	**100.0**	**100.0**	**100.0**	**100.0**	**100.0**
男	Male	67.8	68.7	69.9	67.7	68.9	70.4	68.2	67.8	68.0	68.1
女	Female	32.2	31.3	30.1	32.3	31.1	29.6	31.8	32.2	32.0	31.9
按年龄分	**by Age**	**100.0**	**100.0**	**100.0**	**100.0**	**100.0**	**100.0**	**100.0**	**100.0**	**100.0**	**100.0**
14岁以下	14 and under	1.6	1.5	2.2	1.9	1.8	2.2	2.5	2.6	2.7	2.6
15～24岁	15-24	9.1	9.6	10.0	9.3	9.2	10.5	10.5	10.1	10.2	10.3
25～44岁	25-44	51.5	50.3	51.6	46.8	48.3	49.7	49.4	49.5	49.6	49.5
45～64岁	45-64	31.8	32.1	29.8	36.1	35.2	32.0	31.9	31.7	31.5	31.4
65岁以上	65 and over	6.0	6.5	6.5	5.9	5.5	5.6	5.7	6.1	6.0	6.2
按来鲁目的分	**by Purpose of Coming to Shandong**	**100.0**	**100.0**	**100.0**	**100.0**	**100.0**	**100.0**	**100.0**	**100.0**	**100.0**	**100.0**
从事经济商务活动	Business	46.3	47.7	54.4	46.5	47.7	49.8	48.3	48.5	48.7	48.6
从事文化学术交流	Cultural and Academic Exchanges	7.7	6.3	8.2	7.9	8.1	6.1	6.9	6.7	6.8	6.9
探亲访友	Visiting relatives and Friends	4.4	4.5	6.2	6.4	5.9	5.2	6.6	6.2	6.0	6.1
旅游观光	Sightseeing	39.6	39.8	26.5	31.2	35.9	35.7	35.3	35.5	35.7	35.7
其 它	Others	2.1	1.8	4.6	8.1	2.4	3.2	2.9	3.1	2.8	2.7

注：因新冠肺炎疫情影响，2020年未开展入境游客问卷调查，相关数据无法获取。

a) Because of COVID-19,survey by questionnaire of inbound tourists had not been carried out in 2020.Relevant data can't be obtained.

6-25 各市接待入境游客人数

Number of Foreigner Tourists by Region

单位:万人次 (10 000 person-time)

地 区	Region	2014	外国人 Foreigner	2015	外国人 Foreigner	2016	外国人 Foreigner	2017	外国人 Foreigner	2018	外国人 Foreigner	2019	外国人 Foreigner	2020	外国人 Foreigner
全省总计	**Total**	**445.7**	**325.7**	**460.8**	**335.9**	**485.5**	**352.7**	**494.4**	**353.1**	**513.1**	**366.1**	**521.3**	**370.9**	**52.8**	**44.2**
济南市	Jinan	31.4	19.4	33.3	20.5	35.2	21.7	37.5	23.3	39.8	24.7	45.7	28.5	10.9	8.8
青岛市	Qingdao	128.1	95.2	133.8	99.6	141.0	104.2	144.4	105.7	153.6	111.9	170.3	125.8	18.8	15.7
淄博市	Zibo	19.5	11.1	19.6	11.3	20.3	11.6	21.0	11.7	21.5	11.8	20.0	11.2	0.5	0.5
枣庄市	Zaozhuang	2.9	1.5	3.1	1.4	3.4	1.4	3.4	1.5	3.6	1.7	4.4	2.4	0.3	0.1
东营市	Dongying	5.6	3.6	5.8	3.7	6.0	3.8	6.2	3.8	6.4	4.0	6.5	4.1	0.1	0.1
烟台市	Yantai	54.6	42.8	57.4	45.2	61.3	48.3	63.8	50.5	63.8	50.6	65.0	52.3	12.0	10.8
潍坊市	Weifang	32.7	26.7	33.4	27.2	34.8	28.3	34.8	28.0	36.7	29.4	26.6	17.4	2.2	1.2
济宁市	Jining	30.6	17.9	32.1	18.2	34.6	19.6	32.8	17.9	33.0	18.9	28.4	14.2	0.9	0.7
泰安市	Tai'an	36.6	19.1	37.0	19.0	38.5	19.7	39.5	16.9	40.1	16.4	40.0	17.0	0.8	0.4
威海市	Weihai	44.8	41.9	46.2	43.2	48.5	45.4	49.2	45.7	50.7	47.1	51.9	48.0	5.2	5.1
日照市	Rizhao	27.0	25.6	27.0	25.6	28.3	26.8	27.6	26.0	28.2	26.5	28.3	26.7	0.4	0.3
莱芜市	Laiwu	0.7	0.5	0.7	0.6	0.8	0.5	0.8	0.4	0.8	0.5				
临沂市	Linyi	17.7	10.0	17.5	9.8	18.2	10.2	18.7	10.3	19.3	10.7	18.4	11.3	0.3	0.3
德州市	Dezhou	2.5	1.3	2.3	1.1	2.1	1.0	2.2	1.1	2.5	1.2	2.7	1.6	0.1	0.04
聊城市	Liaocheng	5.4	4.4	5.5	4.7	5.8	5.0	5.8	5.0	5.9	5.0	6.0	4.9	0.04	0.03
滨州市	Binzhou	4.4	4.2	4.7	4.5	4.9	4.7	5.1	4.9	5.6	5.3	5.2	4.9	0.2	0.1
菏泽市	Heze	1.2	0.3	1.4	0.4	1.5	0.4	1.6	0.4	1.8	0.5	1.9	0.5	0.03	0.02

注：根据行政区划调整，2019年起，莱芜市并入济南市，以下表同。

a)According to administrative division adjustment,Laiwu City merged into Jinan City from 2019.The same applies to tables following.

6-26 各市入境旅游外汇收入
Foreign Exchange Earnings by Region

单位:万美元 (10 000 USD)

地　区	Region	2000	2005	2010	2014	2015	2016	2017	2018	2019	2020
全省总计	**Total**	**31513**	**78023**	**215506**	**271424**	**289651**	**306345**	**317405**	**336420**	**341314**	**20900**
济南市	Jinan	3152	4175	11354	17058	18419	19609	20841	22285	27493	3322
青岛市	Qingdao	14213	41493	60104	82284	91798	98055	102074	116381	156772	12521
淄博市	Zibo	407	982	9206	9412	9565	9858	10135	10529	9117	97
枣庄市	Zaozhuang	39	113	824	816	720	810	823	767	630	31
东营市	Dongying	39	77	3128	5055	5188	5277	5489	5144	4559	44
烟台市	Yantai	6097	13207	37707	47242	51859	55260	58512	61273	49217	2112
潍坊市	Weifang	657	1055	16238	21630	21976	22474	24419	25003	8570	303
济宁市	Jining	947	2603	17118	13508	14615	15247	15849	14821	8137	116
泰安市	Tai'an	1118	3740	18380	22508	23559	24328	24174	24299	16896	124
威海市	Weihai	4203	7086	19151	24221	25134	27207	27293	27668	30762	1756
日照市	Rizhao	202	1908	9795	12786	11808	12363	12018	11780	13070	262
莱芜市	Laiwu	15	25	314	475	482	654	674	670		
临沂市	Linyi	213	648	7717	9755	9807	10111	9944	10328	9580	78
德州市	Dezhou	15	446	1752	563	517	536	548	416	563	52
聊城市	Liaocheng	153	342	1580	2539	2516	2701	2582	2793	3336	11
滨州市	Binzhou	14	85	898	1289	1375	1491	1659	1897	2171	65
菏泽市	Heze	29	38	239	284	311	363	370	366	440	6

6-27 入境旅游外汇收入及构成
Foreign Exchange Earnings and Its Composition

单位:万美元 (10 000 USD)

类　别	Category	2016		2017		2018		2019	
		数额 Value	比重(%) Proportion	数额 Value	比重(%) Proportion	数额 Value	比重(%) Proportion	数额 Value	比重(%) Proportion
总　计	**Total**	**306345.1**	**100.0**	**317404.6**	**100.0**	**336419.6**	**100.0**	**341313.6**	**100.0**
长途交通	Long Distance Transportation	88104.9	28.8	91793.4	28.9	98200.9	29.2	100414.4	29.4
#民　航	Civil Aviation	70735.1	23.1	73542.6	23.2	78890.4	23.5	80788.9	23.7
铁　路	Railway	3706.8	1.2	3777.1	1.2	4003.4	1.2	4198.2	1.2
汽　车	Highway	7873.1	2.6	8443.0	2.7	8545.1	2.5	8293.9	2.4
轮　船	Waterway	5789.9	1.9	6030.7	1.9	6762.0	2.0	7133.5	2.1
游　览	Visiting	27142.2	8.9	28058.5	8.8	28965.7	8.6	28602.1	8.4
住　宿	Accommodation	37190.3	12.1	39136.0	12.3	41278.7	12.3	42288.8	12.4
餐　饮	Food and Beverage	27417.9	9.0	27772.9	8.8	29571.3	8.8	30138.0	8.8
购　物	Shopping	67794.2	22.1	71289.0	22.5	79361.4	23.6	83314.6	24.4
娱　乐	Entertainment	20494.5	6.7	21234.4	6.7	22371.9	6.7	22117.1	6.5
邮电通讯	Post and Communication Services	11518.6	3.8	11870.9	3.7	12783.9	3.8	13243.0	3.9
市内交通	Local Transportation	9466.1	3.1	9776.1	3.1	10193.5	3.0	10410.1	3.1
其他服务	Other Services	17216.6	5.6	16473.3	5.2	13692.3	4.1	10785.5	3.2

注：因新冠肺炎疫情影响，2020年未开展入境游客问卷调查，相关数据无法获取。

a) Because of COVID-19,survey by questionnaire of inbound tourists had not been carried out in 2020.Relevant data can't be obtained.

主要统计指标解释

进出口总额 指实际进出我国国境的货物总金额。包括对外贸易实际进出口货物，来料加工装配进出口货物，国家间、联合国及国际组织无偿援助物资和赠送品，华侨、港澳台同胞和外籍华人捐赠品，租赁期满归承租人所有的租赁货物，进料加工进出口货物，边境地方贸易及边境地区小额贸易进出口货物(边民互市贸易除外)，中外合资企业、中外合作经营企业、外商独资经营企业进出口货物和公用物品，到、离岸价格在规定限额以上的进出口货样和广告品(无商业价值、无使用价值和免费提供出口的除外)，从保税仓库提取在中国境内销售的进口货物，以及其他进出口货物。该指标可以观察一个国家在对外贸易方面的总规模。我国规定出口货物按离岸价格统计，进口货物按到岸价格统计。

商品经营单位所在地进、出口额 指所在地海关注册登记的有进出口经营权的企业实际进、出口额。

商品目的地进口额和商品货源地出口额 目的地进口额指进口货物的消费、使用或最终抵运地的实际进口额；货源地出口额指出口货物的产地或原始发货地的实际出口额。

利用外资 指我国各级政府、部门、企业和其他经济组织通过对外借款、吸收外商直接投资以及用其他方式筹措的境外现汇、设备、技术等。

对外借款 指通过对外正式签订借款协议，从境外筹措的资金，包括外国政府贷款、国际金融组织贷款、外国银行商业贷款、出口信贷以及对外发行债券等。1996 年及以前还包括对外发行股票。该指标是我国利用外资的重要部分。

外商直接投资 指外国企业和经济组织或个人(包括华侨、港澳台胞以及我国在境外注册的企业)按我国有关政策、法规，用现汇、实物、技术等在我国境内开办外商独资企业、与我国境内的企业或经济组织共同举办中外合资经营企业、合作经营企业或合作开发资源的投资(包括外商投资收益的再投资)，以及经政府有关部门批准的项目投资总额内企业从境外借入的资金。

外商其他投资 指除对外借款和外商直接投资以外的各种利用外资的形式。包括企业在境内外股票市场公开发行的以外币计价的股票（目前主要是在香港证券市场发行的H股和在境内证券市场发行的B股）发行价总额，国际租赁进口设备的应付款，补偿贸易中外商提供的进口设备、技术、物料的价款，加工装配贸易中外商提供的进口设备、物料的价款。

对外直接投资 指我国国内投资者以现金、实物、无形资产等方式在国外及港澳台地区设立、购买国（境）外企业，并以控制该企业的经营管理权为核心的经济活动。

对外承包工程 指各对外承包公司以招标议标承包方式承揽的下列业务：(1)承包国外工程建设项目；(2)承包我国对外经援项目；(3)承包我国驻外机构的工程建设项目；(4)承包我国境内利用外资进行建设的工程项目；(5)与外国承包公司合营或联合承包工程项目时我国公司分包部分；(6)对外承包兼营的房屋开发业务。对外承包工程的营业额是以货币表现的本期内完成的对外承包工程的工作量，包括以前年度签订的合同和本年度新签订的合同在报告期内完成的工作量。

对外劳务合作 指以收取工资的形式向业主或承包商提供技术和劳动服务的活动。我国对外承包公司在境外开办的合营企业，中国公司同时又提供劳务的，其劳务部分也纳入劳务合作统计。劳务合作营业额按报告期内向雇主提交的结算数(包括工资、加班费和奖金等)统计。

旅游总收入 是指相关方为游客支付的一切旅游费用。包括行、游、住、食、购、娱以及为亲友、家人购买纪念品、礼品等方面的支出，不包括商业目的而购买的房、地、车、船及贵重物品等资本性或交易性的投资、馈赠亲友的现金及给公共机构的捐赠。

旅游者人数

(1)入境国际旅游者人数：指来中国参观、访问、旅行、探亲、访友、休养、考察、参加会议和从事经济、科技、文化、教育、宗教等活动的外国人、华侨、港澳同胞和台湾同胞的人数。不包括外国在我国的常驻机构，如使领馆、通讯社、企业办事处的工作人员；来我国常住的外国专家、留学生以及在岸逗留不过夜人员。

(2)出境居民人数：指大陆居民因公务活动或私人事务短期出境的人数。公务活动出境居民人数包括在国际交通工具上的中国服务员工，因私出境居民人数不包括在国际交通工具上的中国服务员工。

(3)国内旅游者人数：指我国大陆居民和在我国常住 1 年以上的外国人、华侨、港澳台同胞离开常住地在境内其他地方的旅游设施内至少停留一夜，最长不超过 6 个月的人数。

国际旅游(外汇)收入 指入境旅游的外国人、华侨、港澳同胞和台湾同胞在中国大陆旅游过程中发生的一切旅游支出，其对于国家来说就是国际旅游(外汇)收入。

国际旅行社 指经营对外招徕并接待外国人、华侨、港澳同胞和台湾同胞来中国、归国或回内地旅游业务的旅行社。

国内旅行社 指负责经营招徕、组团、接待国内旅客的旅游业务，以及不对外招徕，负责经营接待国际旅行社或其它涉外部门组织的外国人、华侨、港澳同胞和台湾同胞来中国、归国或回内地的旅游业务的旅行社。

Explanatory Notes on Main Statistical Indicators

Total Imports and Exports at Customs refer to the real value of commodities imported into and exported from the boundary of China. They include the actual imports and exports through foreign trade, imported and exported goods under the processing and assembling trades and materials, supplies and gifts as aid given gratis between governments and by the United Nations and other international organizations, and contributions donated by overseas Chinese, compatriots in Hong Kong and Macao and Chinese with foreign citizenship, leasing commodities owned by tenant at the expiration of leasing period, the imported and exported commodities processed with imported materials, commodities trading in border areas (excluding mutual exchange goods), the imported and exported commodities and articles for public use of the Sino foreign joint ventures, cooperative enterprises and ventures exclusively with foreign own investment. Also included are import or export of samples and advertising goods for whose CIF or FOB value are beyond the permitted ceiling (excluding goods of no trading or use value and free commodities for export), imported goods sold in China from bonded warehouses and other imported or exported goods. The indicator of the total imports and exports at customs can be used to observe the total size of external trade in a country. In accordance with the stipulation of the Chinese government, imports are calculated at CIF, while exports are calculated at FOB.

Import and Export Value by Location of Foreign Trade Managing Units refers to actual value of imports and exports carried out by corporations which have been registered by the local customhouse and are vested with right to run import export business.

Import and Export Value of Commodities by Destination and Origin of goods in China: The former indicator refers to the value of import commodities of the places of their consumption, utilization or the places of their final destination. The latter indicator refers to the value of export commodities of the places of their origin or the places of the commodities dispatched.

Utilization of Foreign Capitals refers to remittance, equipment and technology financed from abroad, by loans, foreign direct investment and other forms undertaken by the Chinese governments at all levels, by various departments, enterprises and other economic units.

Foreign Borrowings refer to funds borrowed from abroad through formal signing of borrowing agreements with foreign institutions, including loans of foreign governments, loans of international financial institutions, commercial loans of foreign banks, export credit, and funds raised by Chinese bonds (and shares before 1996) issued abroad. It is an important part of China' s utilization of foreign capitals.

Foreign Direct Investment refers to the investments inside China by foreign enterprises and economic organizations or individuals (including overseas Chinese, compatriots from Hong Kong, Macao and Taiwan, and Chinese enterprises registered abroad), following the relevant policies and laws of China, for the establishment of ventures exclusively with foreign own investment, Sino foreign joint ventures and cooperative enterprises or for cooperative exploration of resources with enterprises or economic organizations in China. It includes the re investment of the foreign entrepreneurs with the profits gained from the investment and the funds that enterprises borrow from abroad in the total investment of projects which are approved by the relevant department of the government.

Other Investment by Foreign Entrepreneurs refers to all forms of utilization of foreign capitals other than foreign borrowings and foreign direct investment. It includes the total value of stock shares in foreign currencies issued by enterprises at domestic or foreign stock exchanges (now mainly consisting of H shares issued at Hong Kong Security Market and B shares issued at domestic security markets), rent payable for the imported equipment through international leasing arrangement, cost of imported equipment, technology and materials provided by foreign counterparts in compensation trade and processing and assembly trade.

Overseas Direct Investment refers to enterprises set up or bought by domestic investors in foreign countries and in Hong Kong, Macao and Taiwan, and the economic activities centering on operation and management of those enterprises are under the control of domestic investors. The statistical scope covers various corporation type enterprises and non-corporation type enterprises receiving direct investment from domestic investment entities.

Contracted Projects with Foreign Countries refer to projects undertaken by Chinese contractors (project contracting companies) through bidding process. They include:(1) overseas civil engineering construction projects financed by foreign investors; (2) overseas projects financed by the Chinese government through its foreign aid programs; (3) construction projects of Chinese diplomatic missions, trade offices and other institutions stationed abroad; (4) construction projects in China financed by foreign investment; (5) sub-contracted projects to be taken by Chinese contractors through a joint umbrella project with foreign contractor(s); (6) housing development projects. The business income from international contracted projects is the work volume of contracted projects completed during the reference period, expressed in monetary terms, including completed work on projects signed in previous years.

Service Cooperation with Foreign Countries refers to the activities of providing technology and labour services to employers or contractors in the forms of receiving salaries and wages. Labour services providing by contractual joint ventures of Chinese international contracting corporations should be included in the statistics of service co-operation with foreign countries. The business income of labour service cooperation is the income in the form of wages and salaries, overtime pay, bonuses and other remuneration received from the employers during the reference period.

Total Income form Tourism refers to all travel expenses paid by the relevant party for the tourists. Including transportation, sighting, accommodation, food, shopping, entertainment, and the purchase of souvenirs, gifts, etc. for relatives and friends, family, etc.Not including capital or transactional investments, cash for friends and relatives, and donations to public institutions for houses, land, cars, boats and valuables purchased for commercial purposes, etc.

Number of Tourists

(1) International tourists refer to foreigners, overseas Chinese, Chinese compatriots from Hong Kong, Macao and Taiwan coming to China for sight seeing, visits, tours, family reunions, vacations, study tours, conferences and other activities of a business, scientific and technological, cultural, educational and religious nature. It does not include representatives and employees of resident institutions of foreign countries in China such as embassies, consulates, news agencies and offices of foreign companies and organizations, nor does it include long-term foreign experts or students residing in China, or persons in transition without spending a night in China.

(2) Chinese residents going abroad refer to Chinese residents going abroad for short terms for either public business or private purposes. Chinese employees working on international transport carriers are included in those going abroad for public business purpose, not in those for private purpose.

(3) Domestic tourists refer to residents of the mainland of China who stay for one night at least but no more than 6 months at tourist facilities in other places than their permanent residence within the territory of the mainland China, including foreigners, overseas Chinese and Chinese compatriots from Hong Kong, Macao and Taiwan who have resided in China for over one year.

Foreign Exchange Earnings from International Tourism refer to the total expenditures of foreigners, overseas Chinese, Chinese compatriots from Hong Kong, Macao and Taiwan during their stay in the mainland of China, which are earnings of foreign exchange from international tourism from the point of view from China.

International Travel Agencies refer to travel agencies engaged in the promotion, solicitation, organization and reception of tours to the mainland of China by foreigners, overseas Chinese, Chinese compatriots from Hong Kong, Macao and Taiwan.

Domestic Travel Agencies refer to travel agencies engaged in the promotion, solicitation, organization and reception of domestic tourists, and in the reception of foreigners, overseas Chinese, Chinese compatriots from Hong Kong, Macao and Taiwan organized by international travel agencies or other departments concerned, without their own promotion and solicitation programmes.

第7篇

能　源

Energy

简 要 说 明

一、本篇资料的主要内容

本篇资料反映了全省能源生产和消费状况，主要包括能源生产、消费及品种构成，能源生产和消费弹性系数，生活用能源消费量，综合能源平衡表和主要能源品种的单项平衡表，全省各市主要发展约束性指标，以及全省各市电力消费情况。

二、本篇资料的来源

本篇数据主要来源于全省能源平衡表，以及全省节能核算表和省电力部门，由省统计局能源处编制提供。

三、关于数据口径与计算的说明

1．一次能源生产量与能源产品产量统计数字一致。

2．能源生产与消费弹性系数分别以能源生产、消费增长速度与国内生产总值增长速度相比求得。GDP 按可比价格计算。

3．能源平衡表中，进口量和出口量采用海关统计数据。

4．电力折算成标准煤时，有当量、等价两种折标系数。电力折算标准煤的当量系数为 1.229 吨标准煤/万千瓦时，等价系数按平均发电煤耗计算。

5．本篇出现的“煤碳”，包括原煤、洗精煤、其它洗煤和煤制品（即型煤），不包括焦炭。煤品包括煤炭、焦炭、焦炉煤气、高炉煤气、转炉煤气和其它焦化产品。

6．煤品占能耗总量的比重，不包括入鲁火电所占能耗总量的比重。

7．依据 2018 年第四次全国经济普查资料，对 2015 年至 2017 年能源历史数据进行了调整。

Brief Introduction

I. Main Content

Data in this chapter show the energy production and consumption of Shandong Province, including mainly energy production and consumption and their composition, the elasticity ratio of energy production and consumption, the consumption of energy for residential use, overall balance sheet of energy and balance sheets by different types of energy, main binding indicators on development of Shandong, and the energy consumption grouped by sector.

II. Source of Data

Data in this chapter are mainly based on the energy balance sheet of the whole province, provincial energy saving accounting table,and power sector. The data are provided by the Division of Energy Statistics of Shandong Provincial Bureau of Statistics.

III. Notes on Coverage and Calculation of Data

(1) The data on production of primary energy are the same as the corresponding data on output of energy products.

(2) The elasticity ratio of energy production is calculated as the quotient of the growth rate of energy production divided by the growth rate of GDP; and the elasticity ratio of energy consumption is calculated as the quotient of the growth rate of energy consumption divided by the growth rate of GDP.

(3) In the energy balance sheet, data on imports and exports are from Customs statistics. The refueling by Chinese ships and airplanes abroad is included in imports.

(4) The coefficient for conversion of electric power into the standard coal equivalent is calculated on the basis of heat value equivalent. the coefficient for the conversion of electric power into the standard coal equivalent is calculated on the basis of the heat value equivalent. One kilowatt is equal to 0.1229 kg SCE. The coefficient is calculated according to the average consumption of coal for generating electricity.

(5) In this chapter, Coal includes crude coal, washing coal, other washing coal and coal products and excludes coke. Coal products include coal, coke, coke oven gas, blast furnace gas, converter gas and other coking products.

(6) The proportion of coal consumption in total energy consumption includes the proportion of thermal power transmitted into Shandong Province.

(7) Based on the fourth national economic census data in 2018, some energy historical data from 2015 to 2017 are adjusted.

7-1 主要年份一次能源生产总量

Primary Energy Output in Major Years

单位：万吨标煤 (10 000 tons of SCE)

年 份 Year	能源生产总量 Total Energy Production	原 煤 Coal	原 油 Crude Oil	天然气 Natural Gas	水电、风电和太阳能光伏发电 Hydro，Wind and Solar PV Power
1949	120.79	120.79			
1952	258.58	258.58			
1955	342.73	342.73			
1956	386.58	386.58			
1957	440.37	440.37			
1962	1041.29	1041.17	0.01		0.11
1965	1362.94	1242.89	119.81		0.24
1970	2383.80	1716.18	667.59		0.03
1975	4555.04	2036.54	2388.62	128.62	1.26
1976	5013.70	2382.91	2500.65	128.88	1.26
1977	5387.37	2727.99	2502.71	155.88	0.79
1978	5901.83	2928.71	2781.49	190.46	1.17
1979	6075.07	3170.21	2697.14	205.49	2.23
1980	5873.37	3064.71	2616.94	189.00	2.72
1981	5392.54	2950.42	2301.75	138.72	1.65
1982	5505.80	3040.71	2335.21	129.41	0.47
1983	5898.00	3132.28	2625.00	139.79	0.93
1984	6696.54	3258.96	3288.36	148.17	1.05
1985	7531.89	3516.00	3861.74	151.89	2.26
1986	8046.80	3642.79	4215.52	185.94	2.55
1987	8511.34	3798.47	4514.38	197.24	1.25
1988	8918.29	3970.94	4757.61	188.73	1.01
1989	9038.69	4067.83	4765.07	205.35	0.44
1990	9262.21	4282.54	4786.70	191.39	1.58
1991	9269.98	4282.53	4793.22	191.25	2.98
1992	9508.88	4535.86	4780.24	191.92	0.86
1993	9875.38	4519.97	5171.83	182.08	1.50
1994	10624.66	5560.85	4887.14	173.78	2.89
1995	10757.67	6305.32	4294.76	156.04	1.55
1996	10697.72	6392.56	4159.57	144.62	0.97
1997	10620.51	6496.14	4002.01	121.67	0.69
1998	10436.05	6412.17	3901.51	122.09	0.28
1999	10322.39	6425.10	3807.55	89.01	0.73
2000	9648.75	5741.96	3822.49	83.54	0.76
2001	11550.26	7634.32	3811.52	103.34	1.08
2002	13241.75	9333.02	3816.52	91.07	1.14
2003	14384.08	10476.85	3808.65	98.36	0.22
2004	14394.61	10461.78	3820.50	111.84	0.49
2005	13995.62	10021.63	3849.36	123.03	1.60
2006	14083.40	10042.24	3935.89	103.46	1.82
2007	14616.67	10526.28	3990.22	99.22	0.95
2008	14615.32	10500.62	3998.91	113.05	2.74
2009	14600.08	10424.07	4040.38	119.97	15.66
2010	16055.71	11913.14	3980.08	129.01	33.48
2011	15997.81	11585.87	3973.65	64.33	53.35
2012	16973.80	12528.16	3963.94	75.71	79.19
2013	15165.08	10722.56	3894.94	65.11	116.19
2014	15220.40	10699.80	3876.09	62.89	133.13
2015	14693.06	10277.40	3751.91	57.70	161.90
2016	13616.76	9404.96	3301.96	56.23	229.07
2017	13710.27	9623.27	3192.79	49.72	305.89
2018	13102.01	8827.54	3203.20	52.80	484.11
2019	12539.10	7820.68	3177.70	56.10	742.71
2020	12205.71	7422.75	3170.31	63.43	817.12

注：1.本表使用当量折标系数折算标准煤。
2.2009年开始，一次能源包含水电、风电、核电和太阳能光伏发电，1949—2008年数据不包括风电和太阳能光伏发电。

a)Data of standard coal equivalent is calculated on the basis of heat value equivalent.
b)Since 2009, Primary Energy has included hydro,wind,nuclear and solar PV power. 1949-2008 data do not include wind and solar PV power.

7−2　1979−2020年能源生产、能源消费弹性系数

Elasticity Ratio of Energy Production and Energy Consumption from 1979 to 2020

年份 Year	能源生产弹性系数 Elasticity Ratio of Energy Production				能源消费弹性系数 Elasticity Ratio of Energy Consumption			
	能源生产比上年增长(%) Growth Rate of Energy Production over Preceding Year (%)	电力生产比上年增长(%) Growth Rate of Electricity Production over Preceding Year (%)	能源生产弹性系数 Elasticity Ratio of Energy Production	电力生产弹性系数 Elasticity Ratio of Electricity Production	能源消费比上年增长(%) Growth Rate of Energy Consumption over Preceding Year (%)	电力消费比上年增长(%) Growth Rate of Electricity Consumption over Preceding Year (%)	能源消费弹性系数 Elasticity Ratio of Energy Consumption	电力消费弹性系数 Elasticity Ratio of Electricity Consumption
1979	1.69	9.68	0.15	0.84		11.03		0.95
1980	-3.33	8.78		0.55	0.62	5.96	0.03	0.40
1981	-8.17	4.58		0.25	-12.23	6.13		0.33
1982	2.12	4.62	0.15	0.33	21.98	6.06	1.56	0.43
1983	7.11	7.26	0.44	0.44	-13.50	7.43		0.46
1984	13.53	8.33	0.51	0.31	7.34	12.43	0.27	0.47
1985	12.46	10.83	0.73	0.63	-12.67	8.70		0.51
1986	6.83	14.46	0.75	1.59	7.34	11.02	0.81	1.22
1987	5.79	10.62	0.29	0.52	13.68	9.68	0.68	0.48
1988	4.78	14.41	0.19	0.57	5.73	8.04	0.23	0.32
1989	1.36	10.58	0.09	0.67	4.84	7.17	0.31	0.45
1990	2.46	6.33	0.15	0.38	3.46	9.76	0.21	0.58
1991	0.52	11.20	0.03	0.57	3.05	9.75	0.15	0.49
1992	2.14	14.06	0.16	0.66	1.92	13.92	0.09	0.65
1993	-0.14	7.85		0.30	-1.07	7.77		0.29
1994	8.27	10.95	0.21	0.28	13.09	10.50	0.33	0.29
1995	6.13	9.09	0.21	0.31	10.58	9.48	0.36	0.32
1996	-2.77	7.28		0.38	3.12	7.51	0.16	0.39
1997	1.52	7.68	0.13	0.66	-0.02	7.38		0.64
1998	-1.81	-7.09			12.70	-1.19	1.10	
1999	-1.01	14.84		0.58	0.22	14.57	0.87	0.53
2000	-6.52	9.91		0.55	-9.17	10.12		0.56
2001	1.71	9.86	0.17	0.98	10.41	10.94	1.03	1.09
2002	4.68	13.19	0.40	1.14	18.06	12.42	1.56	1.07
2003	8.49	11.75	0.62	0.86	18.74	13.47	1.36	0.98
2004	0.07	17.50	0.01	1.15	21.30	17.50	1.39	1.14
2005	-2.78	16.58		1.11	20.08	16.58	1.32	1.09
2006	0.64	15.24	0.04	1.04	10.96	15.24	0.74	1.04
2007	3.79	14.23	0.27	1.00	8.66	14.26	0.61	1.00
2008	-0.01	3.89		0.32	4.48	5.04	0.37	0.42
2009	-0.10	3.95		0.33	5.73	7.85	0.48	0.66
2010	9.97	6.29	0.80	0.50	7.54	12.15	0.60	0.97
2011	-0.36	2.64	-0.03	0.24	6.68	10.21	0.62	0.94
2012	6.10	4.20	0.63	0.43	4.73	4.38	0.48	0.45
2013	-10.66	8.82	-1.12	0.92	4.74	7.60	0.50	0.80
2014	0.36	3.90	0.04	0.45	3.29	3.44	0.38	0.40
2015	-3.86	5.48	-0.49	0.69	3.95	5.18	0.50	0.65
2016	-7.33	9.66	-0.99	1.30	2.05	9.34	0.28	1.26
2017	0.69	6.22	0.09	0.85	-0.10	6.37	-0.01	0.87
2018	-4.44	2.70	-0.70	0.43	1.20	4.51	0.19	0.72
2019	-4.30	0.26	-0.79	0.05	1.99	3.80	0.37	0.70
2020	-2.66	-1.54	-0.75	-0.43	1.06	1.96	0.30	0.55

注：本表生产和消费增速采用全省核算数据。

a) Data on growth rate of production and consumption is calculated according to accounting data of the whole province.

7—3 一次能源生产量及构成

Primary Energy Output and Composition

类 别	Category	2015	2016	2017	2018	2019	2020
能源生产总量(折标准煤)	**Total Energy Production**	**14942.87**	**13957.81**	**14137.56**	**13735.61**	**13499.51**	**13213.36**
(万吨标准煤)	**(10 000 tons of SCE)**						
构 成	Composition						
原 煤 (%)	Coal (%)	68.78	67.38	68.07	64.27	57.93	56.18
原 油 (%)	Crude Oil (%)	25.11	23.66	22.58	23.32	23.54	23.99
天然气 (%)	Natural Gas (%)	0.39	0.40	0.35	0.38	0.42	0.48
电 力 (%)	Electricity (%)	2.76	4.08	5.19	8.14	12.62	13.81
其 他 (%)	Others (%)	2.97	4.47	3.81	3.89	5.50	5.54

注：本表使用等价折标系数折算标准煤。
a)Data of standard coal equivalent are calculated on the basis of the consumed heat value equivalent.

7—4 能源消费量及构成

Total Consumption and Composition of Energy

类 别	Category	2015	2016	2017	2018	2019	2020
能源消费量(折标准煤)	**Energy Consumption**	**39331.6**	**40137.9**	**40097.7**	**40580.5**	**41390.0**	**41826.8**
(万吨标准煤)	**(10 000 tons of SCE)**						
构 成	Composition						
煤 品 (%)	Coal (%)	76.51	73.92	72.70	69.32	67.28	66.84
油 品 (%)	Crude Oil (%)	14.72	15.81	16.15	17.54	15.52	13.61
天然气 (%)	Natural Gas (%)	2.65	3.27	3.79	4.24	5.01	5.83
一次电力 (%)	Primary Electricity (%)	1.05	1.42	1.83	2.75	4.11	4.36
电力净调入(+) (%)	Net Input of Electricity (+) (%)	3.95	4.02	4.19	4.89	6.36	7.60
其 他 (%)	Others (%)	1.13	1.54	1.34	1.26	1.72	1.76

注：本表使用等价折标系数折算标准煤。
a)Data of standard coal equivalent are calculated on the basis of the consumed heat value equivalent.

7-5 综合能源平衡表
Overall Energy Balance Sheet

单位：万吨标准煤 (10 000 tons of SCE)

项　　目	Item	2015	2016	2017	2018	2019	2020
可供消费的能源总量	**Total Energy for Consumption**	**39331.6**	**40137.9**	**40097.7**	**40580.5**	**41390.0**	**41826.8**
一次能源生产量	Primary Energy Output	14942.9	13957.8	14137.6	13735.6	13499.5	13213.4
外省(区、市)调入量	Allocation from Other Provinces	28541.0	33699.9	32185.0	31537.2	36082.7	31818.2
进口量	Imports	13471.1	8935.3	13910.6	13118.8	14622.4	16554.2
本省(区、市)调出量(-)	Allocation to Other Provinces(-)	-17081.0	-15789.9	-17722.0	-16853.7	-22325.9	20068.4
出口量(-)	Exports(-)	-741.0	-524.4	-2375.8	-253.1	-49.1	2.6
年初年末库存差额	Stock Changes in the Year	198.6	-140.8	42.1	-704.3	-439.7	312.0
能源消费总量	**Total Energy Consumption**	**39331.6**	**40137.9**	**40097.7**	**40580.5**	**41390.0**	**41826.8**
在总量中：	Consumption by sector						
1.农林牧渔业	1.Agriculture,Forestry,Animal Husbandry and Fishery	527.2	535.6	540.0	550.1	599.7	574.6
2.工　业	2.Industry	31041.5	31492.0	31139.0	31146.2	31293.7	31805.2
3.建筑业	3.Construction	416.4	426.8	430.0	437.3	481.4	500.6
4.交通运输、仓储和邮政业	4.Transport,Storage and Post	2036.8	2068.2	2124.2	2188.3	2381.8	2037.9
5.批发、零售业和住宿、餐饮业	5.Wholesale and Retail Trades,Hotels and Catering Services	830.8	854.4	882.2	928.2	986.7	978.3
6.其他行业	6.Other Sectors	1128.2	1175.6	1268.0	1353.6	1454.4	1491.2
7.生活消费	7.Household Consumption	3350.7	3585.3	3714.2	3976.7	4192.4	4439.1
在总量中：	Consumption by Usage						
(一) 终端消费	(I)End-use Consumption	37496.3	37622.8	37842.3	38243.9	40359.4	41255.9
工业	Industry	29206.2	28976.9	28883.5	28809.5	30263.1	31234.3
(二) 加工转换损失量	(II)Losses During the Process of Energy Conversion	1835.3	2515.1	2255.5	2336.6	1030.6	571.0
炼焦	Coking	542.6	830.7	324.9	395.1	3.0	341.0
炼油	Petroleum Refining	1254.6	1906.1	2024.9	2508.4	1622.5	826.7
(三) 损失量	(III)Energy Losses			498.1			
平衡差额	**Balance**						

注：本表使用等价折标系数折算标准煤。
a)Data of standard coal equivalent are calculated on the basis of the consumed heat value equivalent.

7-6 石油平衡表
Petroleum Balance Sheet

单位：万吨 (10 000 tons)

项　目	Item	2015	2016	2017	2018	2019	2020
一、可供量	**Total Energy Available for Consumption**	**3813.1**	**3904.8**	**4040.3**	**4229.3**	**4102.8**	**3951.9**
原油产量	Crude Output	2608.0	2295.3	2234.9	2242.1	2237.8	2219.2
外省(区、市)调入量	Allocation from Other Provinces	2210.2	6473.8	5631.5	4508.4	3272.2	3199.4
进口量	Imports	8311.9	5195.3	8382.5	8502.6	9558.2	11028.0
本省(区、市)调出量(－)	Allocation to Other Provinces(-)	-8709.3	-9816.0	-10241.6	-10776.8	-10771.9	12075.3
出口量(－)	Exports(-)	-399.7	-207.0	-1651.5	-75.4		1.8
年初年末库存差额	Stock Changes in the Year	-208.1	-36.6	-261.4	-171.5	-193.5	-417.5
年初库存量	Stock of early Year	695.0	903.0	939.7	1201.1	1372.6	1566.1
年末库存量(－)	Stock of Year end(-)	-903.0	-939.7	-1201.1	-1372.6	-1566.1	1983.6
二、消费量	**Total Energy Consumption**	**3813.1**	**3904.8**	**4040.3**	**4229.3**	**4102.8**	**3951.9**
在总量中：	Consumption by sector						
1.农林牧渔业	1.Agriculture,Forestry,Animal Husbandry and Fishery	109.9	112.1	127.2	134.3	134.8	108.9
2.工　业	2.Industry	1759.7	1794.9	1842.1	1902.8	1744.4	1962.2
3.建筑业	3.Construction	190.3	194.3	198.9	200.6	206.8	212.1
4.交通运输、仓储和邮政业	4.Transport,Storage and Post	1170.5	1204.4	1250.8	1340.1	1360.4	1041.6
5.批发、零售业和住宿、餐饮业	5.Wholesale and Retail Trades, Hotels and Catering Services	57.5	64.4	66.3	70.5	72.2	66.2
6.其他行业	6.Other Sectors	66.2	70.0	75.6	75.3	75.8	73.6
7.生活消费	7.Household Consumption	459.1	464.6	479.5	505.6	508.5	487.3
在总量中：	Consumption by Usage						
1.终端消费	1.End-use Consumption	3160.6	3172.2	3147.3	3406.9	3410.7	3324.8
#工业	Industry	1107.2	1062.3	949.0	1080.4	1052.3	1335.1
2.加工转换损失	2.Losses During the Process of Energy Conversion	652.5	732.6	893.1	822.4	692.1	627.1
火力发电	Thermal Power	15.9	16.2	17.2	18.0	21.9	30.1
供　热	Heating	62.0	55.3	52.4	46.6	37.1	33.0
炼油损耗	Petroleum Refining	574.6	661.1	823.5	757.9	633.1	560.9
制　气	Gas Production						3.1
3.损失量	3.Other Losses						
三、平衡差额	**Balance**						

7-7 煤炭平衡表
Coal Balance Sheet

单位：万吨 (10 000 tons)

项 目	Item	2015	2016	2017	2018	2019	2020
一、可供量	**Total Energy Available for Consumption**	**43515.9**	**42160.4**	**42003.6**	**42319.5**	**43133.0**	**38790.3**
原煤生产量	Raw coal output	14220.2	12817.6	13159.6	12556.5	11918.1	10944.6
外省(区、市)调入量	Allocation from Other Provinces	32150.6	30259.2	29478.8	31339.3	38410.1	29785.1
进口量	Imports	1592.2	1890.8	1409.4	1538.8	1244.8	1188.2
本省(区、市)调出量(－)	Allocation to Other Provinces(-)	-4944.0	-2319.2	-2532.2	-2435.3	-8073.7	4532.7
出口量(－)	Exports(-)	-235.9	-244.5	-114.4	-79.1	-99.9	
年初年末库存差额	Stock Changes in the Year	732.9	-243.6	602.4	-600.7	-266.5	1405.1
年初库存量	Stock of early Year	4017.8	3284.9	3528.6	2926.2	3526.9	3793.3
年末库存量(－)	Stock of Year end(-)	-3284.9	-3528.6	-2926.2	-3526.9	-3793.3	2388.2
二、消费量	**Total Energy Consumption**	**43515.9**	**42160.4**	**42003.6**	**42319.5**	**43133.0**	**38790.3**
在总量中：	Consumption by sector						
1.农林牧渔业	1.Agriculture,Forestry,Animal Husbandry and Fishery	92.6	90.8	60.2	50.2	45.6	40.6
2.工 业	2.Industry	41893.3	40585.4	40774.8	41251.3	42168.2	37858.7
3.建筑业	3.Construction	21.0	20.2	9.8	1.2		
4.交通运输、仓储和邮政业	4.Transport,Storage and Post	25.8	26.4	16.1	16.1	15.0	12.0
5.批发、零售业和住宿、餐饮业	5.Wholesale and Retail Trades, Hotels and Catering Services	460.4	420.1	341.5	281.5	254.8	224.8
6.其他行业	6.Other Sectors	401.7	360.1	236.1	186.1	170.8	150.8
7.生活消费	7.Household Consumption	621.1	657.4	565.1	533.1	478.7	503.5
在总量中：	Consumption by Usage						
1.终端消费	1.End-use Consumption	10377.1	8491.8	8113.7	6626.7	7083.9	6638.6
#工业	Industry	8754.5	6916.7	6884.9	5558.5	6119.1	5706.9
2.用于加工转换	2.Energy Conversion	33138.8	33668.6	33889.9	35692.8	36049.1	32151.7
火力发电	Thermal Power	19655.1	20679.5	21174.2	21313.7	20515.8	18498.7
供 热	Heating	5293.3	5233.3	5818.4	7119.8	8128.3	8243.6
洗煤损耗	Losses in Coal Washing and Dressing	1378.2	1291.9	938.0	991.4	468.0	732.2
炼 焦	Coking	6812.2	6447.4	5878.7	6108.2	6762.9	4464.0
制 气	Gas Production		17.1	81.7	146.9	170.6	200.9
型煤加工损耗	Losses in briquette Processing		-0.7	-1.0	12.8	3.5	12.3
3. 损 失 量	3.Other Losses						
三、平衡差额	**Balance**						

7-8　平均每天各种能源消费量

Average Daily Energy Consumption by Type of Energy

类　别	Category	2015	2016	2017	2018	2019	2020
合　计　（吨标准煤）	**Total　(tons of SCE)**	**1077578**	**1099668**	**1098568**	**1111795**	**1133973**	**1145940**
煤　炭　（吨）	Coal　(ton)	1192216	1155079	1150783	1159438	1181726	1062747
焦　炭　（吨）	Coke　(ton)	104478	101873	91332	96151	99163	130847
原　油　（吨）	Crude Oil　(ton)	235809	279546	314717	357136	373482	402985
燃料油　（吨）	Fuel Oil　(ton)	88959	123595	128395	65107	57433	61927
汽　油　（吨）	Gasoline　(ton)	17430	17923	17972	18906	19371	18454
煤　油　（吨）	Kerosene　(ton)	2699	3157	3096	3295	3450	2762
柴　油　（吨）	Diesel Oil　(ton)	32653	32818	36186	34897	36601	32321
液化石油气　（吨）	Liquefied Petroleum　(ton)	7216	12049	10041	5248	6057	9025
电　力　（万千瓦时）	Electricity　(10 000 kW·h)	148334	162186	172525	180302	187159	190824

注：1.本表使用等价折标系数折算标准煤。2.燃料油消费量含炼油再投入量。
a)Data of standard coal equivalent is calculated on the basis of the consumed heat value equivalent.
b)Data on consumption of fuel oil include those for refining oil.

7-9　平均每人年生活用能源

Annual Per Capita Energy Consumption for Non-Production Purpose

类　别	Category	2015	2016	2017	2018	2019	2020
合　计　（千克标准煤）	**Total　(kgce)**	**341.3**	**362.3**	**371.2**	**396.6**	**416.8**	**436.7**
煤　炭　（千克）	Coal　(kg)	63.3	66.4	56.5	53.2	47.6	49.5
汽　油　（千克）	Gasoline　(kg)	39.5	39.6	40.6	43.0	43.1	41.2
液化石油气　（千克）	Liquefied Petroleum　(kg)	5.4	5.4	5.3	5.5	5.5	5.3
电　力　（千瓦小时）	Electricity　(kW·h)	512.6	560.1	604.4	666.3	694.1	714.4

注：本表使用等价折标系数折算标准煤。
a)Data of standard coal equivalent is calculated on the basis of the consumed heat value equivalent.

7-10 分品种生活能源年消费总量

Annual Energy Consumption for Non-Production Purpose by Category

类　　别		Category		2015	2016	2017	2018	2019	2020
合　　计	**（万吨标准煤）**	**Total**	**(10 000 tons of SCE)**	**3350.7**	**3585.3**	**3714.2**	**3976.7**	**4192.4**	**4439.1**
煤　　炭	（万吨）	Coal	(10 000 tons)	621.1	657.4	565.1	533.1	478.7	503.5
汽　　油	（万吨）	Gasoline	(10 000 tons)	387.4	391.6	406.0	431.0	433.5	418.8
液化石油气	（万吨）	Liquefied Petroleum	(10 000 tons)	52.9	53.8	53.3	54.7	55.1	53.4
电　　力	（亿千瓦小时）	Electricity	(100 million kW·h)	503.3	554.4	604.8	668.1	698.2	726.2

注：本表使用等价折标系数折算标准煤。

a)Data of star dard coal equivalent is calculated on the basis of the consumed heat value equivalent.

7-11 各市万元GDP能耗

Energy Consumption per 10 000-yuan GDP by Region

地　区	Region	2016	2017	2018	2019	2020
		比2015年上升或下降（±%）Increased or Decreased Compared with 2015	比2016年上升或下降（±%）Increased or Decreased Compared with 2016	比2017年上升或下降（±%）Increased or Decreased Compared with 2017	比2018年上升或下降（±%）Increased or Decreased Compared with 2018	比2019年上升或下降（±%）Increased or Decreased Compared with 2019
全省总计	**Total**	**-5.00**	**-6.91**	**-4.80**	**-3.09**	**-2.41**
济 南 市	Jinan	-4.18	-14.20	-8.87	-7.38	-4.75
青 岛 市	Qingdao	-5.49	-3.86	-2.58	-6.60	-4.66
淄 博 市	Zibo	-9.86	-7.83	-4.76	-5.83	-0.81
枣 庄 市	Zaozhuang	-3.59	-7.49	-2.87	-2.43	-4.75
东 营 市	Dongying	-0.14	-4.12	-2.48	-3.73	-5.32
烟 台 市	Yantai	-3.09	-6.14	-3.43	-3.16	4.53
潍 坊 市	Weifang	-7.05	-3.75	-3.96	3.49	-6.15
济 宁 市	Jining	-6.33	-3.96	-2.15	-4.39	-1.47
泰 安 市	Tai'an	-6.69	-8.29	-2.20	-4.62	-1.52
威 海 市	Weihai	-5.39	-5.50	-4.33	-7.03	-5.48
日 照 市	Rizhao	-4.84	-4.21	-3.91	-2.57	-3.25
临 沂 市	Linyi	2.71	-7.77	-5.34	-4.30	-3.15
德 州 市	Dezhou	-6.49	-8.47	-3.52	-5.54	4.41
聊 城 市	Liaocheng	-4.94	-4.03	-10.59	8.48	-1.29
滨 州 市	Binzhou	-4.01	3.76	-6.28	-9.25	-6.69
菏 泽 市	Heze	-5.50	-5.95	-3.92	-9.07	-2.42

注：1.本表使用等价折标系数折算标准煤。2016年起，地区生产总值按2015年价格计算。

2.根据行政区划调整，2019年起，莱芜市并入济南市，以下表同。

a)Data of standa:d coal equivalent is calculated on the basis of the consumed heat value quivalente.Gross regional product is at 2015 constant prices since 2016.

b)According to administrative division adjustment,Laiwu City merged into Jinan City from 2019.The same applies to tables following.

7-12 各市规模以上工业万元增加值能耗

Energy Consumption per 10 000-yuan Value Added of Industrial Enterprises above the Designated Size by Region

地 区	Region	2016 比2015年上升或下降(±%) Increased or Decreased Compared with 2015	2017 比2016年上升或下降(±%) Increased or Decreased Compared with 2016	2018 比2017年上升或下降(±%) Increased or Decreased Compared with 2017	2019 比2018年上升或下降(±%) Increased or Decreased Compared with 2018	2020 比2019年上升或下降(±%) Increased or Decreased Compared with 2019
全省总计	**Total**	**-3.84**	**-9.89**	**-5.35**	**-1.16**	**-6.86**
济南市	Jinan	-4.64	-25.14	-21.37	-5.07	-9.6
青岛市	Qingdao	-6.82	-6.56	-2.59	-5.64	-8.8
淄博市	Zibo	-10.40	-6.55	-6.09	4.19	-4.4
枣庄市	Zaozhuang	-3.43	-4.90	-3.12	-0.45	-6.5
东营市	Dongying	0.10	-5.43	-2.26	-2.11	-8.8
烟台市	Yantai	-5.91	-7.63	-4.17	-1.41	-4.7
潍坊市	Weifang	-7.00	-0.77	-4.76	9.92	-13.9
济宁市	Jining	-8.31	-6.38	-5.00	-9.42	-11.7
泰安市	Tai'an	-0.84	-7.74	-3.80	-3.66	-4.7
威海市	Weihai	-12.36	-9.22	-5.83	-9.28	-11.0
日照市	Rizhao	-5.55	-5.90	5.78	2.51	-7.4
莱芜市	Laiwu	0.54	-3.14	-7.07		
临沂市	Linyi	5.62	-10.06	-6.50	4.93	-3.5
德州市	Dezhou	-9.63	-9.34	-5.52	-3.85	-0.6
聊城市	Liaocheng	8.74	-17.80	-10.86	-3.97	-3.8
滨州市	Binzhou	-2.99	-16.21	-3.33	-9.73	-10.2
菏泽市	Heze	-8.29	-6.84	-3.94	2.06	-9.1

注：本表使用当量折标系数折算标准煤。2016年起，工业增加值按2015年价格计算。

a)Data of standard coal equivalent is calculated on the basis of the consumed heat value equivalent.Industrial value-added is at 2015 constant prices since 2016.

7-13　各市万元GDP电耗

Electricity Consumption per 10 000-yuan GDP by Region

地　区	Region	2016 比2015年上升或下降(±%) Increased or Decreased Compared with 2015	2017 比2016年上升或下降(±%) Increased or Decreased Compared with 2016	2018 比2017年上升或下降(±%) Increased or Decreased Compared with 2017	2019 比2018年上升或下降(±%) Increased or Decreased Compared with 2018	2020 比2019年上升或下降(±%) Increased or Decreased Compared with 2019
全省总计	**Total**	**-1.93**	**-6.14**	**2.50**	**-3.07**	**-1.67**
济 南 市	Jinan	-1.16	-7.45	-2.90	-3.88	-0.45
青 岛 市	Qingdao	-0.33	1.73	0.39	-0.39	-1.07
淄 博 市	Zibo	-5.97	-8.06	-1.66	-2.82	-1.20
枣 庄 市	Zaozhuang	-3.34	0.26	9.25	-2.17	-1.90
东 营 市	Dongying	2.81	-3.05	1.78	0.56	-3.17
烟 台 市	Yantai	-0.23	-0.95	1.99	-0.90	-2.93
潍 坊 市	Weifang	-2.81	1.50	2.19	4.42	-0.25
济 宁 市	Jining	-7.05	-4.28	5.88	0.90	-1.63
泰 安 市	Tai'an	-0.28	-7.87	3.63	-2.95	1.73
威 海 市	Weihai	-4.03	-0.29	1.35	1.42	-1.98
日 照 市	Rizhao	-3.59	1.77	8.14	3.94	1.29
临 沂 市	Linyi	3.72	2.73	3.17	-2.39	-2.96
德 州 市	Dezhou	-8.45	-10.55	8.42	2.92	0.54
聊 城 市	Liaocheng	-1.91	-19.83	9.96	-1.61	-1.09
滨 州 市	Binzhou	-3.79	-13.39	3.18	-10.60	-3.92
菏 泽 市	Heze	-1.62	-1.56	6.81	-0.26	-1.35

注：2016年起，地区生产总值按2015年价格计算。
a)Gross regional product is at 2015 constant prices since 2016.

7-14 各市电力消费量(2020年)
Electricity Consumption by Region(2020)

单位:亿千瓦时 (100 million kW·h)

地 区	Region	全社会用电量 Electricity Consumption	第一产业 Primary Industry Electricity Consumption	第二产业 Secondary Industry Electricity Consumption	第三产业 Tertiary Industry Electricity Consumption	工业用电 Industrial Electricity Consumption	城乡居民生活用电 Household Electricity Consumption
全省总计	**Total**	**6939.8**	**95.8**	**5391.7**	**726.2**	**5327.0**	**726.2**
济南市	Jinan	433.9	3.3	248.6	102.3	239.6	79.7
青岛市	Qingdao	476.6	8.0	268.9	118.3	258.8	81.4
淄博市	Zibo	398.9	2.1	330.9	30.0	329.0	35.9
枣庄市	Zaozhuang	174.4	1.2	124.7	22.7	122.7	25.8
东营市	Dongying	337.3	4.8	294.7	20.1	292.8	17.7
烟台市	Yantai	564.5	12.9	446.7	53.1	443.0	51.7
潍坊市	Weifang	643.0	15.0	495.3	66.4	488.9	66.3
济宁市	Jining	361.9	5.8	248.4	51.7	244.9	56.1
泰安市	Tai'an	215.4	3.0	148.2	30.8	145.6	33.5
威海市	Weihai	137.8	3.6	85.2	26.2	82.5	22.8
日照市	Rizhao	273.1	5.0	227.1	20.9	225.2	20.2
临沂市	Linyi	499.9	8.5	359.6	57.3	354.9	74.5
德州市	Dezhou	251.4	6.3	177.0	32.0	173.0	36.2
聊城市	Liaocheng	652.6	5.7	576.4	33.0	573.6	37.4
滨州市	Binzhou	1235.4	4.8	1179.6	22.2	1177.0	28.8
菏泽市	Heze	257.1	5.8	153.8	39.3	148.6	58.2

注：本表数据采用国网山东省电力公司数据。
a) Data is provided by Shandong Electric Power Corporation.

主要统计指标解释

能源生产总量 指一定时期内，一个地区一次能源生产量的总和。该指标是观察一个地区能源生产水平、规模、构成和发展速度的总量指标。一次能源生产量包括原煤、原油、天然气、水电、核能及其他动力能(如风能、地热能等)发电量，不包括低热值燃料生产量、生物质能、太阳能等的利用和由一次能源加工转换而成的二次能源产量。

能源消费总量 指一定时期内，一个地区物质生产部门、非物质生产部门和生活消费的各种能源的总和。该指标是观察能源消费水平、构成和增长速度的总量指标。能源消费总量包括原煤和原油及其制品、天然气、电力，不包括低热值燃料、生物质能和太阳能等的利用。能源消费总量分为终端能源消费量、能源加工转换损失量和能源损失量三部分。

(1)终端能源消费量：指一定时期内，一个地区生产和生活消费的各种能源在扣除了用于加工转换二次能源消费量和损失量以后的数量。

(2)能源加工转换损失量：指一定时期内，一个地区投入加工转换的各种能源数量之和与产出各种能源产品之和的差额。该指标是观察能源在加工转换过程中损失量变化的指标。

(3)能源损失量：指一定时期内，能源在输送、分配、储存过程中发生的损失和由客观原因造成的各种损失量，不包括各种气体能源放空、放散量。

能源生产弹性系数 是研究能源生产增长速度与国民经济增长速度之间关系的指标。计算公式：

$$能源生产弹性系数=\frac{能源生产总量年平均增长速度}{国民经济年平均增长速度}$$

国民经济年平均增长速度，可根据不同的目的或需要，用国民生产总值、国内生产总值等指标来计算，本年鉴是采用国内生产总值指标计算的。

电力生产弹性系数 是研究电力生产增长速度与国民经济增长速度之间关系的指标。一般来说，电力的发展应当快于国民经济的发展，也就是说电力应超前发展。计算公式为：

$$电力生产弹性系数=\frac{电力生产量年平均增长速度}{国民经济年平均增长速度}$$

能源消费弹性系数 反映能源消费增长速度与国民经济增长速度之间比例关系的指标。计算公式为：

$$能源消费弹性系数=\frac{能源消费量年平均增长速度}{国民经济年平均增长速度}$$

电力消费弹性系数 反映电力消费增长速度与国民经济增长速度之间比例关系的指标。计算公式为：

$$电力消费弹性系数=\frac{电力消费量年平均增长速度}{国民经济年平均增长速度}$$

Explanatory Notes on Main Statistical Indicators

Total Energy Production refers to the total production of primary energy by all energy producing enterprises in the region in a given period of time. It is a comprehensive indicator to show the capacity, scale, composition and development of energy production of the country. The production of primary energy includes that of coal, crude oil, natural gas, hydro power and electricity generated by nuclear energy and other means such as wind power and geothermal power. However, it excludes the production of fuels of low calorific value, bio energy, solar energy and the secondary energy converted from the primary energy.

Total Domestic Energy Consumption refers to the total consumption of energy of various kinds by material production sectors, non material production sectors and households in the country in a given period of time. It is a comprehensive indicator to show the scale, composition and development of energy consumption. The total energy consumption includes that of coal, crude oil and their products, natural gas and electricity, However, it excludes the consumption of fuel of low calorific value, bio energy and solar energy. Total domestic energy consumption can be divided into three parts: final energy consumption, loss during the process of energy conversion, and energy loss.

(1)Final Energy Consumption: It refers to the total energy consumption by material production sectors, non material production sectors and households in the region in a given period of time, but excludes the consumption in conversion of the primary energy into the secondary energy and the loss in the process of energy conversion.

(2)Loss During the Process of Energy Conversion: It refers to the total input of various kinds of energy for conversion, minus the total output of various kinds of energy in the region in a given period of time. It is an indicator to show the loss that occurs during the process of energy conversion.

(3)Energy Loss: It refers to the total of the loss of energy during the course of energy transport, distribution and storage and the loss caused by any objective reason in a given period of time. The loss of various kinds of gas due to gas discharges and stocktaking is excluded.

Elasticity Ratio of Energy Production is an indicator to show the relationship between the growth rate of energy production and the growth rate of the national economy. The formula is:

$$\text{Elasticity Ratio of Energy Production} = \frac{\text{Average Annual Growth Rate of Energy Production}}{\text{Average Annual Growth Rate of National Economy}}$$

The average annual growth rate of the national economy can be shown by the gross national product, gross domestic product and other indicators, depending upon the purposes or needs. The gross domestic product is used in calculation of the ratio in this chapter.

Elasticity Ratio of Electricity Production is an indicator to show the relationship between the growth rate of electricity production and the growth rate of the national economy. Generally speaking, the growth rate of electricity production should be higher than that of the national economy. Its formula is:

$$\text{Elasticity Ratio of Electricity Production} = \frac{\text{Average Annual Growth Rate of Electricity Production}}{\text{Average Annual Growth Rate of National Economy}}$$

Elasticity Ratio of Energy Consumption is an indicator to show the relationship between the growth rate of energy consumption and the growth rate of the national economy. The formula is:

$$\text{Elasticity Ratio of Energy Consumption} = \frac{\text{Average Annual Growth Rate of Energy Consumption}}{\text{Average Annual Growth Rate of National Economy}}$$

Elasticity Ratio of Electricity Consumption is an indicator to show the relationship between the growth rate of electricity consumption and the growth rate of the national economy. The formula is:

$$\text{Elasticity Ratio of Electricity Consumption} = \frac{\text{Average Annual Growth Rate of Electricity Consumption}}{\text{Average Annual Growth Rate of National Economy}}$$

第8篇

财政和金融

Government Finance and Banking

简 要 说 明

一、本篇资料的主要内容

本篇资料反映了全省财政收支、金融和保险、证券方面的情况，主要包括财政收入、财政支出、金融机构存贷款、现金收支、保险机构、保险业务开展和山东省辖区证券市场等方面的资料。

二、本篇资料的来源

1.财政部分的资料来源于省财政厅。根据财政部2019年《财政收支分类科目》，财政支出科目变动较大，与往年不可比。

2.金融方面的资料来源于中国人民银行济南分行。

3.保险方面的资料来源于中国银保监会山东监管局。

4.证券方面的资料来源于中国证监会山东监管局。

5.本篇资料由省统计局综合处整理。

Brief Introduction

I. Main Content

Data in this chapter show the conditions of local government budgetary finance, banking and insurance,and securities, including government revenue and expenditure, credit funds, cash income and expenses, statistics on insurance companies and basic situation of securities markets in Shandong province.

II. Source of Data

（1）Data on local government finance are provided by Shandong Provincial Department of Finance. Because of reform of Government Revenue and Expenditure Classification Items issued by the Ministry of Finance of China in 2019,data on items cannot be compared with those of preceding years.

（2）Data on banking are provided by Jinan Branch of the People's Bank of China.

（3）Data on insurance are provided by China Bank and Insurance Regulatory Commission of Shandong Bureau.

（4）Data on securities are provided by China Securities Regulatory Commission of Shandong Bureau.

（5）Data in this chapter are prepared and compiled by the Division of Comprehensive Statistics of Shandong Provincial Bureau of Statistics.

8-1 主要年份一般公共预算收入

General Public Budget Revenue in Major Years

单位:万元 (10 000 yuan)

年份 Year	一般公共预算收入 General Public Budget Revenue	税收收入 Tax Revenue	增值税 Value Added Tax	营业税 Business Tax	企业所得税 Corporate Income Tax	个人所得税 Individual Income Tax	城市维护建设税 City Maintenance and Construction Tax	房产税 House Property Tax	印花税 Stamp Tax
1950	44253	35209							
1952	76284	62545							
1955	89333	79914							
1957	107262	92112							
1962	125506	96577							
1965	164766	100184							
1970	309438	167361							
1975	459668	233132							
1976	496749	270119							
1977	559590	313898							
1978	641286	327465							
1979	569948	322814							
1980	481097	335362							
1981	511850	368177	471			3			
1982	492888	416477	3001			5			
1983	504050	428911	12980			8			
1984	536022	484039	21457	13611		15			
1985	675316	638230	45950	101566		216	30811		
1986	621535	567351	86294	131137		498	37058	440	
1987	727901	652813	108184	159799		515	41417	10663	
1988	826814	825681	192216	216442		371	51037	11012	362
1989	1009416	973118	223717	274118		452	59324	14781	7451
1990	1091082	1058745	241241	291283	84831	687	63936	19110	5754
1991	1285184	1145170	264599	315116	89766	744	71381	26116	5994
1992	1393225	1287334	312552	367710	76817	980	77163	27263	6175
1993	1943978	1908554	545599	458562	85753	1566	90282	32420	6515
1994	1346611	1264642	363371	311355	163942	22983	117238	38577	7115
1995	1790025	1635139	416401	405456	256396	55930	140782	49773	9273
1996	2416742	2156333	518976	515829	365781	89493	172075	61064	10053
1997	3044232	2648693	617844	622148	484919	126801	202164	80812	13373
1998	3523912	3019024	701402	752239	468054	46780	131149	226211	107540
1999	4044829	3429430	782176	789669	631666	187585	238123	134879	19983
2000	4636788	3929022	896895	876638	818659	247492	276205	155591	22440
2001	5731793	4883422	1002918	926921	1491110	369925	290458	165321	26963
2002	6102242	4950266	1112319	1176414	783934	310934	307978	209770	37256
2003	7137877	5582820	1260824	1447077	664382	260262	444019	244706	46613
2004	8283306	6274331	1160390	1764502	860624	319637	549266	267768	62914
2005	10731250	8264612	1930040	2177928	1108282	388938	659514	327950	92515
2006	13562526	10357905	2428345	2717252	1482753	458361	784298	387000	123031
2007	16753980	13083516	2907862	3397121	1985020	568145	924642	443522	159005
2008	19570541	15335324	3337763	3960900	2299728	611251	1041367	472576	203026
2009	21986324	17203455	3244846	4706109	2203040	646665	1090776	578637	238728
2010	27493842	21498997	3782348	6315107	2933058	810098	1307440	646535	337443
2011	34559267	26031329	4138174	7657247	3985551	965805	1796032	740189	411070
2012	40594301	30502010	4381207	8966409	4416434	951065	1988839	1008346	465851
2013	45599463	35334906	4895590	10683275	4459540	1045930	2178411	1117476	528630
2014	50268273	39657605	5969647	11359162	4830098	1151842	2313253	1224873	605607
2015	55293253	42031178	5949766	12523983	4987224	1431225	2437121	1338572	594147
2016	58601836	42125903	11297486	6504453	5032373	1431522	2508344	1433639	612587
2017	60986324	44194025	17059602		6202953	1867335	2618202	1578095	747811
2018	64853959	48979231	19021182		6773754	2152981	3064603	1682525	809162
2019	65267095	48492909	19586652		6962049	1474723	2901252	1667267	743334
2020	65599306	47576242	18144737		6865544	1820627	2839694	1655720	836298

注:1.本表中1994年以来的财政收入及分组均系新口径数,与历史资料不可比。

2.2016开始，增值税和营业税均系新口径数，与历史资料不可比。

a)Data from 1994 are based on new grouping method,so they cannot compare with other data.

b)Since 2016,Data of Value-added Tax and business Tax are based on new method,so they cannot compare with other data.

8-2 1950-2006年地方财政支出

Total Local Government Budgetary Expenditure from 1950 to 2006

单位:万元 (10 000 yuan)

年份 Year	地方财政支出 Expenditure of Local Government	#基本建设 Expenditure for Capital Construction	#城市维护费 Expenditure on City Maintenance	#支援农业支出 Expenditure for Agriculture	#文教科学卫生事业费 Expenditure for Culture, Education, Science and Health	#行政管理费 Expenditure for Government Administration
1950	10281	556	79	266		4704
1951	15965	3221	490	364		7357
1952	31886	8860	245	735		8332
1953	32272	5719	263	433		9548
1954	33657	6505	245	1447		9381
1955	31143	4023	209	1954		9868
1956	47155	13244	107	3484		12695
1957	49164	10522	201	4770		11790
1958	120740	75087	67	4468		12461
1959	158857	78459	22	16116		14162
1960	239314	98855	82	23717		14571
1961	135988	19073	69	27392		13612
1962	63594	6560	334	9526		11753
1963	79714	10271	1018	12029		13054
1964	89615	17557	1535	12620		13212
1965	95407	18711	1807	10048		13144
1966	104100	24115	1690	10425		13691
1967	102007	33442	1669	9728		12064
1968	88752	31016	1719	7476		12264
1969	113952	49590	1756	7683		12669
1970	142528	70447	1805	8389		14245
1971	159105	67943	1743	11247		17779
1972	188907	82551	1621	15603		19336
1973	194872	66635	2419	21980		18541
1974	191061	56996	2005	24284		18435
1975	212560	52389	2194	26906		21241
1976	214205	48383	2579	29119		22899
1977	226136	48648	2610	32399		24449
1978	319044	83503	3750	40221		26553
1979	316239	69982	9535	41812	77298	31908
1980	300736	46680	9484	38422	90951	39017
1981	255341	32150	13144	28754	94093	39200
1982	294482	32395	17044	37525	110039	45512
1983	324119	39875	18184	38058	122536	52391
1984	389763	51801	22063	39512	144038	69508
1985	512953	55562	39340	42453	174126	70091
1986	679384	63375	47595	49892	208135	79655
1987	752168	48880	48156	57550	219751	83423
1988	940725	59630	63024	78301	278458	114421
1989	1136714	55472	75062	102293	324427	98493
1990	1238530	78060	76532	111848	354574	107220
1991	1320610	73926	80209	116383	390775	121071
1992	1456988	85542	89276	141474	457972	158948
1993	1883646	115922	104912	163489	536522	208572
1994	2187683	100904	121656	176277	721820	269520
1995	2758656	179597	163339	224793	832336	315337
1996	3589836	248334	226014	276556	1032168	402325
1997	4233342	239629	281070	367611	1182892	456970
1998	4878175	318452	367382	377198	1325393	501269
1999	5500034	325120	351390	402651	1453237	544497
2000	6130774	295068	388802	411914	1677928	622058
2001	7537781	409608	485770	478933	1936046	743144
2002	8606484	440415	547982	557939	2290732	900217
2003	10106395	636760	685165	618116	2553316	1123337
2004	11893716	600330	885953	731073	3091148	1312928
2005	14662271	704835	1179667	895847	3751654	1629489
2006	18334400	821963	1470287	1083756	4542846	1929519

8-3 1979-2006年财政支出中用于文、教、科、卫的支出

Expense on Culture,Education,Science and Health from 1979 to 2006

单位:万元 (10 000 yuan)

年份 Year	合计 Total	文体广播事业费 Operating Expenses for Culture,Sports and Broadcast	教育事业费 Operating Expenses for Education	科学事业费 Operating Expenses for Science	卫生经费 Operating Expenses for Health	科技三项经费 Science and Technology Promotion Funds
1979	80348	9219	43077	4141	20098	3813
1980	93350	9974	53296	4060	23290	2730
1981	95577	9791	54453	4094	24965	2274
1982	111630	11702	62804	4335	29737	3052
1983	125430	14353	67656	5040	33667	4714
1984	145710	18779	77533	6738	37382	5278
1985	175562	22631	97565	6513	44117	4736
1986	209611	29869	114757	8056	50910	6019
1987	225197	30555	125465	7053	56678	5446
1988	284003	39108	161889	10205	67256	5545
1989	333489	43029	187894	10535	82969	9062
1990	363035	48165	202060	11646	92703	8461
1991	401036	54145	225118	12757	98755	10261
1992	470129	61127	271681	14629	110310	12382
1993	568801	70133	337052	16678	129131	15807
1994	738553	84780	464330	22340	150028	17075
1995	856648	112065	523754	22551	173966	24312
1996	1066333	124463	670721	27256	209728	34165
1997	1229252	154418	753374	34974	240126	46360
1998	1388027	150517	886208	35703	252965	62634
1999	1532952	159272	999902	35491	258572	79715
2000	1770387	175745	1181042	38543	282598	92459
2001	2051303	206502	1377529	45428	306587	115257
2002	2427593	274203	1627761	53056	335712	136861
2003	2693986	307350	1791484	58375	396107	140670
2004	3091148	366895	2048284	65970	452199	157800
2005	3751654	449415	2487484	76471	544085	194199
2006	4542846	519674	2922839	90544	733206	276583

8-4 一般公共预算收入
General Public Budget Revenue

单位:万元 (10 000 yuan)

类　　别	Category	2016	2017	2018	2019	2020
一般公共预算收入	**General Public Budget Revenue**	**58601836**	**60986324**	**64853959**	**65267095**	**65599306**
一、税收收入	**Tax Revenue**	**42125903**	**44194025**	**48979231**	**48492909**	**47576242**
增值税	Value Added Tax	11297486	17059602	19021182	19586652	18144737
营业税	Business Tax	6504453				
企业所得税	Corporate Income Tax	5032373	6202953	6773754	6962049	6865544
个人所得税	Individual Income Tax	1431522	1867335	2152981	1474723	1820627
资源税	Resource Tax	951845	995617	1197478	1199824	1082741
城市维护建设税	City Maintenance and Construction Tax	2508344	2618202	3064603	2901252	2839694
房产税	House Property Tax	1433639	1578095	1682525	1667267	1655720
印花税	Stamp Tax	612587	747811	809162	743334	836298
城镇土地使用税	Urban land Use Tax	3937399	3981763	3968395	3372743	2998933
土地增值税	Land Appreciation Tax	2931488	3671771	3907890	4042826	4333819
车船税	Tax on vehicles and Boat Operation	609977	693744	758480	781048	822964
耕地占用税	Farm Land Occupation Tax	2173007	1632367	1192855	972500	976708
契　税	Deed Tax	2676271	3125176	4285778	4555154	5028331
烟叶税	Tobacco Leaf Tax	25512	19589	17077	21266	23489
环境保护税	Environmental Tax			147071	193865	134127
其他税收收入	Other Tax				18406	12510
二、非税收入	**Non-tax Revenue**	**16475933**	**16792299**	**15874728**	**16774186**	**18023064**
专项收入	Special Program Receipts	3222448	3103868	3519647	3474406	3601058
行政事业性收费收入	Charge of Administrative and Institutional Units	3282508	3202844	3035195	3072246	3083218
罚没收入	Penalty Receipts	1561164	1802335	1949593	2087842	2251619
国有资本经营收入	Operating Income from Government Capital	576102	306582	255264	713007	709745
国有资源(资产)有偿使用收入	Income from Use of State-owned Resources (Assets)	6632910	7556093	6480027	6435974	7435801
其他收入	Other Non-tax Receipts	1200801	820577	635002	990711	941623

注:2016开始，增值税和营业税均系新口径数，与历史资料不可比。
Since 2016,Data of Value-added Tax and business Tax are based on new method,so they cannot compare with other data.

8-5 一般公共预算支出

General Public Budget Expenditure

单位：万元 (10 000 yuan)

类别	Category	2016	2017	2018	2019	2020
一般公共预算支出	**General Public Budget Expenditure**	**87552136**	**92583984**	**101009606**	**107397560**	**112335163**
一般公共服务支出	Expenditure for General Public Services	7835601	8575099	9433490	10619500	11180676
公共安全支出	Expenditure for Public Security	5215162	5660530	6449501	6332058	6316573
教育支出	Expenditure for Education	18259902	18899972	20065026	21561355	22838368
科学技术支出	Expenditure for Science and Technology	1670001	1957718	2327392	3057556	2986162
文化旅游体育与传媒支出	Expenditure for Culture, Tourism, Sport and Media	1374737	1418993	1535220	1895034	1701115
社会保障和就业支出	Expenditure for Social Safety Net and Employment Effort	9926608	11319595	12539881	14446327	16575296
卫生健康支出	Expenditure for Health	7901861	8292714	8851487	9120675	10455012
城乡社区支出	Expenditure for Urban and Rural Community Affairs	10124637	10759203	11097209	10702489	10538645
农林水支出	Expenditure for Agriculture, Forestry and Water Conservancy	9434420	9535911	9984950	10759789	10652864
交通运输支出	Expenditure for Transportation	3728395	3673120	4127928	3777587	3758935

注：2019年起，文化体育与传媒支出更名为文化旅游体育与传媒支出，医疗卫生与计划生育支出更名为卫生健康支出。
a)Since 2019,Expenditure for Culture, Sport and Media renames to Expenditure for Culture,Tourism,Sport and Media.Expenditure for Medical and Health Care,and Family Planning renames to Expenditure for Health.

8-6 各市一般公共预算收入(2020年)

General Public Budget Revenue by Region (2020)

单位：万元 (10 000 yuan)

地区	Region	一般公共预算收入 General Public Budget Revenue	税收收入 Tax Revenue	增值税 Value Added Tax	企业所得税 Corporate Income Tax	个人所得税 Individual Income Tax	资源税 Resource Tax
全省总计	**Total**	**65599306**	**47576242**	**18144737**	**6865544**	**1820627**	**1082741**
济南市	Jinan	9060751	6966248	2554504	1243483	343708	58524
青岛市	Qingdao	12538548	8987843	3312788	1539747	453663	24337
淄博市	Zibo	3215396	2273500	1003925	247146	137168	59303
枣庄市	Zaozhuang	1407594	1051916	406494	102368	40468	40742
东营市	Dongying	2493410	1684182	646530	185964	49819	25139
烟台市	Yantai	6100696	4215493	1530263	556622	191045	109497
潍坊市	Weifang	5738966	4261028	1681018	517121	131173	77063
济宁市	Jining	4117816	3018613	1040862	378754	75921	200057
泰安市	Tai'an	2291859	1650578	755465	189535	57357	58472
威海市	Weihai	2523921	1897673	647886	224388	63450	15501
日照市	Rizhao	1763132	1390667	537759	275681	35647	21577
临沂市	Linyi	3498329	2901607	1204857	329748	79315	55505
德州市	Dezhou	2085488	1542055	630038	171273	48422	18887
聊城市	Liaocheng	2019717	1447610	602932	146571	39837	20226
滨州市	Binzhou	2527933	1819657	738646	211477	31714	28397
菏泽市	Heze	2379179	1789592	733213	183562	41920	72197

8-6 续表 1 continued

单位:万元 (10 000 yuan)

地 区	Region	城市维护建设税 City Maintenance and Construction Tax	房产税 House Property Tax	城镇土地使用税 Urban Land Use Tax	土地增值税 Land Appreciation Tax	耕地占用税 Farm Land Occupation Tax	契税 Contract Tax	其他各项税收收入 Other Tax Revenue
全省总计	**Total**	**2839694**	**1655720**	**2998933**	**4333819**	**976708**	**5028331**	**1829388**
济南市	Jinan	426461	244429	269841	814536	87359	656851	266552
青岛市	Qingdao	583943	317518	295989	1224034	66790	885625	283409
淄博市	Zibo	152736	84511	166973	102822	36306	192012	90598
枣庄市	Zaozhuang	72687	27252	50977	77761	37184	153732	42251
东营市	Dongying	125016	66679	304457	58750	12789	126291	82748
烟台市	Yantai	233700	166857	360967	428754	55123	425187	157478
潍坊市	Weifang	282945	152317	353638	313884	100031	486763	165075
济宁市	Jining	145589	117253	193533	280846	160173	325408	100217
泰安市	Tai'an	107372	49914	84125	98449	16720	176756	56413
威海市	Weihai	94097	126649	207045	128306	21995	309232	59124
日照市	Rizhao	74797	41356	91155	68917	24378	136499	82901
临沂市	Linyi	164045	75581	171417	242770	39149	387475	151745
德州市	Dezhou	82509	48683	104144	154793	32763	187835	62708
聊城市	Liaocheng	84044	43637	75943	115638	12561	237308	68913
滨州市	Binzhou	116531	56607	164821	79802	175690	129412	86560
菏泽市	Heze	92220	36477	103908	143757	97697	211945	72696

8-6 续表 2 continued

单位:万元 (10 000 yuan)

地 区	Region	非税收入 Non-tax Revenue	专项收入 Special Program Receipts	行政事业性收费收入 Charge of Administrative and Institutional Units	罚没收入 Penalty Receipts	国有资本经营收入 Operating Income from Government Capital	国有资源(资产)有偿使用收入 Income from Use of State-owned Resources (Assets)	其他收入 Other Non-tax Receipts
全省总计	**Total**	**18023064**	**3601058**	**3083218**	**2251619**	**709745**	**7435801**	**941623**
济南市	Jinan	2094503	711039	408180	143660	48264	663432	119928
青岛市	Qingdao	3550705	1017958	699623	192623	303344	1140040	197117
淄博市	Zibo	941896	162044	156459	146049		405641	71703
枣庄市	Zaozhuang	355678	65904	60209	140345	2644	69481	17095
东营市	Dongying	809228	143999	85554	58460	617	420097	100501
烟台市	Yantai	1885203	243912	138077	139566	107182	1197997	58469
潍坊市	Weifang	1477938	252705	217178	224452	-1686	744683	40606
济宁市	Jining	1099203	144031	114855	147277	1092	649583	42365
泰安市	Tai'an	641281	105857	159651	65697	313	281161	28602
威海市	Weihai	626248	82741	129179	102875	108501	181735	21217
日照市	Rizhao	372465	73590	69924	81445	30871	97080	19555
临沂市	Linyi	596722	159523	135571	175151		112053	14424
德州市	Dezhou	543433	79698	62665	112793	17360	245484	25433
聊城市	Liaocheng	572107	93099	127756	105802	23093	190634	31723
滨州市	Binzhou	708276	110612	183872	168858	54041	157250	33643
菏泽市	Heze	589587	104950	152127	183460	13000	97626	38424

8-7 各市一般公共预算支出(2020年)
General Public Budget Expenditure by Region (2020)

单位:万元 (10 000 yuan)

地 区	Region	一般公共预算支出 General Public Budget Expenditure	一般公共服务支出 Expenditure for General Public Service	公共安全支出 Expenditure for Public Security	教育支出 Expenditure for Education	科学技术支出 Expenditure for Science and Technology	文化旅游体育与传媒支出 Expenditure for Culture, Tourism, Sport and Media	社会保障和就业支出 Expenditure for Social Safety Net and Employment Effort	卫生健康支出 Expenditure for Health
全省总计	**Total**	**112335163**	**11180676**	**6316573**	**22838368**	**2986162**	**1701115**	**16575296**	**10455012**
济南市	Jinan	12884397	1380988	670088	2133967	396475	129439	1762922	995534
青岛市	Qingdao	15846485	1993899	959049	2885546	468514	284622	2230004	1039257
淄博市	Zibo	5227838	554597	345571	1039080	105241	94172	691556	447514
枣庄市	Zaozhuang	2710054	296711	179709	628720	26359	34270	505920	346258
东营市	Dongying	3113457	419651	183915	612826	58278	48236	290948	256239
烟台市	Yantai	8453830	802069	478524	1349414	298886	98977	1464645	728299
潍坊市	Weifang	7961207	757778	430548	1882246	225106	129914	1213850	790633
济宁市	Jining	6956944	764235	380754	1593221	78349	140924	957734	843374
泰安市	Tai'an	4347911	392756	210797	870469	35185	57747	853583	500675
威海市	Weihai	3504195	389723	199474	854240	72522	54756	468845	321765
日照市	Rizhao	2865968	265668	168146	595436	89918	41355	448100	333970
临沂市	Linyi	7925416	719020	401889	1910645	85455	153466	1290704	1020179
德州市	Dezhou	4812001	433748	276561	826097	93665	51700	824698	515741
聊城市	Liaocheng	4659894	534921	235991	963666	20481	56014	725592	580876
滨州市	Binzhou	4475063	384291	188902	681808	166922	44076	629077	420666
菏泽市	Heze	6304079	542585	264516	1283973	23528	69378	1287018	907249

8-7 续表 continued

单位:万元 (10 000 yuan)

地 区	Region	节能环保支出 Expenditure for Environment Protection	城乡社区支出 Expenditure for Urban and Rural Community Affairs	农林水支出 Expenditure for Agriculture, Forestry and Water Conservancy	交通运输支出 Expenditure for Transportation	资源勘探工业信息等支出 Expenditure for Affairs of Resource Exploration and Industrial Information	商业服务业等支出 Expenditure for Affairs of Commerce and Services	金融支出 Expenditure for Financial Affairs	自然资源海洋气象等支出 Expenditure for Natural, Ocean and Weather	住房保障支出 Expenditure for Affairs of Housing Security
全省总计	**Total**	**2915357**	**10538645**	**10652864**	**3758935**	**2594688**	**742788**	**915698**	**1311128**	**2516290**
济南市	Jinan	376807	2816060	880881	218021	162350	125461	31540	175715	394678
青岛市	Qingdao	209024	2365875	829448	477841	941198	119788	78876	111354	306862
淄博市	Zibo	186198	287098	392765	111275	383864	70491	131799	47932	84118
枣庄市	Zaozhuang	41625	128521	245326	52238	30050	8731	1106	22683	51525
东营市	Dongying	83275	362322	365298	85182	55384	19417	40059	39358	49630
烟台市	Yantai	200645	1107093	694914	242279	251294	48826	80208	138338	124463
潍坊市	Weifang	216722	595201	789598	201662	108244	42138	25256	96536	97640
济宁市	Jining	231466	564780	721194	162684	86369	35753	2072	74028	81566
泰安市	Tai'an	85309	272043	458915	119816	66128	49016	2161	67567	73559
威海市	Weihai	65256	131359	463980	114946	29026	31331	8473	39132	95453
日照市	Rizhao	81426	157008	295280	95545	29701	13681	4585	50391	93166
临沂市	Linyi	196120	326423	874469	193035	52561	30090	131968	68610	231117
德州市	Dezhou	234397	252352	570038	132421	96032	36588	31115	45581	204218
聊城市	Liaocheng	276035	212076	506237	114580	53640	18117	49128	35149	140057
滨州市	Binzhou	188592	731445	496154	108492	61322	13202	2450	33277	132353
菏泽市	Heze	162548	215157	807334	171690	103893	18412	1162	56886	255560

8-8 主要年份金融机构人民币存款余额

RMB Deposits of Financial Institutions in Major Years

单位:亿元 (100 million yuan)

年 份 Year	存款余额 Deposits	住户存款 Household Deposits	非金融企业存款 Non-financial Corporate Deposits	广义政府存款 General Government Deposits	非银行业金融机构存款 Non-bank Financial Intermediary Deposits
1952	2.8				
1955	6.7				
1957	6.7				
1962	14.8				
1965	17.4				
1970	54.0				
1975	72.2				
1976	76.5				
1977	78.2				
1978	90.0				
1979	65.6				
1980	87.9				
1981	113.6				
1982	123.1				
1983	155.5				
1984	233.3				
1985	278.8				
1986	351.6				
1987	470.2				
1988	591.3				
1989	724.7				
1990	934.1				
1991	1163.6				
1992	1448.3				
1993	1816.6				
1994	2522.5				
1995	3424.4				
1996	4293.8				
1997	4969.8				
1998	5755.5				
1999	6563.0				
2000	7471.2				
2001	8501.7				
2002	10247.8				
2003	12438.2				
2004	14514.3				
2005	17103.5				
2006	19634.0				
2007	22072.2				
2008	26930.2				
2009	34697.8				
2010	41105.0				
2011	46345.4				
2012	54301.5				
2013	62077.9				
2014	67498.3				
2015	74524.2	37320.0	22717.8	11470.9	2870.2
2016	83414.9	41350.9	26654.7	12672.0	2639.7
2017	88531.7	44035.8	27913.9	14356.5	2122.6
2018	94298.2	48435.0	28023.0	15777.7	1810.9
2019	102676.4	55232.1	30462.8	15106.9	1757.3
2020	116155.4	64258.4	34625.1	14800.8	2357.8

8-9 主要年份金融机构人民币贷款余额

RMB Loans of Financial Institutions in Major Years

单位:亿元 (100 million yuan)

年 份 Year	贷款余额 Loans	住户贷款 Household Loans	中长期贷款 Medium and Long-term Loans	非金融企业及机关团体贷款 Non-financial Corporate and Institution Loans	短期贷款 Short-term Loans	中长期贷款 Medium and Long-term Loans	非银行业金融机构贷款 Non-bank Financial Intermediary Loans
1952	1.6						
1955	14.0						
1957	16.9						
1962	41.5						
1965	39.0						
1970	66.9						
1975	91.8						
1976	102.9						
1977	120.9						
1978	133.7						
1979	124.9						
1980	180.2						
1981	206.4						
1982	235.4						
1983	265.0						
1984	366.7						
1985	446.5						
1986	554.9						
1987	667.8						
1988	803.1						
1989	941.3						
1990	1166.8						
1991	1428.0						
1992	1720.6						
1993	2079.1						
1994	2520.4						
1995	3128.9						
1996	3680.2						
1997	4456.7						
1998	5106.8						
1999	5679.9						
2000	6209.0						
2001	7017.7						
2002	8536.6						
2003	10467.1						
2004	11782.8						
2005	13381.7						
2006	15709.6						
2007	17545.1						
2008	20053.9						
2009	25961.3						
2010	30722.6						
2011	35179.0						
2012	40021.5						
2013	44761.3						
2014	50058.6						
2015	55437.0	13980.4	9798.3	41328.7	22592.3	15814.0	2.1
2016	61726.9	16496.6	12477.7	45096.4	22982.4	18282.5	7.1
2017	67576.0	20070.2	15656.9	47357.9	23349.6	21619.1	26.4
2018	74879.4	24226.3	19079.3	50507.6	22587.6	24333.5	5.0
2019	83703.0	29431.7	23048.9	54147.0	21850.1	27638.4	22.0
2020	95411.6	35015.0	27384.9	60298.6	23051.5	31910.2	

8-10 金融机构本外币信贷收支情况(2020年)

RMB and Foreign Currencies Credit Funds Balance Sheet of Financial Institution (2020)

单位:亿元 (100 million yuan)

类别	Category	2020年末余额 2020 Year-end	比年初增减额 Increase/ Decrease from Year Beginning
各项存款	**Deposits in Various Forms**	**118349.4**	**13610.5**
境内存款	Domestic Deposits	118014.8	13661.6
住户存款	Household Deposits	64619.6	9039.0
活期存款	Demand Deposits	18580.9	2183.6
定期及其他存款	Fixed and Other Deposits	46038.7	6855.4
非金融企业存款	Non-financial Corporate Deposits	36215.8	4381.8
活期存款	Demand Deposits	14698.6	1140.3
定期及其他存款	Fixed and Other Deposits	21517.2	3241.4
广义政府存款	General Government Deposits	14815.8	-348.0
财政性存款	Fiscal Deposits	1169.9	-168.7
机关团体存款	Non-profit Institution Deposits	13645.9	-179.3
非银行业金融机构存款	Non-bank Financial Intermediary Deposits	2363.6	588.8
境外存款	Overseas Deposits	334.6	-51.1
各项贷款	**Loans in Various Forms**	**97880.6**	**11555.0**
境内贷款	Domestic Loans	96422.8	11710.9
住户贷款	Household Loans	35015.9	5582.1
短期贷款	Short-term Loans	7631.0	1668.6
消费贷款	Consumption Loans	2765.0	625.8
经营贷款	Business Loans	4865.9	1042.9
中长期贷款	Medium and Long-term Loans	27384.9	3913.5
消费贷款	Consumption Loans	24451.5	3250.1
经营贷款	Business Loans	2933.4	663.4
非金融企业及机关团体贷款	Non-financial Corporate and Institution Loans	61406.9	6150.7
短期贷款	Short-term Loans	23949.0	1234.9
中长期贷款	Medium and Long-term Loans	32113.0	4247.1
票据融资	Bill Financing	4715.0	649.9
融资租赁	Financial Leases	498.0	69.9
各项垫款	Advances	131.9	-51.1
非银行业金融机构贷款	Non-bank Financial Intermediary Loans		-22.0
境外贷款	Overseas Loans	1457.8	-155.8

8—11 金融机构人民币信贷收支情况(2020年)

RMB Credit Funds Balance Sheet of Financial Institution (2020)

单位:亿元 (100 million yuan)

类 别	Category	2020年末余额 2020 Year-end	比年初增减额 Increase/ Decrease from Year Beginning
各项存款	**Deposits in Various Forms**	**116155.4**	**13479.0**
境内存款	Domestic Deposits	116042.0	13482.8
住户存款	Household Deposits	64258.4	9026.3
活期存款	Demand Deposits	18371.9	2160.6
定期及其他存款	Fixed and Other Deposits	45886.5	6865.7
非金融企业存款	Non-financial Corporate Deposits	34625.1	4190.3
活期存款	Demand Deposits	13750.7	942.9
定期及其他存款	Fixed and Other Deposits	20874.3	3247.5
广义政府存款	General Government Deposits	14800.8	-323.4
财政性存款	Fiscal Deposits	1169.9	-168.7
机关团体存款	Non-profit Institution Deposits	13630.8	-154.7
非银行业金融机构存款	Non-bank Financial Intermediary Deposits	2357.8	589.6
境外存款	Overseas Deposits	113.3	-3.8
各项贷款	**Loans in Various Forms**	**95411.6**	**11708.6**
境内贷款	Domestic Loans	95313.5	11712.8
住户贷款	Household Loans	35015.0	5583.2
短期贷款	Short-term Loans	7630.1	1669.7
消费贷款	Consumption Loans	2764.1	626.9
经营贷款	Business Loans	4865.9	1042.9
中长期贷款	Medium and Long-term Loans	27384.9	3913.5
消费贷款	Consumption Loans	24451.5	3250.1
经营贷款	Business Loans	2933.4	663.4
非金融企业及机关团体贷款	Non-financial Corporate and Institution Loans	60298.6	6151.6
短期贷款	Short-term Loans	23051.5	1201.6
中长期贷款	Medium and Long-term Loans	31910.2	4271.7
票据融资	Bill Financing	4715.0	649.9
融资租赁	Financial Leases	498.0	69.9
各项垫款	Advances	123.8	-41.4
非银行业金融机构贷款	Non-bank Financial Intermediary Loans		-22.0
境外贷款	Overseas Loans	98.0	-4.3

8-12 金融机构分行业本外币贷款情况(2020年)
Loans of RMB and Foreign Currencies of Financial institutions by sector (2020)

单位:亿元 (100 million yuan)

行业	Sector	2020年末余额 2020 Year-end	比年初增减额 Increase/ Decrease from Year Beginning
贷款总计	**Total**	**93353.9**	**10929.6**
农、林、牧、渔业	Agriculture,Forestry,Animal Husbandry and Fishing	690.5	108.6
采矿业	Mining	1795.3	224.0
制造业	Manufacturing	14066.0	-488.6
电力、燃气及水的生产和供应业	Production and Supply of Electric Power and Heat Power	3354.1	231.7
建筑业	Construction	3930.1	556.2
批发和零售业	Wholesale and Retail Trade	5421.2	276.8
交通运输、仓储和邮政业	Traffic,Transport,Storage and Post	6141.5	1224.6
住宿和餐饮业	Hotels and Catering Services	304.4	7.3
信息传输、软件和信息技术服务业	Information Transfer, Software and Information Technology Services	292.0	37.1
金融业	Financial Intermediation	1026.2	148.9
房地产业	Real Estate	4362.3	279.1
租赁和商务服务业	Leasing and Business Services	7668.1	1611.2
科学研究和技术服务业	Scientific Research and Technical Service	287.8	65.7
水利、环境和公共设施管理业	Management of Water Conservancy,Environment and Public Facilities	6373.4	1032.0
居民服务、修理和其他服务业	Households Services, Repair and Other Services	100.7	13.5
教育	Education	368.6	78.7
卫生和社会工作	Health and Social Work	481.4	77.8
文化、体育和娱乐业	Culture,Sports and Entertainment	192.4	13.0
公共管理、社会保障和社会组织	Public management,Social Security and Social Organization	24.2	5.7
国际组织	International Organization		

8-13 各市金融机构本外币存贷款余额(2020年)
RMB and Foreign Currencies Deposits and Loans of Financial Institutions by Region(2020)

单位:亿元 (100 million yuan)

地区	Region	各项存款 Total Deposits		#住户存款 Household Deposits		各项贷款 Total Loans	
		余额 Year-end	比年初增减 Increase/ Decrease from Year Beginning	余额 Year-end	比年初增减 Increase/ Decrease from Year Beginning	余额 Year-end	比年初增减 Increase/ Decrease from Year Beginning
全省总计	**Total**	**118349.4**	**13610.5**	**64619.6**	**9039.0**	**97880.6**	**11555.0**
济南市	Jinan	21065.0	2418.9	7647.5	1150.5	20720.2	1951.5
青岛市	Qingdao	20507.1	2630.8	8158.3	1281.8	21064.8	2854.9
淄博市	Zibo	5612.6	589.1	3546.6	435.1	3879.9	286.0
枣庄市	Zaozhuang	2409.9	212.3	1663.9	199.8	1730.2	172.5
东营市	Dongying	4122.8	257.1	2155.6	313.6	3333.7	81.6
烟台市	Yantai	9997.8	882.0	5833.9	734.2	6661.9	848.7
潍坊市	Weifang	10076.5	1325.9	6181.3	861.0	7574.2	1035.4
济宁市	Jining	6568.1	640.9	4343.1	538.3	4783.0	702.1
泰安市	Tai'an	4602.7	470.0	3071.3	395.3	3137.4	438.8
威海市	Weihai	4732.8	481.8	2907.3	397.1	3396.6	512.6
日照市	Rizhao	3127.1	399.9	1821.5	259.2	2974.3	429.2
临沂市	Linyi	8192.6	1109.3	5213.1	735.5	7008.8	1088.6
德州市	Dezhou	4296.3	495.2	3060.0	453.8	2534.9	318.7
聊城市	Liaocheng	4366.3	484.5	3100.8	416.5	2885.8	240.5
滨州市	Binzhou	3442.6	484.7	1996.5	289.3	2904.1	221.4
菏泽市	Heze	5039.3	699.1	3916.4	579.9	3022.2	396.3

8-14 1997-2020年保险费收入和赔款给付

Premium and Payment of Insurance Companies 1997 to 2020

年份 Year	保险费收入 (万元) Premium (10 000 yuan)	赔款及给付支出 (万元) Settled Claim and Payment (10 000 yuan)	简单赔付率 (%) Simple Payment Rate (%)
1997	785298	317889	40.5
1998	837500	294648	35.2
1999	956496	365490	38.2
2000	1110622	402204	36.2
2001	1533204	409588	26.7
2002	2238236	456801	20.4
2003	2835306	561804	19.8
2004	3171584	656966	20.7
2005	3408050	766254	22.5
2006	3962203	1209078	30.5
2007	5017177	1717385	34.2
2008	6739812	1983902	29.4
2009	7928870	2283924	28.8
2010	10300687	2286398	22.2
2011	10360352	2712276	26.2
2012	11280360	3245582	28.8
2013	12804211	4416570	34.5
2014	14549297	5189703	35.7
2015	17876030	6221728	34.8
2016	23021888	7868526	34.2
2017	27380627	8312832	30.4
2018	29598304	9299333	31.4
2019	32388907	9034125	27.9
2020	34824927	10364798	29.8

8-15 人身保险公司主要业务指标(2020年)

Major Business Indicators of Life Insurance Companies (2020)

单位:万元 (10 000 yuan)

类别	Category	保费收入 Premium Income	赔款支出 Indemnity Expenditure	年金给付 Total Annuity Payment	满期给付 Total Mature Payment	死伤医疗给付 Payment for Death,Injury and Medical Treatment
总计	**Total**	**25533175**	**1023127**	**909505**	**1962373**	**961144**
一、人寿保险	**Life Insurance**	**18734287**		**909505**	**1794981**	**250539**
(一)非分红产品	Non-dividend Insurance	9550019		482353	201246	147590
定期寿险	Time Insurance	64916			27	16240
两全寿险	Endowment Insurance	1487190		93043	184034	46387
终身寿险	WLL	2385011			1488	54410
年金	Total Annuity Payment	5612902		389310	15697	30553
(二)分红产品	Dividend Insurance	9110428		427356	1588353	88781
定期寿险	Time Insurance					
两全寿险	Endowment Insurance	5355813		134417	1426365	51755
终身寿险	WLL	987041			8	19705
年金	Total Annuity Payment	2767574		292938	161980	17320
(三)投资连接产品	Investment Link Insurance	1461			806	186
(四)万能产品	Universal Life Insurance	72379		-203	4577	13983
二、意外伤害保险	**Accident Injury Insurance**	**465696**	**117017**			
一年期以内	Within-One-year Period Business	76755	25617			
一年期及一年期以上	One-year Period and more Business	388941	91401			
三、健康保险	**Health Insurance**	**6333192**	**906109**		**167391**	**710605**
一年期(及一年期以内)	Within-One-year Period Business	1426158	906109			
一年期以上	One-year Period Business	4907034			167391	710605

8-16 财产保险公司主要业务指标(2020年)

Major Business Indicators of Insurance Companies(2020)

单位:万元 (10 000 yuan)

类 别	Category	保费收入 Premium	赔款支出 Payment
总 计	**Total**	**9291752**	**5508649**
机动车辆及第三者责任险	Motor Vehicle and Third Party Liability	6087672	3707942
企财险	Enterprise Property insurance	252939	167381
家财险	Family Property Insurance	52257	19716
工程险	Project Insurance	40574	34197
责任险	Liability Insurance	517571	249763
信用险	Credit Insurance	101066	65765
保证保险	Guarantee Insurance	607399	314139
船舶险	Ship Insurance	25176	11305
货运险	Freight Transport Insurance	91782	36697
特殊风险保验	Peculiar Risk Insurance	25254	11456
农业保险	Agriculture Insurance	440969	279110
健康险	Health Insurance	760590	524622
意外伤害险	Accident Injury Insurance	263622	78016
其 他	Other Property Insurance	24880	8541

8-17 各市保险业务情况(2020年)

Basic Statistics on Insurance by Region (2020)

单位:亿元 (100 million yuan)

地 区	Region	保费收入 Premium	财产险公司 Property Insurance	人寿险公司 Life Insurance	赔款与给付 Claim and Payment	财产险公司 Property Insurance	人寿险公司 Life Insurance
全省总计	**Total**	**3482.5**	**929.2**	**2553.3**	**1036.5**	**550.9**	**485.6**
济 南 市	Jinan	628.0	150.7	477.3	160.3	75.3	85.1
青 岛 市	Qingdao	510.9	148.0	363.0	157.1	85.7	71.4
淄 博 市	Zibo	208.8	39.7	169.1	52.0	23.2	28.8
枣 庄 市	Zaozhuang	90.7	22.7	68.0	28.9	13.1	15.8
东 营 市	Dongying	107.0	31.0	76.0	31.7	17.6	14.0
烟 台 市	Yantai	286.9	62.5	224.4	90.6	41.5	49.1
潍 坊 市	Weifang	268.9	73.9	195.0	82.9	44.7	38.3
济 宁 市	Jining	219.1	66.4	152.7	65.8	38.8	27.0
泰 安 市	Tai'an	142.9	30.9	112.0	39.9	18.5	21.3
威 海 市	Weihai	119.1	28.0	91.1	36.3	16.6	19.8
日 照 市	Rizhao	79.8	25.7	54.1	28.7	18.0	10.7
临 沂 市	Linyi	289.3	92.3	197.0	92.3	60.1	32.2
德 州 市	Dezhou	132.5	38.3	94.3	39.5	21.4	18.1
聊 城 市	Liaocheng	129.1	39.0	90.1	39.9	25.5	14.4
滨 州 市	Binzhou	119.8	35.8	84.0	38.0	23.8	14.2
菏 泽 市	Heze	149.0	43.8	105.2	50.7	25.3	25.4

8-18 山东省证券期货市场基本情况
Basic Situation of Securities and Futures Markets of Shandong Province

项目		Item		2019	2020
上市公司数	(家)	Number of Listed Companies	(unit)	211	229
#发行A股公司数	(家)	A Shares	(unit)	209	227
发行B股公司数	(家)	B Shares	(unit)	5	5
A、B股均发行公司数	(家)	Number of Listed Companies (A Shares and B Shares)	(unit)	3	3
境内、外均发行公司数	(家)	Companies Listed Overseas and Domestic	(unit)	10	12
ST公司数	(家)	Number of ST Listed Companies	(unit)	5	4
*ST公司数	(家)	*ST Listed Companies	(unit)	3	5
证券公司数	(家)	No.of Securities Companies	(unit)	2	2
证券公司分公司数	(家)	No.of Branches of Securities Companies	(unit)	111	124
证券公司营业部数	(家)	No.of Securities Business Department	(unit)	569	572
期货公司数	(家)	No.of Futures Broker Companies	(unit)	3	3
期货公司分公司数	(家)	No.of Branches of Futures Broker Companies	(unit)	51	66
期货公司营业部数	(家)	No.of Trading Offices of Futures Broker Companies	(unit)	103	95
证券投资咨询机构数	(家)	No.of Securities Investment Consultative Institutions	(unit)	15	13
证券投资者资金开户数	(万户)	No.of Opening Account of Securities Investors	(10 000 households)	1382.7	1237.1
上市公司当年境内募集资金总额	(亿元)	Total Domestic Capital Volume Collected by Listed Companies	(100 million yuan)	889.5	739.0
首次公开发行	(亿元)	IPO	(100 million yuan)	171.4	154.0
配股	(亿元)	Share Right Issued	(100 million yuan)		19.6
增发	(亿元)	Adding the Share Issue	(100 million yuan)	612.6	186.9
可转债	(亿元)	Transferable Loans	(100 million yuan)	56.5	241.5
公司债	(亿元)	Corporate Bond	(100 million yuan)	49.0	140.0
市价总值	(亿元)	Total Market Value	(100 million yuan)	21428.1	32375.4
证券营业部代理证券交易额	(亿元)	Trading Volume of Securities Business Department	(100 million yuan)	139632.9	196299.7
期货经营机构代理交易额	(亿元)	Trading Volume of Agency by Futures Managerial Institutions	(100 million yuan)	156726.0	207736.4
全国中小企业股份转让系统挂牌公司	(家)	Listed Company on National SME Share Transfer System	(unit)	549	506
交易所公司债券发行金额	(亿元)	Issued Volume of Corporate Bonds Listed on the Exchange	(100 million yuan)	2093.1	2875.7
私募基金管理人登记数	(家)	Registration No.of Private investment fund managers	(unit)	587	707

注：证券营业部、期货公司营业数为已开业家数。
a)The number of securities business department(trading offices of futures broker companies) refers to those that has been opened.

8-19 各市证券期货市场基本情况(2020年)

Basic Situation of Securities and Futures Markets by Region (2020)

单位:家 (unit)

地 区	Region	上市公司 Number of Listed Companies	拟上市公司 Number of Listed Companies in plan	新三板挂牌公司 Number of New third board Listed Companies	证券公司 No.of Securities Companies	证券公司分公司 No.of Branches of Securities Companies
全省总计	**Total**	**229**	**150**	**506**	**2**	**124**
济南市	Jinan	35	26	131	1	59
青岛市	Qingdao	44	35	81	1	35
淄博市	Zibo	23	16	34		3
枣庄市	Zaozhuang	4	2	11		1
东营市	Dongying	5	11	20		2
烟台市	Yantai	42	16	55		8
潍坊市	Weifang	24	16	30		3
济宁市	Jining	9	4	20		2
泰安市	Tai'an	4	3	17		1
威海市	Weihai	11	6	36		2
日照市	Rizhao	1	3	8		1
临沂市	Linyi	7	3	11		1
德州市	Dezhou	9	5	16		1
聊城市	Liaocheng	4	2	20		1
滨州市	Binzhou	5	1	12		3
菏泽市	Heze	2	1	4		1

8-19 续表 continued

单位:家 (unit)

地 区	Region	证券公司营业部 No. of Securities Business Department	期货公司 No. of Futures Broker Companies	期货公司分公司 No. of Branches of Futures Broker Companies	期货公司营业部 No. of Trading Offices of Futures Broker Companies	私募基金管理人 No. of Private investment fund managers
全省总计	**Total**	**572**	**3**	**66**	**95**	**707**
济南市	Jinan	91	1	46	23	190
青岛市	Qingdao	120		16	28	362
淄博市	Zibo	40	1	1	7	10
枣庄市	Zaozhuang	14				2
东营市	Dongying	26			4	8
烟台市	Yantai	57	1	2	9	38
潍坊市	Weifang	50			3	21
济宁市	Jining	26			4	7
泰安市	Tai'an	21			1	9
威海市	Weihai	29			1	12
日照市	Rizhao	8		1	8	11
临沂市	Linyi	14				4
德州市	Dezhou	11			1	9
聊城市	Liaocheng	20				7
滨州市	Binzhou	33			6	14
菏泽市	Heze	12				3

主要统计指标解释

一般公共预算收入 指国家财政参与社会产品分配所取得的收入，是实现国家职能的财力保证。财政收入所包括的内容几经变化，目前主要包括：

（1）税收收入：包括增值税、企业所得税、个人所得税、资源税、城市维护建设税、房产税、印花税、城镇土地使用税、土地增值税、车船税、耕地占用税、契税、烟叶税、环境保护税等。

（2）非税收入：包括专项收入、行政事业性收费收入、罚没收入、国有资本经营收入、国有资源(资产)有偿使用收入等。

一般公共预算支出 国家财政将筹集起来的资金进行分配使用，以满足经济建设和各项事业的需要，主要包括：

（1）一般公共服务支出：反映政府提供一般公共服务的支出。

（2）公共安全支出：反映政府维护社会公共安全方面的支出，有关事务包括武装警察、公安、国家安全、检察、法院、司法、监狱、强制隔离戒毒、国家保密、缉私警察等。

（3）教育支出：反映政府教育事务支出。有关具体教育事务包括教育行政管理、学前教育、小学教育、初中教育、普通高中教育、普通高等教育、初等职业教育、中专教育、技校教育、职业高中教育、高等职业教育、广播电视教育、留学生教育、特殊教育、干部继续教育、教育机关服务等。

（4）科学技术支出：反映政府用于科学技术方面的支出。

（5）文化旅游体育与传媒支出：反映政府在文化旅游、文物、体育、广播电视、新闻出版等方面的支出。

（6）社会保障和就业支出：反映政府在社会保障与就业方面的支出。有关事项包括社会保障与就业管理事务、民政管理事务、财政对社会保险基金的补助、补充全国社会保障基金、行政事业单位离退休、企业改革补助、就业补助、抚恤、退役安置、社会福利、残疾人事业、城市居民最低生活保障、其他城镇社会救济、农村社会救济、自然灾害生活补助、红十字事务等。

（7）卫生健康支出：反映政府医疗卫生方面的支出。具体包括医疗卫生管理事务支出、医疗服务支出、医疗保障支出、疾病预防控制支出、卫生监督支出、妇幼保健支出、农村卫生支出等。

（8）城乡社区支出：反映政府城乡社区事务支出。具体包括：城乡社区管理事务支出、城乡社区规划与管理支出、城乡社区公共设施支出、城乡社区住宅支出、城乡社区环境卫生支出、建设市场管理与监督支出等。

（9）农林水支出：反映政府农林水事务方面的支出。具体包括农业、林业、水利、扶贫支出、农业综合开发支出等。

存　款 指企业、机关、团体或居民根据资金必须收回的原则，把货币资金存入银行或其他信贷机构保管并取得一定利息的一种信用活动形式。根据存款对象或性质的不同可划分为企业存款、财政存款、机关团体存款、基本建设存款、储蓄存款、农村存款、委托存款、其他存款等科目。它是银行信贷资金的主要来源。

贷　款 指银行或其他信贷机构根据资金必须归还的原则，按一定利率，为企业、个人等提供资金的一种信用活动形式。我国银行贷款分为短期贷款、中期流动资金贷款、中长期贷款、信托贷款、融资租赁、委托贷款、票据融资、各项垫款等。

保险公司 在中国境内的、经过保险监督管理部门批准设立，并依法登记注册的各类商业保险公司。

保险金额 指保险人承担赔偿或者给付保险金责任的最高限额。

保　费 指投保人为取得保险人在约定范围内所承担赔偿责任而支付给保险人的费用。

赔　款 指保险人根据保险合同的规定，向被保险人支付的赔偿保险责任损失的金额。

给　付 包括死伤医疗给付、满期给付和年金给付。死伤医疗给付是指保险人根据人寿保险及长期健康保险合同的规定，因被保险人在保险期内发生保险责任范围内的保险事故支付给被保险人(或受益人)的金额。满期给付是指被保险人生存期满，保险人按人寿保险合同规定支付给被保险人的满期保险金额。年金给付是指保险人因年金保险业务的被保险人生存至规定的年龄，按保险合同约定支付给被保险人的金额。

Explanatory Notes on Main Statistical Indicators

General Public Budget Revenue refers to the revenue of the government finance by means of participating in the distribution of the social products, which is the financial resources for ensuring the government to function. The contents of government revenue have been changed several times. Now it includes the following main items:

(1) Various tax revenues including value added tax, enterprise income tax, personal income tax, resources tax, fixed assets investment direction regulating tax, tax on city maintenance and construction, real estate tax, stamp tax, tax on use of urban land, land value added tax, vehicle and vessel tax, tax on occupancy of cultivated land, property tax, tobacco leaf tax.

(2) Non-tax Revenues including special revenues, revenues from Administrative and institutional fees, penalty and confiscatory revenues , revenues from state-owned capital operation,revenues from paid use of state-owned resources.

General Public Budget Expenditure refers to the distribution and use of the funds the government finance has raised, so as to meet the needs of economic construction and various causes. It includes the following main items:

(1) Expenditure for general public services: It reflects the expenditure from the government for general public services.

(2) Expenditure for public security: It reflects the expenditure from the government towards safeguarding the public security, including the related affairs of armed police, public security, state security, procuratorial administration,law court, judicial administration, jail , reeducation through labor, state confidentiality, anti-smuggling Patrol,etc.

(3) Expenditure for education: It reflects the expenditure from the government on education, including the related affairs of educational administration management, preschool education, primary education, junior secondary educate, regular senior secondary educate, regular higher education, primary vocational education, specialized secondary educate, technical educate, vocational senior secondary educate, vocational higher education, radio and television education, foreign student educate, special education, cadre continuing education, education institution services,etc.

(4) Expenditure for science and technology: It reflects the expenditure from the government on science and technology.

(5) Expenditure for culture, sport and media: It reflects the expenditure from the government on culture, cultural relics, sport, radio and television, publication, etc.

(6)Expenditure for social Safety net and employment effort:It reflects the expenditure from the government on social security and employment, including the related affairs of management of social security and employment, civil administration, subsidies to social insurance funds, supplement to national social security funds, retirees of government agencies and institutions, subsidies to enterprises reform, subsidies to employment, pension, settling down demobilized servicemen,social security, disabled person administration, minimum living allowance in urban area, other social relief in urban area, social relief in rural area, subsidies to natural disaster, Red Cross business,etc.

(7)Expenditure for medical and health care,and family planning: It reflects the expenditure from the government on health care, including expenditure on management of health care, medical services, medical security, disease control and prevention, public health supervision, rural health care,etc.

(8) Expenditure for urban and rural community affairs: It reflects the expenditure from the government on urban and rural community affairs, including expenditure on management of urban and rural community affairs, plan and management of urban and rural community, public utility of urban and rural community, residential buildings of urban and rural community, environmental sanitation of urban and rural community, management and supervision of markets construction, etc.

(9) Expenditure for agriculture, forestry and water conservancy: It reflects the expenditure from the government on agriculture, forest and irrigation, including expenditure on agriculture, forest, irrigation, poverty alleviation, comprehensive development of agriculture, etc.

Deposit is a form of credit by which enterprises, institutions, organizations or households can put money into banks and other credit institutions for safekeeping and interest earning under the principle of free withdrawal. According to different depositors, deposits are divided into enterprise deposits, treasury deposits, deposits of government agencies and organizations, capital construction deposits, savings deposits, rural saving deposits, entrusted deposits and other deposits. Deposits are major sources of the credit funds of banks.

Loan is a form of credit by which banks and other credit institutions provide funds at certain interest rate to enterprises and individuals in the light of the principle of unconditional repayment. Loans from Chinese banks include circulating capital loans, fixed assets loans, loans to urban and rural individuals engaged in industrial and commercial business and agricultural loans.

Insurance Companies refers to commercial insurance companies of various forms registered by law and established in China with the approval of insurance regulatory agencies.

Amount Insured refers to the maximum that the insurant will get for the claim of the case insured.

Premium is the fee paid by the insurant to the insurer to obtain the obligation of compensation from the insurance within the agreed terms.

Settled Claim is the compensation paid by the insurer to the insurant in accordance with the insurance contract.

Payment includes payment for death, injury or medical treatment, mature payment. and annuity payment. Payment for death, injury or medical treatment refers to the money paid to the insurant (or the beneficiary) in accordance with the life or health insurance contract when the insurant encounters accidents within the insured period covered in the contract. Mature payment refers to the mature payment to the insurant in accordance with the life insurance contract at the end of the insured period. Annuity payment refers to the amount that the insurer pays to the insured in accordance with the insurance contract as the insured of the annuity insurance business survives to the prescribed age.

第9篇

价格指数

Price Indices

简 要 说 明

一、本篇资料的主要内容

本篇资料反映了全省生产、流通与消费等环节的价格变动状况。主要包括居民消费、商品零售、生产资料、工业生产者出厂、工业生产者购进、住宅销售等价格指数。

二、本篇资料的来源

1.居民消费、商品零售和农业生产资料价格指数来源于消费价格统计调查年报，由国家统计局山东调查总队消费价格调查处整理提供。

2.工业生产者出厂、工业生产者购进、住宅销售等价格指数来源于生产价格统计调查年报，由国家统计局山东调查总队生产价格调查处整理提供。

3.农产品生产者价格指数来源于农产品生产者价格调查年报，由国家统计局山东调查总队农业调查处整理提供。

Brief Introduction

I. Main Content

Data on the price indices in this chapter show the changing trend in production, circulation and consumption, including mainly consumer price indices of residents, retail price indices, producer price indices for industrial products, purchasing price indices for industrial producers and price indices of residential sales.

II. Source of Data

(1) Data on consumer price indices of residents, retail price indices and price indices of agricultural means of production are based on yearly report on consumer price and are provided by the Division of Consumer Price Survey of the National Bureau of Statistics in Shandong.

(2) Data on producer price indices of industrial products, industrial producer purchasing price indices and real estate price indices are based on yearly report on production price and are provided by the Division of Production Price Survey of the National Bureau of Statistics in Shandong.

(3)Data on producer price index of agricultural products are based on yearly report on producer price of agricultural products and provided by the Division of Agriculture Statistics of Shandong Provincial Bureau of Statistics.

9-1 居民消费价格指数

Consumer Price Indices

(上年=100) (Preceding Year=100)

类 别	Category	2019	2020
居民消费价格指数	**Consumer Price Index**	**103.2**	**102.8**
城 市	Urban Areas	103.1	102.5
农 村	Rural Areas	103.6	103.6
服务项目价格指数	**Services Price Index**	**102.0**	**100.4**
消费品价格指数	**Consumer Goods Price Index**	**103.9**	**104.2**
食品烟酒	Food, Tobacco, Liquor	107.9	109.5
粮 食	Grain	100.1	102.4
食用油	Edible Oil	101.0	101.6
畜肉类	Livestock Meat	136.9	140.5
禽肉类	Poultry	109.7	102.5
水产品	Aquatic Products	100.6	104.7
蛋 类	Eggs	105.3	90.7
菜	Vegetables	103.6	109.3
鲜 菜	Fresh Vegetables	103.8	109.9
衣着	Clothing	101.2	100.6
居住	Residence	102.2	99.7
生活用品及服务	Daily Necessities and Services	100.9	99.9
交通和通信	Transportation and Communication	97.8	96.2
教育文化和娱乐	Education Culture and Recreation	102.5	101.2
医疗保健	Health Care	102.0	101.5
其他用品和服务	Other Supplies and Services	104.1	104.6
商品零售价格指数	**Retail Price Index**	**102.2**	**102.0**
城 市	Urban Areas	102.0	101.9
农 村	Rural Areas	102.9	102.6
农业生产资料价格指数	**Price Indices of Means of Agricultural production**	**107.6**	**105.6**

9-2 居民消费和商品零售价格总指数(2020年)

General Consumer and Retail Price Indices(2020)

类 别	Category	居民消费价格总指数 General Consumer Price Indices			商品零售价格总指数 General Retail Price Indices			农业生产资料价格总指数 General Price Indices of Means of Agricultural Production
		全 省 Provincial Indices	城 市 Urban Indices	农 村 Rural Indices	全 省 Provincial Indices	城 市 Urban Indices	农 村 Rural Indices	
以1950年价格为100	1950=100	778.7	778.5		578.8	548.3	545.6	559.8
以1952年价格为100	1952=100	687.0	687.9		481.3	480.6	494.6	578.3
以1957年价格为100	1957=100	632.8	640.4		438.5	394.7	453.4	539.8
以1965年价格为100	1965=100	623.5	623.4		418.4	428.0	432.8	600.7
以1970年价格为100	1970=100	639.4	640.0		425.0	439.7	439.9	664.1
以1978年价格为100	1978=100	638.7	639.5	632.9	425.5	437.8	440.8	719.3
以1980年价格为100	1980=100	604.4	612.8	595.3	406.6	425.4	421.5	712.3
以1985年价格为100	1985=100	520.9	519.5	507.2	367.2	379.9	382.9	604.7
以1990年价格为100	1990=100	320.0	332.1	313.6	229.4	229.5	242.4	400.3
以1995年价格为100	1995=100	174.4	172.0	181.7	136.1	130.6	148.6	209.8
以2000年价格为100	2000=100	156.7	149.4	167.8	135.6	130.2	148.0	227.8
以上年价格为100	Preceding Year=100	102.8	102.5	103.6	102.0	101.9	102.6	105.6

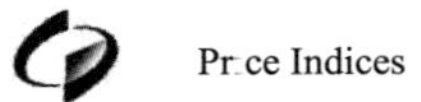

9-3 历年居民消费价格总指数
General Consumer Price Indices over the Years

年 份 Year	以1950年为100 1950=100	以1952年为100 1952=100	以1978年为100 1978=100	以1990年为100 1990=100	以1995年为100 1995=100	以上年为100 Preceding Year=100
1952	113.2					102.2
1955	120.8	106.7				99.9
1957	122.9	108.5				101.0
1962	132.2	116.8				100.5
1965	124.8	110.3				97.8
1970	121.7	107.4				98.9
1975	121.5	107.3				100.2
1976	121.7	107.5				100.2
1977	121.5	107.3				99.8
1978	121.9	107.6				100.3
1979	122.8	108.4	100.7			100.7
1980	128.9	113.8	105.7			105.0
1981	131.2	115.8	107.6			101.8
1982	132.4	116.8	108.6			100.9
1983	135.6	119.6	111.2			102.4
1984	137.6	121.4	112.9			101.5
1985	149.6	132.0	122.7			108.7
1986	156.3	137.9	128.2			104.5
1987	169.1	149.2	138.7			108.2
1988	200.7	177.1	164.7			118.7
1989	235.5	207.7	199.1			117.3
1990	243.5	214.8	199.7			103.4
1991	255.4	225.3	209.5	104.9		104.9
1992	272.8	240.6	223.7	112.0		106.8
1993	307.4	271.2	252.2	126.3		112.7
1994	379.4	334.6	311.2	155.8		123.4
1995	446.1	393.5	365.9	183.2		117.6
1996	489.0	431.3	401.1	200.8	109.6	109.6
1997	502.6	443.3	412.3	206.4	112.7	102.8
1998	499.6	440.7	409.8	205.2	112.0	99.4
1999	496.1	437.6	406.9	203.8	111.2	99.3
2000	497.1	438.5	407.7	204.2	111.4	100.2
2001	506.0	446.4	415.0	207.9	113.4	101.8
2002	502.5	443.2	412.1	206.4	112.6	99.3
2003	508.0	448.1	416.6	208.7	113.8	101.1
2004	526.3	464.3	431.6	216.2	117.9	103.6
2005	535.2	472.1	439.0	219.9	119.9	101.7
2006	540.6	476.9	443.4	222.1	121.1	101.0
2007	564.4	497.9	462.9	231.9	126.4	104.4
2008	594.3	524.2	487.4	244.2	133.1	105.3
2009	594.3	524.2	487.4	244.2	133.1	100.0
2010	611.5	539.4	501.6	251.3	137.0	102.9
2011	642.2	566.5	526.7	263.9	143.9	105.0
2012	655.7	578.4	537.8	269.4	146.9	102.1
2013	670.2	591.1	549.6	275.4	150.2	102.2
2014	682.9	602.4	560.1	280.6	153.0	101.9
2015	691.1	609.6	566.8	284.0	154.8	101.2
2016	705.6	622.4	578.7	289.9	158.1	102.1
2017	716.2	631.7	587.4	294.3	160.5	101.5
2018	734.1	647.5	602.1	301.6	164.5	102.5
2019	757.6	668.3	621.3	311.3	169.7	103.2
2020	778.8	687.0	638.7	320.0	174.5	102.8

9-4 历年城市居民消费价格总指数

General Urban Consumer Price Indices over the Years

年 份 Year	以1930-1936年平均价格为100 Average Price (1930-1936)=100	以1952年为100 1952=100	以1978年为100 1978=100	以1980年为100 1980=100	以1990年为100 1990=100	以1995年为100 1995=100	以上年为100 Preceding Year=100
1949	260.9						
1952	302.2						102.2
1955	322.5	106.7					99.9
1957	328.0	108.5					101.0
1962	352.9	116.8					100.5
1965	333.5	110.3					97.8
1970	324.9	107.4					98.9
1975	324.2	107.3					100.2
1976	324.9	107.5					100.2
1977	324.3	107.3					99.8
1978	325.2	107.6					100.3
1979	329.7	109.1	101.4				101.4
1980	339.3	112.3	104.3				102.9
1981	346.4	114.6	106.5	102.1			102.1
1982	347.4	115.0	106.9	102.4			100.3
1983	345.3	114.3	106.2	101.8			99.4
1984	350.5	116.0	107.8	103.3			101.5
1985	381.4	126.2	117.3	112.4			108.8
1986	400.5	132.5	123.2	118.0			105.0
1987	436.9	144.6	134.4	128.8			109.1
1988	526.9	174.4	162.1	155.3			120.6
1989	609.6	201.7	187.5	179.7			115.7
1990	625.5	207.0	192.4	184.4			102.6
1991	664.3	219.8	204.3	195.8	106.2		106.2
1992	721.4	238.7	221.9	212.6	115.3		108.6
1993	826.7	273.6	254.3	243.7	132.1		114.6
1994	1036.7	343.1	318.9	305.6	165.7		125.4
1995	1210.9	400.7	372.5	356.9	193.6		116.8
1996	1338.0	442.8	411.6	394.4	213.9	110.5	110.5
1997	1380.8	457.0	424.8	407.0	220.7	114.0	103.2
1998	1376.7	455.6	423.5	405.8	220.0	113.7	99.7
1999	1376.7	455.6	423.5	405.8	220.0	113.7	100.0
2000	1393.2	461.1	428.6	410.7	222.6	115.1	101.2
2001	1408.5	466.2	433.3	415.2	225.0	116.4	101.1
2002	1390.2	460.1	427.7	409.8	222.1	114.9	98.7
2003	1399.9	463.3	430.7	412.7	223.7	115.7	100.7
2004	1439.1	476.3	442.7	424.2	230.0	118.9	102.8
2005	1454.9	481.5	447.6	428.9	232.5	120.2	101.1
2006	1469.5	486.3	452.1	433.2	234.8	121.4	101.0
2007	1525.3	504.8	469.3	449.7	243.7	126.0	103.8
2008	1597.0	528.5	491.4	470.8	255.2	131.9	104.7
2009	1596.1	528.2	491.1	470.6	255.0	131.8	99.9
2010	1637.6	542.0	503.8	482.8	261.6	135.3	102.6
2011	1714.1	567.3	527.4	505.3	273.9	141.8	104.7
2012	1750.1	579.2	538.5	515.9	279.6	144.8	102.1
2013	1786.9	591.4	549.8	526.7	285.5	147.8	102.1
2014	1824.4	603.8	561.3	537.8	291.5	150.9	102.1
2015	1850.0	612.2	569.2	545.3	295.6	153.0	101.4
2016	1890.7	625.7	581.7	557.3	302.1	156.4	102.2
2017	1920.9	635.7	591.0	566.3	306.9	158.9	101.6
2018	1967.0	651.0	605.2	579.8	314.3	162.7	102.4
2019	2028.0	671.2	624.0	597.8	324.0	167.8	103.1
2020	2078.7	687.9	639.6	612.8	332.1	172.0	102.5

9-5 历年农村居民消费价格总指数

General Rural Consumer Price Indices over the Years

年 份 Year	以1978年为100 1978=100	以1980年为100 1980=100	以1985年为100 1985=100	以1990年为100 1990=100	以1995年为100 1995=100	以上年为100 Preceding Year=100
1979	100.4					100.4
1980	106.2					105.8
1981	107.9	101.6				101.6
1982	109.1	102.7				101.1
1983	113.0	106.4				103.6
1984	114.7	108.0				101.5
1985	124.7	117.4				108.7
1986	129.8	122.2	104.1			104.1
1987	139.4	131.2	111.8			107.4
1988	163.1	153.5	130.8			117.0
1989	194.0	182.5	155.5			118.9
1990	201.7	189.8	161.7			104.0
1991	209.8	197.4	168.2	104.0		104.0
1992	219.5	206.5	175.9	108.8		104.6
1993	242.9	228.6	194.7	120.4		110.7
1994	295.7	278.2	236.9	146.5		121.7
1995	348.6	328.0	279.3	172.7		117.9
1996	379.9	357.5	304.4	188.2	109.0	109.0
1997	389.1	366.1	311.7	192.7	111.6	102.4
1998	385.2	362.4	308.6	190.8	110.5	99.0
1999	379.8	357.3	304.3	188.1	109.0	98.6
2000	377.1	354.8	302.2	186.8	108.2	99.3
2001	386.2	363.3	309.5	191.3	110.8	102.4
2002	385.8	362.9	309.2	191.1	110.7	99.9
2003	391.6	368.3	313.8	194.0	112.4	101.5
2004	409.6	385.2	328.2	202.9	117.5	104.6
2005	419.4	394.5	336.1	207.8	120.3	102.4
2006	423.6	398.4	339.5	209.9	121.6	101.0
2007	446.1	419.5	357.5	221.0	128.0	105.3
2008	473.8	445.5	379.7	234.7	135.9	106.2
2009	474.1	445.8	380.0	234.9	136.0	100.1
2010	490.7	461.4	393.2	243.1	140.8	103.5
2011	519.5	488.7	416.4	257.4	149.1	105.9
2012	529.9	498.5	424.7	262.6	152.1	102.0
2013	543.1	510.9	435.3	269.1	155.9	102.5
2014	551.3	518.6	441.9	273.2	158.2	101.5
2015	556.2	523.3	445.8	275.6	159.6	100.9
2016	566.3	532.7	453.9	280.6	162.5	101.8
2017	574.2	540.1	460.2	284.5	164.8	101.4
2018	589.7	554.7	472.6	292.2	169.2	102.7
2019	610.9	574.7	489.7	302.7	175.3	103.6
2020	632.9	595.4	507.3	313.6	181.6	103.6

9-6 历年商品零售价格总指数

General Retail Price Indices over the Years

年 份 Year	以1930-1936年平均价格为100 Average Price (1930-1936)=100	以1952年为100 1952=100	以1978年为100 1978=100	以1980年为100 1980=100	以1990年为100 1990=100	以1995年为100 1995=100	以上年为100 Preceding Year=100
1949	257.0						
1952	303.6						100.4
1955	325.6	107.2					100.2
1957	333.5	109.8					101.7
1962	359.9	118.5					100.4
1965	349.4	115.1					97.6
1970	343.8	113.3					99.2
1971	343.5	113.2					99.9
1972	342.5	112.8					99.7
1973	342.2	112.7					99.9
1974	341.8	112.6					99.9
1975	342.2	112.7					100.1
1976	342.5	112.8					100.1
1977	342.2	112.7					99.9
1978	343.5	113.2					100.4
1979	349.0	115.0	101.6				101.6
1980	359.5	118.5	104.6				103.0
1981	365.6	120.5	106.4	101.7			101.7
1982	367.8	121.2	107.1	102.3			100.6
1983	363.0	119.7	105.6	101.0			98.7
1984	367.0	121.0	106.8	102.1			101.1
1985	398.2	131.3	115.9	110.8			108.5
1986	416.1	137.2	121.1	115.8			104.5
1987	450.6	148.6	131.2	125.4			108.3
1988	536.3	176.8	156.1	149.2			119.0
1989	626.9	206.7	182.5	174.4			116.9
1990	636.9	210.0	185.4	177.2			101.6
1991	668.1	220.3	194.5	185.9	104.9		104.9
1992	709.5	233.9	206.6	197.4	111.4		106.2
1993	782.6	258.0	227.8	217.7	122.9		110.3
1994	941.5	310.4	274.1	261.9	147.8		120.3
1995	1075.2	354.5	313.0	299.1	168.8		114.2
1996	1150.6	378.9	334.9	320.1	180.6	107.0	107.0
1997	1159.8	381.9	337.6	322.7	182.0	107.9	100.8
1998	1126.2	370.8	327.8	313.3	176.7	104.8	97.1
1999	1093.5	360.0	318.3	304.2	171.6	101.8	97.1
2000	1078.2	355.0	313.8	299.9	169.2	100.4	98.6
2001	1078.2	355.0	313.8	299.9	169.2	100.4	100.0
2002	1065.3	350.7	310.0	296.3	167.2	99.2	98.8
2003	1067.4	351.4	310.7	296.9	167.5	99.4	100.2
2004	1097.3	361.3	319.4	305.2	172.2	102.2	102.8
2005	1103.9	363.4	321.3	307.0	173.2	102.8	100.6
2006	1110.5	365.6	323.2	308.9	174.3	103.4	100.6
2007	1150.5	378.8	334.8	320.0	180.6	107.1	103.6
2008	1206.9	397.4	351.2	335.7	189.4	112.3	104.9
2009	1199.3	394.9	349.0	333.6	188.3	111.6	99.4
2010	1231.6	405.5	358.4	342.6	193.3	114.7	102.7
2011	1288.9	424.3	375.1	358.5	202.3	120.0	104.7
2012	1309.6	431.1	381.1	364.2	205.6	121.9	101.6
2013	1327.9	437.1	386.4	369.3	208.4	123.6	101.4
2014	1341.2	441.5	390.3	373.0	210.5	124.8	101.0
2015	1343.8	442.4	391.1	373.8	211.0	125.1	100.2
2016	1361.3	448.1	396.1	378.6	213.7	126.7	101.3
2017	1372.2	451.7	399.3	381.7	215.4	127.7	100.8
2018	1402.4	461.7	408.1	390.1	220.1	130.5	102.2
2019	1433.3	471.8	417.1	398.6	225.0	133.4	102.2
2020	1461.9	481.2	425.4	406.6	229.5	136.1	102.0

注：本表已根据现行价格调查统计制度予以调整，均不包括农业生产资料部分。

a)The data in this form have been adjusted according to current statistical system of price survey.Means of agricultural production are excluded.

9−7 历年农业生产资料价格总指数

General Price Indices of Means of Agricultural Production over the Years

年 份 Year	以1950年为100 1950=100	以1952年为100 1952=100	以1978年为100 1978=100	以1990年为100 1990=100	以1995年为100 1995=100	以上年为100 Preceding Year=100
1952	97.0					102.2
1955	103.8	107.0				94.1
1957	103.4	106.7				99.7
1962	106.8	110.1				99.3
1965	92.7	95.5				96.8
1970	84.2	86.8				99.9
1975	79.2	81.6				100.0
1976	79.2	81.6				100.0
1977	79.2	81.6				100.0
1978	78.5	80.9				99.1
1979	78.6	81.0	100.1			100.1
1980	78.6	81.0	100.1			100.0
1981	79.9	82.4	101.8			101.7
1982	80.8	83.3	102.9			101.1
1983	82.9	85.5	105.6			102.6
1984	88.9	91.7	113.2			107.2
1985	92.5	95.5	117.8			104.1
1986	94.4	97.5	120.3			102.1
1987	99.9	103.2	127.3			105.8
1988	114.6	118.4	146.0			114.7
1989	135.5	139.9	172.6			118.2
1990	139.8	144.4	178.1			103.2
1991	142.6	147.3	181.7	102.0		102.0
1992	144.6	149.4	184.2	103.4		101.4
1993	161.4	166.7	205.6	115.4		111.6
1994	200.3	206.9	255.1	143.2		124.1
1995	267.0	275.8	340.1	190.9		133.3
1996	281.7	291.0	358.8	201.4	105.5	105.5
1997	272.1	281.1	346.6	194.6	101.9	96.6
1998	261.8	270.4	336.5	187.2	98.0	96.2
1999	249.0	257.2	320.0	178.0	93.2	95.1
2000	245.8	253.9	315.8	175.7	92.0	98.7
2001	250.2	258.5	321.5	178.9	93.7	101.8
2002	251.0	259.3	322.5	179.4	94.0	100.3
2003	257.0	265.5	330.2	183.7	96.2	102.4
2004	283.2	292.6	363.9	202.5	106.0	110.2
2005	300.7	310.7	386.4	215.0	112.6	106.2
2006	309.8	320.0	398.0	221.5	116.0	103.0
2007	331.8	342.7	426.3	237.2	124.2	107.1
2008	395.8	408.8	508.6	283.0	148.2	119.3
2009	381.2	393.7	489.8	272.5	142.7	96.3
2010	392.6	405.5	504.4	280.7	147.0	103.0
2011	436.2	450.6	560.4	311.9	163.4	111.1
2012	461.9	477.2	593.5	330.3	173.0	105.9
2013	467.5	482.9	600.6	334.3	175.1	101.2
2014	465.1	480.5	597.6	332.6	174.2	99.5
2015	461.9	477.1	593.4	330.3	173.0	99.3
2016	456.8	471.9	586.9	326.6	171.1	98.9
2017	460.9	476.1	592.2	329.6	172.7	100.9
2018	492.7	509.0	633.0	352.3	184.6	106.9
2019	530.1	547.7	681.1	379.1	198.6	107.6
2020	559.8	578.3	719.3	400.3	209.7	105.6

9-8 居民消费价格分类指数(2020年)

Consumer Price Indices by Category(2020)

(上年=100) (preceding year=100)

商品类别	Category	全省 Provincial Indices	城市 Urban Indices	农村 Rural Indices
居民消费价格指数	**Consumer Price Index**	**102.8**	**102.5**	**103.6**
非食品价格指数	Non-food Price Index	100.0	99.8	100.3
服务价格指数	Services Price Index	100.4	100.2	101.2
消费品价格指数	Consumer Goods Price Index	104.2	104.0	104.9
扣除鲜菜鲜果价格指数	Deducting Fruit Vegetable Price Index	102.9	102.6	103.7
一、食品烟酒	**Food, Tobacco, Liquor**	**109.5**	**108.9**	**111.1**
1.食品	Food	112.1	111.4	113.9
(1)粮　食	Grain	102.4	102.7	101.6
(2)薯　类	Tuber	104.5	103.3	107.0
(3)豆　类	Beans	107.5	106.0	110.4
(4)食用油	Edible Oil	101.6	100.8	103.1
(5)菜	Vegetables	109.3	108.7	111.0
(6)畜肉类	Livestock Meat	140.5	139.7	142.3
(7)禽肉类	Poultry	102.5	101.8	104.0
(8)水产品	Aquatic Products	104.7	103.8	107.7
(9)蛋　类	Eggs	90.7	91.2	89.3
(10)奶　类	Milk	100.6	100.4	101.2
(11)干鲜瓜果类	Dried and Fresh Melons and Fruits	91.7	92.7	88.2
(12)糖果糕点类	Candy and Cakes	100.4	100.0	101.5
(13)调味品	Condiment	100.9	101.0	100.6
(14)其他食品类	Other Foods	102.1	101.4	103.5
2.茶及饮料	Tea and Beverages	100.1	100.1	100.0
3.烟　酒	Tobacco and Liquor	101.4	101.5	101.1
(1)烟　草	Tobacco	100.0	100.1	99.8
(2)酒　类	Liquor	102.9	103.1	102.5
4.在外餐饮	Outside Catering	105.9	105.3	108.7
二、衣　着	**Clothing**	**100.6**	**100.7**	**100.4**
1.服　装	Garments	100.8	100.9	100.4
(1)男式服装	Men's Clothing	100.9	101.1	100.2
(2)女式服装	Women's Clothing	100.7	100.8	100.4
(3)儿童服装	Children's Clothing	100.9	100.8	101.0
2.服装材料	Clothing Material	98.3	98.2	98.5
3.其他衣着及配件	Other Clothing and Accessories	99.3	98.8	101.1
4.衣着加工服务费	Clothing processing service fee	101.9	101.7	102.4
5.鞋　类	Footwear	100.1	100.0	100.2
(1)鞋	Shoes	100.1	100.0	100.2
(2)鞋类加工服务	Footwear Processing Services	100.8	100.9	100.6
三、居　住	**Residence**	**99.7**	**99.4**	**100.5**
1.租赁房房租	Rental Housing Rent	99.9	99.7	102.0
2.住房保养维修及管理	Housing Maintenance	101.5	101.4	101.8
(1)住房装潢材料	Housing Decoration Materials	100.5	100.5	100.6
(2)物业管理费	Property Management Fee	99.8	99.7	100.0
(3)住房装潢维修	Housing Decoration Maintenance	103.1	103.2	102.9
3.水电燃料	Water, Electricity and Fuels	99.2	99.5	98.4
(1)水	Water	100.2	100.3	100.0
(2)电	Electricity	100.0	100.0	100.0
(3)燃　气	Gas	100.5	102.6	94.9
(4)取暖费	Heating Fee	100.0	100.0	100.0
(5)其他燃料	Other Fuel	94.6	88.2	98.0
4.自有住房	Self-owned House	99.3	98.7	101.0

9-8 续表 continued

(上年=100) (preceding year=100)

商品类别	Category	全省 Provincial Indices	城市 Urban Indices	农村 Rural Indices
四、生活用品及服务	**Daily Necessities and Services**	**99.9**	**99.9**	**100.1**
1.家具及室内装饰品	Furniture and Interior Decorations	100.2	100.4	99.5
(1)家　具	Furniture	100.2	100.6	99.4
(2)室内装饰品	Interior Decorations	99.7	99.5	100.5
2.家用器具	Household Appliances	98.7	98.2	99.6
(1)大型家用器具	Large Household Appliances	98.7	98.2	99.6
(2)小家电	Small Household Appliances	98.7	98.4	99.5
3.家用纺织品	Home Textiles	99.0	99.1	98.9
(1)床上用品	Bedding Article	98.7	98.8	98.4
(2)窗帘门帘	Curtain	101.4	101.5	101.0
(3)其他家用纺织品	Other Household Textiles	98.7	98.1	100.5
4.家庭日用杂品	The Family Daily Sundry Goods	100.1	100.0	100.4
(1)洗涤卫生用品	Washing Sanitary Articles	100.6	100.7	100.1
(2)厨具餐具茶具	Kitchenware, Tableware, Tea Set	99.3	99.3	99.1
(3)家用手工工具	Home Hand Tools	101.0	101.0	101.0
(4)其他家庭日用杂品	Other Household Articles For Daily Use	99.8	98.7	101.6
5.个人护理用品	Personal Care Products	100.0	100.0	99.8
(1)化妆品	Cosmetics	99.6	99.6	99.7
(2)其他护理用品类	Other Nursing Products	100.4	100.4	100.0
6.家庭服务	Family Services	103.4	103.1	104.8
五、交通和通信	**Transport and Communication**	**96.2**	**96.0**	**96.9**
1.交　通	Transport	94.4	94.0	95.4
(1)交通工具	Transport Tools	97.7	97.3	98.4
(2)交通工具用燃料	Transport Fuels	85.8	85.9	85.7
(3)交通工具使用和维修	Vehicle Use and Maintenance	101.0	100.7	101.6
(4)交通费	Travelling Expenses	95.7	95.2	98.4
2.通　信	Signal Communication	99.4	99.5	99.4
(1)通信工具	Communication Tools	98.4	99.1	96.3
(2)通信服务	Communication Services	99.8	99.6	100.1
(3)邮递服务	Mailing Service	98.7	98.3	100.8
六、教育文化和娱乐	**Education Culture and Recreation**	**101.2**	**101.3**	**100.8**
1.教　育	Education	102.2	102.6	101.3
(1)教育用品	Educational Supplies	106.3	107.0	104.5
(2)教育服务	Education Services	102.0	102.4	101.2
2.文化娱乐	Culture and Entertainment	99.7	99.8	99.4
(1)文娱耐用消费品	Recreational Consumer Durables	98.7	98.5	99.2
(2)其他文娱用品	Other Entertainment Products	100.2	100.1	100.6
(3)文化娱乐服务	Cultural and Recreational Services	96.5	96.0	98.5
(4)旅　游	Tourism	101.3	101.5	99.0
七、医疗保健	**Health Care**	**101.5**	**101.4**	**101.9**
1.药品及医疗器具	Drugs and Medical Devices	101.2	100.8	102.2
(1)中　药	Traditional Chinese Medicine	100.4	100.5	100.1
(2)西　药	West Medicine	101.6	101.1	102.4
(3)滋补保健品	Western Medicine	100.4	99.8	102.5
(4)医疗卫生器具	Medical and Health Equipment	102.8	102.2	104.8
(5)保健器具	Healthcare Apparatus	99.6	99.5	100.2
2.医疗服务	Medical Services	101.8	101.9	101.6
(1)综合医疗类	Comprehensive Health Care	105.8	105.8	105.7
(2)诊断类	Diagnostic	99.2	98.7	100.5
(3)治疗类	Therapeutic	101.8	102.3	100.5
(4)康复类	Rehabilitation	102.7	104.0	99.6
(5)中医医疗服务类	Chinese Medicine Services	101.4	101.4	101.4
(6)其他医疗服务	Other Medical Services	100.4	100.6	99.8
八、其他用品和服务	**Other Supplies and Services**	**104.6**	**104.5**	**105.0**
1.其他用品类	Other Products	109.0	109.6	106.8
(1)首饰手表	Jewelry Watches	113.6	113.8	112.7
(2)其他杂项用品	Other Miscellaneous Supplies	100.6	100.7	100.2
2.其他服务类	Other Services	100.6	99.9	103.3
(1)旅馆住宿	Hotel Accommodation	93.6	92.5	101.0
(2)美容美发洗浴	Hairdressing Bath	103.9	103.5	104.9
(3)养老服务	Pension Services	101.1	100.7	102.8
(4)金融保险	Finance and Insurance	99.6	99.1	101.8
(5)其他服务类	Other Service	102.5	102.4	103.0

9-9 商品零售价格分类指数(2020年)

Retail Indices by Category(2020)

(上年=100) (preceding year=100)

商品类别	Category	全省 Provincial Indices	城市 Urban Indices	农村 Rural Indices
商品零售价格总指数	**Retail Index**	**102.0**	**101.9**	**102.6**
一、食　品	**Food**	**111.0**	**110.5**	**112.7**
1.粮　食	Grain	102.4	102.7	101.8
2.薯　类	Tuber	103.4	102.8	105.7
3.豆　类	Beans	106.8	105.6	110.1
4.食用油	Edible Oil	101.1	100.9	101.5
5.菜	Vegetables	109.1	108.7	110.6
6.畜肉类	Livestock Meat	140.6	140.3	141.9
7.禽肉类	Poultry	103.2	102.2	106.8
8.水产品	Aquatic Products	104.7	104.0	107.4
9.蛋　类	Eggs	90.5	91.0	88.9
10.奶　类	Milk	100.7	100.5	101.2
11.干鲜瓜果类	Dried and Fresh Melons and Fruits	91.6	92.4	88.1
12.糖果糕点类	Candy and Cakes	100.4	99.9	101.7
13.调味品	Flavoring	100.6	100.7	100.5
14.其他食品类	Other Foods	101.4	101.0	102.7
15.在外餐饮	Outside Catering	106.3	106.0	108.4
二、饮料、烟酒	**Beverages,Tobacco and Liquor**	**101.0**	**101.1**	**100.7**
1.茶及饮料	Tea and Beverages	100.2	100.1	100.3
2.烟　草	Tobacco	100.0	100.1	99.9
3.酒　类	Liquor	102.9	103.0	102.3
三、服装、鞋帽	**Garments,Footwear and Hats**	**100.4**	**100.5**	**100.0**
1.服　装	Garments	100.6	100.7	100.1
(1)男士服装	Men's Clothing	100.8	100.9	100.0
(2)女士服装	Women's Clothing	100.5	100.6	99.9
(3)儿童服装	Children's Clothing	100.8	100.8	101.0
2.鞋帽袜	Footwear and Hats	99.7	99.8	99.7
(1)鞋	Shoes	99.8	99.8	99.6
(2)袜　子	Socks	98.0	97.2	101.2
(3)帽　子	Hats	100.8	100.8	101.0
3.其他衣着配件	Others	99.4	99.3	100.2
四、纺织品	**Textiles**	**98.3**	**98.5**	**97.8**
1.服装材料	Clothing Material	98.0	97.8	98.5
2.床上用品	Bed Articles	98.4	98.6	97.6

9-9 续表 continued

(上年=100) (preceding year=100)

商品类别	Category	全 省 Provincial Indices	城 市 Urban Indices	农 村 Rural Indices
五、家用电器及音像器材	**Household Appliances, Music and Video Equipment**	**98.1**	**98.0**	**98.5**
1.家庭设备	Household Facilities	98.3	98.1	99.3
2.文娱用耐用消费品	Durable Consumer Goods for Cultural and Recreational Use	98.2	98.5	96.8
3.专业音像器材	Professional Music and Video Equipment	95.3	95.3	95.4
六、文化办公用品	**Cultural and Office Appliances**	**100.2**	**99.9**	**101.6**
七、日用品	**Articles for Daily Use**	**100.0**	**100.0**	**100.0**
1.日用百货	General Merchandise for Daily Use	99.7	99.5	100.4
2.厨具餐具茶具	Kitchenware, Tableware, Tea Set	99.0	99.3	97.8
3.清洗用品	Washing Products	101.4	101.5	100.7
4.其它日月品	Other Articles for Daily Use	99.9	99.9	100.0
八、体育娱乐月品	**Sports and Recreation Articles**	**100.0**	**100.0**	**100.0**
1.体育户外用品	Sports Articles	99.7	99.7	99.3
2.娱乐用品	Recreation Articles	100.1	100.1	100.3
九、交通、通信用品	**Transportation and Communication Articles**	**98.7**	**98.8**	**98.3**
1.交通运输机械	Transport machinery	98.6	98.5	98.9
2.通信器材	Communication Equipment	99.3	100.1	96.6
十、家　具	**Furniture**	**99.9**	**100.2**	**98.8**
十一、化妆品	**Cosmetics**	**100.2**	**100.2**	**100.4**
十二、金银饰品	**Gold, Silver and Jewelry**	**115.9**	**116.5**	**113.3**
十三、中西药品及医疗保健用品	**Traditional Chinese and Western Medicines and Health Care Articles**	**100.9**	**100.7**	**101.9**
1.医疗卫生器具	Medical Apparatus and Articles	103.2	102.7	106.5
2.中　药	Traditional Chinese Medicine	100.4	100.4	100.2
3.西　药	Western Medicines	101.2	101.0	102.0
4.保健器具及用品	Health Care Appliances and Supplies	99.8	99.5	101.7
十四、书报杂志及电子出版物	**Books, Newspapers, Magazines and Electronic Publications**	**103.7**	**103.7**	**104.0**
1.教材及参考书	Teaching Materials and Reference Books	106.3	106.4	106.0
2.书报杂志	Books, Newspapers and Magazines	101.8	101.5	102.9
3.计算机办公软件	Computer Office Software	98.5	98.4	98.6
十五、燃　料	**Fuels**	**91.0**	**90.7**	**92.0**
1.煤炭及制品	Coal and Products	94.7	93.6	98.0
2.石油及制品	Petroleum and Products	89.8	89.9	89.4
十六、建筑材料及五金电料	**Building Materials and Hardware**	**100.6**	**100.5**	**100.7**
1.建筑装潢材料	Building Decoration Materials	100.6	100.6	100.5
2.五金水暖	Plumbing Hardware	100.7	100.5	101.0

9-10 农产品生产者价格指数
Producer Price Indices for Farm Products

(上年=100)

指　　标	Item	2015	2016	2017	2018	2019	2020
农产品生产者价格指数	**Producers' Price Indices for Farm Products**	**100.1**	**102.8**	**98.6**	**100.5**	**112.2**	**108.7**
种植业产品	**Planting Products**	**98.3**	**98.5**	**99.3**	**101.2**	**106.1**	**107.9**
#谷物	Cereal	94.6	89.9	100.5	103.2	99.0	108.0
#小麦	Wheat	97.6	98.6	104.6	98.0	95.0	102.5
稻谷	Rice	99.2	102.7	101.3	99.8	91.0	102.4
玉米	Corn	92.2	82.3	97.5	107.9	102.7	113.0
大豆	Beans	95.7	91.8	101.6	92.9	99.1	106.4
油料	Oil-bearing Crops	109.1	102.7	92.3	85.7	108.8	112.2
棉花	Cotton	87.1	92.7	116.5	99.2	100.1	103.7
蔬菜	Vegetable	110.0	111.5	95.1	102.8	115.9	112.4
水果	Fruit	98.6	93.2	103.8	96.8	118.0	105.5
林业产品	**Forestry Products**	**100.9**	**98.7**	**101.2**	**101.4**	**100.3**	**104.8**
畜牧业产品	**Animal Husbandry Products**	**103.3**	**109.7**	**90.7**	**97.3**	**132.2**	**115.2**
活猪	Live Pig	110.0	126.7	84.2	84.0	162.7	146.3
活牛	Live Cattle and Buffaloes	97.1	95.8	101.2	110.1	112.0	113.8
活羊	Live Sheep and Goats	84.9	94.5	104.6	110.4	114.7	106.9
肉禽	Live Poultry	102.1	97.9	94.5	102.7	105.5	87.6
蛋类	Eggs	93.8	90.8	89.7	122.8	105.2	80.2
奶类	Milk	93.1	93.1	99.3	100.2	104.1	98.9
渔业产品	**Fishery Products**	**100.3**	**103.3**	**106.8**	**103.1**	**101.3**	**101.8**
海水养殖鱼类	Seawater Fish	100.6	87.1	127.4	120.7	102.2	81.3
淡水养殖鱼类	Freshwater Fish	101.0	104.0	103.6	107.8	96.9	106.2

9-11 工业生产者价格指数
Price Indices for Industrial Producer

年份 Year	以1988年为100 (1988=100)		以上年为100 (preceding year=100)	
	工业生产者出厂价格指数 Producer Price Indices for Industrial Products	工业生产者购进价格指数 Industrial Producer Purchasing Price Indices	工业生产者出厂价格指数 Producer Price Indices for Industrial Products	工业生产者购进价格指数 Industrial Producer Purchasing Price Indices
1988	100.0	100.0		
1989	123.8	136.7	123.8	136.7
1990	129.6	144.1	104.7	105.4
1991	133.5	154.2	103.0	107.0
1992	146.5	171.0	109.7	110.9
1993	180.1	230.3	123.0	134.7
1994	223.7	279.4	124.2	121.3
1995	261.8	316.2	117.0	113.2
1996	272.5	334.3	104.1	105.7
1997	275.8	336.3	101.2	100.6
1998	264.7	318.1	96.0	94.6
1999	257.3	297.1	97.2	93.4
2000	272.5	311.1	105.9	104.7
2001	270.1	311.1	99.1	100.0
2002	266.8	307.0	98.8	98.7
2003	276.2	324.5	103.5	105.7
2004	293.8	369.3	106.4	113.8
2005	304.7	391.1	103.7	105.9
2006	311.7	407.9	102.3	104.3
2007	322.0	427.5	103.3	104.8
2008	349.7	483.5	108.6	113.1
2009	329.1	461.7	94.1	95.5
2010	352.6	504.6	107.2	109.3
2011	373.7	550.9	106.0	109.2
2012	367.7	546.5	98.4	99.2
2013	361.8	537.8	98.4	98.4
2014	356.0	528.1	98.4	98.2
2015	338.9	501.7	95.2	95.0
2016	333.8	491.7	98.5	98.0
2017	352.2	527.6	105.5	107.3
2018	365.2	546.6	103.7	103.6
2019	364.1	542.2	99.7	99.2
2020	357.3	528.4	98.1	97.5

9-12 工业生产者出厂价格指数
Producer Price Indices for Industrial Products

(上年=100) (preceding year=100)

类　别	Category	2015	2016	2017	2018	2019	2020
总指数	**Total Price Indices**	**95.2**	**98.5**	**105.5**	**103.7**	**99.7**	**98.1**
轻工业	Light Industry	98.4	99.0	101.4	101.2	100.6	99.4
以农产品为原料	Agricultural Products as Raw Materials	98.2	99.1	101.3	101.5	100.9	99.5
以非农产品为原料	Non-agricultural Products as Raw Materials	98.8	98.5	101.5	100.5	99.3	99.0
重工业	Heavy Industry	93.7	98.3	107.2	104.6	99.3	97.6
采　掘	Mining	78.5	100.9	120.5	109.8	101.7	92.9
原　料	Raw Materials	90.3	95.9	110.2	106.7	97.2	94.4
加　工	Processing	96.9	99.2	104.9	103.1	100.2	99.5
生产资料	Means of Production	93.8	98.0	106.9	104.4	98.9	97.1
采　掘	Mining	78.5	100.9	120.5	109.8	101.7	92.9
原　料	Raw Materials	90.0	95.9	110.5	106.7	97.0	94.1
加　工	Processing	96.6	98.8	104.7	103.1	99.6	98.6
生活资料	Consumer Goods	99.7	100.0	100.6	101.0	102.3	101.5
食　品	Food	100.0	100.9	99.9	100.4	104.3	103.3
衣　着	Clothing	100.3	100.1	101.9	101.7	100.9	99.0
一般日用品	Articles for Daily Use	99.3	99.9	101.6	101.9	99.5	100.0
耐用消费品	Durable Consumer Goods	99.0	96.4	100.5	101.3	101.1	99.2
按工业部门分	**by Industrial Department**						
冶金工业	Metallurgical Industry	88.2	102.7	114.8	103.7	102.9	102.3
电力工业	Power Industry	98.2	96.2	99.8	97.7	98.2	98.9
煤炭及炼焦工业	Coal Industry	81.2	100.3	131.7	109.3	98.4	88.5
石油工业	Petroleum Industry	74.9	88.4	115.4	115.0	94.3	83.9
化学工业	Chemical Industry	95.7	97.5	105.6	104.3	97.5	96.2
机械工业	Machine Building Industry	98.9	98.7	101.1	101.6	99.7	99.8
建筑材料工业	Building Materials Industry	97.7	99.2	109.5	109.8	102.2	98.5
森林工业	Timber Industry	99.7	99.0	102.2	103.1	102.4	100.6
食品工业	Food Industry	98.9	99.9	99.9	100.7	104.1	103.9
纺织工业	Textile Industry	95.6	97.2	101.6	101.2	97.3	92.5
缝纫工业	Tailoring Industry	100.5	99.5	101.7	101.4	100.6	99.2
皮革工业	Leather Industry	99.8	101.4	100.5	103.0	102.5	98.4
造纸工业	Paper Industry	97.8	99.6	108.2	106.1	93.7	95.4
文教艺术用品工业	Industry of Cultural, Educational& Handicrafts Articles	100.4	100.7	102.5	101.8	99.3	99.0
其它工业	Others	100.5	100.6	103.2	100.0	98.5	100.9

9-13 工业生产者出厂价格指数(2020年)

Producer Price Indices for Industrial Products(2020)

(上年=100) (preceding year=100)

类别	Category	全年平均 Annual Average	一季度 1st Quarter	二季度 2nd Quarter	三季度 3rd Quarter	四季度 4th Quarter
总指数	**Total Price Indices**	**98.1**	**99.2**	**96.8**	**97.7**	**98.7**
(一)核心指数	**Core Indices**	**98.5**	**98.8**	**97.5**	**98.1**	**99.7**
(二)高技术	**High Technology**	**99.8**	**99.4**	**99.7**	**99.9**	**100.3**
(三)能源	**Energy**	**88.9**	**95.4**	**83.4**	**87.6**	**89.3**
(四)按轻重工业分	**By Light and Heavy Industry**					
1.轻工业	Light Industry	99.4	100.7	99.6	99.0	98.3
(1)以农产品为原料	Agricultural Products as Raw Materials	99.5	101.2	99.6	99.1	98.1
(2)以非农产品为原料	Non-agricultural Products as Raw Materials	99.0	98.9	99.3	98.6	99.1
2.重工业	Heavy Industry	97.6	98.6	95.7	97.1	98.9
(1)采掘	Mining	92.9	96.4	85.4	92.5	97.3
(2)原料	Raw Materials	94.4	96.9	90.9	93.3	96.3
(3)加工	Processing	99.5	99.6	98.8	99.4	100.3
(五)按生产生活资料分	**By Means of Production and Consumer Goods**					
1.生产资料	Means of Production	97.1	98.2	95.3	96.6	98.4
(1)采掘	Mining	92.9	96.4	85.4	92.5	97.3
(2)原料	Raw Materials	94.1	96.9	90.4	92.9	96.2
(3)加工	Processing	98.6	98.9	97.9	98.3	99.4
2.生活资料	Consumer Goods	101.5	102.7	102.0	101.6	99.7
(1)食品	Food	103.3	105.8	104.1	103.7	99.9
(2)衣着	Clothing	99.0	99.3	99.6	98.9	98.3
(3)一般日用品	Articles for Daily Use	100.0	99.1	99.9	100.1	101.0
(4)耐用消费品	Durable Consumer Goods	99.2	100.4	99.9	98.5	97.9
(六)按初级中间最终产品分	**By Primary 、 Intermediate and Final Products**					
1.初级产品	Primary Products	93.1	96.7	85.6	92.7	97.6
(1)矿产品	Minerals	92.9	96.6	85.4	92.5	97.4
(2)废料	Scrap	104.0	103.3	97.1	105.6	109.6
2.中间产品	Intermediate Products	98.0	99.2	96.7	97.5	98.7
3.最终产品	Final Products	98.9	100.1	98.4	98.7	98.5
(1)最终投资品	Investment Goods	97.8	98.9	96.8	97.4	98.0
(2)最终消费品	Consumer Goods	101.2	102.4	101.6	101.2	99.5
(七)按工业部门分	**By Industrial Department**					
1.冶金工业	Metallurgical Industry	102.3	101.7	99.4	102.2	105.7
2.电力工业	Power Industry	98.9	99.1	98.4	98.9	99.2
3.煤炭及炼焦工业	Coal Industry	88.5	87.3	82.3	86.6	98.6
4.石油工业	Petroleum Industry	83.9	96.6	76.2	82.0	81.0
5.化学工业	Chemical Industry	96.2	96.6	94.3	95.2	98.8
6.机械工业	Machine Building Industry	99.8	99.9	99.7	99.7	99.8
7.建筑材料工业	Building Materials Industry	98.5	99.4	98.8	98.4	97.5
8.森林工业	Timber Industry	100.6	101.2	100.1	100.6	100.4
9.食品工业	Food Industry	103.9	106.1	104.6	104.3	100.7
10.纺织工业	Textile Industry	92.5	94.1	91.9	90.7	93.3
11.缝纫工业	Tailoring Industry	99.2	99.3	99.8	99.0	98.5
12.皮革工业	Leather Industry	98.4	100.2	98.4	98.4	96.6
13.造纸工业	Paper Industry	95.4	97.2	93.9	94.8	95.6
14.文教艺术用品工业	Industry of Cultural, Educational & Handicrafts Articles	99.0	98.9	99.7	99.5	98.0
15.其它工业	Others	100.9	98.3	99.6	101.6	104.2

9-13 续表 continued

(上年=100) (preceding year=100)

类别	Category	全年平均 Annual Average	一季度 1st Quarter	二季度 2nd Quarter	三季度 3rd Quarter	四季度 4th Quarter
(八)按工业行业分	**by Industrial Sector**					
煤炭开采和洗选业	Mining and Washing of Coal	89.0	88.9	84.1	87.0	96.5
石油和天然气开采业	Extraction of Petroleum and Natural Gas	67.4	86.6	47.3	69.6	67.4
黑色金属矿采选业	Mining of Ferrous Metal Ores	110.3	109.6	104.1	106.6	121.2
有色金属矿采选业	Mining of Non-ferrous Metal Ores	114.4	112.9	117.9	115.7	111.4
非金属矿采选业	Mining and Processing of Nonmetal Ores	97.7	99.8	98.0	95.5	97.6
开采专业及辅助性活动	Mining Specialties and Auxiliary Activities	90.9	91.4	87.4	90.8	94.4
其他采矿业	Mining of Other Ores					
农副食品加工业	Processing of Food from Agricultural Products	104.8	107.5	105.9	105.3	100.7
食品制造业	Manufacture of Foods	98.8	98.5	97.9	98.8	99.8
酒、饮料和精制茶制造业	Manufacture of Wine, Drinks and Refined Tea	100.6	102.5	101.2	99.5	99.4
烟草制品业	Manufacture of Tobacco	100.6	100.8	99.7	100.0	101.8
纺织业	Manufacture of Textile	92.7	94.2	92.1	90.9	93.4
纺织服装、服饰业	Manufacture of Textile Wearing Apparel and Finery	98.8	99.0	99.4	98.7	98.2
皮革、毛皮、羽毛及其制品和制鞋业	Manufacture of Leather, Fur, Feather & Its Products and Footwear	99.6	101.3	99.5	99.6	97.8
木材加工及木 竹、藤、棕、草制品业	Timber Processing, Bamboo, Cane, Palm Fiber & Straw Products	100.2	100.9	99.4	100.2	100.4
家具制造业	Manufacture of Furniture	101.4	102.1	101.6	101.6	100.4
造纸及纸制品业	Manufacture of Paper and Paper Products	95.4	97.2	93.9	94.8	95.6
印刷和记录媒介复制业	Printing, Reproduction of Recording Media	96.8	95.6	97.0	97.0	97.7
文教、工美、体育和娱乐用品制造业	Manufacture of Culture, Education,Arts and crafts, Sport and Entertainment Goods	103.5	101.3	103.0	104.9	104.6
石油、煤炭及其他燃料加工业	Processing of Oil, Coal and Other Fuel	85.8	96.6	79.3	83.4	84.1
化学原料和化学制品制造业	Manufacture of Chemical Raw Material and Chemical Products	94.2	94.9	91.1	92.6	98.1
医药制造业	Manufacture of Medicines	101.0	100.0	100.7	101.3	102.0
化学纤维制造业	Manufacture of Chemical Fiber	89.6	88.6	87.4	87.4	95.3
橡胶和塑料制品业	Manufacture of Rubber and Plastic	99.2	99.3	99.2	99.2	99.1
非金属矿物制品业	Manufacture of Non-metallic Mineral Products	98.1	98.5	98.1	98.0	97.9
黑色金属冶炼及压延加工业	Manufacture and Processing of Ferrous Metals	98.8	98.0	92.6	98.7	105.9
有色金属冶炼及压延加工业	Manufacture & Processing of Non-ferrous Metals	103.2	102.6	100.8	103.2	106.1
金属制品业	Manufacture of Metal Products	101.0	101.4	101.4	100.6	100.6
通用设备制造业	Manufacture of General Purpose Machinery	99.4	99.7	99.1	99.1	99.5
专用设备制造业	Manufacture of Special Purpose Machinery	99.3	99.4	99.3	99.4	99.3
汽车制造业	Manufacture of Automotive	99.9	99.5	99.9	100.1	100.0
铁路、船舶、航空航天和其他运输设备制造业	Manufacture of Railroad,Marine,Aerospace and Other Transportation Equipment	99.5	99.3	99.5	99.9	99.2
电气机械及器材制造业	Manufacture of Electrical Machinery & Equipment	99.7	99.8	99.3	99.6	100.0
计算机、通信和其他电子设备制造业	Manufacture of Computer, Communications and Other Electronic Equipment	99.5	99.6	99.5	99.5	99.5
仪器仪表制造业	Manufacture of Measuring Instrument	101.8	101.0	101.9	101.9	102.3
其他制造业	Other Manufacture	98.3	99.2	98.8	97.5	97.8
废弃资源综合利用业	Comprehensive Utilization of Waste	104.0	103.3	97.1	105.6	109.6
金属制品、机械和设备修理业	Metal Products, Machinery and Equipment Repair Industry	100.7	102.3	103.6	100.8	96.5
电力、热力生产和供应业	Production and Supply of Electric Power and Heat Power	99.2	99.5	98.7	99.2	99.3
燃气生产和供应业	Production and Supply of Gas	96.4	98.7	95.3	95.2	96.2
水的生产和供应业	Production and Supply of Water	100.1	100.7	99.8	100.0	100.0

9-14 工业生产者购进价格指数(2020年)

Industrial Producer Purchasing Price Indices(2020)

(上年=100) (preceding year=100)

类别	Category	全年平均 Annual Average	一季度 1st Quarter	二季度 2nd Quarter	三季度 3rd Quarter	四季度 4th Quarter
总指数	**Total Price Indices**	**97.5**	**98.7**	**95.5**	**96.9**	**98.8**
一、按初级中间最终产品分	**By Primary and Intermediate Products**					
1.初级产品	Primary Products	99.1	103.4	95.6	98.3	99.4
(1)农产品	Farm Produce	106.4	108.3	106.5	106.5	104.3
(2)矿产品	Minerals	90.9	98.0	83.5	88.9	93.5
(3)废料	Scrap	97.6	95.6	91.6	100.7	102.8
2.中间产品	Intermediate Products	97.1	97.7	95.5	96.6	98.6
二、九大类原材料购进价格指数	**By Nine Categories of Raw Material**					
1.燃料、动力类	Fuel and Power	89.9	96.0	85.1	88.4	90.1
2.黑色金属材料类	Ferrous Metals	99.3	98.0	96.1	98.6	104.6
(1)钢材	Steel	97.4	96.9	95.4	97.2	100.2
(2)其它	Others	101.5	99.2	96.8	100.4	109.6
3.有色金属材料及电线类	Nonferrous Metals	100.8	99.3	97.0	101.7	105.1
4.化工原料类	Raw Chemical Materials	93.9	93.8	91.7	92.8	97.3
5.木材及纸浆类	Timber and Paper Pulp	97.6	96.8	95.6	98.4	99.9
6.建筑材料及非金属类	Building Materials and Nonmetal Ores	98.2	100.5	98.2	96.1	97.9
7.其它工业原材料及半成品类	Other Industrial Raw Materials and Semi-finished Products	100.2	100.4	100.0	100.1	100.3
8.农副产品类	Agricultural Products	106.4	108.4	106.6	106.6	104.3
9.纺织原料类	Textile Materials	97.4	96.9	95.7	97.1	99.9

9-15 各市住宅销售价格指数(2020年)

Price Indices for Real Estate(2020)

(上月=100) (Last Month=100)

类 别	Category	1月 January	2月 February	3月 March	4月 April	5月 May	6月 June
新建商品住宅	**New Commercial Residential Buildings**						
济 南	Jinan	99.5	99.8	99.6	100.0	100.5	100.3
青 岛	Qingdao	100.1	100.0	99.5	100.5	100.3	100.8
烟 台	Yantai	100.5	100.6	100.3	100.3	100.4	100.5
济 宁	Jining	100.2	100.0	100.4	100.6	100.7	100.6
二手住宅	**Second-hand House**						
济 南	Jinan	99.8	99.6	100.0	99.9	100.0	99.9
青 岛	Qingdao	99.9	99.4	99.6	100.0	99.9	100.2
烟 台	Yantai	99.5	99.3	99.6	99.7	99.8	99.9
济 宁	Jining	100.4	99.9	100.2	100.3	100.1	100.6

注：2020年，其他市数据暂不发布。
a)Other city data will not be released temporarily in 2020.

9-15 续表 continued

(上月=100) (Last Month=100)

类 别	Category	7月 July	8月 August	9月 September	10月 October	11月 November	12月 December
新建商品住宅	**New Commercial Residential Buildings**						
济 南	Jinan	100.1	99.6	100.0	99.8	99.7	99.9
青 岛	Qingdao	100.4	100.8	100.5	99.8	99.9	100.3
烟 台	Yantai	100.5	101.0	100.6	100.4	100.2	100.1
济 宁	Jining	101.1	101.2	100.9	100.6	101.2	100.4
二手住宅	**Second-hand House**						
济 南	Jinan	100.1	99.5	99.6	99.7	99.6	99.5
青 岛	Qingdao	99.8	100.4	99.7	99.6	99.7	99.8
烟 台	Yantai	99.6	100.2	100.4	100.3	100.3	100.1
济 宁	Jining	100.6	101.0	100.7	100.4	100.3	100.6

主要统计指标解释

居民消费价格指数 是反映一定时期内城乡居民所购买的生活消费品和服务项目价格变动趋势和程度的相对数，是对城市居民消费价格指数和农村居民消费价格指数进行综合汇总计算的结果。通过该指数可以观察和分析消费品的零售价格和服务项目价格变动对城乡居民实际生活费支出的影响程度。

城市居民消费价格指数 是反映一定时期内城市居民家庭所购买的生活消费品价格和服务项目价格变动趋势和程度的相对数。通过该指数可以观察和分析消费品的零售价格和服务项目价格变动对城镇居民收入和消费支出的影响。

农村居民消费价格指数 是反映一定时期内农村居民家庭所购买的生活消费品价格和服务项目价格变动趋势和程度的相对数。该指数可以观察农村消费品的零售价格和服务项目价格变动对农村居民收入和生活消费支出的影响。

商品零售价格指数 是反映一定时期内城乡商品零售价格变动趋势和程度的相对数。商品零售价格的变动与国家的财政收入、市场供需的平衡、消费与积累的比例关系有关。因此，该指数可以从一个侧面对上述经济活动进行观察和分析。

农业生产资料价格指数 指反映一定时期内农业生产资料价格变动趋势和程度的相对数。其编制目的是了解农业生产中投入物质资料价格的变动状况，服务于国民经济核算。1994 年以前，农业生产资料价格指数仅仅是商品零售价格指数的一个类别，此后，从商品零售价格指数中分离出来，单独编制。

农产品生产价格指数 是反映一定时期内，农产品生产者出售农产品价格水平变动趋势及幅度的相对数。该指数可以客观反映全国农产品生产价格水平和结构变动情况，满足农业与国民经济核算需要。其中某代表品生产价格指数是通过对全部有出售该产品行为的调查单位的个体指数进行几何平均求得的，类价格指数是通过对其所属的类（或代表品）的价格指数进行加权平均求得的。季度累计价格指数的计算方法与分季指数的计算方法相同。

工业生产者价格指数 包括工业生产者出厂价格指数和工业生产者购进价格指数。

工业生产者出厂价格指数 反映工业企业产品第一次出售时的出厂价格的变化趋势和变动幅度。

工业生产者购进价格指数 反映工业企业作为中间投入产品的购进价格的变化趋势和变动幅度。

住宅销售价格指数 反映商品住宅价格总体变化趋势和变化幅度的相对数。各市住宅销售价格指数是由新建商品住宅价格指数和二手住宅价格指数组成。

Explanatory Notes on Main Statistical Indicators

Consumer Price Indices reflect the trend and degree of changes in prices of consumer goods and services purchased by urban and rural households during a given period. They are obtained by combining Consumer Price Indices of Urban Household and Consumer Price Indices of Rural Household. The Indices enable the observation and analysis of the degree of impact of the changes in the prices of retailed goods and services on the actual living expenses of urban and rural residents.

Urban Consumer Price Indices reflect the trend and degree of changes in prices of consumer goods and services purchased by urban households during a given period. It can be used to observe and analyze the impact of price changes in consumer goods and services on urban household income and consumption expenditure.

Rural Consumer Price Indices reflect the trend and degree of changes in prices of consumer goods and services purchased by rural households during a given period. It can be used to observe the impact of change in retail prices of consumer goods and service prices on rural household income and consumption expenditure on living.

Retail Price Indices reflect the trend and degree of change in retail prices of commodities during a given period. The change in retail prices of commodities is related to government revenue, the equilibrium of market supply and demand, and the ratio of consumption to accumulation. Therefore, the retail price indices are useful from an oblique perspective for observing and analyzing the changes of the above economic activities.

Price Indices of Means of Agricultural Production reflect the trend and degree of changes in the prices of the means of agricultural production during a given period. Compilation of these indices helps to understand the price changes of material input in agricultural production and facilitate the compilation of national accounts. Before 1994, price indices for means of agricultural production were a sub-category in the retail price indices for commodities, and it has been compiled separately since 1994.

Indices of Producers' Prices for Farm Products reflect the trend and degree of changes in producers' prices received by farmers when they sell farm products during a given period. These indices depict the change in the level and structure of producers' prices of farm products of the country and meet the needs of agriculture statistics and national account statistics. The producers' price index of a given product is calculated through geometrical mean of individual indices of all surveyed units who sell such product, and the indices of a product category is obtained through weighted mean of price indices of all products in the category. Method for calculating accumulative quarterly indices is the same as for calculating the distinctive quarterly indices.

Producer Price Indices for Industrial Products reflect the trend and degree of changes in general ex-factory prices of all manufactured goods for first sale during a given period.

Industrial Producer Purchasing Price Indices reflect changes in the level and degree of purchasing prices such as intermediate input such as raw materials, fuels and power.

Price Indices for Real Estate reflect the trend and degree of changes in prices of real estate during a given period, including price indices for selling houses and buildings, price indices for leasing houses and buildings and price indices for land transaction. The methods for the compilation of the three sets of indices are similar in that they all use bottom—up approach under which data are reported from lower level to higher level.

第10篇

居民生活

People's Livelihood

简要说明

一、本篇资料的主要内容

本篇资料反映了全省居民、城镇居民、农村居民的家庭收支、就业、居住、耐用消费品拥有、生产和生活等方面的情况。

二、本篇资料的来源

本篇资料中历年城乡居民收支相关资料来源于城镇住户调查年报和农村住户调查年报，自 2013 年起，全省实施城乡住户调查一体化改革，居民收支相关资料来源于住户收支与生活状况调查年报，指标名称和口径范围有所调整，由国家统计局山东调查总队居民收支调查处整理提供。

Brief Introduction

I. Content

Data in this chapter show the basic conditions of the people's livelihood in Shandong Province, including income and expenditure of the households, employment, housing condition, consumption and possession of the major consumer goods, etc.

II. Source of Data

Data in this chapter over the years are collected by the sample survey on urban and rural households. Since 2013, Integrated Household Survey has been launched, so data of 2013 collected by annual survey of household incomes and living conditions may different from those of previous years due to the change of indexes and statistics scopes. All data are prepared and provided by the Division of Household Income and Expenditure Survey of the National Bureau of Statistics in Shandong.

10-1 居民人均可支配收入和指数

Per Capita Disposable Income of Households and Index

年 份	全省居民人均可支配收入 Per Capita Disposable Income of Households		城镇居民人均可支配收入 Per Capita Disposable Income of Urban Households		农村居民人均可支配收入 Per Capita Disposable Income of Rural Households	
	绝对数（元） Value (yuan)	指数（2005=100） Index(2005=100)	绝对数（元） Value (yuan)	指数（1978=100） Index(1978=100)	绝对数（元） Value (yuan)	指数（1978=100） Index(1978=100)
1978			391	100.0	115	100.0
1979			420	105.8	160	138.8
1980			448	109.7	210	172.5
1981			495	118.7	252	203.2
1982			525	125.3	300	239.6
1983			537	128.9	361	277.9
1984			639	150.9	395	299.9
1985			748	162.4	408	284.9
1986			854	176.7	449	301.4
1987			987	187.3	518	323.4
1988			1163	183.2	584	311.8
1989			1349	183.7	631	283.1
1990	895		1466	194.5	680	293.9
1991			1688	210.8	764	317.4
1992			1974	227.0	803	319.0
1993			2515	252.4	953	342.0
1994			3444	275.6	1320	389.2
1995			4264	292.1	1715	429.3
1996			4890	303.2	2086	479.1
1997			5191	311.7	2292	514.1
1998			5361	322.9	2454	556.3
1999			5766	347.4	2552	586.9
2000	4095		6417	382.1	2663	616.2
2001			6995	411.9	2810	634.7
2002			7473	445.7	2955	668.3
2003			8212	486.3	3159	703.7
2004			9191	529.6	3519	749.4
2005	6860	100.0	10422	594.2	3946	820.6
2006	7795	112.5	11780	664.9	4387	903.5
2007	9085	125.6	13726	746.0	5009	980.3
2008	10411	136.7	15628	811.6	5671	1045.0
2009	11398	149.7	17006	883.8	6154	1132.8
2010	12922	165.0	18971	961.6	7034	1250.6
2011	15077	183.3	21678	1050.1	8395	1409.4
2012	17127	204.0	24496	1162.5	9506	1564.4
2013	19008	221.5	26882	1248.5	10687	1716.1
2014	20864	238.8	29222	1329.7	11882	1880.8
2015	22703	256.7	31545	1416.1	12930	2027.5
2016	24685	273.4	34012	1494.0	13954	2149.2
2017	26930	293.9	36789	1591.1	15118	2295.3
2018	29205	310.9	39549	1670.7	16297	2410.1
2019	31597	325.8	42329	1734.2	17775	2537.8
2020	32886	329.9	43726	1747.7	18753	2584.4

注：1.本表2013—2020年人均可支配收入来源于住户收支与生活状况调查，1978—2012年数据是根据历史数据按住户收支与生活状况调查可比口径推算获得。可支配收入绝对数按当年价计算，指数按可比价计算。

a) The data of year 2013-2020 are compiled on the basis of the household survey on income and expenditure and living conditions, the data of year 1978-2012 are reckoned at comparable coverage by the household survey on income and expenditure and living conditions. The absolute amounts of disposable income are calculated at annual price, the index is calculated at comparable prices.

10−2 居民人均消费支出和指数

Per Capita Expense on Consumption of Households and Index

年 份	全省居民人均消费支出 Per Capita Expense on Consumption of Households		城镇居民人均消费支出 Per Capita Expense on Consumption of Urban Households		农村居民人均消费支出 Per Capita Expense on Consumption of Rural Households	
	绝对数（元） Value (yuan)	指数（2005=100） Index(2005=100)	绝对数（元） Value (yuan)	指数（1978=100） Index(1978=100)	绝对数（元） Value (yuan)	指数（1978=100） Index(1978=100)
1978			340	100.0	94	100.0
1979			367	106.5	128	135.6
1980			396	111.7	165	165.2
1981			450	124.3	202	199.1
1982			455	125.3	230	224.2
1983			473	131.0	264	248.4
1984			521	142.2	287	266.1
1985			670	168.1	322	274.7
1986			751	179.5	365	299.1
1987			813	178.1	406	309.8
1988			1026	186.4	482	314.4
1989			1161	182.3	513	281.4
1990	734		1229	188.1	547	288.5
1991			1407	202.8	613	310.9
1992			1599	212.2	656	318.1
1993			1947	225.5	724	317.1
1994			2635	243.4	996	358.4
1995			3285	259.8	1338	408.4
1996			3771	269.9	1653	462.9
1997			4041	280.3	1626	444.7
1998			4136	287.8	1587	438.4
1999			4497	312.9	1662	465.6
2000	2982		4991	343.2	1743	491.7
2001			5209	354.3	1865	513.8
2002			5539	381.7	1945	536.4
2003			5994	410.2	2066	561.3
2004			6577	437.8	2301	597.7
2005	4740	100.0	7333	482.8	2619	664.4
2006	5443	113.7	8309	541.6	2992	751.5
2007	6249	125.0	9464	594.3	3426	817.2
2008	7128	135.4	10752	644.9	3835	861.4
2009	7794	148.1	11711	702.8	4132	927.4
2010	8560	158.1	12761	746.4	4472	969.8
2011	9853	173.3	14164	791.5	5489	1124.2
2012	10902	187.8	15349	840.1	6304	1265.8
2013	11897	200.5	16646	892.3	6877	1347.2
2014	13329	220.4	18323	962.0	7962	1536.7
2015	14578	238.2	19854	1028.0	8748	1673.3
2016	15926	254.9	21495	1089.0	9519	1788.6
2017	17281	272.5	23072	1150.5	10342	1916.4
2018	18780	288.9	24798	1207.6	11270	2033.5
2019	20427	304.5	26731	1262.6	12309	2143.8
2020	20940	303.6	27291	1257.6	12660	2128.3

注：1.本表2013—2020年人均消费支出来源于住户收支与生活状况调查，1978—2012年数据是根据历史数据按住户收支与生活状况调查可比口径推算获得。消费支出绝对数按当年价计算，指数按可比价计算。

a) The data of year 2013-2020 are compiled on the basis of the household survey on income and expenditure and living conditions, the data of year 1978-2012 are reckoned at comparable coverage by the household survey on income and expenditure and living conditions. The absolute amounts of expense on consumptio are calculated at annual price, the index is calculated at comparable prices.

10-3 主要年份城镇居民家庭基本情况

Basic Conditions of Urban Households of Major Years

年 份 Year	调查户数(户) Number of Households Surveyed (household)	平均每户家庭人口(人) Average Household Size (person)	平均每户就业人口(人) Average Number of Employed Persons per Household (person)	平均每一就业者负担人数(人) Number of Dependents per Employee (person)	人均可支配收入(元) Per Capita Disposable Income (yuan)	人均消费支出(元) Per Capita Consumption Expenditure (yuan)	人均住房建筑面积(平方米) Per Capita Construction Area of Building (sq.m)
1978	380	4.37	2.2	1.99	391	340	5.40
1980	380	4.35	2.5	1.74	448	396	5.70
1981	380	4.19	2.45	1.71	495	450	6.10
1982	430	4.07	2.42	1.68	525	455	6.11
1983	430	3.97	2.37	1.68	537	473	6.65
1984	430	3.93	2.35	1.67	639	521	6.90
1985	900	3.57	2.10	1.70	748	670	7.77
1986	1630	3.54	2.05	1.72	854	751	9.15
1987	1730	3.53	2.05	1.72	987	813	9.61
1988	1830	3.51	2.06	1.71	1163	1026	9.96
1989	2080	3.43	2.01	1.71	1349	1161	10.25
1990	2180	3.38	2.00	1.69	1466	1229	10.05
1991	2180	3.31	1.98	1.67	1688	1407	10.49
1992	2180	3.26	1.98	1.65	1974	1599	10.80
1993	2080	3.24	1.96	1.65	2515	1947	11.20
1994	2080	3.21	1.96	1.64	3444	2635	11.88
1995	2050	3.19	1.96	1.63	4264	3285	12.35
1996	2050	3.16	1.99	1.59	4890	3771	12.13
1997	2100	3.17	2.01	1.58	5191	4041	12.70
1998	2300	3.14	1.98	1.59	5361	4136	12.82
1999	2400	3.12	1.93	1.62	5766	4497	13.10
2000	2500	3.10	1.87	1.66	6417	4991	13.75
2001	2450	3.06	1.82	1.68	6995	5209	14.17
2002	2650	3.02	1.78	1.70	7473	5539	24.57
2003	2650	2.98	1.77	1.68	8212	5994	25.67
2004	2650	2.95	1.77	1.67	9191	6577	26.39
2005	2800	2.91	1.69	1.72	10422	7333	28.49
2006	3000	2.91	1.71	1.70	11780	8309	29.29
2007	3050	2.87	1.68	1.71	13726	9464	29.80
2008	3300	2.87	1.64	1.75	15628	10752	31.33
2009	3300	2.86	1.64	1.74	17006	11711	31.80
2010	3300	2.86	1.67	1.71	18971	12761	32.09
2011	3300	2.83	1.69	1.67	21678	14164	33.18
2012	3300	2.83	1.69	1.67	24496	15349	33.44
2013	3661	2.79	1.63	1.71	26882	16646	36.39
2014	3679	2.83	1.69	1.67	29222	18323	37.30
2015	3738	2.86	1.70	1.68	31545	19854	36.36
2016	3776	2.81	1.65	1.70	34012	21495	37.51
2017	3767	2.82	1.63	1.73	36789	23072	37.61
2018	4070	2.95	1.57	1.88	39549	24798	36.80
2019	4080	2.96	1.55	1.91	42329	26731	37.14
2020	4080	2.93	1.50	1.95	43726	27291	37.31

注：1.住房建筑面积指标2001年以前为人均居住面积，2002年以后为人均建筑面积。
2.从2013年起，全省实施城乡住户调查一体化改革，根据国家统一规定,2018年,按照新指标口径对居民收支调查历史数据进行修正(以下相关表同)。

a)Data before 2001 on construction area of building means per capita living space, data after 2002 per capita floor space.b)An integrated household survey institution has been implemented since 2013,including both urban and rural households.According to national uniform regulations,In 2018, the historical data of residents' income and expenditure surveys were revised according to the new indicators.(The same applies to tables following).

10-4 主要年份城镇居民人均可支配收入

Per Capita Disposable Income of Urban Households of Major Years

单位:元/人 (yuan/person)

年 份 Year	可支配收入 Disposable Income	工资性收入 Income of Wages and Salaries	经营净收入 Net Business Income	财产净收入 Net income from Properties	转移净收入 Net Income from Transfer
1978	391				
1979	420				
1980	448				
1981	495	464			31
1982	525	489			36
1983	537	505			31
1984	639	595			43
1985	748	654	6		88
1986	854	718	7		129
1987	987	852	4		131
1988	1163	977	4		182
1989	1349	1092	6	12	239
1990	1466	1234	6	16	211
1991	1688	1370	6	16	296
1992	1974	1680	5	27	262
1993	2515	2124	13	37	341
1994	3444	2941	2	54	447
1995	4264	3651	10	67	536
1996	4890	4316	4	103	467
1997	5191	4617	7	119	447
1998	5361	4716	18	118	508
1999	5766	4977	29	115	645
2000	6417	5432	79	128	779
2001	6995	5771	101	182	941
2002	7473	6456	170	102	744
2003	8212	7079	255	156	723
2004	9191	7874	342	178	798
2005	10422	8350	565	249	1258
2006	11780	9568	652	398	1162
2007	13726	10559	856	593	1718
2008	15628	11269	1408	716	2236
2009	17006	11934	1635	912	2525
2010	18971	12847	2099	1355	2670
2011	21678	14204	2789	1679	3006
2012	24496	16036	3193	1926	3341
2013	26882	17427	3653	2137	3666
2014	29222	18866	4036	2271	4049
2015	31545	20386	4375	2475	4309
2016	34012	21812	4778	2740	4681
2017	36789	23431	5194	3034	5131
2018	39549	25041	5584	3337	5588
2019	42329	26611	6046	3575	6097
2020	43726	27250	6097	3793	6586

10-5 主要年份城镇居民人均消费支出

Per Capita Consumption Expenditure of Urban Households of Major Years

单位:元/人 (yuan/person)

年份 Year	消费支出 Consumption Expenditure	食品烟酒 Food,tobacco and Liquor	衣着 Clothing	居住 Residence	生活用品及服务 Supplies and Services	交通通信 Transport and Communi -cations	教育文化娱乐 Recreation, Education and Cultural	医疗保健 Health care and Medical Services	其他用品及服务 Miscellaneous Goods and Services
1978	340								
1979	367								
1980	396								
1981	450	248	72	19	40	10	41	3	19
1982	455	263	73	20	37	12	34	3	13
1983	473	284	71	23	38	13	31	2	11
1984	521	312	85	24	41	12	31	3	13
1985	670	339	103	32	72	11	86	5	21
1986	751	378	106	59	85	13	77	5	28
1987	813	433	121	38	97	14	72	7	30
1988	1026	524	155	39	156	19	86	11	36
1989	1161	603	158	48	145	19	121	16	50
1990	1229	636	186	46	141	23	125	23	48
1991	1407	734	229	60	151	28	124	23	59
1992	1599	816	267	79	166	38	141	32	59
1993	1947	898	349	125	186	59	206	48	76
1994	2635	1213	474	180	248	95	250	72	104
1995	3285	1489	571	224	309	169	294	107	122
1996	3771	1651	658	262	324	194	397	147	137
1997	4041	1662	674	325	344	236	475	180	144
1998	4136	1639	580	326	429	255	530	188	189
1999	4497	1665	602	393	548	270	593	220	205
2000	4991	1727	642	442	558	348	699	324	251
2001	5209	1773	663	522	518	401	755	330	247
2002	5539	1886	698	573	393	519	892	411	166
2003	5994	1986	717	727	453	607	883	447	174
2004	6577	2219	738	836	448	753	922	488	174
2005	7333	2377	800	1103	487	834	958	579	196
2006	8309	2549	923	1300	507	1075	1095	625	234
2007	9464	2937	1016	1677	627	1195	1065	704	244
2008	10752	3350	1107	2135	753	1239	1117	786	267
2009	11711	3562	1206	2310	824	1497	1156	872	284
2010	12761	3743	1324	2670	844	1834	1197	869	280
2011	14164	4271	1494	3026	933	1876	1302	924	338
2012	15349	4583	1606	3325	1035	2005	1391	993	411
2013	16646	4858	1612	3929	1147	2049	1565	1083	403
2014	18323	5298	1801	4016	1431	2377	1770	1188	442
2015	19854	5527	1943	4058	1477	2748	2141	1416	543
2016	21495	5929	1978	4473	1576	3002	2399	1610	527
2017	23072	6180	2034	4895	1736	3284	2622	1781	540
2018	24798	6529	2008	5302	1901	3605	2903	1966	584
2019	26731	6965	2042	5883	2083	3762	3171	2184	640
2020	27291	7319	2013	5973	2149	3688	3204	2298	647

10-6 主要年份农村居民家庭基本情况
Basic Conditions of Rural Households of Major Years

年 份 Year	调查户数（户） Number of Households Surveyed (household)	平均每户常住人口（人） Average Number of Permanent Residents Per Household (person)	平均每户整半劳力（人） Average Number of Full/Semi Labour Force Per Household (person)	人均住房建筑面积（平方米） Per Capita Space of Living House at Year-end (sq.m)	人均可支配收入（元） Per Capita Disposable Income (yuan)	人均消费支出（元） Per Capita Consumption Expenditure (yuan)
1978	715	5.77	2.54	9.81	115	94
1979	732	5.65	2.67	9.91	160	128
1980	825	5.64	2.70	10.98	210	165
1981	827	5.49	2.63	10.03	252	202
1982	1529	5.13	2.54	10.64	300	230
1983	1438	5.05	2.85	12.50	361	264
1984	1558	4.96	2.86	14.54	395	287
1985	4000	4.72	2.84	15.13	408	322
1986	4200	4.68	2.85	15.74	449	365
1987	4200	4.60	2.86	16.48	518	406
1988	4200	4.54	2.86	17.34	584	482
1989	4200	4.46	2.85	17.96	631	513
1990	4200	4.40	2.82	18.48	680	547
1991	4200	4.34	2.77	19.87	764	613
1992	4200	4.26	2.75	19.31	803	656
1993	4200	4.17	2.77	20.64	953	724
1994	4200	4.10	2.76	21.15	1320	996
1995	4200	4.07	2.78	21.56	1715	1338
1996	4200	4.01	2.68	22.32	2086	1653
1997	4200	3.95	2.65	23.16	2292	1626
1998	4200	3.90	2.64	23.91	2454	1587
1999	4200	3.84	2.60	25.07	2552	1662
2000	4200	3.79	2.60	23.61	2663	1743
2001	4200	3.73	2.54	24.60	2810	1865
2002	4200	3.71	2.58	25.59	2955	1945
2003	4200	3.67	2.62	26.53	3159	2066
2004	4200	3.66	2.67	26.92	3519	2301
2005	4200	3.66	2.69	29.64	3946	2619
2006	4200	3.64	2.69	30.69	4387	2992
2007	4200	3.62	2.69	31.69	5009	3426
2008	4200	3.60	2.68	32.98	5671	3835
2009	4200	3.57	2.68	34.24	6154	4132
2010	4200	3.54	2.67	34.71	7034	4472
2011	4200	3.51	2.53	36.31	8395	5489
2012	4200	3.41	2.51	38.43	9506	6304
2013	3398	3.15	2.30	39.56	10687	6877
2014	3404	3.13	2.28	40.25	11882	7962
2015	3441	3.13	2.28	40.91	12930	8748
2016	3470	3.11	2.24	42.10	13954	9519
2017	3469	3.10	2.22	42.54	15118	10342
2018	3114	3.11	2.17	43.21	16297	11270
2019	3120	3.11	2.15	43.55	17775	12309
2020	3120	3.10	2.18	43.41	18753	12660

注：1.1978年至1980年的住房建筑面积中包括生产用房。
a)The space of production house is included in the space of living house from 1978 to 1980.

10-7 主要年份农村居民人均可支配收入
Per Capita Disposable Income of Rural Households of Major Years

单位：元/人 (yuan/person)

年 份 Year	可支配收入 Disposable Income	工资性收入 Income of Wages and Salaries	经营净收入 Net Business Income	财产净收入 Net income from Properties	转移净收入 Net Income from Transfer
1978	115	82	21	7	5
1979	160	109	37	3	10
1980	210	141	45	10	14
1981	252	165	57	11	18
1982	300	220	60	10	11
1983	361	55	286	8	13
1984	395	63	314	4	14
1985	408	81	309	6	12
1986	449	91	339	7	13
1987	518	112	385	6	15
1988	584	144	416	9	16
1989	631	161	444	9	17
1990	680	168	486	9	17
1991	764	181	551	9	23
1992	803	228	537	15	23
1993	953	226	688	9	30
1994	1320	295	961	17	47
1995	1715	409	1231	29	47
1996	2086	523	1467	48	49
1997	2292	686	1495	30	81
1998	2454	723	1604	49	78
1999	2552	780	1610	68	94
2000	2663	828	1699	57	80
2001	2810	926	1738	32	114
2002	2955	999	1773	44	138
2003	3159	1021	1934	60	144
2004	3519	1081	2228	61	149
2005	3946	1305	2369	95	177
2006	4387	1497	2549	117	224
2007	5009	1722	2878	131	279
2008	5671	1964	3172	146	388
2009	6154	2134	3368	173	479
2010	7034	2410	3794	203	627
2011	8395	3031	4324	210	829
2012	9506	3573	4649	219	1064
2013	10687	4189	4979	242	1276
2014	11882	4713	5431	287	1451
2015	12930	5139	5856	326	1608
2016	13954	5569	6267	359	1760
2017	15118	6069	6730	391	1928
2018	16297	6550	7194	429	2124
2019	17775	7165	7799	456	2355
2020	18753	7591	8095	485	2582

10-8 主要年份农村居民人均消费支出

Per Capita Consumption Expenditure of Rural Households of Major Years

单位：元/人 (yuan/person)

年份 Year	消费支出 Consumption Expenditure	食品烟酒 Food,tobacco and Liquor	衣着 Clothing	居住 Residence	生活用品及服务 Supplies and Services	交通通信 Transport and Communications	教育文教娱乐 Education, Culture and Recreation	医疗保健 Health Care and Medical Services	其他用品及服务 Miscellaneous Goods and Services
1978	94	58	13	11	10	1	1		
1979	128	78	17	15	13	1	2	1	
1980	165	99	24	21	11	3	4	2	1
1981	202	113	27	32	19	4	4	3	1
1982	230	116	31	47	22	4	6	3	1
1983	264	134	35	50	25	6	8	5	2
1984	287	149	35	57	24	5	11	5	2
1985	322	168	36	66	24	5	14	7	1
1986	365	182	39	86	26	6	16	8	1
1987	406	202	42	97	28	6	21	10	1
1988	482	238	49	115	36	8	24	11	1
1989	513	259	54	113	37	6	31	13	1
1990	547	297	53	106	34	6	33	17	1
1991	613	333	61	105	40	10	41	21	2
1992	656	358	62	106	39	14	48	26	3
1993	724	416	60	99	41	15	60	25	10
1994	996	577	75	151	53	20	76	31	12
1995	1338	749	102	209	74	43	106	40	16
1996	1653	872	131	265	98	59	144	64	20
1997	1626	872	131	216	98	64	149	71	24
1998	1587	801	116	240	92	78	156	84	21
1999	1662	809	112	250	106	90	183	89	24
2000	1743	762	114	295	114	100	212	117	27
2001	1865	775	118	354	91	131	231	113	52
2002	1945	800	124	327	95	153	267	125	53
2003	2066	841	127	331	91	183	307	136	50
2004	2301	935	130	354	109	217	318	152	86
2005	2619	1000	147	426	134	285	405	182	40
2006	2992	1083	180	521	156	340	444	214	55
2007	3426	1231	201	646	193	407	467	222	60
2008	3835	1383	222	759	237	436	464	270	65
2009	4132	1428	234	888	269	512	449	289	63
2010	4472	1574	266	779	319	621	479	367	67
2011	5489	1828	345	1054	407	723	558	487	87
2012	6304	2004	390	1310	403	903	589	610	93
2013	6877	2190	421	1319	437	1004	684	711	112
2014	7962	2465	489	1547	524	1226	801	776	134
2015	8748	2662	540	1627	553	1393	912	919	142
2016	9519	2833	576	1767	604	1545	1013	1027	153
2017	10342	2960	585	1974	690	1710	1141	1129	152
2018	11270	3162	622	2214	762	1873	1266	1205	166
2019	12309	3423	671	2421	838	1999	1429	1343	184
2020	12660	3722	689	2435	818	2112	1291	1413	181

10-9 调查户和调查人口基本情况(2020年)

Condition of Households Surveyed and Residents Surveyed(2020)

指标名称	Indicator	全体居民 All Household	城镇居民 Urban Household	农村居民 Rural Household
一、调查户基本情况	**Basic Statistics on Households Surveyed**	**7200**	**4080**	**3120**
(一)调查样本住户数 (户)	Number of Households Surveyed (household)			
(二)户主文化程度	Education of Head of Household			
1.未上过学 (%)	Can not Read (%)	1.2	0.7	1.7
2.小学 (%)	Primary School (%)	10.6	6.3	16.5
3.初中 (%)	Junior High School (%)	46.9	33.1	65.8
4.高中 (%)	Senior High School (%)	20.6	25.6	13.8
5.大学专科 (%)	Junior College (%)	11.7	18.7	1.9
6.大学本科 (%)	Bachelor (%)	8.6	14.7	0.1
7.研究生 (%)	Graduate (%)	0.5	0.9	0.1
(三)农业经营户比例 (%)	Proportion of Farming Households (%)	28.2	7.3	56.9
二、期末户均调查人口 (人)	**Average Number of Residents Surveyed (person)**	**3.2**	**3.1**	**3.4**
三、期末常住成员情况	**Condition of Permanent Residents**			
(一)户均常住成员 (人)	Average Number of Permanent Residents Per Household (person)	3.0	2.9	3.1
其中：在校学生人数	Total Enrollment	0.6	0.5	0.6
(二)性别	Sex			
1.男性 (%)	Male (%)	50.3	50.4	50.1
2.女性 (%)	Female (%)	49.7	49.6	49.9
(三)户口状况	Condition of Resident Accounts			
1.农业 (%)	Agricultural (%)	64.2	38.5	97.8
2.非农业 (%)	Non-agricultural (%)	35.7	61.4	2.1
3.其他 (%)	Others (%)	0.0	0.0	0.1
四、常住从业人员情况	**Employment of Permanent Residents**			
(一)户均常住从业人数 (人)	Average Number of Employed Permanent Residents Per Household (person)	1.6	1.5	1.8
(二)就业状况	Employment			
1.雇主 (%)	Employer (%)	0.7	1.2	0.2
2.公职人员 (%)	Public Officials (%)	2.1	3.8	0.2
3.事业单位人员 (%)	Institution staff (%)	5.9	10.6	0.6
4.国有企业雇员 (%)	Employees of State-owned Enterprises (%)	4.3	7.4	0.8
5.其他雇员 (%)	Other Employees (%)	55.6	60.7	49.8
6.农业自营 (%)	Agricultural Operations (%)	20.9	4.2	39.6
7.非农自营 (%)	Non-Agricultural Operations (%)	10.5	12.2	8.7
(三)主要从事行业	Sector Employment			
1.第一产业 (%)	Primary Industry (%)	22.6	5.5	41.9
2.第二产业 (%)	Second Industry (%)	28.5	25.7	31.7
3.第三产业 (%)	Tertiary Industry (%)	48.8	68.8	26.4

10-10 全体居民人均可支配收入
Per Capita Disposable Income of All Households

单位：元/人 (yuan/person)

指标名称	Indicator	2019	2020
可支配收入	**Disposable Income**	**31597**	**32886**
一、工资性收入	**Income of Wages and Salaries**	**18111**	**18716**
(一)工资	Wage	17430	17965
(二)实物福利	Benefits in kind	65	70
(三)其他	Others	617	682
二、经营净收入	**Net Business Income**	**6813**	**6964**
(一)第一产业净收入	Net Income from Primary Industry	2139	2244
1.农业	Farming	1746	1804
2.林业	Forestry	100	117
3.牧业	Animal Husbandry	260	295
4.渔业	Fishery	34	29
(二)第二产业净收入	Net Income from Second Industry	877	887
(三)第三产业净收入	Net Income from Tertiary Industry	3796	3833
三、财产净收入	**Net Income from Properties**	**2212**	**2357**
(一)利息净收入	Net Income from Interest	133	138
(二)红利收入	Income from Bonus	111	136
(三)储蓄性保险净收益	Income from Savings Insurance	6	7
(四)转让承包土地经营权租金净收入	Net Income from Land Management Rights Transfer	99	113
(五)出租房屋净收入	Net Income from Renting Houses	368	369
(六)出租其他资产净收入	Net Income from Renting Other assets	10	10
(七)自有住房折算净租金	Income from Net Rent Equivalent to the value of Owned housing	1415	1513
(八)其他	Others	68	72
四、转移净收入	**Net Income from Transfer**	**4461**	**4848**
(一)转移性收入	Income from Transfer	6325	6804
1.养老金或离退休金	Old-age Pensions	4935	5292
2.社会救济和补助	Relief and Pensions	71	75
3.惠农补贴	Subsidies for Agriculture from The Government	99	105
4.政策性生活补贴	Policy-living Allowance	128	95
5.报销医疗费	Allowance of Medical Expense	292	321
6.家庭外出从业人员寄回带回收入	Sent Back by Non-permanent Resident	489	519
7.赡养收入	Alimony Income	225	249
8.其他经常转移收入	Others	88	95
9.从政府和组织得到的实物产品和服务折价	Equivalent Monetary value of Physical products and services from The Government and other Organizations	40	53
(二)转移性支出	Expenditure for Transfers	1864	1956
1.个人所得税	Personal Income Tax	129	129
2.社会保障支出	Social Security Expenditure	1407	1505
3.外来从业人员寄给家人的支出	Sent to Family by Outland Employees	56	61
4.赡养支出	Alimony Expense	162	179
5.其他经常转移支出	Others	112	82

10-11 城镇居民人均可支配收入

Per Capita Disposable Income of Urban Households

单位：元/人 (yuan/person)

指标名称	Indicator	2019	2020
可支配收入	**Disposable Income**	**42329**	**43726**
一、工资性收入	**Income of Wages and Salaries**	**26611**	**27250**
(一)工资	Wage	25455	26002
(二)实物福利	Benefits in kind	91	97
(三)其他	Others	1065	1151
二、经营净收入	**Net Business Income**	**6046**	**6097**
(一)第一产业净收入	Net Income from Primary Industry	398	411
1.农业	Farming	313	321
2.林业	Forestry	15	15
3.牧业	Animal Husbandry	63	68
4.渔业	Fishery	7	7
(二)第二产业净收入	Net Income from Second Industry	1039	1050
(三)第三产业净收入	Net Income from Tertiary Industry	4610	4636
三、财产净收入	**Net Income from Properties**	**3575**	**3793**
(一)利息净收入	Net Income from Interest	168	175
(二)红利收入	Income from Bonus	155	198
(三)储蓄性保险净收益	Income from Savings Insurance	3	4
(四)转让承包土地经营权租金净收入	Net Income from Land Management Rights Transfer	38	44
(五)出租房屋净收入	Net Income from Renting Houses	632	629
(六)出租其他资产净收入	Net Income from Renting Other assets	15	15
(七)自有住房折算净租金	Income from Net Rent Equivalent to the value of Owned housing	2515	2674
(八)其他	Others	50	55
四、转移净收入	**Net Income from Transfer**	**6097**	**6586**
(一)转移性收入	Income from Transfer	8899	9516
1.养老金或离退休金	Old-age Pensions	7808	8320
2.社会救济和补助	Relief and Pensions	76	77
3.惠农补贴	Subsidies for Agriculture from The Government	19	21
4.政策性生活补贴	Policy-living Allowance	153	123
5.报销医疗费	Allowance of Medical Expense	297	325
6.家庭外出从业人员寄回带回收入	Sent Back by Non-permanent Resident	287	306
7.赡养收入	Alimony Income	154	173
8.其他经常转移收入	Others	104	113
9.从政府和组织得到的实物产品和服务折价	Equivalent Monetary value of Physical products and services from The Government and other Organizations	37	58
(二)转移性支出	Expenditure for Transfers	2802	2930
1.个人所得税	Personal Income Tax	222	222
2.社会保障支出	Social Security Expenditure	2099	2217
3.外来从业人员寄给家人的支出	Sent to Family by Outland Employees	99	106
4.赡养支出	Alimony Expense	247	274
5.其他经常转移支出	Others	136	111

10-12 农村居民人均可支配收入

Per Capita Disposable Income of Rural Households

单位：元/人　　(yuan/person)

指 标 名 称	Indicator	2019	2020
可支配收入	**Disposable Income**	**17775**	**18753**
一、工资性收入	**Income of Wages and Salaries**	**7165**	**7591**
(一)工资	Wage	7095	7487
(二)实物福利	Benefits in kind	31	34
(三)其他	Others	40	70
二、经营净收入	**Net Business Income**	**7799**	**8095**
(一)第一产业净收入	Net Income from Primary Industry	4383	4635
1.农业	Farming	3591	3738
2.林业	Forestry	209	250
3.牧业	Animal Husbandry	514	590
4.渔业	Fishery	69	57
(二)第二产业净收入	Net Income from Second Industry	668	674
(三)第三产业净收入	Net Income from Tertiary Industry	2749	2786
三、财产净收入	**Net Income from Properties**	**456**	**485**
(一)利息净收入	Net Income from Interest	89	89
(二)红利收入	Income from Bonus	53	56
(三)储蓄性保险净收益	Income from Savings Insurance	11	11
(四)转让承包土地经营权租金净收入	Net Income from Land Management Rights Transfer	179	203
(五)出租房屋净收入	Net Income from Renting Houses	29	29
(六)出租其他资产净收入	Net Income from Renting Other assets	5	5
(七)其他	Others	92	93
四、转移净收入	**Net Income from Transfer**	**2355**	**2582**
(一)转移性收入	Income from Transfer	3011	3269
1.养老金或离退休金	Old-age Pensions	1234	1344
2.社会救济和补助	Relief and Pensions	64	73
3.惠农补贴	Subsidies for Agriculture from The Government	201	214
4.政策性生活补贴	Policy-living Allowance	95	59
5.报销医疗费	Allowance of Medical Expense	286	316
6.家庭外出从业人员寄回带回收入	Sent Back by Non-permanent Resident	748	796
7.赡养收入	Alimony Income	316	349
8.其他经常转移收入	Others	66	71
9.从政府和组织得到的实物产品和服务折价	Equivalent Monetary value of Physical products and services from The Government and other Organizations	43	46
(二)转移性支出	Expenditure for Transfers	656	686
1.个人所得税	Personal Income Tax	9	9
2.社会保障支出	Social Security Expenditure	515	577
3.外来从业人员寄给家人的支出	Sent to Family by Outland Employees	0	2
4.赡养支出	Alimony Expense	52	55
5.其他经常转移支出	Others	80	44

10−13　全体居民人均消费支出

Per Capita Expense on Consumption of All Households

单位：元/人　(yuan/person)

指　标　名　称	Indicator	2019	2020
消费支出	**Expense on Household Consumption**	**20427**	**20940**
#服务性消费支出	Service Consumption	8629	8507
一、食品烟酒	Food,Tobacco and liquor	5417	5757
二、衣着	Clothing	1443	1438
三、居住	Residence	4370	4437
四、生活用品及服务	Supplies and Services	1539	1571
五、交通通信	Transport and Communications	2992	3004
六、教育文化娱乐	Recreation,Education and Cultural	2410	2374
七、医疗保健	Health care	1816	1914
八、其他用品及服务	Others	441	445

10−14　城镇居民人均消费支出

Per Capita Expense on Consumption of Urban Households

单位：元/人　(yuan/person)

指　标　名　称	Indicator	2019	2020
消费支出	**Expense on Household Consumption**	**26731**	**27291**
#服务性消费支出	Service Consumption	11736	11430
一、食品烟酒	Food,Tobacco and liquor	6965	7319
二、衣着	Clothing	2042	2013
三、居住	Residence	5883	5973
四、生活用品及服务	Supplies and Services	2083	2149
五、交通通信	Transport and Communications	3762	3688
六、教育文化娱乐	Recreation,Education and Cultural	3171	3204
七、医疗保健	Health care	2184	2298
八、其他用品及服务	Others	640	647

10-15 农村居民人均消费支出
Per Capita Expense on Consumption of Rural Households

单位：元/人 (yuan/person)

指标名称	Indicator	2019	2020
消费支出	**Expense on Household Consumption**	**12309**	**12660**
#服务性消费支出	Service Consumption	4629	4695
一、食品烟酒	Food,Tobacco and liquor	3423	3722
二、衣着	Clothing	671	689
三、居住	Residence	2421	2435
四、生活用品及服务	Supplies and Services	838	818
五、交通通信	Transport and Communications	1999	2112
六、教育文化娱乐	Recreation,Education and Cultural	1429	1291
七、医疗保健	Health care	1343	1413
八、其他用品及服务	Others	184	181

10-16 居民家庭能源消费数量和金额(2020年)
Energy consumption of Households(2020)

指标名称	Indicator	全体居民 All Households		城镇居民 Urban Households		农村居民 Rural Households	
		数量 Amount	金额(元/人) Money (yuan/person)	数量 Amount	金额(元/人) Money (yuan/person)	数量 Amount	金额(元/人) Money (yuan/person)
一、生活用电 (度)	**Electricity Consumption (kW·h)**	**532.3**	**301.8**	**607.0**	**344.7**	**434.8**	**245.7**
二、生活用燃料	**Living With Fuel**						
(一)燃气	Gas						
1.罐装液化石油气 (公斤/人)	Bottled LPG (kg/person)	4.8	29.3	2.8	17.3	7.4	44.8
2.管道煤气 (立方米/人)	Gas Pipeline (Cum/person)	1.2	3.6	1.7	4.9	0.5	1.9
3.管道天然气 (立方米/人)	Natural gas pipeline (Cum/person)	23.1	62.5	33.9	93.4	9.0	22.3
(二)燃料用油	Fuel Oil						
1.汽油 (升/人)	Gasoline (Liters/person)	0.07	0.42	0.11	0.69	0.01	0.08
2.柴油 (升/人)	Diesel Oil (Liters/person)	0.02	0.07	0.00	0.01	0.04	0.16
(三)其他燃料	Other Fuels						
1.煤炭 (公斤/人)	Coke (kg/person)	110.0	106.5	45.6	45.7	193.9	185.8
2.柴 (公斤/人)	Firewood (kg/person)	0.003	0.159	0.001	0.081	0.005	0.260
3.草 (公斤/人)	Grass (kg/person)	0.000	0.001	0.000	0.001		
4.沼气 (立方米/人)	Biogas (Cum/person)						

10-17 居民家庭人均食品消费数量(2020年)
Per Capita Food Consumption of Households(2020)

单位：公斤/人 (kg/person)

指 标 名 称	Indicator	全体居民 All Households	城镇居民 Urban Households	农村居民 Rural Households
一、粮食	**Grain**	**124.0**	**110.2**	**142.0**
(一)谷物	Cereal	112.5	98.2	131.1
1.大米	Wheat	12.8	14.1	11.0
2.面粉	Rice	90.2	75.8	109.1
3.玉米	Corn	4.0	2.9	5.5
4.其他谷物及制品	Others	5.5	5.4	5.5
(二)薯类	Tubers	2.3	2.3	2.2
1.红薯	Sweet Potato	0.8	0.7	0.8
2.马铃薯	Potato	1.1	1.1	1.0
3.其他薯类及制品	Others	0.4	0.5	0.4
(三)豆类	Beans	9.3	9.7	8.8
1.大豆	Soybean	0.5	0.4	0.6
2.其他豆类	Others	8.8	9.3	8.1
二、食用油	**Cooking oil**	**7.7**	**7.4**	**8.2**
(一)食用植物油	Edible vegetable oil	7.7	7.3	8.2
(二)食用动物油	Edible animal oil	0.1	0.1	0.1
三、蔬菜及食用菌	**Vegetables and Mushroom**	**95.9**	**105.6**	**83.3**
(一)鲜菜	Fresh Vegetables	92.2	101.3	80.4
(二)干菜及菜制品	Dried Vegetables and Products	1.4	1.6	1.2
(三)鲜菌	Fresh Mushrooms	2.2	2.6	1.6
(四)干菌及制品	Dry Bacteria and Products	0.1	0.2	0.1
四、肉禽及制品	**Products of Meat and Poultry**	**26.8**	**29.4**	**23.5**
(一)肉类	Meat	18.6	20.9	15.6
1.猪肉	Pork	12.4	13.5	10.9
2.牛肉	Beef	1.1	1.5	0.5
3.羊肉	Mutton	1.0	1.2	0.8
4.其他肉类及制品	Other meat and Processed Products	4.1	4.6	3.5
(二)禽类	Poultry	8.2	8.5	7.9
1.鸡	Chickens	5.4	5.3	5.6
2.鸭	Ducks	0.2	0.2	0.1
3.鹅	Gooses	0.0	0.1	0.0
4.其他禽类及制品	Other Poultry and Processed Products	2.6	2.9	2.2
五、水产品	**Aquatic Products**	**15.7**	**19.1**	**11.2**
(一)鱼类	Fish	8.4	9.6	6.8
(二)虾蟹贝类	Shrimp,Shellfish and Crab	5.7	7.3	3.6
(三)藻类	Algae	0.2	0.3	0.1
(四)其他水产品及制品	Others	1.4	1.9	0.7
六、蛋类	**Eggs and Products**	**20.1**	**20.6**	**19.5**
(一)鲜蛋	Fresh Eggs	19.7	20.1	19.2
(二)蛋制品	Egg Products	0.4	0.5	0.3
七、奶类	**Milk and Dairy Products**	**17.6**	**22.5**	**11.1**
(一)鲜奶	Fresh Milk	12.4	15.6	8.2
(二)酸奶	Yoghurt	4.2	5.8	2.1
(三)奶粉	Milk Powder	0.4	0.4	0.2
(四)其他奶制品	Other Milk Products	0.6	0.6	0.5
八、干鲜瓜果类	**Dried and Fresh Melons and Fruits**	**81.1**	**91.7**	**67.3**
(一)鲜瓜果	Fresh Melons and Fruits	74.8	84.7	61.8
(二)瓜果制品	Processed Products of melons and Fruits	1.6	2.0	1.1
(三)坚果类	Nuts and Processed Products	4.7	5.0	4.4
九、糖果糕点类	**Candy and Pastry**	**9.0**	**11.2**	**6.1**
(一)食糖	Sugar	0.7	0.7	0.7
(二)糖果	Candy	0.5	0.6	0.4
(三)糕点	Pastry	7.3	9.3	4.6
(四)其他糖果糕点	Others	0.5	0.6	0.4

10-18 居民家庭住房和耐用消费品拥有情况(2020年)

Household Ownership of Housing and Durables Consumer Goods(2020)

单位：%　　(%)

指标名称	Indicator	全体居民 All Households	城镇居民 Urban Households	农村居民 Rural Households
一、现住房情况	**Housing Condition**			
(一)人均住房建筑面积　(平方米)	Per Capita Construction Area of Building　(sq.m)	40.0	37.3	43.4
(二)按居住空间样式分的户数比重	Proportion of Housing Style			
1.单栋楼房	Single Building Housing	5.7	4.8	6.8
2.单栋平房	Single Bungalow	47.8	17.1	90.0
3.单元房	Units Housing	45.9	77.3	2.8
4.筒子楼或连片平房	Tube-shaped Apartment or Contiguous Bungalow	0.6	0.8	0.4
5.其他	Others			
(三)按主要建筑材料分的户数比重	Proportion of Housing Building Materials			
1.钢筋混凝土	Reinforced Concrete	38.7	60.7	8.6
2.砖混材料	Brick and Concrete Materials	40.8	33.5	50.9
3.砖瓦砖木	Brick and Wood Materials	20.3	5.8	40.4
4.竹草土坯	Bamboo,Grass, Adobe Materials	0.1	0.0	0.2
5.其他	Others			
(四)按房屋来源分的户数比重	Proportion of Housing Source			
1.租赁住房	Leasehold	2.7	3.9	0.9
2.自建住房	Self-built	52.3	21.0	95.3
3.购买商品房	Commercial Housing	27.5	46.9	0.7
4.购买房改住房	Reform Housing	5.3	9.0	0.2
5.购买保障性住房	Indemnificatory Housing	1.1	1.9	0.1
6.拆迁安置房	Resettlement Housing	9.6	15.3	1.7
7.继承或获赠住房	Inheritance or Gift Housing	0.6	0.6	0.7
8.其他	Others	1.0	1.5	0.3
(五)住房外道路为硬化路面的户比重	Proportion of Hardening Road Near Housing			
二、生活设施状况	**Living Condition**			
(一)饮用水状况	Drinking Water Condition			
1.取水位置	Water Intake Location			
①住宅内管道取水	Residential Pipeline Water Intake	81.8	92.3	67.4
②住宅内其他方式取水	Other Residential Water Intake Method	2.6	1.5	4.1
③院内管道取水	Courtyard Pipeline Water Intake	13.3	4.4	25.6
④院内其他方式取水	Other Courtyard Water Intake Method	2.0	1.7	2.5
⑤其他位置取水	Others	0.3	0.2	0.4
2.主要饮用水来源	Source of Drinking Water			
①经过净化处理的自来水	Tap Water	86.8	92.7	78.6
②受保护的井水和泉水	Protected Wells and Springs	12.2	5.8	20.9
③不受保护的井水和泉水	Non-Protected Wells and Springs	0.0		0.0
④江河湖泊水	Rivers and Lakes Water			
⑤其他饮用水来源	Others(%)	1.0	1.4	0.5

10-18 续表 continued

单位：% (%)

指 标 名 称	Indicator	全体居民 All Households	城镇居民 Urban Households	农村居民 Rural Households
3.获取饮用水存在的主要困难	Major Difficulty on Obtaining Drinking Water			
①单次取水往返时间超过半小时	Round-trip Time More Than Half Hour			
②间断或定时供水	Intermittent or Regular Supply	2.7	0.6	5.7
③当年连续缺水超过15天	Water over More than 15 days	0.0	0.0	
④获取饮用水无困难	No Difficulty	97.3	99.4	94.3
4.饮用前家里采取的主要处理措施	Treatment of Drinking Water			
①煮沸	Boiling	98.8	98.1	99.7
②加漂白剂/氯等	Add bleach / chlorine	88.2	95.0	78.9
③使用水过滤器	Water Filter	0.5	0.2	1.0
④其他处理措施	Others	9.8	2.9	19.4
⑤没有任何水处理措施	No Treatment	0.2	0.1	0.3
(二)住宅内厕所状况	Toilet Condition			
1.水冲式卫生厕所	Flushing Sanitary Toilet	85.7	94.5	73.5
2.水冲式非卫生厕所	Flushing Non-Sanitary Toilet	4.8	1.6	9.3
3.卫生旱厕	Sanitary toilet	6.1	2.4	11.1
4.普通旱厕	Ordinary Toilet	3.4	1.4	6.1
5.无厕所	No Toilet			
(三)主要炊用能源	Major Source of Cooking			
1.天然气、煤气、液化石油气	Natural Gas, Coal Gas, Liquefied Petroleum Gas	71.7	87.2	50.3
2.煤炭	Coal	3.2	1.1	6.0
3.电	Electricity	19.4	10.6	31.5
4.沼气	Biogas	0.05	0.00	0.11
5.其他	Others	5.7	1.1	12.1
三、每百户耐用消费品拥有情况	**Number of Durable Consumer Goods Owned by Per 100 Households**			
(一)家用汽车 (辆)	Automobiles (unit)	52.3	61.2	40.0
(二)摩托车 (辆)	Motorcycles (unit)	23.0	11.8	38.4
(三)电冰箱(柜) (台)	Refrigerators (unit)	104.1	106.4	101.0
(四)洗衣机 (台)	Washing Machines (unit)	99.1	100.9	96.7
(五)热水器 (台)	Water Heaters (unit)	97.5	102.9	90.1
(六)空调 (台)	Air Conditioner (unit)	127.6	151.3	95.0
(七)彩色电视机 (台)	Color TV Sets (unit)	106.9	106.4	107.6
(八)照相机 (台)	Cameras (unit)	17.5	28.0	3.2
(九)计算机 (台)	Computers (unit)	63.7	79.4	42.0
其中：接入互联网的计算机 (台)	Computers With Internet Access (unit)	54.8	69.2	35.0
(十)中高档乐器 (架)	High-grade Instruments (unit)	8.5	13.2	2.1
(十一)固定电话 (线)	Fixed-line Phones (unit)	9.4	10.9	7.4
(十二)移动电话 (部)	Mobile Phones (unit)	234.4	236.8	231.0
其中：接入互联网的移动电话 (部)	Mobile Phones With Internet Access (unit)	196.3	206.7	181.9
(十三)健身器材 (组)	Fitness Equipment (unit)	6.6	10.2	1.7
(十四)空气净化器(含新风系统) (台)	Air Purifier (Including Central Ventilation System) (unit)	6.3	10.2	0.9
(十五)吸尘器 (台)	Dust Collector (unit)	12.7	20.5	1.9

10−19 社区基础设施和居民享有的基本社会服务情况(2020年)
Community Infrastructure and Basic Social Services(2020)

单位：% (%)

指 标 名 称	Indicator	全体居民 All Households	城镇居民 Urban Households	农村居民 Rural Households
一、社区基础设施情况和基本公共服务	**Community Infrastructure and Basic Social Services**			
(一)社区通公路的户比重	Proportion of Community Access Roads	100.0	100.0	100.0
(二)社区能便利地乘坐公共汽车的户比重	Proportion of Communities Through Bus	97.9	99.6	95.7
(三)社区通电的户比重	Proportion of Community Having Powered	100.0	100.0	100.0
(四)社区通电话的户比重	Proportion of Community Having Phone	100.0	100.0	100.0
(五)社区能接收有线电视信号的户比重	Proportion of Communities Can Receive TV signals	100.0	100.0	100.0
(六)社区饮用水经过了集中净化处理的户比重	Proportion of Community Drinking Purification water	99.4	99.7	98.9
(七)社区主要饮用水水源无化学污染的户比重	Proportion of Community Water Source Free of Chemical Contamination	100.0	100.0	100.0
(八)社区开通了管道燃气的户比重	Proportion of Community Open Gas Pipeline	57.0	83.2	20.9
(九)社区有集中供暖的户比重	Proportion of Community Have Central Heating	48.3	80.2	4.3
(十)按进社区道路状况分的户比重	Proportion of Road Into the Community			
1.水泥或柏油路面	Cement or Asphalt Road	100.0	100.0	100.0
2.沙石或石板等硬质路面	Hardening Road			
3.其他	Others			
(十一)按社区内主要道路状况分的户比重	Proportion of Community Road Conditions	100.0	99.9	100.0
1.水泥或柏油路面	Cement or Asphalt Road	0.0	0.1	
2.沙石或石板等硬质路面	Hardening Road			
3.其他	Others			
(十二)社区主要道路有路灯的户比重	Proportion of Community Main Road Have Streetlights	99.7	99.9	99.4
(十三)社区内垃圾能集中处理的户比重	Proportion of Community Can Focus Process Garbage	100.0	100.0	100.0
(十四)社区有健身器材的户比重	Proportion of Community With Fitness Equipment	99.3	99.5	98.9
(十五)社区有绿化园林景观的户比重	Proportion of Community Have Green Landscape	68.4	81.7	50.1
(十六)社区有卫生站(室)的户比重	Proportion of Community Have Health Stations	95.8	97.6	93.3
(十七)按上幼儿园便利程度分的户比重	Proportion of Classification by Kindergarten			
1.社区内有，且便利	Community kindergarten,Convenience	61.2	72.2	46.0
2.社区内无，但入园较便利	No Community kindergarten,Convenience	37.6	27.5	51.5
3.不便利	No Convenience	1.2	0.4	2.4
(十八)按上小学便利程度分的户比重	Proportion of Classification by Primary school and Convenience			
1.社区内有，且便利	Community Primary school,Convenience	45.0	52.0	35.4
2.社区内无，但入学较便利	No Community Primary school,Convenience	53.9	47.8	62.4
3.不便利	No Convenience	1.1	0.2	2.2
(十九)社区本年度未发生盗窃或其他刑事案件的户比重	Proportion of Community Without Theft or Other Criminal Cases	94.4	92.7	96.8
(二十)社区有安全保卫的户比重	Proportion of Community with Security	79.5	85.3	71.5
(二十一)行政村拥有合法行医证的医生的户比重	Proportion of Village have Legitimate Doctor	42.1	14.6	79.9
(二十二)行政村有合格接生员的户比重	Proportion of Village Have Qualified Midwives	5.0	3.1	7.5
二、社会保障	**Social Securities**			
参加医疗保险或享受公费医疗的人数比重	Proportion of Participated Medical Insurance or Public Health Services			
1.新型农村合作医疗	New Rural Cooperative Medical	18.9	9.6	31.0
2.城镇职工基本医疗保险	Urban Basic Medical Insurance	25.2	40.4	5.4
3.城乡居民基本医疗保险	Resident Basic Medical Insurance	53.0	45.9	62.2
4.公费医疗	Public Health Services	0.2	0.3	0.0
5.商业医疗保险	Commercial Medical Insurance	3.4	4.8	1.6
6.其他医疗保险	Others	0.6	0.8	0.3
7.没有参加任何医疗保险	No Medical Insurance	1.4	2.1	0.4

10－20 各市全体居民人均收支情况(2020年)

Per Capita Income and Consumption Expenditure of All Households by Region(2020)

单位:元/人 (yuan/person)

地 区	Region	可支配收入 Disposable Income	工资性收入 Income of Wages and Salaries	经营净收入 Net Business Income	财产净收入 Net Income from Properties	转移净收入 Net Income from Transfer	消费支出 Expense on Household Consumption
济南市	Jinan	43056	24866	4329	6396	7466	27695
青岛市	Qingdao	47156	28082	8816	4008	6250	30294
淄博市	Zibo	38932	26799	4381	3319	4434	25212
枣庄市	Zaozhuang	27379	18312	5391	1166	2510	16312
东营市	Dongying	42204	28222	5183	3535	5264	26005
烟台市	Yantai	39306	22081	8799	3075	5351	25707
潍坊市	Weifang	33919	18792	8289	2704	4134	20993
济宁市	Jining	29261	19874	4474	1471	3442	17415
泰安市	Tai'an	30937	19715	5791	1846	3585	18601
威海市	Weihai	41137	24600	6694	2796	7047	25267
日照市	Rizhao	28695	19346	5700	1652	1997	16471
临沂市	Linyi	28887	15869	9902	1425	1691	14886
德州市	Dezhou	23626	14178	6373	1170	1906	15610
聊城市	Liaocheng	22488	14068	5394	1136	1889	14204
滨州市	Binzhou	29718	16770	6931	1998	4019	19201
菏泽市	Heze	21741	9056	6162	1347	5176	15154

10－20 续表 continued

单位:元/人 (yuan/person)

地 区	Region	食品烟酒 Food, Tobacco and liquor	衣着 Clothing	居住 Residence	生活用品及服务 Supplies and Services	交通通信 Transport and Communications	教育文化娱乐 Recreation, Education and Cultural	医疗保健 Health care	其他用品及服务 Others
济南市	Jinan	6779	1597	8272	1949	3622	2903	2018	555
青岛市	Qingdao	8520	2706	7173	1998	4477	3012	1679	729
淄博市	Zibo	6459	2245	5544	1951	3436	3190	1920	467
枣庄市	Zaozhuang	4909	1340	3352	1311	2145	1857	1054	345
东营市	Dongying	6225	2405	5723	1562	5151	2809	1636	493
烟台市	Yantai	7864	2327	5492	1692	3606	2223	1813	690
潍坊市	Weifang	5134	1298	4187	1469	3746	2767	1997	395
济宁市	Jining	4811	1185	3272	1404	2534	2374	1473	362
泰安市	Tai'an	4756	1359	3970	1419	2388	2380	1916	412
威海市	Weihai	6525	1949	5010	1645	4636	1985	2700	817
日照市	Rizhao	4755	1177	2925	962	3229	1748	1180	495
临沂市	Linyi	4022	1204	3280	1097	2612	1549	897	226
德州市	Dezhou	4479	1046	4052	863	2231	1352	1340	247
聊城市	Liaocheng	4176	1052	3010	787	1635	1872	1371	301
滨州市	Binzhou	5206	1438	4067	1366	2948	2261	1501	414
菏泽市	Heze	4581	1097	3098	948	1987	1819	1404	218

10-21 各市城镇居民人均收支情况(2020年)

Per Capita Income and Consumption Expenditure of Urban Households by Region(2020)

单位:元/人 (yuan/person)

地 区	Region	可支配收入 Disposable Income	工资性收入 Income of Wages and Salaries	经营净收入 Net Business Income	财产净收入 Net Income from Properties	转移净收入 Net Income from Transfer	消费支出 Expense on Household Consumption
济 南 市	Jinan	53329	31071	2875	9099	10284	34391
青 岛 市	Qingdao	55905	33641	8479	5365	8420	35936
淄 博 市	Zibo	46415	31367	4915	4470	5663	29470
枣 庄 市	Zaozhuang	35098	25191	4683	1992	3232	20371
东 营 市	Dongying	52684	37040	3925	4307	7413	31286
烟 台 市	Yantai	49434	29334	8507	4355	7239	31843
潍 坊 市	Weifang	43085	24187	8767	4154	5978	26466
济 宁 市	Jining	38368	26329	3853	2586	5601	22429
泰 安 市	Tai'an	38901	25829	5140	2983	4949	22995
威 海 市	Weihai	50424	31000	7048	3991	8385	31252
日 照 市	Rizhao	36752	25752	5855	2738	2407	21950
临 沂 市	Linyi	39466	21914	13024	2420	2108	18888
德 州 市	Dezhou	29594	19193	6347	2083	1971	17861
聊 城 市	Liaocheng	30036	22015	4496	2074	1451	17695
滨 州 市	Binzhou	38582	24667	5390	3235	5291	24635
菏 泽 市	Heze	29365	14041	6749	2781	5793	18787

10-21 续表 continued

单位:元/人 (yuan/person)

地 区	Region	食品烟酒 Food, Tobacco and liquor	衣着 Clothing	居住 Residence	生活用品及服务 Supplies and Services	交通通信 Transport and Communications	教育文化娱乐 Recreation, Education and Cultural	医疗保健 Health care	其他用品及服务 Others
济 南 市	Jinan	8072	2033	10697	2459	4391	3651	2368	720
青 岛 市	Qingdao	10025	3306	8626	2365	5154	3608	1977	876
淄 博 市	Zibo	7374	2759	6665	2352	3928	3754	2056	583
枣 庄 市	Zaozhuang	6040	1739	4348	1695	2597	2316	1205	431
东 营 市	Dongying	7506	3177	7019	1976	5604	3314	2038	653
烟 台 市	Yantai	9523	3044	6989	2152	4353	2772	2120	890
潍 坊 市	Weifang	6107	1750	5274	1905	4958	3535	2435	501
济 宁 市	Jining	6156	1621	4445	1889	2910	3070	1835	505
泰 安 市	Tai'an	5572	1855	4960	1651	3007	3023	2321	605
威 海 市	Weihai	7929	2470	6355	2088	5852	2450	3017	1091
日 照 市	Rizhao	6246	1541	3689	1188	4519	2342	1660	765
临 沂 市	Linyi	4958	1706	3990	1374	3672	1909	966	312
德 州 市	Dezhou	5041	1341	4204	955	2638	1843	1515	325
聊 城 市	Liaocheng	5108	1527	3924	943	2053	2255	1503	382
滨 州 市	Binzhou	6608	2044	5449	1828	3498	2905	1721	582
菏 泽 市	Heze	5293	1306	4425	1249	2282	2131	1793	308

10－22 各市农村居民人均收支情况(2020年)

Per Capita Income and Consumption Expenditure of Rural Households by Region(2020)

单位:元/人 (yuan/person)

地区	Region	可支配收入 Disposable Income	工资性收入 Income of Wages and Salaries	经营净收入 Net Business Income	财产净收入 Net Income from Properties	转移净收入 Net Income from Transfer	消费支出 Expense on Household Consumption
济南市	Jinan	20432	11198	7532	443	1259	12947
青岛市	Qingdao	23656	13151	9720	365	421	15138
淄博市	Zibo	20891	15785	3092	543	1470	14946
枣庄市	Zaozhuang	17690	9677	6280	129	1604	11218
东营市	Dongying	20003	9543	7848	1899	712	14819
烟台市	Yantai	22305	9907	9289	928	2182	15407
潍坊市	Weifang	21651	11572	7650	763	1666	13669
济宁市	Jining	18653	12355	5198	173	927	11576
泰安市	Tai'an	19682	11075	6710	240	1658	12393
威海市	Weihai	23351	12344	6016	507	4484	13807
日照市	Rizhao	18274	11059	5500	248	1467	9383
临沂市	Linyi	15918	8459	6074	205	1181	9981
德州市	Dezhou	16996	8607	6401	155	1833	13109
聊城市	Liaocheng	15718	6941	6200	294	2282	11073
滨州市	Binzhou	18496	6774	8881	432	2409	12321
菏泽市	Heze	15107	4719	5650	99	4639	11993

10－22 续表 continued

单位:元/人 (yuan/person)

地区	Region	食品烟酒 Food, Tobacco and liquor	衣着 Clothing	居住 Residence	生活用品及服务 Supplies and Services	交通通信 Transport and Communications	教育文化娱乐 Recreation, Education and Cultural	医疗保健 Health care	其他用品及服务 Others
济南市	Jinan	3931	637	2931	825	1928	1256	1247	192
青岛市	Qingdao	4476	1096	3269	1011	2659	1412	880	336
淄博市	Zibo	4252	1008	2844	983	2248	1830	1593	188
枣庄市	Zaozhuang	3488	839	2103	828	1578	1280	865	237
东营市	Dongying	3512	771	2980	687	4193	1739	785	154
烟台市	Yantai	5080	1124	2980	921	2351	1301	1297	354
潍坊市	Weifang	3832	691	2733	886	2123	1739	1412	254
济宁市	Jining	3243	678	1907	839	2097	1563	1053	197
泰安市	Tai'an	3604	657	2572	1090	1515	1472	1343	140
威海市	Weihai	3837	952	2433	798	2309	1095	2093	291
日照市	Rizhao	2826	706	1938	669	1560	981	558	146
临沂市	Linyi	2875	588	2409	757	1312	1107	813	119
德州市	Dezhou	3855	718	3884	760	1780	807	1144	161
聊城市	Liaocheng	3340	626	2190	648	1260	1528	1252	228
滨州市	Binzhou	3430	670	2318	781	2251	1446	1223	201
菏泽市	Heze	3963	915	1944	685	1730	1548	1067	141

主要统计指标解释

可支配收入 指调查户在调查期内获得的、可用于最终消费支出和储蓄的总和，即调查户可以用来自由支配的收入。可支配收入既包括现金，也包括实物收入。按照收入的来源，可支配收入包含四项，分别为：工资性收入、经营净收入、财产净收入、转移净收入。计算公式为：

可支配收入 = 工资性收入 + 经营净收入 + 财产净收入 + 转移净收入

其中：经营净收入 = 经营收入 − 经营费用 − 生产性固定资产折旧−生产税净额（生产税−生产补贴）

财产净收入 = 财产性收入 − 财产性支出

转移净收入 = 转移性收入 − 转移性支出

工资性收入 指就业人员通过各种途径得到的全部劳动报酬和各种福利，包括受雇于单位或个人、从事各种自由职业、兼职和零星劳动得到的全部劳动报酬和福利。

经营净收入 指住户或住户成员从事生产经营活动所获得的净收入，是全部经营收入中扣除经营费用、生产性固定资产折旧和生产税之后得到的净收入。

财产净收入 指住户或住户成员将其所拥有的金融资产、住房等非金融资产和自然资源交由其他机构单位、住户或个人支配而获得的回报并扣除相关的费用之后得到的净收入。财产净收入包括利息净收入、红利收入、储蓄性保险净收益、转让承包土地经营权租金净收入、出租房屋净收入、出租其他资产净收入和自有住房折算净租金等。

转移性收入 指国家、单位、社会团体对住户的各种经常性转移支付和住户之间的经常性收入转移。包括政府、非行政事业单位、社会团体对居民转移的养老金或退休金、社会救济和补助、惠农补贴、政策性生活补贴、救灾款、经常性捐赠和赔偿以及报销医疗费等；住户之间的赡养收入、经常性捐赠和赔偿以及农村地区（村委会）在外（含国外）工作的本住户非常住成员寄回带回的收入等。转移性收入不包括住户之间的实物馈赠。

转移性支出 指调查户对国家、单位、住户或个人的经常性或义务性转移支付。包括缴纳的税款、各项社会保障支出、赡养支出、经常性捐赠和赔偿支出以及其他经常转移支出等。

消费支出 指住户用于满足家庭日常生活消费需要的全部支出，包括用于消费品的支出和用于服务性消费的支出。根据用途不同，消费支出可划分为食品烟酒、衣着、居住、生活用品及服务、交通通信、教育文化娱乐、医疗保健、其他用品及服务八大类。根据来源不同，消费支出可划分为现金消费支出、实物消费支出（含自产自用、来自单位、来自政府和其他社会组织）。

食品烟酒 指用于各种食品和烟草、酒类的支出，包括食品和烟酒两个中类。

衣着 指与居民穿着有关的支出，包括服装、服装材料、鞋类、其他衣类及配件、衣着相关加工服务的支出。

居住 指与居住有关的支出，包括房租、水、电、燃料、物业管理等方面的支出，也包括自有住房折算租金。

生活用品及服务 指家庭及个人的各类生活品及家庭服务。包括家具及室内装饰品、家用器具、家用纺织品、家庭日用杂品、个人用品和家庭服务。

交通通信 指用于交通和通信工具及相关的各种服务费、维修费和车辆保险等支出。

教育文化和娱乐 指用于教育和文化娱乐方面的支出。

医疗保健 指用于医疗和保健的药品、用品和服务的总费用。包括医疗器具及药品，以及医疗服务。

其他用品及服务 指无法直接归入上述各类支出的其他用品与服务支出。

就业者负担人数 指家庭人口与就业人口之比。

农村整、半劳动力 整劳动力指男子 18 周岁到 50 周岁，女子 18 周岁到 45 周岁；半劳动力指男子 16 周岁到 17 周岁，51 周岁到 60 周岁；女子 16 周岁到 17 周岁，46 周岁到 55 周岁，同时具有劳动能力的人。虽然在劳动年龄之内，但已丧失劳动能力的人，不应算为劳动力；超过劳动年龄，但能经常参加劳动，计入半劳动力数内。

Explanatory Notes on Main Statistical Indicators

Disposable Income refer to the households income sum that can be used for final consumption expenditure and savings during the period of investigation. Disposable income includes cash and real income. According to sources of income, disposable income includes the wage income, net operating income, net property income, and net transfer income. The formula for computing:

Disposable income = the wage income+ net operating income+net property income+net transfer income

Net operating income =
income - operating costs - depreciation of productive fixed assets - net taxes on production (production tax - production subsidies)

Net property income = income from property - property expenditure

The transfer of net income = income from transfer - transfer expenditure

Wage Income refers to income and all kinds of welfare obtained by laborers employed by different establishments, working independently or part time.

Net Operating Income refers to the net income from operation run by the members of households, and it equals to total income minus operating costs and depreciation of productive fixed assets and taxes on production.

Net Property Income refers to the net income obtained from the financial assets, non-financial assets such as housing and natural resources provided by its owners to other establishments, households or individuals. It includes net interest income, bonus, net income from saving insurance, net income from the transfer of the right to land contractual management, income from house renting, income from renting of other assets and net rental income of home ownership.

Income from Transfer refers to the current transaction between government, establishments, social organization and households, and to the income transaction between households. It includes annuity, pension, social relief, agricultural subsidy, disaster relief fund, and medical expense, which are provided by governments, institutions, social organizations. It also includes supporting expense, regular donations, and income provided by non-permanent population. It does not include donations between households.

Transfer Expenditure refers to the regular or obligatory expenditure provided by the households to governments, institutions, other households or residents. It includes taxes, social security expenditure, supporting expenditure, regular donation and compensation expenditure, etc.

Expense on Service Consumption refers to the consumption of all expenditure needs to meet the family daily life, including those for the consumer spending and for service consumption expenditure. According to different purposes, consumption can be divided into tobacco and food, clothing, housing, daily necessities and services, transportation and communication, education, culture and entertainment, health care, the other services. According to different sources, consumption can be divided into cash consumption, real consumer spending (including self occupied, from the unit, from the government and other social organizations).

Tobacco and Food refers to all kinds of expenditure on foods, tobaccos and beverages, including food and tobacco.

Clothing refers to the expenditure on clothes, clothing materials, shoes, accessories and charges for making clothes.

Housing refers to the expenditure related to residing, including rent, the expenditure of water, fuel, power and real estate management and net rental income of home ownership.

Daily Necessities and Services refers to the expenditure on daily necessities and home service, including the expenditures on furniture, decoration, appliance, textile, personal items and home service.

Transportation and Communication refers to the expenditure on transportation, communication, related service, maintenance, and vehicle insurance.

Education, Culture and Entertainment refers to the expenditure on education, culture and entertainment.

Health Care refers to the expenditure on health care, medicine, related products and service.

Other Services refers to the expenditure on the service that cannot be included in the services mentioned above.

Number of Dependents per Employee refers to the ratio between number of persons in households and the number of dependents.

Rural Full/Semi Labor Force Full labor force refers to persons capable of work, aged 18-50 for males and 18-45 for females. Semi labor force refers to persons capable of work, aged 16-17 and 51-60 for males and 16-17 and 46-55 for females. Persons at their working ages but not capable of work are not to be included as labor force. Persons not at working ages but participating regularly in work are included in semi labor force. For staff and workers as resident population of the household, they are included as full or semi labor force of the household if they are in the labor force.

第11篇

城市建设

City Construction

简 要 说 明

一、本篇资料的主要内容

本篇资料反映了全省各城市基础设施基本情况，包括设施水平、供水、公共交通、道路桥梁、排水、园林绿化、燃气、供热等方面的资料。

二、本篇资料的来源

本篇资料来源于省住房城乡建设厅和省交通运输厅，由山东省统计局综合处和服务业处整理提供。

Brief Introduction

I. Content

Data in this chapter show the basic conditions of public facilities of main cities in Shandong, including infrastructure, water supply, public communications, roads, bridges, drainage, urban greenery, gas and heating, etc.

II. Source of Data

Data in this chapter are provided by the Housing and Urban-Rural Development and Transportation Department of Shandong Province. Data in this chapter are prepared and compiled by the Division of Comprehensive Statistics and the Division of Comprehensive Service Statistics of Shandong Provincial Bureau of Statistics.

11−1 城市基础设施
Basic Statistics on Urban Infrastructure

指标名称	Item	2017	2018	2019	2020
一、设施水平	**Urban Facilities**				
城市人口密度 (人/平方公里)	Population Density (person/sq.km)	1554	1622	1665	1665
人均日生活用水量 (升)	Per Capita Daily Water Consumption (litre)	126.7	126.6	125.5	119.4
供水普及率 (%)	Coverage Rate of Water Supply (%)	99.8	99.4	99.7	99.8
燃气普及率 (%)	Coverage Rate of Natural Gas Supply (%)	99.6	99.2	99.1	99.3
人均城市道路面积 (平方米)	Per Capita Area of Roads (sq.m)	25.1	25.3	25.3	25.6
建成区排水管道密度 (公里/平方公里)	Built-up Area Density of Sewage Pipelines (km/sq.km)	11.4	11.5	11.8	11.3
人均公园绿地面积 (平方米)	Per Capita Public Green Areas (sq.m)	17.8	17.6	17.6	17.7
建成区绿化覆盖率 (%)	Coverage Rate of Urban Green Areas (%)	42.1	41.8	41.8	41.7
二、供水情况	**Water Supply**				
供水总量 (万立方米)	Volume of Water Supply (10 000 cu.m)	385519	394788	392093	379082
#生产运营用水 (万立方米)	For Productive Use (10 000 cu.m)	169031	166016	156581	155140
用水人口 (万人)	Population Using Water (10 000 persons)	3527	3673	3853	3983
三、公共交通	**Public Transportation**				
公共汽电车客运总量 (万人次)	Volume of Passenger Traffic (Buses and Trolley Buses,etc.) (10 000 person-times)	389909	385805	403854	226711
公共汽电车运营车数 (辆)	Number of Operating Vehicles (Buses and Trolley Buses,etc.) (unit)	50642	53298	56657	54799
出租汽车数 (辆)	Number of Taxis (unit)	61678	62138	62852	61872
四、市政设施	**Infrastructure by City**				
道路面积 (万平方米)	Area of Roads (10 000 sq.m)	88799	93397	97663	102269
#人行道面积 (万平方米)	Area of Sidewalks (10 000 sq.m)	17161	18473	18964	20348
道路长度 (公里)	Length of Roads (km)	43580	45633	48149	49986
路灯盏数 (盏)	Number of Streetlights (unit)	1941822	2008130	2061918	2119319
桥梁数 (座)	Number of Bridges (unit)	5440	5708	5855	5821
污水年排放量 (万吨)	Volume of Waste Water Discharged (10 000 tons)	327755	340919	354337	341815
污水年处理量 (万吨)	Volume of Waste Water Treated (10 000 tons)	317772	332217	346414	335873
五、园林绿化	**Parks, Gardens and Green Areas**				
园林绿地面积 (公顷)	Garden Green Area (ha)	235690	243368	252338	262968
公园绿地面积 (公顷)	Park Green Area (ha)	63042	65179	67884	70508
绿化覆盖面积 (公顷)	Coverage of Green Area (ha)	267944	279143	289833	299506
#建成区绿化覆盖面积 (公顷)	Coverage of Urban Green Area (ha)	209230	215930	226228	235167
公园个数 (个)	Number of Parks (unit)	1090	1214	1200	1299
公园面积 (公顷)	Area of Parks (ha)	37721	40554	41450	47635

11-2 城市设施水平(2020年)

Basic Statistics on Urban Infrastructure by City (2020)

城市名称	City	城市人口密度(人/平方公里) Population Density (person/sq.km)	人均日生活用水量(升) Per Capita DailyWater Consumption (litre)	供水普及率(%) Coverage Rate of Water Supply (%)	燃气普及率(%) Coverage Rate of Gas Supply (%)	人均城市道路面积(平方米) Per Capita Area of Roads (sq.m)	人均公园绿地面积(平方米) Per Capita Public Green Areas (sq.m)	建成区绿化覆盖率(%) Coverage Rate of Urban Green Areas (%)
合　计	**Total**	**1665**	**119.4**	**99.8**	**99.3**	**25.6**	**17.7**	**41.7**
济南市	Jinan	2650	126.0	100.0	100.0	19.7	12.2	40.8
青岛市	Qingdao	1781	142.9	100.0	100.0	19.1	19.1	41.2
胶州市	Jiaozhou	748	122.4	100.0	100.0	18.6	12.7	44.8
平度市	Pingdu	689	125.1	100.0	100.0	27.2	13.4	43.0
莱西市	Laixi	762	141.2	100.0	100.0	24.7	14.4	44.6
淄博市	Zibo	2586	110.8	100.0	100.0	33.1	18.5	44.7
枣庄市	Zaozhuang	1954	100.6	100.0	99.8	26.1	15.1	42.3
滕州市	Tengzhou	2909	130.7	100.0	100.0	21.6	14.5	38.2
东营市	Dongying	709	179.5	100.0	100.0	29.3	26.6	42.4
烟台市	Yantai	2286	116.8	98.9	96.5	29.3	17.0	39.5
龙口市	Longkou	2851	75.5	100.0	100.0	31.9	18.8	43.4
莱阳市	Laiyang	1141	108.1	99.1	97.9	16.9	16.7	40.7
莱州市	Laizhou	1086	94.1	100.0	97.7	20.0	15.8	40.8
招远市	Zhaoyuan	1450	117.2	100.0	100.0	23.6	21.4	32.7
栖霞市	Qixia	6038	71.8	95.3	95.1	14.9	11.8	36.5
海阳市	Haiyang	876	82.5	99.7	99.7	20.2	17.5	42.7
潍坊市	Weifang	1402	122.0	100.0	99.9	28.3	18.5	42.6
青州市	Qingzhou	1255	105.6	100.0	100.0	29.1	15.3	41.0
诸城市	Zhucheng	1506	135.7	98.1	98.1	25.0	23.8	44.8
寿光市	Shouguang	1539	82.0	100.0	100.0	19.6	18.7	43.2
安丘市	Anqiu	898	83.6	100.0	100.0	33.5	20.3	42.2
高密市	Gaomi	1488	143.2	100.0	100.0	30.9	17.6	39.4
昌邑市	Changyi	1679	99.7	100.0	100.0	24.4	19.4	39.2
济宁市	Jining	1824	105.8	100.0	99.0	35.5	18.1	42.4
曲阜市	Qufu	3323	131.1	100.0	99.5	26.5	17.3	41.8
邹城市	Zoucheng	3663	121.2	100.0	99.7	18.8	14.3	40.3
泰安市	Tai'an	1840	85.6	100.0	100.0	28.6	23.1	45.1
新泰市	Xintai	1130	102.9	100.0	100.0	25.5	18.5	44.9
肥城市	Feicheng	2233	122.5	100.0	100.0	24.5	18.1	42.5
威海市	Weihai	1555	121.8	100.0	100.0	41.1	26.0	45.8
荣成市	Rongcheng	897	81.2	100.0	100.0	31.0	26.0	46.0
乳山市	Rushan	1624	104.5	100.0	100.0	30.7	19.0	45.7
日照市	Rizhao	2286	120.2	100.0	99.9	22.4	17.7	42.8
临沂市	Linyi	1881	118.9	100.0	99.2	27.5	21.2	42.1
德州市	Dezhou	1618	104.0	100.0	100.0	32.2	22.9	41.0
乐陵市	Leling	2620	53.0	100.0	100.0	30.1	13.1	40.7
禹城市	Yucheng	3317	89.7	98.3	99.7	26.6	11.3	39.7
聊城市	Liaocheng	1838	84.0	100.0	99.5	19.9	14.0	35.7
临清市	Linqing	1245	78.3	100.0	92.0	30.3	13.8	37.0
滨州市	Binzhou	872	167.4	100.0	100.0	31.9	23.8	41.5
邹平市	Zouping	1480	72.8	100.0	100.0	39.3	18.1	39.5
菏泽市	Heze	1925	143.6	98.8	91.4	29.8	14.8	40.6

注：设市城市为市本级数据。
a)The data of cities are from Municipal level.

11−3 城市供水(2020年)

Urban Water Supply by City (2020)

城市名称	City	综合生产能力(万立方米/日) Production Capacity of Water Supply (10 000 cu.m/day)	地下水 Groundwater	供水管道长度(公里) Length of Water Supply Pipelines (km)	供水总量(万立方米) Volume of Water Supply (10 000 cu.m)	生产运营用水 For Productive Use	公共服务用水 For Public Service	居民家庭用水 For Households Use	用水人口(万人) Population with Access to Tap Water (10 000 persons)
合　计	**Total**	**1908.1**	**584.4**	**59513.2**	**379081.8**	**155140.3**	**43712.5**	**129449.6**	**3982.8**
济南市	Jinan	248.9	116.9	5549.7	47013.9	6915.3	11676.7	17800.9	641.0
青岛市	Qingdao	232.7	4.2	8206.9	55352.4	18873.7	7471.0	21165.7	550.1
胶州市	Jiaozhou	19.7	6.0	616.4	4845.4	1565.7	1443.9	1350.1	62.5
平度市	Pingdu	15.8	8.8	694.0	4025.6	1016.2	1001.2	1262.0	49.6
莱西市	Laixi	12.4	1.9	572.9	2870.1	895.3	683.9	1057.6	34.2
淄博市	Zibo	179.1	84.8	3017.5	26673.8	15295.1	1109.0	6938.2	199.2
枣庄市	Zaozhuang	46.2	33.9	1849.3	9193.4	3688.7	738.9	3237.0	108.2
滕州市	Tengzhou	24.0	19.0	1133.0	4862.0	1895.0	477.0	1725.0	46.2
东营市	Dongying	97.5		1925.4	13061.7	5059.0	2314.8	4135.2	98.4
烟台市	Yantai	117.3	22.8	4881.8	19578.8	7127.8	2729.7	7775.6	246.4
龙口市	Longkou	8.0		396.0	1597.6	555.0	197.0	620.0	29.7
莱阳市	Laiyang	12.4	2.4	363.3	2247.5	816.9	38.7	1145.4	30.0
莱州市	Laizhou	10.5		743.8	2249.8	369.1	473.6	898.6	40.0
招远市	Zhaoyuan	8.1	2.0	512.0	2114.0	1195.2	40.2	815.6	20.0
栖霞市	Qixia	3.7	1.0	152.5	745.8	227.0	127.0	328.0	17.4
海阳市	Haiyang	11.4		474.0	1149.3	280.0	75.0	613.0	22.9
潍坊市	Weifang	83.5	16.5	2541.9	18409.2	9354.6	1857.3	5549.4	166.4
青州市	Qingzhou	18.3	15.3	818.6	3726.1	1936.4	335.0	1115.3	37.6
诸城市	Zhucheng	23.0	2.7	371.2	7305.0	4217.0	485.0	1902.6	48.2
寿光市	Shouguang	20.0	9.6	788.7	8886.0	7004.7	43.6	1468.5	50.5
安丘市	Anqiu	29.5	0.6	525.8	4417.0	2454.0	450.0	1032.0	48.6
高密市	Gaomi	44.6	12.6	807.0	7704.8	4601.2	238.4	1302.1	29.5
昌邑市	Changyi	13.5	13.5	122.8	3822.0	2918.0	201.0	532.0	20.2
济宁市	Jining	67.5	65.5	1213.7	15541.7	7334.1	185.0	5905.0	161.2
曲阜市	Qufu	9.9	7.7	425.0	3062.6	1450.8	253.8	795.6	21.9
邹城市	Zoucheng	14.5	14.5	479.7	3502.0	1473.0	457.0	1068.0	35.9
泰安市	Tai'an	27.3	15.0	3718.2	5579.0	1458.0	800.2	2577.8	108.1
新泰市	Xintai	17.5	1.0	667.1	2963.5	517.6	285.1	1812.6	56.1
肥城市	Feicheng	7.2	7.2	295.6	2268.9	519.1	200.4	1168.3	30.6
威海市	Weihai	53.1	0.6	3169.4	8687.8	3026.3	1314.6	3194.9	101.5
荣成市	Rongcheng	18.2	0.2	1069.2	2667.2	915.7	140.1	1143.2	44.1
乳山市	Rushan	12.8	0.5	609.3	1827.5	585.5	73.0	798.0	22.8
日照市	Rizhao	55.7		1857.0	9413.8	3879.2	682.4	3344.7	92.3
临沂市	Linyi	76.2	18.2	2427.4	16874.8	6212.5	1468.0	8015.7	218.6
德州市	Dezhou	52.9	0.6	1767.7	14153.9	9469.4	532.7	3162.2	97.4
乐陵市	Leling	6.5	1.0	108.8	790.3	139.7	92.3	415.1	26.2
禹城市	Yucheng	12.0	9.0	385.4	2287.7	1365.5	89.0	551.4	19.6
聊城市	Liaocheng	35.4	35.4	1508.3	9134.7	3595.5	650.4	3176.2	124.8
临清市	Linqing	15.0	3.9	301.0	3046.0	1623.5	137.4	795.3	32.6
滨州市	Binzhou	66.0	0.3	1399.1	10461.3	5133.5	1432.5	2830.2	69.8
邹平市	Zouping	36.0	6.0	146.4	6201.8	4956.5	95.8	718.1	30.6
菏泽市	Heze	44.4	23.4	900.5	8766.2	3224.0	615.4	4207.8	92.0

注：设市城市为市本级数据。
a)The data of cities are from Municipal level.

11-4 城市公共交通(2020年)
Public Transportation by City(2020)

城市名称	City	公共汽电车 Bus and Trolley Bus 运营车数(辆) Number of Operating Vehicles (unit)	标准运营车数(标台) Number of Standard Operating Vehicles (unit)	运营线路总长度(公里) Length of Operation Lines (km)	客运总量(万人次) Volume of Passenger Traffic (10 000 person-times)	出租汽车数(辆) Number of Taxis (unit)
全　省	**Total**	**54799**	**61974**	**126678**	**226711**	**61872**
济南市	Jinan	7916	9637	12123	52567	10453
青岛市	Qingdao	10914	13348	23469	68308	11683
胶州市	Jiaozhou	1021	1140	1609	2338	454
平度市	Pingdu	928	864	2975	1052	374
莱西市	Laixi	286	321	2110	56	287
淄博市	Zibo	2514	2873	6799	6915	6110
枣庄市	Zaozhuang	2861	3053	7066	7840	1540
滕州市	Tengzhou	1286	1418	2563	3448	706
东营市	Dongying	1187	1356	4312	4081	3108
烟台市	Yantai	4339	4943	11778	23722	5416
龙口市	Longkou	313	363	1242	1184	442
莱阳市	Laiyang	244	245	368	776	399
莱州市	Laizhou	126	129	186	378	450
招远市	Zhaoyuan	263	297	1059	709	374
栖霞市	Qixia	237	233	1711	297	366
海阳市	Haiyang	270	257	1421	410	394
潍坊市	Weifang	4422	4920	11022	13372	4371
青州市	Qingzhou	461	427	668	991	497
诸城市	Zhucheng	573	610	2251	2906	372
寿光市	Shouguang	566	552	2042	644	376
安丘市	Anqiu	383	393	759	599	292
高密市	Gaomi	271	268	1174	257	332
昌邑市	Changyi	309	306	799	887	211
济宁市	Jining	4277	4576	7647	8073	3152
曲阜市	Qufu	363	325	1229	463	295
邹城市	Zoucheng	1272	1294	1948	2163	797
泰安市	Tai'an	3757	3785	7743	6143	1952
新泰市	Xintai	809	759	2809	1440	258
肥城市	Feicheng	351	341	875	426	402
威海市	Weihai	2345	2684	9902	12908	2438
荣成市	Rongcheng	479	550	2724	2308	322
乳山市	Rushan	393	412	2800	321	270
日照市	Rizhao	1190	1378	4688	4723	1068
临沂市	Linyi	2229	2305	3326	4743	2750
德州市	Dezhou	1308	1335	3354	1596	2983
乐陵市	Leling	207	160	1042	79	199
禹城市	Yucheng	286	301	867	133	259
聊城市	Liaocheng	1846	1916	3310	3255	1979
临清市	Linqing	453	462	861	421	286
滨州市	Binzhou	1623	1718	6020	4215	1201
邹平市	Zouping	639	664	1290	2748	370
菏泽市	Heze	2071	2149	4118	4253	1668

11-5 城市市政设施(2020年)
Infrastructure by City (2020)

城市名称	City	道路长度(公里) Length of Roads (km)	道路面积(万平方米) Area of Roads (10 000 sq.m)	人行道面积(万平方米) Area of Sidewalks (10 000 sq.m)	路灯盏数(盏) Number of Streetlights (unit)	桥梁数(座) Number of Bridges (unit)
合　计	**Total**	**49986.2**	**102269.1**	**20347.5**	**2119319**	**5821**
济南市	Jinan	7065.1	12610.3	2514.4	171737	918
青岛市	Qingdao	6374.2	10510.1	2284.2	194639	871
胶州市	Jiaozhou	781.7	1161.2	169.9	23519	114
平度市	Pingdu	760.1	1349.6	249.6	19972	49
莱西市	Laixi	518.1	844.8	153.5	19980	25
淄博市	Zibo	2802.3	6586.0	1366.9	102661	338
枣庄市	Zaozhuang	1309.7	2825.9	705.8	55247	124
滕州市	Tengzhou	614.3	995.3	223.3	23982	45
东营市	Dongying	1118.8	2882.1	405.6	52438	186
烟台市	Yantai	3514.7	7290.6	1276.2	161400	167
龙口市	Longkou	490.4	945.3	248.7	21648	16
莱阳市	Laiyang	341.9	512.7	138.1	7395	26
莱州市	Laizhou	328.1	798.0	117.4	25589	13
招远市	Zhaoyuan	296.2	471.8	102.6	10500	56
栖霞市	Qixia	142.5	271.2	51.6	10405	32
海阳市	Haiyang	212.7	464.1	167.1	11464	47
潍坊市	Weifang	2197.9	4713.1	1128.0	127208	128
青州市	Qingzhou	617.3	1094.2	256.9	54309	27
诸城市	Zhucheng	640.9	1230.9	229.7	29268	39
寿光市	Shouguang	593.6	988.1	115.0	32771	8
安丘市	Anqiu	833.7	1626.4	137.6	23699	87
高密市	Gaomi	561.0	909.2	261.3	25772	83
昌邑市	Changyi	270.3	492.6	126.7	9308	29
济宁市	Jining	2045.2	5717.2	1036.8	87495	215
曲阜市	Qufu	259.7	582.0	130.8	20722	32
邹城市	Zoucheng	389.9	672.4	158.0	19918	39
泰安市	Tai'an	1432.2	3096.4	458.5	37108	196
新泰市	Xintai	577.7	1428.6	167.9	19693	38
肥城市	Feicheng	314.6	749.1	76.6	16932	36
威海市	Weihai	1659.0	4165.4	684.0	93027	462
荣成市	Rongcheng	705.4	1370.1	185.8	34120	106
乳山市	Rushan	373.2	700.3	128.9	22381	89
日照市	Rizhao	1020.7	2069.6	389.6	59446	109
临沂市	Linyi	2796.6	6017.8	928.1	173094	179
德州市	Dezhou	1319.3	3135.0	1257.4	82741	203
乐陵市	Leling	387.3	789.0	197.0	15230	10
禹城市	Yucheng	179.7	528.6	72.1	7857	66
聊城市	Liaocheng	988.5	2486.2	580.0	80237	194
临清市	Linqing	442.8	988.6	315.0	7628	30
滨州市	Binzhou	1088.4	2222.0	435.9	70237	214
邹平市	Zouping	536.8	1202.9	187.7	14437	55
菏泽市	Heze	1084.0	2774.4	527.4	42105	120

注：设市城市为市本级数据。
a)The data of cities are from Municipal level.

11-5 续表 continued

城市名称	City	排水管道长度(公里) Length of Sewage Pipelines (km)	污水年排放量(万吨) Volume of Waste Water Discharged (10 000 tons)	污水处理总量(万吨) Volume of Waste Water Treated Yearly (10 000 tons)	生活垃圾清运量(万吨) Volume of Garbage Disposal (10 000 tons)	生活垃圾无害化处理量(万吨) Volume of Garbage Harmless Disposed (10 000 tons)
合 计	**Total**	**69863.7**	**341814.7**	**335872.8**	**1673.9**	**1673.9**
济南市	Jinan	8785.1	47013.8	46654.1	268.5	268.5
青岛市	Qingdao	9713.0	49474.9	48586.2	267.4	267.4
胶州市	Jiaozhou	783.1	4360.9	4291.0	33.2	33.2
平度市	Pingdu	765.0	3623.1	3543.0	38.1	38.1
莱西市	Laixi	755.8	2583.1	2532.2	26.0	26.0
淄博市	Zibo	3751.2	21622.4	21284.3	54.3	54.3
枣庄市	Zaozhuang	1430.8	7371.5	7243.2	30.2	30.2
滕州市	Tengzhou	605.8	4133.0	4053.9	13.7	13.7
东营市	Dongying	1806.1	12812.1	12562.4	38.1	38.1
烟台市	Yantai	4503.6	15135.8	14840.7	103.4	103.4
龙口市	Longkou	588.0	1358.0	1321.0	11.3	11.3
莱阳市	Laiyang	356.1	1821.0	1784.0	8.6	8.6
莱州市	Laizhou	349.4	1680.0	1638.0	13.2	13.2
招远市	Zhaoyuan	452.8	1796.9	1761.0	7.6	7.6
栖霞市	Qixia	147.0	620.0	606.0	8.0	8.0
海阳市	Haiyang	395.7	976.9	956.4	14.9	14.9
潍坊市	Weifang	2666.5	16712.4	16458.4	75.1	75.1
青州市	Qingzhou	846.5	3171.1	3122.5	16.0	16.0
诸城市	Zhucheng	763.6	6368.0	6266.5	14.4	14.4
寿光市	Shouguang	893.8	7584.7	7470.0	18.8	18.8
安丘市	Anqiu	977.2	3754.0	3697.7	14.1	14.1
高密市	Gaomi	666.6	6995.0	6890.1	13.6	13.6
昌邑市	Changyi	335.1	3440.0	3378.8	6.6	6.6
济宁市	Jining	2709.0	13620.0	13385.1	77.6	77.6
曲阜市	Qufu	323.9	2871.1	2813.6	6.3	6.3
邹城市	Zoucheng	361.5	3276.5	3211.0	11.5	11.5
泰安市	Tai'an	1618.1	7756.0	7615.5	46.0	46.0
新泰市	Xintai	626.8	2692.9	2639.0	27.3	27.3
肥城市	Feicheng	304.2	1929.3	1890.8	9.6	9.6
威海市	Weihai	4016.0	7675.0	7530.0	50.5	50.5
荣成市	Rongcheng	1343.1	2246.0	2201.0	18.6	18.6
乳山市	Rushan	824.7	1606.1	1574.0	8.3	8.3
日照市	Rizhao	2533.3	9221.1	9039.9	34.7	34.7
临沂市	Linyi	3910.3	16599.8	16055.0	94.9	94.9
德州市	Dezhou	1736.2	12427.5	12194.5	39.4	39.4
乐陵市	Leling	291.9	671.8	661.0	8.0	8.0
禹城市	Yucheng	280.7	1944.6	1905.7	8.5	8.5
聊城市	Liaocheng	1968.7	8678.0	8499.7	38.4	38.4
临清市	Linqing	390.0	2897.0	2844.9	8.4	8.4
滨州市	Binzhou	2018.3	8812.7	8643.2	33.3	33.3
邹平市	Zouping	528.3	5279.1	5173.0	10.9	10.9
菏泽市	Heze	1741.4	7201.9	7054.8	46.6	46.6

注：设市城市为市本级数据。
a)The data of cities are from Municipal level.

11-6 城市园林绿化(2020年)

Parks, Gardens and Green Areas by City (2020)

城市名称	City	绿化覆盖面积(公顷) Coverage of Green Area (ha)	建成区 Urban Green Area	园林绿地面积(公顷) Garden Green Area (ha)	公园绿地面积(公顷) Park Green Area (ha)	公园个数(个) Number of Parks (unit)	公园面积(公顷) Area of Parks (ha)
合　计	**Total**	**299505.9**	**235167.3**	**262967.6**	**70508.3**	**1299**	**47634.8**
济南市	Jinan	32691.7	32416.8	29204.2	7833.1	114	3359.1
青岛市	Qingdao	45262.8	31208.0	41829.0	10508.3	212	8425.6
胶州市	Jiaozhou	3847.5	3808.5	3552.1	791.6	21	621.6
平度市	Pingdu	3238.6	3024.6	2738.4	663.9	29	581.9
莱西市	Laixi	1877.1	1760.2	1599.4	491.7	9	341.3
淄博市	Zibo	22095.2	13078.9	19811.4	3690.5	46	1589.0
枣庄市	Zaozhuang	9517.8	6629.5	7533.4	1632.5	49	1250.8
滕州市	Tengzhou	2720.6	2450.9	2498.8	670.5	25	407.8
东营市	Dongying	10482.8	6498.4	9861.9	2617.3	56	2557.5
烟台市	Yantai	16024.2	15516.7	14347.0	4224.3	49	1644.4
龙口市	Longkou	2418.0	2024.4	2037.2	557.8	9	203.0
莱阳市	Laiyang	2507.5	1759.1	1635.0	504.2	3	113.0
莱州市	Laizhou	2230.9	2203.4	2048.3	631.0	38	277.1
招远市	Zhaoyuan	1164.5	1164.5	1139.5	429.2	12	392.4
栖霞市	Qixia	700.0	625.0	600.0	215.0	4	41.0
海阳市	Haiyang	1582.0	1469.4	1464.5	401.0	6	382.7
潍坊市	Weifang	12392.1	7660.5	11214.8	3085.4	51	1922.9
青州市	Qingzhou	3079.9	2192.1	2145.7	577.5	17	530.2
诸城市	Zhucheng	5379.6	2385.0	3246.8	1169.5	14	621.0
寿光市	Shouguang	4286.1	2031.3	3685.1	943.3	44	943.3
安丘市	Anqiu	3834.2	2695.6	3314.6	985.8	17	820.1
高密市	Gaomi	2414.2	2168.0	1956.7	518.7	5	184.0
昌邑市	Changyi	1841.0	1291.1	1391.4	391.6	4	325.2
济宁市	Jining	12065.9	10412.6	9646.3	2916.8	42	1930.8
曲阜市	Qufu	1465.7	1127.8	1300.0	378.7	25	379.0
邹城市	Zoucheng	2127.2	1953.6	1874.7	513.8	16	513.8
泰安市	Tai'an	7655.4	7285.1	7300.0	2502.1	39	1861.6
新泰市	Xintai	3253.0	3136.0	3047.0	1037.0	20	976.0
肥城市	Feicheng	2326.4	2068.4	2024.0	553.2	5	454.0
威海市	Weihai	10587.6	9036.8	9545.2	2640.3	51	1247.6
荣成市	Rongcheng	3009.5	2706.0	2750.9	1145.7	21	1050.0
乳山市	Rushan	2042.2	1668.2	1760.5	432.7	11	239.8
日照市	Rizhao	5736.4	5337.2	5198.9	1629.1	48	1088.1
临沂市	Linyi	15162.1	10903.4	13360.1	4631.9	45	4323.9
德州市	Dezhou	7803.8	6733.1	6869.0	2230.2	35	1604.5
乐陵市	Leling	1547.4	1342.4	1183.9	343.6	15	353.7
禹城市	Yucheng	1944.1	1500.2	1650.4	225.4	9	168.0
聊城市	Liaocheng	9563.9	6220.5	8235.8	1751.8	25	922.2
临清市	Linqing	2288.0	1162.4	1914.5	450.2	8	192.6
滨州市	Binzhou	6388.9	5795.7	6142.5	1658.3	34	1682.9
邹平市	Zouping	3272.3	2329.9	2245.3	554.8	3	294.0
菏泽市	Heze	9677.8	8386.2	8063.6	1379.1	13	817.8

注：设市城市为市本级数据。
a)The data of cities are from Municipal level.

11-7 城市燃气供热情况(2020年)

Gas Supply and Heating by City (2020)

城市名称	City	天然气供气量(万立方米) Total Natural Gas Supply (10 000 cu.m)	居民家庭用量 Residential Use	液化石油气供气量(吨) Total Liquefied Petroleum Gas Supply (ton)	居民家庭用量 Residential Use	集中供热面积(万平方米) Heating Area (10 000 sq.m)	住宅 Houses
合　计	**Total**	**1178044.5**	**267268.8**	**291444.1**	**188377.1**	**159346.3**	**134272.1**
济南市	Jinan	152314.0	45761.0	37380.0	21239.0	26986.0	22663.9
青岛市	Qingdao	130744.6	33205.6	29029.0	15750.0	25610.5	21465.4
胶州市	Jiaozhou	18510.3	3907.7	5640.0	5280.0	2290.0	2047.0
平度市	Pingdu	9692.8	1791.0	4017.0	3879.0	1550.0	1359.0
莱西市	Laixi	8917.0	3311.0	4670.0	3380.0	1353.0	1282.0
淄博市	Zibo	162142.2	15920.4	14487.0	7108.0	9788.3	8513.0
枣庄市	Zaozhuang	10535.6	3937.0	8780.0	6068.0	3746.6	3441.1
滕州市	Tengzhou	23646.6	2341.5			2817.0	2556.0
东营市	Dongying	41968.3	14089.8	990.0	985.0	5374.5	4325.8
烟台市	Yantai	40692.9	10277.4	35451.2	12082.0	11387.4	8327.3
龙口市	Longkou	44396.4	2119.0	2252.3	2145.0	1366.0	1187.0
莱阳市	Laiyang	6126.0	1041.0	1650.0	1241.8	1009.0	915.7
莱州市	Laizhou	3168.0	1019.0	3542.0	3419.0	777.9	629.3
招远市	Zhaoyuan	2502.0	925.0	1000.0	559.0	755.0	650.0
栖霞市	Qixia	3252.9	685.6	2650.0	2320.0	224.6	204.3
海阳市	Haiyang	1945.0	921.4	2000.0	1200.0	531.1	475.0
潍坊市	Weifang	52000.0	9518.7	10680.0	10600.0	9507.0	7954.0
青州市	Qingzhou	8500.0	1861.5	1190.0	480.0	1666.3	1504.8
诸城市	Zhucheng	13951.0	2138.0	7000.0	6980.0	1366.0	1362.7
寿光市	Shouguang	11661.0	2370.0	2720.0	2705.0	1570.0	1270.0
安丘市	Anqiu	8674.6	1102.9	6973.5	6900.1	730.0	697.0
高密市	Gaomi	15935.6	3035.0	584.0	203.0	750.0	659.0
昌邑市	Changyi	3468.3	2728.1	2055.0	2021.0	467.6	461.8
济宁市	Jining	44069.4	19002.6	749.0	749.0	5019.0	4015.2
曲阜市	Qufu	6719.4	1610.6			1252.0	1122.0
邹城市	Zoucheng	5474.0	4798.2	508.0	180.0	1704.2	1560.2
泰安市	Tai'an	68399.8	7979.1			3785.0	3249.4
新泰市	Xintai	7465.4	1769.5	3660.0	2952.9	966.4	802.0
肥城市	Feicheng	5489.5	4309.0	368.0	142.0	860.0	772.6
威海市	Weihai	16518.0	4207.0	16081.6	4419.3	8701.9	6550.9
荣成市	Rongcheng	6443.5	1983.4	9450.0	4223.0	1408.1	1169.2
乳山市	Rushan	2540.2	1278.0	167.0		780.0	745.0
日照市	Rizhao	29284.8	7914.6	13710.0	6574.0	2631.0	2067.3
临沂市	Linyi	73379.4	11104.9	21205.0	20798.5	7043.2	6621.6
德州市	Dezhou	28384.2	7672.1	6699.0	6628.0	3207.5	2659.0
乐陵市	Leling	3914.8	1056.5	3804.0	3800.0	370.0	361.0
禹城市	Yucheng	8305.2	2563.1	2800.0	2750.0	930.5	819.3
聊城市	Liaocheng	35376.0	3664.0	6520.0	2310.0	2673.3	2454.0
临清市	Linqing	4565.0	2135.0	1118.0	1115.0	338.6	290.7
滨州市	Binzhou	23373.3	11385.2	4082.5	4077.5	4062.6	3326.2
邹平市	Zouping	19963.0	3335.3	5958.0	3580.0	578.3	469.9
菏泽市	Heze	13634.6	5493.2	9823.0	7533.0	1411.0	1265.5

注：设市城市为市本级数据。
a)The data of cities are from Municipal level.

主要统计指标解释

供水普及率 指报告期末城区内用水人口与总人口的比率。计算公式：

$$供水普及率=\frac{城区用水人口}{城区人口+城区暂住人口}\times 100\%$$

燃气普及率 指报告期末城区内使用燃气的人口与总人口的比率。计算公式：

$$燃气普及率=\frac{城区用气人口}{城区人口+城区暂住人口}\times 100\%$$

供水综合生产能力 指按供水设施取水、净化、送水、出厂输水干管等环节设计能力计算的综合生产能力。计算时，以四个环节中最薄弱的环节为主确定能力。

年末供水管道长度 指从送水泵至各类用户引入管之间所有管道的长度。不包括新安装尚未使用、水厂内以及用户建筑物内的管道。

全年供水总量 指报告期供水企业（单位）供出的全部水量。包括有效供水量和漏损水量。

生产运营用水 指在城区范围内生产、运营的农、林、牧、渔业、工业、建筑业、交通运输业等单位在生产、运营过程中的用水。

公共服务用水 指为城区社会公共生活服务的用水，包括行政事业单位、部队营区和公共设施服务、社会服务业、批发零售贸易业、旅馆饮食业以及社会服务业等单位的用水。

居民家庭用水 指城市范围内所有居民家庭的日常生活用水，包括城市居民、农民家庭、公共供水站用水。

全年供气总量 指全年燃气企业(单位)向用户供应的燃气数量。包括销售量和损失量。

供热面积 指供热企业(单位)向城市各类房屋建筑物、构筑物及其附属设施供热的全部建筑面积。

年末道路长度 指道路长度和与道路相通的桥梁、隧道的长度，按车行道中心线计算。

道路面积 指道路实际铺装面积和与道路相通的广场、桥梁、隧道的铺装面积。

城市桥梁 指为跨越天然或人工障碍物而修建的构筑物，包括跨河桥、立交桥、人行天桥以及人行地下通道等。

城市排水管道长度 指所有市政排水总管、干管、支管、检查井及连接井进出口等长度之和。

年末运营车数 指年末公交企业(单位)用于运营业务的全部车辆数。以企业(单位)固定资产台帐中已投入运营的车辆数为准。

绿化覆盖面积 指城市中的乔木、灌木、草坪等所有植被的垂直投影面积。

园林绿地面积 指报告期末用作园林和绿化的各种绿地面积。包括公园绿地、防护绿地、广场用地内绿地、附属绿地和区域绿地的面积。其中：公园绿地是指城市中向公众开放，以游憩为主要功能，兼具生态、景观、文教和应急避险等功能，有一定游憩和服务设施的绿地。

Explanatory Notes on Main Statistical Indicators

Coverage Rate of Urban Population with Access to Tap Water refers to the ratio of the urban population with access to tap water to the total urban population at the end of reference period. The formula is:

$$\text{Coverage of urban population with access to tap water} = \frac{\text{Urban population with access to tap water}}{\text{Urban population}} \times 100\%$$

Percentage of Urban Population with Access to Gas refers to the ratio of use of gas in urban area population and the total population. at the end of the reference period. The formula is:

$$\text{Coverage rate of urban population with access to gas} = \frac{\text{Urban population with access to gas}}{\text{Urban population}} \times 100\%$$

Production Capacity of Water Supply refers to the designed overall production capacity of water facilities, covering the four segments of water collection, purification, conveyance, and outflow through trunk pipelines. Increased capacity through transformation and innovation projects is included as well. The capacity is determined mainly on the weakest of the above-mentioned four segments.

Length of Water Supply Pipelines refers to the total length of all pipelines between the water pumps and the user water meters, excluding pipelines newly installed but not in use yet, pipeline in the water factory, and pipeline in the users' buildings.

Total Volume of Urban Water Supply refers to the total volume of water supplied by water-works (units) during the reference period, including both the effective water supply and loss during the water supply.

Consumption of Water for Production Use refers to water consumption in the process of production and operation by production and operation units of agriculture, forestry, animal husbandry, fisheries, manufacturing, construction, transport, etc. in urban areas.

Consumption of water for public service use refers to water consumption for public service in the urban areas, including water consumption of administrative institutions, military barracks, public facilities, wholesale and retail, accommodation and catering industries and social service industry, etc.

Consumption of water for household use refers to consumption of water for daily life of all households in cities, including households of urban residents and farmers, and public water supply stations.

Volume of Gas Supply refers to the total volume of gas provided to users by gas-producing enterprises (units) during the reporting period, including the volume sold and the volume lost.

Area of Heat-supply Service refers to the total area of buildings, structures and their affiliated facilities with heat supply provided by heating enterprises (units).

Length of Paved Roads refers to the length of roads with paved surface, including bridges and tunnels connected with roads. Length of the roads is measured by the central lines.

Area of Road refers to the actual pavement area of the road and the pavement area of squares, bridges and tunnels connected with the road.

Urban Bridges refer to bridges built to cross over natural or man-made barriers, including bridges over rivers, overpasses for traffic and for pedestrians, underpasses for pedestrians, etc.

Length of Urban Sewage Pipes refers to the total length of general drainage, trunks, branch and inspection wells, connection wells, inlets and outlets, etc.

Number of Vehicles under Operation at the Year-end refers to the total number of vehicles under operation by public transport enterprises (units) at the end of the year, based on the records of operational vehicles by the enterprises (units).

Area of Green coverage refers to the vertical projection area of all trees in the city such as trees, shrubs, lawns, etc.

Garden green area refers to a green area for gardening and greening. Including parks, green space in square land, protective green, the accessory Greenbelt and regional green areas at the end of referenced period.Park Green Land refers to the green land which is open to the public for relaxation and has service facilities and is used for ecological protection, landscaping and disaster reduction. It is an important part of construction land, urban green space and municipal public facilities.

第
12
篇

资源和环境

Natural Resources and Environment

简 要 说 明

一、本篇资料的主要内容

本篇资料主要反映了全省资源和环境保护事业发展状况，资源部分主要包括自然资源、湖泊、河流、山脉和气候以及土地利用和水资源状况，环境保护部分主要包括工业废水、废气、固体废物等工业污染物排放及处理情况和工业污染治理项目建设情况。

二、本篇资料的来源

1、自然资源和湖泊、河流、山脉等表，由省统计局综合处根据年鉴积累资料整理。

2、气象资料主要包括各市平均气温、降水量、日照等方面的资料，数据来源于省气象局，由省统计局综合处整理提供。

3、湿地、造林资料和土地利用情况来源于省自然资源厅，由省统计局能源处整理提供。

4、水资源资料来源于省水利厅，由省统计局能源处整理提供。

5、环境保护资料来源于省生态环境厅，由省统计局能源处整理提供。

Brief Introduction

I. Content

Data in this chapter reflect natural resources of Shandong and development in environment protection. Resources mainly include natural resources, lakes, rivers, mountains and climate. Environment protection mainly shows treatment and discharge of industrial waste water, solid waste and waste gas, construction of projects for pollution treatment.

II. Source of Data

(1) Data on natural resources, lakes, rivers, and mountains are prepared by the Division of Comprehensive Statistics of Shandong Provincial Bureau of Statistics.

(2) Data on climate mainly include average temperature, precipitation and sunshine hours. The data are provided by the Meteorological Bureau of Shandong Province and prepared by the Division of Comprehensive Statistics of Shandong Provincial Bureau of Statistics.

(3) Data on wetland and plantation and land use are provided by the Department of Nature and Resources of Shandong Province and prepared by the Division of Energy Statistics of Shandong Provincial Bureau of Statistics.

(4) Data on water resource are provided by the Department of Water Resources of Shandong Province and prepared by the Division of Energy Statistics of Shandong Provincial Bureau of Statistics.

(5) Data on environment protection are provided by the Ecological Environment Department of Shandong Province and prepared by the Division of Energy Statistics of Shandong Provincial Bureau of Statistics.

12-1 人口和自然资源(2020年)
Population and Natural Resources (2020)

项　　目		Item		2020
一、人　口		**Population**		
年末总人口	(万人)	Total Population(year-end)	(10 000 persons)	10164.51
人口密度	(人/平方公里)	Density of Population	(person/sq.km)	643
二、土　地(2018年)		**Land**		
全省土地面积	(万公顷)	Land Area	(10 000 hectares)	1579.65
农用地		Land for Agriculture Use		1145.96
耕地		Cultivated Land		757.25
园地		Garden Land		71.19
牧草地		Grazing and Pasture Land		0.58
建设用地		Land for Construction		291.94
城镇村及工矿用地		Land for Urban Village, Mining and Manufacturing		245.42
交通用地		Land for Transport Facilities		23.16
水利设施用地		Land for Water Conservancy Facilities		23.36
三、矿　产		**Mineral Resources**		
已发现矿产种类	(种)	Mineral Resources Discovered	(kind)	148
已探明储量的矿产种类	(种)	Number of Mineral Resources with Insured Reserves	(kind)	91
能源矿产	(种)	Energy Resources	(kind)	7
金属矿产	(种)	Metal Mineral	(kind)	27
非金属矿产	(种)	Nonmetal Mineral	(kind)	54
水气矿产	(种)	Water and Gas	(kind)	3
四、水文、水利		**Water Resources**		
水资源总量	(亿立方米)	Average Volume of Water Resources	(100 million cu.m)	375.30
地表水资源量	(亿立方米)	Surface Water Volume	(100 million cu.m)	259.53
海岸线长度	(公里)	Length of Coastlines	(km)	3345

12-2 主要湖泊、河流基本情况
Basic Statistics on Major Lakes and Rivers

湖泊名	Names of Lakes	面积(平方公里) Area of Lakes (sq.km)	河流名	Names of Rivers	面积(平方公里) Drainage Area (sq.km)	河长(公里) Length (km)
小计	Total	1494.6	徒骇河	Tuhaihe River	13136.6	446.5
微山湖	Weishan Lake	531.7	沂河	Yihe River	10909.9	287.5
昭阳湖	Zhaoyang Lake	337.1	马颊河	Majiahe River	10638.4	448.0
独山湖	Dushan Lake	144.6	小清河	Xiaoqinghe River	10498.8	233.0
南阳湖	Nanyang Lake	211.0	大汶河	Dawenhe River	9069.0	211.0
东平湖	Dongping Lake	167.0	潍河	Weihe River	6493.2	233.0
麻大湖	Mada Lake	110.0	沭河	Shuhe River	6161.4	263.0
白云湖	Baiyun Lake	16.2	大沽河	Daguhe River	4161.9	179.9
青沙湖	Qingsha Lake	11.1	弥河	Mihe River	3847.5	206.0

12-3 主要山脉高度
Height of Major Mountains

山名	Mountain Range	标高(米) Height of Mountain Peak (m)	山名	Mountain Range	标高(米) Height of Mountain Peak (m)
泰山	Taishan Mountains	1532	马耳山	Maer Mountains	707
蒙山	Mengshan Mountains	1156	龙须崮	Longxvgu Mountains	707
崂山	Laoshan Mountains	1133	凤凰山	Fenghuang Mountains	648
鲁山	Lushan Mountains	1108	四海山	Sihai Mountains	625
沂山	Yishan Mountains	1032	鳌子崮	Aozigu Mountains	616
徂徕山	Culai Mountains	1028	黑山	Heishan Mountains	612
昆嵛山	Kunyu Mountains	923	珂楼埠山	Keloubu Mountains	577
九顶山	Jiuding Mountains	834	大山	Dashan Mountains	560
艾山	Aishan Mountains	814	伟德山	Weide Mountains	554
牙山	Yashan Mountains	806	招虎山	Zhaohu Mountains	550
大泽山	Daze Mountains	737	孟良崮	Menglianggu Mountains	536
摩天岭	Motianling Mountains	735	布山	Bushan Mountains	447

12-4 各市平均气温(2020年)

Monthly Average Temperature by Region(2020)

单位:摄氏度 (℃)

城市名	City	一 月 Jan.	二 月 Feb.	三 月 Mar.	四 月 Apr.	五 月 May	六 月 June
济南市	Jinan	0.4	4.7	10.6	14.3	21.6	26.1
青岛市	Qingdao	1.3	3.4	8.3	12.3	17.8	22.6
淄博市	Zibo	0.3	4.2	10.2	13.9	21.1	25.7
枣庄市	Zaozhuang	2.8	5.7	10.9	14.9	22.0	25.7
东营市	Dongying	0.1	3.4	9.4	13.7	20.4	25.6
烟台市	Yantai	0.7	2.5	7.4	11.9	17.5	22.9
潍坊市	Weifang	0.3	3.5	9.2	13.2	19.8	24.4
济宁市	Jining	1.5	5.5	11.0	14.7	22.2	26.3
泰安市	Tai'an	0.9	4.7	10.6	14.0	21.7	25.8
威海市	Weihai	1.4	2.6	6.6	10.9	15.8	21.3
日照市	Rizhao	1.6	4.1	9.4	13.1	19.6	23.3
临沂市	Linyi	1.9	4.6	10.0	13.9	21.0	24.6
德州市	Dezhou	-1.0	3.6	9.8	13.9	20.9	26.2
聊城市	Liaocheng	-0.5	4.4	10.3	13.8	21.4	26.1
滨州市	Binzhou	-0.2	3.5	9.9	14.1	20.8	26.0
菏泽市	Heze	1.7	5.9	11.3	15.1	22.8	26.7

12-4 续表 continued

单位:摄氏度 (℃)

城市名	City	七 月 July	八 月 Aug.	九 月 Sept.	十 月 Oct.	十一月 Nov.	十二月 Dec.	全年平均 Annual Average
济南市	Jinan	25.4	26.4	22.1	14.3	8.6	-0.2	14.5
青岛市	Qingdao	23.7	26.0	22.3	14.9	9.3	0.5	13.6
淄博市	Zibo	25.6	26.7	22.2	13.8	8.0	-0.7	14.3
枣庄市	Zaozhuang	25.2	27.7	23.5	15.2	10.1	1.6	15.5
东营市	Dongying	26.3	26.8	22.3	14.3	8.2	-0.9	14.2
烟台市	Yantai	24.0	25.7	21.6	14.6	8.9	0.3	13.2
潍坊市	Weifang	24.7	26.3	22.0	13.9	8.3	-0.6	13.8
济宁市	Jining	25.7	27.6	23.3	14.6	9.2	0.8	15.2
泰安市	Tai'an	25.1	26.8	22.3	13.5	8.3	-0.2	14.5
威海市	Weihai	22.8	25.0	21.7	15.4	9.6	1.1	12.9
日照市	Rizhao	23.8	26.4	22.4	15.0	9.6	0.8	14.1
临沂市	Linyi	24.3	26.7	22.8	14.8	9.5	0.8	14.6
德州市	Dezhou	26.2	26.3	21.5	13.5	7.6	-1.5	13.9
聊城市	Liaocheng	25.6	26.4	21.7	13.7	8.1	-0.7	14.2
滨州市	Binzhou	26.3	26.6	22.0	13.7	7.8	-1.1	14.1
菏泽市	Heze	26.0	27.5	23.6	15.1	9.8	1.4	15.6

12-5 各市降水量(2020年)

Monthly Precipitation by Region(2020)

单位:毫米 (millimeter)

城市名	City	一 月 Jan.	二 月 Feb.	三 月 Mar.	四 月 Apr.	五 月 May	六 月 June
济 南 市	Jinan	22.9	32.9	3.9	33.0	52.8	85.2
青 岛 市	Qingdao	31.3	43.7	2.3	16.2	118.6	118.9
淄 博 市	Zibo	31.4	32.3	6.2	29.9	82.6	87.7
枣 庄 市	Zaozhuang	60.0	40.1	25.1	18.3	97.9	142.2
东 营 市	Dongying	20.3	29.3	3.9	23.1	70.0	74.3
烟 台 市	Yantai	23.8	50.4	4.1	12.2	113.3	84.4
潍 坊 市	Weifang	35.3	45.0	6.3	24.7	84.4	90.5
济 宁 市	Jining	44.8	29.9	7.2	27.9	52.8	99.3
泰 安 市	Tai'an	30.8	29.4	2.4	33.3	52.9	117.9
威 海 市	Weihai	37.5	41.0	3.3	13.3	183.9	99.0
日 照 市	Rizhao	50.8	31.1	9.6	26.5	115.4	121.7
临 沂 市	Linyi	52.5	31.3	15.6	25.5	105.2	142.4
德 州 市	Dezhou	17.8	32.5	4.9	27.3	61.6	71.5
聊 城 市	Liaocheng	22.0	19.7	2.9	31.2	36.2	52.1
滨 州 市	Binzhou	19.4	30.8	3.8	28.5	70.0	56.7
菏 泽 市	Heze	45.8	23.1	10.4	24.9	40.7	82.7

12-5 续表 continued

单位:毫米 (millimeter)

城市名	City	七 月 July	八 月 Aug.	九 月 Sept.	十 月 Oct.	十一月 Nov.	十二月 Dec.	全 年 Annual Total
济 南 市	Jinan	82.5	298.3	39.6	8.3	51.3	7.6	718.3
青 岛 市	Qingdao	231.0	333.2	19.9	3.5	57.6	7.3	983.4
淄 博 市	Zibo	82.7	264.6	33.2	8.4	51.2	11.4	721.4
枣 庄 市	Zaozhuang	309.7	250.7	20.5	12.2	87.9	8.7	1073.4
东 营 市	Dongying	87.7	264.1	39.4	2.0	44.8	6.5	665.3
烟 台 市	Yantai	118.3	244.6	46.7	3.6	44.0	15.1	760.4
潍 坊 市	Weifang	123.6	354.6	22.5	6.8	50.9	11.9	856.4
济 宁 市	Jining	171.9	273.4	6.0	13.5	70.2	6.8	803.5
泰 安 市	Tai'an	148.5	443.6	13.9	9.8	76.0	8.2	966.7
威 海 市	Weihai	200.0	168.8	57.3	1.3	56.7	25.0	887.0
日 照 市	Rizhao	311.7	434.9	38.9	8.0	68.4	15.9	1233.0
临 沂 市	Linyi	266.1	420.5	16.4	8.1	76.5	8.9	1169.0
德 州 市	Dezhou	67.1	277.9	39.1	3.4	43.5	2.7	649.3
聊 城 市	Liaocheng	86.8	319.0	27.7	9.6	48.2	4.0	659.4
滨 州 市	Binzhou	83.3	239.3	41.4	2.5	46.0	4.1	625.9
菏 泽 市	Heze	144.5	189.2	8.1	16.1	66.7	5.7	657.7

12-6 各市日照时数(2020年)

Monthly Sunshine Hours by Region(2020)

单位:小时 (hour)

城市名	City	一 月 Jan.	二 月 Feb.	三 月 Mar.	四 月 Apr.	五 月 May	六 月 June
济南市	Jinan	140.23	162.01	257.96	285.11	287.39	253.20
青岛市	Qingdao	152.23	160.54	234.10	280.26	246.66	231.09
淄博市	Zibo	160.34	179.16	283.88	310.13	328.43	305.63
枣庄市	Zaozhuang	102.32	151.42	225.12	268.12	267.28	232.36
东营市	Dongying	168.12	188.16	287.88	306.26	316.02	315.92
烟台市	Yantai	158.75	150.30	247.73	279.65	233.57	251.76
潍坊市	Weifang	133.28	156.81	237.51	278.29	245.69	206.60
济宁市	Jining	92.69	146.25	223.88	277.15	293.43	262.38
泰安市	Tai'an	137.50	165.17	256.28	286.03	293.47	279.70
威海市	Weihai	158.45	142.30	228.35	260.68	181.23	208.47
日照市	Rizhao	112.07	153.63	239.77	286.63	277.53	249.20
临沂市	Linyi	102.61	157.72	221.77	275.97	258.98	219.85
德州市	Dezhou	120.12	145.04	255.87	287.55	282.60	241.46
聊城市	Liaocheng	99.64	152.73	259.36	282.63	287.60	255.49
滨州市	Binzhou	117.11	155.37	275.29	307.14	294.83	241.19
菏泽市	Heze	88.24	150.40	229.03	285.48	308.57	272.68

12-6 续表 continued

单位:小时 (hour)

城市名	City	七 月 July	八 月 Aug.	九 月 Sept.	十 月 Oct.	十一月 Nov.	十二月 Dec.	全 年 Annual Total
济南市	Jinan	221.70	166.00	219.91	148.71	148.21	177.03	205.62
青岛市	Qingdao	227.31	140.74	243.56	179.89	165.71	177.73	203.32
淄博市	Zibo	298.94	265.48	257.39	175.60	155.13	175.81	241.32
枣庄市	Zaozhuang	232.54	189.36	211.12	118.36	132.02	162.76	191.07
东营市	Dongying	303.82	257.36	285.64	245.60	154.78	168.94	249.88
烟台市	Yantai	215.56	149.87	229.87	195.52	158.35	149.73	201.72
潍坊市	Weifang	180.30	126.69	225.49	165.92	145.51	182.71	190.40
济宁市	Jining	249.37	246.65	244.22	143.49	149.29	160.82	207.47
泰安市	Tai'an	252.37	232.83	257.65	172.93	168.92	190.00	224.40
威海市	Weihai	193.52	95.13	204.20	208.37	172.03	154.98	183.98
日照市	Rizhao	251.70	158.97	199.93	146.00	145.90	189.20	200.88
临沂市	Linyi	206.36	188.46	227.40	125.77	137.23	180.35	191.87
德州市	Dezhou	220.04	188.60	238.31	173.71	162.52	173.33	207.43
聊城市	Liaocheng	232.38	207.48	241.96	164.94	150.60	168.30	208.59
滨州市	Binzhou	222.31	187.93	247.50	198.01	161.17	173.59	215.12
菏泽市	Heze	275.07	263.86	269.57	131.94	131.24	150.92	213.08

12−7 各市土地利用情况(2018年)

Land Use by Region(2018)

单位:公顷 (hectare)

地区	Region	土地调查面积 Area under Land Survey	农用地 Land for Agriculture Use	建设用地 Land for Construction	城镇村及工矿用地 Land for Urban Village, Mining and Manufacturing	交通用地 Land for Transport Facilities	水利设施用地 Land for Water Conservancy Facilities	未利用地 unutilized land
全省总计	**Total**	**15796514**	**11459586**	**2919396**	**2454162**	**231628**	**233606**	**1417531**
济南市	Jinan	799841	533398	173911	149020	13107	11784	92532
青岛市	Qingdao	1129336	792989	258070	213295	25755	19020	78277
淄博市	Zibo	596492	413693	125194	106548	11871	6775	57605
枣庄市	Zaozhuang	456353	328378	89130	75350	7844	5936	38844
东营市	Dongying	824327	429560	142130	95516	13070	33543	252637
烟台市	Yantai	1386454	1055240	214434	178433	21321	14680	116780
潍坊市	Weifang	1616724	1151479	316723	270997	22301	23426	148522
济宁市	Jining	1118698	765392	194940	160585	16169	18185	158366
泰安市	Tai'an	776141	581231	133506	114620	10044	8842	61405
威海市	Weihai	579984	439702	92888	81461	7146	4281	47394
日照市	Rizhao	537127	419260	88590	72086	8521	7983	29276
莱芜市	Laiwu	224603	145590	41079	34395	3005	3679	37935
临沂市	Linyi	1719121	1311428	295487	249603	20887	24996	112206
德州市	Dezhou	1035767	811802	191283	162012	12657	16614	32683
聊城市	Liaocheng	862801	690184	162076	144523	12278	5275	10541
滨州市	Binzhou	917219	631965	173696	144376	12486	16834	111558
菏泽市	Heze	1215523	958294	226258	201341	13165	11752	30970

12−8 各市湿地面积(2013年)

Area of Wetlands by Region (2013)

地区	Region	湿地面积(千公顷) Area of Wetlands (1 000 hectares)	天然湿地 Natural Wetlands	近岸及海岸 Coasts and Seashores	河流 Rivers	湖泊 Lakes	沼泽 Marshland	人工湿地 Man-made Wetlands	湿地面积占行政面积比重(%) Proportion of Wetlands in Total Area of Territory (%)
全省总计	**Total**	**1737.50**	**1103.05**	**728.51**	**257.80**	**62.63**	**54.11**	**634.45**	**11.09**
济南市	Jinan	22.01	11.22		10.44	0.25	0.52	10.75	2.68
青岛市	Qingdao	139.97	102.87	84.62	17.94		0.31	37.10	12.84
淄博市	Zibo	13.58	7.56		6.28		1.28	6.02	2.28
枣庄市	Zaozhuang	15.86	8.97		8.97			6.89	3.47
东营市	Dongying	456.77	339.96	277.45	20.59	0.07	41.85	116.81	57.65
烟台市	Yantai	178.75	141.65	127.70	13.25	0.64	0.05	37.11	13.04
潍坊市	Weifang	215.68	106.13	80.92	20.53	0.80	3.88	109.55	13.62
济宁市	Jining	152.36	67.86		20.04	45.74	2.09	84.50	13.48
泰安市	Tai'an	50.72	36.14		19.51	14.69	1.94	14.58	6.53
威海市	Weihai	114.57	85.44	79.03	6.25		0.17	29.13	21.08
日照市	Rizhao	39.21	25.53	19.68	5.85			13.68	7.38
莱芜市	Laiwu	5.70	2.96		2.96			2.74	2.55
临沂市	Linyi	57.90	32.66		32.66			25.24	3.36
德州市	Dezhou	25.94	11.47		11.47			14.47	2.51
聊城市	Liaocheng	15.31	7.11		6.69	0.42		8.20	1.76
滨州市	Binzhou	176.35	72.19	59.11	11.25		1.82	104.12	18.65
菏泽市	Heze	56.82	43.33		43.12	0.01	0.20	13.49	4.57

12-9 造林面积情况
Area of Afforestation

单位:公顷 (hectare)

年份 Year / 地区 Region	造林总面积 Total Area of Afforestation	按造林方式分 By Approach	按林种用途分 By Function of Forest				
		人工造林 Manual Planting	用材林 Timber Forests	经济林 By-product Forests	防护林 Protection Forests	薪炭林 Fuel Forests	特种用途林 Forests for Special Purpose
2000	153389	153389	18007	100769	34268	63	282
2001	135259	135259	19019	84039	32155		46
2002	152597	152597	43671	80066	27670	1098	92
2003	344079	344079	192653	92130	57709	1039	548
2004	262711	262711	134193	53536	74441	233	308
2005	141141	141141	47470	42674	49559	633	805
2006	134423	134423	40421	34252	59193	7	550
2007	156738	156738	49409	26971	68046	66	254
2008	185575	184928	69516	25947	89726	20	366
2009	182171	180529	42463	26172	113067		469
2010	205131	198998	36101	37856	129877		1297
2011	219028	219028	34598	51154	130896		2380
2012	197956	195875	25178	49195	122277		1306
2013	220473	219129	32569	63604	122536		1764
2014	224972	223560	43411	66219	113208		2134
2015	221207	206552	41627	60372	102643		1910
2016	146684	115179	19229	35812	59264		874
2017	142195	92306	20805	27941	42713		847
2018	147481	118745	30886	36323	49814		1722
2019		125393	38972	35641	49924		856
2020		102830	27904	21614	52369	97	846
济南市 Jinan		10422	1423	1411	7588		
青岛市 Qingdao		1482	338	253	834		57
淄博市 Zibo		22284	374	3063	18847		
枣庄市 Zaozhuang		2165	214	1204	716	31	
东营市 Dongying		6781	2133	897	3751		
烟台市 Yantai		5340	496	2219	2574		51
潍坊市 Weifang		9424	3512	2166	3396		350
济宁市 Jining		6057	1963	1257	2752		85
泰安市 Tai'an		2816	645	1575	531		65
威海市 Weihai		606	4	457	145		
日照市 Rizhao		1553	119	805	629		
临沂市 Linyi		4891	2423	983	1354	66	65
德州市 Dezhou		2964	1706	254	1004		
聊城市 Liaocheng		4927	3872	722	333		
滨州市 Binzhou		8876	3382	2229	3092		173
菏泽市 Heze		12242	5300	2119	4823		

12−10 供水用水情况
Water Supply and Water Use

年份 Year 地区 Region		供水总量(亿立方米) Water Supply (100 millioncu.m)	地表水 Surface Water	地下水 Ground-water	其他 Others	用水总量(亿立方米) Water Use (100 millioncu.m)	农业 Agriculture	工业 Industry	生活 Consumption	生态 Ecological Protection
2000		249.46	114.40	131.81	3.25	244.09	179.84	43.65	20.61	
2001		251.61	115.60	133.71	2.30	252.73	187.40	41.92	23.08	0.34
2002		252.39	117.66	132.96	1.77	244.73	192.87	36.59	14.98	0.29
2003		219.34	104.12	113.95	1.27	215.70	162.54	27.96	23.92	1.38
2004		214.88	106.28	107.40	1.20	211.30	160.14	24.81	24.67	1.68
2005		211.02	106.70	102.67	1.65	207.65	161.73	18.38	25.17	2.37
2006		225.53	119.77	103.90	1.86	222.24	175.07	18.93	25.62	2.62
2007		219.55	115.59	101.98	1.98	219.55	164.81	24.12	27.42	3.20
2008		219.89	115.51	101.23	3.15	219.89	162.76	24.69	28.71	3.73
2009		219.99	119.62	97.05	3.33	219.99	161.60	24.70	29.77	3.94
2010		222.47	127.15	91.31	4.01	222.47	159.65	26.84	31.34	4.64
2011		224.05	127.33	89.34	7.38	224.05	154.26	29.72	32.89	7.17
2012		221.79	126.12	89.26	6.41	221.79	154.23	28.10	32.81	6.66
2013		217.94	124.94	86.86	6.15	217.94	149.72	28.86	33.31	6.06
2014		214.52	121.26	85.99	7.28	214.52	146.72	28.64	33.39	5.78
2015		212.77	122.00	83.11	7.65	212.77	143.29	29.59	32.99	6.89
2016		213.99	123.26	82.34	8.39	213.99	141.50	30.64	34.22	7.64
2017		209.47	121.08	79.71	8.68	209.47	134.03	28.85	34.57	12.02
2018		212.66	125.66	78.29	8.71	212.66	133.46	32.53	36.05	10.62
2019		225.26	137.05	78.67	9.54	225.26	138.23	31.87	37.29	17.87
2020		222.50	135.67	74.96	11.87	222.50	134.04	31.91	37.47	19.08
济南市	Jinan	20.06	11.35	6.89	1.82	20.06	10.07	2.74	4.64	2.61
青岛市	Qingdao	10.05	6.90	2.15	1.00	10.05	2.54	2.06	4.59	0.88
淄博市	Zibo	10.55	5.13	5.01	0.42	10.55	4.62	3.25	1.71	0.97
枣庄市	Zaozhuang	5.81	1.76	3.60	0.44	5.81	2.39	1.41	1.35	0.66
东营市	Dongying	14.73	13.92	0.74	0.08	14.73	6.01	2.38	1.44	4.90
烟台市	Yantai	9.81	6.05	3.61	0.15	9.81	5.95	1.35	2.48	0.03
潍坊市	Weifang	14.34	6.50	7.03	0.81	14.34	7.64	2.57	3.26	0.86
济宁市	Jining	21.31	11.04	8.25	2.02	21.31	15.33	2.40	2.84	0.74
泰安市	Tai'an	11.31	4.73	4.99	1.58	11.31	7.21	1.02	1.86	1.22
威海市	Weihai	4.42	3.35	0.90	0.16	4.42	2.06	0.88	1.02	0.46
日照市	Rizhao	5.97	4.02	1.36	0.59	5.97	2.21	1.60	1.34	0.82
临沂市	Linyi	16.44	11.97	3.92	0.55	16.44	9.60	2.02	3.67	1.15
德州市	Dezhou	19.72	13.64	5.60	0.48	19.72	16.14	1.58	1.38	0.61
聊城市	Liaocheng	18.70	10.14	7.86	0.70	18.70	14.73	1.74	1.62	0.62
滨州市	Binzhou	16.69	14.90	0.92	0.87	16.69	10.09	3.39	1.44	1.77
菏泽市	Heze	22.59	10.26	12.12	0.21	22.59	17.45	1.53	2.82	0.78

12-11 水资源情况
Water Resources

年份 地区	Year Region	水资源总量(亿立方米) Total Amount of Water Resources (100 millioncu.m)	地表水资源量 Surface Water Resources	地下水资源与地表水资源不重复量 Unduplicated Measurement Between Surface Water and Groundwater
	2003	489.69	349.29	140.40
	2004	349.46	234.51	114.55
	2005	415.86	295.85	120.01
	2006	199.78	109.56	90.22
	2007	387.11	280.19	106.93
	2008	328.71	228.96	99.75
	2009	284.95	173.80	111.16
	2010	309.12	199.08	110.04
	2011	347.61	237.49	110.12
	2012	274.08	182.17	91.90
	2013	291.70	191.07	100.64
	2014	148.44	76.61	71.83
	2015	168.44	84.30	84.14
	2016	220.32	121.18	99.14
	2017	225.61	139.14	86.47
	2018	343.25	230.58	112.67
	2019	195.21	119.66	75.54
	2020	375.30	259.83	115.46
济南市	Jinan	23.11	13.09	10.03
青岛市	Qingdao	22.96	16.45	6.51
淄博市	Zibo	15.96	10.10	5.87
枣庄市	Zaozhuang	19.12	12.07	7.04
东营市	Dongying	6.07	5.02	1.06
烟台市	Yantai	17.78	13.87	3.91
潍坊市	Weifang	28.85	19.07	9.78
济宁市	Jining	29.55	16.76	12.79
泰安市	Tai'an	23.93	16.97	6.96
威海市	Weihai	12.29	10.01	2.28
日照市	Rizhao	29.52	27.03	2.49
临沂市	Linyi	90.87	81.89	8.98
德州市	Dezhou	10.25	2.37	7.88
聊城市	Liaocheng	13.25	2.63	10.62
滨州市	Binzhou	9.71	4.90	4.81
菏泽市	Heze	22.07	7.61	14.46

12-12 1981-2020年主要污染物排放及处理情况

Discharge and Treatment of Major Pollutants from 1981 to 2020

单位:万吨 (10 000 tons)

年 份 Year	废水排放量 Volume of Waste Water Discharged	#工 业 Industry	二氧化硫排放量 Volume of Sulphur Dioxide Discharged	氮氧化物排放量 Volume of Nitrogen Oxides Discharged	烟(粉)尘排放量 Volume of Soot and Dust Discharged	工业固体废物产生量 Volume of Industrial Solid Waste	工业固体废物综合利用量 Volume of Industrial Solid Waste Utilized
1981	104790	87673	119		77	2522	639
1982	105942	82641	120		97	2615	723
1983	110938	88168	122		85	2559	716
1984	129033	106275	142		117	2743	760
1985	131898	105375	160		120	2748	765
1986	127277	98913	171		129	2860	847
1987	132770	93811	173		116	2848	894
1988	144346	97136	191		128	3325	968
1989	137165	91360	189		130	3610	1117
1990	136573	87631	193		121	3880	1337
1991	137051	88728	204		121	3837	2169
1992	137721	86412	226		125	3941	2410
1993	142322	86350	228		135	4201	2353
1994	147979	87316	225		130	4263	2871
1995	158681	96214	232		130	4484	2899
1996	204200	101018				4652	2824
1997	246100	130918	247		108	5131	3448
1998	234048	117069	226		92	5109	3777
1999	224100	107975	183		71	5166	3877
2000	229000	110324	180		67	5407	4173
2001	235271	115233	172		65	6215	5224
2002	230709	106668	169		62	6559	5704
2003	245782	115933	184		62	6786	6054
2004	264014	128706	182		52	7922	7191
2005	280377	139071	200		62	9175	8683
2006	302637	144365	196		58	11011	10397
2007	334255	166574	182		46	11935	11615
2008	358910	176977	169		44	12988	12173
2009	386731	182673	159		42	14138	13826
2010	436371	208257	154		39	16038	15297
2011	443331	187245	183	179	78	19533	18298
2012	479100	183634	175	174	70	18343	17073
2013	494570	181179	164	165	70	18172	17134
2014	514423	180022	159	159	121	19199	18380
2015	550230	185493	153	142	108	19797	18308
2016	361471	156599	73	142	62	26350	22314
2017	357803	142495	42	120	48	28484	23152
2018	371738	145052	34	115	39	29995	23831
2019	374309	144039	28	109	37	32129	25230
2020	376378	133359	19	62	24	24989	19612

注：1.2011年以前,烟(粉)尘排放量为烟尘排放量。2.从2014年起烟(粉)尘排放量包含无组织排放的烟(粉)尘。3.2016—2019年环境统计数据依据“二污普”结果进行调整。4.2020年为初步统计数据（以下表同）。

a) Before 2011,the volume of soot and dust discharged only includes the smoke discharged .

b) Since 2014,the volume of soot and dust discharged includes those discharged not through exhaust pipes.

c) The environmental statistics form 2016 to 2019 have been adjusted based on the results of the second national survey on pollution sources.

d) The data of 2020 come form the number of preliminary statistics(the same as in the following tables).

12-13 各市主要污染物排放情况(2020年)
Discharge of Major Pollutants by Region (2020)

地 区	Region	废水排放量(万吨) Volume of Waste Water Discharged (10 000 tons)	工业 Industry	生活 Daily Life	化学需氧量排放量(吨) Volume of COD Discharged (ton)	工业 Industry	生活 Daily Life	氨氮排放量(吨) Volume of Ammonia Nitrogen Discharged (ton)	工业 Industry	生活 Daily Life
全省总计	**Total**	**376378**	**133359**	**242533**	**1534845**	**46419**	**522414**	**53121**	**1883**	**37384**
济南市	Jinan	46493	5886	40577	49922	1744	48172	3016	54	2961
青岛市	Qingdao	30655	5695	24897	40793	2710	38073	2313	76	2236
淄博市	Zibo	20256	9946	10231	29673	2708	26957	1166	100	1064
枣庄市	Zaozhuang	10829	6190	4620	31327	1514	29811	1644	60	1584
东营市	Dongying	18721	8372	10341	14938	3337	11600	1170	197	973
烟台市	Yantai	28573	6315	22198	30982	1794	29161	2954	48	2905
潍坊市	Weifang	43290	18516	24734	43658	6605	37046	4293	373	3920
济宁市	Jining	21221	13638	7575	48811	2882	45926	4718	106	4612
泰安市	Tai'an	16640	5755	10883	30168	1678	28488	2507	108	2398
威海市	Weihai	5870	1596	4263	15333	2508	12794	783	70	713
日照市	Rizhao	12753	7799	4933	26942	3036	23899	1837	52	1785
临沂市	Linyi	29023	6078	22910	52566	2700	49850	3173	134	3035
德州市	Dezhou	19002	5980	12995	38893	1866	37019	3124	59	3064
聊城市	Liaocheng	19198	5609	13576	36041	2366	33647	1752	93	1657
滨州市	Binzhou	29825	20013	9768	31861	6249	25607	2244	200	2043
菏泽市	Heze	24028	5971	18033	47098	2723	44363	2586	153	2433

12-13 续表 continued

地 区	Region	二氧化硫排放量(吨) Volume of Sulphur Dioxide Discharged (ton)	工业 Industry	生活 Daily Life	氮氧化物排放量(吨) Volume of Nitrogen Oxides Discharged (ton)	工业 Industry	生活 Daily Life	颗粒物排放量(吨) Volume of Soot and Dust Discharged (ton)	工业 Industry	生活 Daily Life
全省总计	**Total**	**193272**	**152865**	**40315**	**624689**	**287363**	**18236**	**244161**	**131517**	**108087**
济南市	Jinan	15920	11356	4519	52729	25382	2384	25871	13414	12147
青岛市	Qingdao	4831	3317	1514	48233	9453	1040	10471	5858	4091
淄博市	Zibo	15714	9374	6338	34065	19036	2399	22923	5785	16950
枣庄市	Zaozhuang	4585	3078	1500	21276	9073	510	10294	6152	4006
东营市	Dongying	10503	10180	308	29389	19187	114	4422	3470	822
烟台市	Yantai	20596	17295	3300	38939	15921	1184	24556	15386	8820
潍坊市	Weifang	14554	10949	3604	59292	25865	1517	20412	10280	9652
济宁市	Jining	11720	6467	5250	51982	13724	1589	19950	5485	14004
泰安市	Tai'an	9971	8518	1451	27759	13839	828	10903	6821	3907
威海市	Weihai	5570	3845	1725	16974	5602	641	6058	1262	4612
日照市	Rizhao	11750	9684	2063	41809	29563	957	18949	13259	5532
临沂市	Linyi	16829	14490	2338	75336	32604	1511	21250	14298	6309
德州市	Dezhou	11228	8976	2250	24282	12466	1175	16797	10580	6047
聊城市	Liaocheng	8595	7357	1238	31235	15230	989	9101	5567	3357
滨州市	Binzhou	19590	18081	1500	40853	27166	791	12073	7847	4032
菏泽市	Heze	11319	9897	1418	30537	13251	607	10132	6053	3798

注：1.2020年16市氮氧化物和颗粒物排放量含机动车排放源。

a)In 2020, vehicle emission source is included in the Volume of Nitrogen Oxides Discharged and Volume of Soot and Dust Discharged in 16 regions.

12-14 各市工业固体废物排放及处理利用情况(2020年)

Emission、Treatment and Utilization of Industrial Solid Wastes by Region(2020)

单位：万吨 (10 000 tons)

地 区	Region	一般工业固体废物产生量 Total Volume of Industrial Solid Waste Produced	一般工业固体废物综合利用量 Total Volume of Industrial Solid Waste Utilized	一般工业固体废物处置量 Volume of Industrial Solid Waste Treated	一般工业固体废物贮存量 Volume of Industrial Waste in Solid Stocks	危险废物产生量 Hazardous Waste Produced	危险废物利用处置量 Hazardous Waste Utilized and Treated
全省总计	**Total**	**24989.4**	**19611.7**	**1586.6**	**3990.8**	**933.3**	**1052.1**
济 南 市	Jinan	2263.4	2169.4	117.0	6.8	59.8	67.2
青 岛 市	Qingdao	716.9	625.7	78.4	16.0	17.7	17.9
淄 博 市	Zibo	1737.0	1021.6	360.4	366.9	79.9	84.7
枣 庄 市	Zaozhuang	612.6	508.1	105.7	1.2	15.5	15.4
东 营 市	Dongying	551.2	464.1	102.8	2.6	39.0	39.8
烟 台 市	Yantai	2830.7	1961.0	151.1	733.7	249.0	320.8
潍 坊 市	Weifang	1540.9	1444.9	35.0	69.7	52.1	57.1
济 宁 市	Jining	1599.4	1505.8	103.5	0.3	27.1	27.5
泰 安 市	Tai'an	936.8	677.7	155.0	112.3	18.4	18.4
威 海 市	Weihai	312.5	275.5	54.8	2.5	3.6	3.9
日 照 市	Rizhao	1867.1	1757.6	49.0	89.0	84.7	84.3
临 沂 市	Linyi	1855.2	1739.7	117.1	5.2	46.4	55.5
德 州 市	Dezhou	849.6	770.9	79.2	2.2	17.9	20.0
聊 城 市	Liaocheng	2221.9	1667.1	35.1	521.8	30.8	30.8
滨 州 市	Binzhou	4625.6	2568.1	27.8	2060.4	135.8	153.3
菏 泽 市	Heze	468.8	454.5	14.6	0.3	55.7	55.3

主要统计指标解释

自然资源 指人类可以直接从自然界获得，并用于生产和生活的物质资源。自然资源一般可以分成可再生资源和非再生资源两大类。可再生资源指在较短时间内可以再生、可以循环利用的资源，包括土地资源、水资源、气候资源、生物资源和海洋资源等。非再生资源指在使用后不能再生的资源，包括矿产资源和地热能源。

土地资源 土地指陆地的表层部分，它主要由岩石、岩石的风化物和土壤构成。土地资源按利用类型可以分为农用地、建筑用地和未利用地。农用地包括耕地、园地、林地、牧草地和水面。建筑用地包括居民点及工矿用地、交通用地和水利设施用地。未利用地指农用地和建筑用地以外的土地，包括滩涂、荒漠、戈壁、冰川和石山等。

耕地面积 指经过开垦用以种植农作物并经常进行耕耘的土地面积。包括种有作物的土地面积、休闲地、新开荒地和抛荒未满三年的土地面积。

森林资源 指森林、林木、林地以及依托森林、林木、林地生存的野生动物、植物和微生物。林木指树木和竹子。森林指以乔木为主体的植物群落，是集生的乔木及与共同作用的植物、动物、微生物和土壤、气候等的总体。

森林面积 指由乔木树种构成，郁闭度0.2以上(含0.2)的林地或冠幅宽度10米以上的林带的面积，即有林地面积。森林面积包括天然起源和人工起源的针叶林面积、阔叶林面积、针阔混交林面积和竹林面积，不包括灌木林地面积和疏林地面积。

水资源 水在自然界中以固体、液体和气态三种聚集状态存在，分布于海洋、陆地(包括土壤)以及大气之中，通过水循环形成水资源。水资源包括经人类控制并直接可供灌溉、发电、给水、航运、养殖等用途的地表水和地下水，以及江河、湖泊、井、泉、潮汐、港湾和养殖水域等。水资源是发展国民经济不可缺少的重要自然资源。

地表水和地下水 陆地上的水因空间分布不同，分为地表水和地下水。地表水指分别存在于河流、湖泊、沼泽、冰川和冰盖等水体中水分的总称，又称陆地水。地下水指储存在地面以下饱和岩土孔隙、裂隙及溶洞中的水。

水资源总量 指评价区内降水形成的地表和地下产水总量，即地表产流量与降水入渗补给地下水量之和，不包括过境水量。

地表水资源量 指评价区内河流、湖泊、冰川等地表水体中可以逐年更新的动态水量，即当地天然河川径流量。

地下水资源量 指评价区内降水和地表水对饱水岩土层的补给量，包括降水入渗补给量和河道、湖库、渠系、渠灌田间等地表水体的入渗补给量。

内陆水域总面积 指江、河、湖泊、池塘、塘堰、水库等各种流水或蓄水的水面占地面积。

海　洋 是海和洋的统称。洋为地球表面上相连接的广大咸水水体的主体部分。海为地球表面相连接的广大咸水水体被陆地、岛礁、半岛包围或分隔的边缘部分。

海水可养殖面积 指利用滩涂、浅海、港湾进行鱼、虾、蟹、贝、藻等海水经济动植物的人工养殖的水面面积。

径　流 指陆地上接受降水后扣除损耗外，从地表和地下向流域出口断面汇集的水流。径流可分为地表径流、地下径流和壤中流。地表径流指沿地表向河流、湖泊、沼泽、海洋等汇集的水流；地下径流指沿潜水层或隔水层间的含水层，向河流、湖泊、沼泽、海洋等汇集的地下水水流。

径流量 指在一定时段内通过河流某一过水断面的水量，用以反映一个国家或地区水资源的丰歉程度。计算公式为：

径流量=降水量−蒸发量

矿产资源 矿产指由地质作用形成，富集于地壳中或出露于地表达到工农业利用要求的有用矿物。矿产是一种重要的自然资源，是社会发展的重要物质基础。

矿产基础储量 基础储量是查明矿产资源的一部分。它能满足现行采矿和生产所需的指标要求，是控制的、探明的并通过可行性或预可行性研究认为属于经济的、边界经济的部分，用未扣除设计、采矿损失的数量表示。

气　温 指空气的温度，我国一般以摄氏度(℃)为单位表示。气象观测的温度表是放在离地面约1.5米处通风良好的百叶箱里测量的，因此，通常说的气温指的是离地面1.5米处百叶箱中的温度。其统计计算方法为：

月平均气温是将全月各日的平均气温相加，除以该月的天数而得。

年平均气温是将12个月的月平均气温累加后除以12而得。

相对湿度 指空气中实际所含水蒸气密度和同温度下饱和水蒸气密度的百分比值。其统计方法与气温相同。

降水量 指从天空降落到地面的液态或固态(经融化后)水，未经蒸发、渗透、流失而在地面上积聚的深度。其统计计算方法为：

月降水量是将全月各日的降水量累加而得。

年降水量是将12个月的月降水量累加而得。

日照时数 指太阳实际照射地面的时间。其统计方法与降水量相同。

工业废水排放量 指报告期内经过企业厂区所有排放口排到企业外部的工业废水量。包括生产废水、外排的直接冷却水、废气治理设施废水、超标排放的矿井地下水和与工业废水混排的厂区生活污水，不包括独立外排的间接冷却水（清浊不分流的间接冷却水应计算在内）。

城镇生活污水排放量 指城镇居民每年排放的生活污水。用人均系数法测算。测算公式为：

$$\frac{\text{生活污水}}{\text{排放量}}=\frac{\text{城镇生活污水}}{\text{排放系数}}\times\frac{\text{市镇非}}{\text{农业人口}}\times 365$$

城镇生活污水中化学需氧量(COD)产生量 指城镇居民每年排放的生活污水中的 COD 的产生量。用人均系数法测算。测算公式为：

$$\frac{\text{城镇生活污水}}{\text{中}COD\text{排放量}}=\frac{\text{城镇生活污水中}}{COD\text{产生系数}}\times\frac{\text{市镇非}}{\text{农业人口}}\times 365$$

化学需氧量（COD） 测量有机和无机物质化学分解所消耗氧的质量浓度的水污染指数。

工业废气排放量 指报告期内企业厂区内燃料燃烧和生产工艺过程中产生的各种排入大气的含有污染物的气体的总量，以标准状态(273K，101325Pa)计算。测算公式为：

$$\frac{\text{工业废气}}{\text{排放量}}=\frac{\text{燃料燃烧过程}}{\text{中废气排放量}}+\frac{\text{生产工艺过程}}{\text{中废气排放量}}$$

二氧化硫排放量 指报告期内企业在燃料燃烧和生产工艺过程中排入大气的二氧化硫总质量。工业中二氧化硫主要来源于化石燃料（煤、石油等）的燃烧，还包括含硫矿石的冶炼或含硫酸、磷肥等生产的工业废气排放。

氮氧化物排放量 指报告期内企业在燃料燃烧和生产工艺过程中排入大气的氮氧化物总质量。

烟（粉）尘排放量 指报告期内企业在燃料燃烧和生产工艺过程中排入大气的烟尘及工业粉尘的总质量之和。烟尘或工业粉尘排放量可以通过除尘系统的排风量和除尘设备出口烟尘浓度相乘求得。

一般工业固体废物产生量 指未被列入《国家危险废物名录》或者根据国家规定的危险废物鉴别标准（GB5085）、固体废物浸出毒性浸出方法（GB5086）及固体废物浸出毒性测定方法（GB／T 15555）鉴别方法判定不具有危险特性的工业固体废物。

一般工业固体废物综合利用量 指报告期内企业通过回收、加工、循环、交换等方式，从固体废物中提取或者使其转化为可以利用的资源、能源和其他原材料的固体废物量（包括当年利用的往年工业固体废物累计贮存量）。如用作农业肥料、生产建筑材料、筑路等。综合利用量由原产生固体废物的单位统计。

一般工业固体废物处置量 指报告期内企业将工业固体废物焚烧和用其他改变工业固体废物的物理、化学、生物特性的方法，达到减少或者消除其危险成分的活动，或者将工业固体废物最终置于符合环境保护规定要求的填埋场的活动中，所消纳固体废物的量。

一般工业固体废物贮存量 指报告期内企业以综合利用或处置为目的，将固体废物暂时贮存或堆存在专设的贮存设施或专设的集中堆存场所内的量。

危险废物 指列入国家危险废物名录或根据国家规定的危险废物鉴别标准和鉴别方法认定的，具有爆炸性、易燃性、易氧化性、毒性、腐蚀性、易传染疾病等危险特性之一的废物。

危险废物产生量 指报告期内调查对象实际产生的危险废物的量。危险废物指列入国家危险废物名录或者根据国家规定的危险废物鉴别标准和鉴别方法认定的，具有爆炸性、易燃性、易氧化性、毒性、腐蚀性、易传染性疾病等危险特性之一的废物。

危险废物综合利用量 指报告期内调查对象从危险废物中提取物质作为原材料或者燃料的活动中消纳危险废物的量。包括本单位利用或委托、提供给外单位利用的量。

危险废物处置量 指报告期内企业将危险废物焚烧和用其他改变工业固体废物的物理、化学、生物特性的方法，达到减少或者消除其危险成分的活动，或者将危险废物最终置于符合环境保护规定要求的填埋场的活动中，所消纳危险废物的量。处置量包括处置本单位或委托给外单位处置的量。

Explanatory Notes on Main Statistical Indicators

Natural Resources refers to material resources that could be obtained from the nature by human being and used for production and living. Natural resources in general can be classified as renewable resources and non-renewable resources. Renewable resources refer to resources that could be renewed and recycled during a relatively short period of time, including land resource, water resource, climate resource, biology resource and marine resource. Non-renewable resources include resources that could not be renewed, such as minerals and geothermal resource.

Land Resources refers to the surface of the earth, consisting of mainly rocks and its weathering and earth. Land resource can be classified, by its utilization, as land for agriculture, land for construction and unused land. Land for agriculture includes cultivated land, plantation land, forestland, grassland and waters. Land for construction includes land for residential purpose, for manufacturing and mining, for transportation and for water-conservancy projects. Unused land refers to land other than land for agriculture and construction, including beaches, deserts, Gobi, glaciers and rock mountains.

Area of Cultivated Land refers to area of land reclaimed for the regular cultivation of various farm crops, including crop-cover land, fallow, newly reclaimed land and land laid idle for less than 3 years.

Forest Resource refers to forests, trees, forestland and wild animals, plants and microorganism that live on forest and trees. Trees include trees and bamboo. Forest refers to the population of clusters of trees and other plants, animals and microorganism as well as the earth and climate that have interactions with the trees.

Forest Area refers to the area of forest where trees and bamboo grow with canopy density above 0.2, including land of natural woods and planted woods, but excluding bush land and thin forest land. It reflects the total areas of afforestation.

Water Resource refers to water that exists in the nature in solid, liquid and gaseous states, is distributed in the ocean, land (including earth) and air, and constitutes the water resource through the circulation of water. Water resource includes the surface water and underground water that is controlled by the human being for irrigation, power-generation, water supply, navigation and cultivation. It also includes rivers, lakes, wells, springs, tides, gulf and water area for cultivation. Water resource as an important natural resource is indispensable for the development of the national economy.

Surface Water and Underground Water Water on earth can be divided into surface water and underground water according to its distribution. Surface water refers to moisture exists in rivers, lakes, swamps, glaciers, icecaps and so on. It is also called land water. The underground water refers to water deposited underground in the cranny and the hole of saturated rock soil and in the water-eroded cave.

Total Water Resources refers to total volume of water resources measured as run-off for surface water from rainfall and recharge for groundwater in a given area, excluding transit water.

Surface Water Resources refers to total renewable resources which exist in rivers, lakes, glaciers and other collectors from rainfall and are measured as run-off of rivers.

Groundwater Resources refers to replenishment of aquifers with rainfall and surface water.

Inland Water Area refers to water area of rivers, lakes, ponds, reservoir, etc.

Ocean is the general name for sea and ocean. Ocean refers to the main body of large salt water connected with the earth. Sea refers to the edge areas of the salt water on the earth that are comparted or surrounded by land, island, reef or peninsula.

Marine Cultivatable Areas refer to water areas in beach, shallow sea and lough that are used to breed marine cash propagation, such as fish, shrimp, crab, shellfish, alga and so on.

Runoff refers to the water gathered at the way out of the cross section of drainage area either from the surface or underground after deducting the wastage of the precipitation on the land. Runoff can be divided into surface runoff, underground runoff and within soil runoff. Surface runoff refers to water flow to the rivers, lakes, swamps, and seas on the surface of the earth. Underground runoff refers to water flow to rivers, lakes, swamps, and seas through the water-bearing stratum of confined layer or unconfined layer.

Volume of Runoff refers to the total volume of water running through a certain cross section of a river during a certain period of time, reflecting the water resource condition in a country or a region. The formula for calculating volume or runoff is as follows:

Runoff =Precipitation-Evaporation

Mineral Resources refer to useful minerals that can be used for industrial or agricultural purposes enriched in lithosphere or on earth due to the geological process. Minerals are important natural resources, and important material base for social development.

Ensured Mineral Reserves refer to the actual mineral reserves, which equal to the proven mineral reserves (including industrial reserves and prospective reserves) minus extracted parts and underground losses.

Temperature refers to the air temperature. China uses centigrade as the unit. The thermometry used for weather observation is put in a breezy shutter, which is 1.5 meters high from the ground. Therefore, the commonly used temperature refers to the temperature in the breezy shutter 1.5 meters away from the ground. The calculation method is as follows:

Monthly Average Temperature is the summation of average daily temperature of one month divided by the actual days of that particular month.

Annual Average Temperature is the summation of monthly

average of a year divided by 12 months.

Relative Humidity refers to the ratio of actual water vapor pressure to the saturation water vapor density under the current temperature. The statistical method is the same as that of temperature.

Volume of Precipitation refers to the deepness of liquid state or solid state (thawed) water falling from the sky to the ground that has not been evaporated, infiltrated or run off. The calculation method is as follows:

Monthly precipitation is the summation of daily precipitation of a month.

Annual precipitation is the summation of 12 months precipitation of a year.

Sunshine Hours refer to the actual hours of sun irradiating the earth. The calculation method is the same as that of the precipitation.

Industrial Waste Water Discharged Refers to the volume of industrial waste water discharged through all of the drainage system to the outside of factory complex by enterprises during the report period. It includes discharged waste water from production, direct cooling water, waste gas treatment facilities, mine groundwater beyond the standard and domestic sewage mixed with industrial waste water, does not include independently discharged indirect cooling water (voicing split-less indirect cooling water should be taken into account).

Urban Non industrial Waste Water Discharge refers to annual discharge of non-industrial waste water by urban households It is estimated by per ca pita coefficient using the formula:

$$\frac{\text{Urban non-industrial}}{\text{waste water discharge}} = \frac{\text{urban non-industrial waste}}{\text{water discharge coefficient}} \times \frac{\text{urban non-agricultural}}{\text{population}} \times 365$$

Volume of Chemical Oxygen Demand (COD) Generated by Urban Non-industrial Waster Water refers to chemical oxygen demand generated through the annual discharge of non-industrial waste water by urban households. It is estimated as:

$$\begin{array}{c}\text{Volume of chemical oxygen}\\ \text{demand (cod) generated}\\ \text{by urban non-industrial}\\ \text{waster water}\end{array} = \begin{array}{c}\text{Coefficient of COD}\\ \text{generated through urban}\\ \text{non-industrial waste water}\end{array} \times \begin{array}{c}\text{urban}\\ \text{non-agricultural}\\ \text{population}\end{array} \times 365$$

Chemical Oxygen Demand (COD) refers to index of water pollution measuring the mass concentration of oxygen consumed by the chemical breakdown of organic and inorganic matter.

Industrial Waste Air Emission refers to discharge into atmosphere of waste air containing pollutants generated from fuel burning and production process in enterprises within a given period of time. It is calculated at standard status (273K, 101325Pa) as:

$$\frac{\text{Industrial waste}}{\text{air emission}} = \frac{\text{emission through}}{\text{fuel burning}} + \frac{\text{emission through}}{\text{production process}}$$

SO_2 Emission refers to the total volume of SO_2 discharged into air during the process of fuel combustion and industrial production in enterprises in a given time, and is mainly caused by the combustion of fossil fuel, ore smelting and the production of sulphuric acid and phosphate fertilizers.

Nitrogen Oxides Emission refers to the total volume of nitrogen oxides discharged into air during the process of fuel combustion and industrial production.

Industrial Soot and Dust Emission refers to volume of soot and dust in smoke emitted in process of fuel burning and industrial production in premises of enterprises in the report period. It is calculated by multiplying exhaust volume of dust removal system by dust concentration.

Common Industrial Solid Wastes Produced refers to the industrial solid wastes not listed in the 《National Catalogue of Hazardous Wastes》, or not regarded as hazardous according to the national hazardous waste identification standards (GB5085),solid waste-extraction procedure for leaching toxicity (GB5086), or solid waste-extraction procedure for leaching toxicity (GB/T 15555).

Common Industrial Solid Wastes Comprehensively Utilized refers to volume of solid wastes from which useful materials can be extracted or which can be converted into usable resources, energy or other materials by means of reclamation, processing, recycling and exchange (including utilizing in the year the stocks of industrial solid wastes of the previous year) during the report period, e.g. Examples of such utilization include fertilizers, building materials and road materials. The information shall be collected by the producing units of the wastes.

Common industrial Solid Wastes Disposed refers to the quantity of solid wastes which are burnt or specially disposed using other methods to alter the physical, chemical and biological properties and thus to reduce or eliminate hazards, or placed ultimately in the sites meeting the requirements for environmental protection during the report period.

Stock of Common Industrial Solid Wastes refers to the volume of sold wastes placed in special facilities or special sites by enterprises for purposes of utilization or disposal during the report period.

Hazardous Wastes refers to those included in the national hazardous wastes catalog or specified as any one of the following properties in the national hazardous wastes identification standards: explosive, ignitable, oxidizable, toxic, corrosive or liable to cause infectious diseases or lead to other dangers.

Hazardous Wastes Produced refers to the volume of actual hazardous wastes produced by surveyed samples throughout the year of the survey. Hazardous wastes refers to those included in the national hazardous wastes catalog or specified as any one of the following properties in light of the national hazardous wastes identification standards and methods: explosive, ignitable, oxidizable, toxic, corrosive, or liable to cause infectious diseases or lead to other dangers.

Hazardous Wastes Comprehensive Utilized refers to the volume of hazardous wastes that are used to extract materials for raw materials or fuel throughout the year of survey, including those utilized by the producing enterprises and those provided to other enterprises for utilization.

Hazardous Wastes Disposed refers to the quantity of hazardous wastes that are burnt or specially disposed using other methods to alter the physical, chemical and biological properties and thus to reduce or eliminate the hazard, or placed in the site meeting the requirement for environmental protection during the report period. The quantity includes all the hazardous wastes produced by the surveyed samples.

第13篇

农　业

Agriculture

简 要 说 明

一、本篇资料的主要内容

本篇资料反映了全省农业生产和农村经济的基本情况，主要包括农林牧渔业总产值、耕地、主要农产品产量、农业机械年末拥有量、农村电气化和农业化学化情况以及农田水利建设等方面的统计资料。

二、本篇资料的来源

1．地类面积资料、林业生产资料来源于省自然资源厅，由省统计局农村处整理提供。

2．灌溉面积资料来源于省水利厅，由省统计局农村处整理提供。

3．渔业生产资料、农业机械资料来源于省农业农村厅，由省统计局农村处整理提供。

4．粮食生产情况、畜牧业生产情况由山东调查总队农业调查处、农村调查处整理提供。

5．其余资料来源于农村综合统计年报，由省统计局农村处整理提供。

三、本篇资料的统计范围和统计口径

本篇资料的统计范围包括省内所属的各种经济类型、各个系统的全部农林牧渔业生产单位以及各非农行业附属的农林牧渔业生产活动单位。军委系统的农业生产（除军马外）也包括在内，但不包括农业科学试验机构进行的农业生产。

Brief Introduction

I. Content

Data in this chapter show the basic conditions of agricultural production and rural economy, mainly including agricultural output, cultivated land, output of main agricultural produces, agricultural machinery, electrification and chemistry in rural areas and basic construction on irrigation and drainage.

II. Source of Data

1. Data on land and forestry production are provided by the Department of Nature and Resources of Shandong Province.

2. Data on irrigated area are provided by the Water Resources Department of Shandong Province.

3. Data on fishery production means and agricultural machinery are provided by the Department of Agriculture and Rural of Shandong Province.

4. Data on grain output and animal husbandry output are provided by the Division of Agriculture Survey and the Division of Countryside Survey of the National Bureau of Statistics in Shandong.

5. Other data in this chapter are based on the statistical reporting summary tables of countryside statistics.

III. Scope and Coverage of Statistics

The coverage of the comprehensive statistical reporting includes all productive units of farming, forestry, animal husbandry and fishery and those related non-agricultural affiliated units with various ownership and the activities of horse raising for military purpose and those undertaken by agricultural research institutions are excluded.

13-1 主要年份农林牧渔业总产值

Gross Output Value of Farming,Forestry, Animal Husbandry and Fishery in Major Years

单位:亿元 (100 million yuan)

年 份 Year	农林牧渔业总产值 Gross Output Value of Farming, Forestry,Animal Husbandry and Fishery	农 业 Farming	种植业 Planting	林 业 Forestry	牧 业 Animal Husbandry	渔 业 Fishery	农林牧渔专业及辅助性活动 Farming,Forestry, Animal Husbandry and Fishery professions and auxiliary activities
1949	20.07	18.01	16.01	0.12	1.66	0.28	
1952	40.00	35.05	31.16	0.25	3.98	0.72	
1955	44.97	40.05	35.40	0.66	3.37	0.89	
1957	36.44	31.21	30.36	0.87	3.54	0.82	
1962	38.32	32.77	32.71	0.26	4.09	1.20	
1965	50.49	42.88	42.79	0.55	5.76	1.30	
1970	66.78	55.75	55.62	0.90	8.14	1.99	
1975	93.43	75.85	75.64	2.65	12.33	2.60	
1976	100.36	80.37	80.12	2.60	14.24	3.15	
1977	99.27	78.83	78.40	2.10	14.72	3.62	
1978	102.22	84.77	83.71	1.81	12.19	3.45	
1979	135.92	113.34	111.33	2.04	16.61	3.93	
1980	160.91	128.81	126.22	4.52	23.43	4.15	
1981	198.50	155.62	151.83	4.91	33.04	4.94	
1982	218.51	171.58	167.98	7.22	34.12	5.59	
1983	259.50	208.75	202.87	8.48	36.21	6.06	
1984	310.11	245.19	236.64	8.60	48.20	8.12	
1985	335.42	248.17	236.62	11.07	62.82	13.36	
1986	361.19	269.51	255.92	12.67	62.84	16.17	
1987	413.18	313.76	299.05	12.11	64.15	23.16	
1988	494.53	331.59	313.98	14.80	108.07	40.07	
1989	547.66	366.24	347.61	14.28	124.71	42.43	
1990	645.75	419.50	397.85	20.45	150.19	55.61	
1991	779.18	491.76	471.53	22.19	186.52	78.71	
1992	815.62	462.58	437.03	23.73	215.73	113.58	
1993	944.99	526.66	511.48	28.24	239.90	150.19	
1994	1282.25	660.13	649.84	36.78	348.78	236.56	
1995	1678.16	931.89	922.96	41.81	433.62	270.84	
1996	1962.12	1090.64	1078.05	49.97	512.60	308.91	
1997	2058.32	1137.19	1107.33	49.86	550.58	320.69	
1998	2174.54	1219.85	1184.65	45.91	583.40	325.38	
1999	2202.95	1254.87	1232.44	44.93	572.95	330.20	
2000	2294.35	1300.44	1280.12	47.62	599.17	347.12	
2001	2453.96	1401.34	1385.22	47.22	654.71	350.69	
2002	2526.05	1420.88	1402.81	48.25	698.44	358.48	
2003	2902.45	1599.32		53.70	831.34	370.04	48.05
2004	3453.91	1891.73		59.49	1022.84	426.09	53.76
2005	3741.81	2033.95		57.57	1125.04	465.52	59.73
2006	4058.62	2283.29		65.48	1025.37	522.94	161.54
2007	4752.65	2589.46		81.98	1317.06	577.31	186.83
2008	5583.98	2863.29		102.24	1715.47	679.12	223.87
2009	5953.15	3170.05		101.27	1699.51	735.75	246.58
2010	6573.77	3588.42		86.53	1796.52	829.77	272.52
2011	7311.11	3737.04		99.96	2205.73	973.24	295.14
2012	7817.84	3829.19		107.01	2328.69	1227.81	325.14
2013	8577.06	4335.77		120.30	2410.56	1347.03	363.40
2014	8988.18	4556.10		131.53	2478.81	1420.85	400.90
2015	9283.92	4662.61		139.92	2602.08	1447.28	432.03
2016	9075.60	4387.51		147.48	2620.29	1409.65	510.66
2017	9140.36	4403.23		165.09	2501.37	1475.96	594.70
2018	9397.39	4678.26		181.63	2432.67	1425.91	678.92
2019	9671.67	4914.43		197.70	2412.06	1397.42	750.06
2020	10190.58	5168.36		214.20	2571.87	1432.08	804.06

注:本表绝对数按当年价格计算，2007至2017年数据系与第三次农业普查衔接数据。
a)Data are calculated at current prices.Data from 2007 to 2017 are consistent with those obtained from the Third Agricultural Census.

13-2 主要年份农林牧渔业总产值指数(以1952年为100)

Indices of Farming,Forestry,Animal Husbandry and Fishery in Major Years(1952=100)

年份 Year	农林牧渔业总产值 Indices of Farming,Forestry, Animal Husbandry and Fishery	农业 Farming	种植业 Planting	林业 Forestry	牧业 Animal Husbandry	渔业 Fishery	农林牧渔专业及辅助性活动 Farming,Forestry, Animal Husbandry and Fishery professions and auxiliary activities
1949	57.7	59.1	59.1	56.9	48.0	44.2	
1952	100.0	100.0	100.0	100.0	100.0	100.0	
1955	108.1	109.9	109.3	256.9	81.3	118.4	
1957	94.2	92.1	100.8	360.8	91.9	118.4	
1962	65.5	63.9	71.8	70.6	70.0	114.3	
1965	99.8	96.7	108.6	174.5	114.3	142.9	
1970	123.5	117.7	132.1	264.7	151.2	204.8	
1975	163.2	151.2	169.6	745.1	216.5	252.4	
1976	166.9	152.6	171.1	692.2	237.8	291.8	
1977	164.8	149.4	167.1	556.9	245.5	334.7	
1978	177.1	160.6	178.2	680.4	253.4	383.7	
1979	193.9	177.1	195.7	637.3	287.2	338.8	
1980	212.1	190.0	209.7	680.4	347.4	375.5	
1981	218.8	198.2	218.1	627.5	352.9	336.1	
1982	239.2	215.3	236.9	1043.1	373.1	383.0	
1983	273.7	253.2	275.9	988.2	386.1	399.3	
1984	326.0	302.4	326.8	1109.8	462.2	449.7	
1985	338.2	306.5	326.8	1427.5	520.9	491.8	
1986	339.2	304.4	321.2	1380.4	539.2	566.0	
1987	366.3	331.7	350.4	1364.7	551.7	681.6	
1988	378.6	324.4	337.3	1325.5	703.9	887.8	
1989	383.5	321.8	333.9	1259.2	768.7	959.7	
1990	404.2	335.6	345.3	1235.3	823.3	1150.7	
1991	452.3	370.2	384.0	1315.6	922.9	1393.5	
1992	455.9	345.4	352.9	1380.1	985.7	1721.0	
1993	510.6	381.0	399.8	1526.4	1080.3	2103.1	
1994	578.0	411.1	436.2	1770.6	1295.3	2523.7	
1995	629.4	441.9	471.1	1839.7	1463.7	2720.5	
1996	675.3	478.1	507.4	2141.6	1551.5	2902.8	
1997	707.0	490.1	506.4	2154.4	1716.0	2975.4	
1998	777.0	589.3	562.1	2068.2	1915.1	3121.2	
1999	819.7	615.2	599.2	2072.3	2045.3	3345.9	
2000	851.7	639.8	625.6	2200.8	2155.7	3362.6	
2001	885.8	666.0	655.6	2064.4	2315.2	3315.5	
2002	895.5	649.4	637.2	1971.5	2472.6	3391.8	
2003	944.8	691.6		2121.3	2613.5	3449.5	111.5
2004	998.7	732.4		2138.3	2772.9	3601.3	108.0
2005	1050.6	761.0		2059.2	2975.3	3842.6	109.2
2006	1105.2	802.1		2279.5	3106.2	3992.5	118.8
2007	1141.7	829.4		2457.3	3131.0	4180.1	110.8
2008	1199.9	859.3		2798.9	3315.7	4426.7	113.3
2009	1251.5	882.5		3076.0	3488.1	4701.2	110.1
2010	1296.6	904.6		3380.5	3624.1	4931.6	109.9
2011	1345.9	939.9		3694.9	3714.7	5148.6	107.2
2012	1409.2	963.4		3820.5	4000.7	5359.7	107.7
2013	1462.7	1005.8		4164.3	4084.7	5536.6	109.5
2014	1521.2	1052.1		4568.3	4182.7	5686.1	109.3
2015	1586.6	1101.5		4938.3	4312.4	5868.1	108.5
2016	1656.4	1156.6		5407.4	4424.5	5985.5	115.8
2017	1722.7	1207.5		5942.7	4588.2	5955.6	112.5
2018	1774.4	1254.6		6495.4	4583.6	6003.2	113.5
2019	1788.6	1293.5		7093.0	4372.8	5847.1	109.3
2020	1842.8	1337.9		7540.6	4473.4	5923.1	105.3

注：本表按可比价格计算；农林牧渔专业及辅助性活动指数以上年为100。

a)Data are calculated at constant prices.Indices of Farming,Forestry,Animal Husbandry and Fishery professions and auxiliary activities in preceding year is considered as 100%.

13-3 农林牧渔业总产值

Gross Output Value of Farming,Forestry,Animal Husbandry and Fishery

单位:亿元 (100 million yuan)

类 别	Category	2019	2020	2020为2019% 2019=100
农林牧渔业总产值	**Gross Output Value of Farming,Forestry, Animal Husbandry and Fishery**	**9671.67**	**10190.58**	**103.0**
一、农业产值	**Output Value of Farming**	**4914.43**	**5168.36**	**103.4**
1.谷物及其他作物	Cereal and Other Corps	1792.78	1871.71	100.0
#粮食	Grain	1179.74	1235.17	101.7
油料	Oil	134.56	139.25	98.8
棉花	Cotton	93.39	88.30	91.9
2.蔬菜园艺作物	Vegetable Gardening Crops	1801.02	1908.42	101.2
#蔬菜(含菜用瓜)	Vegetables	1697.49	1796.23	103.4
3.水果坚果饮料	Fruit and Nut Beverages	1242.77	1281.69	109.7
#水果坚果(含果用瓜)	Fruit and Nut	1212.32	1245.31	106.8
4.中药材	Chinese Herbal Medicines	77.86	106.55	131.8
二、林业产值	**Output Value of Forestry**	**197.70**	**214.20**	**106.3**
1.林木的培育和种植	Trees Cultivation and Planting	71.70	80.07	108.1
2.竹木采运	Bamboo Logging and Transport	45.77	51.82	110.1
3.林产品	Forestry Products	80.23	82.31	102.5
三、牧业产值	**Output Value of Animal Husbandry**	**2412.06**	**2571.87**	**102.3**
1.牲畜饲养	Livestock Feeding	498.60	491.03	94.5
2.猪的饲养	Pig Feeding	768.79	959.95	106.1
3.家禽的饲养	Poultry Feeding	959.21	937.12	110.4
#肉禽	Poultry for Eating	508.62	522.57	108.3
禽蛋	Egg of Poultry	450.58	414.55	102.5
4.狩猎和捕捉动物	Animal Hunting and Trapping	1.94	2.09	103.7
5.其他畜牧业	Other Animal Husbandry	183.52	181.66	95.9
四、渔业产值	**Output Value of Fishery**	**1397.42**	**1432.08**	**101.3**
1.海水产品	Seawater Aquatic Products	1164.67	1210.23	102.7
2.内陆水域水产品	Inland waterways Aquatic Products	232.75	221.85	95.9
五、农林牧渔专业及辅助性活动产值	**Output Value of Farming,Forestry,Animal Husbandry and Fishery professions and auxiliary activities**	**750.06**	**804.06**	**105.3**

注:本表绝对数按当年价格计算,速度按可比口径及价格计算。

a)Absolute data in the table are calculated at current prices, the speed are calculated at constant price and caliber.

13-4 各市农林牧渔业总产值(2020年)
Gross Output Value of Farming,Forestry,Animal Husbandry and Fishery by Region(2020)

单位:万元 (10 000 yuan)

地 区	Region	农林牧渔业总产值 Output Value of Farming,Forestry, Animal Husbandry and Fishery	农业产值 Output Value of Farming	林业产值 Output Value of Forestry	牧业产值 Output Value of Animal Husbandry	渔业产值 Output Value of Fishery	农林牧渔专业及辅助性活动产值 Output Value of Services to Farming, Forestry,Animal Husbandry and Fishery professions and auxiliary activities
全省总计	**Total**	**101905783**	**51683639**	**2142049**	**25718656**	**14320809**	**8040630**
济南市	Jinan	6716628	4471455	298187	1491406	61007	394573
青岛市	Qingdao	8071003	3732576	44453	1800325	1933437	560212
淄博市	Zibo	2911897	1900054	163023	632472	55125	161223
枣庄市	Zaozhuang	3192931	2061621	21744	616105	119772	373689
东营市	Dongying	3041619	980407	29938	883824	836968	310482
烟台市	Yantai	10713411	4584070	230462	2016921	3120757	761201
潍坊市	Weifang	10381445	5402399	83112	3027036	952091	916807
济宁市	Jining	9995171	5521522	149773	2656729	837213	829934
泰安市	Tai'an	5785828	3363968	102672	1590025	171618	557545
威海市	Weihai	5546748	958019	12479	676275	3626356	273619
日照市	Rizhao	3294003	1097214	69668	895739	949792	281590
临沂市	Linyi	8231251	4554999	418171	2501687	297045	459349
德州市	Dezhou	6840475	3199277	204532	2355129	136070	945467
聊城市	Liaocheng	6306892	4125812	56272	1510143	146184	468481
滨州市	Binzhou	4827834	2026140	126946	1250144	931322	493282
菏泽市	Heze	6048647	3704106	130617	1814696	146052	253176

13-5 主要年份粮、棉、油产量

Output of Grain,Cotton and Oil-bearing Crops in Major Years

年 份 Year	粮 食 Grain		棉 花 Cotton		油 料 Oil-bearing Crops	
	总产量 (万吨) Gross Output (10 000 tons)	单 产 (千克/公顷) Output Per Hectare (kg/hectare)	总产量 (万吨) Gross Output (10 000 tons)	单 产 (千克/公顷) Output Per Hectare (kg/hectare)	总产量 (万吨) Gross Output (10 000 tons)	单 产 (千克/公顷) Output Per Hectare (kg/hectare)
1949	870.0	795	8.1	180	55.6	1170
1952	1199.0	1035	16.9	240	84.5	1470
1955	1276.0	1110	20.9	285	106.1	1485
1957	1126.0	990	17.4	225	70.0	945
1962	910.0	915	3.9	105	42.4	1875
1965	1332.0	1350	19.9	300	67.1	1395
1970	1465.0	1575	27.3	390	78.5	1575
1975	2170.5	2355	24.1	390	84.2	1515
1976	2241.5	2460	15.8	255	58.5	1065
1977	2099.0	2370	14.9	240	67.7	2025
1978	2288.0	2595	15.4	255	95.9	1785
1979	2472.0	2835	16.7	315	109.1	1800
1980	2384.0	2820	53.7	735	143.0	2160
1981	2312.5	2835	67.5	720	142.1	2010
1982	2375.0	3090	96.0	720	142.5	2190
1983	2700.0	3465	122.5	825	152.0	2460
1984	3040.0	3885	172.5	1005	182.0	2790
1985	3137.7	3930	106.2	915	267.9	2745
1986	3250.0	3840	94.1	930	207.6	2355
1987	3393.7	4125	124.4	1020	234.3	2940
1988	3225.0	3990	113.7	825	197.8	2505
1989	3250.0	4035	102.5	780	150.0	1995
1990	3570.0	4380	102.8	690	212.1	2910
1991	3916.9	4845	135.1	870	233.1	3285
1992	3589.3	4533	67.7	455	166.3	2380
1993	4100.0	4992	41.0	539	268.4	3434
1994	4091.1	5015	55.9	705	338.3	3781
1995	4245.0	5220	47.1	707	315.0	3580
1996	4332.7	5260	37.2	773	309.3	3767
1997	3852.2	4766	35.4	894	240.9	2977
1998	4264.8	5244	41.3	996	335.6	3908
1999	4269.0	5271	39.2	1072	320.5	3614
2000	3837.7	4938	59.0	1085	356.9	3730
2001	3720.6	5201	78.1	1062	377.3	3743
2002	3292.7	4763	72.2	1086	340.4	3458
2003	3435.5	5355	87.7	994	361.8	3572
2004	3516.7	5570	109.8	1036	369.7	3913
2005	3917.4	5837	84.6	1000	363.9	4044
2006	4093.0	5848	102.3	1149	328.2	4136
2007	4107.8	5896	95.1	1112	368.8	4190
2008	4353.9	6086	94.0	1172	374.7	4283
2009	4442.7	6088	79.0	1151	349.2	4349
2010	4502.8	6043	59.0	945	347.7	4317
2011	4701.3	6172	60.8	1043	343.7	4367
2012	4815.8	6214	51.4	1012	341.8	4404
2013	4883.4	6099	43.4	923	341.6	4386
2014	5038.3	6087	44.2	1122	329.6	4355
2015	5147.4	6123	33.9	1042	318.7	4302
2016	5332.3	6261	32.9	1179	317.1	4310
2017	5374.3	6356	20.7	1185	318.3	4389
2018	5319.5	6329	21.7	1184	310.9	4370
2019	5357.0	6444	19.6	1158	289.0	4236
2020	5446.8	6577	18.3	1281	290.9	4366

注：本表2007至2017年数据系与第三次农业普查衔接数据。
a)Data from 2006 to 2017 are consistent with those obtained from the Third Agricultural Census.

13-6 1978-2020年畜牧业生产情况
Production of Animal Husbandry from 1978 to 2020

年 份 Year	肉类总产量 (万吨) Output of Meat (10 000 tons)	猪存栏 (万头) Stocked Pigs (10 000 heads)	牛存栏 (万头) Stocked Cattle (10 000 heads)	羊存栏 (万只) Stocked Sheep (10 000 heads)	家禽存栏 (万只) Stocked Poultry (10 000 heads)
1978	60.80	1992.00	227.60	756.40	6766.00
1979	65.18	2117.60	221.50	925.80	7204.00
1980	90.10	2112.50	217.80	1041.30	7997.00
1981	96.26	1901.10	213.70	1025.60	8075.00
1982	94.98	1726.20	213.60	989.50	9115.00
1983	94.54	1562.70	222.10	901.80	10216.80
1984	104.38	1681.50	232.60	753.90	14688.90
1985	128.62	1812.80	258.00	783.30	16548.20
1986	141.78	1668.90	292.50	985.30	15120.70
1987	141.02	1547.00	344.60	1404.10	16916.30
1988	171.47	1688.60	416.00	1436.40	21582.10
1989	195.63	1604.10	472.40	1491.30	20471.30
1990	221.61	1576.70	511.80	1528.10	23974.60
1991	241.49	1599.40	501.40	1591.20	24136.80
1992	250.67	1602.60	531.90	1655.20	25810.80
1993	286.61	1603.70	603.00	1703.50	27188.70
1994	338.77	1701.50	681.30	1799.80	35118.60
1995	394.42	1718.10	714.10	1866.10	34613.80
1996	405.52	1723.60	740.10	1877.20	37485.00
1997	460.64	2209.70	811.90	2038.60	41833.00
1998	497.90	2485.90	911.80	2322.00	48484.00
1999	524.49	2560.48	977.25	2536.22	53332.00
2000	499.99	2401.81	779.90	2260.06	47789.90
2001	531.49	2500.29	778.54	2357.24	50263.73
2002	559.66	2602.80	787.88	2466.79	53236.24
2003	591.00	2686.09	804.31	2543.26	55031.28
2004	621.72	2761.01	771.51	2667.51	56875.64
2005	657.78	2771.96	750.45	2645.96	54641.26
2006	698.32	2508.52	632.71	2368.26	52100.31
2007	660.00	2686.01	557.46	2281.96	49627.42
2008	704.52	2786.69	498.53	2033.94	55864.43
2009	730.91	2845.80	452.59	1939.09	54789.42
2010	754.03	2871.65	440.32	1926.95	58214.00
2011	763.07	2998.20	438.27	1887.90	63790.18
2012	822.56	3101.21	433.66	1850.33	70959.78
2013	838.18	3167.00	424.28	1797.90	70261.33
2014	836.81	3179.54	410.53	1765.01	69911.92
2015	845.50	3147.33	407.65	1767.89	71816.01
2016	837.11	3086.81	391.93	1693.10	78056.12
2017	866.01	3040.33	401.48	1754.05	76604.46
2018	854.70	2985.60	380.60	1801.41	75614.88
2019	704.02	2176.50	364.23	1837.44	78864.33
2020	728.02	2933.93	278.71	1501.65	83642.36

注：本表2006至2017年数据系与第三次农业普查衔接数据。
a)Data from 2006 to 2017 are consistent with those obtained from the Third Agricultural Census.

13−6 续表 continued

年 份 Year	猪出栏 (万头) Slaughtered Pigs (10 000 heads)	牛出栏 (万头) Slaughtered Cattle (10 000 heads)	羊出栏 (万只) Slaughtered Sheep (10 000 heads)	家禽出栏 (万只) Slaughtered Poultry (10 000 heads)	禽蛋产量 (万吨) Output of Poultry Eggs (10 000 tons)	奶类产量 (万吨) Output of Milk (10 000 tons)
1978	901.20	4.60	142.40		22.50	6.83
1979	1047.50	6.70	228.60		23.67	6.95
1980	1241.60	8.80	377.50		25.62	6.80
1981	1296.80	11.50	460.70		29.47	5.24
1982	1213.20	10.60	521.60		34.30	8.77
1983	1159.20	18.90	616.30		41.07	11.43
1984	1284.00	18.40	519.10		62.28	13.34
1985	1482.60	27.60	558.30	8283.10	72.50	13.26
1986	1681.20	32.30	617.60	9234.50	69.66	15.81
1987	1514.00	49.80	842.10	11397.30	79.14	17.28
1988	1619.60	69.00	1219.00	15904.00	102.97	19.53
1989	1845.40	82.80	1348.40	16701.20	109.43	21.24
1990	1936.20	110.10	1416.40	22769.00	124.25	22.53
1991	1983.50	119.50	1348.70	30792.70	149.14	23.65
1992	2046.00	140.90	1366.10	33467.90	154.30	25.17
1993	2092.90	177.10	1411.00	42837.30	184.07	28.05
1994	2185.70	213.10	1668.20	64716.70	240.75	32.45
1995	2453.00	248.40	2034.10	71286.50	247.15	36.98
1996	2500.90	272.40	2051.80	73508.00	267.30	41.14
1997	2801.10	334.50	2269.30	82549.00	294.30	45.82
1998	3123.20	354.90	2518.90	91299.00	322.00	53.98
1999	3248.13	391.10	2838.80	100246.00	349.06	61.29
2000	3213.24	322.25	2375.73	91195.00	301.04	62.72
2001	3370.69	359.63	2530.15	99493.75	311.58	80.48
2002	3566.19	380.13	2646.54	105550.38	328.33	103.92
2003	3765.90	396.47	2731.23	113458.25	349.11	132.05
2004	4060.41	413.21	2869.43	122660.64	355.83	167.92
2005	4263.54	425.73	3002.98	145089.38	363.20	196.66
2006	4389.90	436.57	3026.24	151090.90	353.89	219.67
2007	3680.17	440.30	3001.42	140913.62	359.90	207.06
2008	3972.95	439.30	2941.33	155662.06	364.98	217.95
2009	4245.45	426.49	2827.01	161151.11	377.12	220.25
2010	4425.46	413.01	2707.40	169549.81	384.84	230.97
2011	4387.82	390.04	2546.51	181519.01	401.64	235.83
2012	4800.79	385.34	2493.35	199140.72	402.44	248.55
2013	5043.03	382.59	2472.15	195931.87	396.59	237.69
2014	5245.73	372.37	2530.64	182274.92	388.38	244.74
2015	5156.44	370.19	2527.12	192051.95	424.28	240.73
2016	5093.23	360.84	2540.84	214260.99	441.12	233.75
2017	5180.69	361.57	2629.76	220423.34	445.15	231.32
2018	5082.26	363.37	2682.36	217200.22	447.44	232.52
2019	3176.44	345.93	2701.14	231299.11	450.63	234.49
2020	3344.79	275.71	2491.58	252670.83	482.19	241.57

13-7 1978-2020年渔业生产情况
Output of Fishery from 1978 to 2020

单位：吨 (tons)

年 份 Year	水产品总产量 Total Aquatic Products	海 水 产 品 Seawater Aquatic Products	海洋捕捞 Ocean Fishing	海水养殖 Mariculture
1978	740283	691451	501504	189947
1979	627531	581165	432700	148465
1980	619591	570854	416814	154040
1981	589905	540408	407194	133214
1982	657698	611824	477729	134095
1983	674813	623122	465382	157740
1984	754572	693277	525027	168250
1985	814047	729568	531977	197591
1986	914411	806086	599376	206710
1987	1106641	983119	717588	265531
1988	1355865	1220408	809820	410588
1989	1539905	1403323	899265	504058
1990	1677973	1522059	1032683	489376
1991	1981169	1779214	1138436	640778
1992	2481648	2251437	1384628	866809
1993	3192828	2896171	1555657	1340514
1994	3506539	3053106	1608172	1444934
1995	3440763	2956402	1461525	1494876
1996	5299159	4683795	2337772	2346023
1997	5512326	4840507	2686824	2153683
1998	5875574	5116993	3003764	2113228
1999	6277843	5440155	3003387	2436767
2000	6306551	5375169	2780483	2594685
2001	6196988	5266599	2511170	2755430
2002	6277536	5403654	2457272	2946382
2003	6378795	5456872	2421393	3035479
2004	6486528	5528613	2440631	3087982
2005	6648983	5655207	2421396	3233811
2006	6837469	5783299	2359570	3423729
2007	7133795	5986873	2451596	3535277
2008	7303048	6094766	2481256	3613510
2009	7535939	6263895	2449591	3814304
2010	7838259	6463345	2350888	3962643
2011	8138280	6647212	2512437	4134775
2012	7885248	6524046	2161603	4362443
2013	8084522	6654179	2087829	4566350
2014	8464587	7085761	2286654	4799107
2015	8722448	7352063	2356409	4995654
2016	8899622	7541952	2414112	5127840
2017	8680030	7371727	2180891	5190836
2018	8614032	7360685	2149830	5210855
2019	8232724	7062086	2091101	4970985
2020	8286092	7180937	2039543	5141394

注：本表2012至2017年数据系与第三次农业普查衔接数据。
a)Data frɔm 2012 to 2017 are consistent with those obtained from the Third Agricultural Census.

13-7 续表 continued

年 份 Year	淡水产品产量(吨) Freshwater Aquatic Products (ton)	捕捞量 Fishing Output	养殖量 Breeding Output	水产品养殖面积(万亩) Water Area for Breeding Aquatics (10 000 mu)	海 水 Seawater	淡 水 Freshwater
1978	48832	32507	16325	202.30	26.80	175.50
1979	46366	30968	15398	193.29	26.54	166.75
1980	48737	32436	16301	203.21	28.50	174.71
1981	49497	31489	18008	182.24	28.66	153.58
1982	45874	29696	16178	176.15	35.18	140.97
1983	51691	31713	19978	160.05	32.31	127.74
1984	61295	34438	26857	165.10	37.70	127.40
1985	84479	37370	47109	215.14	49.58	165.56
1986	108325	38641	69684	243.14	56.70	186.44
1987	123522	34103	89419	257.65	70.87	186.78
1988	135457	29354	106103	234.90	104.27	180.63
1989	136582	26847	109735	246.73	103.72	143.01
1990	155914	31545	124369	273.52	105.01	168.51
1991	201955	41772	160183	304.04	112.54	191.50
1992	230211	41074	189137	312.30	115.89	196.41
1993	296657	50088	246569	400.16	223.76	176.40
1994	453433	58373	395060	466.56	197.36	269.21
1995	484362	55428	428933	497.39	197.81	299.58
1996	615364	67222	548142	564.54	242.45	322.09
1997	671819	73221	598598	618.91	274.04	344.87
1998	758582	80336	678246	649.80	283.22	366.58
1999	837689	80002	757687	722.78	336.14	386.65
2000	931382	81214	850168	788.35	420.71	367.64
2001	930389	79991	850397	829.39	434.99	394.40
2002	873882	71142	802740	802.51	439.15	363.36
2003	921923	91019	830904	930.91	537.52	393.38
2004	957915	93484	864431	1014.34	598.02	416.32
2005	993776	110887	882889	1033.11	611.09	422.02
2006	1054170	117390	936780	840.03	564.62	275.42
2007	1146922	114368	1032554	884.99	609.26	275.73
2008	1208282	129643	1078639	993.45	639.33	354.12
2009	1272044	128342	1143702	1029.30	662.10	367.20
2010	1374914	130896	1244018	1136.51	751.42	385.09
2011	1491068	135378	1355690	1174.40	768.19	406.21
2012	1361202	112783	1248419	1205.16	785.56	419.60
2013	1430344	115167	1315177	1240.35	820.23	420.12
2014	1378826	90661	1288165	1252.66	822.73	429.93
2015	1370385	83086	1287299	1269.23	844.80	424.43
2016	1357670	93900	1263770	1259.25	907.20	352.05
2017	1308303	83730	1224573	1250.38	915.57	334.81
2018	1253347	82821	1170526	1173.38	856.29	317.10
2019	1170638	89290	1081348	1138.34	842.25	296.09
2020	1105155	95634	1009521	1116.93	870.53	246.40

13-8 农作物播种面积和产量

Sown Area and Output of Farm Crops

类别	Category	2019			2020		
		播种面积(公顷) Sown Area (hectare)	总产量(吨) Total Output (ton)	单产(千克/公顷) Output per Hectare (kg/hectare)	播种面积(公顷) Sown Area (hectare)	总产量(吨) Total Output (ton)	单产(千克/公顷) Output per Hectare (kg/hectare)
农作物总播种面积	**Total Sown Area of Crops**	**10933097**			**10889085**		
一、粮食作物合计	**Grain**	**8312814**	**53569996**	**6444**	**8281540**	**54468131**	**6577**
(一)夏收粮食	Summer Harvest Grain	4002713	25532701	6379	3935380	25691959	6528
1.谷物	Cereals	4002033	25530635	6379	3934700	25689965	6529
#小麦	Wheat	4001753	25529185	6380	3934430	25688535	6529
2.夏杂豆	Beans	680	2066	3038	680	1994	2932
(二)秋收粮食	Autumn Harvest Grain	4310100	28037296	6505	4346160	28776171	6621
1.谷物	Cereals	3999745	26505638	6627	4019762	27070687	6734
(1)稻谷	Rice	115600	1006760	8709	112479	987676	8781
(2)玉米	Corn	3846469	25365332	6594	3871090	25954006	6705
(3)谷子	Millet	34800	124711	3584	33164	119660	3608
(4)高粱	Chinese Sorghum	2267	6844	3020	2348	7119	3031
(5)其他	Others	609	1991	3267	681	2225	3269
2.豆类合计	Beans	187155	532813	2847	192356	564948	2937
#大豆	Soybean	183533	523510	2852	188672	554949	2941
3.薯类(按折粮计算)	Tubers	123200	998844	8108	134042	1140536	8509
二、油料作物合计	**Oil-bearing Crops**	**682168**	**2889538**	**4236**	**666403**	**2909458**	**4366**
#花生果	Peanuts	666490	2847623	4273	650856	2866416	4404
油菜籽	Rapeseeds	8871	22534	2540	8580	22012	2566
芝　麻	Sesame	583	1057	1814	659	1486	2256
三、棉花	**Cotton**	**169280**	**196000**	**1158**	**142900**	**183000**	**1281**
四、生麻	**Fiber Crops**	**30**	**64**	**2117**	**27**	**57**	**2112**
#生 大 麻	Hemp	26	55	2095	27	57	2112
五、甜菜	**Beetroots**				**5**	**120**	**22500**
六、烟叶	**Tobacco**	**17774**	**43836**	**2466**	**18182**	**47242**	**2598**
#烤烟	Flue-cured Tobacco	17151	42296	2466	18035	46773	2593
七、中草药材	**Medical Materials**	**42970**			**54265**		
八、蔬菜及食用菌	**Vegetable and Mushroom**	**1464191**	**81811461**	**55875**	**1487342**	**84347078**	**56710**
九、瓜果类	**Melon**	**212035**	**11005306**	**51903**	**211468**	**11090839**	**52447**
#西瓜	Watermelon	145274	7706015	53045	141495	7613614	53808
十、其它农作物	**Other Farm Crops**	**31835**			**26952**		
#青饲料	Fresh Feed	6677			8744		

13-9 各市农作物播种面积和产量(2020年)

Sown Area and Output of Farm Crops by Region(2020)

地 区	Region	农作物总播种面积(公顷) Total Sown Area of Farm Crops (hectare)	一、粮食作物合计 Grain Crops			(一)夏收粮食 Summer Harvest Grain		
			播种面积(公顷) Sown Area (hectare)	总产量(吨) Total Output (ton)	单 产(千克/公顷) Output per Hectare (kg/hectare)	播种面积(公顷) Sown Area (hectare)	总产量(吨) Total Output (ton)	单 产(千克/公顷) Output per Hectare (kg/hectare)
全省总计	**Total**	**10889085**	**8281540**	**54468131**	**6577**	**3935380**	**25691959**	**6528**
济 南 市	Jinan	618853	480439	2908066	6053	217307	1373685	6321
青 岛 市	Qingdao	664044	469538	3045755	6487	217054	1334205	6147
淄 博 市	Zibo	250516	215788	1430226	6628	95228	637568	6695
枣 庄 市	Zaozhuang	396844	282804	1805734	6385	137881	869545	6307
东 营 市	Dongying	290880	253459	1347926	5318	106001	655317	6182
烟 台 市	Yantai	434728	291353	1746649	5995	113610	670713	5904
潍 坊 市	Weifang	967048	670021	4250001	6343	315686	2012366	6375
济 宁 市	Jining	970479	716984	4827833	6734	344475	2278542	6615
泰 安 市	Tai'an	532507	371747	2570744	6915	165685	1147887	6928
威 海 市	Weihai	190666	114471	661454	5778	42153	211648	5021
日 照 市	Rizhao	209192	129276	840705	6503	50715	309568	6104
临 沂 市	Linyi	988558	643970	4164784	6467	290664	1795439	6177
德 州 市	Dezhou	1198262	1065368	7587733	7122	539468	3750474	6952
聊 城 市	Liaocheng	980950	807170	5638690	6986	408549	2780956	6807
滨 州 市	Binzhou	661616	586772	3702316	6310	279339	1850963	6626
菏 泽 市	Heze	1557882	1182381	7939514	6715	611564	4013083	6562

13-9 续表 1 continued

地 区	Region	1.谷 物 Cereals			#小 麦 Wheat			2.夏杂豆 Beans		
		播种面积(公顷) Sown Area (hectare)	总产量(吨) Total Output (ton)	单 产(千克/公顷) Output per Hectare (kg/hectare)	播种面积(公顷) Sown Area (hectare)	总产量(吨) Total Output (ton)	单 产(千克/公顷) Output per Hectare (kg/hectare)	播种面积(公顷) Sown Area (hectare)	总产量(吨) Total Output (ton)	单 产(千克/公顷) Output per Hectare (kg/hectare)
全省总计	**Total**	**3934700**	**25689965**	**6529**	**3934430**	**25688535**	**6529**	**680**	**1994**	**2932**
济 南 市	Jinan	217307	1373685	6321	217307	1373685	6321			
青 岛 市	Qingdao	217054	1334205	6147	217054	1334205	6147			
淄 博 市	Zibo	95228	637568	6695	95228	637568	6695			
枣 庄 市	Zaozhuang	137881	869545	6307	137881	869545	6307			
东 营 市	Dongying	106001	655317	6182	106001	655317	6182			
烟 台 市	Yantai	113610	670713	5904	113610	670713	5904			
潍 坊 市	Weifang	315006	2010372	6382	315006	2010372	6382	680	1994	2932
济 宁 市	Jining	344475	2278542	6615	344475	2278542	6615			
泰 安 市	Tai'an	165685	1147887	6928	165685	1147887	6928			
威 海 市	Weihai	42153	211648	5021	42153	211648	5021			
日 照 市	Rizhao	50715	309568	6104	50715	309568	6104			
临 沂 市	Linyi	290664	1795439	6177	290394	1794009	6178			
德 州 市	Dezhou	539468	3750474	6952	539468	3750474	6952			
聊 城 市	Liaocheng	408549	2780956	6807	408549	2780956	6807			
滨 州 市	Binzhou	279339	1850963	6626	279339	1850963	6626			
菏 泽 市	Heze	611564	4013083	6562	611564	4013083	6562			

13-9 续表 2 continued

地 区	Region	(二)秋收粮食 Autumn Harvest Grain			1.谷 物 Cereals			(1)稻 谷 Rice		
		播种面积(公顷) Sown Area (hectare)	总产量(吨) Total Output (ton)	单 产(千克/公顷) Output per Hectare (kg/hectare)	播种面积(公顷) Sown Area (hectare)	总产量(吨) Total Output (ton)	单 产(千克/公顷) Output per Hectare (kg/hectare)	播种面积(公顷) Sown Area (hectare)	总产量(吨) Total Output (ton)	单 产(千克/公顷) Output per Hectare (kg/hectare)
全省总计	**Total**	**4346160**	**28776171**	**6621**	**4019762**	**27070687**	**6734**	**112479**	**987676**	**8781**
济 南 市	Jinan	263132	1534381	5831	246493	1433760	5817	627	5170	8250
青 岛 市	Qingdao	252483	1711550	6779	239965	1639524	6832	333	2400	7200
淄 博 市	Zibo	120560	792658	6575	116772	771466	6607	392	3321	8480
枣 庄 市	Zaozhuang	144923	936188	6460	128787	845188	6563	1627	14500	8910
东 营 市	Dongying	147457	692609	4697	135545	670104	4944	24367	140478	5765
烟 台 市	Yantai	177742	1075936	6053	158409	948948	5991	100	795	7950
潍 坊 市	Weifang	354335	2237635	6315	342676	2171572	6337	1125	8853	7871
济 宁 市	Jining	372509	2549291	6844	306271	2250080	7347	40800	408885	10022
泰 安 市	Tai'an	206062	1422857	6905	176640	1276306	7225	64	690	10800
威 海 市	Weihai	72318	449806	6220	61729	387364	6275	687	5150	7500
日 照 市	Rizhao	78560	531138	6761	67219	447238	6653	2065	18314	8871
临 沂 市	Linyi	353307	2369345	6706	290305	1959142	6749	37000	350000	9459
德 州 市	Dezhou	525900	3837259	7297	520393	3811654	7325			
聊 城 市	Liaocheng	398622	2857734	7169	390955	2830234	7239	7	50	7500
滨 州 市	Binzhou	307433	1851353	6022	298220	1821940	6109	347	2200	6346
菏 泽 市	Heze	570817	3926432	6879	539384	3806165	7057	2940	26870	9139

13-9 续表 3 continued

地 区	Region	(2)玉 米 Corn			(3)谷 子 Millet			(4)高 粱 Chinese Sorghum		
		播种面积(公顷) Sown Area (hectare)	总产量(吨) Total Output (ton)	单 产(千克/公顷) Output per Hectare (kg/hectare)	播种面积(公顷) Sown Area (hectare)	总产量(吨) Total Output (ton)	单 产(千克/公顷) Output per Hectare (kg/hectare)	播种面积(公顷) Sown Area (hectare)	总产量(吨) Total Output (ton)	单 产(千克/公顷) Output per Hectare (kg/hectare)
全省总计	**Total**	**3871090**	**25954006**	**6705**	**33164**	**119660**	**3608**	**2348**	**7119**	**3031**
济 南 市	Jinan	235292	1391620	5914	10341	36423	3522	127	248	1958
青 岛 市	Qingdao	239097	1635225	6839	373	1386	3713	67	160	2400
淄 博 市	Zibo	113855	760522	6680	2423	7217	2978	101	406	4015
枣 庄 市	Zaozhuang	126387	827623	6548	741	2957	3992	28	95	3390
东 营 市	Dongying	110438	527825	4779	127	321	2532	613	1480	2413
烟 台 市	Yantai	157012	943299	6008	1133	4290	3785	30	95	3150
潍 坊 市	Weifang	333911	2134930	6394	6707	24590	3667	815	2843	3489
济 宁 市	Jining	264331	1837395	6951	1140	3800	3333			
泰 安 市	Tai'an	174774	1268718	7259	1756	6751	3844	34	108	3172
威 海 市	Weihai	61043	382214	6261						
日 照 市	Rizhao	62829	419367	6675	2277	9397	4127	10	43	4185
临 沂 市	Linyi	248951	1593085	6399	4167	15508	3722	107	300	2813
德 州 市	Dezhou	520300	3811193	7325	87	436	5034	6.7	25.1	3765
聊 城 市	Liaocheng	390262	2828134	7247	667	2000	3000	20	50	2500
滨 州 市	Binzhou	297331	1817852	6114	93	400	4286	367	1200	3273
菏 泽 市	Heze	535277	3775004	7052	1133	4185	3693	23	67	2850

13-9 续表 4 continued

地 区	Region	(5)其它谷物 Other Cereals			2.豆 类 Beans			#大 豆 Soybean		
		播种面积(公顷) Sown Area (hectare)	总产量(吨) Total Output (ton)	单 产(千克/公顷) Output per Hectare (kg/hectare)	播种面积(公顷) Sown Area (hectare)	总产量(吨) Total Output (ton)	单 产(千克/公顷) Output per Hectare (kg/hectare)	播种面积(公顷) Sown Area (hectare)	总产量(吨) Total Output (ton)	单 产(千克/公顷) Output per Hectare (kg/hectare)
全省总计	**Total**	**681**	**2225**	**3269**	**192356**	**564948**	**2937**	**188672**	**554949**	**2941**
济 南 市	Jinan	107	300	2813	7665	21338	2784	7267	20326	2797
青 岛 市	Qingdao	95	353	3730	5347	15238	2850	5347	15238	2850
淄 博 市	Zibo				1615	4648	2877	1330	3837	2886
枣 庄 市	Zaozhuang	3	13	3879	10267	36500	3555	9967	35550	3567
东 营 市	Dongying				11633	20255	1741	11500	20012	1740
烟 台 市	Yantai	133	470	3525	8284	27856	3363	8044	27199	3381
潍 坊 市	Weifang	119	355	2991	5313	17642	3320	5200	17362	3339
济 宁 市	Jining				49726	145570	2927	49600	145230	2928
泰 安 市	Tai'an	13	39	3114	20310	62844	3094	20133	62314	3095
威 海 市	Weihai				4427	10606	2396	4400	10560	2400
日 照 市	Rizhao	39	118	3007	3809	12818	3366	3265	11266	3450
临 沂 市	Linyi	80	250	3125	17780	46200	2598	17333	45000	2596
德 州 市	Dezhou				4587	16322	3559	4547	16247	3573
聊 城 市	Liaocheng				6400	17300	2703	6267	16900	2697
滨 州 市	Binzhou	82	287	3506	8707	25513	2930	8600	25243	2935
菏 泽 市	Heze	10	39	3900	26487	84298	3183	25873	82665	3195

13-9 续表 5 continued

地 区	Region	3.薯类(按折粮薯类计算) Tubers			二、油 料 Oil-bearing Crops			#花 生 果 Peanuts		
		播种面积(公顷) Sown Area (hectare)	总产量(吨) Total Output (ton)	单 产(千克/公顷) Output per Hectare (kg/hectare)	播种面积(公顷) Sown Area (hectare)	总产量(吨) Total Output (ton)	单 产(千克/公顷) Output per Hectare (kg/hectare)	播种面积(公顷) Sown Area (hectare)	总产量(吨) Total Output (ton)	单 产(千克/公顷) Output per Hectare (kg/hectare)
全省总计	**Total**	**134042**	**1140536**	**8509**	**666403**	**2909458**	**4366**	**650856**	**2866416**	**4404**
济 南 市	Jinan	8974	79283	8835	18122	68153	3761	16717	64835	3878
青 岛 市	Qingdao	7172	56788	7918	74743	360029	4817	74743	360029	4817
淄 博 市	Zibo	2173	16544	7614	4137	14792	3575	4126	14728	3569
枣 庄 市	Zaozhuang	5869	54500	9286	19160	80246	4188	17349	75898	4375
东 营 市	Dongying	279	2250	8053	560	1847	3295	547	1824	3332
烟 台 市	Yantai	11050	99132	8972	94979	415401	4374	94975	415383	4374
潍 坊 市	Weifang	6346	48420	7630	39369	190284	4833	39300	190100	4837
济 宁 市	Jining	16512	153640	9305	35185	143193	4070	34760	142268	4093
泰 安 市	Tai'an	9111	83707	9187	46160	196566	4258	45067	193353	4290
威 海 市	Weihai	6162	51836	8412	51107	202795	3968	51107	202795	3968
日 照 市	Rizhao	7532	71081	9437	51737	212883	4115	51710	212853	4116
临 沂 市	Linyi	45222	364003	8049	163384	730918	4474	162272	728466	4489
德 州 市	Dezhou	920	9283	10090	3100	13900	4483	2268	10799	4763
聊 城 市	Liaocheng	1267	10200	8053	8277	36593	4421	7724	34659	4487
滨 州 市	Binzhou	507	3900	7697	2172	7658	3526	1992	7314	3672
菏 泽 市	Heze	4947	35969	7271	54209	234202	4320	46197	211112	4570

13−9 续表 6 continued

地 区	Region	#油菜籽 Rapeseeds			#芝 麻 Sesame			三、棉 花 Cotton		
		播种面积（公顷） Sown Area (hectare)	总产量（吨） Total Output (ton)	单 产（千克/公顷） Output per Hectare (kg/hectare)	播种面积（公顷） Sown Area (hectare)	总产量（吨） Total Output (ton)	单 产（千克/公顷） Output per Hectare (kg/hectare)	播种面积（公顷） Sown Area (hectare)	总产量（吨） Total Output (ton)	单 产（千克/公顷） Output per Hectare (kg/hectare)
全省总计	**Total**	**8580**	**22012**	**2566**	**659**	**1486**	**2256**	**142900**	**183000**	**1281**
济 南 市	Jinan	1021	2478	2427	160	285	1776	3540	4223	1193
青 岛 市	Qingdao							93	136	1460
淄 博 市	Zibo							921	1256	1364
枣 庄 市	Zaozhuang	1647	3922	2381	45	71	1562	1080	1395	1292
东 营 市	Dongying	12	21	1755	1	2	1858	16628	17786	1070
烟 台 市	Yantai							14	19	1392
潍 坊 市	Weifang	14	39	2767	49	130	2618	5107	6052	1185
济 宁 市	Jining	344	711	2067	8	23	2752	28079	36925	1315
泰 安 市	Tai'an	686	1545	2251				3674	4684	1275
威 海 市	Weihai									
日 照 市	Rizhao	26	30	1136				171	194	1137
临 沂 市	Linyi	946	1989	2103	11	17	1621	2348	2982	1270
德 州 市	Dezhou	76	184	2418	3	4	1293	19440	27904	1435
聊 城 市	Liaocheng	208	541	2605	3	4	1541	4168	5368	1288
滨 州 市	Binzhou	77	181	2337	59	73	1244	19990	23236	1162
菏 泽 市	Heze	3522	10372	2945	319	878	2751	61575	87641	1423

13−9 续表 7 continued

地 区	Region	四、烟 叶 Tobacco			#烤 烟 Cigarettes			五、中药材播种面积（公顷） Sown Area of Medical Materials (hectare)
		播种面积（公顷） Sown Area (hectare)	总产量（吨） Total Output (ton)	单 产（千克/公顷） Output per Hectare (kg/hectare)	播种面积（公顷） Sown Area (hectare)	总产量（吨） Total Output (ton)	单 产（千克/公顷） Output per Hectare (kg/hectare)	
全省总计	**Total**	**18182**	**47242**	**2598**	**18035**	**46773**	**2593**	**54265**
济 南 市	Jinan	713	1733	2431	713	1733	2431	3788
青 岛 市	Qingdao	319	750	2348	319	750	2348	1334
淄 博 市	Zibo	261	613	2346	261	613	2346	2486
枣 庄 市	Zaozhuang							634
东 营 市	Dongying							292
烟 台 市	Yantai							275
潍 坊 市	Weifang	6399	17398	2719	6399	17398	2719	3464
济 宁 市	Jining							3890
泰 安 市	Tai'an	6	14	2376	6	12	2223	5264
威 海 市	Weihai							3524
日 照 市	Rizhao	2596	7002	2697	2477	6568	2652	3295
临 沂 市	Linyi	7887	19731	2502	7860	19698	2506	14169
德 州 市	Dezhou							1354
聊 城 市	Liaocheng							1334
滨 州 市	Binzhou							1733
菏 泽 市	Heze							7429

13-9 续表 8 continued

地 区	Region	六、蔬菜及食用菌 Vegetable and Edible Fungi 播种面积(公顷) Sown Area (hectare)	总产量(吨) Total Output (ton)	#马铃薯 Potato 播种面积(公顷) Sown Area (hectare)	总产量(吨) Total Output (ton)	七、瓜果类 Melon 播种面积(公顷) Sown Area (hectare)	总产量(吨) Total Output (ton)
全省总计	**Total**	**1487342**	**84347078**	**133807**	**6705988**	**211468**	**11090839**
济南市	Jinan	98590	6737316	5919	263725	9616	494931
青岛市	Qingdao	109528	6558479	25109	1205889	8219	414839
淄博市	Zibo	25191	1814509	999	37561	1698	96877
枣庄市	Zaozhuang	89803	5216737	39818	2181682	3293	165446
东营市	Dongying	13651	717926	21	1071	4098	190763
烟台市	Yantai	40813	2345288	2935	135814	6421	293343
潍坊市	Weifang	195535	12514402	17822	883594	40309	2315767
济宁市	Jining	168093	7073235	9707	475191	17966	929789
泰安市	Tai'an	102066	5750758	15172	756585	1711	83127
威海市	Weihai	19054	959040	2307	85588	2487	136179
日照市	Rizhao	18860	1103790	1649	79020	2003	105555
临沂市	Linyi	138310	7902671	8217	366223	17327	962051
德州市	Dezhou	101755	6471957	928	45901	5330	299712
聊城市	Liaocheng	143882	8625844	1142	81147	15608	880727
滨州市	Binzhou	33200	1698521	749	39773	15174	691084
菏泽市	Heze	189011	8856604	1312	67222	60210	3030648

13-9 续表 9 continued

地 区	Region	#西 瓜 Watermelon 播种面积(公顷) Sown Area (hectare)	总产量(吨) Total Output (ton)	#香瓜(甜瓜) Muskmelon 播种面积(公顷) Sown Area (hectare)	总产量(吨) Total Output (ton)	八、其它农作物播种面积(公顷) Sown Area of Other Farm Crops (hectare)	#青饲料播种面积 Fresh Feed Succulence
全省总计	**Total**	**141495**	**7613614**	**44186**	**2237743**	**26952**	**8744**
济南市	Jinan	5265	291610	2298	118820	4046	800
青岛市	Qingdao	3761	232296	2455	112367	269	261
淄博市	Zibo	1058	68525	273	14548	33	12
枣庄市	Zaozhuang	2330	127238	509	22856	70	23
东营市	Dongying	3291	145323	703	42038	2191	1912
烟台市	Yantai	2939	159266	693	30890	873	551
潍坊市	Weifang	25037	1440264	6830	345643	6844	2
济宁市	Jining	11610	648422	5052	238545	282	100
泰安市	Tai'an	916	51708	434	19197	1851	1174
威海市	Weihai	1159	69608	306	13746	22	
日照市	Rizhao	1123	65075	97	4817	1245	22
临沂市	Linyi	7278	437489	5295	313130	1164	447
德州市	Dezhou	4344	242280	750	46807	1914	1693
聊城市	Liaocheng	8275	465017	7011	404624	510	110
滨州市	Binzhou	13579	622478	1372	44854	2570	1193
菏泽市	Heze	49530	2547015	10109	464862	3068	444

13-10 各市茶叶、水果生产情况(2020年)

Production of Tea and Fruits by Region(2020)

单位:吨 (ton)

地区	Region	茶叶产量 Output of Tea	园林水果产量 Output of Garden Fruits	苹果 Apple	梨 Pear	葡萄 Grape	桃 Peach	杏 Apricot	红枣 Jujube
全省总计	**Total**	**25948**	**18298272**	**9536323**	**1110916**	**1160652**	**4222402**	**164682**	**592969**
济南市	Jinan	612	632006	189205	38033	32070	218666	40090	10111
青岛市	Qingdao	4632	749900	253257	111323	154574	140164	11389	1513
淄博市	Zibo	15	957867	470311	15961	70755	290367	2182	1115
枣庄市	Zaozhuang	23	276470	33171	13296	14362	124290	2557	11110
东营市	Dongying	35	66926	38675	5729	11016	5315	248	5163
烟台市	Yantai	543	7124130	5889734	327409	376818	140086	10512	1600
潍坊市	Weifang	1161	920465	198641	45430	89382	310363	2602	31020
济宁市	Jining	7	360523	71644	24130	104241	110765	11631	10167
泰安市	Tai'an	1097	544155	164765	25223	18473	144176	31108	3956
威海市	Weihai	589	1186560	1062054	35766	37579	25733	248	145
日照市	Rizhao	14764	414396	115996	11604	8009	242982	837	409
临沂市	Linyi	2469	3039385	445839	34657	98036	2206231	26251	14272
德州市	Dezhou		282963	61121	33620	20638	46027	2896	104055
聊城市	Liaocheng		496310	229555	99474	55039	73194	3376	3504
滨州市	Binzhou		750230	71132	212933	11199	45586	12743	390903
菏泽市	Heze		495986	241223	76329	58462	98455	6011	3924

13-10 续表 continued

单位:公顷 (hectare)

地区	Region	柿子(吨) Persimmon (ton)	山楂(吨) Hawthorn (ton)	其它(吨) Others (ton)	年末实有果园面积 Orchard Area at the Year-end	#苹果园 Apple	梨园 Pear	葡萄园 Grape	桃园 Peach
全省总计	**Total**	**108448**	**311791**	**1090089**	**603194**	**246529**	**36476**	**35798**	**136112**
济南市	Jinan	25069	27989	50774	39490	11982	1870	1106	10290
青岛市	Qingdao	2057	2464	73158	31179	8271	3453	4681	6390
淄博市	Zibo	9436	8881	88859	31002	11642	697	2329	9441
枣庄市	Zaozhuang	5030	4502	68152	14700	1168	536	603	5061
东营市	Dongying	12	39	729	3326	1823	408	374	321
烟台市	Yantai	6714	758	370498	177684	133470	9120	10876	4233
潍坊市	Weifang	23335	108503	111187	34234	5461	1347	2700	11707
济宁市	Jining	2883	5063	19998	16345	2942	849	2718	4825
泰安市	Tai'an	3982	29506	122967	33270	7178	1444	708	7080
威海市	Weihai	839	142	24052	33761	27317	1365	1655	1137
日照市	Rizhao	6273	1259	27028	19499	4153	407	342	7757
临沂市	Linyi	15936	114312	83849	90139	12719	1171	2873	59124
德州市	Dezhou	562	2644	11401	10788	1965	950	634	1425
聊城市	Liaocheng	302	4942	26925	17278	7484	3341	1927	2195
滨州市	Binzhou	2973	362	2400	34641	2065	7355	391	1437
菏泽市	Heze	3046	424	8113	15858	6887	2162	1881	3688

13−11 各市林业生产情况(2020年)
Production of Forestry by Region(2020)

地 区	Region	主要林产品产量(吨) Output of Major Forestry Products(ton)		营林情况(公顷) Forestation(hectare)	
		核 桃 Walnut	板 栗 Chestnut	当年人工造林面积 Forested Area in the Year	森林抚育面积 Laid out Area of Forest Tending
全省总计	**Total**	**149786**	**256595**	**102830**	**219143**
济 南 市	Jinan	28119	30760	10422	966
青 岛 市	Qingdao	527	1570	1482	7733
淄 博 市	Zibo	6225	3924	22284	3681
枣 庄 市	Zaozhuang	7300	7997	2165	6529
东 营 市	Dongying	16		6781	5338
烟 台 市	Yantai	2869	10822	5340	13333
潍 坊 市	Weifang	11006	34703	9424	10369
济 宁 市	Jining	14327	20333	6057	15386
泰 安 市	Tai'an	47977	43983	2816	2910
威 海 市	Weihai	48	7841	606	8688
日 照 市	Rizhao	1268	19650	1553	3300
临 沂 市	Linyi	26796	74966	4891	10621
德 州 市	Dezhou	469	44	2964	49847
聊 城 市	Liaocheng	1197		4927	30029
滨 州 市	Binzhou	508	2	8876	23283
菏 泽 市	Heze	1134		12242	27130

13−12 各市畜牧业生产情况(2020年)
Production of Animal Husbandry by Region(2020)

地 区	Region	大牲畜年末存栏(万头) Stocked Large Livestock at Year-end (10000 heads)	#牛 Cattle	猪年末存栏(万头) Stocked Pigs at Year-end (10000 heads)	羊年末存栏(万只) Stocked Sheep and Goats at Year-end (10000 heads)	家 禽年末存栏(万只) Stocked Poultry at Year-end (10000 heads)	兔年末存栏(万只) Stocked Hare at Year-end (10000 heads)
全省总计	**Total**	**283.96**	**278.71**	**2933.93**	**1501.65**	**83642.36**	**818.91**
济 南 市	Jinan	15.26	15.20	122.86	66.01	2523.33	17.90
青 岛 市	Qingdao	13.43	13.34	169.24	17.58	4531.18	32.96
淄 博 市	Zibo	11.18	11.13	42.90	38.96	1360.08	26.80
枣 庄 市	Zaozhuang	3.32	3.26	67.96	47.88	1591.23	43.66
东 营 市	Dongying	15.01	15.00	115.16	111.06	2120.71	0.25
烟 台 市	Yantai	11.71	11.65	296.27	38.11	5552.49	4.14
潍 坊 市	Weifang	16.51	16.31	327.79	58.93	11622.32	27.76
济 宁 市	Jining	21.99	21.72	209.41	124.23	3360.18	109.91
泰 安 市	Tai'an	10.78	10.75	97.76	63.33	3318.83	19.58
威 海 市	Weihai	1.96	1.95	68.31	4.22	2020.11	0.12
日 照 市	Rizhao	6.03	5.99	96.76	21.07	3521.30	69.71
临 沂 市	Linyi	29.58	28.93	350.66	180.10	12821.78	348.81
德 州 市	Dezhou	42.23	42.01	317.28	84.28	6498.19	24.88
聊 城 市	Liaocheng	9.47	6.73	156.70	79.56	9448.57	47.08
滨 州 市	Binzhou	35.61	35.19	169.44	72.09	5993.90	3.86
菏 泽 市	Heze	22.26	21.93	325.44	255.16	7358.16	41.50

13-12 续表 1 continued

地 区	Region	牛 当年出栏 (万头) Slaughtered Cattle in the Year (10000 heads)	猪 当年出栏 (万头) Slaughtered Pigs in the Year (10000 heads)	羊 当年出栏 (万只) Slaughtered Sheep and Goats in the Year (10000 heads)	家禽 当年出栏 (万只) Slaughtered Poultry in the Year (10000 heads)	兔 当年出栏 (万只) Slaughtered Hare in the Year (10000 heads)
全省总计	**Total**	**275.71**	**3344.79**	**2491.58**	**252670.83**	**2593.98**
济南市	Jinan	8.97	157.03	86.91	5062.40	42.75
青岛市	Qingdao	4.55	203.95	30.54	19800.62	193.62
淄博市	Zibo	8.61	57.42	64.07	3967.54	115.43
枣庄市	Zaozhuang	3.53	50.98	57.99	3787.66	177.09
东营市	Dongying	8.39	101.05	166.31	9265.03	0.75
烟台市	Yantai	8.45	310.08	59.83	20946.00	8.17
潍坊市	Weifang	11.20	407.58	101.90	53227.05	118.27
济宁市	Jining	18.75	234.85	174.10	7486.91	201.25
泰安市	Tai'an	6.06	122.49	96.34	11628.55	73.55
威海市	Weihai	1.54	89.52	5.83	6308.56	1.37
日照市	Rizhao	3.87	108.81	30.16	11144.72	359.99
临沂市	Linyi	22.88	440.02	248.03	42454.17	817.50
德州市	Dezhou	31.63	376.80	110.29	16508.35	107.92
聊城市	Liaocheng	5.30	190.57	101.72	30423.39	283.94
滨州市	Binzhou	30.45	120.54	82.46	16851.54	14.88
菏泽市	Heze	16.70	373.11	282.66	13893.06	77.49

13-12 续表 2 continued

单位:吨 (ton)

地 区	Region	肉类总产量 Output of Meat	#牛肉 Beef	#猪肉 Pork	#羊肉 Mutton	#禽肉 Poultry Meat	奶类产量 Output of Milk	#牛奶 Cow Milk
全省总计	**Total**	**7280202**	**597038**	**2710251**	**340199**	**3570522**	**2415678**	**2414199**
济南市	Jinan	239185	21020	128052	15465	73887	414297	414297
青岛市	Qingdao	483826	11107	165457	5312	298400	306706	306668
淄博市	Zibo	142699	19990	47505	10706	61982	145229	145190
枣庄市	Zaozhuang	125675	8554	41676	10111	62539	29930	29930
东营市	Dongying	284616	20547	82646	31519	149855	395673	395673
烟台市	Yantai	620971	20936	251951	10203	337622	196655	195901
潍坊市	Weifang	1153097	27090	331010	17140	775740	173362	173090
济宁市	Jining	401002	44511	189481	29097	134589	165200	165200
泰安市	Tai'an	326902	14128	99602	15377	195871	238908	238878
威海市	Weihai	182935	3503	73496	1168	104601	37618	37618
日照市	Rizhao	282071	8934	89204	4696	172226	88029	88029
临沂市	Linyi	1094066	55774	355934	37675	626807	138435	138279
德州市	Dezhou	616926	76333	297758	18260	221699	292794	292784
聊城市	Liaocheng	564713	12999	155907	18148	363180	63855	63803
滨州市	Binzhou	451050	77811	97944	14466	260211	109249	109179
菏泽市	Heze	661799	39961	302630	50522	266813	219029	218973

13-12 续表 3 continued

单位:吨 (ton)

地 区	Region	羊毛产量 Output of Wool	山羊毛 Goat Wool	绵羊毛 Sheep Wool	禽蛋产量 Poultry Eggs	蚕茧产量 Output of Cocoon	# 桑蚕茧 Cocoon	# 柞蚕茧 Oak Cocoon
全省总计	**Total**	**2900**	**427**	**2473**	**4821881**	**4895**	**4890**	**5**
济南市	Jinan	89	28	61	274674	2	2	
青岛市	Qingdao	70		70	247842	8	8	
淄博市	Zibo	101	55	46	113676	92	92	
枣庄市	Zaozhuang	11	1	9	80283			
东营市	Dongying	8	1	8	63158			
烟台市	Yantai	36		36	259852	2	1	1
潍坊市	Weifang	361	4	357	352072	659	658	
济宁市	Jining	496	96	401	355678			
泰安市	Tai'an	312	32	280	140650	1043	1043	
威海市	Weihai				173391	1	1	
日照市	Rizhao	42	8	34	145013	1041	1037	4
临沂市	Linyi	214	110	104	482798	1756	1756	
德州市	Dezhou	88	4	83	460661			
聊城市	Liaocheng	318	1	317	478698			
滨州市	Binzhou	442	13	428	275092	6	6	
菏泽市	Heze	314	74	240	507267	284	284	

13-13 各市水产品产量和养殖面积(2020年)

Output and Breeding Area of Aquatic Products by Region (2020)

地 区	Region	水产品总产量(吨) Total Aquatic Products (ton)	海水产品 Seawater Aquatic products	海洋捕捞 Ocean Fishing	海水养殖 Seawater Cultured	淡水产品产量 Freshwater Aquatic Products
全省总计	**Total**	**8286092**	**7180937**	**2039543**	**5141394**	**1105155**
济南市	Jinan	13294				13294
青岛市	Qingdao	1131286	1115791	315270	800521	15495
淄博市	Zibo	19599				19599
枣庄市	Zaozhuang	65337				65337
东营市	Dongying	481718	396963	64526	332437	84755
烟台市	Yantai	1742503	1735074	494982	1240092	7429
潍坊市	Weifang	472089	449221	107224	341997	22868
济宁市	Jining	266616				266616
泰安市	Tai'an	82904				82904
威海市	Weihai	2710770	2689074	825954	1863120	21696
日照市	Rizhao	466427	448701	175838	272863	17726
临沂市	Linyi	122308				122308
德州市	Dezhou	58776				58776
聊城市	Liaocheng	58946				58946
滨州市	Binzhou	501580	337827	47463	290364	163753
菏泽市	Heze	83653				83653
省属远洋捕捞企业	Provincial Ocean Fishing Enterprises	8286	8286	8286		

13-13 续表 continued

地 区	Region	内陆捕捞 Landlocked Fishing	内陆养殖 Landlocked Cultured	水产品养殖面积(公顷) Breeding Area of Aquatic Products (hectare)	海水养殖 Seawater Cultured	内陆养殖 Landlocked Cultured
全省总计	**Total**	**95634**	**1009521**	**744618**	**580350**	**164268**
济 南 市	Jinan	3291	10003	4304		4304
青 岛 市	Qingdao	276	15219	35214	32233	2981
淄 博 市	Zibo	870	18729	2675		2675
枣 庄 市	Zaozhuang	2712	62625	9453		9453
东 营 市	Dongying	2406	82349	113442	97467	15975
烟 台 市	Yantai	2275	5154	196777	194085	2692
潍 坊 市	Weifang	2403	20465	71461	65506	5955
济 宁 市	Jining	37944	228672	35922		35922
泰 安 市	Tai'an	18627	64277	9318		9318
威 海 市	Weihai		21696	82814	80246	2568
日 照 市	Rizhao	1984	15742	40517	35733	4784
临 沂 市	Linyi	10674	111634	24754		24754
德 州 市	Dezhou	776	58000	6340		6340
聊 城 市	Liaocheng	1808	57138	6104		6104
滨 州 市	Binzhou	4082	159671	90577	75080	15497
菏 泽 市	Heze	5506	78147	14946		14946
省属远洋捕捞企业	Provincial Ocean Fishing Enterprises					

13-14 主要农业机械年末拥有量
Major Agricultural Machinery at the Year-end

类 别	单位	Category	Unit	2019	2020
农业机械总动力	**(万千瓦)**	**total power of agricultural machinery**	**(10000 kW)**	**10679.84**	**10964.66**
一、拖拉机及配套机械		**Tractors and related machinery**			
拖拉机	(万台)	Tractor	(10000 units)	247.33	248.00
	(万千瓦)		(10000 kW)	4296.72	4423.73
#大中型(22.1千瓦以上)	(万台)	Large and Medium-sized(14.7 kW and above)	(10000 units)	48.25	50.41
	(万千瓦)		(10000 kW)	2435.48	2577.73
拖拉机配套农具	(万部)	Tractor Supporting Tools	(10000 units)	439.28	440.95
#与58.8千瓦及以上拖拉机配套		Large and Medium-sized	(10000 units)	57.50	59.24
二、种植业机械		**Farming Machinery**			
机引犁	(万台)	Mechanical Power Plow	(10000 units)	138.22	137.98
旋耕机	(万台)	Rotary Tiller	(10000 units)	35.73	36.69
免耕播种机	(万台)			17.51	18.18
精量播种机	(万台)			35.85	36.59
农用水泵	(万台)	Agricultural Water-pump	(10000 units)	296.19	295.59
节水灌溉类机械	(万套)	Water-saving Irrigation Machinery	(10000 units)	53.74	54.37
谷物联合收割机	(万台)	Combine Harvester	(10000 units)	32.32	33.05
	(万千瓦)		(10000 kW)	1630.50	1728.76
#玉米联合收割机	(万台)	Corn Combine Harvester	(10000 units)	13.47	13.95
秸秆粉碎还田机	(万台)	Straw crushing Machinery	(10000 units)	13.95	14.70
机动脱粒机	(万台)	Thresher	(10000 units)	40.06	40.19
三、畜牧机械	**(万台)**	**Animal Husbandry Machinery**	**(10000 units)**	**25.41**	**27.40**
	(万千瓦)		(10000 kW)	147.82	155.33
四、水产机械	**(万台)**	**Fishery Machinery**	**(10000 units)**	**16.72**	**16.97**
	(万千瓦)		(10000 kW)	110.03	111.12
五、农产品初加工机械		**Agricultural Products Primary Processing Machinery**			
农产品初加工动力机械	(万台)	Agricultural Products Primary Processing Power Machinery	(10000 units)	100.65	100.20
	(万千瓦)		(10000 kW)	918.77	902.46
农产品初加工作业机械	(万台)	Agricultural Products Primary Processing Operating Machinery	(10000 units)	51.85	52.11
六、农田基本建设机械	**(万台)**	**Farmland Capital Construction Machinery**	**(10000 units)**	**4.38**	**4.44**
	(万千瓦)		(10000 kW)	291.14	291.44
七、其他机械		**Other Machinery**			
#农用航空器	(架)	Agricultural Aircraft	(unit)	4633	7566

注：部分指标统计口径、指标名称进行提升和更名。

a)Some indicators have been updated and renamed with statistical caliber and indicator names.

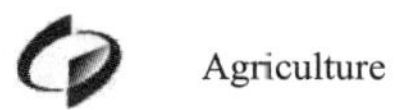

13-15 各市主要农业机械年末拥有量(2020年)

Number of Major Agricultural Machinery at the Year-end by Region(2020)

地区	Region	农业机械总动力(千瓦) total power of agricultural machinery (kW)	#拖拉机及配套机械 Tractors and related machinery			#谷物联合收割机 Combine Harvester	
			拖拉机 Tractor		拖拉机配套农具 Tractor Supporting Tools		
			(台) (unit)	(千瓦) (kW)	(部) (unit)	(台) (unit)	(千瓦) (kW)
全省总计	**Total**	**109646566**	**2479951**	**44237297**	**4409529**	**330476**	**17287563**
济南市	Jinan	5549601	73599	1772918	123162	16359	852856
青岛市	Qingdao	7547661	214845	3789730	444595	17786	1071090
淄博市	Zibo	2456467	20855	800833	44040	6322	490352
枣庄市	Zaozhuang	3235901	38297	1274204	122989	13731	919020
东营市	Dongying	2719060	54572	1357533	124032	9368	495168
烟台市	Yantai	7877969	284077	3304353	359161	9883	504794
潍坊市	Weifang	10484558	178195	3786315	284010	27142	1703404
济宁市	Jining	9758511	108957	3038289	220127	38306	1438729
泰安市	Tai'an	5411768	91620	1917824	167696	21724	704578
威海市	Weihai	5063141	270239	2552769	564415	5466	209270
日照市	Rizhao	2874779	160803	1381076	502548	2659	136752
临沂市	Linyi	8166238	475337	5481111	640581	17963	942118
德州市	Dezhou	12566165	254052	5142214	304405	43519	2340227
聊城市	Liaocheng	10403655	82917	2869771	152491	35927	1808265
滨州市	Binzhou	4984682	80246	2053722	136581	21246	962706
菏泽市	Heze	10546409	91340	3714634	218696	43075	2708236

13−16　各市地类面积(2018年)
Land Category Area by Region(2018)

单位:公顷 (hectare)

地　区	Region	农用地 Agricultural Land	#耕地 Cultivated Land	#水浇地 Irrigated Land	#园　地 Garden Land	#牧草地 Grazing and Pasture Land
全省总计	**Total**	**11459586**	**7572485**	**5139050**	**711880**	**5753**
济南市	Jinan	533398	353652	263885	25675	
青岛市	Qingdao	792989	514292	243223	37075	
淄博市	Zibo	413693	206946	136481	58261	
枣庄市	Zaozhuang	328378	235547	126971	14524	
东营市	Dongying	429560	229174	168524	4229	5595
烟台市	Yantai	1055240	444539	142230	229620	81
潍坊市	Weifang	1151479	790137	479765	57413	
济宁市	Jining	765392	601493	452525	9241	
泰安市	Tai'an	581231	364400	229972	39239	
威海市	Weihai	439702	193650	26309	35137	63
日照市	Rizhao	419260	238195	52905	25411	
莱芜市	Laiwu	145590	72384	35203	15685	
临沂市	Linyi	1311428	833769	325057	101722	
德州市	Dezhou	811802	642405	642045	13528	
聊城市	Liaocheng	690184	561664	561225	9693	
滨州市	Binzhou	631965	463319	432013	28976	8
菏泽市	Heze	958294	826919	820719	6449	6

13-17 各市灌溉面积

Irrigated Area by Region

单位:千公顷 (1000 hectares)

地 区	Region	有效灌溉面积 Effective Irrigated Area		#当年实灌 Irrigated in the Year		林地灌溉面积 Irrigated Area of Forest Lands		果园灌溉面积 Irrigated Area of Orchard	
		2019年	2020年	2019年	2020年	2019年	2020年	2019年	2020年
全省总计	**Total**	**5271.37**	**5293.56**	**4711.87**	**4689.09**	**215.28**	**236.08**	**375.93**	**366.48**
济南市	Jinan	293.98	293.98	281.61	265.34	10.14	10.14	10.87	10.87
青岛市	Qingdao	329.44	328.88	269.36	280.70	16.76	16.37	29.34	29.26
淄博市	Zibo	126.81	127.44	126.77	126.91	5.38	5.19	40.31	40.43
枣庄市	Zaozhuang	171.17	171.17	137.00	131.52	3.23	3.56	9.87	9.65
东营市	Dongying	196.85	196.56	190.07	184.01	9.97	9.97	5.36	5.36
烟台市	Yantai	247.22	247.08	213.35	213.21	5.16	7.16	73.90	74.04
潍坊市	Weifang	529.66	534.51	347.80	350.74	32.29	32.29	44.08	44.08
济宁市	Jining	475.83	475.83	459.71	459.65	14.58	14.58	8.40	8.40
泰安市	Tai'an	248.71	248.81	242.95	242.93	5.91	5.91	15.49	15.49
威海市	Weihai	129.02	129.02	95.71	95.71	1.05	1.05	19.32	19.32
日照市	Rizhao	114.36	114.83	85.47	56.04	6.91	6.91	14.51	14.21
临沂市	Linyi	361.91	365.17	296.26	305.03	19.73	34.46	37.03	32.34
德州市	Dezhou	518.00	523.78	511.61	517.24	29.18	28.60	17.01	17.01
聊城市	Liaocheng	499.69	510.76	494.69	505.76	9.31	9.31	16.72	16.72
滨州市	Binzhou	382.25	379.35	347.62	342.39	11.16	11.64	12.84	8.39
菏泽市	Heze	646.47	646.39	611.89	611.91	34.52	38.95	20.88	20.91

13-18 各市农村电气化和农业化学化情况(2020年)

Rural Electrification and Agriculture Chemicals by Region(2020)

单位:吨 (ton)

地 区	Region	农用化肥施用量(实物量) Consumption of Chemical Fertilizer (physical volume)	氮肥 Nitrogenous Fertilizer	磷肥 Phosphate Fertilizer	钾肥 Potash Fertilizer	复合肥 Compound Fertilizer	农用化肥施用量(折纯量) Consumption of Chemical Fertilizer (convert to pure volume)	氮肥 Nitrogenous Fertilizer	磷肥 Phosphate Fertilizer
全省总计	**Total**	**11501838**	**3760546**	**1615689**	**938061**	**5187541**	**3808798**	**1139332**	**363557**
济南市	Jinan	703553	263155	120961	53523	265915	205007	65105	23769
青岛市	Qingdao	690740	123959	48512	43107	475162	262756	35984	10851
淄博市	Zibo	260671	73384	30914	16670	139703	78698	20391	6376
枣庄市	Zaozhuang	560281	187989	28017	28689	315587	190019	57637	6028
东营市	Dongying	227947	71403	29573	12571	114401	82810	23536	8040
烟台市	Yantai	928385	256824	103857	95899	471806	322901	87103	25225
潍坊市	Weifang	1145633	237090	100314	85107	723122	419187	75092	26669
济宁市	Jining	975876	321571	156480	89043	408782	345547	108394	36891
泰安市	Tai'an	564210	159242	68425	52458	284084	184233	38455	15815
威海市	Weihai	332376	108425	38136	38581	147234	94568	26824	8256
日照市	Rizhao	255779	63349	24564	23186	144680	79340	17675	7187
临沂市	Linyi	1075385	374574	102933	110415	487463	310939	85680	23514
德州市	Dezhou	935850	406662	167932	61129	300127	299191	127630	35426
聊城市	Liaocheng	928209	351526	178978	70620	327085	321716	117774	41531
滨州市	Binzhou	543524	240570	71870	34456	196629	183402	73559	21895
菏泽市	Heze	1373417	520824	344224	122608	385761	428484	178493	66084

13-18 续表 continued

单位:吨 (ton)

地区	Region	钾肥 Potash Fertilizer	复合肥 Compound Fertilizer	农用塑料薄膜使用量 Plastic Film Consumption	地膜使用量 Film Consumption	农用柴油量 Diesel Consumption	农药施用量 Pesticides Consumption	地膜覆盖面积(公顷) Film Coverage (hectare)	农村用电量(万千瓦时) Electricity Consumption in Rural Area (10000 kW·h)
全省总计	**Total**	**318800**	**1987109**	**265659**	**99355**	**1264155**	**114311**	**1714654**	**4456225**
济南市	Jinan	18074	98060	11294	4476	48922	3231	65124	327022
青岛市	Qingdao	14626	201295	16931	7427	144421	5273	136683	359585
淄博市	Zibo	5718	46213	5606	1323	15783	3593	20044	419495
枣庄市	Zaozhuang	9394	116960	7555	3023	14818	3908	32973	365571
东营市	Dongying	4890	46344	2833	1884	16482	2346	39936	41879
烟台市	Yantai	34142	176432	9144	6098	154026	15203	108208	289781
潍坊市	Weifang	32887	284539	73150	12605	116905	10415	180656	762151
济宁市	Jining	33425	166837	11071	7916	80808	11529	135454	179222
泰安市	Tai'an	18009	111955	9920	4224	43135	5454	71649	144129
威海市	Weihai	13725	45762	3179	1989	226421	7297	27586	148799
日照市	Rizhao	8260	46218	6385	3787	108066	2982	73899	127588
临沂市	Linyi	32101	169643	41934	17342	78262	10864	286028	340928
德州市	Dezhou	19974	116161	16136	7238	54196	9288	183150	143123
聊城市	Liaocheng	24033	138378	21986	5618	62980	7573	110726	185171
滨州市	Binzhou	12143	75805	4599	2704	27284	5851	59457	137990
菏泽市	Heze	37399	146507	23936	11702	71646	9505	183082	483793

主要统计指标解释

农林牧渔业总产值 指以货币表现的农、林、牧、渔业全部产品和对农林牧渔业生产活动进行的各种支持性服务活动的价值总量，它反映一定时期内农林牧渔业生产总规模和总成果。1957年以前的农林牧渔业总产值中包括了厩肥和农民自给性手工业(如农民自制衣服、鞋、袜，自己从事粮食初步加工等)。1958年及以后，林业中增加了村及村以下竹木采伐产值，牧业中取消了厩肥产值；副业中取消了农民自给性手工业产值，增加了村及村以下办的工业产值；渔业中增加了海洋捕捞水产品产值。1980年及以后，在副业中增加了农民家庭兼营工业商品部分的产值。从1984年起村及村以下工业产值划归工业。从1993年起取消副业，将野生动物的捕猎划入牧业，野生植物采集和农民家庭兼营商品性工业划归农业。从2003年起，执行新的国民经济行业分类标准，农林牧渔业总产值中包括了农林牧渔服务业产值。(2017国民经济行业分类标准中将“农林牧渔服务业”改为“农林牧渔专业及辅助性活动”)。林业中增加了森林采运业产值。农业中取消了家庭兼营商品性工业产值，将野生林产品的采集划归林业。

农林牧渔业总产值的计算方法通常是按农、林、牧、渔业产品及其副产品的产量分别乘以各自单位产品价格求得；少数生产周期较长，当年没有产品或产品产量不易统计的，则采用间接方法匡算其产值；然后将四业产品产值及农林牧渔专业及辅助性活动产值相加即为农林牧渔业总产值。

粮食产量 指日历年度内生产的全部粮食数量。按收获季节包括夏收粮食、早稻和秋收粮食，按作物品种包括谷物、豆类和薯类。其产量计算方法：谷物按脱粒后的原粮计算，豆类按去豆荚后的干豆计算；薯类(包括甘薯和马铃薯，不包括芋头和木薯)1964年以前按每4公斤鲜薯折1公斤粮食计算，从1964年开始改为按5公斤鲜薯折1公斤粮食计算；城市郊区作为蔬菜的薯类(如马铃薯等)按鲜品计算，并且不作粮食统计。1989年以前全国粮食产量数据主要靠全面报表取得，1989年开始使用抽样调查数据。

棉花产量 指全社会的产量。包括春播棉和夏播棉。产量按皮棉计算。不包括木棉。

油料产量 指全部油料作物的生产量。包括花生、油菜籽、芝麻、向日葵籽、胡麻籽（亚麻籽）和其他油料。不包括大豆、木本油料和野生油料。花生以带壳干花生计算。

水产品产量 指人工养殖的水产品和天然生长的水产品的捕捞量。包括海水的鱼类、虾蟹类、贝类和藻类以及内陆水域的鱼类、虾蟹类和贝类，不包括淡水生植物。水产品产量是通过各级水产和统计部门逐级上报取得数据。1995年及以前，贝类中牡蛎按鲜肉计算；蚶、蛤、蛏按5斤鲜品折1斤计算。1996年以后则统一按鲜品计算。

猪、牛、羊肉产量 指当年出栏并已屠宰、除去头蹄下水后带骨肉(即胴体重)的重量。包括全社会范围内的产量。由于畜牧业产品年报数据与普查数据之间存在一定的差距，

根据国家统计局有关文件精神，从2000年起，对畜牧业年报数据与普查数据进行衔接。

期初(末)畜禽存栏头(只)数 指报告期初(末)农村各种合作经济组织和国营农场、农民个人、机关、团体、学校、工矿企业、部队等单位以及城镇居民饲养的大牲畜、猪、羊、家禽（鸡、鸭、鹅）等畜禽的存栏数。数据上报方式及数据调整情况同猪、牛、羊肉产量。

农作物播种面积 指实际播种或移植有农作物的面积。凡是实际种植有农作物的面积，不论种植在耕地上还是种植在非耕地上，均包括在农作物播种面积中。在播种季节基本结束后，因遭灾而重新改种和补种的农作物面积，也包括在内。它是反映我国耕地面积利用情况的一个重要指标。目前，农作物播种面积主要包括粮食、棉花、油料、糖料、麻类、烟叶、蔬菜和瓜类、药材和其他农作物九大类。

有效灌溉面积 指具有一定的水源，地块比较平整，灌溉工程或设备已经配套，在一般年景下，当年能够进行正常灌溉的耕地面积。在一般情况下，有效灌溉面积应等于灌溉工程或设备已经配备，能够进行正常灌溉的水田和水浇地面积之和。它是反映我国耕地抗旱能力的一个重要指标。

农用化肥施用量 指本年内实际用于农业生产的化肥数量，包括氮肥、磷肥、钾肥和复合肥。化肥施用量要求按折纯量计算数量。折纯量是指把氮肥、磷肥、钾肥分别按含氮、含五氧化二磷、含氧化钾的百分之百成分进行折算后的数量。复合肥按其所含主要成分折算。公式为：

折纯量=实物量×某种化肥有效成分含量的百分比

农业机械总动力 指主要用于农、林、牧、渔业的各种动力机械的动力总和。包括耕作机械、排灌机械、收获机械、农用运输机械、植物保护机械、牧业机械、林业机械、渔业机械和其他农业机械〔内燃机按引擎马力折成瓦(特)计算、电动机按功率折成瓦(特)计算〕。不包括专门用于乡、镇、村、组办工业、基本建设、非农业运输、科学试验和教学等非农业生产方面用的动力机械与作业机械。这个指标的统计数据主要来源于农机部门。

Explanatory Notes on Main Statistical Indicators

Gross Output Value of Farming, Forestry, Animal Husbandry and Fishery refers to the total value of products of farming, forestry, animal husbandry and fishery, and total value of services rendered to support farming, forestry, animal husbandry and fishery activities. It reflects the total scale and results of agricultural production during a given period. Prior to 1957, China's gross agricultural output value included barnyard manure and handicraft products for self consumption (clothes, shoes, stockings, and initial grain processing undertaken by peasants). Since 1958, cutting and felling of bamboo and trees by villages and other cooperative organizations under villages have been included in forestry; value of barnyard manure has been excluded from animal husbandry; self consumed handicrafts has been excluded from sideline occupations, while the output value of industries run by villages and cooperative organizations under village had been included in sideline occupations and the output value of fish catches by motor fishing boats has been added to fishery. Since 1980, the value of handicraft products made for sale by individuals in households had been added to sideline occupations. Since 1984, industries run by villages and under villages have been included in the sector of industry. Since 1993, the subdivision of sideline occupations has been canceled, and the hunting of wild animals has been classified into animal husbandry, and the gathering of wild plants and commodity industry run by rural household have been included in farming. A new industrial classification of economic activities was introduced in 2003. Under the new classification, value of services to farming, forestry, animal husbandry and fishery is included in the gross output value of agriculture, (In the 2017 National Economic Industry Classification Standard, Farming, forestry, animal husbandry and fishery service was changed to Farming, forestry, animal husbandry and fishery professions and auxiliary activities).value of wood felling and transport is included in forestry, value of industrial output by rural households is not included in agriculture, and the collection of wild forest products is taken from agriculture and included in the forestry. The first agriculture census of China revealed some discrepancy between the production of animal products from the annual reports and that from the census. Efforts were made by the Rural Socio economic Survey Organization of NBS to adjust the output value of animal husbandry to make the figures from the annual reports consistent with the census data.

Gross output value of agriculture is obtained by first multiplying the output of each product or by product by its price, resulting in the output value of each single item. For a small number of products, annual output of which is not available or difficult to get due to the long production (growing) process involved, the output value is estimated through an indirect approach. The sum of output value of all products of farming, forestry, animal husbandry, fishery and output value of agriculture, forestry, animal husbandry and fishery specialty and auxiliary activities then equal to the gross output value of agriculture.

Grain Output refers to the total output of grains produced within a calendar year. It includes summer crops, early rice and autumn crops by harvest seasons; and covers cereals, beans and tubers by type of crops. Output of cereals cover husked grain only. Output of beans refers to dry beans without pods. The output of tubers (sweet potatoes and potatoes, not including taros and cassava) are converted with the ratio of 4:1, i.e. 4 kilograms of fresh tubers were equivalent to 1 kilogram of grain before 1964. Since 1964 the ratio has been changed to 5:1. Tubers consumed as vegetables (such as potatoes) in cities and suburbs are calculated as fresh vegetables and their output is not included in the output of grain. Data on grain production before 1989 were obtained through the comprehensive statistical reporting system. Since 1989, data from sample surveys are used.

Cotton Output refers to the cotton production in the whole country including cotton sown in spring and in autumn. Output is measured as the weight of ginned cotton. Ceiba is not included.

Output of Oil-bearing Crops refers to the total production of oil bearing crops of various kinds, including peanuts, (dry, in shell) rapeseeds, sesame, sunflower seeds, flax seeds, and other oil bearing crops. Soybeans, oil bearing woody plants, and wild oil bearing crops are not included.

Output of Aquatic Products refers to catches of both artificially cultured and naturally grown aquatic products, including fish, shrimps, crabs and shellfish in sea and inland water as well as seaweed. Freshwater plants are not included. Data on output of aquatic products are reported by aquatic product and statistical agencies level by level. Before 1995, among the shellfish, the oyster was counted as fresh meat; 5 kilograms of ark shell, clams and frogs are equivalent to 1 kilogram of fresh aquatic products; they are all counted as fresh aquatic products since 1996.

Output of Pork, Beef, and Mutton refers to the meat of slaughtered hogs, cattle, sheep and goats with head, feet, and offal taken away. Data refers to the production of the whole country. The first agriculture census of China in 1996 revealed some discrepancy between the production of animal products from the annual reports and that from the census. Efforts were made by the Rural Socio economic Survey Organization of NBS to adjust the output value of animal husbandry to make the figures from the annual reports consistent with the census data. Since 1999, NBS conducted sample survey for the major animal husbandry products, such as hogs, cattle, sheep and goats and fowls, and the data from sample surveys are used as national finalized data. Those products, which are not covered by the sample survey, are still reported by statistical agencies level by level.

Number of Livestock or Poultry in Stock at Beginning (or End) refers to the total number of large animals, pigs, sheep, fowls, (chicken,duck,goose) etc. raised by rural cooperative organizations, state farms, rural individuals, government agencies, schools, industrial and mining enterprises, army, and urban residents at the beginning (or end) of the reference period. Data reporting system and data adjustment are the same as that in the output of pork, beef and mutton.

Sown Area of Crops refers to area of land sown or transplanted with crops regardless of being in cultivated area or non cultivated area. Area of land re sown due to natural disasters is also included. This is an important indicator that can reflect the utilization condition of the cultivated land in China. At present, the sown area of crops mainly include the following 9 categories of crops: grain, cotton, oil bearing crops, sugar crops, fiber crops, Tobacco, Vegetables and melons, medicinal materials and other farm crops.

Irrigated Area refers to areas that are effectively irrigated, i.e. level land, which has water source and complete sets of irrigation facilities to lift and move adequate water for irrigation purpose under normal conditions. Under normal conditions, irrigated area is the sum of watered fields and irrigated fields where irrigation systems or equipment have been installed for regular irrigation purpose. This important indicator reflects drought resistance capacity of the cultivated land in China.

Consumption of Chemical Fertilizers in Agriculture refers to the quantity of chemical fertilizers applied in agriculture in the year, including nitrogenous fertilizer, phosphate fertilizer, potash fertilizer, and compound fertilizer. The consumption of chemical fertilizers is required in calculation to convert the gross weight into weight containing 100% effective component (e.g. 100% nitrogen content in nitrogenous fertilizer, 100% phosphorous pent oxide contents in phosphate fertilizer, 100% potassium oxide contents in potash fertilizer). Compound fertilizer is converted with its major component. The formula is:

Volume of effective component=physical quantity×effective component of certain chemical fertilizer (%)

Total Power of Farm Machinery refers to total mechanical power of machinery used in farming, forestry, animal husbandry, and fishery, including ploughing, irrigation and drainage, harvesting, transport, plant protection, stock breeding, forestry and fishery. The power of internal combustion engines is required to convert horsepower into watts and the power of electric motors is required to be converted into watts. Machinery employed for non agricultural purposes, such as the machines used in township run and village run industry, construction, non agricultural transport, scientific experiments and teaching, is excluded. Data are mainly from agricultural machinery agencies.

第14篇

工　业

Industry

简 要 说 明

一、本篇资料的主要内容

本篇资料反映全省规模以上工业生产和效益基本情况，主要包括规模以上工业、国有控股工业、外商投资和港澳台投资工业、非公有制工业的主要经济指标、相关的财务分析指标和主要工业产品产量等方面的内容。

二、本篇资料的统计范围

本篇资料中规模以上工业企业的统计范围： 2007年至2010年为年主营业务收入500万元及以上的工业法人单位；从2011年开始，为年主营业务收入2000万元及以上的工业法人单位。

三、本篇资料的来源

本篇资料主要来源于工业统计年报，由省统计局工业统计处整理提供。

四、数据使用注意事项

2018年以来规模以上工业企业主要指标数据与往年数据之间存在不可比因素，其主要原因是：（一）根据统计制度，每年定期对规模以上工业企业调查范围进行调整。每年有部分企业达到规模标准纳入调查范围，也有部分企业因规模变小而退出调查范围，还有新建投产企业、破产、注（吊）销企业等变化。（二）加强统计执法，对统计执法检查中发现的不符合规模以上工业统计要求的企业进行了清理，对相关基数依规进行了修正。（三）加强数据质量管理，剔除跨地区、跨行业重复统计数据。根据国家统计局开展的企业组织结构调查情况，对企业集团（公司）跨地区、跨行业重复计算进行了剔重。（四）“营改增”政策实施后，服务业企业改交增值税且税率较低，工业企业逐步将内部非工业生产经营活动剥离，转向服务业，使工业企业财务数据有所减小。

Brief Introduction

I. Content

Data in this chapter show the basic condition of industrial enterprises above designated size in Shandong, mainly including the output of major industrial products and major economic and relevant financial indicators of industrial enterprises. Industrial enterprises include enterprises above designated size, state-holding enterprises, foreign funded enterprises, enterprises with funds from Hong Kong, Macao and Taiwan, Non-public Industrial Enterprises.

II. Scopes of Statistics

The scopes of industrial enterprises above designated size were: all industrial enterprises with revenue from principal business over 5 million yuan from 2007 to 2010; and all industrial enterprises with revenue from principal business above 20 million yuan since 2011.

III.Source of Data

Data in this chapter are based on the annual report of industrial statistics and are prepared and provide by the Division of Industry Statistics of Shandong Provincial Bureau of Statistics.

Ⅳ. Data Usage Notes

Since 2018，Data of main indicators of industrial enterprises above designated size are not comparable with previous years, the reasons are as following: (1) According to the statistical system, the investigation scope of industrial enterprises above designated size should be adjusted regularly every year. Every year, some enterprises meet the scale criteria to be included in the scope of investigation, some enterprises withdraw from the scope of investigation because of the smaller scale, and there are other changes: new enterprises, bankruptcy, annotation (cancellation) enterprises, etc. (2) Strengthening of statistical law enforcement, cleaning up enterprises found in the inspection of statistical law enforcement that do not meet the standard of industrial statistics above designated size, and amending the relevant cardinality in accordance with regulations. (3) Strengthening data quality management and eliminating duplicated statistical data across regions and across industries. According to the latest survey of organizational structure of enterprises carried out by the National Bureau of Statistics, the repeated calculation of enterprise groups (companies) across regions and industries is weighed. (4) After the implementation of the program to replace the business tax with a value-added tax, the value-added tax was paid by the service enterprises and the tax rate was lower. The industrial enterprises gradually stripped off the internal non-industrial production and operation activities and turned to the service industry, which reduced the financial data of the industrial enterprises.

14-1 规模以上工业企业主要经济指标(2020年)

Main Economic Indicators of Industrial Enterprises above Designated Size(2020)

单位:亿元 (100 million yuan)

类 别	Category	企业单位数(个) Number of Enterprises (unit)	资产总计 Total Assets	流动资产合计 Total Current Assets	负债合计 Total Liabilities
总 计	**Total**	**29628**	**101462.91**	**53618.24**	**63475.11**
一、按登记注册类型分	**by Status of Registration**				
内资企业	**Domestic Funded Enterprises**	**27018**	**84819.13**	**43851.27**	**54173.63**
国有企业	State-owned Enterprises	228	4193.65	796.03	2855.19
集体企业	Collective-owned Enterprises	67	96.56	62.59	53.16
股份合作企业	Cooperative Enterprises	30	79.16	31.60	58.24
联营企业	Joint Ownership Enterprises	11	26.43	11.12	15.13
有限责任公司	Limited Liability Corporations	4906	34183.14	16910.14	22323.35
股份有限公司	Share-holding Corporations Limited	777	18574.78	8272.26	9898.93
私营企业	Private Enterprises	20995	27663.62	17766.36	18969.52
其他企业	Other Enterprises	4	1.78	1.16	0.13
港、澳、台商投资企业	**Enterprises with Funds from Hong Kong, Macao and Taiwan**	**809**	**8383.55**	**4507.03**	**4924.65**
外商投资企业	**Foreign Funded Enterprises**	**1801**	**8260.23**	**5259.95**	**4376.82**
二、按轻重工业分	**by Light & Heavy Industry**				
轻工业	Light Industry	10400	21444.68	12149.60	12264.97
重工业	Heavy Industry	19228	80018.24	41468.64	51210.14
三、按企业规模分	**by Enterprise Size**				
大型企业	Large-sized Enterprises	662	47789.40	22449.56	28212.22
中型企业	Medium-sized Enterprises	2772	24168.03	13959.01	15679.89
小微企业	Small-sized and Micro-sized Enterprises	26194	29505.48	17209.67	19582.99
四、按工业门类分	**by Industries**				
采矿业	Mining	362	7452.06	2581.37	5169.35
制造业	Manufacturing	27835	78839.91	46968.86	48484.21
电力、热力、燃气及水的生产和供应业	Production and Supply of Electric,Heat, Gas and Water	1431	15170.95	4068.02	9821.54
五、按行业大类分	**by Sector**				
煤炭开采和洗选业	Mining and Washing of Coal	121	4317.19	1943.60	3027.71
石油和天然气开采业	Extraction of Petroleum and Natural Gas	11	1590.60	86.04	1118.39
黑色金属矿采选业	Mining of Ferrous Metal Ores	57	351.73	152.73	221.39
有色金属矿采选业	Mining of Non-ferrous Metal Ores	49	832.61	234.69	552.74
非金属矿采选业	Mining and Processing of Nonmetal Ores	114	228.28	115.54	121.86
开采专业及辅助性活动	Mining Specialties and Auxiliary Activities	9	131.39	48.59	127.19
其他采矿业	Mining of Other Ores	1			
农副食品加工业	Processing of Food from Agricultural Products	2569	3937.84	2652.07	2594.46
食品制造业	Manufacture of Foods	726	1423.16	787.61	849.92
酒、饮料和精制茶制造业	Manufacture of Wine, Drinks and Refined Tea	160	917.42	510.95	500.99
烟草制品业	Manufacture of Tobacco	4	322.78	226.78	96.87
纺织业	Manufacture of Textile	1638	2151.57	1175.43	1199.59
纺织服装、服饰业	Manufacture of Textile Wearing Apparel and Finery	648	1030.65	526.93	637.54

14-1 续表 1 continued

单位:亿元 (100 million yuan)

类别	Category	企业单位数(个) Number of Enterprises (unit)	资产总计 Total Assets	流动资产合计 Total Current Assets	负债合计 Total Liabilities
皮革、毛皮、羽毛及其制品和制鞋业	Manufacture of Leather, Fur, Feather & Its Products and Footwear	235	214.56	153.56	139.21
木材加工及木竹、藤、棕、草制品业	Processing of Timbers, Manufacture of Wood, Bamboo, Rattan, Palm, and Straw Products	2015	585.82	385.41	426.36
家具制造业	Manufacture of Furniture	268	195.16	118.39	145.49
造纸及纸制品业	Manufacture of Paper and Paper Products	510	2600.84	1133.28	1873.27
印刷和记录媒介复制业	Printing, Reproduction of Recording Media	305	258.27	149.17	142.41
文教、工美、体育和娱乐用品制造业	Manufacture of Culture, Education,Arts and crafts, Sport and Entertainment Goods	556	524.24	341.30	289.64
石油、煤炭及其他燃料加工业	Processing of Oil, Coal and Other Fuel	279	6583.62	4178.82	4957.61
化学原料和化学制品制造业	Manufacture of Chemical Raw Material and Chemical Products	2350	10059.04	4866.84	6413.85
医药制造业	Manufacture of Medicines	597	4072.45	2286.46	1708.25
化学纤维制造业	Manufacture of Chemical Fiber	77	290.86	148.38	144.23
橡胶和塑料制品业	Manufacture of Rubber and Plastic	1373	2893.18	1711.51	1754.22
非金属矿物制品业	Manufacture of Non-metallic Mineral Products	3364	5002.95	3103.10	3068.48
黑色金属冶炼及压延加工业	Manufacture and Processing of Ferrous Metals	378	5382.70	2834.42	3548.58
有色金属冶炼及压延加工业	Manufacture & Processing of Non-ferrous Metals	471	5443.37	2940.11	3140.17
金属制品业	Manufacture of Metal Products	1897	2758.15	1724.68	1802.57
通用设备制造业	Manufacture of General Purpose Machinery	1903	4175.30	2803.11	2305.06
专用设备制造业	Manufacture of Special Purpose Machinery	1773	4172.48	2887.71	2480.91
汽车制造业	Manufacture of Automotive	1278	4613.22	3206.29	2983.00
铁路、船舶、航空航天和其他运输设备制造业	Manufacture of Railroad,Marine,Aerospace and Other Transportation Equipment	297	1823.51	1195.00	1118.29
电气机械及器材制造业	Manufacture of Electrical Machinery & Equipment	1140	3353.56	2055.47	1983.27
计算机、通信和其他电子设备制造业	Manufacture of Computer, Communications and Other Electronic Equipment	558	3260.43	2341.78	1797.92
仪器仪表制造业	Manufacture of Measuring Instrument	294	519.26	382.26	227.96
其他制造业	Other Manufacture	41	34.94	22.75	21.03
废弃资源综合利用业	Comprehensive Utilization of Waste	100	178.22	80.70	94.01
金属制品、机械和设备修理业	Metal Products, Machinery and Equipment Repair Industry	31	60.38	38.56	39.03
电力、热力的生产和供应业	Production and Supply of Electric Power and Heat Power	886	12880.84	3212.66	8396.89
燃气生产和供应业	Production and Supply of Gas	275	895.00	393.43	544.27
水的生产和供应业	Production and Supply of Water	270	1395.11	461.93	880.39

14-1 续表 2 continued

单位:亿元 (100 million yuan)

类 别	Category	营业收入 Business Revenue	营业成本 Business Cost	利润总额 Total Profits	全部从业人员年平均人数(万人) Annual Average of Employed Persons (10 000 person)
总 计	**Total**	**87160.70**	**75333.94**	**4431.32**	**543.77**
一、按登记注册类型分	**by Status of Registration**				
内资企业	**Domestic Funded Enterprises**	**72952.31**	**63343.69**	**3272.76**	**455.70**
国有企业	State-owned Enterprises	3062.83	2858.06	32.63	17.27
集体企业	Collective-owned Enterprises	61.76	51.29	3.69	1.04
股份合作企业	Cooperative Enterprises	36.50	31.43	-1.64	0.47
联营企业	Joint Ownership Enterprises	12.11	9.33	1.37	0.08
有限责任公司	Limited Liability Corporations	27071.57	23106.12	1328.44	142.80
股份有限公司	Share-holding Corporations Limited	11371.82	9426.78	685.45	65.81
私营企业	Private Enterprises	31334.56	27859.91	1222.66	228.21
其他企业	Other Enterprises	1.16	0.77	0.16	0.02
港、澳、台商投资企业	**Enterprises with Funds from Hong Kong, Macao and Taiwan**	**5948.42**	**4990.36**	**599.22**	**32.31**
外商投资企业	**Foreign Funded Enterprises**	**8259.98**	**6999.89**	**559.34**	**55.77**
二、按轻重工业分	**by Light & Heavy Industry**				
轻工业	Light Industry	19986.41	16507.64	1287.18	195.76
重工业	Heavy Industry	67174.30	58826.30	3144.14	348.01
三、按企业规模分	**by Enterprise Size**				
大型企业	Large-sized Enterprises	37540.80	31978.06	2248.64	188.54
中型企业	Medium-sized Enterprises	22308.95	19284.96	1155.18	149.20
小微企业	Small-sized Enterprises	27310.95	24070.92	1027.51	206.04
四、按工业门类分	**by Industries**				
采矿业	Mining	2219.45	1670.85	68.52	34.96
制造业	Manufacturing	78582.69	68033.74	4027.14	478.76
电力、热力、燃气及水的生产和供应业	Production and Supply of Electric,Heat, Gas and Water	6358.56	5629.35	335.66	30.05
五、按行业大类分	**by Sector**				
煤炭开采和洗选业	Mining and Washing of Coal	942.30	641.94	133.49	19.87
石油和天然气开采业	Extraction of Petroleum and Natural Gas	546.58	516.84	-159.24	7.13
黑色金属矿采选业	Mining of Ferrous Metal Ores	217.70	153.99	27.53	1.97
有色金属矿采选业	Mining of Non-ferrous Metal Ores	251.17	144.46	52.82	2.89
非金属矿采选业	Mining and Processing of Nonmetal Ores	109.32	72.92	13.47	1.17
开采专业及辅助性活动	Mining Specialties and Auxiliary Activities	152.18	140.56	0.45	1.92
其他采矿业	Mining of Other Ores				
农副食品加工业	Processing of Food from Agricultural Products	6811.02	6321.64	198.10	42.29
食品制造业	Manufacture of Foods	1314.63	1060.17	86.43	13.26
酒、饮料和精制茶制造业	Manufacture of Wine, Drinks and Refined Tea	570.30	438.20	29.76	5.43
烟草制品业	Manufacture of Tobacco	345.69	99.76	34.74	0.57
纺织业	Manufacture of Textile	1895.34	1711.55	58.43	33.15
纺织服装、服饰业	Manufacture of Textile Wearing Apparel and Finery	694.47	594.03	29.12	17.34

14-1 续表 3 continued

单位:亿元 (100 million yuan)

类　别	Category	营业收入 Business Revenue	营业成本 Business Cost	利润总额 Total Profits	全部从业人员年平均人数(万人) Annual Average of Employed Persons (10 000 person)
皮革、毛皮、羽毛及其制品和制鞋业	Manufacture of Leather, Fur, Feather & Its Products and Footwear	220.45	202.74	2.99	4.24
木材加工及木 竹、藤、棕、草制品业	Processing of Timbers, Manufacture of Wood, Bamboo, Rattan, Palm, and Straw Products	1312.90	1235.19	32.11	11.59
家具制造业	Manufacture of Furniture	186.86	162.26	6.95	3.75
造纸及纸制品业	Manufacture of Paper and Paper Products	1590.23	1367.14	101.91	10.27
印刷和记录媒介复制业	Printing, Reproduction of Recording Media	234.94	199.35	10.48	3.35
文教、工美、体育和娱乐用品制造业	Manufacture of Culture, Education,Arts and crafts, Sport and Entertainment Goods	553.87	465.24	30.82	8.33
石油、煤炭及其他燃料加工业	Processing of Oil, Coal and Other Fuel	9355.76	8357.81	219.53	10.42
化学原料和化学制品制造业	Manufacture of Chemical Raw Material and Chemical Products	8273.00	7136.94	480.26	36.10
医药制造业	Manufacture of Medicines	2632.06	1523.03	432.79	22.44
化学纤维制造业	Manufacture of Chemical Fiber	143.22	123.83	4.12	1.35
橡胶和塑料制品业	Manufacture of Rubber and Plastic	2341.68	1934.62	166.26	24.43
非金属矿物制品业	Manufacture of Non-metallic Mineral Products	4028.80	3319.76	305.28	31.28
黑色金属冶炼及压延加工业	Manufacture and Processing of Ferrous Metals	7180.80	6720.71	242.42	15.63
有色金属冶炼及压延加工业	Manufacture & Processing of Non-ferrous Metals	6941.98	6444.84	262.38	13.93
金属制品业	Manufacture of Metal Products	3036.59	2728.99	79.15	23.89
通用设备制造业	Manufacture of General Purpose Machinery	3047.59	2447.24	215.35	30.37
专用设备制造业	Manufacture of Special Purpose Machinery	2905.27	2300.31	231.56	26.99
汽车制造业	Manufacture of Automotive	5596.43	4884.59	317.16	31.35
铁路、船舶、航空航天和其他运输设备制造业	Manufacture of Railroad,Marine,Aerospace and Other Transportation Equipment	1046.05	869.60	69.42	8.40
电气机械及器材制造业	Manufacture of Electrical Machinery & Equipment	2440.71	2028.26	182.02	18.54
计算机、通信和其他电子设备制造业	Manufacture of Computer, Communications and Other Electronic Equipment	3318.91	2919.76	154.73	23.99
仪器仪表制造业	Manufacture of Measuring Instrument	335.15	234.10	34.56	4.16
其他制造业	Other Manufacture	34.56	29.95	1.12	0.55
废弃资源综合利用业	Comprehensive Utilization of Waste	152.50	138.60	6.03	0.64
金属制品、机械和设备修理业	Metal Products, Machinery and Equipment Repair Industry	40.93	33.52	1.17	0.74
电力、热力的生产和供应业	Production and Supply of Electric Power and Heat Power	5469.72	4893.64	260.46	24.16
燃气生产和供应业	Production and Supply of Gas	652.00	551.73	55.77	2.47
水的生产和供应业	Production and Supply of Water	236.84	183.98	19.42	3.42

14-2 规模以上国有控股工业企业主要经济指标(2020年)

Main Economic Indicators of State-holding Industrial Enterprises above Designated Size (2020)

单位:亿元 (100 million yuan)

类 别	Category	企业单位数(个) Number of Enterprises (unit)	资产总计 Total Assets	流动资产合计 Total Current Assets	负债合计 Total Liabilities
总 计	**Total**	**1614**	**31610.55**	**12330.96**	**20157.11**
一、按隶属关系分	**by Type of Ownership**				
中央企业	Central Enterprises	320	10713.46	2773.23	6632.71
地方企业	Local Enterprises	1294	20897.10	9557.73	13524.40
二、按轻重工业分	**by Light & Heavy Industry**				
轻工业	Light Industry	220	2245.52	1164.53	1168.55
重工业	Heavy Industry	1394	29365.03	11166.43	18988.56
三、按企业规模分	**by Enterprise Size**				
大型企业	Large-sized Enterprises	156	21626.37	7965.27	13313.15
中型企业	Medium-sized Enterprises	368	5385.80	2451.21	3693.31
小微企业	Small-sized and Micro-sized Enterprises	1090	4598.38	1914.48	3150.65
四、按工业门类分	**by Industries**				
采矿业	Mining	126	6752.37	2226.25	4731.11
制造业	Manufacturing	922	15436.73	8280.06	9350.80
电力、热力、燃气及水的生产和供应业	Production and Supply of Electric,Heat, Gas and Water	566	9421.45	1824.65	6075.21
五、按行业大类分	**by Sector**				
煤炭开采和洗选业	Mining and Washing of Coal	69	4106.94	1823.51	2888.65
石油和天然气开采业	Extraction of Petroleum and Natural Gas	9	1583.06	82.21	1115.33
黑色金属矿采选业	Mining of Ferrous Metal Ores	10	139.22	42.67	70.19
有色金属矿采选业	Mining of Non-ferrous Metal Ores	19	734.88	192.74	485.92
非金属矿采选业	Mining and Processing of Nonmetal Ores	17	66.88	43.97	49.37
开采专业及辅助性活动	Mining Specialties and Auxiliary Activities	2			
其他采矿业	Mining of Other Ores				
农副食品加工业	Processing of Food from Agricultural Products	31	62.71	33.98	39.02
食品制造业	Manufacture of Foods	25	77.64	31.80	41.81
酒、饮料和精制茶制造业	Manufacture of Wine, Drinks and Refined Tea	24	365.83	180.91	168.91
烟草制品业	Manufacture of Tobacco	4	322.78	226.78	96.87
纺织业	Manufacture of Textile	11	57.38	32.73	39.38
纺织服装、服饰业	Manufacture of Textile Wearing Apparel and Finery	11	27.18	15.45	13.25

14-2 续表 1 continued

单位:亿元 (100 million yuan)

类　别	Category	企业单位数(个) Number of Enterprises (unit)	资产总计 Total Assets	流动资产合计 Total Current Assets	负债合计 Total Liabilities
皮革、毛皮、羽毛及其制品和制鞋业	Manufacture of Leather, Fur, Feather & Its Products and Footwear				
木材加工及木竹、藤、棕、草制品业	Processing of Timbers, Manufacture of Wood, Bamboo, Rattan, Palm, and Straw Products	7	11.14	5.25	8.36
家具制造业	Manufacture of Furniture				
造纸及纸制品业	Manufacture of Paper and Paper Products	12	520.25	219.88	384.65
印刷和记录媒介复制业	Printing, Reproduction of Recording Media	19	30.67	17.34	13.28
文教、工美、体育和娱乐用品制造业	Manufacture of Culture, Education,Arts and crafts, Sport and Entertainment Goods	2			
石油、煤炭及其他燃料加工业	Processing of Oil, Coal and Other Fuel	23	1269.71	627.85	731.67
化学原料和化学制品制造业	Manufacture of Chemical Raw Material and Chemical Products	95	2602.70	786.38	1649.16
医药制造业	Manufacture of Medicines	33	416.25	219.60	148.97
化学纤维制造业	Manufacture of Chemical Fiber	5	62.50	30.03	18.67
橡胶和塑料制品业	Manufacture of Rubber and Plastic	27	216.06	103.42	149.65
非金属矿物制品业	Manufacture of Non-metallic Mineral Products	158	1102.68	534.38	686.00
黑色金属冶炼及压延加工业	Manufacture and Processing of Ferrous Metals	21	1242.89	336.62	781.41
有色金属冶炼及压延加工业	Manufacture & Processing of Non-ferrous Metals	24	527.21	310.41	324.67
金属制品业	Manufacture of Metal Products	41	126.39	78.64	102.74
通用设备制造业	Manufacture of General Purpose Machinery	74	1461.04	963.72	767.47
专用设备制造业	Manufacture of Special Purpose Machinery	72	787.38	553.04	597.24
汽车制造业	Manufacture of Automotive	50	1556.12	1169.30	1102.95
铁路、船舶、航空航天和其他运输设备制造业	Manufacture of Railroad,Marine,Aerospace and Other Transportation Equipment	33	1173.91	783.70	723.15
电气机械及器材制造业	Manufacture of Electrical Machinery & Equipment	61	422.80	269.96	276.39
计算机、通信和其他电子设备制造业	Manufacture of Computer, Communications and Other Electronic Equipment	34	802.07	611.53	401.52
仪器仪表制造业	Manufacture of Measuring Instrument	15	156.14	114.07	54.82
其他制造业	Other Manufacture	2			
废弃资源综合利用业	Comprehensive Utilization of Waste	5	10.10	5.54	5.51
金属制品、机械和设备修理业	Metal Products, Machinery and Equipment Repair Industry	3	3.53	3.07	1.41
电力、热力的生产和供应业	Production and Supply of Electric Power and Heat Power	352	8003.29	1362.57	5211.91
燃气生产和供应业	Production and Supply of Gas	66	368.13	120.72	205.98
水的生产和供应业	Production and Supply of Water	148	1050.03	341.36	657.31

14-2 续表 2 continued

单位:亿元 (100 million yuan)

类　别	Category	营业收入 Business Revenue	营业成本 Business Cost	利润总额 Total Profits	全部从业人员年平均人数(万人) Annual Average of Employed Persons (10 000 person)
总　计	**Total**	**21230.19**	**18105.11**	**943.71**	**102.08**
一、按隶属关系分	**by Type of Ownership**				
中央企业	Central Enterprises	7943.57	6700.58	160.33	34.14
地方企业	Local Enterprises	13286.62	11404.53	783.38	67.95
二、按轻重工业分	**by Light & Heavy Industry**				
轻工业	Light Industry	1382.80	903.16	106.91	10.88
重工业	Heavy Industry	19847.38	17201.95	836.79	91.20
三、按企业规模分	**by Enterprise Size**				
大型企业	Large-sized Enterprises	14402.72	12207.33	693.78	68.11
中型企业	Medium-sized Enterprises	4712.00	4114.50	129.32	22.64
小微企业	Small-sized Enterprises	2115.46	1783.28	120.60	11.33
四、按工业门类分	**by Industries**				
采矿业	Mining	1813.8	1362.06	42.77	29.56
制造业	Manufacturing	15252.87	12963.12	754.85	50.47
电力、热力、燃气及水的生产和供应业	Production and Supply of Electric,Heat, Gas and Water	4163.52	3779.93	146.08	22.05
五、按行业大类分	**by Sector**				
煤炭开采和洗选业	Mining and Washing of Coal	819.35	544.04	133.78	17.48
石油和天然气开采业	Extraction of Petroleum and Natural Gas	544.80	515.11	-159.00	7.11
黑色金属矿采选业	Mining of Ferrous Metal Ores	67.11	39.79	10.53	0.76
有色金属矿采选业	Mining of Non-ferrous Metal Ores	206.44	111.84	50.47	2.30
非金属矿采选业	Mining and Processing of Nonmetal Ores	31.04	16.82	6.54	0.17
开采专业及辅助性活动	Mining Specialties and Auxiliary Activities				
其他采矿业	Mining of Other Ores				
农副食品加工业	Processing of Food from Agricultural Products	123.78	119.75	-1.33	0.62
食品制造业	Manufacture of Foods	51.23	37.35	4.27	0.66
酒、饮料和精制茶制造业	Manufacture of Wine, Drinks and Refined Tea	272.43	208.19	16.37	2.30
烟草制品业	Manufacture of Tobacco	345.69	99.76	34.74	0.57
纺织业	Manufacture of Textile	48.05	41.28	1.03	0.77
纺织服装、服饰业	Manufacture of Textile Wearing Apparel and Finery	7.20	5.94	-0.29	0.36

14-2 续表 3 continued

单位:亿元 (100 million yuan)

类别	Category	营业收入 Business Revenue	营业成本 Business Cost	利润总额 Total Profits	全部从业人员年平均人数(万人) Annual Average of Employed Persons (10 000 person)
皮革、毛皮、羽毛及其制品和制鞋业	Manufacture of Leather, Fur, Feather & Its Products and Footwear				
木材加工及木 竹、藤、棕、草制品业	Processing of Timbers, Manufacture of Wood, Bamboo, Rattan, Palm, and Straw Products	8.97	8.85	-0.78	0.11
家具制造业	Manufacture of Furniture				
造纸及纸制品业	Manufacture of Paper and Paper Products	132.12	107.05	15.09	0.82
印刷和记录媒介复制业	Printing, Reproduction of Recording Media	17.49	13.44	0.97	0.46
文教、工美、体育和娱乐用品制造业	Manufacture of Culture, Education,Arts and crafts, Sport and Entertainment Goods				
石油、煤炭及其他燃料加工业	Processing of Oil, Coal and Other Fuel	2428.87	1977.45	45.96	3.03
化学原料和化学制品制造业	Manufacture of Chemical Raw Material and Chemical Products	1617.65	1384.67	138.12	6.12
医药制造业	Manufacture of Medicines	175.44	99.05	30.24	2.16
化学纤维制造业	Manufacture of Chemical Fiber	25.31	20.70	2.31	0.18
橡胶和塑料制品业	Manufacture of Rubber and Plastic	111.01	93.78	2.39	1.28
非金属矿物制品业	Manufacture of Non-metallic Mineral Products	631.47	464.02	89.03	4.05
黑色金属冶炼及压延加工业	Manufacture and Processing of Ferrous Metals	1525.05	1411.87	46.09	3.38
有色金属冶炼及压延加工业	Manufacture & Processing of Non-ferrous Metals	1762.12	1712.29	8.06	1.84
金属制品业	Manufacture of Metal Products	157.57	143.14	2.36	0.91
通用设备制造业	Manufacture of General Purpose Machinery	848.60	675.89	70.98	4.22
专用设备制造业	Manufacture of Special Purpose Machinery	405.42	335.54	12.74	3.44
汽车制造业	Manufacture of Automotive	2461.25	2197.20	132.81	5.02
铁路、船舶、航空航天和其他运输设备制造业	Manufacture of Railroad,Marine,Aerospace and Other Transportation Equipment	683.19	559.39	58.02	2.89
电气机械及器材制造业	Manufacture of Electrical Machinery & Equipment	344.08	307.18	1.54	1.91
计算机、通信和其他电子设备制造业	Manufacture of Computer, Communications and Other Electronic Equipment	972.75	868.59	37.49	2.42
仪器仪表制造业	Manufacture of Measuring Instrument	70.59	47.57	6.86	0.74
其他制造业	Other Manufacture				
废弃资源综合利用业	Comprehensive Utilization of Waste	11.46	10.54	0.09	0.03
金属制品、机械和设备修理业	Metal Products, Machinery and Equipment Repair Industry	3.66	3.05	0.14	0.10
电力、热力的生产和供应业	Production and Supply of Electric Power and Heat Power	3790.12	3471.57	118.85	18.35
燃气生产和供应业	Production and Supply of Gas	216.72	178.36	23.90	1.02
水的生产和供应业	Production and Supply of Water	156.68	130.00	3.33	2.68

14-3　规模以上外商投资和港澳台商投资工业企业主要经济指标(2020年)

Main Economic Indicators of Industrial Enterprises above Designated Size with Funds from Foreign Countries (Territories),Hong Kong,Macao and Taiwan(2020)

单位:亿元　(100 million yuan)

类　别	Category	企业单位数(个) Number of Enterprises (unit)	资产总计 Total Assets	流动资产合计 Total Current Assets	负债合计 Total Liabilities
总　计	**Total**	**2610**	**16643.79**	**9766.98**	**9301.47**
一、按轻重工业分	**by Light & Heavy Industry**				
轻工业	Light Industry	1138	4629.28	2696.56	2373.07
重工业	Heavy Industry	1472	12014.50	7070.42	6928.40
二、按企业规模分	**by Enterprise Size**				
大型企业	Large-sized Enterprises	145	8987.07	5045.53	5244.45
中型企业	Medium-sized Enterprises	513	4080.13	2659.45	2205.39
小微企业	Small-sized and Micro-sized Enterprises	1952	3576.59	2062.00	1851.63
三、按工业门类分	**by Industries**				
采矿业	Mining	9	1833.29	699.56	1244.84
制造业	Manufacturing	2405	13707.58	8743.07	7495.04
电力、热力、燃气及水的生产和供应业	Production and Supply of Electric,Heat, Gas and Water	196	1102.91	324.34	561.59
四、按行业大类分	**by Sector**				
煤炭开采和洗选业	Mining and Washing of Coal	4	1807.35	687.12	1227.17
石油和天然气开采业	Extraction of Petroleum and Natural Gas				
黑色金属矿采选业	Mining of Ferrous Metal Ores	3	19.00	9.34	15.30
有色金属矿采选业	Mining of Non-ferrous Metal Ores	2			
非金属矿采选业	Mining and Processing of Nonmetal Ores				
开采专业及辅助性活动	Mining Specialties and Auxiliary Activities				
其他采矿业	Mining of Other Ores				
农副食品加工业	Processing of Food from Agricultural Products	292	1103.63	796.36	669.81
食品制造业	Manufacture of Foods	115	520.13	326.81	287.66
酒、饮料和精制茶制造业	Manufacture of Wine, Drinks and Refined Tea	31	141.67	82.37	55.12
烟草制品业	Manufacture of Tobacco				
纺织业	Manufacture of Textile	102	313.86	175.86	133.88
纺织服装、服饰业	Manufacture of Textile Wearing Apparel and Finery	109	481.97	176.50	287.88

14-3 续表 1 continued

单位:亿元 (100 million yuan)

类　别	Category	企业单位数(个) Number of Enterprises (unit)	资产总计 Total Assets	流动资产合　计 Total Current Assets	负债合计 Total Liabilities
皮革、毛皮、羽毛及其制品和制鞋业	Manufacture of Leather, Fur, Feather & Its Products and Footwear	27	44.40	31.58	31.02
木材加工及木 竹、藤、棕、草制品业	Processing of Timbers, Manufacture of Wood, Bamboo, Rattan, Palm, and Straw Products	29	34.40	24.59	32.10
家具制造业	Manufacture of Furniture	30	29.06	21.41	17.22
造纸及纸制品业	Manufacture of Paper and Paper Products	43	421.23	199.96	243.91
印刷和记录媒介复制业	Printing, Reproduction of Recording Media	26	45.27	28.43	22.11
文教、工美、体育和娱乐用品制造业	Manufacture of Culture, Education,Arts and crafts, Sport and Entertainment Goods	79	83.52	54.89	42.47
石油、煤炭及其他燃料加工业	Processing of Oil, Coal and Other Fuel	11	143.14	95.17	129.92
化学原料和化学制品制造业	Manufacture of Chemical Raw Material and Chemical Products	167	850.60	519.79	431.22
医药制造业	Manufacture of Medicines	60	822.04	430.30	280.83
化学纤维制造业	Manufacture of Chemical Fiber	11	30.35	19.01	12.72
橡胶和塑料制品业	Manufacture of Rubber and Plastic	117	311.91	205.00	133.16
非金属矿物制品业	Manufacture of Non-metallic Mineral Products	123	413.57	264.66	141.94
黑色金属冶炼及压延加工业	Manufacture and Processing of Ferrous Metals	15	789.18	492.38	489.93
有色金属冶炼及压延加工业	Manufacture & Processing of Non-ferrous Metals	17	1642.09	834.24	993.57
金属制品业	Manufacture of Metal Products	133	373.70	240.79	199.32
通用设备制造业	Manufacture of General Purpose Machinery	174	487.15	348.70	219.17
专用设备制造业	Manufacture of Special Purpose Machinery	133	871.21	656.18	446.95
汽车制造业	Manufacture of Automotive	201	1613.88	1100.98	879.19
铁路、船舶、航空航天和其他运输设备制造业	Manufacture of Railroad,Marine,Aerospace and Other Transportation Equipment	44	395.69	279.22	245.57
电气机械及器材制造业	Manufacture of Electrical Machinery & Equipment	96	386.11	246.15	197.79
计算机、通信和其他电子设备制造业	Manufacture of Computer, Communications and Other Electronic Equipment	175	1206.91	976.33	785.34
仪器仪表制造业	Manufacture of Measuring Instrument	28	97.17	83.11	46.51
其他制造业	Other Manufacture	7	12.92	7.91	9.03
废弃资源综合利用业	Comprehensive Utilization of Waste	6	30.98	17.66	26.26
金属制品、机械和设备修理业	Metal Products, Machinery and Equipment Repair Industry	4	9.84	6.72	3.45
电力、热力的生产和供应业	Production and Supply of Electric Power and Heat Power	97	640.31	148.64	298.69
燃气生产和供应业	Production and Supply of Gas	67	356.32	147.93	203.71
水的生产和供应业	Production and Supply of Water	32	106.27	27.77	59.19

14-3 续表 2 continued

单位:亿元 (100 million yuan)

类　别	Category	营业收入 Business Revenue	营业成本 Business Cost	利润总额 Total Profits	全部从业人员年平均人数(万人) Annual Average of Employed Persons (10 000 person)
总　计	**Total**	**14208.40**	**11990.25**	**1158.56**	**88.07**
一、按轻重工业分	**by Light & Heavy Industry**				
轻工业	Light Industry	4014.55	3279.93	348.07	37.77
重工业	Heavy Industry	10193.84	8710.32	810.49	50.30
二、按企业规模分	**by Enterprise Size**				
大型企业	Large-sized Enterprises	6767.21	5647.07	628.32	38.05
中型企业	Medium-sized Enterprises	4231.93	3598.25	336.42	28.39
小微企业	Small-sized Enterprises	3209.26	2744.93	193.82	21.63
三、按工业门类分	**by Industries**				
采矿业	Mining	234.50	128.89	79.53	5.93
制造业	Manufacturing	13443.65	11439.66	1008.10	80.08
电力、热力、燃气及水的生产和供应业	Production and Supply of Electric,Heat, Gas and Water	530.24	421.69	70.93	2.07
四、按行业大类分	**by Sector**				
煤炭开采和洗选业	Mining and Washing of Coal	225.27	122.74	77.81	5.85
石油和天然气开采业	Extraction of Petroleum and Natural Gas				
黑色金属矿采选业	Mining of Ferrous Metal Ores	5.72	4.63	-0.03	0.04
有色金属矿采选业	Mining of Non-ferrous Metal Ores				
非金属矿采选业	Mining and Processing of Nonmetal Ores				
开采专业及辅助性活动	Mining Specialties and Auxiliary Activities				
其他采矿业	Mining of Other Ores				
农副食品加工业	Processing of Food from Agricultural Products	1390.12	1266.35	54.30	8.55
食品制造业	Manufacture of Foods	445.49	343.71	39.08	3.67
酒、饮料和精制茶制造业	Manufacture of Wine, Drinks and Refined Tea	125.78	92.61	11.35	1.32
烟草制品业	Manufacture of Tobacco				
纺织业	Manufacture of Textile	225.70	190.04	13.60	4.49
纺织服装、服饰业	Manufacture of Textile Wearing Apparel and Finery	161.33	138.87	2.72	4.13

14－3 续表 3 continued

单位：亿元 (100 million yuan)

类　　别	Category	营业收入 Business Revenue	营业成本 Business Cost	利润总额 Total Profits	全部从业人员年平均人数（万人） Annual Average of Employed Persons (10 000 person)
皮革、毛皮、羽毛及其制品和制鞋业	Manufacture of Leather, Fur, Feather & Its Products and Footwear	47.18	42.33	-0.93	1.59
木材加工及木 竹、藤、棕、草制品业	Processing of Timbers, Manufacture of Wood, Bamboo, Rattan, Palm, and Straw Products	26.07	23.88	-0.61	0.40
家具制造业	Manufacture of Furniture	25.19	21.74	0.21	0.61
造纸及纸制品业	Manufacture of Paper and Paper Products	297.85	255.98	13.25	1.43
印刷和记录媒介复制业	Printing, Reproduction of Recording Media	42.08	33.46	2.98	0.50
文教、工美、体育和娱乐用品制造业	Manufacture of Culture, Education,Arts and crafts, Sport and Entertainment Goods	83.07	67.68	4.27	1.81
石油、煤炭及其他燃料加工业	Processing of Oil, Coal and Other Fuel	169.45	148.40	5.86	0.45
化学原料和化学制品制造业	Manufacture of Chemical Raw Material and Chemical Products	847.18	725.07	46.08	2.86
医药制造业	Manufacture of Medicines	543.78	346.18	140.98	4.03
化学纤维制造业	Manufacture of Chemical Fiber	22.11	17.36	1.66	0.22
橡胶和塑料制品业	Manufacture of Rubber and Plastic	257.44	183.71	40.31	2.71
非金属矿物制品业	Manufacture of Non-metallic Mineral Products	283.38	213.71	40.49	2.73
黑色金属冶炼及压延加工业	Manufacture and Processing of Ferrous Metals	1369.11	1278.32	76.19	1.54
有色金属冶炼及压延加工业	Manufacture & Processing of Non-ferrous Metals	1383.03	1262.49	80.21	0.92
金属制品业	Manufacture of Metal Products	398.29	342.83	25.17	3.42
通用设备制造业	Manufacture of General Purpose Machinery	518.33	414.73	44.05	3.85
专用设备制造业	Manufacture of Special Purpose Machinery	756.04	605.26	63.93	4.21
汽车制造业	Manufacture of Automotive	1911.75	1583.85	180.56	7.93
铁路、船舶、航空航天和其他运输设备制造业	Manufacture of Railroad,Marine,Aerospace and Other Transportation Equipment	207.34	166.65	14.52	2.00
电气机械及器材制造业	Manufacture of Electrical Machinery & Equipment	465.11	373.26	47.17	3.15
计算机、通信和其他电子设备制造业	Manufacture of Computer, Communications and Other Electronic Equipment	1316.81	1202.59	51.75	10.33
仪器仪表制造业	Manufacture of Measuring Instrument	70.36	50.74	7.98	0.52
其他制造业	Other Manufacture	11.20	9.72	-0.06	0.37
废弃资源综合利用业	Comprehensive Utilization of Waste	34.83	32.60	0.52	0.10
金属制品、机械和设备修理业	Metal Products, Machinery and Equipment Repair Industry	8.21	5.56	0.53	0.23
电力、热力的生产和供应业	Production and Supply of Electric Power and Heat Power	236.47	175.92	41.54	0.77
燃气生产和供应业	Production and Supply of Gas	268.82	230.47	22.39	1.09
水的生产和供应业	Production and Supply of Water	24.95	15.31	7.01	0.21

14-4 规模以上非公有制工业企业主要经济指标(2020年)

Main Economic Indicators of Non-public Industrial Enterprises above Designated Size(2020)

单位:亿元 (100 million yuan)

类 别	Category	企业单位数(个) Number of Enterprises (unit)	资产总计 Total Assets	流动资产合计 Total Current Assets	负债合计 Total Liabilities
总 计	**Total**	**27629**	**66069.55**	**39368.98**	**41411.95**
一、按轻重工业分	**by Light & Heavy Industry**				
轻工业	Light Industry	10059	17847.29	10351.67	10310.94
重工业	Heavy Industry	17570	48222.26	29017.31	31101.01
二、按企业规模分	**by Enterprise Size**				
大型企业	Large-sized Enterprises	470	23582.48	13254.30	13706.37
中型企业	Medium-sized Enterprises	2316	18096.58	11119.83	11636.59
小微企业	Small-sized and Micro-sized Enterprises	24843	24390.50	14994.84	16068.99
三、按工业门类分	**by Industries**				
采矿业	Mining	216	627.04	312.59	391.35
制造业	Manufacturing	26579	59814.81	36865.61	37360.66
电力、热力、燃气及水的生产和供应业	Production and Supply of Electric,Heat, Gas and Water	834	5627.71	2190.79	3659.93
四、按行业大类分	**by Sector**				
煤炭开采和洗选业	Mining and Washing of Coal	50	190.73	105.33	128.04
石油和天然气开采业	Extraction of Petroleum and Natural Gas	2			
黑色金属矿采选业	Mining of Ferrous Metal Ores	45	210.93	109.62	148.51
有色金属矿采选业	Mining of Non-ferrous Metal Ores	17	50.04	16.49	35.02
非金属矿采选业	Mining and Processing of Nonmetal Ores	94	157.55	69.68	71.10
开采专业及辅助性活动	Mining Specialties and Auxiliary Activities	7	9.99	7.45	5.56
其他采矿业	Mining of Other Ores	1			
农副食品加工业	Processing of Food from Agricultural Products	2507	3735.20	2531.70	2451.43
食品制造业	Manufacture of Foods	697	1313.68	735.58	790.46
酒、饮料和精制茶制造业	Manufacture of Wine, Drinks and Refined Tea	133	502.31	317.44	316.98
烟草制品业	Manufacture of Tobacco				
纺织业	Manufacture of Textile	1610	1973.77	1077.35	1083.14
纺织服装、服饰业	Manufacture of Textile Wearing Apparel and Finery	634	998.81	509.56	622.28

14-4 续表 1 continued

单位:亿元 (100 million yuan)

类　别	Category	企业单位数(个) Number of Enterprises (unit)	资产总计 Total Assets	流动资产合计 Total Current Assets	负债合计 Total Liabilities
皮革、毛皮、羽毛及其制品和制鞋业	Manufacture of Leather, Fur, Feather & Its Products and Footwear	235	214.56	153.56	139.21
木材加工及木、竹、藤、棕、草制品业	Processing of Timbers, Manufacture of Wood, Bamboo, Rattan, Palm, and Straw Products	2006	571.80	377.45	415.82
家具制造业	Manufacture of Furniture	268	195.16	118.39	145.49
造纸及纸制品业	Manufacture of Paper and Paper Products	490	1909.73	836.50	1389.43
印刷和记录媒介复制业	Printing, Reproduction of Recording Media	283	225.10	129.75	127.36
文教、工美、体育和娱乐用品制造业	Manufacture of Culture, Education,Arts and crafts, Sport and Entertainment Goods	549	505.61	327.62	271.66
石油、煤炭及其他燃料加工业	Processing of Oil, Coal and Other Fuel	252	4870.59	3280.10	3963.55
化学原料和化学制品制造业	Manufacture of Chemical Raw Material and Chemical Products	2207	7192.95	3935.96	4629.20
医药制造业	Manufacture of Medicines	555	3630.58	2050.79	1545.68
化学纤维制造业	Manufacture of Chemical Fiber	70	227.15	117.73	125.29
橡胶和塑料制品业	Manufacture of Rubber and Plastic	1332	2609.20	1571.76	1573.67
非金属矿物制品业	Manufacture of Non-metallic Mineral Products	3160	3750.07	2483.30	2328.51
黑色金属冶炼及压延加工业	Manufacture and Processing of Ferrous Metals	353	3808.67	2325.31	2635.56
有色金属冶炼及压延加工业	Manufacture & Processing of Non-ferrous Metals	440	4441.30	2486.19	2705.24
金属制品业	Manufacture of Metal Products	1829	2576.54	1610.25	1660.02
通用设备制造业	Manufacture of General Purpose Machinery	1815	2683.39	1817.90	1522.89
专用设备制造业	Manufacture of Special Purpose Machinery	1681	3333.21	2295.57	1852.57
汽车制造业	Manufacture of Automotive	1214	2902.28	1938.06	1807.33
铁路、船舶、航空航天和其他运输设备制造业	Manufacture of Railroad,Marine,Aerospace and Other Transportation Equipment	260	608.81	389.98	371.50
电气机械及器材制造业	Manufacture of Electrical Machinery & Equipment	1045	2019.79	1360.38	1201.05
计算机、通信和其他电子设备制造业	Manufacture of Computer, Communications and Other Electronic Equipment	520	2429.59	1712.08	1388.21
仪器仪表制造业	Manufacture of Measuring Instrument	276	359.55	266.00	171.43
其他制造业	Other Manufacture	39	24.90	17.54	14.94
废弃资源综合利用业	Comprehensive Utilization of Waste	95	168.12	75.16	88.50
金属制品、机械和设备修理业	Metal Products, Machinery and Equipment Repair Industry	24	32.38	16.67	22.25
电力、热力的生产和供应业	Production and Supply of Electric Power and Heat Power	511	4769.53	1803.75	3103.97
燃气生产和供应业	Production and Supply of Gas	204	516.27	268.78	334.90
水的生产和供应业	Production and Supply of Water	119	341.91	118.27	221.06

14-4　续表 2 continued

单位:亿元　　(100 million yuan)

类　别	Category	营业收入 Business Revenue	营业成本 Business Cost	利润总额 Total Profits	全部从业人员年平均人数(万人) Annual Average of Employed Persons (10 000 person)
总　计	**Total**	**63377.23**	**55021.54**	**3295.97**	**424.46**
一、按轻重工业分	**by Light & Heavy Industry**				
轻工业	Light Industry	17799.26	14923.48	1089.80	178.18
重工业	Heavy Industry	45577.98	40098.06	2206.17	246.29
二、按企业规模分	**by Enterprise Size**				
大型企业	Large-sized Enterprises	21462.71	18310.18	1415.91	110.80
中型企业	Medium-sized Enterprises	17145.63	14800.40	989.07	122.29
小微企业	Small-sized Enterprises	24768.90	21910.95	890.99	191.37
三、按工业门类分	**by Industries**				
采矿业	Mining	366.72	280.56	24.65	4.70
制造业	Manufacturing	60869.54	52937.29	3086.13	412.27
电力、热力、燃气及水的生产和供应业	Production and Supply of Electric,Heat, Gas and Water	2140.98	1803.69	185.18	7.49
四、按行业大类分	**by Sector**				
煤炭开采和洗选业	Mining and Washing of Coal	115.50	92.40	-0.23	2.08
石油和天然气开采业	Extraction of Petroleum and Natural Gas				
黑色金属矿采选业	Mining of Ferrous Metal Ores	149.15	113.48	16.84	1.18
有色金属矿采选业	Mining of Non-ferrous Metal Ores	16.39	11.80	1.58	0.27
非金属矿采选业	Mining and Processing of Nonmetal Ores	76.57	54.90	6.69	0.96
开采专业及辅助性活动	Mining Specialties and Auxiliary Activities	7.12	6.09		0.18
其他采矿业	Mining of Other Ores				
农副食品加工业	Processing of Food from Agricultural Products	6516.80	6049.17	191.63	40.52
食品制造业	Manufacture of Foods	1225.43	989.99	79.57	12.45
酒、饮料和精制茶制造业	Manufacture of Wine, Drinks and Refined Tea	289.88	223.60	13.70	3.08
烟草制品业	Manufacture of Tobacco				
纺织业	Manufacture of Textile	1714.91	1549.69	56.73	30.21
纺织服装、服饰业	Manufacture of Textile Wearing Apparel and Finery	684.27	585.32	29.45	16.89

14-4 续表 3 continued

单位:亿元 (100 million yuan)

类别	Category	营业收入 Business Revenue	营业成本 Business Cost	利润总额 Total Profits	全部从业人员年平均人数(万人) Annual Average of Employed Persons (10 000 person)
皮革、毛皮、羽毛及其制品和制鞋业	Manufacture of Leather, Fur, Feather & Its Products and Footwear	220.45	202.74	2.99	4.24
木材加工及木、竹、藤、棕、草制品业	Processing of Timbers, Manufacture of Wood, Bamboo, Rattan, Palm, and Straw Products	1301.91	1224.35	32.87	11.45
家具制造业	Manufacture of Furniture	186.86	162.26	6.95	3.75
造纸及纸制品业	Manufacture of Paper and Paper Products	1379.11	1194.53	75.19	9.03
印刷和记录媒介复制业	Printing, Reproduction of Recording Media	213.35	182.19	9.44	2.84
文教、工美、体育和娱乐用品制造业	Manufacture of Culture, Education,Arts and crafts, Sport and Entertainment Goods	546.59	459.53	30.65	7.94
石油、煤炭及其他燃料加工业	Processing of Oil, Coal and Other Fuel	6566.72	6046.43	166.06	7.02
化学原料和化学制品制造业	Manufacture of Chemical Raw Material and Chemical Products	6440.34	5566.94	326.33	28.88
医药制造业	Manufacture of Medicines	2432.04	1409.88	400.84	19.98
化学纤维制造业	Manufacture of Chemical Fiber	114.57	100.17	1.91	1.14
橡胶和塑料制品业	Manufacture of Rubber and Plastic	2172.19	1789.53	159.96	22.61
非金属矿物制品业	Manufacture of Non-metallic Mineral Products	3295.55	2776.89	201.18	26.26
黑色金属冶炼及压延加工业	Manufacture and Processing of Ferrous Metals	5352.32	5046.10	169.97	11.11
有色金属冶炼及压延加工业	Manufacture & Processing of Non-ferrous Metals	4925.84	4511.21	239.90	10.62
金属制品业	Manufacture of Metal Products	2843.74	2556.29	74.80	22.32
通用设备制造业	Manufacture of General Purpose Machinery	2177.43	1754.95	143.23	25.83
专用设备制造业	Manufacture of Special Purpose Machinery	2475.29	1944.36	218.01	23.17
汽车制造业	Manufacture of Automotive	3012.41	2572.24	184.49	24.91
铁路、船舶、航空航天和其他运输设备制造业	Manufacture of Railroad,Marine,Aerospace and Other Transportation Equipment	339.63	288.93	10.90	5.28
电气机械及器材制造业	Manufacture of Electrical Machinery & Equipment	1667.98	1367.05	109.70	14.39
计算机、通信和其他电子设备制造业	Manufacture of Computer, Communications and Other Electronic Equipment	2322.62	2030.53	113.90	21.45
仪器仪表制造业	Manufacture of Measuring Instrument	261.03	183.72	27.61	3.37
其他制造业	Other Manufacture	26.93	22.91	0.92	0.53
废弃资源综合利用业	Comprehensive Utilization of Waste	141.04	128.06	5.93	0.61
金属制品、机械和设备修理业	Metal Products, Machinery and Equipment Repair Industry	22.30	17.73	1.32	0.38
电力、热力的生产和供应业	Production and Supply of Electric Power and Heat Power	1633.79	1382.61	138.57	5.38
燃气生产和供应业	Production and Supply of Gas	428.51	368.22	30.60	1.41
水的生产和供应业	Production and Supply of Water	78.69	52.87	16.01	0.71

14-5　规模以上工业企业主要财务分析指标(2020年)

Main Financial Indicators of Industrial Enterprises above Designated Size(2020)

类　别	Category	资产负债率(%) Assets-Liability Ratio (%)	成本费用利润率(%) Ratio of Profits to Cost (%)	流动资产周转率(次) Ratio of Turnover Working Capitals (time)
总　计	**Total**	**62.56**	**5.39**	**1.63**
在总计中:国有控股企业	**of which:State-holding Enterprises**	**63.77**	**4.79**	**1.72**
一、按登记注册类型分	**by Status of Registration**			
内资企业	**Domestic Funded Enterprises**	**63.87**	**4.73**	**1.66**
国有企业	State-owned Enterprises	68.08	1.08	3.85
集体企业	Collective-owned Enterprises	55.05	6.27	0.99
股份合作企业	Cooperative Enterprises	73.57	-4.31	1.15
联营企业	Joint Ownership Enterprises	57.22	12.73	1.09
有限责任公司	Limited Liability Corporations	65.31	5.25	1.60
股份有限公司	Share-holding Corporations Limited	53.29	6.46	1.37
私营企业	Private Enterprises	68.57	4.06	1.76
其他企业	Other Enterprises	7.29	15.40	1.00
港、澳、台商投资企业	**Enterprises with Funds from Hong Kong, Macao and Taiwan**	**58.74**	**11.03**	**1.32**
外商投资企业	**Foreign Funded Enterprises**	**52.99**	**7.28**	**1.57**
二、按轻重工业分	**by Light & Heavy Industry**			
轻工业	Light Industry	57.19	6.89	1.65
重工业	Heavy Industry	64.00	4.95	1.62
三、按企业规模分	**by Enterprise Size**			
大型企业	Large-sized Enterprises	59.03	6.44	1.67
中型企业	Medium-sized Enterprises	64.88	5.50	1.60
小微企业	Small-sized and Micro-sized Enterprises	66.37	3.90	1.59
四、按工业门类分	**by Industries**			
采矿业	Mining	69.37	3.40	0.86
制造业	Manufacturing	61.50	5.43	1.67
电力、热力、燃气及水的生产和供应业	Production and Supply of Electric,Heat, Gas and Water	64.74	5.56	1.56
五、按行业大类分	**by Sector**			
煤炭开采和洗选业	Mining and Washing of Coal	70.13	16.75	0.48
石油和天然气开采业	Extraction of Petroleum and Natural Gas	70.31	-26.43	6.35
黑色金属矿采选业	Mining of Ferrous Metal Ores	62.94	15.14	1.43
有色金属矿采选业	Mining of Non-ferrous Metal Ores	66.39	28.07	1.07
非金属矿采选业	Mining and Processing of Nonmetal Ores	53.38	14.75	0.95
开采专业及辅助性活动	Mining Specialties and Auxiliary Activities	96.81	0.30	3.13
其他采矿业	Mining of Other Ores			
农副食品加工业	Processing of Food from Agricultural Products	65.89	2.99	2.57
食品制造业	Manufacture of Foods	59.72	7.06	1.67
酒、饮料和精制茶制造业	Manufacture of Wine, Drinks and Refined Tea	54.61	5.69	1.12
烟草制品业	Manufacture of Tobacco	30.01	25.50	1.52
纺织业	Manufacture of Textile	55.75	3.16	1.61
纺织服装、服饰业	Manufacture of Textile Wearing Apparel and Finery	61.86	4.38	1.32

14–5 续表 continued

类　　别	Category	资　产 负债率 (%) Assets-Liability Ratio (%)	成本费用 利 润 率 (%) Ratio of Profits to Cost (%)	流动资产 周 转 率 (次) Ratio of Turnover Working Capitals (time)
皮革、毛皮、羽毛及其制品和制鞋业	Manufacture of Leather, Fur, Feather & Its Products and Footwear	64.88	1.38	1.44
木材加工及木 竹、藤、棕、草制品业	Processing of Timbers, Manufacture of Wood, Bamboo, Rattan, Palm, and Straw Products	72.78	2.51	3.41
家具制造业	Manufacture of Furniture	74.55	3.84	1.58
造纸及纸制品业	Manufacture of Paper and Paper Products	72.03	6.69	1.40
印刷和记录媒介复制业	Printing, Reproduction of Recording Media	55.14	4.64	1.57
文教、工美、体育和娱乐用品制造业	Manufacture of Culture, Education,Arts and crafts, Sport and Entertainment Goods	55.25	5.88	1.62
石油、煤炭及其他燃料加工业	Processing of Oil, Coal and Other Fuel	75.30	2.54	2.24
化学原料和化学制品制造业	Manufacture of Chemical Raw Material and Chemical Products	63.76	6.13	1.70
医药制造业	Manufacture of Medicines	41.95	19.23	1.15
化学纤维制造业	Manufacture of Chemical Fiber	49.59	2.96	0.97
橡胶和塑料制品业	Manufacture of Rubber and Plastic	60.63	7.60	1.37
非金属矿物制品业	Manufacture of Non-metallic Mineral Products	61.33	8.19	1.30
黑色金属冶炼及压延加工业	Manufacture and Processing of Ferrous Metals	65.93	3.49	2.53
有色金属冶炼及压延加工业	Manufacture & Processing of Non-ferrous Metals	57.69	3.91	2.36
金属制品业	Manufacture of Metal Products	65.35	2.68	1.76
通用设备制造业	Manufacture of General Purpose Machinery	55.21	7.63	1.09
专用设备制造业	Manufacture of Special Purpose Machinery	59.46	8.65	1.01
汽车制造业	Manufacture of Automotive	64.66	6.02	1.75
铁路、船舶、航空航天和其他运输设备制造业	Manufacture of Railroad,Marine,Aerospace and Other Transportation Equipment	61.33	7.00	0.88
电气机械及器材制造业	Manufacture of Electrical Machinery & Equipment	59.14	7.81	1.19
计算机、通信和其他电子设备制造业	Manufacture of Computer, Communications and Other Electronic Equipment	55.14	4.86	1.42
仪器仪表制造业	Manufacture of Measuring Instrument	43.90	11.35	0.88
其他制造业	Other Manufacture	60.20	3.36	1.52
废弃资源综合利用业	Comprehensive Utilization of Waste	52.75	4.09	1.89
金属制品、机械和设备修理业	Metal Products, Machinery and Equipment Repair Industry	64.64	2.93	1.06
电力、热力的生产和供应业	Production and Supply of Electric Power and Heat Power	65.19	4.99	1.70
燃气生产和供应业	Production and Supply of Gas	60.81	9.30	1.66
水的生产和供应业	Production and Supply of Water	63.11	8.64	0.51

14-6 规模以上国有控股工业企业主要财务分析指标(2020年)
Main Financial Indicators of State-holding Industrial Enterprises above Designated Size(2020)

类 别	Category	资产负债率(%) Assets-Liability Ratio (%)	成本费用利润率(%) Ratio of Profits to Cost (%)	流动资产周转率(次) Ratio of Turnover Working Capitals (time)
总 计	**Total**	**63.77**	**4.79**	**1.72**
一、按隶属关系分	**by Type of Ownership**			
中央企业	Central Enterprises	61.91	2.22	2.86
地方企业	Local Enterprises	64.72	6.27	1.39
二、按轻重工业分	**by Light & Heavy Industry**			
轻工业	Light Industry	52.04	9.58	1.19
重工业	Heavy Industry	64.66	4.50	1.78
三、按企业规模分	**by Enterprise Size**			
大型企业	Large-sized Enterprises	61.56	5.23	1.81
中型企业	Medium-sized Enterprises	68.58	2.91	1.92
小微企业	Small-sized and Micro-sized Enterprises	68.52	6.02	1.10
四、按工业门类分	**by Industries**			
采矿业	Mining	70.07	2.60	0.81
制造业	Manufacturing	60.57	5.38	1.84
电力、热力、燃气及水的生产和供应业	Production and Supply of Electric,Heat, Gas and Water	64.48	3.62	2.28
五、按行业大类分	**by Sector**			
煤炭开采和洗选业	Mining and Washing of Coal	70.34	19.76	0.45
石油和天然气开采业	Extraction of Petroleum and Natural Gas	70.45	-26.47	6.63
黑色金属矿采选业	Mining of Ferrous Metal Ores	50.42	20.25	1.57
有色金属矿采选业	Mining of Non-ferrous Metal Ores	66.12	34.47	1.07
非金属矿采选业	Mining and Processing of Nonmetal Ores	73.82	28.30	0.71
开采专业及辅助性活动	Mining Specialties and Auxiliary Activities			
其他采矿业	Mining of Other Ores			
农副食品加工业	Processing of Food from Agricultural Products	62.22	-1.07	3.64
食品制造业	Manufacture of Foods	53.86	9.14	1.61
酒、饮料和精制茶制造业	Manufacture of Wine, Drinks and Refined Tea	46.17	6.44	1.51
烟草制品业	Manufacture of Tobacco	30.01	25.50	1.52
纺织业	Manufacture of Textile	68.62	2.19	1.47
纺织服装、服饰业	Manufacture of Textile Wearing Apparel and Finery	48.73	-3.94	0.47

14-6 续表 continued

类 别	Category	资产负债率(%) Assets-Liability Ratio (%)	成本费用利润率(%) Ratio of Profits to Cost (%)	流动资产周转率(次) Ratio of Turnover Working Capitals (time)
皮革、毛皮、羽毛及其制品和制鞋业	Manufacture of Leather, Fur, Feather & Its Products and Footwear			
木材加工及木竹、藤、棕、草制品业	Processing of Timbers, Manufacture of Wood, Bamboo, Rattan, Palm, and Straw Products	74.97	-8.05	1.71
家具制造业	Manufacture of Furniture			
造纸及纸制品业	Manufacture of Paper and Paper Products	73.93	11.94	0.60
印刷和记录媒介复制业	Printing, Reproduction of Recording Media	43.30	5.82	1.01
文教、工美、体育和娱乐用品制造业	Manufacture of Culture, Education,Arts and crafts, Sport and Entertainment Goods			
石油、煤炭及其他燃料加工业	Processing of Oil, Coal and Other Fuel	57.62	2.23	3.87
化学原料和化学制品制造业	Manufacture of Chemical Raw Material and Chemical Products	63.36	9.07	2.06
医药制造业	Manufacture of Medicines	35.79	20.09	0.80
化学纤维制造业	Manufacture of Chemical Fiber	29.87	9.90	0.84
橡胶和塑料制品业	Manufacture of Rubber and Plastic	69.26	2.18	1.07
非金属矿物制品业	Manufacture of Non-metallic Mineral Products	62.21	16.40	1.18
黑色金属冶炼及压延加工业	Manufacture and Processing of Ferrous Metals	62.87	3.12	4.53
有色金属冶炼及压延加工业	Manufacture & Processing of Non-ferrous Metals	61.58	0.46	5.68
金属制品业	Manufacture of Metal Products	81.29	1.52	2.00
通用设备制造业	Manufacture of General Purpose Machinery	52.53	9.33	0.88
专用设备制造业	Manufacture of Special Purpose Machinery	75.85	3.23	0.73
汽车制造业	Manufacture of Automotive	70.88	5.75	2.10
铁路、船舶、航空航天和其他运输设备制造业	Manufacture of Railroad,Marine,Aerospace and Other Transportation Equipment	61.60	9.12	0.87
电气机械及器材制造业	Manufacture of Electrical Machinery & Equipment	65.37	0.45	1.27
计算机、通信和其他电子设备制造业	Manufacture of Computer, Communications and Other Electronic Equipment	50.06	3.97	1.59
仪器仪表制造业	Manufacture of Measuring Instrument	35.11	10.57	0.62
其他制造业	Other Manufacture			
废弃资源综合利用业	Comprehensive Utilization of Waste	54.59	0.83	2.07
金属制品、机械和设备修理业	Metal Products, Machinery and Equipment Repair Industry	39.95	4.04	1.19
电力、热力的生产和供应业	Production and Supply of Electric Power and Heat Power	65.12	3.23	2.78
燃气生产和供应业	Production and Supply of Gas	55.95	12.25	1.80
水的生产和供应业	Production and Supply of Water	62.60	2.09	0.46

14−7　规模以上非公有制工业企业主要财务分析指标(2020年)

Main Financial Indicators of Non-public Industrial Enterprises above Designated Size(2020)

类　别	Category	资产负债率(%) Assets-Liability Ratio (%)	成本费用利润率(%) Ratio of Profits to Cost (%)	流动资产周转率(次) Ratio of Turnover Working Capitals (time)
总　计	**Total**	**62.68**	**5.48**	**1.61**
一、按轻重工业分	**by Light & Heavy Industry**			
轻工业	Light Industry	57.77	6.49	1.72
重工业	Heavy Industry	64.50	5.09	1.57
二、按企业规模分	**by Enterprise Size**			
大型企业	Large-sized Enterprises	58.12	7.06	1.62
中型企业	Medium-sized Enterprises	64.30	6.12	1.54
小微企业	Small-sized and Micro-sized Enterprises	65.88	3.73	1.65
三、按工业门类分	**by Industries**			
采矿业	Mining	62.41	7.42	1.17
制造业	Manufacturing	62.46	5.34	1.65
电力、热力、燃气及水的生产和供应业	Production and Supply of Electric,Heat, Gas and Water	65.03	9.45	0.98
四、按行业大类分	**by Sector**			
煤炭开采和洗选业	Mining and Washing of Coal	67.13	-0.21	1.10
石油和天然气开采业	Extraction of Petroleum and Natural Gas			
黑色金属矿采选业	Mining of Ferrous Metal Ores	70.40	13.10	1.36
有色金属矿采选业	Mining of Non-ferrous Metal Ores	69.98	10.25	0.99
非金属矿采选业	Mining and Processing of Nonmetal Ores	45.13	10.02	1.10
开采专业及辅助性活动	Mining Specialties and Auxiliary Activities	55.66	0.06	0.96
其他采矿业	Mining of Other Ores			
农副食品加工业	Processing of Food from Agricultural Products	65.63	3.02	2.57
食品制造业	Manufacture of Foods	60.17	6.97	1.67
酒、饮料和精制茶制造业	Manufacture of Wine, Drinks and Refined Tea	63.10	5.22	0.91
烟草制品业	Manufacture of Tobacco			
纺织业	Manufacture of Textile	54.88	3.40	1.59
纺织服装、服饰业	Manufacture of Textile Wearing Apparel and Finery	62.30	4.50	1.34

14-7 续表 continued

类 别	Category	资产负债率(%) Assets-Liability Ratio (%)	成本费用利润率(%) Ratio of Profits to Cost (%)	流动资产周转率(次) Ratio of Turnover Working Capitals (time)
皮革、毛皮、羽毛及其制品和制鞋业	Manufacture of Leather, Fur, Feather & Its Products and Footwear	64.88	1.38	1.44
木材加工及木 竹、藤、棕、草制品业	Processing of Timbers, Manufacture of Wood, Bamboo, Rattan, Palm, and Straw Products	72.72	2.60	3.45
家具制造业	Manufacture of Furniture	74.55	3.84	1.58
造纸及纸制品业	Manufacture of Paper and Paper Products	72.76	5.68	1.65
印刷和记录媒介复制业	Printing, Reproduction of Recording Media	56.58	4.59	1.64
文教、工美、体育和娱乐用品制造业	Manufacture of Culture, Education,Arts and crafts, Sport and Entertainment Goods	53.73	5.93	1.67
石油、煤炭及其他燃料加工业	Processing of Oil, Coal and Other Fuel	81.38	2.66	2.00
化学原料和化学制品制造业	Manufacture of Chemical Raw Material and Chemical Products	64.36	5.34	1.64
医药制造业	Manufacture of Medicines	42.57	19.30	1.19
化学纤维制造业	Manufacture of Chemical Fiber	55.16	1.70	0.97
橡胶和塑料制品业	Manufacture of Rubber and Plastic	60.31	7.91	1.38
非金属矿物制品业	Manufacture of Non-metallic Mineral Products	62.09	6.50	1.33
黑色金属冶炼及压延加工业	Manufacture and Processing of Ferrous Metals	69.20	3.27	2.30
有色金属冶炼及压延加工业	Manufacture & Processing of Non-ferrous Metals	60.91	5.07	1.98
金属制品业	Manufacture of Metal Products	64.43	2.70	1.77
通用设备制造业	Manufacture of General Purpose Machinery	56.75	7.01	1.20
专用设备制造业	Manufacture of Special Purpose Machinery	55.58	9.65	1.08
汽车制造业	Manufacture of Automotive	62.27	6.51	1.55
铁路、船舶、航空航天和其他运输设备制造业	Manufacture of Railroad,Marine,Aerospace and Other Transportation Equipment	61.02	3.28	0.87
电气机械及器材制造业	Manufacture of Electrical Machinery & Equipment	59.46	6.94	1.23
计算机、通信和其他电子设备制造业	Manufacture of Computer, Communications and Other Electronic Equipment	57.14	5.14	1.36
仪器仪表制造业	Manufacture of Measuring Instrument	47.68	11.69	0.98
其他制造业	Other Manufacture	59.98	3.58	1.54
废弃资源综合利用业	Comprehensive Utilization of Waste	52.64	4.36	1.88
金属制品、机械和设备修理业	Metal Products, Machinery and Equipment Repair Industry	68.72	6.26	1.34
电力、热力的生产和供应业	Production and Supply of Electric Power and Heat Power	65.08	9.25	0.91
燃气生产和供应业	Production and Supply of Gas	64.87	7.67	1.59
水的生产和供应业	Production and Supply of Water	64.66	25.04	0.67

14-8　2008-2020年规模以上工业增加值

Value Added of Industry Enterprises above Designated Size From 2008 to 2020

类　别	Category	2008 工业增加值比上年增长(%) Growth Rate(%)	2009 工业增加值比上年增长(%) Growth Rate(%)	2010 工业增加值比上年增长(%) Growth Rate(%)	2011 工业增加值比上年增长(%) Growth Rate(%)	2012 工业增加值比上年增长(%) Growth Rate(%)	2013 工业增加值比上年增长(%) Growth Rate(%)
全省总计	**Total**	**13.8**	**14.9**	**15.0**	**14.0**	**11.4**	**11.3**
在总计中:轻工业	of which:Light Industry	13.2	12.1	12.9	11.9	11.2	10.2
重工业	Heavy Industry	14.1	16.2	16.1	15.1	11.5	11.8
在总计中:国有企业	of which:State-owned Enterprises	4.6	4.6	13.2	15.7	6.1	5.3
集体企业	Collective-owned Enterprises	8.3	17.8	9.9	11.5	10.5	10.6
股份制企业	Cooperative Enterprises	15.1	16.0	15.6	14.6	12.3	12.3
外商及港澳台商投资企业	Enterprises with Funds from Foreign Countries,Hong Kong, Macao and Taiwan	14.1	11.0	14.1	11.1	7.8	10.3
在总计中:国有控股企业	of which:State-holding Enterprises	8.2	4.7	12.5	6.1	3.7	4.8
在总计中:大中型工业企业	of which:Large and Medium-sized Enterprises	8.7	9.1	13.3	11.0	8.0	9.5

注:本表增幅按快报可比价计算。
a)Data in this table are calculated at constant prices of the express report.

14-8　续表 continued

类　别	Category	2014 工业增加值比上年增长(%) Growth Rate(%)	2015 工业增加值比上年增长(%) Growth Rate(%)	2016 工业增加值比上年增长(%) Growth Rate(%)	2017 工业增加值比上年增长(%) Growth Rate(%)	2018 工业增加值比上年增长(%) Growth Rate(%)	2019 工业增加值比上年增长(%) Growth Rate(%)	2020 工业增加值比上年增长(%) Growth Rate(%)
全省总计	**Total**	**9.6**	**7.5**	**6.8**	**6.9**	**5.2**	**1.2**	**5.0**
在总计中:轻工业	of which:Light Industry	8.5	7.4	5.5	6.9	0.5	-4.7	4.2
重工业	Heavy Industry	10.1	7.5	7.5	6.9	7.4	3.1	5.3
在总计中:国有企业	of which:State-owned Enterprises	-0.2	-0.5	-2.6	8.5	13.6	7.4	2.5
集体企业	Collective-owned Enterprises	5.7	4.2	4.4	6.6	-7.7	-10.5	-11.3
股份制企业	Cooperative Enterprises	10.3	7.8	7.4	7.1	4.7	0.8	4.6
外商及港澳台商投资企业	Enterprises with Funds from Foreign Countries,Hong Kong, Macao and Taiwan	9.0	7.5	5.6	7.0	9.2	1.4	7.4
在总计中:国有控股企业	of which:State-holding Enterprises	2.8	-1.9	4.5	9.3	9.1	3.8	3.5
在总计中:大中型工业企业	of which:Large and Medium-sized Enterprises	8.1	5.8	7.2	7.8	7.3	-0.6	6.0

14−9 按行业分规模以上工业增加值构成

Its Composition of Industry Enterprises above Designated Size by Sector

类别	Category	2019 增加值占规模以上工业比重(%) Composition (%)	2019 工业增加值比上年增长(%) Growth Rate (%)
全省总计	**Total**	**100.0**	**1.2**
采矿业	**Mining**	**7.4**	**4.5**
煤炭开采和洗选业	Mining and Washing of Coal	4.8	8.0
石油和天然气开采业	Extraction of Petroleum and Natural Gas	1.6	-0.6
黑色金属矿采选业	Mining of Ferrous Metal Ores	0.4	10.5
有色金属矿采选业	Mining of Non-ferrous Metal Ores	0.2	2.6
非金属矿采选业	Mining and Processing of Nonmetal Ores	0.1	-16.2
开采专业及辅助性活动	Mining Specialties and Auxiliary Activities	0.3	19.4
其他采矿业	Mining of Other Ores	0.0	28.5
制造业	**Manufacturing**	**84.9**	**0.3**
农副食品加工业	Processing of Food from Agricultural Products	4.9	-3.6
食品制造业	Manufacture of Foods	1.5	-7.2
酒、饮料和精制茶制造业	Manufacture of Wine, Drinks and Refined Tea	1.0	-9.7
烟草制品业	Manufacture of Tobacco	1.6	7.3
纺织业	Manufacture of Textile	2.8	-13.2
纺织服装、服饰业	Manufacture of Textile Wearing Apparel and Finery	1.4	-5.8
皮革、毛皮、羽毛及其制品和制鞋业	Manufacture of Leather, Fur, Feather & Its Products and Footwear	0.3	-20.4
木材加工及木 竹、藤、棕、草制品业	Processing of Timbers, Manufacture of Wood, Bamboo, Rattan, Palm, and Straw Products	1.0	-10.9
家具制造业	Manufacture of Furniture	0.3	-13.6
造纸及纸制品业	Manufacture of Paper and Paper Products	2.0	1.5
印刷和记录媒介复制业	Printing, Reproduction of Recording Media	0.3	-8.7
文教、工美、体育和娱乐用品制造业	Manufacture of Culture, Education,Arts and crafts, Sport and Entertainment Goods	0.7	-13.5
石油、煤炭及其他燃料加工业	Processing of Oil, Coal and Other Fuel	9.8	3.9
化学原料和化学制品制造业	Manufacture of Chemical Raw Material and Chemical Products	10.4	3.5
医药制造业	Manufacture of Medicines	4.1	-2.7
化学纤维制造业	Manufacture of Chemical Fiber	0.1	0.8
橡胶和塑料制品业	Manufacture of Rubber and Plastic	2.8	-0.4
非金属矿物制品业	Manufacture of Non-metallic Mineral Products	5.0	3.8
黑色金属冶炼及压延加工业	Manufacture and Processing of Ferrous Metals	5.6	14.4
有色金属冶炼及压延加工业	Manufacture & Processing of Non-ferrous Metals	5.1	0.5
金属制品业	Manufacture of Metal Products	2.5	-1.6
通用设备制造业	Manufacture of General Purpose Machinery	3.8	-3.3
专用设备制造业	Manufacture of Special Purpose Machinery	3.3	5.3
汽车制造业	Manufacture of Automotive	4.9	0.8
铁路、船舶、航空航天和其他运输设备制造业	Manufacture of Railroad,Marine,Aerospace and Other Transportation Equipment	1.6	17.6
电气机械及器材制造业	Manufacture of Electrical Machinery & Equipment	3.0	-0.6
计算机、通信和其他电子设备制造业	Manufacture of Computer, Communications and Other Electronic Equipment	4.0	7.1
仪器仪表制造业	Manufacture of Measuring Instrument	0.4	-1.3
其他制造业	Other Manufacture	0.4	32.4
废弃资源综合利用业	Comprehensive Utilization of Waste	0.2	-21.2
金属制品、机械和设备修理业	Metal Products, Machinery and Equipment Repair Industry	0.1	-12.2
电力、热力、燃气及水的生产和供应业	**Production and Supply of Electric,Heat,Gas and Water**	**7.6**	**6.7**
电力、热力生产和供应业	Production and Supply of Electric Power and Heat Power	6.3	5.5
燃气生产和供应业	Production and Supply of Gas	1.0	19.2
水的生产和供应业	Production and Supply of Water	0.4	-1.4

14—9　续表 continued

类　　别	Category	2020 增加值占规模以上工业比重(%) Composition (%)	2020 工业增加值比上年增长(%) Growth Rate (%)
全省总计	**Total**	**100.0**	**5.0**
采矿业	**Mining**	**6.6**	**2.8**
煤炭开采和洗选业	Mining and Washing of Coal	3.1	1.4
石油和天然气开采业	Extraction of Petroleum and Natural Gas	1.9	0.5
黑色金属矿采选业	Mining of Ferrous Metal Ores	0.6	13.7
有色金属矿采选业	Mining of Non-ferrous Metal Ores	0.5	7.0
非金属矿采选业	Mining and Processing of Nonmetal Ores	0.2	-2.5
开采专业及辅助性活动	Mining Specialties and Auxiliary Activities	0.3	20.9
其他采矿业	Mining of Other Ores	0.0	-67.4
制造业	**Manufacturing**	**83.4**	**5.7**
农副食品加工业	Processing of Food from Agricultural Products	4.8	4.0
食品制造业	Manufacture of Foods	1.7	10.5
酒、饮料和精制茶制造业	Manufacture of Wine, Drinks and Refined Tea	0.9	-11.7
烟草制品业	Manufacture of Tobacco	1.7	7.6
纺织业	Manufacture of Textile	2.3	-4.5
纺织服装、服饰业	Manufacture of Textile Wearing Apparel and Finery	1.0	-13.2
皮革、毛皮、羽毛及其制品和制鞋业	Manufacture of Leather, Fur, Feather & Its Products and Footwear	0.2	-22.5
木材加工及木 竹、藤、棕、草制品业	Processing of Timbers, Manufacture of Wood, Bamboo, Rattan, Palm, and Straw Products	1.1	6.6
家具制造业	Manufacture of Furniture	0.3	-2.8
造纸及纸制品业	Manufacture of Paper and Paper Products	1.7	12.2
印刷和记录媒介复制业	Printing, Reproduction of Recording Media	0.3	4.3
文教、工美、体育和娱乐用品制造业	Manufacture of Culture, Education,Arts and crafts, Sport and Entertainment Goods	0.8	1.3
石油、煤炭及其他燃料加工业	Processing of Oil, Coal and Other Fuel	7.6	1.8
化学原料和化学制品制造业	Manufacture of Chemical Raw Material and Chemical Products	10.2	6.6
医药制造业	Manufacture of Medicines	4.5	3.4
化学纤维制造业	Manufacture of Chemical Fiber	0.1	-10.9
橡胶和塑料制品业	Manufacture of Rubber and Plastic	2.5	6.9
非金属矿物制品业	Manufacture of Non-metallic Mineral Products	5.5	1.6
黑色金属冶炼及压延加工业	Manufacture and Processing of Ferrous Metals	5.8	7.7
有色金属冶炼及压延加工业	Manufacture & Processing of Non-ferrous Metals	4.3	-5.3
金属制品业	Manufacture of Metal Products	2.7	10.0
通用设备制造业	Manufacture of General Purpose Machinery	4.1	6.0
专用设备制造业	Manufacture of Special Purpose Machinery	4.4	14.6
汽车制造业	Manufacture of Automotive	6.5	23.6
铁路、船舶、航空航天和其他运输设备制造业	Manufacture of Railroad,Marine,Aerospace and Other Transportation Equipment	1.3	-1.1
电气机械及器材制造业	Manufacture of Electrical Machinery & Equipment	2.5	9.4
计算机、通信和其他电子设备制造业	Manufacture of Computer, Communications and Other Electronic Equipment	3.7	10.5
仪器仪表制造业	Manufacture of Measuring Instrument	0.5	7.4
其他制造业	Other Manufacture	0.1	38.7
废弃资源综合利用业	Comprehensive Utilization of Waste	0.2	-36.2
金属制品、机械和设备修理业	Metal Products, Machinery and Equipment Repair Industry	0.1	41.4
电力、热力、燃气及水的生产和供应业	**Production and Supply of Electric,Heat,Gas and Water**	**10.0**	**1.3**
电力、热力生产和供应业	Production and Supply of Electric Power and Heat Power	8.6	0.9
燃气生产和供应业	Production and Supply of Gas	0.8	1.1
水的生产和供应业	Production and Supply of Water	0.6	7.9

14-10 各市规模以上工业企业主要经济指标(2020年)

Main Economic Indicators of Industrial Enterprises above Designated Size by Region(2020)

单位:亿元 (100 million yuan)

地区	Region	企业单位数(个) Number of Enterprises (unit)	资产总计 Total Assets	流动资产合计 Total Current Assets	负债合计 Total Liabilities	营业收入 Business Revenue	营业成本 Business Cost	利润总额 Total Profits	全部从业人员年平均人数(万人) Annual Average of Employed Persons (10 000 person)
全省总计	**Total**	**29628**	**101462.91**	**53618.24**	**63475.11**	**87160.70**	**75333.94**	**4431.32**	**543.77**
济南市	Jinan	2215	7724.85	4708.38	4738.22	7575.34	6401.83	423.31	39.33
青岛市	Qingdao	3856	11066.41	6830.00	6394.19	9828.17	8292.36	571.79	67.20
淄博市	Zibo	1775	5306.94	2778.36	3115.71	4604.54	3818.05	222.40	30.85
枣庄市	Zaozhuang	739	1842.92	891.73	1173.15	1230.83	1014.40	76.79	13.85
东营市	Dongying	845	8214.73	4331.36	6271.64	7293.42	6667.11	52.95	26.30
烟台市	Yantai	2188	10404.57	5118.32	6073.58	8437.09	7284.87	517.87	50.60
潍坊市	Weifang	3521	9815.51	5770.50	6365.81	8987.58	7779.51	452.81	65.62
济宁市	Jining	1941	6488.20	2846.42	3950.68	3701.61	3042.27	286.34	37.77
泰安市	Tai'an	1097	3943.66	2293.39	2788.11	2222.80	1843.07	113.21	21.35
威海市	Weihai	1073	3946.21	2268.42	1927.21	2595.00	1943.10	256.78	28.75
日照市	Rizhao	797	4114.17	2300.83	2757.32	4275.00	3915.10	213.72	13.23
临沂市	Linyi	3421	5250.26	3150.32	3478.16	5235.77	4535.76	239.52	40.22
德州市	Dezhou	1496	3111.30	1516.95	1811.16	2904.89	2461.69	180.21	22.79
聊城市	Liaocheng	1436	4122.74	2266.63	2817.00	3509.94	3129.03	133.71	21.32
滨州市	Binzhou	1316	8799.96	4401.47	5555.29	8034.38	7375.19	324.11	30.49
菏泽市	Heze	1908	3241.79	1540.94	1979.47	3953.42	3421.83	275.78	22.68

14-11 各市规模以上国有控股工业企业主要经济指标(2020年)

Main Economic Indicators of State-holding Industrial Enterprises above Designated Size by Region(2020)

单位:亿元 (100 million yuan)

地 区	Region	企业单位数(个) Number of Enterprises (unit)	资产总计 Total Assets	流动资产合计 Total Current Assets	负债合计 Total Liabilities	营业收入 Business Revenue	营业成本 Business Cost	利润总额 Total Profits	全部从业人员年平均人数(万人) Annual Average of Employed Persons (10 000 person)
全省总计	**Total**	**1614**	**31610.55**	**12330.96**	**20157.11**	**21230.19**	**18105.11**	**943.71**	**102.08**
济南市	Jinan	211	3067.38	1692.53	2048.72	3177.24	2796.92	102.26	10.37
青岛市	Qingdao	189	3664.12	2088.62	2205.44	3261.23	2756.53	164.97	10.78
淄博市	Zibo	112	1207.44	483.54	647.80	1160.10	928.59	37.65	6.01
枣庄市	Zaozhuang	102	954.11	435.95	679.82	440.01	344.34	27.32	5.25
东营市	Dongying	50	2290.04	351.87	1651.91	1318.59	1195.40	-129.79	9.82
烟台市	Yantai	156	3980.64	1226.08	2636.16	3274.54	2886.07	202.02	8.19
潍坊市	Weifang	107	2531.87	1366.94	1498.63	1485.03	1227.40	112.04	5.85
济宁市	Jining	167	3345.79	1290.72	2207.16	1135.44	870.83	118.91	14.77
泰安市	Tai'an	102	1717.52	984.34	1346.72	484.60	402.62	29.11	5.01
威海市	Weihai	60	639.24	262.84	375.47	213.26	168.64	17.05	2.29
日照市	Rizhao	34	646.82	194.10	392.69	540.99	486.55	26.15	1.01
临沂市	Linyi	85	589.09	206.16	368.87	294.96	227.80	29.15	2.19
德州市	Dezhou	47	653.04	189.30	339.93	474.20	405.45	33.85	2.05
聊城市	Liaocheng	63	928.68	420.93	590.79	539.71	459.95	32.35	3.14
滨州市	Binzhou	65	620.67	246.55	428.19	369.53	326.49	17.77	1.83
菏泽市	Heze	60	705.41	286.29	460.41	289.84	212.78	32.86	2.08

14-12 各市规模以上外商和港澳台投资工业企业主要经济指标(2020年)

Main Economic Indicators of Industrial Enterprises with Funds from Foreign Countries (Territories), Hong Kong,Macao and Taiwan by Region(2020)

单位:亿元 (100 million yuan)

地区	Region	企业单位数(个) Number of Enterprises (unit)	资产总计 Total Assets	流动资产合计 Total Current Assets	负债合计 Total Liabilities	营业收入 Business Revenue	营业成本 Business Cost	利润总额 Total Profits	全部从业人员年平均人数(万人) Annual Average of Employed Persons (10 000 person)
全省总计	**Total**	**2610**	**16643.79**	**9766.98**	**9301.47**	**14208.40**	**11990.25**	**1158.56**	**88.07**
济南市	Jinan	142	1260.57	802.21	635.76	1207.01	940.10	162.91	5.73
青岛市	Qingdao	825	2551.52	1752.28	1330.72	2739.83	2277.15	184.90	21.00
淄博市	Zibo	98	447.03	225.53	194.26	316.12	251.12	26.96	4.12
枣庄市	Zaozhuang	39	170.11	79.06	85.68	118.36	97.43	6.74	1.77
东营市	Dongying	45	399.10	274.85	283.61	456.73	405.67	20.55	0.87
烟台市	Yantai	456	2682.26	1921.46	1524.08	2978.12	2604.83	171.05	17.01
潍坊市	Weifang	228	1020.08	614.93	591.87	908.73	760.45	66.08	6.35
济宁市	Jining	95	2375.57	867.40	1500.18	527.03	371.78	104.48	8.71
泰安市	Tai'an	60	213.08	109.03	146.77	158.02	131.28	6.58	1.15
威海市	Weihai	243	751.29	424.67	314.49	534.04	411.35	69.46	7.49
日照市	Rizhao	87	1187.74	748.93	701.35	1746.56	1609.72	97.54	2.91
临沂市	Linyi	104	880.34	616.10	494.88	639.59	507.19	54.35	4.22
德州市	Dezhou	65	205.52	100.58	98.36	217.15	187.18	17.01	1.82
聊城市	Liaocheng	33	1062.89	514.48	651.47	494.95	406.68	50.42	1.04
滨州市	Binzhou	44	905.40	423.52	517.83	727.71	678.42	40.37	2.20
菏泽市	Heze	45	453.50	284.38	205.04	395.84	313.67	75.37	1.68

14-13　各市规模以上非公有制工业企业主要经济指标(2020年)

Main Economic Indicators of Non-public Industrial Enterprises above Designated Size by Region(2020)

单位:亿元　　(100 million yuan)

地　区	Region	企业单位数(个) Number of Enterprises (unit)	资产总计 Total Assets	流动资产合计 Total Current Assets	负债合计 Total Liabilities	营业收入 Business Revenue	营业成本 Business Cost	利润总额 Total Profits	全部从业人员年平均人数(万人) Annual Average of Employed Persons (10 000 person)
全省总计	**Total**	**27629**	**66069.55**	**39368.98**	**41411.95**	**63377.23**	**55021.54**	**3295.97**	**424.46**
济南市	Jinan	1973	4563.40	2953.49	2645.18	4313.93	3536.20	315.95	27.91
青岛市	Qingdao	3616	6469.43	4300.87	3678.52	6110.46	5155.55	332.66	54.24
淄博市	Zibo	1621	3919.79	2199.04	2357.53	3306.50	2767.69	178.51	23.86
枣庄市	Zaozhuang	628	878.11	447.63	486.58	783.14	663.38	49.50	8.47
东营市	Dongying	758	5164.20	3569.49	4181.37	5456.49	5009.41	155.92	14.93
烟台市	Yantai	1972	5683.53	3619.07	3197.50	4740.02	4044.26	287.73	39.38
潍坊市	Weifang	3386	7108.27	4285.70	4756.54	7337.82	6404.38	333.43	58.68
济宁市	Jining	1761	3118.37	1540.83	1729.98	2548.85	2157.20	166.81	22.57
泰安市	Tai'an	975	1898.93	1135.30	1298.26	1458.61	1204.79	55.83	14.93
威海市	Weihai	986	3166.40	1930.05	1492.36	2294.10	1699.31	233.52	25.15
日照市	Rizhao	751	3430.87	2083.20	2339.19	3712.01	3408.97	187.95	11.95
临沂市	Linyi	3322	4583.86	2885.50	3047.84	4886.11	4259.46	209.66	37.67
德州市	Dezhou	1437	2429.72	1314.71	1452.01	2415.78	2043.55	145.25	20.54
聊城市	Liaocheng	1360	3071.97	1772.93	2188.81	2872.86	2577.89	98.52	16.98
滨州市	Binzhou	1239	8052.62	4080.11	5042.90	7485.73	6885.20	302.55	26.86
菏泽市	Heze	1844	2530.08	1251.08	1517.35	3654.83	3204.30	242.18	20.35

14−14 各市规模以上工业企业主要财务分析指标(2020年)

Main Financial Indicators of Industrial Enterprises above Designated Size by Region(2020)

单位：%　　　　(%)

地　区	Region	资　产 负债率 Assets-Liability Ratio	成本费用 利润率 Ratio of Profits to Cost	流动资产 周转率 (次) Ratio of Turnover Working Capitals (time)
全省总计	**Total**	**62.56**	**5.39**	**1.63**
济南市	Jinan	61.34	5.94	1.61
青岛市	Qingdao	57.78	6.18	1.44
淄博市	Zibo	58.71	5.20	1.66
枣庄市	Zaozhuang	63.66	6.67	1.38
东营市	Dongying	76.35	0.75	1.68
烟台市	Yantai	58.37	6.52	1.65
潍坊市	Weifang	64.85	5.32	1.56
济宁市	Jining	60.89	8.38	1.30
泰安市	Tai'an	70.70	5.37	0.97
威海市	Weihai	48.84	10.83	1.14
日照市	Rizhao	67.02	5.24	1.86
临沂市	Linyi	66.25	4.80	1.66
德州市	Dezhou	58.21	6.64	1.91
聊城市	Liaocheng	68.33	3.95	1.55
滨州市	Binzhou	63.13	4.20	1.83
菏泽市	Heze	61.06	7.57	2.57

14–15　各市规模以上国有控股工业企业主要财务分析指标(2020年)
Main Financial Indicators of State-holding Industrial Enterprises above Designated Size by Region(2020)

单位：%　　　　(%)

地　区	Region	资　产 负债率 Assets-Liability Ratio	成本费用 利润率 Ratio of Profits to Cost	流动资产 周转率 (次) Ratio of Turnover Working Capitals (time)
全省总计	**Total**	**63.77**	**4.79**	**1.72**
济 南 市	Jinan	66.79	3.39	1.88
青 岛 市	Qingdao	60.19	5.47	1.56
淄 博 市	Zibo	53.65	3.66	2.40
枣 庄 市	Zaozhuang	71.25	6.67	1.01
东 营 市	Dongying	72.13	-9.83	3.75
烟 台 市	Yantai	66.22	6.59	2.67
潍 坊 市	Weifang	59.19	8.30	1.09
济 宁 市	Jining	65.97	11.93	0.88
泰 安 市	Tai'an	78.41	6.31	0.49
威 海 市	Weihai	58.74	8.45	0.81
日 照 市	Rizhao	60.71	5.09	2.79
临 沂 市	Linyi	62.62	11.07	1.43
德 州 市	Dezhou	52.05	7.78	2.50
聊 城 市	Liaocheng	63.62	6.27	1.28
滨 州 市	Binzhou	68.99	5.11	1.50
菏 泽 市	Heze	65.27	13.19	1.01

14-16 规模以上工业主要产品产量(2020年)

Output of Major Industrial Products above Designated Size(2020)

名　　称		Item		生产量 Output
铁矿石原矿量	(万吨)	Ironstone in Original Iron Ores	(10 000 tons)	3147.6
原　盐	(万吨)	Salt	(10 000 tons)	898.3
小麦粉	(万吨)	Wheat Flour	(10 000 tons)	1549.7
大　米	(万吨)	Rice	(10 000 tons)	28.0
精制食用植物油	(万吨)	Refined Edible Vegetable Oil	(10 000 tons)	547.3
鲜、冷藏肉	(万吨)	Frozen,Fresh Meat	(10 000 tons)	757.8
配合饲料+混合饲料	(万吨)	Formula Feed & Mixed Feed	(10 000 tons)	2780.7
速冻米面食品	(万吨)	Quick-frozen Food	(10 000 tons)	2.8
方便面	(万吨)	Instant Noodles	(10 000 tons)	14.5
乳制品	(万吨)	Milk Products	(10 000 tons)	216.7
液体乳	(万吨)	Liquid Milk	(10 000 tons)	204.3
罐　头	(万吨)	Canned Food	(10 000 tons)	56.9
酱　油	(万吨)	Soy Sauce	(10 000 tons)	52.8
发酵酒精(折96度,商品量)	(万千升)	Fermenting Alcohol	(10 000 kiloliter)	63.7
饮料酒	(万千升)	Liquor	(10 000 kiloliter)	490.6
白酒(折65度,商品量)	(万千升)	White Spirit	(10 000 kiloliter)	20.9
啤　酒	(万千升)	Beer	(10 000 kiloliter)	458.0
葡萄酒	(万千升)	Wine	(10 000 kiloliter)	7.3
饮料	(万吨)	Drinks	(10 000 tons)	397.2
碳酸饮料	(万吨)	Carbonated Drinks	(10 000 tons)	79.5
包装饮用水	(万吨)	Bottled Drinking Water	(10 000 tons)	135.2
果汁蔬菜汁类饮料	(万吨)	Juice and Vegetable Juice Beverage	(10 000 tons)	69.2
冷冻饮品	(万吨)	Frozen Drinks	(10 000 tons)	6.3
精制茶	(万吨)	Refined Tea	(10 000 tons)	
卷　烟	(亿支)	Cigarettes	(100 million pieces)	1267.1
化学纤维用浆粕	(万吨)	Chemical Fiber Pulp	(10 000 tons)	14.4
化学纤维	(万吨)	Chemical Fiber	(10 000 tons)	77.3
粘胶短纤维	(万吨)	Viscose Staple Fiber	(10 000 tons)	34.3
合成纤维	(万吨)	Synthetic Fiber	(10 000 tons)	35.3
锦纶纤维	(万吨)	Nylon Fiber	(10 000 tons)	7.4
涤纶纤维	(万吨)	Polyester Fiber	(10 000 tons)	16.6
腈纶纤维	(万吨)	Acrylic Fiber	(10 000 tons)	3.2
丙纶纤维	(万吨)	Polypropylene Fiber	(10 000 tons)	2.8
纱	(万吨)	Yarn	(10 000 tons)	339.9
布	(亿米)	Cloth	(100 million m)	41.1
棉　布	(亿米)	Cotton Cloth	(100 million m)	35.8
棉混纺布(混纺交织布)	(亿米)	Cotton Blended Cloth	(100 million m)	3.3
化学纤维短纤布	(亿米)	Chemical Fiber Cloth	(100 million m)	2.1
印染布	(亿米)	Printed Fabric	(100 million m)	32.6
帘子布	(万吨)	Cord Fabric	(10 000 tons)	8.3
绒线(毛线)	(万吨)	Knitting Wool	(10 000 tons)	2.9
毛机织物(呢绒)	(万米)	Wool Fabric	(10 000 m)	3472.2
亚麻布	(万米)	Ramie and Flax Cloth	(10 000 m)	674.5

14-16 续表 1 continued

名 称		Item		生产量 Output
服 装	(万件)	Garments	(10 000 pieces)	185705.5
梭织服装	(万件)	Woven Garments	(10 000 pieces)	74841.7
羽绒服	(万件)	Down Wear	(10 000 pieces)	609.1
西服套装	(万件)	Suits	(10 000 pieces)	1896.9
衬 衫	(万件)	Shirts	(10 000 pieces)	2590.7
针织服装	(万件)	Knitted Clothing	(10 000 pieces)	110859.0
轻 革	(万平方米)	Leather	(10 000 sq.m)	2301.3
皮革鞋靴	(万双)	Shoes	(10 000 pairs)	2586.1
皮革服装	(万件)	Leather Apparel	(10 000 pieces)	3.4
天然毛皮服装	(万件)	Natural Fur Apparel	(10 000 units)	8.9
人造板	(万立方米)	Manmade Plates	(10 000 cu.m)	5133.7
胶合板	(万立方米)	Plywood	(10 000 cu.m)	3402.4
纤维板	(万立方米)	Fiberboard	(10 000 cu.m)	963.9
刨花板	(万立方米)	Flakeboard	(10 000 cu.m)	305.2
人造板表面装饰板(人造板)	(万立方米)	Secondary Processing Decorative Plates	(10 000 cu.m)	2639.3
实木地板(木地板)	(万平方米)	Solid Wood Floor	(10 000 sq.m)	
复合木地板	(万平方米)	Engineered Wooden Floor	(10 000 sq.m)	1193.0
家 具	(万件)	Furniture	(10 000 units)	4379.3
木质家具	(万件)	Wood Furniture	(10 000 units)	3471.4
金属家具	(万件)	Metal Furniture	(10 000 units)	151.6
软体家具(包括床垫、沙发)	(万件)	Soft Furniture	(10 000 units)	89.7
纸 浆	(万吨)	Paper Pulp	(10 000 tons)	523.8
机制纸及纸板	(万吨)	Machine-made Paper and Paperboards	(10 000 tons)	2297.7
未涂布印刷书写用纸	(万吨)	Uncoated Writing Printing Paper	(10 000 tons)	152.5
新闻纸	(万吨)	Newsprint	(10 000 tons)	22.6
纸制品	(万吨)	Paper Products	(10000 tons)	408.7
瓦楞纸箱(纸箱)	(万吨)	Corrugated Box	(10000 tons)	160.6
硫酸(折100%)	(万吨)	Sulfuric	(10 000 tons)	541.1
盐酸(含量31%以上)	(万吨)	Hydrochloric Acid(content of more than 31%)	(10 000 tons)	83.5
烧碱(折100%)	(万吨)	Caustic	(10 000 tons)	982.4
离子膜法烧碱(折100%)	(万吨)	Ionic Membrane Caustic	(10 000 tons)	873.0
碳酸钠(纯碱)	(万吨)	Soda Ash	(10 000 tons)	383.7
合成氨	(万吨)	Synthetic Ammonia	(10 000 tons)	584.3
农用氮、磷、钾化学肥料总计(折纯)	(万吨)	Chemical Fertilizer	(10 000 tons)	353.9
氮 肥(折含N 100%)	(万吨)	Nitrogen Fertilizer	(10 000 tons)	332.0
尿 素(折含N 100%)	(万吨)	Urea	(10 000 tons)	309.0
磷肥(折合P2O5 100%)	(万吨)	Phosphate Fertilizer	(10 000 tons)	4.3

14-16 续表 2 continued

名　　称		Item		生产量 Output
化学农药原药(折有效成分100%)	(万吨)	Chemical Pesticide	(10 000 tons)	28.5
杀虫剂原药	(万吨)	Insecticides Pesticide	(10 000 tons)	7.1
杀菌剂原药	(万吨)	Fungicides Pesticide	(10 000 tons)	1.0
除草剂原药	(万吨)	Herbicide Pesticide	(10 000 tons)	14.5
乙　烯	(万吨)	Ethylene	(10 000 tons)	119.9
纯　苯	(万吨)	Benzene	(10 000 tons)	160.6
精甲醇	(万吨)	Extracted Methanol	(10 000 tons)	412.3
冰醋酸	(万吨)	Acetic Acid	(10 000 tons)	163.1
涂料	(万吨)	Paint	(10 000 tons)	79.7
初级形态的塑料	(万吨)	Primary Plastic	(10 000 tons)	941.1
聚丙烯树脂	(万吨)	Polypropylene Colophony	(10 000 tons)	200.6
聚氯乙烯树脂	(万吨)	PVC Colophony	(10 000 tons)	232.6
合成橡胶	(万吨)	Synthetic Rubber	(10 000 tons)	111.6
合成纤维单体	(万吨)	Synthetic Fiber Monomer	(10 000 tons)	14.1
合成纤维聚合物	(万吨)	Synthetic Fiber Polymers	(10 000 tons)	36.3
合成洗涤剂	(万吨)	Synthetic Detergents	(10 000 tons)	71.3
中成药	(万吨)	Traditional Chemical Medicine	(10 000 tons)	10.5
橡胶轮胎外胎	(万条)	Tires	(10 000 tires)	38509.0
子午线轮胎外胎	(万条)	Radial Tires	(10 000 tires)	32370.3
塑料制品	(万吨)	Plastic Articles	(10 000 tons)	329.7
塑料薄膜	(万吨)	Plastic Film	(10 000 tons)	85.2
农用薄膜	(万吨)	Agricultural Film	(10 000 tons)	12.2
泡沫塑料	(万吨)	Foam	(10 000 tons)	14.0
塑料人造革、合成革	(万吨)	Plastic leather and synthetic leather	(10 000 tons)	2.1
日用塑料制品	(万吨)	Plastic Products for Daily Use	(10 000 tons)	17.5
硅酸盐水泥熟料	(万吨)	Portland Cement Clinker	(10 000 tons)	9100.5
窑外分解窑水泥熟料	(万吨)	Decomposition Kiln Clinker	(10 000 tons)	8675.0
水　泥	(万吨)	Cement	(10 000 tons)	15768.0
商品混凝土	(万立方米)	Concrete	(10 000 cu.m)	18724.4
水泥混凝土排水管	(千米)	Cement and Concrete Drain Pipes	(1 000 m)	1349.7
水泥混凝土压力管	(千米)	Cement and Concrete Pressure Pipes	(1 000 m)	1147.0
水泥混凝土电杆	(万根)	Cement Concrete Poles	(10 000 units)	63.7
预应力混凝土桩	(万米)	Prestressed concrete piles	(10 000 m)	1422.5
砖(折标准砖)	(亿块)	Brick	(100 million units)	95.7
瓦	(亿片)	Tile	(100 million units)	0.9
天然大理石建筑板材	(万平方米)	Natural Marble Building Block	(10 000 sq.m)	140.9
天然花岗石建筑板材	(万平方米)	Natural Granite Building Block	(10 000 sq.m)	614.5

14-16 续表 3 continued

名 称		Item		生产量 Output
工业锅炉	(蒸发量吨)	Industrial Boilers	(evaporation ton)	35978.3
电站用汽轮机	(万千瓦)	Turbine Power Plant	(10 000 kW)	171.1
金属切削机床	(万台)	Metal-cutting Machine Tools	(10 000 units)	4.9
金属成形机床	(万台)	Metal Forming Machine	(10 000 units)	0.4
数控金属成形机床	(台)	CNC Metal Forming Machine	(units)	812.0
铸造机械	(万台)	Casting Machinery	(10 00 0 units)	9.2
起重机	(万吨)	Lifting Equipment	(10 000 tons)	70.7
输送机械	(万吨)	Conveyer	(10 000 tons)	10.4
泵	(万台)	Pumps	(10 000 units)	154.1
气体压缩机	(万台)	Gas Compressor	(unit)	1171.7
滚动轴承	(亿套)	Rolling Bearings	(100 million units)	3.2
减速机	(万台)	Reducer	(10 000 units)	37.1
阀 门	(万吨)	Valves	(10 000 tons)	34.7
液压元件	(万件)	Hydraulic Components	(10 000 units)	1735.0
气动元件	(万件)	Pneumatic Components	(10 000 units)	1491.4
风 机	(万台)	Fans	(10 000 units)	47.9
粉末冶金零件	(万吨)	Sintered Metal Products	(10 000 tons)	4.3
矿山专用设备	(万吨)	Special Equipment for MIne	(10 000 tons)	60.9
饲料生产专用设备	(台)	Specialized Feed Processing Machinery	(unit)	555.0
棉花加工机械	(台)	Cotton Processing Equipment	(unit)	1685.0
印刷专用设备	(吨)	Printing Special Equipment	(ton)	1934.4
水泥专用设备	(吨)	Cement Special Equipment	(ton)	9457.6
金属冶炼设备	(吨)	Metal Smelting Equipment	(ton)	65713.5
金属轧制设备	(吨)	Metal Rolling Equipment	(ton)	10498.0
包装专用设备	(台)	Packaging Special Equipment	(unit)	13148.0
大型拖拉机	(台)	Large Tractors	(unit)	34103.0
中型拖拉机	(台)	Medium Tractors	(unit)	125247.0
小型拖拉机	(万台)	Small Tractors	(10 000 units)	3.7
收获机械	(台)	Harvesting Machinery	(unit)	43529.0
挖掘、铲土运输机械	(台)	Mining and Shoveling Transport Machinery	(unit)	203006.0
压实机械	(台)	Compacting Machinery	(unit)	4741.0
混凝土机械	(台)	Concrete Machinery	(unit)	8617.0
环境污染防治专用设备	(台(套))	Special Equipment for Environmental Protection	(unit)	116630.0
大气污染防治设备	(台(套))	Air Pollution Control Equipment	(unit)	21971.0
水质污染防治设备	(台(套))	Water Pollution Control Equipment	(unit)	82707.0
铁路货车	(辆)	Railway Freight Wagons	(unit)	3418.0

14-16 续表 4 continued

名　　称		Item		生产量 Output
汽　车	(万辆)	Motor Vehicles	(10 000 units)	115.8
载货汽车	(万辆)	Trucks	(10 000 units)	83.9
客车	(万辆)	Buses	(10 000 units)	4.4
轿车	(万辆)	Cars	(10 000 units)	5.9
改装汽车	(万辆)	Modified Cars	(10 000 units)	17.5
电动自行车	(万辆)	Electric Bicycle	(10000 units)	80.6
民用钢质船舶	(万载重吨)	Civil Steel Vessels	(10 000 dwts)	83.0
发电机组	(万千瓦)	Power Generating Equipment	(10 000 kW)	678.5
汽轮发电机组	(万千瓦)	Steam Turbogenerator	(10 000 kW)	358.6
交流电动机	(万千瓦)	AC Motors	(10 000 kW)	2113.6
变压器	(万千伏安)	Transformers	(10 000 KVA pm)	20908.4
高压开关板	(面)	High Voltage Switch Plate	(10 000 units)	23262.0
低压开关板	(万面)	Low Voltage Switch Plate	(10 000 units)	29.5
电力电缆	(万千米)	Power Cable	(10 000 km)	132.8
通信及电子网络用电缆	(万对千米)	Cable for Communications and Electronic Network	(10 000 couples·km)	31.4
光缆	(万芯千米)	Fire Optic Cable	(10 000 cores·km)	764.6
绝缘制品	(吨)	Insulation Products	(ton)	35015.4
原电池及原电池组(非扣式)	(亿只)	Primary Cells and Batteries	(100 million units)	32.1
灯具及照明装置	(万套(台、个)	Lamps and Lighting Fixtures	(10 000 units)	5204.6
电光源	(万只)	Light Bulbs	(10 000 units)	30226.8
家用洗衣机	(万台)	Household Washing Machines	(10 000 units)	662.2
家用电冰箱	(万台)	Household Refrigerators	(10000 units)	832.4
家用冷柜(家用冷冻箱)	(万台)	Household Freezers	(10000 units)	725.1
房间空气调节器	(万台)	Air Conditioners	(10000 units)	1479.2
家用吸排油烟机	(万台)	Vacuum Cleaners	(10000 units)	222.2
家用电热水器	(万台)	Electric Water Heater	(10000 units)	471.6
微波炉	(万台)	Microwave Ovens	(10000 units)	0
电饭锅	(万个)	Electric Cookers	(10000 units)	49.8
电焊机	(万台)	Welders	(10000 units)	33.0
电话单机	(万部)	Telephone Sets	(10000 units)	73.8
移动通信手持机(手机)	(万台)	Mobile Telephones	(10000 units)	606.5
电子计算机整机	(万台)	Computers	(10000 units)	146.1
显示器	(万台)	Display	(10000 units)	180.3
打印机	(万台)	Printers	(10000 units)	776.2
半导体分立器件	(亿只)	Discrete Semiconductor Devices	(100 million units)	469.9
彩色电视机	(万台)	Color Television Sets	(10000 units)	1774.9

主要统计指标解释

工　业　指从事自然资源的开采，对采掘品和农产品进行加工和再加工的物质生产部门。具体包括：(1)对自然资源的开采，如采矿、晒盐等(但不包括禽兽捕猎和水产捕捞)；(2)对农副产品的加工、再加工，如粮油加工、食品加工、缫丝、纺织、制革等；(3)对采掘品的加工、再加工，如炼铁、炼钢、化工生产、石油加工、机器制造、木材加工等，以及电力、自来水、煤气的生产和供应等；(4)对工业品的修理、翻新，如机器设备的修理、交通运输工具(如汽车)的修理等。

工业统计调查单位为独立核算法人工业企业。

独立核算法人工业企业指从事工业生产经营活动的单位。独立核算法人工业企业应同时具备以下条件：①依法成立，有自己的名称、组织机构和场所，能够承担民事责任；②独立拥有和使用资产，承担负债，有权与其他单位签订合同；③独立核算盈亏，并能够编制资产负债表。

国有控股企业　即原来的国有及国有控股企业。国有企业(即原全民所有制工业或国营工业)指企业全部资产归国家所有，并按《中华人民共和国企业法人登记管理条例》规定登记注册的非公司制的经济组织。包括国有企业、国有独资公司和国有联营企业。1957年以前的公私合营和私营工业，后均改造为国营工业，1992年改为国有工业，这部分工业的资料不单独分列时，均包括在国有企业内。国有控股企业是对混合所有制经济的企业进行的“国有控股”分类。它是指这些企业的全部资产中国有资产(股份)相对其他所有者中的任何一个所有者占资(股)最多的企业。该分组反映了国有经济控股情况。

本年鉴中涉及的企业登记注册类型：

国有企业　指企业全部资产归国家所有，并按《中华人民共和国企业法人登记管理条例》规定登记注册的非公司制的经济组织。不包括有限责任公司中的国有独资公司。

集体企业　指企业资产归集体所有，并按《中华人民共和国企业法人登记管理条例》规定登记注册的经济组织。是社会主义公有制经济的组成部分。包括城乡所有使用集体投资举办的企业，以及部分个人通过集资自愿放弃所有权并依法经工商行政管理机关认定为集体所有制的企业。

股份合作企业　指以合作制为基础，由企业职工共同出资入股，吸收一定比例的社会资产投资组建，实行自主经营，自负盈亏，共同劳动，民主管理，按劳分配与按股分红相结合的一种集体经济组织。

联营企业　指两个及两个以上相同或不同所有制性质的企业法人或事业单位法人，按自愿、平等、互利的原则，共同投资组成的经济组织。

有限责任公司　指根据《中华人民共和国公司登记管理条例》规定登记注册，由两个以上，五十个以下的股东共同出资，每个股东以其所认缴的出资额对公司承担有限责任，公司以其全部资产对其债务承担责任的经济组织。

有限责任公司包括国有独资公司以及其他有限责任公司。

股份有限公司　指根据《中华人民共和国企业法人登记管理条例》规定登记注册，其全部注册资本由等额股份构成并通过发行股票筹集资本，股东以其认购的股份对公司承担有限责任，公司以其全部资产对其债务承担责任的经济组织。

私营企业　指由自然人投资设立或由自然人控股，以雇佣劳动为基础的营利性经济组织。包括按照《公司法》《合伙企业法》《私营企业暂行条例》规定登记注册的私营有限责任公司、私营股份有限公司、私营合伙企业和私营独资企业。

港、澳、台商投资企业　指企业注册登记类型中的港、澳、台资合资、合作、独资经营企业和股份有限公司之和。

外商投资企业　指企业注册登记类型中的中外合资、合作经营企业、外资企业和外商投资股份有限公司之和。

“三资”企业系指港、澳、台商投资企业和外资企业的简称。

轻工业　指主要提供生活消费品和制作手工工具的工业。按其所使用的原料不同，可分为两大类：(1)以农产品为原料的轻工业，是指直接或间接以农产品为基本原料的轻工业。主要包括食品制造、饮料制造、烟草加工、纺织、缝纫、皮革和毛皮制作、造纸以及印刷等工业；(2)以非农产品为原料的轻工业，是指以工业品为原料的轻工业。主要包括文教体育用品、化学药品制造、合成纤维制造、日用化学制品、日用玻璃制品、日用金属制品、手工工具制造、医疗器械制造、文化和办公用机械制造等工业。

重工业　指为国民经济各部门提供物质技术基础的主要生产资料的工业。按其生产性质和产品用途，可以分为下列三类：(1)采掘(伐)工业，是指对自然资源的开采，包括石油开采、煤炭开采、金属矿开采、非金属矿开采等工业；(2)原材料工业，指向国民经济各部门提供基本材料、动力和燃料的工业。包括金属冶炼及加工、炼焦及焦炭、化学、化工原料、水泥、人造板以及电力、石油和煤炭加工等工业；(3)加工工业，是指对工业原材料进行再加工制造的工业。包括装备国民经济各部门的机械设备制造工业、金属结构、水泥制品等工业，以及为农业提供的生产资料如化肥、农药等工业。

根据上述划分原则，修理业中以重工业产品为修理作业对象的划为重工业，反之划为轻工业。

工业增加值　指工业企业在报告期内以货币表现的工业生产活动的最终成果。

工业增加值有两种计算方法：一是生产法，即工业总产出减去工业中间投入加上应交增值税；二是收入法，即从收入的角度出发，根据生产要素在生产过程中应得到的收入份额计算，具体构成项目有固定资产折旧、劳动者报酬、生产税净额、营业盈余，这种方法也称要素分配法。本年鉴中的工业增加值是以生产法计算的。

生产法工业增加值的计算方法为：

工业增加值=工业总产出-工业中间投入+应交增值税

(1)工业总产出：指工业企业在一定时期内工业生产活动的总成果。工业总产出包括：成品生产价值，对外加工费收入，自制半成品、在产品期末期初差额价值。1995年后用新规定计算的工业总产值代替。

(2)工业中间投入：指工业企业在工业生产活动中消耗的外购物质产品和对外支付的服务费用。服务费用包括支付给物质生产部门(工业、农业、批发零售贸易业、建筑业、运输邮电业)的服务费用和支付给非物质生产部门(如保险、金融、文化教育、科学研究、医疗卫生、行政管理等)的服务费用。工业中间投入的确定须遵循以下原则：必须从外部购入的，并已计入工业总产出的产品和服务价值；必须是本期投入生产，并一次性消耗掉(包括本期摊销的低值易耗品等)的产品和服务价值。

资产总计 指企业拥有或控制的能以货币计量的经济资源，包括各种财产、债权和其他权利。资产按流动性分为流动资产、长期投资、固定资产、无形资产、递延资产和其他资产。该指标根据企业会计“资产负债表”中“资产总计”项目的期末数增列。

流动资产合计 资产满足以下条件之一应归为流动资产：(1) 预计在一个正常营业周期中变现、出售或耗用，主要包括存货、应收账款等；(2) 主要为交易目的而持有；(3) 预计在资产负债表日起一年内（含一年）变现；(4) 自资产负债日起一年内，交换其他资产或清偿负债的能力不受限制的现金或现金等价物。包括货币资金、应收票据、应收账款、存货等项目。来源于会计“资产负债表”中“流动资产合计”项目的期末余额数。

负债合计 指企业所承担的能以货币计量，将以资产或劳务偿付的债务，偿还形式包括货币、资产或提供劳务。负债一般按偿还期长短分为流动负债和长期负债。根据会计“资产负债表”中“负债合计”的年末数填列。

营业收入 指企业经营主要业务和其他业务所确认的收入总额。营业收入包括“主营业务收入”和“其他业务收入”。来源于会计“利润表”中“营业收入”项目的本年累计数。

营业成本 指企业经营主要业务和其他业务所发生的成本总额。包括企业（单位）在报告期内从事销售商品、提供劳务等日常活动发生的各种耗费。包括“主营业务成本”和“其他业务成本”。来源于会计“利润表”中“营业成本”项目的本年累计数。

利润总额 指企业生产经营活动的最终成果，是企业在一定时期内实现的盈亏相抵后的利润总额(亏损以“-”号表示)，它等于营业利润加上补贴收入加上投资收益加上营业外净收入再加上以前年度损益调整。

从业人员平均人数 是指报告期内每天拥有的从业人员人数。其计算公式为：

$$\text{季平均人数}=\frac{\text{季内各月平均人数之和}}{3}$$

$$\text{月平均人数}=\frac{\text{报告月内每天实有人数之和}}{\text{报告月日历日数}}$$

$$\text{年平均人数}=\frac{\text{年内各月平均人数之和}}{12}$$

资产负债率 该指标既反映企业经营风险的大小，也反映企业利用债权人提供的资金从事经营活动的能力。计算公式为：

$$\text{资产负债率}(\%)=\frac{\text{负债总额}}{\text{资产总额}}\times 100\%$$

资产与负债均为报告期期末数。

成本费用利润率 反映企业投入的生产成本及费用的经济效益，同时也反映企业降低成本所取得的经济效益。计算公式为：

$$\text{成本费用利润率}(\%)=\frac{\text{利润总额}}{\text{成本费用总额}}\times 100\%$$

公式中：成本费用总额为产品销售成本、销售费用、管理费用、财务费用之和。

流动资产周转率 指一定时期内流动资产完成的周转次数，反映投入工业企业流动资金的周转速度。计算公式为：

$$\text{流动资产周转率}=\frac{\text{产品销售收入}}{\text{全部流动资产平均余额}}$$

公式中：全部流动资产平均余额为期初和期末的流动资产之和的算术平均值。

Explanatory Notes on Main Statistical Indicators

Industry refers to the material production sector which is engaged in extraction of natural resources and processing and reprocessing of minerals and agricultural products, including (1) extraction of natural resources, such as mining, salt production (but not including hunting and fishing); (2) processing and reprocessing of farm and sideline produces, such as rice husking, flour milling, wine making, oil pressing, silk reeling, spinning and weaving, and leather making; (3) manufacture of industrial products, such as steel making, iron smelting, chemicals manufacturing, petroleum processing, machine building, timber processing; water and gas production and electricity generation and supply; (4)repairing of industrial products such as the repairing of machinery and means of transport (including cars).

Units of industrial statistics survey corporate industrial enterprises with independent accounting system.

Corporate industrial enterprises with independent accounting system refer to enterprises engaging in industrial production activities, which meet the following requirements: (1)They are established legally, having their own names, organizations, location, able to take civil liability; (2)They possess and use their assets independently, assume liabilities, and are entitled to sign contracts with other units; (3)They are financially independent and compile their own balance sheets.

State-holding Enterprises refer to state owned enterprises plus state holding enterprises. State owned enterprises (originally known as state run enterprises with ownership by the whole society) are non corporate economic entities registered in accordance with the Regulation of the People's Republic of China on the Management of Registration of Legal Enterprises, where all assets are owned by the state. Included in this category are state owned enterprises, state funded corporations and state owned joint operation enterprises. Joint state private industries and private industries, which existed before 1957, were transformed into state run industries since 1957, and into state owned industries after 1992. Statistics on those enterprises are included in the state owned industries instead of grouping them separately. State holding enterprises is a sub classification of enterprises with mixed ownership, referring to enterprises where the percentage of state assets (or shares by the state) is larger than any other single share holder of the same enterprise. This sub classification illustrates the control of the state over a particular industry.

Enterprises covered in the industrial statistics in the Yearbook include following categories by their registration:

State-owned Enterprises refer to non-corporation economic units where the entire assets are owned by the state and which have registered in accordance with the Regulation of the People' s Republic of China on the Management of Registration of Corporate Enterprises. Excluded from this category are sole state funded corporations in the limited liability corporations.

Collective-owned Enterprises refer to economic entities registered in accordance with the Regulation of the People's Republic of China on the Management of Registration of Legal Enterprises, where assets are owned by collectively. Collective enterprises constitute an integral part of the socialist economy with public ownership. They include urban and rural enterprises invested by collectives, and some enterprises registered in industrial and commercial administration agency as collective units where funds are pulled together by individuals who voluntarily give up their right of ownership.

Share-holding Cooperative Enterprises refer to economic units set up on cooperative basis, with funding partly from members of the enterprise and partly from outside investment, where the operation and management is decided by the members who also participate in the production, and the distribution of income is based both on work (labour input) and on shares (capital input).

Joint Operation Enterprises refer to economic units that are established by joint investment by two or more corporate enterprises or institutions of the same or different types of ownership on voluntary, equal and mutual beneficial basis.

Limited Liability Corporations refer to economic units registered in accordance with the Regulation of the People's Republic of China on the Management of Registration of Corporations, with capitals from 2 to 49 investors, each investor bears limited liability to the corporation depending on his/her holding of shares, and the corporation bears liability to its debt to the maximum of its total assets.

Share-holding Corporations Ltd. refer to economic units registered in accordance with the Regulation of the People's Republic of China on the Management of Registration of Corporate Enterprises, with total registered capitals divided into equal shares and raised through issuing stocks. Each investor bears limited liability to the corporation depending on the holding of shares, and the corporation bears liability to its debt to the maximum of its total assets.

Private Enterprises refer to economic units invested or controlled (by holding the majority of the shares) by natural persons who hire labours for profit making activities. Included in this category are private limited liability corporations, private share holding corporations Ltd., private partnership enterprises and private sole investment enterprises registered in accordance with the Corporation Law, Partnership Enterprise Law and Tentative Regulation on Private Enterprises.

Enterprises with Funds from Hong Kong, Macao and Taiwan refers to all industrial enterprises registered as the joint venture, cooperative, sole (exclusive) investment industrial enterprises and limited liability corporations with funds from Hong Kong, Macao and Taiwan.

Foreign Funded Enterprises refers to all industrial enterprises registered as the joint venture, cooperative, sole (exclusive) investment industrial enterprises and limited liability corporations with foreign funds.

Enterpries with Hong Kong, Macao, Taiwan and foreign fund refer to all the enterprises with funds from Hong Kong Macao and Taiwan and foreign funded enterprises.

Light Industry refers to the industry that produces

consumer goods and hand tools. It consists of two categories, depending on the materials used:

(1) Industries using farm products as raw materials. These are branches of light industry which directly or indirectly use farm products as basic raw materials, including the manufacture of food and beverages, tobacco processing, textile, clothing, fur and leather manufacturing, paper making, printing, etc.

(2) Industries using non farm products as raw materials. These are branches of light industry which use manufactured goods as raw materials, including the manufacture of cultural, educational articles and sports goods, chemicals, synthetic fiber, chemical products for daily use, glass products for daily use, metal products for daily use, hand tools, medical apparatus and instruments, and the manufacture of cultural and clerical machinery.

Heavy Industry refers to the industry which produces capital goods, and provides various sectors of the national economy with necessary material and technical basis. It consists of the following three branches according to the purpose of production or the use of products:

(1) Mining, quarrying and logging industry refers to the industry that extracts natural resources, including extraction of petroleum, coal, metal and non metal ores.

(2) Raw materials industry refers to the industry that provides various sectors of the national economy with raw materials, fuels and power. It includes smelting and processing of metals, coking and coke chemistry, chemical materials and building materials such as cement, plywood, and power, petroleum refining and coal dressing.

(3) Manufacturing industry refers to the industry that processes raw materials. It includes machine building industry which equips sectors of the national economy, industries of metal structure and cement products, industries producing means of agricultural production, such as chemical fertilizers and pesticides.

According to the above principle of classification, the repairing trades, which are engaged primarily in repairing products of heavy industry are classified into heavy industry while these engaged in repairing products of light industry are classified into light industry.

Value-added of Industry refers to the final results of industrial production of industrial enterprises in money terms during the reference period.

Industrial value added can be calculated by two approaches: the production approach, i.e. gross industrial output value minus intermediate input plus value added tax, and the income approach, i.e. income for various factors used in the course of production, including depreciation of fixed assets, remuneration of labourers, net of production tax, and operating surplus. Value added of industry in the Yearbook is calculated by production approach as following:

Value added of industry=gross industrial outputindustrial intermediate input+value added tax

(1)Gross industrial output: refers to the total achievements of industrial production during a given period. Gross industrial output includes value of finished products, income from external processing, and value of change in semi finished products at the end and at the beginning of the reference period. Since 1995, it was substituted by the gross industrial output value by new method.

(2) Industrial intermediate input: refers to purchased goods and paid services consumed during the industrial production of enterprises. Fees paid for services include fees paid for the services provided by material production sectors (industry, agriculture, wholesale and retail trade, construction, transport, post and telecommunications) and by non material production sectors (insurance, banking, culture, education, scientific research, health and medical care, public administration, etc.). The determination of industrial intermediate input follows the principle that the goods and services must be purchased from outside and included in the gross industrial output, and that the goods and services are inputted into production and consumed (include low value consumables) during the reference period..

Total Assets refer to all economic resources, in monetary terms, that is owned or controlled by enterprises, including properties, creditors equity and other economic rights of all forms. Classified by the degree of equitability, total assets include circulating assets, long term investment, fixed assets, intangible assets and deferred assets, and other assets. Data on this indicator can be obtained by the year end figures of total assets in the Assets and Liability Table of accounting records of enterprises.

Total Current Assets refer to the assets that meet one of the following requirements: (1) expected to be cashed, sold or used in a normal operation cycle, mainly including inventory and accounts receivable; (2) be owned for trading purpose mainly; (3) expected to be cashed in one year (including one year) from the day of the Balance Sheet; (4) unlimited cash or cash equivalents that can be exchanged with other assets or being capable of settling debts during one year since the day of the Balance Sheet. Included are monetary capital, notes receivable, accounts receivable and inventories. Data on this indicator can be obtained from the year-end figures of total current assets in the Balance Sheet of accounting records.

Total Liabilities refer to payable liabilities of enterprises that have to repay in terms of money, assets or labour services. In terms of payment, it can be divided into liquid liabilities and long term liabilities. Data on this item is obtained from the ending figures on total liabilities from the Assets and Liability Table from the enterprises.

Business Revenue refers to the total revenue recognized by an enterprise in its principal business and other business operations. Business revenue includes " revenue from principal Business" and " revenue from other business". It comes from this year’s cumulative report of "business revenue" items from the "income statement".

Business Cost refers to the total cost incurred by an enterprise in its principal business and other business operations. It includes various expenditures incurred by enterprises (units) in their daily activities of selling goods and providing labour services during the reporting period. It includes "Cost of principal business" and "Cost of other business". It comes from this year’s cumulative report of "operating cost" items from the "income statement".

Total Profits refer to the final achievements of production and operation of the enterprises, represented by the total profits after deducting losses (loss is expressed by the negative figure). It is the sum of profits from operation, income from subsidies, investment earnings, net income from activities other than operation, and adjustment of profits and losses of previous years.

Average Annual Number of Employed Persons Employed persons refer to all those who are employed in enterprises and receive remunerations therefrom, including currently working employees, retirees who are re employed, teachers of local run schools, as well as foreigners, staff from Hong Kong, Macao and Taiwan, part time employees and persons with second job who are employed by the enterprise, and employees of other units temporarily working in the enterprises, but excluding former employees who left the enterprise with their employment records still kept by the enterprises.

Average number of employed persons refers to the number of employees everyday during the reference period, calculated with the following formula:

$$\text{Monthly average number} = \frac{\text{sum of actual employees everyday in reference month}}{\text{number of calendar dates in reference month}}$$

$$\text{Quarterly average number} = \frac{\text{sum of monthly average number in reference quarter}}{3}$$

$$\text{Annual average number} = \frac{\text{sum of monthly average number in reference year}}{12}$$

Ratio of Debts to Assets reflect both the operation risk and the capability of the enterprise in making use of the capital from the creditors. It is calculated as follows:

$$\text{Ratio of Debts to Assets (\%)} = \frac{\text{total debts}}{\text{total assets}} \times 100\%$$

Both assets and debts are figures at the end of the reference period.

Ratio of Profits to Total Industrial Costs refers to the ratio of profits realized in a given period to the total costs in the same period, which reflects the economic efficiency of input cost and is calculated as follows:

$$\text{Ratio of Profits to Total Industrial Cost (\%)} = \frac{\text{total profits}}{\text{total costs}} \times 100\%$$

Total costs in the above formula is the sum of cost of products sold, marketing cost, management cost and financial cost.

Ratio of Turnover of Working Capitals refers to the number of times of turnover of working capital in a given period of time, which reflects the speed of the turnover of working capital of industrial enterprises, and is calculated as follows:

$$\text{Ratio of Turnover of Working Capital} = \frac{\text{sales revenue of products}}{\text{average balance of total working capital}}$$

In the above formula, average balance of total working capital refers to the arithmetic mean of the sum of working capital at the beginning and at the end of the reference period.

第15篇

建筑业

Construction

简 要 说 明

一、本篇资料的主要内容

本篇资料反映了全省建筑业基本情况，主要包括建筑业总产值、从业人员、建筑企业生产指标、财务指标等方面的内容。

二、本篇资料的来源

本篇资料来源于建筑业统计年报，由省统计局投资处整理提供。

Brief Introduction

I. Content

Data in this chapter show the basic conditions of the construction industry in Shandong Province, mainly including the gross output value of construction, number of employed persons, major production indices and financial indicators.

II. Source of Data

Data in this chapter are based on the annual report of construction industry, and are prepared and provided by the Division of Investment and Construction Statistics of Shandong Provincial Bureau of Statistics.

15-1 主要年份建筑业总产值

Gross Output Value of Construction Enterprises in Major Years

单位:亿元 (100 million yuan)

年份 Year	总计 Total	#国有经济 State-owned Construction Enterprises	中央 Central	地方 Local	#集体经济 Collective Owned Construction Enterprises	#城镇 Township
1957	1.32	1.32	0.67	0.65		
1962	1.20	0.99	0.44	0.55	0.21	0.21
1965	2.51	1.66	0.53	1.13	0.85	0.85
1970	3.02	1.76	0.76	1.00	1.26	1.26
1975	7.24	4.66	2.27	2.39	2.58	2.58
1978	11.34	7.62	2.54	5.08	3.72	3.72
1979	11.96	8.14	2.62	5.52	3.82	3.82
1980	14.26	9.76	4.01	5.75	4.50	4.50
1981	13.42	9.41	4.98	4.43	4.01	4.01
1982	14.50	9.46	4.41	5.05	5.04	5.04
1983	15.89	10.45	4.56	5.89	5.44	5.44
1984	23.07	16.25	8.62	7.63	6.82	6.82
1985	31.21	22.05	12.21	9.84	9.16	9.16
1986	34.71	24.44	14.87	9.57	10.27	10.27
1987	40.91	28.67	17.51	11.16	12.24	12.24
1988	49.38	33.34	20.04	13.30	16.04	16.04
1989	55.24	37.94	22.36	15.71	17.30	17.30
1990	58.89	40.60	24.27	16.33	18.29	18.29
1991	71.40	47.77	27.40	20.38	32.63	32.63
1992	98.66	61.86	32.81	29.05	36.81	36.81
1993	141.14	93.32	46.57	46.75	46.71	46.71
1994	206.42	133.92	78.70	55.22	65.13	65.13
1995	257.95	163.73	92.25	71.48	82.08	82.08
1996	593.90	198.27	101.45	96.82	363.92	100.44
1997	652.59	228.26	112.47	115.79	387.09	120.19
1998	702.64	279.97	104.79	135.25	328.63	102.06
1999	770.80	248.19	113.14	135.05	326.12	113.55
2000	820.52	249.48	120.37	129.11	310.30	110.27
2001	986.49	246.45	94.37	152.08	286.76	189.22
2002	1153.24	254.86	86.30	168.56	274.99	186.23
2003	1485.89	331.17	126.80	204.37	294.14	201.40
2004	1969.01	657.70	302.85	354.85	263.02	
2005	2509.17	782.56	365.49	417.07	320.29	
2006	2791.81	799.34	370.15	429.19	309.72	
2007	3289.05	977.26	459.81	517.45	329.43	
2008	3842.52	963.53	478.23	485.30	338.76	
2009	4579.15	1136.65	599.49	537.16	337.03	
2010	5496.59	1368.34	704.30	664.04	377.57	
2011	6482.90	1680.49	920.80	759.69	401.61	
2012	7281.33	1811.97	968.40	843.57	426.27	
2013	8467.67	1984.39	1068.93	915.46	383.52	
2014	9313.45	2197.68	1242.32	955.36	418.33	
2015	9378.54	2322.58	1323.14	999.45	385.92	
2016	10087.43	2564.51	1463.21	1101.30	381.76	
2017	11477.80	2936.38	1698.82	1237.56	353.97	
2018	12898.29	3656.71	2169.51	1487.19	253.00	
2019	14269.29	4288.38	2598.34	1690.04	249.67	
2020	14947.30	4824.41	2927.95	1896.46	208.52	

注:1.1995年前不含县以下集体施工企业。2.从2004年开始国有经济含国有控股。

a)Before 1995,Data in this table don't include the data of enterprises of collective owned ones under county level.

b)Since 2004,state-owned enterprises include state-controlled ones.

15-2 主要年份计算建筑业劳动生产率的平均人数
Average Number of Employed Persons in Construction Enterprises for calculating the Labor Productivity in Major Years

单位:万人 (10 000 persons)

年份 Year	总计 Total	#国有经济 State-owned Construction Enterprises	中央 Central	地方 Local	#集体经济 Collective Owned Construction Enterprises	#城镇 Township
1957	4.21	4.21	2.14	2.07		
1962	6.48	4.91	2.13	2.78	1.56	1.56
1965	7.35	4.77	1.52	3.25	2.59	2.59
1970	10.31	5.76	2.66	3.10	4.52	4.52
1975	18.81	11.33	5.36	5.97	7.47	7.47
1978	25.20	16.21	5.40	10.81	9.07	9.07
1979	26.00	16.96	6.24	10.72	8.88	8.88
1980	26.91	18.07	8.91	9.16	9.00	9.00
1981	28.55	19.20	11.07	8.20	9.11	9.11
1982	27.36	17.52	9.00	8.71	9.51	9.51
1983	27.88	18.02	6.42	11.55	9.71	9.71
1984	33.93	22.26	9.37	12.93	11.56	11.56
1985	40.53	26.89	13.13	13.67	13.47	13.47
1986	38.57	24.69	15.17	9.67	13.88	13.88
1987	39.34	24.50	14.97	9.62	14.93	14.93
1988	40.48	24.88	14.74	10.08	15.73	15.73
1989	38.90	22.86	13.63	10.83	14.54	14.54
1990	38.15	21.83	11.65	10.18	14.87	14.87
1991	39.72	23.83	12.51	11.32	15.89	15.89
1992	45.10	23.44	11.66	11.78	19.85	19.85
1993	52.78	29.57	11.87	17.70	22.94	22.94
1994	66.22	37.17	20.10	17.07	27.36	27.36
1995	66.84	35.32	14.91	20.40	29.13	29.13
1996	188.02	40.96	14.82	26.14	138.19	38.19
1997	175.78	40.49	14.39	26.10	126.15	40.15
1998	169.11	38.59	11.28	27.30	100.52	31.99
1999	164.95	33.56	10.86	22.70	92.07	26.96
2000	171.94	31.80	10.27	21.53	85.33	25.60
2001	181.07	29.15	8.15	21.00	71.17	50.65
2002	183.56	23.08	4.57	18.50	61.28	39.98
2003	210.11	29.43	8.50	20.93	54.59	34.83
2004	238.91	53.85	16.50	37.35	43.98	
2005	249.81	48.93	16.21	32.72	45.07	
2006	282.30	59.04	27.76	31.28	42.53	
2007	288.40	51.78	17.36	34.42	41.09	
2008	300.24	44.74	18.32	26.42	41.15	
2009	305.99	42.81	17.99	24.82	33.15	
2010	344.88	54.00	25.20	28.80	34.19	
2011	307.56	45.07	21.18	23.89	27.74	
2012	270.26	38.87	18.57	20.30	22.76	
2013	305.01	44.17	23.15	21.02	20.57	
2014	332.49	48.78	25.04	23.74	22.58	
2015	310.73	43.10	21.65	21.45	19.29	
2016	322.58	40.56	19.74	20.82	18.17	
2017	349.15	50.42	27.55	22.87	15.70	
2018	351.84	55.48	30.96	24.52	12.15	
2019	345.09	55.71	29.03	26.68	10.22	
2020	305.91	54.27	28.33	25.94	7.72	

注:1.1995年前不含县以下集体施工企业。2.从2004年开始国有经济含国有控股。

a)Before 1995,Data in this table don't include the data of enterprises of collective owned ones under county level.

b)Since 2004,state-owned enterprises include State-controlled ones.

15−3 建筑业企业生产指标(2020年)
Main Production Indicators of Construction Enterprises(2020)

类 别	Category	企业个数(个) Number of Enterprises (unit)	建筑业总产值(万元) Gross Output Value (10 000 yuan)	竣工产值(万元) Value of Projects Completed (10 000 yuan)	签定合同额(万元) Value of Contracts (10 000 yuan)	#上年结转 Carryover of Last Year
总 计	**Total**	**8081**	**149472993**	**64132265**	**291723232**	**112958887**
#国有及国有控股企业	State-owned and State-controlled Enterprises	582	48244143	13489899	125097700	53343580
一、按登记注册类型分	**Grouped by Registration Status**					
内资企业	Domestic Funded	8069	149268501	63970256	291431111	112907716
国有企业	State-owned	196	3403859	1649189	6162826	1833279
集体企业	Collective-owned	251	2085234	1274292	3723549	1614546
股份合作企业	Stock-holding Cooperation	28	176834	77757	326192	148354
联营企业	Joint-owned	4	17498	15576	18472	1000
有限责任公司	Company with Limited Liabilition	2200	82786872	32937396	173255213	71079870
股份有限公司	Stock-holding Company limited	234	16702637	7017373	36645401	14355346
私营企业	Private-owned	5150	44067071	20998640	71230095	23833734
其他企业	Others	6	28496	34	69362	41587
港、澳、台商投资企业	Funded from Hong Kong,Macao and	4	161806	159214	231052	49946
外商投资企业	Foreign Funded	8	42685	2794	61069	1225
二、按国民经济行业分	**by Sector**					
房屋建筑业	Building	3646	88576622	42640408	172470506	71288936
土木工程建筑业	Civil Engineering	2234	41851229	11850725	95536811	36801616
建筑安装业	Construction Installation	1000	11880975	6333785	14090584	2822810
建筑装饰、装修和其他建筑业	Building Decoration and Others	1201	7164167	3307347	9625332	2045525
#建筑装饰和装修业	Building Decoration	934	5735623	2608303	7879020	1686768

15-3 续表 1 continued

类别	Category	企业个数（个） Number of Enterprises (unit)	建筑业总产值（万元） Gross Output Value (10 000 yuan)	竣工产值（万元） Value of Projects Completed (10 000 yuan)	签定合同额（万元） Value of Contracts (10 000 yuan)	#上年结转 Carryover of Last Year
三、按企业资质等级分	**by Qualification Criteria**					
施工总承包	Construction Contract	5604	136754415	58318045	274039709	109340547
特　级	Special Grade	45	53034366	20953665	121586430	51056253
一　级	First Grade	491	48647402	20526828	96808062	38951786
二　级	Second Grade	2042	23356759	11655039	36735732	13485663
三级及以下	Third Grade and below	3026	11715888	5182514	18909485	5846845
专业承包	Professional Contract	2477	12718577	5814219	17683523	3618340
一　级	First Grade	421	6514157	2904288	9545499	1760725
二　级	Second Grade	1189	3731776	1841371	4887072	1099368
三级及以下	Third Grade and below	867	2472645	1068560	3250952	758247
四、按控股情况分	**by Share Holding**					
#国有控股	State-controlled	582	48244143	13489899	125097700	53343580
#集体控股	Collective-controlled	455	7719377	4211028	13934369	5725328
#私人控股	Private-controlled	6610	84115603	41267649	135927349	46701319
#港澳台商控股	Controlled by Investors from Hong Kong,Macao and Taiwan	3	160426	159214	226772	47486
#外商控股	Foreign-controlled	8	42070	2139	60567	1223

15-3 续表 2 continued

类 别	Category	房屋建筑施工面积(平方米) Floor Space of Buildings under Construction (sq.m)	房屋建筑竣工面积(平方米) Floor Space of Buildings Completed (sq.m)	#住 宅 Residential	年 末 从业人员(人) Staff Employed (person)
总 计	**Total**	**861600712**	**213095462**	**145127024**	**2744858**
#国有及国有控股企业	State-owned and State-controlled Enterprises	193960473	24690328	13189369	470351
一、按登记注册类型分	**Grouped by Registration Status**				
内资企业	Domestic Funded	861586412	213095462	145127024	2743300
国有企业	State-owned	9705702	1848807	1481479	78163
集体企业	Collective-owned	21518799	8108692	6373186	77787
股份合作企业	Stock-holding Cooperation	890904	275057	233037	5564
联营企业	Joint-owned	34300	18200		387
有限责任公司	Company with Limited Liabilition	484703848	104446780	70951817	1277014
股份有限公司	Stock-holding Company limited	89247066	22531444	15219710	249626
私营企业	Private-owned	255432793	75866482	50867795	1054070
其他企业	Others	53000			689
港、澳、台商投资企业	Funded from Hong Kong,Macao and	14300			728
外商投资企业	Foreign Funded				830
二、按国民经济行业分	**by Sector**				
房屋建筑业	Building	795461270	199977036	139053239	1805951
土木工程建筑业	Civil Engineering	35297233	4632452	2520475	521151
建筑安装业	Construction Installation	24343962	5127041	2066661	262666
建筑装饰、装修和其他建筑业	Building Decoration and Others	6498247	3358933	1486649	155090
#建筑装饰和装修业	Building Decoration	4209897	2322121	1101973	132151

15−3 续表 3 continued

类 别	Category	房屋建筑施工面积(平方米) Floor Space of Buildings under Construction (sq.m)	房屋建筑竣工面积(平方米) Floor Space of Buildings Completed (sq.m)	#住 宅 Residential	年末从业人员(人) Staff Employed (person)
三、按企业资质等级分	**by Qualification Criteria**				
施工总承包	Construction Contract	843432623	204316085	141271600	2453192
特 级	Special Grade	379504572	82260495	50296824	651446
一 级	First Grade	256625402	60562096	44359603	823398
二 级	Second Grade	159935618	44256262	34604838	649240
三级及以下	Third Grade and below	47367031	17237232	12010335	329108
专业承包	Professional Contract	18168089	8779377	3855424	291666
一 级	First Grade	8660189	3558594	1501715	128638
二 级	Second Grade	5001067	3725640	1510459	91000
三级及以下	Third Grade and below	4506833	1495143	843250	72028
四、按控股情况分	**by Share Holding**				
#国有控股	State-controlled	193960473	24690328	13189369	470351
#集体控股	Collective-controlled	63579696	15470095	11179079	185342
#私人控股	Private-controlled	541144502	156147697	108975998	1847884
#港澳台商控股	Controlled by Investors from Hong Kong,Macao and Taiwan				678
#外商控股	Foreign-controlled	2000	1900	1400	920

15-4 建筑业主要财务指标(2020年)

Major Financial Indicators of Construction Enterprises(2020)

单位:万元 (10 000 yuan)

类 别	Category	年初存货 Inventory at Beginning of year	流动资产 Liquid Assets	固定资产原价 Fixed Assets Original Price	在建工程 Project under Constr -uction	资产合计 Total Assets	流动负债 Liquid Liabilities
总 计	**Total**	**23025000**	**137501469**	**14914446**	**1851674**	**165350371**	**116382298**
#国有及国有控股企业	State-owned and State-controlled Enterprises	6761488	51725103	4873858	429409	63219934	47568708
一、按登记注册类型分	**Grouped by Registration Status**						
内资企业	Domestic Funded	22957768	136245916	14781345	1847217	163880419	115323110
国有企业	State owned	1032776	8492299	825905	155021	10713406	8496467
集体企业	Collective-owned	366677	2064580	265259	36806	2470118	1739047
股份合作企业	Stock-holding Cooperation	168218	556238	39428	1273	614502	492670
联营企业	Joint-owned	14134	162045	34438		186977	136323
有限责任公司	Company with Limited Liabilition	11776286	71947591	6849095	728653	85338308	62714080
股份有限公司	Stock holding Company limited	898221	8366315	998839	42709	11779096	7576183
私营企业	Private owned	8691370	44640931	5766694	882589	52761594	34154900
其他企业	Others	10086	15917	1687	167	16417	13441
港、澳、台商投资企业	Funded from Hong Kong,Macao and	55713	511858	22226	1071	538687	446904
外商投资企业	Foreign Funded	11518	743695	110876	3386	931265	612283
二、按国民经济行业分	**by Sector**						
房屋建筑业	Building	13415455	70329270	6560895	1054116	82505061	57146750
土木工程建筑业	Civil Engineering	7235732	51995528	6654910	623269	65422993	46996606
建筑安装业	Construction Installation	1287296	8216692	913469	63396	9408836	6805546
建筑装饰、装修和其他建筑业	Building Decoration and Others	1086517	6959979	785172	110894	8013481	5433396
#建筑装饰和装修业	Building Decoration	912122	5565357	420601	92682	6278386	4261879

15-4 续表 1 continued

单位:万元 (10 000 yuan)

类 别	Category	年初存货 Inventory at Beginning of year	流动资产 Liquid Assets	固定资产原价 Fixed Assets Original Price	在建工程 Project under Construction	资产合计 Total Assets	流动负债 Liquid Liabilities
三、按企业资质等级分	**by Qualification Criteria**						
施工总承包	Construction Contract	21229742	125135497	13091915	1689501	150770980	106766049
特 级	Special Grade	4949660	37431784	2432477	416828	46885577	34537346
一 级	First Grade	8542964	47423399	4610302	590244	54902007	40348431
二 级	Second Grade	5573246	26445112	3980451	474050	31981281	21054421
三级及以下	Third Grade and below	2163871	13835202	2068685	208379	17002115	10825851
专业承包	Professional Contract	1795258	12365973	1822532	162173	14579392	9616249
一 级	First Grade	932070	5701155	501133	53300	6419891	4557252
二 级	Second Grade	561109	3989820	722038	91585	4912033	3116292
三级及以下	Third Grade and below	302079	2674998	599360	17288	3247467	1942705
四、按控股情况分	**by Share Holding**						
#国有控股	State-controlled	6761488	51725103	4873858	429409	63219934	47568708
#集体控股	Collective-controlled	2200835	9136167	986082	71607	10743156	7853966
#私人控股	Private-controlled	12914235	69569396	8053393	1193673	82075056	54539517
#港澳台商控股	Controlled by Investors from Hong Kong,Macao and Taiwan	12536	55668	611		57189	53153
#外商控股	Foreign-controlled	11273	62922	78694	3386	157221	98402

15-4 续表 2 continued

单位:万元 (10 000 yuan)

类别	Category	非流动负债 Non-current liabilities	负债合计 Total Liabilities	所有者权益 Creditors' Equity	主营业务收入 Revenue from Principal Business	主营业务成本 Cost of Principal Business
总计	**Total**	**5791743**	**124759090**	**40591281**	**140946998**	**129902718**
#国有及国有控股企业	State owned and State controlled Enterprises	3461443	51726333	11493601	48718084	45193084
一、按登记注册类型分	**Grouped by Registration Status**					
内资企业	Domestic Funded	5757075	123665234	40215185	140318412	129344901
国有企业	State-owned	263089	8885894	1827513	6238509	5782083
集体企业	Collective-owned	26449	1852355	617763	1838694	1661075
股份合作企业	Stock-holding Cooperation	7431	511217	103286	386913	351284
联营企业	Joint-owned		137568	49410	226775	211256
有限责任公司	Company with Limited Liabilition	3913683	67784785	17553523	69677391	64402202
股份有限公司	Stock-holding Company limited	771846	8483129	3295967	12104783	10867317
私营企业	Private-owned	774577	35996847	16764747	49830974	46056072
其他企业	Others		13441	2976	14372	13612
港、澳、台商投资企业	Funded from Hong Kong,Macao	33282	480186	58501	365458	334316
外商投资企业	Foreign Funded	1386	613670	317595	263128	223501
二、按国民经济行业分	**by Sector**					
房屋建筑业	Building	2831835	61284013	21221048	78223453	72453781
土木工程建筑业	Civil Engineering	2750089	50775127	14647866	42841447	39256773
建筑安装业	Construction Installation	109257	7005729	2403107	12278625	11351534
建筑装饰、装修和其他建筑业	Building Decoration and Others	100563	5694221	2319260	7603473	6840630
#建筑装饰和装修业	Building Decoration	73358	4487235	1791151	6017607	5456753

15-4 续表 3 continued

单位:万元 (10 000 yuan)

类 别	Category	非流动负债 Non-current liabilities	负债合计 Total Liabilities	所有者权益 Creditors' Equity	主营业务收入 Revenue from Principal Business	主营业务成本 Cost of Principal Business
三、按企业资质等级分	**by Qualification Criteria**					
施工总承包	Construction Contract	5621007	114679116	36091864	127213644	117508722
特 级	Special Grade	2287062	36866190	10019387	47961361	44421270
一 级	First Grade	2040403	42916124	11985883	45014212	41842536
二 级	Second Grade	758000	22698973	9282308	21965953	20093398
三级及以下	Third Grade and below	535542	12197829	4804287	12272119	11151519
专业承包	Professional Contract	170736	10079975	4499417	13733354	12393996
一 级	First Grade	35916	4674837	1745054	6850539	6240883
二 级	Second Grade	51102	3302304	1609730	3995786	3562147
三级及以下	Third Grade and below	83717	2102834	1144633	2887030	2590966
四、按控股情况分	**by Share Holding**					
#国有控股	State-controlled	3461443	51726333	11493601	48718084	45193084
#集体控股	Collective-controlled	434373	8603819	2139336	7398029	6707422
#私人控股	Private-controlled	1446447	57382197	24692859	77170617	71274290
#港澳台商控股	Controlled by Investors from Hong Kong,Macao and Taiwan		53153	4035	10567	1286
#外商控股	Foreign-controlled	1386	99788	57433	53966	35159

15-4 续表 4 continued

单位:万元 (10 000 yuan)

类 别	Category	主营业务税金及附加 Taxes and Other Charges on Principal Business	销售费用 Sales Expenses	管理费用 Management Expenses	财务费用 Financial Expenses	利润总额 Total Profits
总 计	**Total**	**838294**	**289676**	**4213827**	**1081187**	**3940237**
#国有及国有控股企业	State-owned and State-controlled Enterprises	160423	52953	1198427	386860	1352070
一、按登记注册类型分	**Grouped by Registration Status**					
内资企业	Domestic Funded	828377	286741	4186791	1073917	3921294
国有企业	State-owned	33392	7368	190985	42854	164102
集体企业	Collective-owned	25571	5642	55705	7938	62555
股份合作企业	Stock-holding Cooperation	3635	981	9587	9609	12910
联营企业	Joint-owned	929		7223	109	7252
有限责任公司	Company with Limited Liabilition	342373	79633	1927010	566723	2047570
股份有限公司	Stock-holding Company limited	86046	19883	332472	85059	296043
私营企业	Private-owned	336386	173234	1663208	361595	1330736
其他企业	Others	46		602	31	127
港、澳、台商投资企业	Funded from Hong Kong,Macao	1156	85	17823	4326	2967
外商投资企业	Foreign Funded	8761	2851	9214	2944	15976
二、按国民经济行业分	**by Sector**					
房屋建筑业	Building	548295	79630	1785686	599326	2202172
土木工程建筑业	Civil Engineering	180445	80601	1629312	387402	1220662
建筑安装业	Construction Installation	65447	82908	444165	37231	266854
建筑装饰、装修和其他建筑业	Building Decoration and Others	44107	46536	354665	57227	250550
#建筑装饰和装修业	Building Decoration	33349	32245	243073	49465	196206

15-4 续表 5 continued

单位:万元 (10 000 yuan)

类　别	Category	主营业务税金及附加 Taxes and Other Charges on Principal Business	销售费用 Sales Expenses	管理费用 Management Expenses	财务费用 Financial Expenses	利润总额 Total Profits
三、按企业资质等级分	**by Qualification Criteria**					
施工总承包	Construction Contract	730463	188121	3532045	983315	3530503
特　级	Special Grade	211999	36539	916119	310199	1550918
一　级	First Grade	235959	59038	1149473	405044	1005764
二　级	Second Grade	189391	38633	896658	184841	637437
三级及以下	Third Grade and below	93114	53911	569794	83231	336384
专业承包	Professional Contract	107831	101555	681783	97872	409734
一　级	First Grade	29701	37177	263531	48887	216296
二　级	Second Grade	28401	36565	242266	30492	114583
三级及以下	Third Grade and below	49729	27813	175986	18494	78855
四、按控股情况分	**by Share Holding**					
#国有控股	State-controlled	160423	52953	1198427	386860	1352070
#集体控股	Collective-controlled	60529	14314	293648	60919	228400
#私人控股	Private-controlled	574916	207766	2411322	555422	2166058
#港澳台商控股	Controlled by Investors from Hong Kong,Macao and Taiwan	17		634	-46	2739
#外商控股	Foreign-controlled	395	65	6246	991	11181

15-5 各市建筑业主要生产指标(2020年)

Main Production Indicators of Construction Enterprises by Region(2020)

地 区 Region	企业个数(个) Number of Enterprises (unit)	建筑业合同(万元) Value of Construction Contracts (10 000 yuan)	#上年结转合同额 Carryover of Last Year	建筑业总产值(万元) Gross Output Value of Construction (10 000 yuan)	竣工产值(万元) Value of Construction Completed (10 000 yuan)	房屋建筑施工面积(平方米) Floor Space under Construction (sq.m)	房屋建筑竣工面积(平方米) Floor Space Completed (sq.m)	#住宅 Residential	年末从业人员(人) Employees at year-end (person)
全省总计 Total	**8081**	**291723232**	**112958887**	**149472993**	**64132265**	**861600712**	**213095462**	**145127024**	**2744858**
济南市 Jinan	1033	98229895	42913184	37481222	12789160	170898550	33227749	19157422	448155
青岛市 Qingdao	763	59972716	24088992	30001565	11017287	194532834	36203652	22806359	517750
淄博市 Zibo	445	15975535	4915802	10231669	5514850	71787842	22412409	15934400	239244
枣庄市 Zaozhuang	256	4430651	1206007	3120973	1207118	19915569	5802670	4808718	93978
东营市 Dongying	336	4837049	1387719	2705652	1900635	7305395	2248051	1549138	56366
烟台市 Yantai	844	11015696	3344265	7710369	4309803	39023072	16136321	11390039	172230
潍坊市 Weifang	602	15880799	5807176	10137730	4877491	80680241	21902103	15838331	157532
济宁市 Jining	785	12032946	4981825	7084558	3570395	46370041	11674435	6549025	193242
泰安市 Tai'an	364	16769167	4122344	10559968	5047749	20020152	5601174	3863883	214579
威海市 Weihai	472	5661867	1953341	3265900	1556393	23001431	6245793	3609392	55912
日照市 Rizhao	366	8241934	3867433	4652316	1690267	20885219	5583791	4656522	66728
临沂市 Linyi	554	16073192	4728744	10926767	5143090	84078503	24184185	17511605	246329
德州市 Dezhou	261	6408649	2988933	3440863	1396468	25294995	5683509	4330667	63118
聊城市 Liaocheng	275	6849215	3409545	2921474	1675432	27729162	6030860	4949475	68401
滨州市 Binzhou	314	4205164	1291288	2150432	885688	12702254	2546311	1671221	41868
菏泽市 Heze	411	5138759	1952290	3081536	1550440	17375452	7612449	6500827	109426

15-6 各市建筑业主要财务指标(2020年)

Financial Indicators of Construction Enterprises by Region(2020)

单位:万元 (10 000 yuan)

地 区	Region	流动资产 Liquid Assets	固定资产原价 Fixed Assets Original Price	在建工程 Projects under Construction	资产合计 Total Assets	流动负债 Liquid Liabilities	非流动负债 Non-current liabilities	负债合计 Total Liabilities
全省总计	**Total**	**137501469**	**14914446**	**1851674**	**165350371**	**116382298**	**5791743**	**124759090**
济 南 市	Jinan	30673224	2353607	328895	37348840	27952300	1331599	29454789
青 岛 市	Qingdao	23203910	2277311	285313	28568399	20478907	1678684	22407377
淄 博 市	Zibo	6619037	1022260	234229	7700870	5127712	103992	5307497
枣 庄 市	Zaozhuang	3336052	531286	25926	4187674	2775483	123576	2981551
东 营 市	Dongying	4734735	610606	46723	5415501	4057945	86940	4189770
烟 台 市	Yantai	8950497	1418801	225722	10676991	6877868	318344	7389269
潍 坊 市	Weifang	9772521	1048162	161378	11635299	6998722	419532	8040268
济 宁 市	Jining	9054280	944421	83480	10357242	6461650	651461	7366866
泰 安 市	Tai'an	6297325	795766	67668	7502778	5333216	289759	5727956
威 海 市	Weihai	4301151	610636	97777	5121401	3695665	67992	3876275
日 照 市	Rizhao	6036283	701690	42063	7341521	5468615	188302	5703731
临 沂 市	Linyi	10430590	812718	77146	12542357	8931921	184959	9397532
德 州 市	Dezhou	4230664	469363	72937	5089286	3636939	127485	3802470
聊 城 市	Liaocheng	3355995	341374	36406	3823744	2941617	45888	2992897
滨 州 市	Binzhou	2651914	504755	52054	3238702	2474002	14934	2538648
菏 泽 市	Heze	3853290	471692	13957	4799765	3169737	158297	3582195

15-6 续表 continued

单位:万元 (10 000 yuan)

地 区	Region	所有者权益 Owner's Equity	实收资本 Paid-in Capitals	主营业务收入 Revenue from Principal Business	主营业务成本 Cost of Principal Business	主营业务税金及附加 Taxes and Other Charges on Principal Business	管理费用 Management Expenses	财务费用 Financial Expenses	利润总额 Total Profits
全省总计	**Total**	**40591281**	**22467704**	**140946998**	**129902718**	**838294**	**4213827**	**1081187**	**3940237**
济 南 市	Jinan	7894051	4643008	36442823	33920646	129889	885640	138966	1087848
青 岛 市	Qingdao	6161023	3373520	27714597	25566559	107689	707642	310984	567268
淄 博 市	Zibo	2393373	1183524	8644322	8072008	112178	248165	39773	186926
枣 庄 市	Zaozhuang	1206123	615666	3064901	2715698	52451	111760	23628	136265
东 营 市	Dongying	1225732	901965	3210165	2981043	17319	143678	39594	39094
烟 台 市	Yantai	3287722	1775943	7471023	6610619	80668	305821	73082	336570
潍 坊 市	Weifang	3595031	1450070	8755395	7811338	67007	267651	79804	409146
济 宁 市	Jining	2990377	1794232	7113574	6547362	40009	277600	67760	188333
泰 安 市	Tai'an	1774822	1087442	9642338	9161533	59605	265252	44841	106661
威 海 市	Weihai	1245126	650884	3205967	2912063	18420	152990	24229	101804
日 照 市	Rizhao	1637789	1024049	4333137	3964764	26103	134834	57776	109288
临 沂 市	Linyi	3144825	1325035	9225738	8478449	66236	330636	79208	294205
德 州 市	Dezhou	1286816	635333	3418700	3056645	20055	128489	30332	135815
聊 城 市	Liaocheng	830847	688295	2988063	2824918	12707	91564	29882	33376
滨 州 市	Binzhou	700054	584360	2162645	2012297	11544	75470	8761	54019
菏 泽 市	Heze	1217570	734379	3553610	3266778	16416	86637	32568	153617

主要统计指标解释

建筑业统计单位 指从事房屋、构筑物建造和设备安装活动的法人企业。建筑业法人企业应具有建筑业资质并能够独立核算，同时其应具备以下条件：①依法成立，有自己的名称、组织机构和场所，能够承担民事责任；②独立拥有和使用资产，承担负债，有权与其他单位签订合同；③独立核算盈亏，能够编制资产负债表。

建筑业总产值 是以货币形式表现的建筑业企业在一定时期内生产的建筑业产品和提供的服务的总和。建筑业总产值包括：

⑴建筑工程产值：指列入建筑工程预算内的各种工程价值。

⑵安装工程产值：指设备安装工程价值，不包括被安装设备本身的价值。

⑶其他产值：建筑业总产值中除建筑工程、安装工程以外的产值。包括房屋构筑物修理产值、非标准设备制造产值、总包企业向分包企业收取的管理费以及不能明确划分的施工活动所完成的产值。

a.房屋构筑物修理产值：指房屋和构筑物修理所完成的产值，但不包括被修理房屋、构筑物本身价值和生产设备的修理产值。

b.非标准设备制造产值：指加工制造没有定型的非标准生产设备的加工费和原材料价值(如化工厂、炼油厂用的各种罐、槽，矿井生产统一使用的各种漏斗、三角槽、阀门等)以及附属加工厂为本企业承建工程制作的非标准设备的价值。

房屋建筑施工面积 指在报告期内施过工的全部房屋建筑面积，包括本期新开工的房屋面积、上期施工跨入本期继续施工的房屋面积、上期停缓建在本期恢复施工的房屋面积、本期竣工的房屋面积及本期施工后又停缓建的房屋面积。

房屋建筑竣工面积 指在报告期内房屋建筑按照设计要求全部完工，达到了使用条件，经验收鉴定合格，正式移交使用单位的房屋建筑面积。

Explanatory Notes on Main Statistical Indicators

Statistical Unit in Construction refers to corporate enterprise engaged in the construction of buildings and structures and in the installation of equipment. A corporate construction enterprise should have qualification certificates with independent accounting system, and should meet the following 3 requirements: a) being set up in line with relevant legal basis, having its full name, organization and location, and capable of taking civil liabilities; b) independently possessing and using its assets and assuming its liabilities, and entitled to sign contracts with other institutions; and c) making independent accounts of its profits and losses, and capable of compiling its own balance sheet.

Gross Output Value of Construction refers to total of construction products and services, expressed in money terms, produced or rendered by construction and installation enterprises during a given period of time. It includes:

(1)Output value of construction projects, that is the value of projects covered by the project budgets;

(2)Output value of installation projects, that is the value of the installation of equipment, (excluding the value of the equipment to be installed);

(3)Output value of others, that is the output value of construction industry excluding that of construction projects and installation projects. It includes: output value of repair of buildings and structures; output value of non standard equipment manufacturing; overhead expenses received by contracted enterprises to the sub contracted enterprises and the completed output value of construction activities that have no clear definition.

a. Output value of repair of buildings and structures, that is the value created through the repairs of buildings or structures, but does not include the value of buildings or structures being repaired and the value of the repair of production equipment;

b. Output value of manufactured non standard equipment, that is the value of non standard production equipment including raw materials and manufacturing cost made for the construction project (i.e., chemical plant; kettles or tanks used by refineries; various fillers, triangle tanks, valves used by mines), and the output value of equipment manufactured by subsidiary workshops.

Floor Space of Buildings under Construction refers to floor space of buildings under construction during the reference period, including newly started buildings, buildings started earlier and continued during the reference period, and buildings suspended earlier but restarted during the reference period, buildings completed during the reference period, and buildings under construction and then suspended during the reference period.

Floor Space of Buildings Completed refers to the floor space of buildings that are completed in the reference period in accordance with the requirements of the design, up to the standard for putting them into use, and have been checked and accepted by concerned departments as qualified ones.

第16篇 服务业

Service Enterprises

简 要 说 明

一、本篇资料的主要内容

本篇资料主要反映规模以上服务业的财务状况。据国家统计报表制度，2012 年规模以上服务业年报首次纳入“一套表”联网直报系统。

二、本篇资料的来源

本篇资料来源于规模以上服务业年报数据，由省统计局服务业处整理提供。

Brief Introduction

I. Content

Data in this chapter reflect the basic information, financial condition, employed persons, labor remuneration and E-commerce transactions of some service enterprises above designated size. According to the National Statistical Reporting System, some service enterprises above designated size have been integrated into the "network reporting" system since 2012.

II. Source of Data

Data in this chapter are based on the yearly statistics report of some service enterprises above designated size and are prepared and compiled by the Division of comprehensive Service Statistics of Shandong Provincial Bureau of Statistics.

16-1　规模以上服务业企业主要财务状况(2020年)

Main Financial Indicators of Service Enterprises above the Designated(2020)

单位:亿元　(100 million yuan)

项　目	Item	2020	2020年比2019年增长(%) Growth Rate in 2019 Over 2018(%)
资产总计	Total Assets	37430.69	13.2
负债合计	Total Liabilities	20039.75	15.8
营业收入	Business Revenue	9783.52	8.1
营业成本	Business Costs	8074.77	11.4
税金及附加	Tax and Extra Charges on Business	55.03	-6.1
销售费用	Sales Expenses	320.21	-2.8
管理费用	Management Expenses	778.05	1.0
财务费用	Financial Expenses	312.31	22.2
营业利润	Business Profits	642.08	0.2
利润总额	Total Profits	714.70	4.0
所得税费用	Income Taxes Payable	127.10	-9.6
应付职工薪酬	Total Wages Payable	1747.28	5.6
应交增值税	Value-added Tax Payable	198.52	-2.7

注:增速按可比口径计算。
a)The growth rates are calculated on comparable coverage.

16−2 规模以上服务业企业分登记注册类型财务状况(2020年)

Financial Indicators of Service Enterprises above Designated Size by Registration Type(2020)

单位:万元 (10 000 yuan)

类　　别	Category	企业单位数(个) Number of Industrial Enterprises (unit)	资产总计 Total Assets	负债合计 Total Liabilities
全省总计	**Provincial Total**	**9983**	**374306935**	**200397507**
按登记注册类型分	**by Status of Registration**			
内资企业	**Domestic Funded Enterprises**	**9702**	**358133719**	**193440588**
国有企业	State-owned Enterprises	422	35900292	20448912
集体企业	Collective-owned Enterprises	55	735444	589315
股份合作企业	Cooperative Enterprises	9	70725	38979
联营企业	Joint Ownership Enterprises	1	3480	227
有限责任公司	Limited Liability Corporations	2668	254438066	131684681
股份有限公司	Share-holding Corporations Limited	250	31873663	16241390
私营企业	Private Enterprises	6145	33724027	23579224
其他企业	Other Enterprises	152	1388023	857860
港、澳、台商投资企业	**Enterprises with Funds from Hong Kong, Macao and Taiwan**	**110**	**8158254**	**3544060**
合资经营企业(港或澳、台资)	Joint-ventures Enterprises	50	3611742	1725183
合作经营企业(港或澳、台资)	Cooperative Enterprises	1	57133	19318
港澳台商独资经营企业	Enterprises with Sole Investment	56	4312211	1660235
港澳台商投资股份有限公司	Share-holding Corporations Ltd. With Funds from Hong Kong, Macao and Taiwan	3	177169	139324
其他港澳台投资企业	Other Enterprises			
外商投资企业	**Foreign Funded Enterprises**	**171**	**8014962**	**3412859**
中外合资经营企业	Joint-venture Enterprises	82	5339639	1928318
中外合作经营企业	Cooperation Enterprises	4	13222	6093
外资企业	Enterprises with Sole Foreign Funds	79	1772168	897997
外商投资股份有限公司	Share-holding Corporations Ltd. With Foreign Investment	5	879782	579042
其他外商投资企业	Other Enterprises	1	10151	1411

16-2 续表 1 continued

单位:万元 (10 000 yuan)

类　别	Category	营业收入 Business Revenue	营业成本 Business Costs	税金及附加 Tax and Extra Charges on Business
全省总计	**Provincial Total**	**97835155**	**80747684**	**550287**
按登记注册类型分	**by Status of Registration**			
内资企业	**Domestic Funded Enterprises**	**90287159**	**75421749**	**508671**
国有企业	State-owned Enterprises	6035634	4958254	36773
集体企业	Collective-owned Enterprises	170678	121290	3312
股份合作企业	Cooperative Enterprises	37656	11558	643
联营企业	Joint Ownership Enterprises	2434	2446	21
有限责任公司	Limited Liability Corporations	42627910	35982340	290061
股份有限公司	Share-holding Corporations Limited	8294249	6675369	43141
私营企业	Private Enterprises	32367087	27080549	132972
其他企业	Other Enterprises	751511	589944	1749
港、澳、台商投资企业	**Enterprises with Funds from Hong Kong, Macao and Taiwan**	**3348653**	**2338498**	**22372**
合资经营企业(港或澳、台资)	Joint-ventures Enterprises	1258708	888918	6248
合作经营企业(港或澳、台资)	Cooperative Enterprises	22811	12150	39
港澳台商独资经营企业	Enterprises with Sole Investment	1934710	1350854	15646
港澳台商投资股份有限公司	Share-holding Corporations Ltd. With Funds from Hong Kong, Macao and Taiwan	132425	86577	439
其他企业	Other Enterprises			
外商投资企业	**Foreign Funded Enterprises**	**4199343**	**2987437**	**19243**
中外合资经营企业	Joint-venture Enterprises	2312489	1657868	6751
中外合作经营企业	Cooperation Enterprises	4692	3351	329
外资企业	Enterprises with Sole Foreign Funds	1129467	911015	10486
外商投资股份有限公司	Share-holding Corporations Ltd. With Foreign Investment	740459	405123	1601
其他企业	Other Enterprises	12236	10080	78

16-2 续表 2 continued

单位:万元 (10 000 yuan)

类别	Category	销售费用 Selling Expenses	管理费用 Management Expenses	财务费用 Financial Expenses	营业利润 Business Profits
全省总计	**Provincial Total**	**3202116**	**7780470**	**3123059**	**6420835**
按登记注册类型分	**by Status of Registration**				
内资企业	**Domestic Funded Enterprises**	**2927375**	**7303055**	**3006618**	**5058032**
国有企业	State-owned Enterprises	194129	582214	321578	308107
集体企业	Collective-owned Enterprises	7650	45930	1153	-8507
股份合作企业	Cooperative Enterprises	15534	7865	98	915
联营企业	Joint Ownership Enterprises		12	1	-45
有限责任公司	Limited Liability Corporations	1223548	3319472	2117547	2919623
股份有限公司	Share-holding Corporations Limited	319226	538656	280102	917247
私营企业	Private Enterprises	1148156	2680149	282133	915682
其他企业	Other Enterprises	19131	128758	4006	5011
港、澳、台商投资企业	**Enterprises with Funds from Hong Kong, Macao and Taiwan**	**184313**	**225515**	**56458**	**498542**
合资经营企业(港或澳、台资)	Joint-ventures Enterprises	34859	63154	33966	214286
合作经营企业(港或澳、台资)	Cooperative Enterprises		286	557	9779
港澳台商独资经营企业	Enterprises with Sole Investment	138154	153660	21178	249843
港澳台商投资股份有限公司	Share-holding Corporations Ltd. With Funds from Hong Kong, Macao and Taiwan	11300	8415	757	24633
其他企业	Other Enterprises				
外商投资企业	**Foreign Funded Enterprises**	**90428**	**251900**	**59984**	**864262**
中外合资经营企业	Joint-venture Enterprises	16244	136250	38231	464601
中外合作经营企业	Cooperation Enterprises	1600	1507	78	-2174
外资企业	Enterprises with Sole Foreign Funds	25298	89902	16964	144685
外商投资股份有限公司	Share-holding Corporations Ltd. With Foreign Investment	47286	23618	4736	255410
其他企业	Other Enterprises		624	-24	1739

16-2 续表 3 continued

单位:万元 (10 000 yuan)

类 别	Category	利润总额 Total Profits	所得税费用 Income Taxes Payable	应付职工薪酬 Total Wages Payable	应交增值税 Value-added Tax Payable
全省总计	**Provincial Total**	**7146998**	**1271025**	**17472822**	**1985184**
按登记注册类型分	**by Status of Registration**				
内资企业	**Domestic Funded Enterprises**	**5766402**	**1021123**	**16410645**	**1783147**
国有企业	State-owned Enterprises	415610	90900	1341974	77756
集体企业	Collective-owned Enterprises	-2384	3051	50481	4467
股份合作企业	Cooperative Enterprises	959	346	4451	963
联营企业	Joint Ownership Enterprises	1		118	189
有限责任公司	Limited Liability Corporations	3354639	601771	8841322	921941
股份有限公司	Share-holding Corporations Limited	939022	114802	1450879	153897
私营企业	Private Enterprises	1051916	207810	4441470	617036
其他企业	Other Enterprises	6640	2443	279951	6897
港、澳、台商投资企业	**Enterprises with Funds from Hong Kong, Macao and Taiwan**	**507393**	**62072**	**471360**	**134548**
合资经营企业(港或澳、台资)	Joint-ventures Enterprises	221511	46632	122769	19046
合作经营企业(港或澳、台资)	Cooperative Enterprises	9696	1482	193	643
港澳台商独资经营企业	Enterprises with Sole Investment	251441	13870	330138	113561
港澳台商投资股份有限公司	Share-holding Corporations Ltd. With Funds from Hong Kong, Macao and Taiwan	24744	88	18260	1298
其他企业	Other Enterprises				
外商投资企业	**Foreign Funded Enterprises**	**873203**	**187831**	**590817**	**67489**
中外合资经营企业	Joint-venture Enterprises	466485	111233	296834	21973
中外合作经营企业	Cooperation Enterprises	-2025	23	1622	100
外资企业	Enterprises with Sole Foreign Funds	150812	20695	216477	16618
外商投资股份有限公司	Share-holding Corporations Ltd. With Foreign Investment	256143	55491	74492	28648
其他企业	Other Enterprises	1789	390	1392	151

16−3 规模以上服务业企业分控股情况财务状况(2020年)

Financial Indicators of Service Enterprises above Designated Size by Holding Type(2020)

单位:万元 (10 000 yuan)

类 别	Category	企业单位数(个) Number of Industrial Enterprises (unit)	资产总计 Total Assets	负债合计 Total Liabilities	营业收入 Business Revenue	营业成本 Business Costs
全省总计	**Provincial Total**	**9983**	**374306935**	**200397507**	**97835155**	**80747684**
按控股情况分	**by Holding Type**					
国有控股	State-holding	1582	285535164	144107166	40859862	35076517
集体控股	Collective-holding	217	5891939	4333494	2318671	1655112
私人控股	Private-holding	7284	52628333	35508758	41311248	34103634
港澳台商控股	Holdings form Hong Kong, Macao and Taiwan	84	5934890	2526749	2675800	1903522
外商控股	Foreign-holding	120	4794053	2282670	2836577	2135453
其他	Others	678	19361566	11588316	7757981	5818066

16−3 续表 1 continued

单位:万元 (10 000 yuan)

类 别	Category	税金及附加 Tax and Extra Charges on Business	销售费用 Selling Expenses	管理费用 Management Expenses	财务费用 Financial Expenses	营业利润 Business Profits
全省总计	**Provincial Total**	**550287**	**3202116**	**7780470**	**3123059**	**6420835**
按控股情况分	**by Holding Type**					
国有控股	State-holding	261312	1061222	2887790	2408864	2633753
集体控股	Collective-holding	26646	74570	290067	55398	159578
私人控股	Private-holding	182538	1571018	3467903	470228	1379222
港澳台商控股	Holdings form Hong Kong, Macao and Taiwan	20935	170954	193883	34434	346614
外商控股	Foreign-holding	15354	82436	166167	29319	460079
其他	Others	43113	239010	759318	125935	1439522

16-3 续表 2 continued

单位:万元 (10 000 yuan)

类别	Category	利润总额 Total Profits	所得税费用 Income Taxes Payable	应付职工薪酬 Total Wages Payable	应交增值税 Value-added Tax Payable
全省总计	**Provincial Total**	**7146998**	**1271025**	**17472822**	**1985184**
按控股情况分	**by Holding Type**				
国有控股	State-holding	3089611	661137	8570944	775346
集体控股	Collective-holding	178927	28489	360208	59562
私人控股	Private-holding	1559588	320708	5898210	811518
港澳台商控股	Holdings form Hong Kong, Macao and Taiwan	352355	26669	399740	127715
外商控股	Foreign-holding	466440	90187	401154	54141
其他	Others	1498036	143087	1818164	156492

16-4 规模以上服务业企业分行业财务状况(2020年)

Financial Indicators of Service Enterprises above Designated Size by Sector(2020)

单位:万元 (10 000 yuan)

行业	Category	企业单位数(个) Number of Industrial Enterprises (unit)	资产总计 Total Assets	负债合计 Total Liabilities	营业收入 Business Revenue
全省总计	**Provincial Total**	**9983**	**374306935**	**200397507**	**97835155**
按行业分	**Grouped by Sector**				
交通运输、仓储和邮政业	Transport, Storage and Postal Services	3400	170098114	90026009	44284249
信息传输、软件和信息技术服务业	Information Transmission, Software and Information Technology Services	791	30681301	14379924	17888017
房地产业	Real Estate	774	22564227	13731087	3285468
租赁和商务服务业	Leasing and Business Services	2106	89280928	49533031	14400098
科学研究和技术服务业	Scientific Research and Technical Services	1375	16188326	8143169	9307345
水利、环境和公共设施管理业	Management of Water Conservancy, Environment and Public Facilities	347	32314486	16541405	3658648
居民服务、修理和其他服务业	Households' service, Repair and Other Services	283	1049383	824492	734681
教育	Education	181	1689139	1017291	635744
卫生和社会工作	Health and Social Work	351	3864735	2544538	2139561
文化、体育和娱乐业	Culture, Sports and Entertainment	375	6576297	3656562	1501345

16−4 续表 1 continued

单位:万元 (10 000 yuan)

行 业	Category	营业成本 Business Costs	税金及附加 Tax and Extra Charges on Business	销售费用 Selling Expenses	管理费用 Management Expenses
全省总计	**Provincial Total**	**80747684**	**550287**	**3202116**	**7780470**
按行业分	**Grouped by Sector**				
交通运输、仓储和邮政业	Transport, Storage and Postal Services	40760571	147540	737663	2255179
信息传输、软件和信息技术服务业	Information Transmission, Software and Information Technology Services	12822202	67058	1069859	1166994
房地产业	Real Estate	2293564	66677	211828	516098
租赁和商务服务业	Leasing and Business Services	11911149	134350	435092	1437484
科学研究和技术服务业	Scientific Research and Technical Services	6518360	63851	304628	1232179
水利、环境和公共设施管理业	Management of Water Conservancy, Environment and Public Facilities	2755653	42158	58574	309184
居民服务、修理和其他服务业	Households' service, Repair and Other Services	548236	3493	58824	88950
教育	Education	403215	2254	57019	134404
卫生和社会工作	Health and Social Work	1649603	4466	107168	364048
文化、体育和娱乐业	Culture, Sports and Entertainment	1085130	18440	161461	275950

16−4 续表 2 continued

单位:万元 (10 000 yuan)

行 业	Category	财务费用 Financial Expenses	营业利润 Business Profits	利润总额 Total Profits
全省总计	**Provincial Total**	**3123059**	**6420835**	**7146998**
按行业分	**Grouped by Sector**			
交通运输、仓储和邮政业	Transport, Storage and Postal Services	1704684	1270199	1423522
信息传输、软件和信息技术服务业	Information Transmission, Software and Information Technology Services	67365	2072325	2130990
房地产业	Real Estate	257394	168174	183508
租赁和商务服务业	Leasing and Business Services	686358	1527279	1916199
科学研究和技术服务业	Scientific Research and Technical Services	67686	963203	995977
水利、环境和公共设施管理业	Management of Water Conservancy, Environment and Public Facilities	267631	351401	353493
居民服务、修理和其他服务业	Households' service, Repair and Other Services	273	39698	43257
教育	Education	14889	22765	32784
卫生和社会工作	Health and Social Work	25977	-32268	-30362
文化、体育和娱乐业	Culture, Sports and Entertainment	30805	38059	97632

16−4 续表 3 continued

单位:万元 (10 000 yuan)

行业	Category	所得税费用 Income Taxes Payable	应付职工薪酬 Total Wages Payable	应交增值税 Value-added Tax Payable
全省总计	**Provincial Total**	**1271025**	**17472822**	**1985184**
按行业分	**Grouped by Sector**			
交通运输、仓储和邮政业	Transport, Storage and Postal Services	549717	6526665	697872
信息传输、软件和信息技术服务业	Information Transmission, Software and Information Technology Services	262202	2802502	469017
房地产业	Real Estate	61599	970487	110130
租赁和商务服务业	Leasing and Business Services	141923	3016419	298327
科学研究和技术服务业	Scientific Research and Technical Services	140250	2206760	278852
水利、环境和公共设施管理业	Management of Water Conservancy, Environment and Public Facilities	74693	518241	76253
居民服务、修理和其他服务业	Households' service, Repair and Other Services	10159	195439	18348
教育	Education	10421	233896	5183
卫生和社会工作	Health and Social Work	15533	673014	3584
文化、体育和娱乐业	Culture, Sports and Entertainment	4530	329399	27617

16−5 各市规模以上服务业企业财务状况(2020年)

Financial Indicators of Service Enterprises above Designated Size by Region(2020)

单位:万元 (10 000 yuan)

地区	Region	企业单位数(个) Number of Industrial Enterprises (unit)	资产总计 Total Assets	负债合计 Total Liabilities	营业收入 Business Revenue	营业成本 Business Costs	税金及附加 Tax and Extra Charges on Business	销售费用 Selling Expenses
全省总计	**Total**	**9983**	**374306935**	**200397507**	**97835155**	**80747684**	**550287**	**3202116**
济南市	Jinan	1917	149676553	72447581	27160101	23004415	133227	1007675
青岛市	Qingdao	2229	75128797	42095360	25794591	21517364	129753	720878
淄博市	Zibo	545	17045351	9013350	3881650	3117106	33568	108769
枣庄市	Zaozhuang	216	2573653	1982658	1113032	845024	6388	49283
东营市	Dongying	354	7593820	4918490	4559761	3810607	50322	72780
烟台市	Yantai	747	21945115	13222502	6246941	5102873	33042	166667
潍坊市	Weifang	634	25158041	10366595	4588455	3566751	27990	179280
济宁市	Jining	611	9412811	6061608	4068413	3353661	27700	171590
泰安市	Tai'an	272	4129756	3209620	1958032	1574343	9420	82595
威海市	Weihai	297	5809649	3110522	1991970	1627624	15262	99466
日照市	Rizhao	316	25492008	15246794	4504794	3730674	18606	64254
临沂市	Linyi	599	8052479	6006779	4179513	3189162	25054	213235
德州市	Dezhou	246	3928775	2031936	1430696	1136447	8010	45713
聊城市	Liaocheng	338	8204977	5453897	2179557	1847768	8014	61951
滨州市	Binzhou	314	5132905	2607716	1901310	1563858	16792	55271
菏泽市	Heze	348	5022245	2622099	2276339	1760006	7140	102711

16-5 续表 continued

单位:万元 (10 000 yuan)

地　区	Region	管理费用 Management Expenses	财务费用 Financial Expenses	营业利润 Business Profits	利润总额 Total Profits	所得税费用 Income Taxes Payable	应付职工薪酬 Total Wages Payable	应交增值税 Value-added Tax Payable
全省总计	**Total**	**7780470**	**3123059**	**6420835**	**7146998**	**1271025**	**17472822**	**1985184**
济南市	Jinan	2314019	1093479	1867809	1937392	224574	6079791	696321
青岛市	Qingdao	1790216	656950	1930839	1988245	396234	3678916	458593
淄博市	Zibo	354394	147973	215227	214450	30660	781949	90335
枣庄市	Zaozhuang	117035	29175	70109	80416	12645	193512	34906
东营市	Dongying	381425	53747	175718	474331	40821	1074719	102470
烟台市	Yantai	570128	219545	302425	338193	90990	1134343	91997
潍坊市	Weifang	397853	164646	460026	515052	113870	797648	83697
济宁市	Jining	275472	104600	184249	220964	48047	556291	81258
泰安市	Tai'an	181325	26319	98341	123460	25724	454790	46256
威海市	Weihai	198314	40699	113518	128884	28798	380411	34801
日照市	Rizhao	237146	353640	234053	276379	85651	498929	41459
临沂市	Linyi	388235	80142	289832	302058	72247	667857	97206
德州市	Dezhou	128831	25475	91015	101104	7808	291816	23295
聊城市	Liaocheng	153060	52257	84779	94947	26962	320901	35592
滨州市	Binzhou	133088	33757	96823	118579	27923	262802	33522
菏泽市	Heze	159931	40654	206072	232544	38071	298149	33476

主要统计指标解释

规模以上服务业 辖区内年营业收入 2000 万元及以上服务业法人单位。包括：交通运输、仓储和邮政业，信息传输、软件和信息技术服务业，水利、环境和公共设施管理业三个门类和卫生行业大类。

辖区内年营业收入 1000 万元及以上服务业法人单位。包括：租赁和商务服务业，科学研究和技术服务业，教育三个门类，以及物业管理、房地产中介服务、房地产租赁经营和其他房地产业四个行业小类。

辖区内年营业收入 500 万元及以上服务业法人单位。包括：居民服务、修理和其他服务业，文化、体育和娱乐业两个门类，以及社会工作行业大类。

Explanatory Notes on Main Statistical Indicators

The statistical coverage of some service enterprises above designated size The corporative enterprises with annual revenue from business above 20 million yuan of some services business, including three sectors of transport, storage and postal services, information transmission, software and information technology services, management of Water Conservancy, Environment and Public Facilities, and one major categories of health services.

The corporative enterprises with annual revenue from business above 10 million yuan of some services business, including three sectors of leasing and business services, scientific research and technical services, education, and four sub-categories of property management ,real estate agent services, real estate lease operation and other real estate,etc.

The corporative enterprises with annual revenue from business above 5 million yuan of some services business, including two sectors of households' service, repair and other services, culture, sports and entertainment services, and one major categories of social services .

第
17
篇

运输和邮电

Transport, Post and
Telecommunication Services

简 要 说 明

一、本篇资料的主要内容

本篇资料反映了全省交通运输业和邮电通讯业发展的基本状况，主要包括交通设施基本情况、客货运量及周转量、交通运输企业主要技术经济指标、沿海主要港口货物吞吐量、邮政和电信基本情况、地方交通和营业性运输车辆、民用汽车拥有量等方面的内容。

二、本篇资料的来源

本篇资料中，交通运输资料分别来源于济南铁路局、山东省地方铁路局、省交通厅、省公安厅交警总队，邮电通信业资料来源于省通信管理局和省邮政局。

本篇资料由省统计局服务业处整理提供。

Brief Introduction

I. Content

Data in this chapter cover mainly the basic conditions of the development of transport, post and telecommunications in Shandong Province, including the basic conditions of transport, the freight traffic and passenger traffic accomplished by various means, major financial indices of related enterprises, cargo handled at principal sea ports, the possession of the transport equipment and the basic conditions of post and telecommunication services.

II. Source of Data

Data in this chapter are provided by Jinan Railway Board, Shandong Local Railway Board, Shandong Communications Department, and Traffic Police General Brigade of Shandong Public Security Department. Data on post and telecommunication services are provided by Shandong Communication Administration and Shandong Post Bureau.

Data in this chapter are prepared and compiled by the Division of Comprehensive Service Statistics of Shandong Provincial Bureau of Statistics.

17−1 主要年份运输线路长度

Length of Transport Routes in Major Years

单位:公里 (km)

年份 Year	铁路通车里程 Length of Railways in operation	公路通车里程 Length of Highways in Operation	#晴雨通车 In Operation Regardless of Weather	内河通航里程 Length of Navigable Inland Waterways	#通机动船 In Operation for Motor Vessels
1949	887	3152	65	1082	
1952	954	7669	170	1459	409
1955	956	9070	667	1459	409
1957	1154	13425	2115	1642	1063
1962	1168	15766	4189	2179	1353
1965	1208	22176	5669	1827	1310
1970	1276	29159	12666	1821	1629
1975	1275	31712	20212	1876	1764
1976	1386	32978	21645	2118	1802
1977	1386	33629	23636	2343	1811
1978	1385	34244	25289	2403	1880
1979	1388	35139	26106	1972	1953
1980	1411	35311	26544	1970	1736
1981	1582	35292	27284	1849	1712
1982	1565	35504	27875	1859	1722
1983	1565	35722	28480	1859	1722
1984	1569	35935	29427	1859	1725
1985	1572	36327	30250	1840	1706
1986	2041	37005	31286	1840	1706
1987	2042	37530	32468	1840	1706
1988	2042	38759	34057	1840	1706
1989	2042	39783	35557	1840	1706
1990	2041	40772	37015	1840	1706
1991	2042	41937	39081	1891	1780
1992	2048	43134	40612	1891	1780
1993	2048	46033	43992	1891	1780
1994	2048	50225	48385	1891	1780
1995	2048	54243	52702	1891	1780
1996	2620	57271	55882	1891	1780
1997	2721	59260	58028	1414	1302
1998	2658	64145	63142	1414	1302
1999	2672	67847	67055	1476	
2000	2672	70686	70038	1476	
2001	2709	71128	70701	1476	
2002	2709	74029	73665	1476	
2003	3236	76266	75948	1012	
2004	3348	77768	77483	1012	
2005	3402	80132	79854	1012	
2006	3405	204911	203363	1012	
2007	3379	212236	211279	1012	
2008	3329	220687	219525	1012	
2009	3620	226693	225235	1012	
2010	3833	229858	228906	1150	
2011	4177	233189	232264	1150	
2012	4306	244586	243779	1150	
2013	4397	252785	252066	1150	
2014	4546	259514	259031	1150	
2015	4863	263447	262986	1150	
2016	4882	265720	265265	1150	
2017	5115	270590	270150	1150	
2018	5676	275642	275344	1150	
2019	5972	280325	280186	1150	
2020	6881	286814	286741	1117	

注:1. 2006年起，村道纳入公路通车里程。2. 自2020年起，铁路相关数据含地方铁路。
a)Length of highways includes that of village-level highways since 2006.b)The data of railways includes the local railways since 2020.

17-2 主要年份旅客运量及周转量

Passenger Traffic and Turnover Volume in Major Years

年 份 Year	客运量 (万人) Passenger Traffic (10 000 Persons)	铁路 Railways	公路 Highways	水路 Waterways	周转量 (百万人公里) Passenger Turnover (million Passenger-km)	铁路 Railways	公路 Highways	水路 Waterways
1949	928	846	82		1368	1287	81	
1952	1196	938	251	7	1553	1365	180	8
1955	1775	1086	678	11	2229	1786	438	5
1957	3019	1872	1128	19	3002	2427	565	10
1962	7590	5923	1599	68	7664	6690	933	41
1965	4566	2457	2077	32	3664	2699	953	12
1970	5725	2454	3240	31			1445	14
1975	7084	3202	3844	38	6676	4708	1953	15
1976	7614	3233	4239	52	6996	4791	2189	16
1977	8679	3522	5103	54	7702	5127	2560	15
1978	9431	3467	5897	67	8448	5535	2895	18
1979	10857	3431	7338	88	9373	5950	3403	19
1980	12208	3586	8532	90	10624	6769	3839	16
1981	12682	3600	8994	88	11365	7272	4077	16
1982	13109	3695	9322	92	12283	7788	4477	18
1983	14839	3792	10942	102	14237	8954	5264	19
1984	17309	4071	13125	113	17058	10615	6423	20
1985	19772	4073	15565	134	20357	12433	7901	23
1986	26459	4005	22311	143	24671	13895	10752	24
1987	25209	4212	20811	186	27316	15608	11680	28
1988	29035	4447	24297	291	32412	17974	14402	36
1989	30718	3905	26419	344	32286	16552	15693	41
1990	29798	3303	26136	359	30138	14830	15255	53
1991	31940	3286	28240	405	32620	15873	16598	96
1992	33920	3244	30145	486	35164	17043	18002	119
1993	33634	3346	29693	595	34068	17785	16114	169
1994	34592	3587	30253	627	35627	18273	17126	222
1995	36425	3414	32317	694	35097	17418	17449	230
1996	39199	2854	35611	734	35344	15317	19696	331
1997	43218	3071	39234	913	40060	17277	22347	436
1998	50904	3223	46467	868	45229	18327	24599	483
1999	59350	3670	54817	863	51828	20568	28846	414
2000	66128	3840	61466	822	54873	22180	32358	335
2001	70497	3723	65787	987	59432	23373	35573	486
2002	74626	3566	69948	1112	64294	24644	39173	477
2003	75492	3324	71053	1115	61769	22024	39223	522
2004	89388	3857	84290	1241	74799	26696	47545	558
2005	98485	3952	93178	1355	82778	28268	53910	600
2006	109472	4757	103298	1417	93014	32223	60128	663
2007	123963	5127	117309	1527	106879	34039	72022	818
2008	213387	5470	205917	2000	141867	36694	104569	604
2009	234234	5806	226134	2294	158713	37993	119723	997
2010	248720	6041	240044	2635	164471	42135	121151	1185
2011	250469	6609	241457	2403	172751	45872	125691	1188
2012	264935	7650	254711	2574	183196	50951	130995	1250
2013	269391	8484	258327	2580	189285	54995	133137	1153
2014	73582	9508	62052	2022	114056	61734	51141	1181
2015	59625	10666	46960	1999	112745	64444	47137	1164
2016	62727	11904	48823	2000	116882	68442	47240	1200
2017	64536	13388	49111	2037	122676	73365	48104	1207
2018	66613	14525	50044	2044	126935	76302	49357	1276
2019	67317	15722	49581	2014	127981	77287	49256	1439
2020	30096	9797	19475	824	59517	43191	15931	395

注：1.2008年起，公路、水路数据改用全国公路水路运输量专项调查数据(以下相关表同)。
2.交通运输部2014年修订了公路、水运运输量统计试行方案，统计口径发生了变化(以下相关表同)。
3.2020年起，铁路客货运量、周转量为济南局、北京局、郑州局在山东省内数据，口径为国家铁路(以下相关表同)。

a)Since 2008, data on highways and waterways are based on the National Special Highway and Waterways Survey(The same as the following tables).
b)The pilot statistical investigation program on passenger traffic and turnover was revised in 2014,and the statistical scope was adjusted(The same as the following tables).
c)The railway passenger and freight volume and turnover refer to the data of Jinan Bureau,Beijing Bureau and Zhengzhou Bureau in Shandong Province,the caliber is national railway(The same as the following tables).

17-3 主要年份货物运量及周转量
Freight Traffic and Turnover Volume in Major Years

年份 Year	货运量(万吨) Freight Traffic (10 000 tons)	铁路 Railways	公路 Highways	水路 Waterways	周转量(百万吨公里) Freight Turnover (million ton-km)	铁路 Railways	公路 Highways	水路 Waterways
1949	547	381	166	0.2	1245	1178	66	1
1952	1802	640	1029	133	3711	3346	154	211
1955	3305	895	2013	397	4919	4359	246	344
1957	4558	1238	2973	347	6923	6190	327	406
1962	4500	1801	2419	280	8106	7309	421	376
1965	7544	2821	4339	385	11929	10721	750	458
1970	10081	3911	5693	477	19167	17346	1186	635
1975	14598	4214	9781	603	22198	18947	2374	877
1976	17320	4904	11732	684	24062	20096	2942	1024
1977	21484	5365	15255	864	27326	22293	3865	1168
1978	22964	5940	16128	896	31005	25746	4060	1199
1979	22536	5951	15748	837	31586	26540	3634	1113
1980	22086	5687	15629	770	31329	26087	4005	1237
1981	20496	5306	14427	763	31941	26332	4093	1516
1982	21641	5415	15413	813	35160	28400	4937	1823
1983	23726	5655	17216	855	38996	30966	5787	2243
1984	25310	6035	18389	886	41974	33250	6505	2219
1985	27371	6403	20105	863	48431	37342	8139	2468
1986	32299	6789	24619	893	57599	44618	10287	2694
1987	36012	7072	28008	932	64533	49069	12231	3234
1988	39866	7322	31670	874	72723	53851	15325	3547
1989	43098	7934	34331	833	78996	58657	16612	3727
1990	41443	8012	32654	777	77845	58546	15705	3594
1991	44145	8372	34587	1186	81402	59694	16660	5047
1992	47676	8609	37684	1381	87617	62750	18931	5936
1993	51250	9023	40820	1407	92257	63127	20444	8687
1994	57187	9259	46485	1443	101437	66744	23069	11625
1995	66546	9256	55669	1621	112655	69857	26397	16401
1996	70664	10226	58270	2168	122849	71385	30559	20895
1997	72780	10368	60340	2072	126093	73323	31915	20855
1998	76813	10224	64716	1867	118753	65877	34322	18513
1999	80212	10553	67696	1956	127304	73588	35350	18330
2000	92483	11253	76778	4452	403315	79964	40575	282776
2001	99464	12426	81574	5464	467545	84815	41143	341587
2002	107454	13624	89714	4116	304075	92525	46009	165541
2003	117712	17167	95900	4645	342906	107157	50987	184762
2004	132036	17862	106887	7287	478309	111109	59606	307594
2005	147999	18338	120455	9206	558286	121908	71182	365196
2006	167511	19126	136750	11635	665521	151159	84510	429852
2007	198507	19923	163959	14625	642854	131151	106926	404777
2008	247489	20872	216604	10013	1010234	134133	511792	364309
2009	284463	19596	251587	13280	1095569	134139	604502	356928
2010	298055	18056	264366	15633	1174705	144775	621680	408250
2011	314962	19711	279380	15871	1258364	152606	662435	443323
2012	330270	19814	296752	13704	1099119	149384	705922	243813
2013	344401	19043	311812	13546	1026088	138910	749888	137290
2014	260983	16792	230018	14172	817690	123808	571138	122744
2015	258444	15786	227934	14724	833415	107728	587699	137988
2016	281557	16745	249752	15060	879552	113668	607143	158741
2017	322564	17853	288052	16659	962225	121363	665022	175840
2018	349481	18710	312807	17964	995988	126468	685968	183552
2019	304732	20850	266124	17758	1007631	143456	674620	189555
2020	308627	23189	267230	18208	1034063	156609	678440	199014

注：2019年起，公路货运量采用全国公路货运量专项调查数据。与以往不可比(以下相关表同)。

a)The highway freight volume adopts the special survey data of national highway freight volume since 2019,and not comparable with the previous (the same as in the following tables).

17−4 沿海主要港口货物吞吐量

Volume of Freight Handled in Major Coastal Ports

单位:万吨 (10000 tons)

港口名称	Seaport	1990	1995	2000	2005	2010	2015	2016	2017	2018	2019	2020
总 计	**Total**	**5445**	**10594**	**16025**	**38401**	**86421**	**134218**	**142856**	**151571**	**161512**	**161064**	**168881**
青岛港	Qingdao	3034	5103	8661	18679	35012	49749	51463	51149	54250	57736	60459
烟台港	Yantai	668	1361	1964	4506	15033	33027	35407	40058	44308	38632	39935
日照港	Rizhao	925	1452	2674	8421	22597	36082	38286	40189	43763	46377	49615
威海港	Weihai	100	379	658	1532	2407	7324	7554	7806	5570	3730	3863

17−5 交通运输企业主要技术经济指标

Major Technical and Economic Indicators of Transportation Enterprises

类 别	Category	2014	2015	2016	2017	2018	2019	2020
铁路运输	**Railway Transport**							
货车周转时间 (天)	Turning Around Time of Freight Locomotives (day)	1.9	2.0	2.0	1.8	1.7	1.5	1.5
货车全周转距离 (公里)	Turning Around Length of Freight Locomotives (km)	427	432	434	435	419	419	411
货车中转距离 (公里)	Transfer Length of Freight Locomotives (km)	194	190	199	220	216	222	226
平均一日装车数 (车)	Daily Loading Coach (coach)	7351	7081	7778	8316	8921	10072	10936
平均一日卸车数 (车)	Daily Unloading Coach (coach)	8857	8461	9111	9592	10696	12119	12903
货车静载重 (吨)	Static Load of Freight Locomotives (ton)	62.6	61.1	58.8	58.9	57.5	56.8	57.6
货运机车日产量 (万总重吨公里)	Average Daily Ton-kilometers of Freight Locomotives (10 000 tonkm)	132.3	131.7	138.2	146.7	149.5	156.2	164.5
内燃机车每万吨公里耗油 (公斤)	Oil Consumption of Diesel Locomotives per 10000 Ton-km (kg)	28.4	33.4	34.9	35.8	38.0	38.6	47.5
沿海水运船舶	**Coastal Waterways Transport**							
全部船舶净载重量 (万吨)	Static Load of Vessels (10 000 tons)	1598	1755	1909	1810	1659	1713	1681
码头泊位 (个)	Berths in Ports (unit)	540	556	567	581	597	596	607
最大靠泊能力 (万吨)	Maximum Capacity on Berths (10 000 tons)	30	30	30	30	40	40	40
年综合通过能力 (万吨)	Integrated Capacity (10 000 tons)	63236	67089	72097	78820	85866	90823	95179
旅客吞吐量 (万人)	Passenger Handled (10 000 persons)	1321	1378	1404	1446	1461	1480	637

17-6 1978-2020年邮政基本情况

Basic Conditions of Post Services from 1978 to 2020

年 份 Year	邮政局总计 (处) Post &Telecommunication offices (unit)	#设在农村 in Rural Area	邮路总长度 (万公里) Length of Postal Routes (10 000 km)	函 件 (万件) Letters (10 000 pcs)	报刊期发数 (万份) Issue of Newspapers and Magazines (10 000 copies)
1978	2349	2048		15532	542
1979	2348	2042	22.6	16336	613
1980	2363	2057	22.5	17324	775
1981	2363	2052	22.8	17540	859
1982	2371	2050	4.2	17340	946
1983	2384	2048	4.2	17434	1131
1984	2415	2060	4.4	18958	1572
1985	2516	2153	4.7	21930	2017
1986	2531	2174	5.0	23745	1743
1987	2540	2176	5.2	26940	1888
1988	2576	2196	5.3	28884	1777
1989	2608	2210	5.3	30043	1176
1990	2647	2233	5.8	29486	1047
1991	2672	2247	5.7	28001	1174
1992	2699	2267	6.7	28266	1326
1993	3259	2492	8.5	32966	1247
1994	4180		9.7	35920	982
1995	4080	3400	10.5	38789	1180
1996	3727	3013	13.4	35112	1020
1997	5397		15.1	32859	996
1998	5382		15.1	33114	1147
1999	4414	3497	18.5	35138	1568
2000	3011	2255	17.0	32878	1701
2001	3040	2225	15.9	31400	1324
2002	3012	2193	16.5	51496	972
2003	3007	2166	15.7	58220	1152
2004	3009	2118	16.2	50087	716
2005	3025	2118	17.3	24075	823
2006	3043	2105	17.0	44356	703
2007	3046	2086	17.4	47157	763
2008	2934	2080	17.7	46362	823
2009	2862	2030	18.1	52074	868
2010	2840	1991	6.8	53963	1618
2011	2851	2012	6.6	46014	796
2012	2856	2022	7.3	45663	976
2013	2861	2022	7.3	42389	914
2014	2870	2044	7.6	29233	976
2015	2870	2049	8.0	18787	943
2016	2878	2041	10.0	10328	837
2017	2880	2054	45.2	6978	1151
2018	2873	2063	40.8	6369	854
2019	2889	2060	44.3	6263	921
2020	3005	2037	26.9	4341	904

17-7 1978-2020年电信业务总量

Business Volume of Telecommunication Services from 1978 to 2020

年份 Year	电信业务总量(万元) Business Volume of Telecommunication Services (10 000 Yuan)	电报(万份) Telegraph (10 000 copies)	长话电路(路) Lines of Long-distance Calls (line)	长途电话(万次) Long-distance Calls (10 000 times)	市内电话(万户) Local Telephones (10 000 subscribers)	农村电话(万户) Rural Telephones (10 000 subscribers)
1978	10058	588	1082	1308	6.3	3.8
1979	10515	632	1177	1428	7.1	4.3
1980	11030	711	1282	1525	7.5	4.4
1981	11291	789	1415	1532	8.0	4.5
1982	11629	805	1532	1649	8.5	4.6
1983	12529	917	1653	1789	9.4	4.8
1984	13751	908	1929	1963	10.7	5.1
1985	16186	1132	2190	2325	12.1	5.2
1986	17735	1203	2638	2569	13.4	5.5
1987	20719	1519	3341	2984	15.2	5.9
1988	27124	1918	4392	3987	18.5	6.4
1989	32153	1812	5694	4693	22.3	6.9
1990	39401	1634	7436	5800	26.5	7.3
1991	103322	1651	12675	8724	32.9	8.1
1992	156134	1673	18422	16978	45.8	9.5
1993	274917	1412	32615	32273	69.6	12.8
1994	404027	987	47589	52719	84.8	19.2
1995	537135	667	40634	55755	165.8	46.1
1996	697719	458	54179	61409	227.0	80.0
1997	957400	324	67834	79719	283.5	128.6
1998	1338886	226	98760	97077	346.7	179.6
1999	1411800	202	163381	96553	413.8	283.8
2000	1865000	178	222500	96010	547.0	559.0
2001	2300200	138	108000	101682	661.0	827.0
2002	2759820		135000	99470	790.0	950.0
2003	3325632		268530	149245	1008.0	1085.0
2004	4846250		510000	121275	1314.0	1198.0
2005	6754670		290996	152883	1410.9	1275.7
2006	9286877		462662	148631	1380.5	1256.7
2007	11799357		350028	157152	1377.6	1211.5
2008	14262026		413082	124858	1398.4	1053.7
2009	15867854		1238400	123510	1291.3	965.0
2010	19209000				1193.5	829.6
2011	7236000				1087.6	809.0
2012	7976000				1101.3	786.8
2013	8637000				1032.2	712.2
2014	10678489				879.3	538.9
2015	12531166				773.2	343.9
2016	8633818				678.2	292.2
2017	14947602				639.0	245.0
2018	36519157				618.1	228.3
2019	57866070					
2020	72000713					

注：2016年起，电信业务总量按2015年价格计算。
a)The business volume of telecommunication services was calculated at 2015 constant prices since 2016.

17-8 邮电业务基本情况

Basic Conditions of Post and Telecommunication Services

类别		Category		2015	2016	2017	2018	2019	2020
邮电业务总量	(亿元)	Business Volume of Telecommunication Services	(100 million yuan)	1458.6	1165.0	1887.7	4180.3	6499.7	8193.8
函件	(万件)	Letters	(10 000 pcs)	18787	10328	6978	6369	6263	4341
特快专递	(万件)	Express Mail Services	(10 000 pcs)						
报刊期发数	(万份)	Issue of Newspapers and Magazines	(10 000 copies)	943	837	1151	854	921	904
年末移动电话用户	(万户)	Number of Mobile Telephone Subscribers at Year-end	(10 000 subscribers)	9413.8	9594.5	9943.9	10569.6	10785.5	10907.1
#4G移动电话用户	(万户)	3G Mobile Phone Subscribers	(10 000 subscribers)		4647.5	6242.6	7294.2	8112.7	8450.1
固定电话年末用户	(万户)	Number of Fixed Telephone Subscribers at Year-end	(10 000 subscribers)	1117.1	970.4	884.0	846.3	1185.2	1125.2
#城市电话用户	(万户)	Urban Fixed Telephone Subscribers	(10 000 subscribers)	773.2	678.2	639.0	618.1		
农村电话用户	(万户)	Rural Telephone Subscribers	(10 000 subscribers)	343.9	292.2	245.0	228.3		
邮政所	(处)	Post Offices	(unit)	2870	2878	2880	2873	2889	3005
邮路总长度	(公里)	Length of Postal Routes	(km)	79605	104002	452268	408336	442719	269210
国际互联网总网民数	(万人)	Number of Internet Subscribers	(10 000 persons)	4789	5207				
互联网宽带接入用户	(万户)	Number of Internet Broad Band Subscribers	(10 000 subscribers)	1625.7	2366.5	2588.7	2884.8	3186.1	3445.6
移动互联网用户	(万户)	Number of Mobile Internet Subscribers	(10 000 persons)	6109.6	7391.2	8508.0	9552.3	8855.3	8761.3

注：1. 2016年起，邮电业务总量按2015年价格计算。
a)The business volume of post and telecommunication services was calculated at 2015 constant prices since 2016.

17-9 各市邮电业务基本情况(2020年)

Basic Conditions of Post and Telecommunication Services by Region (2020)

地区	Region	邮电业务总量(亿元) Business Volume of Post and Telecommunication Services (100 million yuan)	邮政业务总量(亿元) Business Volume of Post Services (100 million yuan)	电信业务总量(亿元) Business Volume of Telecommunication Services (100 million yuan)	移动电话用户数(万户) Number of Mobile Telephone Subscribers (10 000 subscribers)	固定电话用户数(万户) Number of Fixed Telephone Subscribers (10 000 subscribers)	互联网宽带接入用户(万户) Number of Internet Broad Band Subscribers (10 000 subscribers)
全省总计	**Total**	**8193.8**	**993.7**	**7200.1**	**10907.1**	**1125.2**	**3445.6**
济南市	Jinan	1087.7	146.5	941.1	1164.1	166.6	432.8
青岛市	Qingdao	1114.3	130.8	983.6	1257.3	157.9	412.9
淄博市	Zibo	349.8	30.6	319.1	521.8	66.0	155.8
枣庄市	Zaozhuang	262.3	30.0	232.2	380.9	39.8	124.9
东营市	Dongying	193.9	8.8	185.2	279.3	33.9	90.6
烟台市	Yantai	569.9	54.0	515.9	838.3	94.4	266.4
潍坊市	Weifang	727.4	82.8	644.6	1036.6	97.5	293.8
济宁市	Jining	562.5	53.7	508.7	811.2	69.4	238.5
泰安市	Tai'an	315.1	30.6	284.6	534.2	56.5	166.2
威海市	Weihai	256.1	29.2	226.9	378.4	44.0	127.4
日照市	Rizhao	213.6	27.7	185.9	314.3	27.0	96.9
临沂市	Linyi	930.5	186.0	744.5	1063.6	82.7	332.6
德州市	Dezhou	345.9	57.9	288.1	526.3	48.0	168.5
聊城市	Liaocheng	395.5	52.2	343.3	572.5	56.0	170.5
滨州市	Binzhou	271.2	26.3	245.0	419.5	37.7	135.5
菏泽市	Heze	587.7	46.8	540.9	808.8	47.8	232.1

17-10 各市公路情况(2020年)

Basic Conditions of Highways by Region (2020)

单位:公里 (km)

地 区	Region	公路里程 Length of Highways	等级公路里程 Expressway and Class I to IV Highways	二级及二级以上公路合计 Second Class and Above	高速公路里程 Length of Expressway	晴雨通车里程 Length of Highways Regardless of Weather	公路密度(公里/百平方公里) Road Density (km/100 sq.km)
全省总计	**Total**	**286814**	**286590**	**46304**	**7473**	**286741**	**183**
济南市	Jinan	18117	18117	2920	738	18117	177
青岛市	Qingdao	15284	15284	4256	855	15284	138
淄博市	Zibo	11373	11373	1838	208	11373	191
枣庄市	Zaozhuang	9355	9325	1648	275	9332	205
东营市	Dongying	9332	9332	1302	237	9332	108
烟台市	Yantai	19762	19762	4370	669	19762	145
潍坊市	Weifang	29140	29140	5177	577	29140	181
济宁市	Jining	21160	21117	3292	439	21132	189
泰安市	Tai'an	16702	16702	2605	475	16702	215
威海市	Weihai	7315	7315	1959	235	7315	126
日照市	Rizhao	10200	10200	1842	222	10200	190
临沂市	Linyi	30856	30856	4667	687	30856	179
德州市	Dezhou	22050	22050	2499	492	22050	213
聊城市	Liaocheng	21056	21056	2285	474	21056	241
滨州市	Binzhou	17262	17111	2558	367	17240	189
菏泽市	Heze	27849	27849	3085	523	27849	227

17-11 各市地方交通旅客运输量(2020年)

Passenger Transport Volume of Local Traffic by Region (2020)

地 区	Region	客运量(万人) Passenger Traffic (10 000persons)	公路 Highways	水运 Waterways	周转量(百万人公里) Passenger-Kilometers (million passenger-km)	公路 Highways	水运 Waterways
全省总计	**Total**	**20299**	**19475**	**824**	**16327**	**15931**	**395**
济南市	Jinan	1239	1209	29	1712	1710	2.0
青岛市	Qingdao	1910	1844	66	2473	2466	7.0
淄博市	Zibo	259	259		574	574	
枣庄市	Zaozhuang	1024	999	25	597	596	1.0
东营市	Dongying	141	139	2	289	289	0.3
烟台市	Yantai	2377	1999	378	1853	1555	298.2
潍坊市	Weifang	2386	2386		1530	1530	
济宁市	Jining	1548	1476	72	767	764	2.9
泰安市	Tai'an	1158	1154	3	643	643	0.5
威海市	Weihai	1345	1122	222	1058	980	78.2
日照市	Rizhao	1000	982	18	658	654	4.6
临沂市	Linyi	2001	2000	1	1523	1523	
德州市	Dezhou	754	753	1	530	530	
聊城市	Liaocheng	847	842	6	592	592	0.4
滨州市	Binzhou	381	381		321	321	
菏泽市	Heze	1930	1930		1205	1205	

17-12 各市地方交通货物运输量(2020年)

Freight Transport Volume of Local Traffic by Region (2020)

地　区	Region	货运量(万吨) Volume of Freight Traffic (10 000tons)	公路 Highways	水运 Waterways	周转量(百万吨公里) Freight Turnover (million ton-km)	公路 Highways	水运 Waterways
全省总计	**Total**	**285438**	**267230**	**18208**	**877454**	**678440**	**199014**
济南市	Jinan	22773	22677	96	52385	51644	740
青岛市	Qingdao	28100	25737	2363	175236	60422	114814
淄博市	Zibo	16990	16990		40785	40785	
枣庄市	Zaozhuang	9794	9034	760	18955	15889	3066
东营市	Dongying	6981	6881	100	15683	15342	341
烟台市	Yantai	22011	17551	4460	53489	38509	14981
潍坊市	Weifang	29411	25108	4303	82226	57788	24438
济宁市	Jining	30448	27453	2995	75600	62598	13002
泰安市	Tai'an	7192	7167	25	16202	16102	101
威海市	Weihai	6852	6059	793	27908	17005	10903
日照市	Rizhao	9265	7359	1906	34241	18691	15550
临沂市	Linyi	33827	33827		132654	132654	
德州市	Dezhou	13924	13924		27704	27704	
聊城市	Liaocheng	19328	19328		55024	55024	
滨州市	Binzhou	13662	13387	275	36846	36301	546
菏泽市	Heze	14880	14748	132	32515	31981	534

17-13 各市民用汽车拥有量(2020年)

Possession of Private Vehicles by Region(2020)

单位:辆 (Unit)

地　区	Region	民用汽车总计 Total	载客汽车 Passenger Vehicles	大型 Large	中型 Medium	小型 Small	微型 Minicar
全省总计	**Total**	**25371026**	**22305017**	**131175**	**38620**	**21851890**	**283332**
济南市	Jinan	2812150	2580867	16163	5436	2536850	22418
青岛市	Qingdao	3135471	2826993	21403	6166	2769598	29826
淄博市	Zibo	1207608	1090743	6976	2163	1072667	8937
枣庄市	Zaozhuang	924328	830938	4203	1148	811724	13863
东营市	Dongying	791911	703134	4097	1787	692007	5243
烟台市	Yantai	1863629	1685787	10760	4159	1654701	16167
潍坊市	Weifang	2648804	2279352	12024	3464	2234964	28900
济宁市	Jining	1735330	1437707	10708	2106	1401615	23278
泰安市	Tai'an	933268	827477	6245	1528	812046	7658
威海市	Weihai	877318	774241	5510	2436	761548	4747
日照市	Rizhao	768311	664865	3759	817	651581	8708
临沂市	Linyi	2881619	2427410	8162	2865	2359974	56409
德州市	Dezhou	1182213	1046135	4068	1228	1027032	13807
聊城市	Liaocheng	1196802	1035381	5773	850	1013577	15181
滨州市	Binzhou	1040683	900355	4911	964	885091	9389
菏泽市	Heze	1371581	1193632	6413	1503	1166915	18801

注:民用汽车不含三轮汽车和低速载货汽车。其他汽车指专项作业车。
a)Civil vehicles don't include three-wheeled vehicles and low-speed trucks.Other vehicles refer to special operation vehicles.

17-13 续表 continued

单位:辆 (Unit)

地区	Region	载货汽车 Trucks	大型 Large	中型 Medium	小型 Small	微型 Minicar	其它汽车 Others
全省总计	**Total**	**2955795**	**958310**	**69442**	**1926675**	**1368**	**110214**
济南市	Jinan	217675	46163	3919	167548	45	13608
青岛市	Qingdao	296358	73742	10920	211554	142	12120
淄博市	Zibo	111375	35238	2491	73237	409	5490
枣庄市	Zaozhuang	90916	35406	1536	53963	11	2474
东营市	Dongying	82085	26041	1317	54687	40	6692
烟台市	Yantai	171673	47500	6426	117713	34	6169
潍坊市	Weifang	358977	89777	11980	257115	105	10475
济宁市	Jining	285920	145040	3214	137557	109	11703
泰安市	Tai'an	102213	27107	2761	72335	10	3578
威海市	Weihai	99166	17500	2305	79351	10	3911
日照市	Rizhao	99858	26745	1439	71653	21	3588
临沂市	Linyi	444811	182292	13066	249220	233	9398
德州市	Dezhou	130555	40391	1844	88258	62	5523
聊城市	Liaocheng	156580	70397	1477	84665	41	4841
滨州市	Binzhou	135981	48116	2144	85706	15	4347
菏泽市	Heze	171652	46855	2603	122113	81	6297

17-14 各市私人汽车拥有量(2020年)

Possession of Private Vehicles by Region (2020)

单位:辆 (Unit)

地区	Region	汽车总计 Total	载客汽车 Passenger Vehicles	大型 Large	中型 Medium	小型 Small	微型 Minicar
全省总计	**Total**	**22679439**	**20852183**	**3465**	**14570**	**20571032**	**263116**
济南市	Jinan	2504781	2361948	848	1518	2337884	21698
青岛市	Qingdao	2725643	2556916	194	1762	2532678	22282
淄博市	Zibo	1096279	1028261	159	1133	1018182	8787
枣庄市	Zaozhuang	688948	637389	59	430	626514	10386
东营市	Dongying	711277	663669	74	541	658139	4915
烟台市	Yantai	1699234	1585737	42	1681	1568215	15799
潍坊市	Weifang	2468202	2190710	959	2008	2159458	28285
济宁市	Jining	1511584	1368868	304	785	1344951	22828
泰安市	Tai'an	861582	790472	40	703	782148	7581
威海市	Weihai	803648	731335	194	907	725616	4618
日照市	Rizhao	701496	633307	29	343	624396	8539
临沂市	Linyi	2585077	2334591	232	1344	2281136	51879
德州市	Dezhou	1044635	966788	152	358	953474	12804
聊城市	Liaocheng	1064281	990332	61	298	975054	14919
滨州市	Binzhou	941238	857434	38	298	847944	9154
菏泽市	Heze	1271534	1154426	80	461	1135243	18642

注：私人汽车不含登记在个人名下三轮汽车和低速载货汽车。

a)Total vehicles don't include three-wheeled vehicles and low-speed trucks.

17-14 续表 continued

单位:辆 (Unit)

地 区	Region	载货汽车 Trucks	大 型 Large	中 型 Medium	小 型 Small	微 型 Minicar	其它汽车 Others
全省总计	**Total**	**1775688**	**121945**	**33418**	**1619493**	**832**	**51568**
济南市	Jinan	138125	12169	1347	124571	38	4708
青岛市	Qingdao	164858	2312	2533	159927	86	3869
淄博市	Zibo	65420	4052	1299	59996	73	2598
枣庄市	Zaozhuang	50289	3514	535	46231	9	1270
东营市	Dongying	45614	2554	555	42482	23	1994
烟台市	Yantai	111085	11925	3463	95676	21	2412
潍坊市	Weifang	271829	34307	8053	229379	90	5663
济宁市	Jining	136022	17276	1139	117525	82	6694
泰安市	Tai'an	69142	4208	1438	63486	10	1968
威海市	Weihai	70949	7068	1186	62687	8	1364
日照市	Rizhao	66438	3036	627	62755	20	1751
临沂市	Linyi	244852	10731	7955	225967	199	5634
德州市	Dezhou	74962	663	574	73678	47	2885
聊城市	Liaocheng	71362	1810	375	69139	38	2587
滨州市	Binzhou	81362	4053	1174	76122	13	2442
菏泽市	Heze	113379	2267	1165	109872	75	3729

17-15 各市公路营业性运输车辆(2020年)
Transport Vehicles in Operation by Region (2020)

单位:辆 (Unit)

地 区	Region	汽车 Vehicles	客车 Passenger Vehicles	货车 Trucks
全省总计	**Total**	**1271932**	**18116**	**1253816**
济南市	Jinan	54278	2525	51753
青岛市	Qingdao	105652	2794	102858
淄博市	Zibo	47577	572	47005
枣庄市	Zaozhuang	52555	282	52273
东营市	Dongying	32444	558	31886
烟台市	Yantai	58660	1938	56722
潍坊市	Weifang	111244	1683	109561
济宁市	Jining	165075	910	164165
泰安市	Tai'an	39776	836	38940
威海市	Weihai	21320	937	20383
日照市	Rizhao	34320	543	33777
临沂市	Linyi	247554	1561	245993
德州市	Dezhou	57509	533	56976
聊城市	Liaocheng	108284	1011	107273
滨州市	Binzhou	73712	502	73210
菏泽市	Heze	61972	931	61041

注:公路营运载客汽车不包括在公路运输管理部门管理并注册登记为公共汽车和出租汽车的车辆。数据来源于交通部门。

a)Passenger vehicles do not include those managed by department of highway transportation and registered as buses and taxis.The data comes from the transportation department.

17-16 按行业分企业信息化及电子商务情况(2020年)

行　业	Industry	企业数(个) Number of Enterprises (unit)	期末使用计算机数(台) Computers Used at the End of Period (unit)
全　省	**Total**	**77882**	**3171601**
采矿业	Mining	349	90266
制造业	Manufacturing	27357	1243908
电力、热力、燃气及水生产和供应业	Production and Supply of Electricity, Heat, Gas and Water	1413	132829
建筑业	Construction	8696	328798
批发和零售业	Wholesale and Retail Trades	19966	385888
交通运输、仓储和邮政业	Transport, Storage and Post	3381	189293
住宿和餐饮业	Hotels and Catering Services	2721	48861
信息传输、软件和信息技术服务业	Information Transmission, Software and Information Technology Services	787	240465
房地产业	Real Estate	8226	170828
租赁和商务服务业	Leasing and Business Services	2085	88698
科学研究和技术服务业	Scientific Research and Technical Services	1371	133206
水利、环境和公共设施管理业	Management of Water Conservancy, Environment and Public Facilities	346	12923
居民服务、修理和其他服务业	Service to Households, Repair and Other Services	282	6490
教育	Education	178	36228
卫生和社会工作	Health and Social Service	351	40387
文化、体育和娱乐业	Culture, Sports and Entertainment	373	22533

注：有电子商务交易活动的企业是指通过计算机网络开展电子商务销售或电子商务采购的企业。

a) Enterprises with E-Commerce Transactions refers to those enterprises which performed sales or purchases through internet.

Informatization and E-Commerce of Enterprises by Industrial Sector (2020)

每百人使用计算机数(台) Computers Used Per 100 Persons (unit)	企业拥有网站数(个) Websites of Enterprises (unit)	每百家企业拥有网站数(个) Websites Per 100 Enterprises (unit)	有电子商务交易活动 With E-Commerce Transactions		电子商务销售额(万元) Sales of E-Commerce (10 000 yuan)	电子商务采购额(万元) Purchases of E-Commerce (10 000 yuan)
			企业数(个) Enterprises (unit)	比重(%) Proportion (%)		
30	**38570**	**50**	**9777**	**12.6**	**138198362**	**76297609**
26	158	45	18	5.2	532342	1540201
26	18162	66	3927	14.4	86824491	40061297
44	672	48	126	8.9	589385	3516021
15	3771	43	557	6.4	1544043	2510727
49	6492	33	2410	12.1	43052537	26223217
33	1232	36	325	9.6	3398485	983817
26	1020	38	1028	37.8	506819	7441
112	736	94	235	29.9	1033591	1173896
43	3411	42	412	5.0	35082	37063
27	987	47	255	12.2	401119	158518
77	976	71	190	13.9	58537	66139
8	144	42	55	15.9	22877	3331
15	140	50	33	11.7	15759	10849
126	136	76	25	14.0	50517	1259
58	296	84	55	15.7	8941	1872
68	237	64	126	33.8	123835	1961

17-17 各市企业信息化及电子商务情况(2020年)

地　区	Region	企业数(个) Number of Enterprises (unit)	期末使用计算机数(台) Computers Used at the End of Period (unit)	每百人使用计算机数(台) Computers Used Per 100 Persons (unit)
全省总计	**Total**	**77882**	**3171601**	**30**
济 南 市	Jinan	10147	668577	43
青 岛 市	Qingdao	11769	589711	41
淄 博 市	Zibo	4841	172519	25
枣 庄 市	Zaozhuang	1887	58182	21
东 营 市	Dongying	2503	152062	36
烟 台 市	Yantai	6149	277697	32
潍 坊 市	Weifang	7146	296042	28
济 宁 市	Jining	5405	158568	22
泰 安 市	Tai'an	3146	107965	20
威 海 市	Weihai	3014	134487	30
日 照 市	Rizhao	2260	79765	30
临 沂 市	Linyi	6763	151603	21
德 州 市	Dezhou	3029	88369	24
聊 城 市	Liaocheng	3284	75954	21
滨 州 市	Binzhou	2819	83457	20
菏 泽 市	Heze	3720	76643	19

注：有电子商务交易活动的企业是指通过计算机网络开展电子商务销售或电子商务采购的企业。

a) Enterprises with E-Commerce Transactions refers to those enterprises which performed sales or purchases through internet.

Informatization and E-Commerce of Enterprises by Region (2020)

企业拥有网站数(个) Websites of Enterprises (unit)	每百家企业拥有网站数(个) Websites Per 100 Enterprises (unit)	有电子商务交易活动 With E-Commerce Transactions		电子商务销售额(万元) Sales of E-Commerce (10 000 yuan)	电子商务采购额(万元) Purchases of E-Commerce (10 000 yuan)
		企业数(个) Enterprises (unit)	比重(%) Proportion (%)		
38570	**50**	**9777**	**12.6**	**138198362**	**76297609**
5610	55	1006	9.9	12889592	8336917
6293	54	3560	30.2	43709538	27549889
2441	50	730	15.1	8464218	6470857
896	48	155	8.2	629929	278324
1306	52	370	14.8	14371376	2707970
3046	50	589	9.6	18511302	10334632
3547	50	473	6.6	11293889	10484164
2567	48	371	6.9	1216356	875675
1544	49	242	7.7	1039949	664013
1548	51	273	9.1	3133162	2114869
1117	49	193	8.5	1699161	1113660
2714	40	524	7.7	4406752	755173
1691	56	312	10.3	3684428	189684
1434	44	228	6.9	2924490	1386380
1268	45	306	10.9	4023122	1655794
1548	42	445	12.0	6201104	1379608

主要统计指标解释

铁路营业里程 又称营业长度(包括正式营业和临时营业里程)，指办理客货运输业务的铁路正线总长度。凡是全线或部分建成双线及以上的线路，以第一线的实际长度计算；复线、站线、段管线、岔线和特殊用途线以及不计算运费的联络线都不计算营业里程。该指标可以反映铁路运输业基础设施的发展水平，也是计算客货周转量、运输密度和机车车辆运用效率等指标的基础资料。

公路里程 指在一定时期内实际达到《公路工程\[WTBZ\]技术标准JTJ01-88》规定的等级公路，并经公路主管部门正式验收交付使用的公路里程数。包括大中城市的郊区公路以及通过小城镇街道部分的公路里程和桥梁、渡口的长度，不包括大中城市的街道、厂矿、林区生产用道和农业生产用道的里程。两条或多条公路共同经由同一路段，只计算一次，不得重复计算里程长度。该指标可以反映公路建设的发展规模，也是计算运输网密度等指标的基础资料。

内河航道里程 也称内河通航里程，指在一定时期内，能通航运输船舶及排筏的天然河流、湖泊水库、运河及通航渠道的长度。包括全年季节性通航累计三个月以上的航道，不包括仅供零散流放竹、木排的河道。该指标可以反映内河水运网的规模、水平和发展情况。

货(客)运量 指在一定时期内，各种运输工具实际运送的货物(旅客)数量。该指标是反映运输业为国民经济和人民生活服务的数量指标，也是制定和检查运输生产计划、研究运输发展规模和速度的重要指标。货运按吨计算，客运按人计算。货物不论运输距离长短、货物类别，均按实际重量统计。旅客不论行程远近或票价多少，均按一人一次客运量统计；半价票、小孩票也按一人统计。

货物(旅客)周转量 指在一定时期内，由各种运输工具运送的货物(旅客)数量与其相应运输距离的乘积之总和。该指标可以反映运输业生产的总成果，也是编制和检查运输生产计划，计算运输效率、劳动生产率以及核算运输单位成本的主要基础资料。计算货物周转量通常按发出站与到达站之间的最短距离，也就是计费距离计算。计算公式为：

货物（旅客）周转量=Σ（货物（旅客）运输量×运输距离）

铁路货车平均静载重 指铁路货车在始发站静止状态下平均每车装载的货物重量，用以分析货车完成装车时车辆载重力的利用情况。计算公式为：

$$货车平均静载量=\frac{货物发送吨数}{装车数}$$

铁路货运机车日产量 指在一定时期内，平均每台货运机车在一昼夜内所完成的总重吨公里数，包括载运货物的重量和车辆本身的自重。该指标从时间和牵引能力两方面反映了机车运用效率。计算公式为：

$$货运机车平均日产量=\frac{货运总重吨公里数}{货运机车台日数}$$

沿海主要港口货物吞吐量 指经水运进出沿海主要港区范围，并经过装卸的货物数量，包括邮件及办理托运手续的行李、包裹以及补给运输船舶的燃、物料和淡水。货物吞吐量按货物流向分为进口、出口吞吐量，按货物交流性质分为外贸货物吞吐量和国内贸易货物吞吐量。货物吞吐量的货类构成及其流向，是衡量港口生产能力大小的重要指标。

民用汽车拥有量 指报告期末，在公安交通管理部门按照《机动车注册登记工作规范》，已注册登记领有民用车辆牌照的全部汽车数量。汽车拥有量统计的主要分类：根据汽车结构分为载客汽车、载货汽车及其他汽车；根据汽车所有者不同分为个人(私人)汽车、单位汽车；根据汽车的使用性质分为营运汽车、非营运汽车；根据汽车大小规格不同载客汽车分为大型、中型、小型和微型，载货汽车分为重型、中型、轻型和微型。

邮电业务总量 指以价值量形式表现的邮电通信企业为社会提供各类邮电通信服务的总数量。邮电业务量按专业分类包括函件、包件、汇票、报刊发行、邮政快件、特快专递、邮政储蓄、集邮、公众电报、用户电报、传真、长途电话、出租电路、无线寻呼、移动电话、分组交换数据通信、出租代维等。计算方法为各类产品乘以相应的平均单价(不变价)之和，再加上出租电路和设备、代用户维护电话交换机和线路等的服务收入。该指标综合反映了一定时期邮电业务发展的总成果，是研究邮电业务量构成和发展趋势的重要指标。计算公式为：

邮电业务总量=Σ（各类邮电业务量×不变单价）
+出租代维及其他业务收入
=邮政业务总量+电信业务总量

移动电话用户 指通过移动电话交换机进入移动电话网、占用移动电话号码的各类电话用户。包括签约用户和智能网预付费用户。一个移动电话号码统计为一户。

互联网上网人数 指平均每周使用互联网至少1小时的中国公民人数。

本地电话用户 指接入本地电信运营商固定电话网上的电话用户。包括：住宅用户、单位用户、公用电话用户等。按电话用户位置又分为市内电话用户和农村电话用户。1997年以前，“市内电话用户”是指接入县城及县以上城市的电话网上的电话用户；“农村电话用户”是指接入县邮电局农话台及县以下农村电话交换点，以县城为中心(除市话用户外)联通县、乡(镇)、行政村、村民小组的用户。从 1997 年起，电话用户数分组调整为以用户所在区域划分为“城市电话用户”和“乡村电话用户”，与过去的按市内电话和农村电话划分方法不同。而电话用户总数、电话机总部数统计范围不变。

城市电话用户 指直辖市、省辖市、地级市、县级市的市区、市郊区及县城(包括县人民政府所在地的县城关区或行政建制相当于县人民政府所在地的镇)范围内接入局用交换机的电话用户数，包括分布在农村地区的独立工矿区、林区、驻军等电话用户数。

农村电话用户 指按行政区划属于城市范围以外的乡(镇)、村的电话用户数。

Explanatory Notes on Main Statistical Indicators

Length of Railways in Operation refers to the total length of the trunk line under passenger and freight transportation (including both full operation and temporary operation). The calculation is based on the actual length of the first line even if this line has a full or partial double track or more tracks, excluding double tracks, station sidings, tracks under the charge of stations, branch lines, special purpose lines and the non payable connecting lines. The length of railways in operation is an important indicator to show the development of the infrastructure for the railway transport, and also the essential data to calculate volume of passenger freight transport, traffic density and utilization efficiency of the locomotives and carriages.

Length of Highways refers to the length of highways which are built in conformity with the grades specified by the highway engineering standard formulated by the Ministry of Communications,and have been formally checked and accepted by the departments of highways and put into use. The length of highways includes that of the suburb highways at large and medium sized cities, highways passing through streets at small cities and towns, and also the length of bridges and ferries. It does not include the length of streets in big and medium sized cities and highways built for the production purpose at factories, mines, forest areas and agricultural areas. If two or more highways go the same section of the way, the length of the section is only calculated for once and no duplication is allowed. The length of highways is an important indicator to show the development of the highway construction and to provide essential information to calculate the transport network density.

Length of Navigable Inland Waterways it is an indicator reflecting the size and development of inland water network, it refers to the length of the natural rivers, lakes, reservoirs, canals, and ditches open to navigation during a given period, which enables the transport by ships and rafts. It includes the channels open to navigation for over an accumulative 3 months in a year, yet this does not include the river courses, which are only used to float odd logs and bamboo rafts. This indicator can reflect the scale, level and development situation of the inland waterway network.

Freight (Passenger) Traffic refers to the volume of freight (passenger) transported with various means. Freight transport is calculated in tons and passenger traffic is calculated in the number of persons. Despite the type of freight and traveling distance, the freight transport is calculated in the actual weight of the goods: and despite the traveling distance and ticket price, the passenger traffic is calculated by the principle that one person can be counted only once in one travel. The passengers who travel with a half price ticket or a child ticket is also calculated as one person. The freight (passenger) traffic provides a quantitative measure to show how the transport industry serves the national economy and people, and is also an important indicator for planning the transport industry and for studying the development scale and speed of the transport industry.

Freight Ton kilometers (Passenger kilometers) refer to the sum of the products of the volume of transported cargo (passengers) multiplying by the transport distance. It is an important indicator to reflect the achievement of transportation industry. Normally, the shortest distance between the departure station and the destination station (i.e., the payable distance) is the basis to calculate the freight ton kilometers. This is an important indicator to show the total results of the transport industry, to prepare and examine the transport plan and to measure the efficiency, the labour productivity and the unit cost of transport.The formula is as follows:

$$\begin{matrix}\text{Freight ton - kilometres}\\ \text{(passenger - kilometres)}\end{matrix} = \sum \begin{matrix}\text{freight}\\ \text{(passenger)traffic}\end{matrix} \times \begin{matrix}\text{distance of}\\ \text{transportation}\end{matrix}$$

Static Load of Freight Cars refers to the average cargo weight as loaded by each freight car under the static condition at the departure station. It is used to show the utilization extent of the loading capacity of the freight cars. The formula is:

$$\begin{matrix}\text{Static load (ton)}\\ \text{of freight car}\end{matrix} = \frac{\text{tonnage of goods dispatched}}{\text{number of freight cars loaded}}$$

Average Daily Haul of Freight Locomotives refers to the average total ton kilometers accomplished by each freight transport locomotive over day and night during a given period of time. It includes both the weight of the goods carried and the dead weight of the train itself. It is a comprehensive indicator reflecting the locomotive efficiency in terms of both time and the pulling force.

$$\begin{matrix}\text{Average daily haul of}\\ \text{freight transport locomotive}\\ \text{(ton - kilometre)}\end{matrix} = \frac{\begin{matrix}\text{Total ton - kilometres}\\ \text{of freight}\end{matrix}}{\begin{matrix}\text{Daily number of freight}\\ \text{transport locomotive}\end{matrix}}$$

Volume of Freight Handled in Major Coastal Ports refers to the volume of cargo passing in and out the harbor area of the major coastal ports and having been loaded and unloaded. The volume includes that of the postal matters, registered luggage and fuels, materials and fresh water as supplies of the ships. The volume of freight handled may be classified by direction of flow as freight for import and freight for export, or by nature of cargo as freight for domestic trade and freight for foreign trade. As an important indicator, the volume of freight handled by type of cargo and by main flow direction reflects the production capacity of ports.

Possession of Civil Motor Vehicles refer to the total numbers of vehicles that are registered and received vehicles license tags according to the Work Standard for Motor Vehicles Registration formulated by transport management office under department of public security at the end of reference period. They are divided into following categories according to the structure of motor vehicles: passenger vehicles, trucks and others; and private vehicles and vehicles for units use according to ownerships; working vehicles and non working vehicles according to kind of usage; large passenger vehicles, medium passenger vehicles, small passenger vehicles and mini passenger vehicle, heavy trucks, light heavy trucks, light trucks and mini trucks according to sizes of vehicles.

Business Volume of Post and Telecommunications refers to the total amount of post and telecommunication services, expressed in value terms, provided by the post and telecommunications departments for the society. Post and telecommunication services can be classified as letters, parcels, remittance, issue of newspapers and magazines, fast mail service, express mail service, savings deposits, stamps for collection, public and individual telegraph service, facsimiles, long distance telephone service, leasing of telephone lines, urban paging service, mobile telephone service, data transfer and transmission, etc. The accounting approach is to multiply the service products of all types with their average unit price (constant price) to get sum of business value, plus income from other services such as leasing of telephone lines and equipment, maintenance of telephone switchboards and lines on behalf of customers. This indicator reflects the overall results of post and telecommunications service during a given period, and is important to study the composition of business service and the development of post and telecommunications service.

The formula is as follows:

Business volume of post and telecommunications

=∑(Transaction of post and telecommunication services ×price[constant price])

+Income from leasing, maintenance and other services

= business volume of postal service

+ business volume of telecommunications service

Mobile Telephone Subscribers refer to the persons who own mobile telephone numbers and are connected with the mobile telephone communication network through the mobile telephone switchboards, including contracted subscribers and pre paid subscribers for intelligent network. One mobile telephone is taken as a subscriber.

Internet Users refer to the number of Chinese citizens who use Internet at least for one hour each week.

Local Telephone Subscribers refer to subscribers that are connected to the local telecommunication service provider through fix line network, including household subscribers, institutional subscribers and public telephones. They are also classified as city subscribers and rural subscribers according to locations. Before 1997, city subscribers referred to those connected to city telephone networks in county towns and cities, while village subscribers referred to those connected to village telephone stations at and below counties. Since 1997, the classification of telephone subscribers was modified on the basis of physical location of the subscribers as urban telephone subscribers and rural telephone subscribers, which is different from the previous classification of categorizing local telephones and rural telephones, while the definition of total subscribers and total number of telephones remain unchanged.

Urban Telephone Subscribers refer to number of telephone subscribers, located at municipalities, cities under the jurisdiction of province, cities at prefecture level, downtown and suburb of city at county level town and county towns (including country towns where county government located, and towns of county level according to the administrative organizational system), that are connected to the public line telephone network, including rural mineral area, forest area, military area.

Rural Telephone Subscribers refer to telephone subscribers, located at counties (towns) and villages outside the range of cities according to administrative jurisdiction.

第18篇

批发和零售业、住宿和餐饮业

Wholesale, Retail, Hotels and Catering Services

简 要 说 明

一、本篇资料的主要内容

本篇资料反映全省市场发展情况、批发和零售业、住宿和餐饮业经营情况和效益情况等，主要包括批发和零售业商品流转情况及财务状况、住宿和餐饮业经营情况及财务状况、社会消费品零售总额等内容。

二、本篇资料的来源

本篇资料中除特别注明外，其余均来自限额以上批发和零售业、住宿和餐饮业年报资料和定期报表统计资料。

本篇资料由省统计局贸易处整理提供。

Brief Introduction

I. Content

Data in this chapter are supposed to show the development of Shandong's domestic market, wholesale and retail trade, hotels and catering services, mainly including the circulation of commodities in the wholesale and retail trade, the financial indices of related businesses and the total retail sales of consumer goods.

II. Source of Data

Except the data specifically noted, all data in this chapter are based on the annual report of wholesale, retail, hotels and catering services and periodic statistical statements.

Data in this chapter are prepared and compiled by the Division of Trade and External Economic Relations Statistics of Shandong Provincial Bureau of Statistics.

18-1 批发和零售业情况
Basic Conditions of Wholesale and Retail Trades

指 标		Item		2015	2016	2017	2018	2019	2020
批发和零售业		**Wholesale and Retail Trades**							
法人企业	(个)	Number of Corporation Enterprises	(unit)	17157	16894	16865	15695	15617	21036
年末从业人数	(万人)	Engaged Persons at Year-end	(10 000 persons)	98	96	90.1	82.5	74.3	78.9
商品购进额	(亿元)	Total Purchases	(100 million yuan)	27089.1	29289.7	29812.8	30902.8	35945.1	45047.6
#进口额	(亿元)	Imports	(100 million yuan)	817.7	765.7	872.6	769.5	1189.6	1671.7
商品销售额	(亿元)	Total Sale	(100 million yuan)	29650.1	32129.2	32944.0	34878.2	40037.2	48585.3
#出口额	(亿元)	Exports	(100 million yuan)	1002.2	895.5	1042.4	1233.0	1370.1	1409.2
期末商品库存额	(亿元)	Total Stock at Year-end	(100 million yuan)	1701.3	1686.3	1903.5	1961.1	2003.6	2479.5
批发业		**Wholesale Trade**							
法人企业	(个)	Number of Corporation Enterprises	(unit)	8452	8217	8310	8298	9938	15036
年末从业人数	(万人)	Engaged Persons at Year-end	(10 000 persons)	39	38	35.1	32.6	32.3	37.7
商品购进额	(亿元)	Total Purchases	(100 million yuan)	18067.2	19803.3	21821.3	24409.3	30080.8	38989.8
#进口额	(亿元)	Imports	(100 million yuan)	729.7	680.2	796.0	676.8	1058.9	1549.3
商品销售额	(亿元)	Total Sales	(100 million yuan)	19692.5	21625.3	24016.9	27161.1	33144.5	41723.0
#出口额	(亿元)	Exports	(100 million yuan)	996.5	892.2	1039.5	1230.8	1364.0	1407.4
期末商品库存额	(亿元)	Total Stock at Year-end	(100 million yuan)	1015.5	1001.3	1156.7	1183.3	1304.3	1783.1
零售业		**Retail Trade**							
法人企业	(个)	Number of Corporation Enterprises	(unit)	8705	8677	8555	7397	5679	6000
年末从业人数	(万人)	Engaged Persons at Year-end	(10 000 persons)	59	59	55.1	50.0	42.0	41.2
商品购进额	(亿元)	Total Purchases	(100 million yuan)	9021.8	9486.4	7991.5	6493.6	5864.3	6057.8
#进口额	(亿元)	Imports	(100 million yuan)	88.0	85.5	76.6	92.8	130.7	122.4
商品销售额	(亿元)	Total Sales	(100 million yuan)	9957.6	10503.9	8927.2	7717.1	6892.7	6862.3
#出口额	(亿元)	Exports	(100 million yuan)	5.7	3.3	2.9	2.2	6.1	1.7
期末商品库存额	(亿元)	Total Stock at Year-end	(100 million yuan)	685.8	684.9	746.8	777.8	699.3	696.3
年末零售营业面积	(万平方米)	Business Area of Retail at Year-end	(10 000 sq.m)	3111	3097	2908	2968	3043.9	3138.5

18-2 限额以上批发和零售业商品购进、销售、库存总额(2020年)

单位:万元

指标名称	Indicator	法人单位(个) Corporate Unit (unit)
总　计	**Total**	**21036**
一、批发业	**Wholesale Trade**	**15036**
1.按登记注册类型分	by Status of Registration	
内　资	Domestic Funded Enterprises	14846
国　有	State-owned	141
集　体	Collective-owned	14
股份合作	Cooperative	9
联营企业	Joint Ownership	2
有限责任公司	Limited Liability Corporations	1990
股份有限公司	Share-holding Corporations Ltd.	129
私营企业	Private Enterprises	12516
其　他	Others	45
港澳台商投资企业	Enterprises with Funds from Hong Kong,Macao and Taiwan	72
与港澳台商合资经营	Joint-venture	24
与港澳台商合作经营	Cooperative	
港澳台商独资	Sole Investment	44
港澳台商投资股份有限公司	Share-holding Corporations Ltd. with Sole Investment	2
其他港澳台投资企业	Others	2
外商投资企业	Foreign Funded Enterprises	118
中外合资经营	Joint-venture	44
中外合作经营	Cooperative	3
外资企业	Sole Foreign Investment	68
外商投资股份有限公司	Share-holding Corporations Ltd. with Foreign Investment	2
其他外商投资企业	Others	1
2.按国民经济行业分(GB/T 4754-2017)	by Sector	
农、林、牧产品批发业	Wholesale of Farm Produce and Livestock Products	823
食品、饮料及烟草制品批发	Wholesale of Food, Beverages and Tobaccos	1284
纺织、服装及家庭用品批发	Wholesale of Textiles, Garments and Daily Consumer Articles	893
文化、体育用品及器材批发	Wholesale of Culture, Sports Appliances and Equipments	341
医药及医疗器材批发	Wholesale of Medicines and Medical Appliances	864
矿产品、建材及化工产品批发	Wholesale of Mineral Products, Building Materials and Chemical Products	8255
机械设备、五金产品及电子产品批发	Wholesale of Machinery, Hardware and Electronic Equipment	2220
贸易经纪与代理	Trade Broker and Agency	76
其他批发业	Other Wholesale not Classified Elsewhere	280

Total Purchases,Sales and Inventory of Enterprises above Designated Size of Wholesale and Retail Trades(2020)

(10 000 yuan)

购进总额 Total Purchases Value	#进口 Import	销售总额 Total Sale Value 合计 Total	批发 Wholesale	#出口 Export	零售 Retail	年末库存总额 Inventory (year-end)
450476040	**16716758**	**485852548**	**414270231**	**14091598**	**71582317**	**24794859**
389898322	**15493249**	**417229826**	**410121115**	**14074486**	**7108711**	**17831462**
377504003	15031776	403860751	396912453	12777482	6948298	17008024
15296724	240463	15800883	15656933	274585	143950	534454
416979	5000	472506	471864		642	16602
26293	1267	27740	26258	4219	1482	1671
170069		168745	168745			2327
146488653	7993946	159233592	156124830	3683205	3108762	5784058
12391105	1029630	13728045	12350815	398008	1377230	452493
202564240	5761471	214273415	211962935	8417465	2310479	10205115
149940		155827	150073		5754	11303
6023013	59672	6626321	6544201	976941	82121	560298
2159858	44678	2208974	2132023	23849	76951	68403
3513795	13484	4041045	4035902	953092	5143	488520
87503	1510	108793	108766		27	586
261857		267510	267510			2789
6371307	401800	6742754	6664462	320064	78292	263140
3953021	187150	4154965	4153118	33955	1847	111530
38186		48816	48816	5579		7202
2285654	214650	2412403	2405296	279413	7107	141168
90998		121803	52465		69338	3240
3448		4768	4768	1116		
11959021	702204	12380697	12230616	332529	150081	988401
26914755	2143518	32444731	31267224	1328401	1177507	2171045
19342454	505278	21405124	20755495	2880784	649629	1023928
7734227	362115	8376439	7591314	463888	785125	642090
21190978	313459	23463357	23341700	471010	121657	1741875
263804878	10023847	277190159	273911839	4141944	3278321	8378441
32953103	993531	35532339	34760180	3601004	772159	2389160
2540796	271053	2685229	2588859	699050	96371	125634
3458111	178245	3751751	3673890	155875	77861	370888

18-2 续表

单位:万元

指标名称	Indicator	法人单位(个) Corporate Unit (unit)
二、零售业	**Retail Trade**	**6000**
1.按登记注册类型分	by Status of Registration	
内资	Domestic Funded Enterprises	5864
国有	State-owned	44
集体	Collective-owned	34
股份合作	Cooperative	20
联营企业	Joint Ownership	3
有限责任公司	Limited Liability Corporations	1121
股份有限公司	Share-holding Corporations Ltd.	98
私营企业	Private Enterprises	4536
其他	Others	8
港澳台商投资企业	Enterprises with Funds from Hong Kong,Macao and Taiwan	75
与港澳台商合资经营	Joint-venture	12
与港澳台商合作经营	Cooperative	1
港澳台商独资	Sole Investment	60
港澳台商投资股份有限公司	Share-holding Corporations Ltd. with Sole Investment	1
其他港澳台投资企业	Others	1
外商投资企业	Foreign Funded Enterprises	61
中外合资经营	Joint-venture	20
中外合作经营	Cooperative	2
外资企业	Sole Foreign Investment	33
外商投资股份有限公司	Share-holding Corporations Ltd. With Foreign Investment	4
其他外商投资企业	Others	2
2.按国民经济行业分(GB/T 4754-2017)	by Sector	
综合零售	Integrated Retail	683
食品、饮料及烟草制品专门零售	Retail of Food, Beverages and Tobaccos	390
纺织、服装及日用品专门零售	Special Retail of Textiles, Garments and Daily Consumer Articles	241
文化、体育用品及器材专门零售	Retail of Culture, Sports Appliances and Equipments	232
医药及医疗器材专门零售业	Retail of Medicines and Medical Appliances	358
汽车、摩托车、零配件和燃料及其他动力销售	Retail of Motor Vehicles, Motorcycles,Parts,Fuel and Other Power	2869
家用电器及电子产品专门零售业	Special Retail of Household Electric Appliances and Electronic Products	715
五金、家具及室内装修材料专门零售	Special Retail of Hardware, Furniture and Decoration Materials	228
货摊、无店铺及其他零售业	Non-shop and Other Retails	284

continued

(10 000 yuan)

购进总额 Total Purchases Value	#进口 Import	销售总额 Total Sale Value 合计 Total	批发 Wholesale	#出口 Export	零售 Retail	年末库存总额 Inventory (year-end)
60577717	**1223509**	**68622722**	**4149115**	**17112**	**64473606**	**6963397**
55952367	959977	63037121	3755981	17035	59281140	6292751
1120966		1154041	159668		994373	77677
120434		136170	8339		127830	63082
749127		742735	117968		624767	38024
7417		8650			8650	628
18744029	235642	20673947	1248934		19425013	1848541
4648780	57105	6937257	692076		6245181	435530
30550931	667230	33372064	1528543	17035	31843521	3827267
10684		12257	454		11803	2003
2966278	91481	3378132	157146	77	3220986	355554
442240		457328	3399		453929	33502
57082		88032			88032	
2412856	67169	2768841	153747	77	2615094	321006
24312	24312	33306			33306	712
29789		30624			30624	335
1659073	172051	2207469	235988		1971481	315092
554335	16930	687471	57446		630025	210207
58842		64415			64415	3723
597252	155120	704220	5863		698357	63330
447532		750251	172679		577572	37626
1112		1112			1112	206
12455459	59126	15306301	945999		14360302	1416255
972516	4197	1191197	144763	1053	1046434	129685
1555037	10602	2070610	260734	3376	1809875	448610
1074456	894	1238210	149642	75	1088569	382951
3262840	119239	3688783	196249		3492534	511970
31425151	934855	34347916	1513628	735	32834289	3315334
3861716	21366	4147666	278383	454	3869283	395702
426718	3708	500100	32517	1333	467584	49633
5543824	69522	6131939	627202	10086	5504737	313256

18-3 限额以上批发和零售业企业财务状况(2020年)

单位:万元

指标名称	Indicator	企业数(个) Number of Enterprises (unit)
总　计	**Total**	**21036**
一、批发业	**Wholesale Trade**	**15036**
1.按登记注册类型分	by Status of Registration	
内　资	Domestic Funded Enterprises	14846
国　有	State-owned	141
集　体	Collective-owned	14
股份合作	Cooperative	9
联营企业	Joint Ownership	2
有限责任公司	Limited Liability Corporations	1990
股份有限公司	Share-holding Corporations Ltd.	129
私营企业	Private Enterprises	12516
其　他	Others	45
港澳台商投资企业	Enterprises with Funds from Hong Kong,Macao and Taiwan	72
与港澳台商合资经营	Joint-venture	24
与港澳台商合作经营	Cooperative	
港澳台商独资	Sole Investment	44
港澳台商投资股份有限公司	Share-holding Corporations Ltd. with Sole Investment	2
其他港澳台投资企业	Others	2
外商投资企业	Foreign Funded Enterprises	118
中外合资经营	Joint-venture	44
中外合作经营	Cooperative	3
外资企业	Sole Foreign Investment	68
外商投资股份有限公司	Share-holding Corporations Ltd. with Foreign Investment	2
其他外商投资企业	Others	1
2.按国民经济行业分(GB/T 4754-2017)	by Sector	
农、林、牧产品批发业	Wholesale of Farm Produce and Livestock Products	823
食品、饮料及烟草制品批发	Wholesale of Food, Beverages and Tobaccos	1284
纺织、服装及家庭用品批发	Wholesale of Textiles, Garments and Daily Consumer Articles	893
文化、体育用品及器材批发	Wholesale of Culture, Sports Appliances and Equipments	341
医药及医疗器材批发	Wholesale of Medicines and Medical Appliances	864
矿产品、建材及化工产品批发	Wholesale of Mineral Products, Building Materials and Chemical Products	8255
机械设备、五金产品及电子产品批发	Wholesale of Machinery, Hardware and Electronic Equipment	2220
贸易经纪与代理	Trade Broker and Agency	76
其他批发业	Other Wholesale not Classified Elsewhere	280

注：限额以上批发零售企业中，由于包含了部分视同法人单位，因此财务指标数据资产≠负债+所有者权益(以下相关表同)。

Financial Indicators of Enterprises above Designated Size of Wholesale and Retail Trades(2020)

(10 000 yuan)

年末资产负债 Assets and Liabilities at Year-end						损益及分配 Losses,Profits and Distribution	
流动资产合计 Total Working Capitals	固定资产原价 Original Value of Fixed Assets	本年折旧 Depreciation in the Year	资产合计 Total Assets	负债合计 Total Liabilities	所有者权益合计 Total Owner's Equities	营业收入合计 Business Revenue	主营业务收入 Revenue from Principal Business
187257972	**18857113**	**1298240**	**233366976**	**188729162**	**45129877**	**439059188**	**434803267**
160069611	**10726477**	**690163**	**195439284**	**158101822**	**37224359**	**377340648**	**374555117**
149618111	10292274	667469	183824123	149303743	34410630	365194369	362462895
5111889	656625	-22507	8501803	4412612	4089339	14897867	14534896
234869	36955	2045	286379	271312	15067	420200	419628
11518	9600	487	17333	9256	8077	26011	26011
5540	1		5541	3282	2259	165100	165100
60391345	4290376	255857	73944646	57280488	16621224	143762419	142680697
14124724	931621	55971	19935382	15985964	3930386	12390279	12232530
69554908	4353742	375137	80922082	71175712	9698437	193379006	192251160
183319	13355	479	210959	165117	45842	153486	152873
7855396	291390	14817	8382707	6795232	1584122	6101959	6062100
5373635	36746	1810	5437759	4710183	727576	2014408	2007955
2253647	244697	13861	2671062	1898941	768767	3755059	3721764
62138	9885	-862	107864	25692	82172	96384	96277
165977	63	8	166022	160415	5607	236108	236104
2596105	142812	7878	3232455	2002847	1229608	6044320	6030123
1010532	74925	3190	1155036	703453	451584	3699551	3695613
16096	11137	480	20901	20226	675	45021	45021
652774	37080	2615	730629	430210	300420	2180112	2169853
913169	19554	1583	1322266	846628	475638	115168	115168
3535	117	10	3622	2331	1291	4468	4468
5366401	861975	30925	7452696	6112167	1336187	11727906	11662946
11837318	1897966	114806	14363323	9385699	4980242	29853897	29686261
12582987	424998	27785	14372049	12052131	2319754	19635374	19501196
4532050	385635	18147	5849557	4340684	1509893	7688909	7489572
14866729	870354	74328	17049902	13886377	3166219	21212230	21073061
91749880	5010504	273442	113237636	94384075	18747615	249066754	247397585
16146162	1044299	138760	19360789	15105621	4246241	32280060	31892006
1643158	119793	2855	2220223	1625554	594669	2507216	2505685
1344928	110955	9114	1533110	1209514	323539	3368302	3346806

a) Of enterprises above designated size of wholesale and retail trades, the financial data have the problem of total assets ≠ liabilities + total owner's equities, because some of them are regarded as legal entities(the same as in the following tables).

18-3 续表 1

单位:万元

指标名称	Indicator	企业数(个) Number of Enterprises (unit)
二、零售业	**Retail Trade**	**6000**
1.按登记注册类型分	by Status of Registration	
内资	Domestic Funded Enterprises	5864
国有	State-owned	44
集体	Collective-owned	34
股份合作	Cooperative	20
联营企业	Joint Ownership	3
有限责任公司	Limited Liability Corporations	1121
股份有限公司	Share-holding Corporations Ltd.	98
私营企业	Private Enterprises	4536
其他	Others	8
港澳台商投资企业	Enterprises with Funds from Hong Kong,Macao and Taiwan	75
与港澳台商合资经营	Joint-venture	12
与港澳台商合作经营	Cooperative	1
港澳台商独资	Sole Investment	60
港澳台商投资股份有限公司	Share-holding Corporations Ltd. with Sole Investment	1
其他港澳台投资企业	Others	1
外商投资企业	Foreign Funded Enterprises	61
中外合资经营	Joint-venture	20
中外合作经营	Cooperative	2
外资企业	Sole Foreign Investment	33
外商投资股份有限公司	Share-holding Corporations Ltd. With Foreign Investment	4
其他外商投资企业	Others	2
2.按国民经济行业分(GB/T 4754-2017)	by Sector	
综合零售	Integrated Retail	683
食品、饮料及烟草制品专门零售	Retail of Food, Beverages and Tobaccos	390
纺织、服装及日用品专门零售	Special Retail of Textiles, Garments and Daily Consumer Articles	241
文化、体育用品及器材专门零售	Retail of Culture, Sports Appliances and Equipments	232
医药及医疗器材专门零售业	Retail of Medicines and Medical Appliances	358
汽车、摩托车、零配件和燃料及其他动力销售	Retail of Motor Vehicles, Motorcycles,Parts,Fuel and Other Power	2869
家用电器及电子产品专门零售业	Special Retail of Household Electric Appliances and Electronic Products	715
五金、家具及室内装修材料专门零售	Special Retail of Hardware, Furniture and Decoration Materials	228
货摊、无店铺及其他零售业	Non-shop and Other Retails	284

continued

(10 000 yuan)

年末资产负债 Assets and Liabilities at Year-end						损益及分配 Losses,Profits and Distribution	
流动资产合计 Total Working Capitals	固定资产原价 Original Value of Fixed Assets	本年折旧 Depreciation in the Year	资产合计 Total Assets	负债合计 Total Liabilities	所有者权益合计 Total Owner's Equities	营业收入合计 Business Revenue	#主营业务收入 Revenue from Principal Business
27188361	**8130636**	**608077**	**37927692**	**30627340**	**7905518**	**61718541**	**60248150**
25619340	7178336	534772	35318758	28979713	6759659	56520839	55224704
512897	159598	20548	754339	528749	265585	1046712	1022256
65808	20651	1310	86793	64556	22238	123138	122202
47457	112801	4192	219118	170151	47602	669890	644611
1635	1169	71	2686	992	1694	7692	7655
8237487	2564660	180938	11696503	9400420	2281564	18498265	18030423
4409001	1472748	87188	6613101	5463905	1552913	6038418	5835828
12335845	2844122	240185	15932806	13343036	2582555	30124861	29549931
9210	2588	340	13412	7904	5507	11863	11798
954047	408856	44540	1267633	845913	421721	3137818	3067741
87534	36987	3725	128504	89665	38839	428723	416799
93520	12887		100418	76492	23926	73150	73150
759787	357569	40754	1023984	675059	348925	2578573	2521217
8480	1062	16	9019	1298	7721	29475	29475
4726	351	45	5708	3399	2309	27898	27101
614974	543445	28766	1341300	801715	724139	2059885	1955705
282628	157345	6678	434169	251705	182464	623965	600460
32855	29901	1218	43140	14713	28428	63008	59036
189314	164405	8980	438095	320783	116326	702002	654145
107211	190666	11887	421768	211573	395734	669852	641006
2966	1128	3	4128	2941	1186	1058	1058
9034043	3919463	230228	13346807	10712055	2634755	13502050	12869280
646273	177961	14217	856760	708794	147966	1099047	1090061
1037020	178265	28331	1354016	925995	427738	1914219	1900413
740341	178067	9056	970078	697671	270476	1119127	1093351
1654508	154671	19328	2025772	1631912	394101	3392359	3358400
10369383	2932059	269447	14704422	12171030	3188073	31340513	30705335
1988892	243780	13295	2392974	2025759	364482	3405828	3369503
239670	118377	7605	461870	309450	153675	455406	450339
1478231	227995	16570	1814994	1444675	324252	5489992	5411468

18-3 续表 2

单位:万元

指标名称	Indicator	营业成本 Cost of Business
总　计	**Total**	**415912172**
一、批发业	**Wholesale Trade**	**361207698**
1.按登记注册类型分	by Status of Registration	
内　资	Domestic Funded Enterprises	349625622
国　有	State-owned	14173600
集　体	Collective-owned	403818
股份合作	Cooperative	23190
联营企业	Joint Ownership	164699
有限责任公司	Limited Liability Corporations	137197950
股份有限公司	Share-holding Corporations Ltd.	11560263
私营企业	Private Enterprises	185958617
其　他	Others	143486
港澳台商投资企业	Enterprises with Funds from Hong Kong,Macao and Taiwan	5807779
与港澳台商合资经营	Joint-venture	1985882
与港澳台商合作经营	Cooperative	
港澳台商独资	Sole Investment	3513568
港澳台商投资股份有限公司	Share-holding Corporations Ltd. with Sole Investment	78374
其他港澳台投资企业	Others	229955
外商投资企业	Foreign Funded Enterprises	5774297
中外合资经营	Joint-venture	3566897
中外合作经营	Cooperative	34984
外资企业	Sole Foreign Investment	2062887
外商投资股份有限公司	Share-holding Corporations Ltd. with Foreign Investment	106478
其他外商投资企业	Others	3051
2.按国民经济行业分(GB/T 4754-2017)	by Sector	
农、林、牧产品批发业	Wholesale of Farm Produce and Livestock Products	11379875
食品、饮料及烟草制品批发	Wholesale of Food, Beverages and Tobaccos	25802175
纺织、服装及家庭用品批发	Wholesale of Textiles, Garments and Daily Consumer Articles	18437064
文化、体育用品及器材批发	Wholesale of Culture, Sports Appliances and Equipments	7123431
医药及医疗器材批发	Wholesale of Medicines and Medical Appliances	19072614
矿产品、建材及化工产品批发	Wholesale of Mineral Products, Building Materials and Chemical Products	243273155
机械设备、五金产品及电子产品批发	Wholesale of Machinery, Hardware and Electronic Equipment	30419904
贸易经纪与代理	Trade Broker and Agency	2431167
其他批发业	Other Wholesale not Classified Elsewhere	3268313

continued

(10 000 yuan)

损益及分配 Losses,Profits and Distribution							工资、福利、增值税 Wages,Welfare and Value Added Tax	
税金及附加 Taxes and Other Charges on Business	销售费用 Expenses on Sales	管理费用 Expenses on Management	财务费用 Expenses on Finance	营业利润 Profits from Business	利润总额 Total Profits	所得税费用 Income Tax Expense	应付职工薪酬(本年贷方累计发生额) Payroll payable (Cumulative amount of credits)	应交增值税 Value Added Tax Payable
1624213	**11436962**	**5418261**	**2020389**	**3460703**	**3782158**	**958443**	**5504316**	**2672071**
1447123	**7060579**	**3597362**	**1625791**	**3090672**	**3335444**	**767996**	**3250472**	**1924798**
1434991	6841618	3457325	1563573	2939471	3181222	722017	3135884	1882675
100372	111909	154252	48194	372929	411121	41593	126206	-37720
345	3696	11759	10736	-295	419	468	10121	1083
100	903	1324	171	366	279	43	797	148
51	32	143	28	152	152	9	126	24
1063069	2394152	1314366	536969	1601730	1673564	443423	1375286	745866
27591	528042	144951	75540	406829	415884	12179	237626	143627
243330	3798482	1829032	890781	557011	678961	224252	1382699	1029241
133	4401	1497	1152	749	843	49	3025	407
6080	112202	84813	42181	40849	45057	13064	58593	21850
1389	4757	3893	10626	4186	6338	2395	3486	2581
4197	91024	77501	31120	31547	33686	9303	49605	16643
413	10192	3143	-476	4904	4821	1298	4567	2108
81	6229	276	911	212	212	68	935	518
6052	106759	55224	20037	110351	109166	32915	55994	20273
3111	49945	19164	6937	50999	50217	19558	25808	12575
69	3413	2536	768	2761	2760	644	1188	393
2696	50136	24617	3294	34616	33703	8573	23863	6984
159	2977	8690	-1934	21096	21611	3922	4571	321
19	288	218	10972	881	876	219	565	
8745	148093	108047	121407	-12701	20261	7337	85248	2209
1042357	1148605	781202	55985	1142489	1179485	286902	860561	414862
27058	687384	272574	51599	204232	213028	45749	307194	160739
9700	212973	152085	32687	183716	185974	19461	187873	27546
99185	1160835	468876	155798	308227	312087	65489	425947	273863
194015	2810549	1263281	920654	1000474	1099992	267409	865560	658742
36785	786005	475741	240665	295666	331075	68815	451959	190226
6960	34543	34799	31404	-15163	-15384	1360	28987	2486
22318	71593	40759	15592	-16268	8926	5476	37143	194126

18-3 续表 3

单位:万元

指标名称	Indicator	营业成本 Cost of Business
二、零售业	**Retail Trade**	**54704474**
1.按登记注册类型分	by Status of Registration	
内　资	Domestic Funded Enterprises	50253005
国　有	State-owned	904107
集　体	Collective-owned	106636
股份合作	Cooperative	601759
联营企业	Joint Ownership	7072
有限责任公司	Limited Liability Corporations	16224475
股份有限公司	Share-holding Corporations Ltd.	5267689
私营企业	Private Enterprises	27129849
其　他	Others	11419
港澳台商投资企业	Enterprises with Funds from Hong Kong,Macao and Taiwan	2715469
与港澳台商合资经营	Joint-venture	396454
与港澳台商合作经营	Cooperative	59612
港澳台商独资	Sole Investment	2207216
港澳台商投资股份有限公司	Share-holding Corporations Ltd. with Sole Investment	25919
其他港澳台投资企业	Others	26268
外商投资企业	Foreign Funded Enterprises	1735999
中外合资经营	Joint-venture	485787
中外合作经营	Cooperative	53800
外资企业	Sole Foreign Investment	565348
外商投资股份有限公司	Share-holding Corporations Ltd. with Foreign Investment	630590
其他外商投资企业	Others	475
2.按国民经济行业分(GB/T 4754-2017)	by Sector	
综合零售	Integrated Retail	11204305
食品、饮料及烟草制品专门零售	Retail of Food, Beverages and Tobaccos	939913
纺织、服装及日用品专门零售	Special Retail of Textiles, Garments and Daily Consumer Articles	1543258
文化、体育用品及器材专门零售	Retail of Culture, Sports Appliances and Equipments	922030
医药及医疗器材专门零售业	Retail of Medicines and Medical Appliances	2730799
汽车、摩托车、零配件和燃料及其他动力销售	Retail of Motor Vehicles, Motorcycles,Parts,Fuel and Other Power	29144643
家用电器及电子产品专门零售业	Special Retail of Household Electric Appliances and Electronic Products	3130092
五金、家具及室内装修材料专门零售	Special Retail of Hardware, Furniture and Decoration Materials	383358
货摊、无店铺及其他零售业	Non-shop and Other Retails	4706076

continued

(10 000 yuan)

损益及分配 Losses,Profits and Distribution							工资、福利、增值税 Wages,Welfare and Value Added Tax	
税金及附加 Taxes and Other Charges on Business	销售费用 Expenses on Sales	管理费用 Expenses on Management	财务费用 Expenses on Finance	营业利润 Profits from Business	利润总额 Total Profits	所得税费用 Income Tax Expense	应付职工薪酬（本年贷方累计发生额） Payroll payable (Cumulative amount of credits)	应交增值税 Value Added Tax Payable
177090	**4376383**	**1820899**	**394598**	**370031**	**446714**	**190447**	**2253844**	**747273**
155267	3897359	1643228	380898	295276	366599	151237	2054776	687092
1948	63780	19851	7696	51279	51976	1442	35847	75220
465	6783	7518	1195	473	1183	272	8060	1755
1167	35821	7548	3008	20703	19685	86	17332	916
23	399	242	29	435	455	102	421	114
58644	1517590	503182	116965	117136	140957	60968	674943	259719
20988	522427	193710	51571	57924	62791	15848	224880	56123
72021	1750455	910680	200378	47561	89787	72516	1092818	293211
11	106	497	57	-234	-234	4	474	35
13553	264398	51622	7052	89910	94079	26129	108092	38671
1534	15150	8978	1309	10319	10887	3070	10067	4109
119	10615	147	153	2546	2687	672		
11644	236981	41575	5546	75697	77079	21624	96900	34385
235	1167	742	11	65	2133	532	672	7
21	485	179	32	1282	1293	232	453	171
8270	214626	126049	6649	-15155	-13965	13081	90976	21509
2913	60758	76169	-1402	8650	9256	3242	46068	11550
652	5172	1499	-602	2020	1918	483	3278	707
3462	87969	33526	5154	16033	16748	9648	27509	5039
1241	60722	14734	3499	-42314	-42359	-411	14101	4137
3	4	121	-1	456	473	120	20	76
67295	1376499	637578	99840	212796	238649	69249	762566	165613
2890	92784	42227	4548	15607	20308	6687	56405	11992
5758	236371	90654	9245	31189	30375	12120	124052	34664
9887	105729	51232	8806	18967	22664	2772	70911	10793
10671	395541	175963	19318	57014	61363	13219	263789	51959
61752	1278991	608297	227351	30347	56675	59533	760779	354347
5996	183599	103617	16076	-27028	-23106	3507	103556	28870
2272	33786	35379	5306	-8774	-8035	1350	20010	4614
10569	673085	75952	4108	39914	47821	22011	91776	84421

18-4 各市限额以上批发和零售业商品购进、销售、库存总额(2020年)

Total Purchases,Sales and Inventory of Enterprises above Designated Size of Wholesale and Retail Trades by Region(2020)

单位：亿元 (100 million yuan)

地区	Region	法人单位(个) Corporate Unit (unit)	年末从业人数(万人) Persons Employed at Year-end (10 000 person)	购进总额 Total Purchases Value	#进口 Import	销售总额 Total Sale Value 合计 Total	批发 Wholesale	#出口 Export	零售 Retail	年末库存总额 Inventory (year-end)
全省总计	**Total**	**21036**	**78.9**	**45047.6**	**1671.7**	**48585.3**	**41427.0**	**1409.2**	**7158.2**	**2479.5**
济南市	Jinan	3815	15.0	8012.8	222.6	8579.5	7142.9	202.3	1436.6	450.9
青岛市	Qingdao	3301	12.6	10501.2	757.5	11280.9	9711.6	499.6	1569.3	572.3
淄博市	Zibo	1582	4.2	2220.3	64.3	2480.1	2167.2	40.5	312.9	93.0
枣庄市	Zaozhuang	488	1.7	542.8	0.7	613.7	492.9	14.0	120.8	28.8
东营市	Dongying	772	2.4	3357.1	19.6	3469.6	3283.0	48.6	186.5	199.8
烟台市	Yantai	1555	7.2	2953.1	95.0	3225.3	2601.2	136.3	624.1	163.2
潍坊市	Weifang	1502	6.3	3120.9	55.5	3467.0	2914.2	124.6	552.8	208.1
济宁市	Jining	1491	5.1	1769.2	6.6	1973.3	1608.7	51.5	364.6	105.7
泰安市	Tai'an	1056	2.9	1889.0	21.5	2019.6	1814.9	14.0	204.7	65.0
威海市	Weihai	561	4.2	1018.2	270.6	1145.4	775.6	72.8	369.8	63.2
日照市	Rizhao	574	1.8	2159.0	43.6	2320.2	2186.5	31.0	133.7	82.9
临沂市	Linyi	1638	6.1	2349.6	38.0	2532.3	2053.1	66.5	479.3	167.1
德州市	Dezhou	655	2.6	802.4	2.3	884.8	658.1	5.2	226.7	60.9
聊城市	Liaocheng	808	2.2	1446.0	49.8	1521.3	1339.2	41.3	182.2	51.2
滨州市	Binzhou	601	2.2	1879.9	20.2	1951.3	1788.6	52.8	162.7	120.1
菏泽市	Heze	637	2.3	1026.0	3.9	1121.1	889.4	8.1	231.7	47.3

18-5 各市限额以上批发和零售业财务状况(2020年)

Financial Indicators of Enterprises above Designated Size of Wholesale and Retail Trades by Region(2020)

单位:亿元 (100 million yuan)

地 区	Region	企业数(个) Number of Enterprises (unit)	流动资产合计 Total Working Capitals	固定资产原价 Original Value of Fixed Assets	本年折旧 Depreciati-on in the Year	资产合计 Total Assets	负债合计 Total Liabilities	所有者权益合计 Total Owners' Equities	营业收入合计 Business Revenue	主营业务收入 Revenue from Principal Business
全省总计	**Total**	**21036**	**18725.8**	**1885.7**	**129.8**	**23336.7**	**18872.9**	**4513.0**	**43905.9**	**43480.3**
济南市	Jinan	3815	3159.1	313.3	18.2	4014.4	3041.8	972.8	7727.3	7638.9
青岛市	Qingdao	3301	4265.8	306.5	19.2	5014.3	4084.5	969.7	10240.3	10176.2
淄博市	Zibo	1582	910.3	124.6	6.8	1554.1	1175.3	375.4	2231.1	2195.4
枣庄市	Zaozhuang	488	223.8	33.7	2.5	288.2	208.8	76.9	555.1	545.2
东营市	Dongying	772	1243.5	113.5	9.3	1471.5	1351.0	119.1	3105.3	3081.3
烟台市	Yantai	1555	1454.5	172.4	11.5	1785.3	1408.2	376.6	2940.8	2914.7
潍坊市	Weifang	1502	1415.2	188.6	12.0	1755.7	1479.4	276.6	3105.5	3046.2
济宁市	Jining	1491	621.8	96.2	8.7	810.3	645.9	163.0	1779.0	1765.4
泰安市	Tai'an	1056	499.2	67.4	4.9	779.3	449.3	330.0	1805.3	1798.8
威海市	Weihai	561	507.1	69.5	5.1	625.1	471.1	154.1	1067.7	1059.8
日照市	Rizhao	574	779.4	74.6	4.4	976.3	878.9	93.2	2100.9	2072.4
临沂市	Linyi	1638	845.1	105.2	9.0	1033.0	823.7	227.6	2283.2	2258.6
德州市	Dezhou	655	354.2	78.1	7.7	458.0	354.7	106.3	805.0	797.7
聊城市	Liaocheng	808	355.4	38.9	3.1	403.8	310.3	95.1	1362.8	1351.5
滨州市	Binzhou	601	1832.2	64.2	4.8	2050.9	1929.8	120.6	1777.3	1766.7
菏泽市	Heze	637	259.1	39.1	2.7	316.4	260.1	55.9	1019.2	1011.5

18-5 续表 continued

单位:亿元 (100 million yuan)

地 区	Region	营业成本 Cost of Business	税金及附加 Taxes and Other Charges on Business	销售费用 Expenses on Sales	管理费用 Expenses on Manage-ment	财务费用 Expenses on Finance	营业利润 Profits from Business	利润总额 Total Profits	所得税费用 Income Tax Expense	应付职工薪酬(本年贷方累计发生额) Payroll payable (Cumulative amount of credits)	应交增值税 Value Added Tax Payable
全省总计	**Total**	**41591.2**	**162.4**	**1143.7**	**541.8**	**202.0**	**346.1**	**378.2**	**95.8**	**550.4**	**267.2**
济南市	Jinan	7249.3	25.9	227.2	114.1	37.2	87.7	93.1	16.0	118.2	41.8
青岛市	Qingdao	9736.4	26.6	273.0	112.4	34.1	80.7	87.8	22.6	114.5	58.2
淄博市	Zibo	2102.1	7.9	71.6	29.3	21.3	1.5	7.3	7.9	26.0	23.0
枣庄市	Zaozhuang	513.2	5.1	21.7	8.9	2.4	5.3	6.4	1.8	11.1	4.6
东营市	Dongying	3046.7	6.2	34.3	18.9	13.5	-6.9	-6.9	3.6	14.2	9.3
烟台市	Yantai	2708.4	14.1	124.8	45.9	17.9	36.7	38.2	10.4	53.0	22.7
潍坊市	Weifang	2934.9	16.1	74.9	44.0	13.0	27.0	29.6	6.2	44.9	25.6
济宁市	Jining	1654.4	11.1	62.8	28.8	7.9	19.0	20.9	5.7	27.7	14.4
泰安市	Tai'an	1726.8	7.2	29.4	19.9	7.2	37.0	37.9	3.6	18.9	12.0
威海市	Weihai	974.5	5.4	47.1	22.0	3.9	16.5	18.2	4.0	22.2	9.3
日照市	Rizhao	2030.6	5.2	22.9	16.3	14.2	12.8	13.8	2.8	9.9	8.8
临沂市	Linyi	2156.0	13.0	62.1	30.1	9.1	10.4	11.2	4.4	34.7	14.9
德州市	Dezhou	750.3	6.0	24.0	13.9	3.7	6.8	7.4	1.8	14.5	7.4
聊城市	Liaocheng	1314.6	5.9	22.0	12.6	10.1	3.1	3.6	1.3	13.6	5.4
滨州市	Binzhou	1724.6	5.1	26.0	12.6	4.0	2.7	2.9	1.6	12.8	8.5
菏泽市	Heze	968.5	1.7	19.8	12.2	2.7	5.6	6.7	2.1	14.3	1.2

18−6 限额以上住宿和餐饮业情况
Basic Conditions of Hotels and Catering Services

指　标	Item	2015	2016	2017	2018	2019	2020
住宿和餐饮业	**Hotels and Catering Services**						
法人企业 (个)	Number of Corporation Enterprises (unit)	3211	3138	3010	2700	2466	2810
年末从业人数 (万人)	Engaged Persons at Year-end (10 000 persons)	23.0	23.1	22.6	20.0	19.3	19.2
营业额 (亿元)	Business Revenue (100 million yuan)	547.3	561.5	494.6	386.9	385.9	349.4
#餐费收入 (亿元)	From Meals (100 million yuan)	374.7	381.2	320.3	240.8	242.7	227.9
年末餐饮营业面积(万平方米)	Business Area of Catering Services at Year-end(10 000 sq.m)	598.7	485.2	486.9	448.8	799.4	854.0
住宿业	**Hotels**						
法人企业 (个)	Number of Corporation Enterprises (unit)	1089	1081	1144	1099	1089	1183
年末从业人数 (万人)	Engaged Persons at Year-end (10 000 persons)	10.3	10.1	10.3	9.2	9.1	8.3
营业额 (亿元)	Business Revenue (100 million yuan)	219.1	227.8	213.1	170.9	171.0	139.3
#客房收入 (亿元)	From Hotel Rooms (100 million yuan)	96.8	101.7	102.8	85.3	85.3	69.7
餐费收入 (亿元)	From Meals (100 million yuan)	102.9	105.9	91.8	67.5	67.7	53.8
客房数 (万间)	Number of Room (10 000 rooms)	14.7	21.5	17.4	21.8	17.4	22.7
床位数 (万位)	Number of Beds (10 000 beds)	24.5	31.1	28.2	33.6	27.5	36.4
年末餐饮营业面积（万平方米）	Business Area of Catering Services at Year-end (10 000 sq.m)	219.8	173.2	182.4	179.1	453.1	486.7
餐饮业	**Catering Services**						
法人企业 (个)	Number of Corporation Enterprises (unit)	2122	2057	1866	1601	1377	1627
年末从业人数 (万人)	Engaged Persons at Year-end (10 000 persons)	12.7	13.0	12.3	10.9	10.2	10.8
营业额 (亿元)	Business Revenue (100 million yuan)	328.2	333.7	281.5	216.0	215.0	210.1
#餐费收入 (亿元)	From Meals (100 million yuan)	271.7	275.3	228.5	173.3	175.1	174.2
年末餐饮营业面积（万平方米）	Business Area of Catering Services at Year-end (10 000 sq.m)	378.9	312.0	304.5	269.7	346.3	367.3

18−7 限额以上住宿和餐饮业经营情况(2020年)

Business of Hotels and Catering Services above Designated Size(2020)

指标名称	Indicator	法人单位(个) Corporate Unit (unit)	从业人数(人) Employed Persons (person)
总计	**Total**	**2810**	**191566**
一、住宿业	**Hotels**	**1183**	**83481**
1.按登记注册类型分	by Status of Registration		
内资	Domestic Funded Enterprises	1159	80353
国有	State-owned	93	14848
集体	Collective-owned	8	632
股份合作	Cooperative	3	200
联营企业	Joint Ownership		
有限责任公司	Limited Liability Corporations	250	28704
股份有限公司	Share-holding Corporations Ltd.	14	837
私营企业	Private Enterprises	791	35132
其他	Others		
港澳台商投资企业	Enterprises with Funds from Hong Kong,Macao and Taiwan	13	2225
与港澳台商合资经营	Joint-venture	5	1018
与港澳台商合作经营	Cooperative		
港澳台商独资	Sole Investment	8	1207
港澳台商投资股份有限公司	Share-holding Corporations Ltd. with Sole Investment		
其他港澳台投资企业	Others		
外商投资企业	Foreign Funded Enterprises	11	903
中外合资经营	Joint-venture	6	649
中外合作经营	Cooperative		
外资企业	Sole Foreign Investment	3	198
外商投资股份有限公司	Share-holding Corporations Ltd. With Foreign Investment	1	36
其他外商投资企业	Others	1	20
2.按国民经济行业分(GB/T 4754−2017)	by Sector		
旅游饭店	Tourist Hotels	609	62432
一般旅馆	General Hotels	528	18786
民宿服务	Homestay Service	9	241
露营地服务	Campground Service	1	10
其他住宿业	Other Accommodation Services	36	2012

18-7 续表 1 continued

指标名称	Indicator	法人单位（个）Corporate Unit (unit)	从业人数（人）Employed Persons (person)
二、餐饮业	**Catering Services**	**1627**	**108085**
1.按登记注册类型分	by Status of Registration		
内　资	Domestic Funded Enterprises	1599	97552
国　有	State-owned	39	3998
集　体	Collective-owned	5	201
股份合作	Cooperative	3	148
联营企业	Joint Ownership		
有限责任公司	Limited Liability Corporations	273	24661
股份有限公司	Share-holding Corporations Ltd.	10	972
私营企业	Private Enterprises	1266	67278
其　他	Others	3	294
港澳台商投资企业	Enterprises with Funds from Hong Kong,Macao and Taiwan	13	4295
与港澳台商合资经营	Joint-venture	3	493
与港澳台商合作经营	Cooperative		
港澳台商独资	Sole Investment	9	3774
港澳台商投资股份有限公司	Share-holding Corporations Ltd. with Sole Investment		
其他港澳台投资企业	Others	1	28
外商投资企业	Foreign Funded Enterprises	15	6238
中外合资经营	Joint-venture	5	337
中外合作经营	Cooperative		
外资企业	Sole Foreign Investment	10	5901
外商投资股份有限公司	Share-holding Corporations Ltd. with Foreign Investment		
其他外商投资企业	Others		
2.按国民经济行业分(GB/T 4754-2017)	by Sector		
正餐服务	Dinner service	1321	79270
快餐服务	Fast Food Service	169	17617
饮料及冷饮服务	Beverages and cold drinks service	36	1359
餐饮配送及外卖送餐服务	Catering Delivery and Takeout Service	85	6809
其他餐饮业	Other Catering Services	16	3030

18-7 续表 2 continued

单位:万元 (10 000 yuan)

指标名称	Indicator	营业额 Business Revenue	客房收入 Revenue from Hotel Rooms	餐费收入 Revenue from Meals	商品销售收入 Revenue from Commodities	其他收入 Other Revenue
总 计	**Total**	**3493616**	**909616**	**2279414**	**78673**	**225913**
一、住宿业	**Hotels**	**1392800**	**696966**	**537628**	**22304**	**135902**
1.按登记注册类型分	by Status of Registration					
内 资	Domestic Funded Enterprises	1333784	672989	513624	21518	125653
国 有	State-owned	216030	80927	105319	5954	23830
集 体	Collective-owned	7664	2417	3804	83	1360
股份合作	Cooperative	3757	1160	2475	2	120
联营企业	Joint Ownership					
有限责任公司	Limited Liability Corporations	478894	213337	200978	9010	55568
股份有限公司	Share-holding Corporations Ltd.	11011	5445	4696	225	645
私营企业	Private Enterprises	616428	369703	196351	6243	44131
其 他	Others					
港澳台商投资企业	Enterprises with Funds from Hong Kong,Macao and Taiwan	45094	15714	19717	685	8978
与港澳台商合资经营	Joint-venture	14840	5691	6043	413	2694
与港澳台商合作经营	Cooperative					
港澳台商独资	Sole Investment	30253	10023	13674	272	6285
港澳台商投资股份有限公司	Share-holding Corporations Ltd. with Sole Investment					
其他港澳台投资企业	Others					
外商投资企业	Foreign Funded Enterprises	13922	8263	4287	101	1271
中外合资经营	Joint-venture	8744	4804	2721	41	1178
中外合作经营	Cooperative					
外资企业	Sole Foreign Investment	3732	2399	1237	60	35
外商投资股份有限公司	Share-holding Corporations Ltd. With Foreign Investment	1085	702	326		58
其他外商投资企业	Others	361	358	3		
2.按国民经济行业分 (GB/T 4754-2017)	by Sector					
旅游饭店	Tourist Hotels	1027288	439231	457759	17957	112342
一般旅馆	General Hotels	328911	235773	67765	4155	21217
民宿服务	Homestay Service	3949	2634	1218	13	85
露营地服务	Campground Service	194	102	86		7
其他住宿业	Other Accommodation Services	32458	19227	10800	180	2251

18-7 续表 3 continued

单位:万元 (10 000 yuan)

指标名称	Indicator	营业额 Business Revenue	客房收入 Revenue from Hotel Rooms	餐费收入 Revenue from Meals	商品销售收入 Revenue from Commodities	其他收入 Other Revenue
二、餐饮业	**Catering Services**	**2100817**	**212650**	**1741787**	**56368**	**90011**
1.按登记注册类型分	by Status of Registration					
内　资	Domestic Funded Enterprises	1782689	210960	1430796	52854	88079
国　有	State-owned	52256	15258	31589	480	4930
集　体	Collective-owned	4223	1060	2287	666	210
股份合作	Cooperative	2709	520	987	17	1185
联营企业	Joint Ownership					
有限责任公司	Limited Liability Corporations	503018	66976	376050	20290	39702
股份有限公司	Share-holding Corporations Ltd.	12908	2860	8022	342	1685
私营企业	Private Enterprises	1201422	123186	1007165	30939	40131
其　他	Others	6153	1100	4697	119	237
港澳台商投资企业	Enterprises with Funds from Hong Kong,Macao and Taiwan	62362	1644	58051	769	1898
与港澳台商合资经营	Joint-venture	10467.1	1555	6383	733	1797
与港澳台商合作经营	Cooperative					
港澳台商独资	Sole Investment	51501	90	51274	36	101
港澳台商投资股份有限公司	Share-holding Corporations Ltd.					
其他港澳台投资企业	with Sole Investment	394		394		
外商投资企业	Foreign Funded Enterprises	255766	46	252940	2746	34
中外合资经营	Joint-venture	4921	30	4698	194	
中外合作经营	Cooperative					
外资企业	Sole Foreign Investment	250845	16	248243	2552	34
外商投资股份有限公司	Share-holding Corporations Ltd.					
其他外商投资企业	with Foreign Investment					
2.按国民经济行业分(GB/T 4754-2017)	by Sector					
正餐服务	Dinner service	1380081	212450	1053673	33978	79980
快餐服务	Fast Food Service	482761	200	467758	12224	2579
饮料及冷饮服务	Beverages and cold drinks service	49510		45958	3252	300
餐饮配送及外卖送餐服务	Catering Delivery and Takeout Service	150508		138402	5887	6220
其他餐饮业	Other Catering Services	37956		35996	1027	933

18-8 各市限额以上住宿和餐饮业经营情况(2020年)

Business of Hotels and Catering Services above Designated Size by Region (2020)

地区	Region	法人单位(个) Corporation Unit (unit)	从业人数(人) Persons Employed (person)	营业额(万元) Business Revenue (10000 yuan)	客房收入 Revenue from Hotel Rooms	餐费收入 Revenue from Meals	商品销售收入 Revenue from Commodi-ties	其他收入 Other Revenue
全省总计	**Total**	**2810**	**191566**	**3493616**	**909616**	**2279414**	**78673**	**225913**
济南市	Jinan	561	36593	691063	186482	434671	13801	56109
青岛市	Qingdao	612	43286	1034767	196863	763269	17082	57553
淄博市	Zibo	163	7940	151213	39929	92437	10498	8348
枣庄市	Zaozhuang	49	2705	33468	15766	14971	664	2067
东营市	Dongying	55	5069	101163	26476	60150	1786	12751
烟台市	Yantai	266	17452	329297	93772	214921	3042	17562
潍坊市	Weifang	196	13981	224574	63318	140935	5105	15216
济宁市	Jining	197	10633	151127	55645	89308	1272	4902
泰安市	Tai'an	93	7568	96440	33724	54966	2838	4912
威海市	Weihai	123	13144	187605	44361	123899	3648	15697
日照市	Rizhao	66	4227	68968	25824	39618	2131	1396
临沂市	Linyi	122	9581	160123	41038	100564	5614	12907
德州市	Dezhou	62	4458	71543	21411	36080	7665	6388
聊城市	Liaocheng	83	5763	69658	22866	38107	1836	6849
滨州市	Binzhou	67	4413	52975	18159	31548	974	2294
菏泽市	Heze	95	4753	69632	23984	43969	715	963

18-9 限额以上住宿和餐饮业财务状况(2020年)

单位:万元

指 标 名 称	Indicator	企业数(个) Number of Enterprises (unit)
总 计	**Total**	**2810**
一、住宿业	**Hotels**	**1183**
1.按登记注册类型分	by Status of Registration	
内 资	Domestic Funded Enterprises	1159
国 有	State-owned	93
集 体	Collective-owned	8
股份合作	Cooperative	3
联营企业	Joint Ownership	
有限责任公司	Limited Liability Corporations	250
股份有限公司	Share-holding Corporations Ltd.	14
私营企业	Private Enterprises	791
其 他	Others	
港澳台商投资企业	Enterprises with Funds from Hong Kong,Macao and Taiwan	13
与港澳台商合资经营	Joint-venture	5
与港澳台商合作经营	Cooperative	
港澳台商独资	Sole Investment	8
港澳台商投资股份有限公司	Share-holding Corporations Ltd. With Sole Investment	
其他港澳台投资企业	Others	
外商投资企业	Foreign Funded Enterprises	11
中外合资经营	Joint-venture	6
中外合作经营	Cooperative	
外资企业	Sole Foreign Investment	3
外商投资股份有限公司	Share-holding Corporations Ltd. with Foreign Investment	1
其他外商投资企业	Others	1
2.按国民经济行业分(GB/T 4754-2017)	by Sector	
旅游饭店	Tourist Hotels	609
一般旅馆	General Hotels	528
民宿服务	Homestay Service	9
露营地服务	Campground Service	1
其他住宿业	Other Accommodation Services	36

Financial Indicators of Enterprises above Designated Size of Hotels and Catering Services(2020)

(10 000 yuan)

年末资产负债 Assets and Liabilities at Year-end						损益及分配 Losses,Profits and Distribution	
流动资产合计 Total Working Capitals	固定资产原价 Original Value of Fixed Assets	本年折旧 Depre-ciation in the Year	资产合计 Total Assets	负债合计 Total Liabilities	所有者权益合计 Total Owner's Equities	营业收入合计 Business Revenue	主营业务收入 Revenue from Principal Business
3242270	**5395874**	**247246**	**8052241**	**6523084**	**1547010**	**3411173**	**3331107**
1933948	**3481605**	**147737**	**4688815**	**3778017**	**915851**	**1352422**	**1311070**
1814354	3097108	135985	4329397	3484506	849944	1296286	1255197
279606	933838	34277	921825	443174	476350	214190	208729
6257	25758	2045	18962	15813	3149	7480	7452
8673	5190	133	14643	12767	1876	3640	3640
617437	1242320	45651	1504987	1221658	290572	460897	444133
12826	66456	1880	46807	47396	-589	11251	10707
889556	823546	51999	1822174	1743698	78586	598828	580538
82917	345470	9644	273165	203654	69511	42922	42719
52636	85196	2343	80401	105142	-24741	14185	13982
30280	260274	7301	192764	98512	94253	28737	28737
36677	39028	2108	86253	89857	-3604	13214	13154
29501	34175	1612	75860	74486	1373	8262	8262
6631	4074	388	9181	14647	-5466	3506	3449
100	23	3	117	412	-296	1085	1085
445	756	105	1096	311	785	361	358
1549216	3167578	126168	3917638	3025490	890740	993546	957156
342008	289906	18676	676695	670706	12609	323314	318747
6203	6496	1461	32579	19930	12649	3891	3886
60	113	3	202	200	2	192	186
36461	17513	1428	61701	61691	-149	31479	31096

18-9 续表 1

单位:万元

指标名称	Indicator	企业数(个) Number of Enterprises (unit)
二、餐饮业	**Catering Services**	**1627**
1.按登记注册类型分	by Status of Registration	
内资	Domestic Funded Enterprises	1599
国有	State-owned	39
集体	Collective-owned	5
股份合作	Cooperative	3
联营企业	Joint Ownership	
有限责任公司	Limited Liability Corporations	273
股份有限公司	Share-holding Corporations Ltd.	10
私营企业	Private Enterprises	1266
其他	Others	3
港澳台商投资企业	Enterprises with Funds from Hong Kong,Macao and Taiwan	13
与港澳台商合资经营	Joint-venture	3
与港澳台商合作经营	Cooperative	
港澳台商独资	Sole Investment	9
港澳台商投资股份有限公司	Share-holding Corporations Ltd. With Sole Investment	
其他港澳台投资企业	Others	1
外商投资企业	Foreign Funded Enterprises	15
中外合资经营	Joint-venture	5
中外合作经营	Cooperative	
外资企业	Sole Foreign Investment	10
外商投资股份有限公司	Share-holding Corporations Ltd. with Foreign Investment	
其他外商投资企业	Others	
2.按国民经济行业分(GB/T 4754-2017)	by Sector	
正餐服务	Dinner service	1321
快餐服务	Fast Food Service	169
饮料及冷饮服务	Beverages and cold drinks service	36
餐饮配送及外卖送餐服务	Catering Delivery and Takeout Service	85
其他餐饮业	Other Catering Services	16

continued

(10 000 yuan)

年末资产负债 Assets and Liabilities at Year-end						损益及分配 Losses,Profits and Distribution	
流动资产合计 Total Working Capitals	固定资产原价 Original Value of Fixed Assets	本年折旧 Depre-ciation in the Year	资产合计 Total Assets	负债合计 Total Liabilities	所有者权益合计 Total Owner's Equities	营业收入合计 Business Revenue	#主营业务收入 Revenue from Principal Business
1308322	**1914268**	**99509**	**3363426**	**2745068**	**631159**	**2058751**	**2020037**
1232889	1779711	95190	3132765	2504435	640052	1748284	1711530
73898	87539	3256	129598	87469	52805	53144	50418
1875	2405	85	3216	3086	130	4060	4060
4002	8482	468	8448	6844	1604	2644	2644
361953	908155	44191	1254499	797464	456667	489406	476357
2740	20413	1169	30249	23079	6870	12245	11537
786472	743791	45478	1699129	1578410	122433	1181447	1161177
1950	8926	544	7625	8083	-458	5338	5338
37691	85847	2926	128375	181140	-51758	59198	57386
28471	65689	2705	88174	128340	-40166	10189	8761
8131	20110	215	38089	50935	-11839	48615	48231
1089	48	6	2112	1865	248	394	394
37742	48710	1393	102286	59493	42864	251269	251121
5447	1068	44	6062	5959	103	4692	4692
32295	47642	1349	96224	53534	42762	246577	246429
1110394	1781272	92830	3001504	2481657	532700	1355740	1318345
96994	109368	4405	232733	181984	50356	470567	469692
20982	5127	675	31975	15424	16551	47782	47771
55977	16693	1313	71273	45960	25653	147481	147049
23976	1809	286	25941	20042	5899	37180	37180

18-9 续表 2

单位:万元

指标名称	Indicator	营业成本 Cost of Business
总　计	**Total**	**1691707**
一、住宿业	**Hotels**	**550425**
1.按登记注册类型分	by Status of Registration	
内 资	Domestic Funded Enterprises	532974
国 有	State-owned	76555
集 体	Collective-owned	2512
股份合作	Cooperative	1750
联营企业	Joint Ownership	
有限责任公司	Limited Liability Corporations	182785
股份有限公司	Share-holding Corporations Ltd.	4757
私营企业	Private Enterprises	264616
其 他	Others	
港澳台商投资企业	Enterprises with Funds from Hong Kong,Macao and Taiwan	13493
与港澳台商合资经营	Joint-venture	3069
与港澳台商合作经营	Cooperative	
港澳台商独资	Sole Investment	10425
港澳台商投资股份有限公司	Share-holding Corporations Ltd. with Sole Investment	
其他港澳台投资企业	Others	
外商投资企业	Foreign Funded Enterprises	3958
中外合资经营	Joint-venture	1478
中外合作经营	Cooperative	
外资企业	Sole Foreign Investment	1473
外商投资股份有限公司	Share-holding Corporations Ltd. With Foreign Investment	603
其他外商投资企业	Others	404
2.按国民经济行业分(GB/T 4754-2017)	by Sector	
旅游饭店	Tourist Hotels	394449
一般旅馆	General Hotels	142873
民宿服务	Homestay Service	1681
露营地服务	Campground Service	224
其他住宿业	Other Accommodation Services	11197

continued

(10 000 yuan)

损益及分配 Losses,Profits and Distribution							工资、福利、增值税 Wages,Welfare and Value Added Tax	
税金及附加 Taxes and Other Charges on Business	销售费用 Expenses on Sales	管理费用 Expenses on Management	财务费用 Expenses on Finance	营业利润 Profits from Business	利润总额 Total Profits	所得税费用 Income Tax Expense	应付职工薪酬(本年贷方累计发生额) Payroll payable (Cumulative amount of credits)	应交增值税 Value Added Tax Payable
12269	**1103036**	**795900**	**101068**	**-256329**	**-191079**	**15388**	**898938**	**20569**
5919	**517597**	**441284**	**56733**	**-207665**	**-177126**	**3224**	**416029**	**11399**
5817	498877	411492	48859	-190426	-161144	2891	396431	12343
1377	101665	80165	-1383	-41427	-27888	611	89800	2548
19	4872	2027	35	-1981	-1854	6	2205	72
5	1097	956	15	-229	-87		742	35
2387	181821	150425	19992	-73736	-65481	1582	146715	3943
49	4136	4365	319	-2375	-1964	2	3603	203
1981	205288	173554	29881	-70679	-63870	690	153368	5542
70	10660	24252	5392	-10759	-10071	332	14870	677
25	5650	7844	2592	-4818	-4770		6067	220
44	5010	16408	2800	-5941	-5301	332	8803	457
33	8060	5540	2482	-6481	-5911		4727	-1621
22	5359	4185	2054	-4822	-4293		3494	-1733
10	2679	404	410	-1465	-1440		904	85
1	7	623	1	-150	-137		258	
0	14	329	18	-43	-42		71	27
4732	383468	341877	46122	-167251	-139623	2822	324422	8161
1140	117551	89663	9370	-35453	-32885	392	82142	3409
20	2068	975	320	-1133	-1038		759	-316
4	1	158	1	-192	-191		119	
23	14509	8611	920	-3636	-3389	11	8587	146

18-9 续表 3

单位:万元

指 标 名 称	Indicator	营业成本 Cost of Business
二、餐饮业	**Catering Services**	**1141283**
1.按登记注册类型分	by Status of Registration	
内 资	Domestic Funded Enterprises	985571
国 有	State-owned	25101
集 体	Collective-owned	3332
股份合作	Cooperative	563
联营企业	Joint Ownership	
有限责任公司	Limited Liability Corporations	264377
股份有限公司	Share-holding Corporations Ltd.	5397
私营企业	Private Enterprises	684590
其 他	Others	2212
港澳台商投资企业	Enterprises with Funds from Hong Kong,Macao and Taiwan	25437
与港澳台商合资经营	Joint-venture	5046
与港澳台商合作经营	Cooperative	
港澳台商独资	Sole Investment	20258
港澳台商投资股份有限公司	Share-holding Corporations Ltd. with Sole Investment	
其他港澳台投资企业	Others	133
外商投资企业	Foreign Funded Enterprises	130275
中外合资经营	Joint-venture	1764
中外合作经营	Cooperative	
外资企业	Sole Foreign Investment	128511
外商投资股份有限公司	Share-holding Corporations Ltd. With Foreign Investment	
其他外商投资企业	Others	
2.按国民经济行业分(GB/T 4754-2017)	by Sector	
正餐服务	Dinner service	720786
快餐服务	Fast Food Service	253620
饮料及冷饮服务	Beverages and cold drinks service	20306
餐饮配送及外卖送餐服务	Catering Delivery and Takeout Service	121242
其他餐饮业	Other Catering Services	25329

continued

(10 000 yuan)

损益及分配 Losses,Profits and Distribution							工资、福利、增值税 Wages,Welfare and Value Added Tax	
税金及附加 Taxes and Other Charges on Business	销售费用 Expenses on Sales	管理费用 Expenses on Management	财务费用 Expenses on Finance	营业利润 Profits from Business	利润总额 Total Profits	所得税费用 Income Tax Expense	应付职工薪酬(本年贷方累计发生额) Payroll payable (Cumulative amount of credits)	本年应交增值税 Value Added Tax Payable
6349	**585438**	**354617**	**44335**	**-48664**	**-13953**	**12164**	**482910**	**9169**
6168	481527	325059	39062	-64731	-32419	6458	416565	8802
201	19434	17258	371	-8410	-3068	398	20484	387
7	384	763	131	-511	-507	1	1270	38
8	1390	495	273	-74	6	2	651	82
3579	143128	98905	12223	-1644	9127	2754	115020	3472
14	3997	4508	57	-1684	-450	28	3838	-134
2359	311053	202550	25695	-52420	-37609	3276	274248	4958
1	2142	581	314	13	82		1056	-1
116	30092	5273	5435	-5900	-3235	117	23388	23
93	4696	2159	4266	-5877	-3620		2780	76
21	24934	3073	1169	-119	247	117	20378	-53
2	461	40		96	138		230	
66	73820	24285	-162	21968	21701	5588	42956	344
3	2836	636	8	-542	-514	1	1132	
63	70984	23649	-170	22510	22215	5587	41825	344
5172	407667	294073	41784	-75530	-45240	3901	341801	7135
1024	144395	39232	2051	22668	23921	6346	89456	1014
8	21988	2391	-44	2566	3376	897	15476	16
120	7906	14645	429	1382	3561	725	26310	811
25	3482	4276	115	251	429	294	9866	193

18-10 各市限额以上住宿和餐饮业财务状况(2020年)

Financial Indicators of Enterprises above Designated Size of Hotels and Catering Services by Region(2020)

单位:万元 (10 000 yuan)

地区	Region	企业数(个) Number of Enterprises (unit)	流动资产合计 Total Working Capitals	固定资产原价 Original Value of Fixed Assets	本年折旧 Deprecia-tion in the Year	资产合计 Total Assets	负债合计 Total Liabilities	所有者权益合计 Total Owners' Equities	营业收入合计 Business Revenue	主营业务收入 Revenue from Principal Business
全省总计	**Total**	**2810**	**3242270**	**5395874**	**247246**	**8052241**	**6523084**	**1547010**	**3411173**	**3331107**
济南市	Jinan	561	633506	838592	46640	1269139	1092529	175603	677109	659540
青岛市	Qingdao	612	993349	1165246	44375	1852012	1492076	366999	1005572	987192
淄博市	Zibo	163	83944	140163	9639	163091	189241	-26482	149967	146948
枣庄市	Zaozhuang	49	44239	161089	5593	186456	144721	41735	32754	31821
东营市	Dongying	55	151382	163506	9107	344226	322634	22196	97349	93020
烟台市	Yantai	266	232788	672486	31915	812441	620904	190474	318115	312231
潍坊市	Weifang	196	211705	278591	12424	470134	470445	11340	220991	207784
济宁市	Jining	197	115615	338744	15982	436412	304256	133406	147593	145743
泰安市	Tai'an	93	96760	192336	8124	350521	329348	21110	93925	92587
威海市	Weihai	123	209020	390675	17690	580989	538566	42423	186325	184615
日照市	Rizhao	66	54372	77200	5518	132977	142978	-9343	66709	65142
临沂市	Linyi	122	159273	505032	16888	732593	276271	456323	154861	152802
德州市	Dezhou	62	57066	112439	5344	184190	140987	43081	69650	68247
聊城市	Liaocheng	83	84110	93601	6748	181898	176419	5527	68689	65350
滨州市	Binzhou	67	70075	196417	7580	239526	195484	44042	51853	50680
菏泽市	Heze	95	45070	69760	3678	115638	86228	28577	69712	67407

18-10 续表 continued

单位:万元 (10 000 yuan)

地区	Region	营业成本 Cost of Business	税金及附加 Taxes and Other Charges on Business	营业费用 Expenses on Business	管理费用 Expenses on Management	财务费用 Expenses on Finance	营业利润 Profits from Business	利润总额 Total Profits	所得税费用 Income Tax Expense	应付职工薪酬(本年贷方累计发生额) Payroll payable (Cumulative amount of credits)	应交增值税 Value Added Tax Payable
全省总计	**Total**	**1691707**	**12269**	**1103036**	**795900**	**101068**	**-256329**	**-191079**	**15388**	**898938**	**20569**
济南市	Jinan	284815	1517	264279	157574	15808	-32802	-23809	2775	184332	5113
青岛市	Qingdao	521595	1879	299261	219475	25648	-61346	-47477	7970	243277	4177
淄博市	Zibo	81383	304	42200	30737	2476	-10408	-2356	159	31112	1203
枣庄市	Zaozhuang	16832	128	12078	10723	805	-9940	-9053	19	9757	291
东营市	Dongying	44230	183	31970	23723	5962	-7345	-6511	71	24404	1108
烟台市	Yantai	181127	2538	83917	70454	10244	-30750	-20874	2061	75328	848
潍坊市	Weifang	103476	1202	77410	51674	9177	-17721	-15834	564	62492	1386
济宁市	Jining	75324	599	38512	44519	4198	-18356	-13457	283	43926	1130
泰安市	Tai'an	43164	197	36463	23770	6248	-13611	-10548	18	30291	784
威海市	Weihai	94394	893	61028	45109	9968	-30521	-24492	401	58331	316
日照市	Rizhao	32236	161	26153	20335	1318	-7437	-6990	141	19920	1114
临沂市	Linyi	75446	1283	51353	39609	1222	-12610	-8320	680	38823	554
德州市	Dezhou	34716	810	21504	13268	1103	17041	17380	25	18666	609
聊城市	Liaocheng	36599	130	21851	15254	3103	-6598	-6178	157	21845	660
滨州市	Binzhou	29597	138	15727	16229	1917	-12520	-11361	-68	18644	813
菏泽市	Heze	36772	306	19330	13448	1872	-1405	-1199	132	17790	464

18-11 亿元以上商品交易市场情况(2020年)
Basic Statistics on Commodity Exchange Markets of Turnover above 100 Million Yuan (2020)

类　别	Category	市场数量(个) Number of Markets (unit)	摊位数(个) Number of Booths (unit)	年末出租摊位数(个) Number of Booths Rented at Year End (unit)	年末营业面积(平方米) Operating Area at Year End (sq.m)	成交额(亿元) Turnover (100 million yuan)
总　计	**Total**	**383**	**302862**	**260010**	**32896826**	**8234.8**
一、按市场类别分组	**Grouped by Market Category**					
综合市场	Comprehensive Markets	77	89301	74738	6084803	1298.6
生产资料综合市场	Means of production Comprehensive Markets	3	2155	2077	139409	23.5
工业消费品综合市场	Industrial consumer products Comprehensive Markets	22	40244	33022	2612639	604.1
农产品综合市场	Farmer Produces Comprehensive Markets	30	21427	19296	1429011	323.0
其他综合市场	Other Comprehensive Markets	22	25475	20343	1903744	348.0
专业市场	Special Markets	306	213561	185272	26812023	6936.2
生产资料市场	Means of Production Markets	59	29916	24772	8694939	2719.9
农业生产用具市场	Agricultural Tools Markets	1	83	83	80000	1.6
农用生产资料市场	Agricultural Production Markets					
煤炭市场	Coal and Charcoal Markets					
木材市场	Wood Markets	6	1689	1593	733868	115.5
建材市场	Building Materials Markets	18	13439	11605	1818331	263.1
化工材料及制品市场	Chemical Materials and Products Markets	1	875	875	110000	755.0
金属材料市场	Metal Materials Markets	24	8332	5477	4937802	1428.5
机械设备市场	Mechanical Device Markets	5	3976	3624	390002	121.5
其他生产资料市场	Other Means of Production Markets	4	1522	1515	624936	34.8
农产品市场	Agricultural Products Markets	93	74076	65725	7687113	2021.0
粮油市场	Grain and Oil Markets	8	2605	1976	384693	159.4
肉禽蛋市场	Meat, Poultry and Eggs Markets	3	2364	2189	77060	12.3
水产品市场	Aquatic Products Markets	21	15207	13119	1014948	479.7
蔬菜市场	Vegetables Markets	39	40328	36177	4570377	688.5
干鲜果品市场	Dried and Fresh Melons and Fruits Markets	16	8914	8495	1201670	505.2
棉麻土畜、烟叶市场	Cotton ,Hemp,Local Livestock and Tobacco Markets					
其他农产品市场	Other Agricultural Products Markets	6	4658	3769	438365	175.9
食品、饮料及烟酒市场	Food, Beverages, Tobacco, and Liquor Markets	10	9677	8521	674010	172.6
食品饮料市场	Food and Beverage Markets	4	5699	5681	291580	88.2
茶叶市场	Tea Markets	2	800	620	90000	17.1
烟酒市场	Tobacco and Liquor Markets	1	360	279	16000	24.5
其他食品饮料及烟酒市场	Other Food, Beverages, Tobacco, and Liquor Markets	3	2818	1941	276430	42.8
纺织、服装、鞋帽市场	Textile, Garments, Footgear, and Hats Markets	38	37425	33609	1587026	500.6
布料及纺织品市场	Fabrics and Textile Markets	5	2306	1966	198800	56.0
服装市场	Clothing Markets	24	28939	25699	980470	394.1
鞋帽市场	Shoes and Hats Markets	4	1876	1744	68736	32.5
其他纺织服装鞋帽市场	Others	5	4304	4200	339020	18.0
日用品及文化用品市场	Daily Use and Cultural Goods Markets	13	11780	10053	762828	326.9
小商品市场	Merchandise Markets	8	9281	7628	549428	261.1
箱包市场	Case and Bag Markets	1	150	150	8400	1.4

18-11 续表 continued

类别	Category	市场数量(个) Number of Markets (unit)	摊位数(个) Number of Booths (unit)	年末出租摊位数 Number of Booths Rented at Year End	年末营业面积(平方米) Operating Area at Year End (sq.m)	成交额(亿元) Turnover (100 million yuan)
玩具市场	Toy Markets	1	600	588	60000	15.0
文具市场	Stationery Markets	1	580	520	60000	3.6
图书、报刊市场	Books, Newspapers and Magazines Markets	1	149	147	25000	10.8
音像制品及电子出版物市场	Video products and E-journal Markets					
体育用品市场	Sports Goods Markets					
其他日用品及文化用品市场	Other Daily Use and Cultural Goods Markets	1	1020	1020	60000	35.0
黄金、珠宝、玉器等首饰市场	Gold,Jewelry,Jade Markets	1	809	460	500000	123.8
电器、通讯器材、电子设备市场	Electrical Appliances, Communication Appliances, Electronic Equipment Markets	6	2988	2617	264700	64.8
家电市场	Household Appliances Markets	2	1046	1042	165000	47.8
通讯器材市场	Communication Appliances					
照相、摄像器材市场	Camera Equipment Markets					
计算机及辅助设备市场	Computers and Auxiliary Equipment Markets	4	1942	1575	99700	17.0
其他电器、通讯器材、电子设备市场	Others					
医药、医疗用品及器材市场	Medicine,Medical Supplies and Equipment Markets	1	1022	827	60700	4.3
中药材市场	Chinese Medicine Markets	1	1022	827	60700	4.3
其他医药、医疗用品及器材市场	Others					
家具、五金及装饰材料市场	Furniture,Hardware,and Decorative Materials Markets	45	30765	25701	3599433	436.7
家具市场	Furniture Markets	10	5416	4648	756243	38.6
装饰材料市场	Decoration Materials Markets	21	12105	9433	1492488	181.5
灯具市场	Lamps Markets	1	970	970	150000	33.3
厨具、盥洗设备市场	Kitchen Utensils and Washing Equipment Markets	2	566	546	39608	4.3
五金材料市场	Hardware Materials Markets	6	4738	4018	349685	81.0
其他装修市场	Others	5	6970	6086	811409	98.1
汽车、摩托车及零配件市场	Automobile, Motorcycle and Spare Parts Markets	30	7749	6013	1821657	395.2
汽车市场	Automobile Markets	20	3824	2928	1574723	305.4
摩托车市场	Motorcycle Markets					
机动车零配件市场	Motor Vehicle Spare Parts Markets	10	3925	3085	246934	89.7
花、鸟、鱼、虫市场	Flowers,Birds,Fish,Insects Markets	2	3280	3280	916667	119.0
花卉市场	Flower Markets	2	3280	3280	916667	119.0
鸟市场	Bird Markets					
观赏鱼市场	Ornamental Fish Markets					
其他花鸟鱼虫市场	Others					
旧货市场	Second Hand Markets					
古玩、古董、字画市场	Antique,Antiques,Calligraphy and Painting Markets					
邮票、硬币市场	Stamps,Coins Markets					
其他旧货市场	Other Second Hand Markets					
其他专业市场	Others	8	4074	3694	242950	51.4
二、按营业状态分组	**Grouped by Operating Status**					
1.常年营业	Perennial operating	370	294250	252011	31568849	7924.9
2.季节性营业	Seasonal operating	13	8612	7999	1327977	309.9
3.其他	Others					
三、按经营方式分组	**Grouped by Operating Mode**					
1.以批发为主	Wholesale	278	236107	199929	26735696	7541.4
2.以零售为主	Retail	105	66755	60081	6161130	693.4
四、按经营环境分组	**Grouped by Operating Environment**					
1.露天式	Open Air	92	50176	42262	10047764	1795.6
2.封闭式	Closed	251	221781	190126	20058511	5710.0
3.其他	Others	40	30905	27622	2790551	729.1

18-12 亿元以上商品交易市场成交情况(2020年)

Basic Statistics on Commodity Exchange Markets of Turnover above 100 Million Yuan(2020)

类别	Category	年末出租摊位数(个) Number of Booths Rented at Year end (unit)	全年成交额(亿元) Turnover (100 million yuan)
合计	**Total**	**260010**	**8234.8**
1.粮油、食品类	Grain、Oil and Food	95213	2691.6
#粮油类	Grain and Oil	6502	288.2
肉禽蛋类	Meal,Poultry and Eggs	8078	255.5
水产品类	Aquatic Products	20194	682.0
蔬菜类	Vegetables	40026	793.4
干鲜果品类	Dried and Fresh Fruits	16907	606.8
2.饮料类	Beverages	2340	53.5
3.烟酒类	Tobacco and Liquor	2685	54.6
4.服装、鞋帽、针、纺织品类	Clothing, Shoes, Hats and Textiles	51229	696.9
(1)服装类	Clothing	33425	432.3
(2)鞋帽类	Shoes and Hats	8827	132.9
(3)针、纺织品类	Knitwear and Textiles	8977	131.6
5.化妆品类	Cosmetics	2207	27.7
6.金银珠宝类	Gold,Silver and Jewelry	1095	136.8
7.日用品类	Articles for Daily Use	18139	492.7
#可穿戴智能设备	Wearable smart device	205	1.5
8.五金电料类	Hardware & Electrical Materials	11100	178.3
9.体育、娱乐用品类	Sports & Recreational Articles	1157	15.2
#照相器材类	Cameras and Related Equipments	36	0.1
10.书报杂志类	Newspapers and Magazines	279	13.4
11.电子出版物及音像制品类	E-journals and Video Products	133	1.6
12.家用电器和音像器材类	Household Appliances and Video Appliance	3930	91.6
#能效等级为1和2级的商品	Products with energy efficiency levels 1 and 2	48	0.3
#智能家用电器和音像器材	Smart home appliances and audiovisual equipment	53	0.2
13.中西药材品类	Traditional Chinese and Western Medicines	952	6.4
#西药类	Western Medicines	49	0.5
中草药及中成药类	Traditional Chinese Medicines	842	4.4
14.文化办公用品类	Cultural and Offices Appliances	4006	43.1
#计算机及其配套产品	Computers and Auxiliary Equipments	1461	16.9
15.家具类	Furniture	7744	85.5
16.通讯器材类	Communication Appliances	902	7.9
#智能手机	Smart phone	196	1.0
17.煤炭及制品类	Coal and Related Products	9	0.4
18.木材及制品类	Wood and Wooden Products	2591	144.5
19.石油及制品类	Petroleum and Related Products	174	167.8
20.化工材料及制品类	Chemical Materials and Related Products	1234	605.4
#化肥类	Fertilizers	50	1.2
21.金属材料类	Metal Materials	6354	1431.8
22.建筑及装潢材料类	Building and Decoration Materials	19848	485.0
23.机电产品及设备类	Mechanical & Electrical Products	5891	154.3
#农机类	Agricultural Machineries	166	2.1
24.汽车类	Automobiles	6483	409.6
#新能源汽车	New energy vehicles	212	12.3
25.种子饲料类	Seeds and Feedstuff	285	1.6
26.棉麻类	Cotton and Hemp	71	0.4
27.其他类	Others	13959	237.3

18-13 各市亿元以上商品交易市场情况(2020年)

Basic Statistics on Commodity Exchange Markets of Turnover above 100 Million Yuan by Region(2020)

地区	Region	市场数量(个) Number of Markets (unit)	摊位数(个) Number of Booths (unit)	年末出租摊位数 Number of Booths Rented at Year End	年末营业面积(平方米) Operating Area at Year End (sq.m)	成交额(万元) Turnover (10 000 yuan)
全省总计	**Total**	383	302862	260010	32896826	82347913
济南市	Jinan	24	18409	17242	1580846	3973062
青岛市	Qingdao	59	40707	37477	4189643	12592236
淄博市	Zibo	13	12430	10842	967530	9600947
枣庄市	Zaozhuang	15	15820	11696	909829	1419653
东营市	Dongying					
烟台市	Yantai	17	19690	13977	1801974	3899214
潍坊市	Weifang	27	23869	22127	4237040	6760597
济宁市	Jining	13	13166	12696	1800870	3842813
泰安市	Tai'an	6	11854	10515	3144510	5171434
威海市	Weihai	5	3014	2913	218692	410276
日照市	Rizhao	9	10974	9376	731102	1631572
临沂市	Linyi	72	48923	44625	5211303	15561079
德州市	Dezhou	44	23271	17309	2771203	3492002
聊城市	Liaocheng	13	15403	12209	2186311	6039935
滨州市	Binzhou	7	4123	3530	590590	5324921
菏泽市	Heze	59	41209	33476	2555383	2628172

18-14 连锁门店及配送中心分布情况(2020年)

Distribution of Stores and Distribution Centers of chain stores of Wholesale and Retail Trades and Hotel and Catering Services(2020)

单位：个 (unit)

地区	Region	门店总数 Number of Stores	直营店数 Under Direct Management	加盟店数 Through License Arrangement	配送中心数 Distribution Centers	自有 Under Direct Management
合计	**Total**	**19419**	**16219**	**3200**	**152**	**136**
批发和零售业	**Wholesale and Retail Trades**	**18534**	**15427**	**3107**	**147**	**131**
北京	Beijing	16	9	7		
天津	Tianjin	9	2	7		
河北	Hebei	256	18	238		
山西	Shanxi	55	2	53		
内蒙古	Inner Mongolia	21	5	16		
辽宁	Liaoning	41	5	36		
吉林	Jilin	26	2	24		
黑龙江	Heilongjiang	40	1	39		
上海	Shanghai	16	4	12		
江苏	Jiangsu	110	15	95		
浙江	Zhejiang	75	6	69		
安徽	Anhui	51	3	48		
福建	Fujian	37	3	34		
江西	Jiangxi	39	3	36		
山东	Shandong	17128	15295	1833	147	131
济南	Jinan	1496	1369	127	23	13
青岛	Qingdao	3864	3502	362	32	28
河南	Henan	128	17	111		
湖北	Hubei	43	21	22		
湖南	Hunan	59	1	58		
广东	Guangdong	38	4	34		
广西	Guangxi	7		7		
海南	Hainan	3	2	1		
重庆	Chongqing	45	1	44		
四川	Sichuan	113	3	110		
贵州	Guizhou	49		49		
云南	Yunnan	45	1	44		
陕西	Shanxi	42	1	41		
甘肃	Ganshu	28	1	27		
青海	Qinghai	2		2		
宁夏	Ningxia	9	1	8		
新疆	Xinjiang	3	1	2		
住宿和餐饮业	**Hotel and Catering Services**	**885**	**792**	**93**	**5**	**5**
北京	Beijing	2	2			
天津	Tianjin					
河北	Hebei					
山西	Shanxi					
辽宁	Liaoning	5	5			
吉林	Jilin					
上海	Shanghai	1	1			
江苏	Jiangsu	1	1			
浙江	Zhejiang					
安徽	Anhui	1	1			
山东	Shandong	866	773	93	5	5
济南	Jinan	296	284	12		
青岛	Qingdao	239	192	47	2	2
河南	Henan	2	2			
湖北	Hubei	1	1			
湖南	Hunan	1	1			
广东	Guangdong	1	1			
重庆	Chongqing					
四川	Sichuan	1	1			
陕西	Shanxi	2	2			
青海	Qinghai	1	1			

注：本表数据是指总部设在山东的连锁企业的门店及配送中心的分布情况。

a)Data in this table refers to the distribution of stores and distribution centers of chain stores that headquarters in Shandong.

18-15 批发和零售业连锁经营情况(2020年)

指标	Item	连锁总店(总部)数(个) Number of chain head stores (unit)	合计 Total
总计	**Total**	**195**	**18534**
一、按行业分组	**by Sector**		
批发业	Wholesale Trade	10	3049
零售业	Retail Trade	185	15485
二、按登记注册类型分组	**by Status of Registration**		
内资企业	Domestic Funded Enterprises	189	17895
国有企业	State-owned Enterprises	6	237
集体企业	Collective-owned Enterprises	2	19
股份合作企业	Cooperative Enterprises	2	85
联营企业	Joint Ownership Enterprises		
有限责任公司	Limited Liability Corporations	75	6140
股份有限公司	Share-holding Corporations Limited	19	5622
私营企业	Private Enterprises	83	5639
其他企业	Other Enterprises	2	153
港、澳、台商投资企业	Enterprises with Funds from Hong Kong, Macao and Taiwan	2	445
合资经营企业(港或澳、台资)	Joint-ventures Enterprises	1	204
合作经营企业(港或澳、台资)	Cooperative Enterprises		
港、澳、台商独资经营企业	Enterprises with Sole Investment	1	241
港、澳、台商投资股份有限公司	Share-holding Corporations Ltd. With Funds from Hong Kong,Macao and Taiwan		
其他港澳台投资企业	Others		
外商投资企业	Foreign Funded Enterprises	4	194
中外合资经营企业	Joint-venture Enterprises	2	84
中外合作经营企业	Cooperation Enterprises	1	2
外资企业	Enterprises with Sole Foreign Funds		
外商投资股份有限公司	Share-holding Corporations Ltd. With Foreign Investment	1	108
其他外商投资企业	Others		
三、按连锁零售业态分组	**by Business Categories**		
便利店	Convenience Store	5	392
折扣店	Discount store		
超　市	Supermarket	27	1812
大型超市	Large supermarket	7	266
仓储会员店	Warehouse club stores		
百货店	Department store	11	1061
专业店	Professional store	126	13068
其中：加油站	In:Gas Station	19	4241
专卖店	Specialty store	14	1668
家居建材商店	Home-furnishings store		
厂家直销中心	Factory Outlet Center		
其　他	Others	5	267

Business of chain operation of Wholesale and Retail Trade(2020)

门店总数(个) Number of Stores(unit)		年末零售营业面积(平方米) Operational Area(sq.m)			年末从业人员数(人) Engaged Persons(person)		
直营店 Under Direct Management	加盟店 Through License Arrangement	合 计 Total	直营店 Under Direct Management	加盟店 Through License Arrangement	合 计 Total	直营店 Under Direct Management	加盟店 Through License Arrangement
15427	**3107**	**33314067**	**21050964**	**12263103**	**185080**	**165525**	**19555**
2971	78	708118	702688	5430	27276	27089	187
12456	3029	32605949	20348276	12257673	157804	138436	19368
14860	3035	32784833	20527490	12257343	178810	159615	19195
237		117027	117027		3074	3074	
19		200400	200400		637	637	
68	17	376143	369131	7012	1720	1618	102
4721	1419	3305003	3218786	86217	54328	40753	13575
4624	998	27562451	15498601	12063850	89741	86185	3556
5143	496	1215738	1120281	95457	29207	27263	1944
48	105	8071	3264	4807	103	85	18
445		128006	128006		2809	2809	
204		60302	60302		1537	1537	
241		67704	67704		1272	1272	
122	72	401228	395468	5760	3461	3101	360
12	72	301142	295382	5760	2334	1974	360
2		12120	12120		651	651	
108		87966	87966		476	476	
320	72	46918	41158	5760	1220	860	360
1793	19	2318455	2310563	7892	34555	34449	106
266		2293971	2293971		16379	16379	
557	504	8964969	8927055	37914	49505	47925	1580
12092	976	19321102	7262605	12058497	68473	63013	5460
3747	494	18230866	6204930	12025936	27563	25587	1976
238	1430	106083	25723	80360	12569	1296	11273
161	106	262569	189889	72680	2379	1603	776

18-15 续表 1 continued

指 标	Item	连锁门店商品购进额(万元) Total Purchases of chain store(10000 yuan)		
		合 计 Total	直营店 Under Direct Management	加盟店 Through License Arrangement
总 计	**Total**	**19404930**	**19061609**	**343321**
一、按行业分组	**by Sector**			
批发业	Wholesale Trade	7129952	7122688	7264
零售业	Retail Trade	12274978	11938921	336057
二、按登记注册类型分组	**by Status of Registration**			
内资企业	Domestic Funded Enterprises	18795422	18462843	332580
国有企业	State-owned Enterprises	275007	275007	
集体企业	Collective-owned Enterprises	62301	62301	
股份合作企业	Cooperative Enterprises	115481	112666	2814
联营企业	Joint Ownership Enterprises			
有限责任公司	Limited Liability Corporations	4580554	4559546	21009
股份有限公司	Share-holding Corporations Limited	12099841	11968377	131464
私营企业	Private Enterprises	1659670	1483635	176035
其他企业	Other Enterprises	2569	1311	1258
港、澳、台商投资企业	Enterprises with Funds from Hong Kong, Macao and Taiwan	192332	192332	
合资经营企业(港或澳、台资)	Joint-ventures Enterprises	104327	104327	
合作经营企业(港或澳、台资)	Cooperative Enterprises			
港、澳、台商独资经营企业	Enterprises with Sole Investment	88005	88005	
港、澳、台商投资股份有限公司	Share-holding Corporations Ltd. With Funds from Hong Kong,Macao and Taiwan			
其他港澳台投资企业	Others			
外商投资企业	Foreign Funded Enterprises	417176	406435	10742
中外合资经营企业	Joint-venture Enterprises	182676	171934	10742
中外合作经营企业	Cooperation Enterprises	79721	79721	
外资企业	Enterprises with Sole Foreign Funds			
外商投资股份有限公司	Share-holding Corporations Ltd. With Foreign Investment	154780	154780	
其他外商投资企业	Others			
三、按连锁零售业态分组	**by Business Categories**			
便利店	Convenience Store	78925	68183	10742
折扣店	Discount store			
超 市	Supermarket	3266696	3262992	3704
大型超市	Large supermarket	1186008	1186008	
仓储会员店	Warehouse club stores			
百货店	Department store	3084370	3040746	43625
专业店	Professional store	11099697	10995075	104622
其中：加油站	In:Gas Station	7568154	7480315	87839
专卖店	Specialty store	118787	99665	19122
家居建材商店	Home-furnishings store			
厂家直销中心	Factory Outlet Center			
其 他	Others	570448	408941	161507

18-15 续表 2 continued

指　　标	Item	连锁门店商品销售额(万元) Sale Value of chain store(10000 yuan)		
		合 计 Total	直营店 Under Direct Management	加盟店 Through License Arrangement
总　计	**Total**	**23469367**	**23106922**	**362445**
一、按行业分组	**by Sector**			
批发业	Wholesale Trade	6983046	6974163	8883
零售业	Retail Trade	16486321	16132759	353562
二、按登记注册类型分组	**by Status of Registration**			
内资企业	Domestic Funded Enterprises	22785275	22437343	347932
国有企业	State-owned Enterprises	494670	494670	
集体企业	Collective-owned Enterprises	98755	98755	
股份合作企业	Cooperative Enterprises	129936	126821	3114
联营企业	Joint Ownership Enterprises			
有限责任公司	Limited Liability Corporations	5134668	5085628	49040
股份有限公司	Share-holding Corporations Limited	15160496	15007666	152830
私营企业	Private Enterprises	1763575	1622031	141545
其他企业	Other Enterprises	3177	1774	1404
港、澳、台商投资企业	Enterprises with Funds from Hong Kong, Macao and Taiwan	199131	199131	
合资经营企业(港或澳、台资)	Joint-ventures Enterprises	110086	110086	
合作经营企业(港或澳、台资)	Cooperative Enterprises			
港、澳、台商独资经营企业	Enterprises with Sole Investment	89045	89045	
港、澳、台商投资股份有限公司	Share-holding Corporations Ltd. With Funds from Hong Kong,Macao and Taiwan			
其他港澳台投资企业	Others			
外商投资企业	Foreign Funded Enterprises	484961	470448	14513
中外合资经营企业	Joint-venture Enterprises	240456	225943	14513
中外合作经营企业	Cooperation Enterprises	89725	89725	
外资企业	Enterprises with Sole Foreign Funds			
外商投资股份有限公司	Share-holding Corporations Ltd. With Foreign Investment	154780	154780	
其他外商投资企业	Others			
三、按连锁零售业态分组	**by Business Categories**			
便利店	Convenience Store	73761	59248	14513
折扣店	Discount store			
超　市	Supermarket	3671027	3665963	5064
大型超市	Large supermarket	1772041	1772041	
仓储会员店	Warehouse club stores			
百货店	Department store	5758837	5707514	51323
专业店	Professional store	11534325	11416908	117417
其中：加油站	In:Gas Station	7798046	7696539	101507
专卖店	Specialty store	169463	117935	51528
家居建材商店	Home-furnishings store			
厂家直销中心	Factory Outlet Center			
其　他	Others	489913	367313	122600

18－16 住宿和餐饮业连锁经营情况(2020年)

指 标 名 称	Indicator	连锁总店或总部数(个) Number of chain head stores (unit)	门店总数(个) Number of Stores (unit)
总 计	**Total**	**19**	**885**
一、按行业分组	**by Sector**		
住宿业	Hotel Services	3	72
餐饮业	Catering Services	16	813
二、按登记注册类型分组	**by Status of Registration**		
内资企业	Domestic Funded Enterprises	16	435
国有企业	State-owned Enterprises	1	31
集体企业	Collective-owned Enterprises		
股份合作企业	Cooperative Enterprises		
联营企业	Joint Ownership Enterprises		
有限责任公司	Limited Liability Corporations	6	231
股份有限公司	Share-holding Corporations Limited	2	44
私营企业	Private Enterprises	7	129
其他企业	Other Enterprises		
港、澳、台商投资企业	Enterprises with Funds from Hong Kong, Macao and Taiwan	2	124
合资经营企业(港或澳、台资)	Joint-ventures Enterprises		
合作经营企业(港或澳、台资)	Cooperative Enterprises		
港、澳、台商独资经营企业	Enterprises with Sole Investment	2	124
港、澳、台商投资股份有限公司	Share-holding Corporations Ltd. With Funds from Hong Kong, Macao and Taiwan		
其他港澳台投资企业	Others		
外商投资企业	Foreign Funded Enterprises	1	326
中外合资经营企业	Joint-venture Enterprises		
中外合作经营企业	Cooperation Enterprises		
外资企业	Enterprises with Sole Foreign Funds	1	326
外商投资股份有限公司	Share-holding Corporations Ltd. With Foreign Investment		
其他外商投资企业	Others		

Business of chain operation of Hotels and Catering Services(2020)

直营店 Under Direct Management	年末从业人员（人） Engaged Persons (person)	直营店 Under Direct Management	年末餐饮营业面积（平方米） Operational Area (sq.m)	直营店 Under Direct Management	客房数（间） Number of rooms (room)	直营店 Under Direct Management	床位数（个） Number of Beds (unit)	直营店 Under Direct Management
792	**22780**	**21320**	**433518**	**409397**	**14021**	**13040**	**21043**	**19805**
60	1594	1444	1850	1600	6866	5885	10303	9065
732	21186	19876	431668	407797	7155	7155	10740	10740
342	13716	12256	315243	291122	14021	13040	21043	19805
31	194	194	6676	6676				
231	2789	2789	46588	46588	5361	5361	8325	8325
32	8345	8195	214254	214004	8136	7155	11978	10740
48	2388	1078	47725	23854	524	524	740	740
124	3735	3735	35009	35009				
124	3735	3735	35009	35009				
326	5329	5329	83266	83266				
326	5329	5329	83266	83266				

18-16 续表

指标名称	Indicator	餐位数(位) Number of Diningseats (unit)	直营店 Under Direct Management
总　计	**Total**	**118429**	**110462**
一、按行业分组	**by Sector**		
住宿业	Hotel Services	2260	2150
餐饮业	Catering Services	116169	108312
二、按登记注册类型分组	**by Status of Registration**		
内资企业	Domestic Funded Enterprises	65576	57609
国有企业	State-owned Enterprises	2079	2079
集体企业	Collective-owned Enterprises		
股份合作企业	Cooperative Enterprises		
联营企业	Joint Ownership Enterprises		
有限责任公司	Limited Liability Corporations	29479	29479
股份有限公司	Share-holding Corporations Limited	21511	21401
私营企业	Private Enterprises	12507	4650
其他企业	Other Enterprises		
港、澳、台商投资企业	Enterprises with Funds from Hong Kong,Macao and Taiwan	9642	9642
合资经营企业(港或澳、台资)	Joint-ventures Enterprises		
合作经营企业(港或澳、台资)	Cooperative Enterprises		
港、澳、台商独资经营企业	Enterprises with Sole Investment	9642	9642
港、澳、台商投资股份有限公司	Share-holding Corporations Ltd. With Funds from Hong Kong, Macao and Taiwan		
其他港澳台投资企业	Others		
外商投资企业	Foreign Funded Enterprises	43211	43211
中外合资经营企业	Joint-venture Enterprises		
中外合作经营企业	Cooperation Enterprises		
外资企业	Enterprises with Sole Foreign Funds	43211	43211
外商投资股份有限公司	Share-holding Corporations Ltd. With Foreign Investment		
其他外商投资企业	Others		

continued

连锁门店商品购进额(万元) Total Purchases of chain store (10000 yuan)	直营店 Under Direct Management	统一配送商品购进额 Centralized Purchases and Delivery	连锁门店营业额(万元) Bussiness Revenue of chain store (10000 yuan)	直营店 Under Direct Management	餐费收入 From Meals	直营 Under Direct Management
153866	**140646**	**138547**	**548059**	**501905**	**462356**	**420806**
171	171	171	29009	24303	312	210
153695	140475	138376	519049	477602	462044	420596
76447	63227	61128	270775	224622	187625	146076
1823	1823	1823	5532	5532	5532	5532
22961	22961	17579	65155	65155	39806	39806
31251	31251	28155	143068	138362	87386	87284
20412	7192	13571	57021	15573	54901	13453
11093	11093	11093	53621	53621	51069	51069
11093	11093	11093	53621	53621	51069	51069
66326	66326	66326	223662	223662	223662	223662
66326	66326	66326	223662	223662	223662	223662

18-17 主要年份社会消费品零售总额

Retail Sale of Consumer Goods in Major Years

单位:亿元 (100 million yuan)

年份 Year	社会消费品零售总额 Retail Sale of Consumer Goods	按所在地分 by Location			按行业分 by Sector				
		市 City	县 County	县以下 Under County Level	批发和零售业 Wholesale and Retail Trades	住宿和餐饮业 Hotels and Catering Services	制造业 Manufacturing	农业生产者 Agricultural Producers	其他行业 Other Sectors
1949	6.23				3.92	0.63	1.68		
1952	19.01				13.23	1.92	3.21	0.53	0.12
1957	26.00				21.86	1.08	2.19	0.51	0.45
1962	30.49				25.39	1.37	1.98	1.60	0.15
1965	33.85				29.92	1.83	1.35	0.60	0.15
1970	40.94				36.53	1.37	1.87	0.95	0.22
1975	60.32				51.98	2.72	2.85	1.54	1.22
1978	79.73	23.39	21.14	35.19	68.40	3.65	4.57	2.34	0.77
1979	92.22	27.46	23.10	41.66	78.38	4.25	6.09	2.64	0.86
1980	114.01	32.36	27.78	53.86	94.61	5.03	10.00	3.38	0.99
1981	131.47	35.84	34.40	61.23	107.10	5.82	13.42	3.53	1.60
1982	141.48	41.63	34.22	65.64	112.90	7.64	14.12	4.82	2.00
1983	162.14	47.85	37.49	76.80	127.67	9.83	16.93	5.16	2.55
1984	189.08	66.58	37.98	84.52	147.25	11.23	20.57	6.16	3.87
1985	227.03	84.16	46.50	96.38	173.62	13.86	25.27	8.94	5.34
1986	261.64	96.22	54.18	111.25	194.85	15.48	31.38	12.32	7.61
1987	300.69	119.11	58.69	122.89	217.34	18.16	41.14	14.91	9.14
1988	392.37	164.12	73.40	154.85	287.09	22.88	49.85	20.50	12.05
1989	430.74	199.91	72.75	158.09	315.80	23.93	49.86	26.34	14.81
1990	460.13	218.97	79.19	161.96	338.02	25.07	50.24	30.41	16.38
1991	536.03	263.90	86.76	185.36	392.19	30.67	59.41	35.48	18.28
1992	653.23	336.37	99.77	217.08	471.87	37.56	77.87	44.17	21.76
1993	875.00	476.00	123.37	275.63	610.75	52.50	124.25	67.37	20.13
1994	1183.67	655.75	168.08	359.84	795.42	85.23	139.67	111.27	52.08
1995	1532.39	891.85	171.62	468.92	991.45	125.65	188.49	153.24	73.55
1996	1833.77	1085.59	187.04	561.14	1173.62	161.37	232.89	168.71	97.19
1997	2117.72	1304.52	207.54	605.67	1348.99	184.24	264.72	220.24	99.53
1998	2400.27	1471.36	230.43	698.48	1497.77	223.22	307.23	254.43	117.62
1999	2659.30	1632.81	255.29	771.20	1672.70	260.61	319.12	281.89	124.98
2000	2988.30	1846.77	286.88	854.66	1900.56	310.78	328.72	304.80	143.43
2001	3291.04	2040.44	319.23	931.36	2119.43	362.02	329.10	322.52	157.97
2002	3652.03	2308.08	339.64	1004.30	2410.34	427.29	321.38	325.03	167.99
2003	4114.01	2637.09	415.51	1061.41	3398.18	518.36			197.47
2004	4653.79	2921.00	517.90	1214.89	3909.20	581.50			163.09
2005	5366.71	3386.04	598.29	1382.38	4502.52	675.75			188.44
2006	6212.32	3954.01	692.84	1565.47	5203.03	796.62			212.66
2007	7328.39	4672.93	826.82	1828.64	6135.16	956.52			236.71
2008	8977.22	5698.86	1044.43	2233.93	7845.43	895.96			235.83
2009	10293.79	6693.07	1197.16	2403.56	8616.39	1393.50			283.89
2010	12028.30								
2011	13939.83								
2012	15785.25								
2013	17703.85								
2014	19706.36								
2015	21550.95								
2016	23482.07								
2017	25527.94								
2018	27480.28								
2019	29251.18								
2020	29248.05								

注:1.自2010年起，社会消费品零售总额由按所在地、按行业分组调整为按经营地、按消费形态分组。
2.2020年，根据第四次经济普查结果，对1993-2019年社会消费品零售总额及分组数据进行了修订。

a)Since 2010,the group of Retail Sale of Consumer Goods has been adjusted from grouping by location and industry to grouping by business location and consumption form.

b)Figures of total retail sales of consumer goods of 1993-2019 are revised according to the result of the fourth national economic census in 2020.

18-18 各市社会消费品零售总额(2020年)

Retail Sale of Consumer Goods by Region(2020)

地 区	Region	绝对额（亿元） Amount (100 million yuan)					比上年增长（%） Growth Rate (%)				
		社会消费品零售总额 Total Retail Sales of Consumer Goods	按经营地分 by Operation Place		按消费形态分 by Consumption Pattern		社会消费品零售总额 Total Retail Sales of Consumer Goods	按经营地分 by Operation Place		按消费形态分 by Consumption pattern	
			城镇 Urban	乡村 Rural	商品零售 Retail Sales	餐饮收入 Catering Income		城镇 Urban	乡村 Rural	商品零售 Retail Sales	餐饮收入 Catering Income
全省总计	**Total**	**29248.05**	**24052.04**	**5196.01**	**26118.91**	**3129.14**	**0.0**	**-0.3**	**1.4**	**0.8**	**-6.2**
济南市	Jinan	4469.13	4013.27	455.86	3858.48	610.65	1.1	1.2	0.5	2.6	-7.2
青岛市	Qingdao	5203.50	4294.42	909.08	4685.73	517.77	1.5	1.1	3.2	2.4	-5.7
淄博市	Zibo	1134.68	1050.64	84.04	1013.27	121.41	-1.8	-1.9	-1.4	-3.1	15.3
枣庄市	Zaozhuang	897.80	664.37	233.43	746.62	151.18	-2.6	-2.5	-2.8	-3.3	1.4
东营市	Dongying	653.40	603.27	50.13	568.99	84.41	-1.8	-1.8	-1.7	-2.6	4.3
烟台市	Yantai	2799.95	2184.64	615.31	2555.93	244.02	-0.2	-0.4	0.6	0.3	-5.2
潍坊市	Weifang	2389.77	1687.03	702.74	2134.06	255.71	0.1	0.2	-0.1	1.0	-9.2
济宁市	Jining	2127.31	1654.96	472.35	1934.39	192.92	-1.2	-1.2	-1.3	-1.3	-0.7
泰安市	Tai'an	1022.35	848.22	174.13	922.72	99.63	-3.0	-3.0	-2.9	-2.6	-6.6
威海市	Weihai	1166.41	987.91	178.50	1060.43	105.98	0.3	0.1	1.2	0.8	-4.6
日照市	Rizhao	584.78	471.76	113.02	533.90	50.88	-3.3	-2.9	-4.7	-3.2	-4.4
临沂市	Linyi	2528.20	2196.65	331.55	2257.51	270.69	0.2	0.5	-1.5	-0.2	7.4
德州市	Dezhou	1114.44	873.30	241.14	1012.48	101.96	0.0	-0.4	1.5	0.2	-2.2
聊城市	Liaocheng	801.04	604.19	196.85	715.33	85.71	-3.2	-3.4	-2.5	-2.3	-13.9
滨州市	Binzhou	717.94	574.19	143.75	653.63	64.31	1.1	1.0	1.2	1.7	-4.8
菏泽市	Heze	1637.35	1343.22	294.13	1465.43	171.92	1.2	1.1	1.7	1.7	-5.1

主要统计指标解释

社会消费品零售总额 指企业（单位、个体户）通过交易直接售给个人、社会集团非生产、非经营用的实物商品金额，以及提供餐饮服务所取得的收入金额。个人包括城乡居民和入境人员，社会集团包括机关、社会团体、部队、学校、企事业单位、居委会或村委会等。

商品购进额 指从本企业以外的单位和个人购进（包括从国外直接进口）作为转卖或加工后转卖的商品金额（含增值税）。本指标反映批发和零售业从国内外市场上购进商品的总价。

商品购进包括：（1）从工农业生产者、批发和零售业、住宿和餐饮业、出版社或报社的出版发行部门和其他服务业等企事业单位和个体经营户购进的商品；（2）从机关社会团体购进的商品；（3）从海关、市场管理部门购进的缉私和没收的商品；（4）从居民收购的废旧商品等。

不包括：（1）企业为本单位自身经营用，不是作为转卖而购进的商品，如材料物资、包装物、低值易耗品、办公用品等；（2）未通过买卖行为而收入的商品，如接受其他部门移交的商品、借入的商品、收入代其他单位保管的商品、其他单位赠送的样品、加工回收的成品等；（3）经本单位介绍，由买卖双方直接结算，本单位只收取手续费的业务；（4）销售退回和买方拒付货款的商品；（5）商品溢余；（6）期货交易商品。

商品销售额 指对本单位以外的单位和个人出售的商品金额（包括售给本单位消费用的商品，含增值税），在批发和零售业中，本指标反映在国内市场上销售商品以及出口商品的总价。

商品销售包括：（1）售给个人和社会集团消费用的商品；（2）售给农业、工业、建筑业、服务业等国民经济各行业用于生产、经营用的商品，包括售予批发和零售业作为转卖或加工后转卖的商品；（3）对国（境）外直接出口的商品。

商品销售不包括：（1）未通过买卖行为付出的商品，如因机构变动移交给其他企业单位的商品、借出的商品、归还受其他单位委托代保管的商品、付出的加工原料和赠送给其他单位的样品等；（2）促销返券所销售的、不计入营业收入的商品；（3）经本单位介绍，由买卖双方直接结算，本单位只收取手续费的业务；（4）未发生所有权转移的商品预付卡销售，如加油卡；（5）汽车维修、电话卡销售等服务性经济活动；（6）购货退回的商品；（7）商品损耗和损失；（8）出售本单位自用的废旧物资；（9）期货交易商品；（10）自来水供应企业、电力企业、天然气供应企业提供的水、电、气。

期末商品库存额 对于批发和零售业法人单位和个体经营户，是指报告期末取得所有权的全部商品金额（含增值税）；对于批发和零售业产业活动单位，是指报告期末实际在库且归属法人具有所有权的全部商品金额（含增值税）。这个指标反映批发和零售业的商品库存情况，以及对市场商品供应的保证程度。

库存商品包括：（1）存放在本单位（如门市部、批发站、采购站、经营处）的仓库、货场、货柜和货架中的商品；（2）挑选、整理、包装中的商品；（3）已记入购进而尚未运到本单位的商品，即发货单或银行承兑凭证已到而货未到的商品；（4）寄放他处的商品，如因购货方拒绝付款而暂时存在购货方的商品；（5）委托其他单位代销（未作销售或调出）尚未售出的商品；（6）代其他单位购进尚未交付的商品。

库存商品不包括：（1）所有权不属于本单位的商品，如商品已作销售但买方尚未取走的商品，代替他人保管、运输、加工的商品，代其他单位销售（未做购进或调入）而未售出的商品；（2）委托外单位加工的商品（包括本单位所属加工厂和其他生产单位加工生产尚未收回成品的商品）；（3）外贸企业代理其他单位从国外进口，尚未付给订货单位的商品；（4）代国家储备部门保管的商品。

库存商品金额可以采用进价或售价进行核算。采用进价核算的商品，应按商品进货原则（或实际采购成本）计算期末库存；采用售价核算的商品，应按商品的售价计算期末库存。购入的商品，在商品到达验收入库后计算期末库存（对已记入购进尚未运到的商品，也可计算期末库存）；对于月终尚未开出承兑商业汇票的入库商品，按应付给供货单位的价款暂估计算期末库存；年度终了，凡已转入库存和已作销售的进口商品，属于国外以离岸价格成交、有应付未付国外运保费的，应先估计期末库存，委托其他单位代销的商品包括在期末库存中；委托外单位加工的商品，在发出商品时作减少期末库存，当加工商品收回时增加期末库存（包括商品进货原价、加工费用、加工税金等）。

营业额 指住宿和餐饮业单位在经营活动中，因提供服务或销售商品等取得的全部收入（含增值税），收入主要来源于提供客房、餐费服务、商品销售和其他服务，如商务服务。不包括多产业法人企业附营的其他行业产业活动单位的餐费收入、商品销售收入等各项收入。

客房收入 指住宿和餐饮业单位在经营活动中因提供住宿服务取得的收入（含增值税）。不包括多产业法人企业附营的其他行业产业活动单位的客房收入。

餐费收入 指本单位为顾客提供就餐服务取得的收入（含增值税）。包括：经烹饪、调制加工后出售的各种食品，如主食、炒菜、凉拌菜等的收入。不包括多产业法人企业附营的其他行业产业活动单位的餐费收入。

亿元商品交易市场 指年成交额在亿元及以上的商品交易市场。商品交易市场是指经有关部门和组织批准设立，有固定场所、设施，有经营管理部门和监管人员，若干市场经营者入内，常年或实际开业三个月以上，集中、公开、独立地进行生活消费品、生产资料等现货商品交易以及提供相关服务的交易场所，包括各类消费品市场、生产资料市场等。

连锁总店（总部） 负责连锁企业资源（商号、商誉、经营模式、服务标准、管理模式等）的开发、配置、控制或使用等功能的企业核心管理机构。连锁经营是指经营同类商品或服务，使用统一商号的若干店铺，在同一总店（总部）的管理下，采取统一采购或特许经营等方式，实现规模效益的组织形式，包括直营连锁、特许连锁和自愿连锁三种形式。系统内企业，如新华书店、烟草公司、石油公司等，应注意是否具备连锁经营特征，如果不具备连锁经营特征，则不能纳入连锁统计范畴。

直营连锁：是指连锁店铺由连锁公司全资或控股开设，在总部的直接控制下，开展统一经营的连锁经营形式。

特许连锁：是指拥有注册商标、企业标志、专利、专有技术等经营资源的企业（特许人），以合同形式将其拥有的经营资源许可其他经营者（被特许人）使用，被特许人按合同约定在统一的经营模式下开展经营，并向特许人支付特许经营费用的连锁经营形式。

自愿连锁：是指若干个店铺或企业自愿组合起来，在不改变各自资产所有权关系的情况下，以同一个品牌形象面对消费者，以共同进货为纽带开展的连锁经营形式。

Explanatory Notes on Main Statistical Indicators

Total Retail Sales of Consumer Goods refers to the amount obtained by enterprises (units, self-employed individuals) through direct sales of non-production and non-business physical commodity to individuals, social institutions, and revenue from providing catering services. Individuals include rural and urban households, population from abroad, social institutions include government agencies, social organizations, military units, schools, institutions, neighbourhood (village) committees.

Total Purchases of Commodities refer to the total value of purchases of commodities by enterprises (establishments) from other establishments or individuals (including direct import from abroad) for the purpose of re-selling, either with or without further processing of the commodities purchased. The commodities include: (1) commodities purchased from agricultural and industrial producer, wholesaler, retailer, publishing house and other enterprises, institutions and individual operators of service business; (2) commodities purchased from institutions and social groups; (3) confiscated goods purchased from the customs authorities or market management agencies; (4) second-hand goods and wastes purchased from residents; The commodities exclude (1) commodities purchased by enterprises (establishments) for use in their own business operation, commodities obtained without buying or selling procedures such as materials, consumable goods of low value, office appliance, etc. (2) received goods without trading, such as goods handed over from others, borrowed goods, preserved goods for others, donated goods from others, processed and retrieved goods, etc. (3) goods of direct settlement between buyer and seller with handling fees introduced by others, (4) goods returned or refused to pay by the buyer, (5) excessive goods, (6) futures trading commodities.

Total Sales of Commodities refer to value of commodities sold by the establishments to other establishments and individuals (including goods sold for self consumption, including the value-added tax). The commodities include: (1) commodities sold to individuals and social groups for their consumption; (2) commodities sold to establishments in all industries for their production and operation, including agriculture, industry, construction, and catering services including commodities sold to wholesale and retail establishments for re-selling, with or without further processing; and (3) commodities for direct export to abroad. Excluded are (1) extended commodities without trading, such as goods handed over to other enterprises and institutions because of the change of organizations, lent goods, returned goods preserved for others, extended processing materials and samples donated to others, (2) goods sold by coupon rebates that are not included in business income, (3) goods of direct settlement between buyer and seller with handling fees introduced by others, (4) prepaid cards for goods without transfer of ownership, such as gas cards, (5) Service-oriented economic activities such as automobile maintenance and telephone card sales, (6) goods returned after purchase, (7) damaged and spoiled goods, (8) waste and used goods of self use, (9) futures trading commodities, (10) water, electricity and gas supplied by water supply enterprises, electric power enterprises and natural gas supply enterprises.

Total Stock of Commodities For the legal entities and self-employed individuals engaged in wholesale and retail trade, it refers to total value (including VAT) of commodities possessed at the end of the reference period; and for wholesale and retail establishments, it refers to the value (including VAT) of all commodities actually in stock and owned by their legal persons at the end of reference period. The commodities in stock includes: (1) commodities located in storage, garages, counters, and shelves of operating places of wholesale and retail trades (such as sale stores, wholesale centres, procurement stations and operating offices); (2) commodities in the process of being selected, sorted, and packed; (3) commodities not arrived but recorded as purchase in the account, i.e. commodities not arrived but payment receipts for the commodities from the sellers or the banks arrived; (4) commodities deposited in other places rather than places mentioned above, for instance: commodities in the hold of purchasers temporarily due to the refusal of payment; (5) commodities entrusted to other units to sell but not sold yet; (6) commodities purchased for other units but not delivered yet. Commodities not included as stock are those not owned by the enterprises (units), commodities on commission for processing, imported commodities of agency of foreign trade enterprise but not yet delivered to ordering units and finally those put in stock on behalf of the state reserves units.

The amount of inventory goods can be calculated using the purchase price or the selling price. In order to calculate the ending stocks at purchase price, the principle of accounting on the basis of actual purchase cost should be adopted; and to calculated the ending stocks at selling price, the principle of accounting on the basis of selling price adopted. Goods purchased should be calculated when they are delivered, checked and put in storage (for the goods purchase but not delivered, they are also included in the ending stocks). For the goods in storage and without commercial acceptance, the ending stocks are calculated at the price provided by the suppliers; at the end of the year, all the imported goods in storage or sold, which are transacted at F.O.B. prices and have not been paid the premiums payable, should be calculated as ending stocks, including the goods entrusted other units to sell. When the goods entrusted other units to manufacture are delivered, the ending stocks should be reduced; when it delivered back, the ending stocks increased (including purchase price, processing cost, processing taxes, etc.).

Business Revenue refers to the total income that the hotels and catering services enterprise received from providing services or selling commodities through business activities,

including income from hotels, catering services, selling of commodities (including VAT) and other services. It excludes the income provided by the industrial units in other industries of this corporate enterprise.

Income from hotel rooms refers to the income of hotel and catering services provided by the enterprise in the hotel and catering service industry. It excludes the room income provided by the industrial units in other industries of this corporate enterprise.

Income from catering services refers to the income that the enterprise received by providing catering services, including selling of cooked or prepared foods, such as stable food, cooked dishes or cold dishes. It excludes the income provided by the industrial units in other industries of this corporate enterprise.

Volume of Transaction at Large Commodity Markets (with transaction value over 100 million yuan) refers to the commodity markets with an annual transaction at and above 100 million. The commodity market refers to the markets approved and managed by related departments, where there are fixed sites, facilities, managers and administration offices, where there are a certain number of traders to operate for three month and above or all the year, where the commodities including the articles for daily consumption and capital goods and services are traded in a centralized, independent and open way. Such market includes markets of daily goods and market of capital goods, etc.

Chain Enterprise (also called chain stores or chain corporations) refer to the core leading stores responsible for development, allocation, administration and utilization of resources (name of stores, brand of stores, operation model, service standard, management way, etc.) of chain stores. Chain stores refers to the stores engaged in providing homogeneous commodities or services, with the central leadership of head store (headquarters) and guided by common policies, conduct centralized purchase and distributed selling of commodities, in order to gain better efficiency through standardized operation. The chain stores include regular chain stores, franchise chain stores and voluntary chain stores. In-system enterprises, such as Xinhua Bookstore, Tobacco Company, and Oil Company, should pay attention to whether they have the characteristics of chain operation. If they do not have the characteristics of chain operation, they cannot be included in the chain statistics category.

Chain stores have 3 categories:

a) Chain stores under direct management: These are formal chain stores invested or controlled by the headquarters. They operate under the direct and unified management from the headquarters. Adopting a direct management approach, the headquarters give orders and control all retail stores, which follow completely the directives from the headquarters. Large monopolized commercial companies develop and expand their business through purchasing, merging, direct investment and controlling of shares.

b) Chain stores through special permit: Through contracts, chain stores (or their owners) obtain licenses from the headquarters to use designated trade marks, names, operation know how, and to sell the commodity developed by the headquarters. Under this arrangement, each store in the chain is an independent legal entity and operates under the guidance from the headquarters.

c) Chain stores through voluntary arrangement: Under this arrangement, all stores operate together under the guidance of the headquarters, while maintaining their status of independent legal entities with full ownership of their assets. They use the same store name, sign contracts with the headquarters concerning purchase, sale, publicity, etc. and operate under the contract. They are free to engage in other activities which are not bounded in the contract. They could join or leave the chain on voluntary basis.

第19篇

教育和科技

Education, Science and Technology

简 要 说 明

一、本篇资料的主要内容

本篇资料反映了全省教育和科技事业基本情况。教育部分主要包括高等教育、中等教育、初等教育、成人高等教育、职业教育、幼儿园等方面基本情况；科技部分主要包括科技成果、专利、规模以上工业科技活动和全社会科技活动情况。

二、本篇资料的来源

1.教育部分中，技工学校的资料来源于省人力资源和社会保障厅，其他资料来源于省教育厅。

2.科技部分中，科技成果资料来源于省科学技术厅，专利资料来源于省市场监督管理局，规模以上工业企业科技活动和全社会科技活动资料来源于省统计局统计年报。

本篇资料由省统计局人口处（社科处）整理提供。

Brief Introduction

I. Content

Data in this chapter show the basic conditions of education and technology. Data on education show the development of higher education, secondary education, primary education, vocational education and kindergartens. Data on technology show the basic conditions of scientific and technological achievements and prizes, number of patent applications examined and granted, scientific and technological activities of industrial enterprises above designate size and basic conditions of R&D institutions.

II. Source of Data

(1)Data on the basic conditions of technical schools are provided by Shandong Human Resources and Social Security Department and other data on education are provided by Shandong Provincial Education Department.

(2)Data on scientific and technological are provided by Department of Science and Technology of Shandong Province. Data on patents are provided by S Shandong Provincial Department of Market Regulatory Authority. Data on scientific and technological activities come from the annual report of scientific and technological activities, which is provided by Shandong Provincial Bureau of Statistics.

Data in this chapter are provided and compiled by the Division of Urbanization,Population and Employment Statistics（by the Division of Social,Science and Culture Industry Employment Statistics）of Shandong Provincial Bureau of Statistics.

19-1 各级各类学校基本情况(2020年)

Basic Statistics on Education Institutions(2020)

项　目	Item	学校数(所) Number of Schools (unit)	招生数(人) New Enrollment (person)	在校学生数(人) Total Enrol -lment (person)	毕业生数(人) Graduates (person)	教职工数(人) Teachers and Staff (person)	#专任教师 Full-time Teachers
高等教育	**Higher Education**						
研究生培养机构	Institutions Providing Postgraduate Programs	**34**	**50518**	**131563**	**32795**		
普通高校	Regular Institutions of Higher Education	31	50381	131238	32722		
科研机构	Research Institutions	3	137	325	73		
普通高等学校	Regular Institutions of Higher Education	**152**	**729927**	**2291481**	**605379**	**172041**	**124215**
本科院校	Universities with Full Undergraduate Courses	70	405876	1416533	355380	119869	84487
#独立学院	Non-university Tertiary	10	31580	94545	25749	6048	4623
#职业本科	Bachelor of Vocational Studies	3	18992	45408	5173	2794	2243
专科(高职)院校	Colleges with Specialized Courses	82	324051	874948	249999	52172	39728
#高等职业学校	Vocational and Technical Colleges	74	294089	800190	228248	47838	36488
成人高等教育	Institutions of Higher Education for Adult	11	414972	742379	223507	1248	777
民办的其他高等教育机构	Other Private Institutions of Higher Education	60				1718	940
中等教育	**Secondary Education**						
高中阶段教育	Senior Secondary Education						
普通高中	Regular Senior Secondary Schools	682	636233	1759785	542034	185996	148952
中等职业学校	Vocational Secondary Education	397	297527	777416	233426	58824	49169
技工学校	Technical Schools	181	173803	405418	95962	29943	23573
初中阶段教育	Junior Secondary Education						
普通初中	Regular Junior Secondary Schools	3238	1239966	3727055	1125213	372939	304476
初等教育	**Primary Education**						
普通小学	Regular Primary Schools	9619	1296317	7432850	1251619	400114	454285
特殊教育学校	**Special Education**	**152**	**7701**	**47976**	**6210**	**6496**	**5784**
学前教育	**Pre-school Education**	**24701**	**1460959**	**3808029**	**1190485**	**370027**	**240294**

注：1、研究生机构的学生数据为硕士研究生和博士研究生数据；2、普通高等学校的学生数据为普通本专科学生数据，按学校类型归类；3、成人高等教育学生数含普通高校开展的成人高等教育学生数。

a)Data on students of Institutions Providing Postgraduate Programs refers to graduate students and doctoral students.

b)Data on students of Regular Institutions of Higher Education refers to undergraduats.

c)Data on students of Higher Adult Education including those in both Institutions of Higher Education for Adult and Regular Institutions of Higher Education.

19-2 主要年份普通高等教育基本情况

Basic Statistics on Higher Education in Major Years

年 份 Year	学校数(所) Number of Schools (unit)	招生数(人) New Enrollment (person)	在校学生数(人) Total Enrollment (person)	毕业生数(人) Graduates (person)	教职工数(人) Teachers and Staff (person)	#专任教师 Full-time Teachers
1949	7	1405	3969	70	1908	484
1952	7	2777	6753	1703	3684	1024
1955	7	3280	8915	1825	3397	1471
1957	7	3122	12532	1686	4518	2114
1962	26	3496	26001	7148	10144	4318
1965	16	5621	22164	6102	9156	3898
1970	16			9162	10185	4526
1975	21	7366	17582	6033	13858	5601
1976	22	8896	21340	6072	15035	5941
1977	27	13192	25735	7203	17712	7028
1978	34	19712	38390	7015	20202	7855
1979	35	12856	44771	5364	23544	9478
1980	35	14402	51427	7684	26130	10347
1981	37	14160	59645	6311	27512	10379
1982	37	15765	51794	23993	30381	12065
1983	41	19827	55276	16806	31535	12943
1984	47	24862	66429	13563	33591	13919
1985	49	32745	83567	16159	36383	14974
1986	49	30211	92422	21183	39009	15951
1987	50	32972	95891	29428	41620	16716
1988	50	35714	101281	30869	43990	17585
1989	51	34308	103928	31766	46037	18162
1990	49	35023	105822	33104	46704	18377
1991	49	36067	107093	34500	46839	17825
1992	51	57878	130188	34994	47483	18059
1993	51	57918	151758	33935	48156	18405
1994	49	55036	156639	50457	49537	19460
1995	49	55611	160398	52083	50829	19932
1996	49	56544	169184	47835	51490	20079
1997	48	56950	175920	50141	50374	20414
1998	49	62994	187473	51477	50261	20581
1999	52	82410	213679	49612	49624	21252
2000	58	124817	303826	49687	54910	24764
2001	65	183553	449360	69583	64362	30902
2002	75	218719	583601	94697	72408	37412
2003	85	273894	761417	117253	84391	45457
2004	97	327452	946124	166959	93653	53847
2005	104	400573	1171284	224611	109920	64636
2006	109	445034	1338122	268384	121167	74676
2007	111	453479	1440378	355735	128761	81889
2008	114	514176	1534009	411143	134072	87432
2009	128	501082	1592974	431598	136753	89734
2010	133	495722	1631373	444003	139100	91413
2011	139	497292	1645589	472882	142698	94621
2012	137	498621	1658490	474266	142370	96058
2013	140	527539	1698545	475858	142240	98685
2014	142	580763	1796665	464076	143939	101380
2015	143	595646	1900612	474195	147035	104724
2016	144	624408	1995880	509142	150345	107748
2017	145	612660	2015345	571220	154311	110807
2018	145	629065	2040793	585871	158526	112717
2019	146	741661	2183944	577980	164932	117609
2020	152	729927	2291481	605379	172041	124215

注：普通高等教育学生数据为普通本专科数据，含部分成人高校举办的高职班。

a)Data on higher education student is about normal university and technological university, with some held in adult colleges of higher vocational education.

19-3 主要年份中等专业教育基本情况
Basic Statistics on Vocational Secondary Education in Major Years

年 份 Year	学校数(所) Number of Schools (unit)	招生数(人) New Enrollment (person)	毕业生数(人) Graduates (person)	在校学生数(人) Total Enrollment (person)	教职工数(人) Teachers and Staff (person)	#专任教师 Full-time Teachers
1949	34	4784	1778	13738	1207	441
1950	48	7734	4292	14206	1663	709
1951	80	11179	4855	21918	3372	1307
1952	171	33756	5223	50175	6845	2744
1953	76	8478	23488	33516	4916	1812
1954	69	9478	9812	32458	4509	1807
1955	58	7738	11553	25336	3707	1477
1956	90	30047	9403	45706	6522	2573
1957	86	7972	12089	40738	6112	2742
1958	394	106779	15584	129494	8704	4537
1959	487	58777	21286	110617	11394	4955
1960	474	79722	32699	143184	15798	7893
1961	198	10395	22687	65735	12433	6008
1962	85	585	16909	23599	6072	2797
1963	79	9685	13814	18942	5883	3312
1964	94	15282	6751	27420	6086	2769
1965	275	35768	2242	72974	9197	4850
1966	158	2831	3403	50097	9128	4310
1967	160	2810	11544	41288	9159	4388
1968	155	11861	28731	24411	9461	4328
1969	128	2107	10537	15956	8410	3942
1970	126	2648	12356	6238	8121	3997
1971	135	18497	11758	12823	7776	5403
1972	140	9746	1313	11581	8756	3773
1973	122	16377	1980	25717	8366	3771
1974	129	18963	9440	34035	10175	4434
1975	144	21442	15786	40798	11378	5038
1976	178	23328	19908	44345	13296	5522
1977	176	23195	29665	33142	14004	5649
1978	189	25961	9006	49466	14814	6158
1979	195	26574	2882	75484	16080	6792
1980	203	28137	35212	68593	17617	7898
1981	165	27797	32661	63864	18563	8115
1982	174	29235	26782	66640	20482	9204
1983	179	31570	21413	77601	21503	9775
1984	188	33597	27166	84125	22539	10184
1985	208	45163	30024	100176	24511	11333
1986	227	44130	31422	114039	27320	12807
1987	214	40120	36247	103128	26820	12846
1988	225	44606	33551	114168	28985	14522
1989	230	48407	28370	134515	29314	14719
1990	236	48634	35423	148504	31634	16000
1991	240	52092	45259	155092	31842	15617
1992	234	55353	52088	158309	32857	15972
1993	241	77875	51360	185062	34354	16769
1994	243	89643	50801	222551	35066	17526
1995	244	95442	58680	258801	36084	18211
1996	255	105468	78496	289827	38030	19898
1997	252	112348	90545	311161	38458	20291
1998	254	114956	99483	327031	39160	20949
1999	251	122331	106740	344062	39274	21311
2000	243	93493	103629	333184	37241	20409
2001	200	92215	110827	310508	28002	15607
2002	165	115941	111333	314135	27005	15369
2003	154	94625	64046	256655	23630	13761
2004	145	87889	65953	260276	21621	12771
2005	134	86044	75076	257161	20406	12193
2006	130	90432	79902	264456	20563	12634
2007	135	98634	92275	283231	20985	13223
2008	130	93217	83077	271905	20308	13224
2009	124	99212	88355	271993	19981	13093

19-4 主要年份普通中学基本情况

Basic Statistics on Senior and Junior Secondary Education in Major Years

年 份 Year	学校数 (所) Number of Schools (unit)	招生数 (万人) New Enrollment (10 000 persons)	毕业生数 (万人) Graduates (10 000 persons)	在校学生数 (万人) Total Enrollment (10 000 persons)	教职工数 (人) Teachers and Staff (person)	#专任教师 Full-time Teachers
1949	66	1.08	0.34	3.89	3431	1585
1952	189	6.12	0.99	10.44	10170	4507
1955	218	6.74	5.08	17.51	14778	6756
1957	1004	17.64	6.20	33.99	24369	14054
1962	1247	15.04	12.77	43.21	37062	21542
1965	6166	34.06	11.67	80.74	53914	37339
1970	13938	103.39	58.50	188.13	122751	100261
1975	14621	172.20	113.98	305.11	200906	161092
1976	19822	263.31	127.48	437.85	275864	228657
1977	20171	260.62	161.35	522.33	330445	277784
1978	17361	210.68	218.75	478.22	318128	264663
1979	16322	176.14	192.39	418.22	304551	246035
1980	14646	144.10	107.90	407.91	309538	247920
1981	12974	125.17	117.55	361.45	296240	233102
1982	11160	119.41	106.37	328.57	271664	212707
1983	9971	112.21	86.35	315.39	256926	200957
1984	9175	115.88	85.31	334.42	257968	201521
1985	9038	123.80	96.87	356.32	268321	209202
1986	8259	125.02	105.22	376.19	283726	220304
1987	7877	125.52	116.95	379.54	297083	232958
1988	7474	125.17	120.41	373.53	307364	241845
1989	6997	123.30	118.61	363.74	315494	245260
1990	6699	125.60	115.14	367.30	324027	249459
1991	6310	129.17	115.30	372.98	329927	253428
1992	5897	132.87	115.58	382.49	335020	258308
1993	5640	139.14	115.88	395.28	337259	260896
1994	5429	154.67	116.82	427.15	345640	268514
1995	5073	167.06	118.14	470.46	358301	279301
1996	4820	169.69	122.97	512.22	375463	294849
1997	4693	178.19	141.95	541.38	392365	310926
1998	4635	201.28	159.91	571.54	404824	322785
1999	4586	222.20	164.88	620.43	414538	333884
2000	4575	234.18	167.96	678.60	430754	350353
2001	4684	220.94	188.59	702.18	451014	359665
2002	4648	201.65	205.62	689.17	461898	369664
2003	4606	192.94	222.82	654.34	468627	374811
2004	4569	192.32	213.80	628.34	473687	379100
2005	4404	179.71	207.29	592.49	470584	377133
2006	4175	164.60	196.70	554.04	462298	372370
2007	4039	162.49	191.02	520.31	454920	370255
2008	3893	160.54	172.88	502.14	445545	367658
2009	3750	160.24	158.65	499.34	442447	372550
2010	3645	164.12	156.89	501.07	438787	372082
2011	3569	161.83	157.80	501.58	462765	376760
2012	3522	159.88	153.20	492.64	464942	376819
2013	3464	158.53	156.04	488.48	466088	382340
2014	3461	153.58	153.73	486.06	471653	386923
2015	3446	151.12	156.01	479.93	475798	390059
2016	3504	160.35	157.62	482.41	484579	397471
2017	3560	164.39	151.42	494.85	502004	410339
2018	3671	164.26	148.46	509.93	515123	419903
2019	3791	176.10	157.56	528.13	536931	435808
2020	3920	187.62	166.72	548.68	558935	453428

注：专任教师按照教师教授学生层次归类。

a)Full-time teachers classified according to the academic level of their students.

19-5 主要年份技工学校基本情况

Basic Statistics on Technical Schools in Major Years

年 份 Year	学校数 (所) Number of Schools (unit)	招生数 (人) New Enrollment (person)	毕业生数 (人) Graduates (person)	在校学生数 (人) Total Enrollment (person)	教职工数 (人) Teachers and Staff (person)	#专任教师 Full-time Teachers
1953	1	150		150	25	15
1955	2	452	150	802	206	72
1957	6	1525	452	2300	614	213
1962	19	1274	906	5188	2078	688
1965	18	2336	1381	6662	1214	503
1970	6		452		639	106
1975	26	3407	1700	5652	1751	345
1976	26	3144	1704	5841	2204	435
1977	29	6083	5421	6414	3189	735
1978	64	13669	301	19651	7042	1563
1979	72	11673	4950	26632	7055	1951
1980	94	15698	9854	32208	8974	2978
1981	100	9323	11190	29605	9749	3474
1982	103	9379	12857	25953	10154	3474
1983	106	10698	11562	24343	10560	3508
1984	119	12851	8624	28302	11215	3732
1985	134	16748	9219	35163	14142	3423
1986	163	22069	10035	47114	19968	3928
1987	206	28114	11281	63839	22647	5390
1988	236	40381	16036	87832	26382	5996
1989	256	40821	22402	105330	27843	7088
1990	266	42429	28654	118605	19084	10084
1991	279	44081	39679	122591	33739	11210
1992	290	46436	39628	128557	37579	12233
1993	302	55920	42320	142660	37222	12853
1994	306	67812	45358	165989	39351	13424
1995	312	70251	65457	169023	38891	13948
1996	312	77595	62981	185253	37747	13778
1997	305	74054	65310	192675	35160	14059
1998	305	55668	59292	188493	33806	14035
1999	302	50896	71460	161531	28871	14531
2000	279	48008	66546	137718	24484	14066
2001	278	53283	55769	132122	23152	16060
2002	249	83186	49634	165386	22190	13072
2003	244	105896	46247	212811	20684	13371
2004	249	121444	58834	274432	21370	14607
2005	229	138505	78091	325924	22049	15058
2006	197	148625	98239	357648	22309	16211
2007	200	159954	110278	385325	26744	23586
2008	197	161000	121000	415000	24700	18847
2009	196	147000	140300	396200	24963	19378
2010	209	136995	133615	397719	18183	14962
2011	208	149407	123404	381503	24379	21050
2012	213	154546	113066	401207	29909	21451
2013	207	144165	121782	369922	30860	23977
2014	203	128007	108046	329473	29404	23000
2015	194	131550	98154	318182	29228	22613
2016	194	133600	89629	335348	29133	22908
2017	194	129109	103815	332634	29294	22565
2018	181	135184	96351	329897	29388	22525
2019	181	151122	91679	355409	29438	22294
2020	181	173803	95962	405418	29943	23573

19–6 主要年份小学基本情况

Basic Statistics on Primary Schools in Major Years

年份 Year	学校数 (所) Number of Schools (unit)	招生数 (万人) New Enrollment (10 000 persons)	毕业生数 (万人) Graduates (10 000 persons)	在校学生数 (万人) Total Enrollment (10 000 persons)	教职工数 (人) Teachers and Staff (person)	#专任教师 Full-time Teachers
1949	27476	64.85	5.92	193.00	47640	45710
1952	55096	138.44	15.52	453.75	130791	122107
1955	52171	91.05	19.65	432.74	135050	126975
1957	52337	90.99	43.32	490.88	153512	146366
1962	58670	125.37	40.61	487.56	185043	180870
1965	143202	289.83	44.92	966.72	322560	316441
1970	79041	206.71	138.66	813.58	331613	296931
1975	82327	240.58	143.75	1091.22	401530	390571
1976	78698	215.88	208.06	1059.68	403562	391905
1977	78137	220.55	198.87	1035.87	399653	388337
1978	79375	234.57	181.42	1041.84	395247	384540
1979	78828	219.38	164.83	1040.06	407704	393271
1980	78796	211.68	155.64	1041.70	418828	402739
1981	78829	197.06	154.84	1017.62	417223	400449
1982	77893	190.23	159.74	978.73	414849	395455
1983	76610	184.50	160.87	946.26	414753	393013
1984	74314	176.38	160.80	927.50	410443	387448
1985	71062	167.67	164.07	894.06	405550	379751
1986	65447	161.76	158.81	870.41	412879	384564
1987	64095	152.42	158.86	844.87	421864	394296
1988	63006	156.57	154.47	830.01	432249	404509
1989	62321	162.45	149.77	823.19	439419	408468
1990	61845	158.09	144.84	818.21	446395	414653
1991	59976	156.99	143.85	815.15	447368	414924
1992	56885	163.94	141.97	826.21	450396	416662
1993	54009	185.75	145.75	853.57	448575	415928
1994	50824	206.15	153.03	895.54	448601	414912
1995	47068	205.33	154.07	940.36	456568	422989
1996	40458	194.37	152.29	971.86	463651	429345
1997	37377	183.70	155.59	990.19	468548	434671
1998	34480	146.34	173.92	951.34	467987	435156
1999	29453	116.04	191.40	870.72	451063	418828
2000	26017	104.48	195.12	774.88	440161	408200
2001	21342	101.36	176.17	699.19	422905	390374
2002	19590	107.26	144.10	662.59	414600	383816
2003	18303	107.86	128.24	642.78	410968	380066
2004	16943	110.17	124.69	627.80	410264	378793
2005	15871	104.27	113.31	615.37	410394	377729
2006	14611	107.18	101.69	623.02	415117	381673
2007	14064	111.46	103.87	634.01	420353	386641
2008	13503	104.61	107.48	632.98	420552	387957
2009	12858	101.78	109.47	626.81	421057	389962
2010	12405	111.30	110.26	629.25	417504	387453
2011	12047	119.40	106.82	644.07	393612	386280
2012	11573	109.55	106.16	627.67	387203	382562
2013	11151	115.69	103.30	625.98	383692	387312
2014	10770	124.70	101.02	648.47	378886	389080
2015	10404	124.43	98.92	674.63	379239	396368
2016	10027	123.91	107.15	691.31	386405	408856
2017	9738	126.98	110.96	708.47	391838	421877
2018	9674	129.64	111.52	725.97	392333	430702
2019	9646	127.86	117.75	738.56	396465	442729
2020	9619	129.63	125.16	743.29	400114	454285

注：专任教师按照教师教授学生层次归类，包含九年一贯制和十二年一贯制学校中从事小学教育的专任教师。

a)Full-time teachers classified according to the academic level of their students,including the primary education section of the nine-year and twelve-yea primary-secondary schools.

19-7 1985-2020年成人高等教育基本情况
Basic Statistics on Adult Education from 1985 to 2020

年 份 Year	学校数(所) Number of Schools (unit)	招生数(人) New Enrollment (person)	毕业生数(人) Graduates (person)	在校学生数(人) Total Enrollment (person)	教职工数(人) Teachers and Staff (person)	#专任教师 Full-time Teachers
1985	53	41358	14543	85909	7918	3677
1986	55	38305	18626	119123	9514	4417
1987	58	30789	30352	110258	8900	3847
1988	53	43784	35680	101606	10179	4137
1989	53	43386	30687	115753	11552	4754
1990	53	32580	29317	114764	12745	5164
1991	54	26409	40382	104560	12669	4926
1992	51	49078	41748	105427	12883	5017
1993	53	71210	31104	149282	12648	5257
1994	53	81379	30786	196381	13048	5872
1995	53	61032	55764	198934	13159	6037
1996	53	59850	65204	194454	13308	6495
1997	53	65775	74017	185029	14096	6925
1998	46	73618	61603	198780	13023	6557
1999	40	87117	61611	221161	14335	7131
2000	40	82423	70810	219977	14090	7084
2001	34	103165	57373	255775	13911	6841
2002	29	111023	69723	316605	11797	6182
2003	27	128242	79518	373086	9877	5300
2004	24	132313	107645	268112	11056	6247
2005	24	108707	118379	258521	11481	6683
2006	24	95858	34999	295189	12775	7516
2007	23	106857	97584	297085	12627	7537
2008	22	152713	93079	355307	7390	4840
2009	21	136048	105081	377343	6240	4142
2010	18	133191	110347	388741	4225	2946
2011	17	147677	144703	386481	3951	2731
2012	17	166515	120404	428180	4286	2917
2013	11	165522	128297	459803	2843	1982
2014	11	178737	147592	485274	2259	1544
2015	11	163012	161377	484493	2200	1493
2016	11	179199	167440	502274	1604	1082
2017	11	157559	279185	375102	1580	1048
2018	11	233966	181058	426995	1479	970
2019	11	292911	158662	556026	1257	785
2020	11	414972	223507	742379	1248	777

注：自2001年起成人高等学历教育统计口径调整为不含电大普通专科班及高职。
a)After 2001,adult higher education exclude regular specialized courses and vocational education.

19-8 研究生教育基本情况

Basic Statistics on Postgraduate Education

项 目	Item	2014	2015	2016	2017	2018	2019	2020
一、培养单位数 （个）	**Institutions Providing Postgraduate Programs (unit)**	**33**	**33**	**33**	**33**	**33**	**34**	**34**
高等学校 （个）	Regular Institutions of Higher Education (unit)	30	30	30	30	30	31	31
科研单位 （个）	Research Institutions (unit)	3	3	3	3	3	3	3
二、招生数 （人）	**Enrollment (person)**	**26545**	**27548**	**28543**	**35564**	**37796**	**40675**	**50518**
攻读博士学位 （人）	Study for Doctor's Degree (person)	1967	2025	2109	2312	2663	3022	3346
高等学校 （人）	Regular Institutions of Higher Education (person)	1967	2025	2109	2312	2663	3022	3346
科研单位 （人）	Research Institutions (person)							
攻读硕士学位 （人）	Study for Master's Degree (person)	24578	25523	26434	33252	35133	37653	47172
高等学校 （人）	Regular Institutions of Higher Education (person)	24528	25473	26384	33198	35041	37558	47035
科研单位 （人）	Research Institutions (person)	50	50	50	54	92	95	137
三、在校生数 （人）	**Total Enrollment (person)**	**74313**	**77630**	**82055**	**91908**	**102531**	**114618**	**131563**
攻读博士学位 （人）	Study for Doctor's Degree (person)	8467	8913	9322	10060	10835	11895	13391
高等学校 （人）	Regular Institutions of Higher Education (person)	8467	8913	9322	10060	10835	11895	13391
科研单位 （人）	Research Institutions (person)							
攻读硕士学位 （人）	Study for Master's Degree (person)	65846	68717	72733	81848	91696	102723	118172
高等学校 （人）	Regular Institutions of Higher Education (person)	65701	68569	72582	81694	91499	102461	117847
科研单位 （人）	Research Institutions (person)	145	148	151	154	197	262	325
四、毕业生数 （人）	**Graduates (person)**	**23379**	**23192**	**24137**	**24755**	**26286**	**27640**	**32795**
攻读博士学位 （人）	Study for Doctor's Degree (person)	1532	1494	1591	1529	1569	1712	1716
高等学校 （人）	Regular Institutions of Higher Education (person)	1532	1494	1591	1529	1569	1712	1716
科研单位 （人）	Research Institutions (person)							
攻读硕士学位 （人）	Study for Master's Degree (person)	21847	21698	22546	23226	24717	25928	31079
高等学校 （人）	Regular Institutions of Higher Education (person)	21800	21652	22500	23175	24647	25881	31006
科研单位 （人）	Research Institutions (person)	47	46	46	51	70	47	73

19-9 各市中等职业学校基本情况(2020年)

Basic Statistics on Secondary Vocational Schools by Region (2020)

地 区	Region	学校数(所) Schools (unit)	招生数(人) New Enrollment (person)	毕业生数(人) Graduates (person)	在校学生数(人) Total Enrollment (person)	专任教师数(人) Full-time Teachers (person)
全省总计	**Total**	**397**	**297527**	**233426**	**777416**	**49169**
济南市	Jinan	41	24784	17321	62792	3642
青岛市	Qingdao	52	29697	27244	83865	6926
淄博市	Zibo	17	10030	9162	26191	2031
枣庄市	Zaozhuang	18	13838	13420	37708	1666
东营市	Dongying	8	8710	6952	23197	1108
烟台市	Yantai	30	18506	16702	47281	4392
潍坊市	Weifang	34	30190	24376	75539	4968
济宁市	Jining	18	21259	13268	53405	3021
泰安市	Tai'an	14	14741	13473	38066	2334
威海市	Weihai	18	7357	6752	19370	1996
日照市	Rizhao	12	11188	7665	29847	1705
临沂市	Linyi	32	36181	24583	95460	4415
德州市	Dezhou	30	16498	12893	45516	2701
聊城市	Liaocheng	16	16753	12426	41415	3062
滨州市	Binzhou	19	12749	8051	30915	2188
菏泽市	Heze	38	25046	19138	66849	3014

注：不含技工学校数据。
a)Data in the table excludes that on Technical Schools.

19-10 各市普通中学情况(2020年)

Basic Statistics on Secondary Schools by Region (2020)

地 区	Region	普通高中 Senior Secondary Schools					普通初中 Junior Secondary Schools				
		学校数(所) Schools (unit)	招生数(人) New Enrollment (person)	毕业生数(人) Graduates (person)	在校学生数(人) Total Enrollment (person)	专任教师数(人) Full-time Teachers (person)	学校数(所) Schools (unit)	招生数(人) New Enrollment (person)	毕业生数(人) Graduates (person)	在校学生数(人) Total Enrollment (person)	专任教师数(人) Full-time Teachers (person)
全省总计	**Total**	**682**	**636233**	**542034**	**1759785**	**148952**	**3238**	**1239966**	**1125213**	**3727055**	**304476**
济南市	Jinan	59	50294	46268	144411	11539	261	84429	83456	253986	23257
青岛市	Qingdao	81	60328	39093	144348	12650	259	97496	93575	286078	25672
淄博市	Zibo	36	32400	29055	92147	7710	158	37987	46162	163716	15629
枣庄市	Zaozhuang	25	25065	23792	69364	5321	109	64161	46721	169683	11555
东营市	Dongying	16	15406	13932	42871	3866	84	21241	24229	87462	8466
烟台市	Yantai	45	30328	28370	85481	9199	225	51314	55526	209428	21099
潍坊市	Weifang	63	63252	53697	173332	17762	304	96639	102743	320698	28310
济宁市	Jining	41	47422	43864	138912	10846	286	120459	100720	345481	26822
泰安市	Tai'an	40	33803	35879	103677	8981	171	60543	61572	203479	17452
威海市	Weihai	17	11229	10138	30558	3809	91	23959	21115	93359	8884
日照市	Rizhao	17	20281	16817	57398	4709	85	32810	35406	94147	8437
临沂市	Linyi	64	76003	57618	204748	15645	313	174398	143873	450455	32902
德州市	Dezhou	31	40185	33924	111448	9043	173	67338	68922	202899	16415
聊城市	Liaocheng	46	44844	37686	124179	9528	216	100481	69097	266163	18091
滨州市	Binzhou	38	24894	21792	69610	6587	139	38048	46650	116514	11067
菏泽市	Heze	63	60499	50109	167301	11757	364	168663	125446	463507	30418

注：专任教师按照教师教授学生层次归类。
a)Full-time teachers classified according to the academic level of their students.

19-11　各市小学基本情况(2020年)

Basic Statistics on Primary Schools by Region (2020)

地　区	Region	学校数(所) Schools (unit)	招生数(人) New Enrollment (Person)	毕业生数(人) Graduates (person)	在校学生数(人) Total Enrollment (person)	专任教师数(人) Full-time Teachers (person)
全省总计	**Total**	**9619**	**1296317**	**1251619**	**7432850**	**454285**
济南市	Jinan	666	110623	84012	570113	37219
青岛市	Qingdao	706	115758	97886	603763	38366
淄博市	Zibo	294	44263	38053	208470	16075
枣庄市	Zaozhuang	504	54929	64049	365688	22442
东营市	Dongying	103	26348	21150	118471	8406
烟台市	Yantai	289	64089	51268	282430	19387
潍坊市	Weifang	726	101109	96602	571909	40218
济宁市	Jining	1061	106778	122545	645054	40773
泰安市	Tai'an	504	61289	60852	308421	20768
威海市	Weihai	97	28649	23760	127219	8248
日照市	Rizhao	271	34234	33034	202218	12363
临沂市	Linyi	1325	169396	175582	1080114	56431
德州市	Dezhou	680	75356	67352	432357	28069
聊城市	Liaocheng	686	102176	102557	631026	35957
滨州市	Binzhou	291	45975	38676	267732	17150
菏泽市	Heze	1416	155345	174241	1017865	52413

注：专任教师按照教师教授学生层次归类。

a)Full-time teachers classified according to the academic level of their students.

19-12　各市幼儿园基本情况(2020年)

Basic Statistics on Kindergartens by Region (2020)

地　区	Region	幼儿园数(所) Number of Kindergartens (unit)	入园(班)幼儿数(人) Entrants (person)	在园(班)幼儿数(人) Enrolment (person)	离园(班)幼儿数(人) Graduates (person)	专任教师数(人) Full-timeTeachers (person)
全省总计	**Total**	**24701**	**1460959**	**3808029**	**1190485**	**240294**
济南市	Jinan	2204	131440	357320	100833	25163
青岛市	Qingdao	2527	127609	344579	99183	26058
淄博市	Zibo	744	59475	154410	41850	10469
枣庄市	Zaozhuang	761	53636	130170	54112	5264
东营市	Dongying	401	37159	91163	22567	7216
烟台市	Yantai	957	61420	184426	59907	12589
潍坊市	Weifang	1926	138413	345874	93618	25408
济宁市	Jining	2297	139715	344617	111754	18368
泰安市	Tai'an	1419	73533	202307	57957	15331
威海市	Weihai	338	26370	79799	28341	5356
日照市	Rizhao	693	50365	122339	36376	8205
临沂市	Linyi	3362	189862	481239	146824	27245
德州市	Dezhou	1931	78551	228289	74542	14830
聊城市	Liaocheng	1131	92274	217188	69983	10490
滨州市	Binzhou	870	66924	158343	43839	9661
菏泽市	Heze	3140	134213	365966	148799	18641

19-13 各市特殊教育基本情况(2020年)
Basic Statistics on Special Education by Region(2020)

地 区	Region	学校数 (所) Schools (unit)	招生数 (人) New Enrollment (person)	毕业生数 (人) Graduates (person)	在校学生数 (人) Total Enrollment (person)	专任教师数 (人) Full-time Teachers (person)
全省总计	**Total**	**152**	**7701**	**6210**	**47976**	**5784**
济南市	Jinan	13	740	548	3587	545
青岛市	Qingdao	14	905	678	4643	623
淄博市	Zibo	9	327	282	1836	389
枣庄市	Zaozhuang	6	289	286	2015	162
东营市	Dongying	3	128	118	816	95
烟台市	Yantai	9	390	350	2427	322
潍坊市	Weifang	13	647	641	4331	513
济宁市	Jining	12	623	552	5776	415
泰安市	Tai'an	5	426	353	2039	261
威海市	Weihai	4	151	152	979	169
日照市	Rizhao	8	315	290	2100	231
临沂市	Linyi	15	1038	902	7075	789
德州市	Dezhou	13	630	435	3348	340
聊城市	Liaocheng	9	493	272	3112	334
滨州市	Binzhou	8	240	129	1450	213
菏泽市	Heze	11	359	222	2442	383

注：专任教师按照教师教授学生层次归类。

a) Full-time teachers classified according to the academic level of their students.

19-14 各市中小学教职工情况(2020年)

Basic Statistics on Teachers and Staff of Primary and Secondary Schools by Region (2020)

单位:人 (person)

地区	Region	普通中学教职工 Teachers and Staff of Secondary Schools	#专任教师 Full-time Teachers	小学教职工 Teachers and Staff of Primary Schools	#专任教师 Full-time Teachers
全省总计	**Total**	**558935**	**453428**	**400114**	**454285**
济南市	Jinan	46746	34796	29709	37219
青岛市	Qingdao	44894	38322	36448	38366
淄博市	Zibo	27599	23339	14201	16075
枣庄市	Zaozhuang	21104	16876	21201	22442
东营市	Dongying	15346	12332	6376	8406
烟台市	Yantai	37663	30298	15530	19387
潍坊市	Weifang	57563	46072	33141	40218
济宁市	Jining	45158	37668	38001	40773
泰安市	Tai'an	31037	26433	18290	20768
威海市	Weihai	16081	12693	6697	8248
日照市	Rizhao	15411	13146	11234	12363
临沂市	Linyi	58381	48547	50104	56431
德州市	Dezhou	30700	25458	26011	28069
聊城市	Liaocheng	35367	27619	32165	35957
滨州市	Binzhou	23808	17654	13475	17150
菏泽市	Heze	52077	42175	47531	52413

注：专任教师按照教师教授学生层次归类，小学专任教师含有一贯制学校中从事小学教育的专任教师。

a) Full-time teachers are classified according to the academic level of their students, primary full-time teachers including the ones engaged in primary education in general secondary school.

19-15 各市普通中小学专任教师学历情况(2020年)
Basic Statistics on Education of Teachers and Staff of Primary and Secondary Schools by Region (2020)

单位：人 (person)

地 区	Region	普通高中专任教师 Full-time Teachers of Senior Secondary Schools	#本科及以上 With Undergraduate Education or Higher	普通初中专任教师 Full-time Teachers of Junior Secondary Schools	#本科及以上 With Undergraduate Education or Higher	普通小学专任教师 Full-time Teachers of Regular Primary Schools	#本科及以上 With Undergraduate Education or Higher
全省总计	**Total**	**148952**	**147538**	**304476**	**276616**	**454285**	**338155**
济南市	Jinan	11539	11534	23257	22453	37219	31328
青岛市	Qingdao	12650	12646	25672	25238	38366	34051
淄博市	Zibo	7710	7685	15629	15390	16075	14654
枣庄市	Zaozhuang	5321	5235	11555	10880	22442	18208
东营市	Dongying	3866	3853	8466	7781	8406	6577
烟台市	Yantai	9199	9154	21099	20045	19387	16884
潍坊市	Weifang	17762	17661	28310	26801	40218	33554
济宁市	Jining	10846	10774	26822	23029	40773	26298
泰安市	Tai'an	8981	8905	17452	15347	20768	14253
威海市	Weihai	3809	3770	8884	8701	8248	7811
日照市	Rizhao	4709	4690	8437	7576	12363	9503
临沂市	Linyi	15645	15356	32902	30541	56431	41786
德州市	Dezhou	9043	8859	16415	13450	28069	17039
聊城市	Liaocheng	9528	9377	18091	15539	35957	24565
滨州市	Binzhou	6587	6557	11067	9915	17150	12143
菏泽市	Heze	11757	11482	30418	23930	52413	29501

注：专任教师按照教师教授学生层次归类。
a)Full-time teachers classified according to the academic level of their students.

19−16　各市幼儿园、特殊教育专任教师学历情况(2020年)

Basic Statistics on Education of Teachers and Staff of Kindergartens and Special Education(2020)

单位:人　　(person)

地　区	Region	幼儿园专任教师 Full-time Teachers of Kindergartens	#本科及以上 With Undergraduate Education or Higher	特殊教育专任教师 Full-time Teachers of Special Education	#本科及以上 With Undergraduate Education or Higher
全省总计	**Total**	**240294**	**55829**	**5784**	**4648**
济南市	Jinan	25163	6902	545	473
青岛市	Qingdao	26058	8871	623	594
淄博市	Zibo	10469	3191	389	376
枣庄市	Zaozhuang	5264	1669	162	139
东营市	Dongying	7216	3904	95	89
烟台市	Yantai	12589	3124	322	277
潍坊市	Weifang	25408	7414	513	454
济宁市	Jining	18368	2461	415	333
泰安市	Tai'an	15331	2538	261	215
威海市	Weihai	5356	2117	169	162
日照市	Rizhao	8205	1481	231	144
临沂市	Linyi	27245	3169	789	541
德州市	Dezhou	14830	1790	340	197
聊城市	Liaocheng	10490	2436	334	227
滨州市	Binzhou	9661	2549	213	176
菏泽市	Heze	18641	2213	383	251

注：专任教师按照教师教授学生层次归类。
a)Full-time teachers classified according to the academic level of their students.

19-17 1978-2020年重要科技成果数量

Major Achievements in Science and Technology from 1978 to 2020

单位:项 (unit)

年 份 Year	成 果 数 量 Number of Achievements	#农 业 Agriculture	#工 业 Industry	国际领先先进水平 Advanced Internationally	国内领先先进水平 Advanced nationally
1978	652	116	443	19	283
1979	456	90	261	21	149
1980	657	195	396	25	210
1981	704	169	485	29	201
1982	732	153	516	35	298
1983	977	209	660	26	378
1984	997	196	730	21	420
1985	1196	277	758	41	566
1986	1337	183	933	75	634
1987	1525	264	964	92	838
1988	1786	300	1104	118	1045
1989	1957	325	1220	135	1081
1990	2112	375	1246	150	1148
1991	2488	541	1405	175	1503
1992	2668	57	1265	327	1538
1993	2858	605	1418	372	1745
1994	3113	696	1487	416	2131
1995	3251	702	1524	466	2272
1996	3388	709	1599	471	2353
1997	3507	737	1517	456	2678
1998	3558	614	1515	724	2516
1999	3688	557	1270	744	2737
2000	3728	575	1289	599	2861
2001	3112	494	1138	506	2439
2002	3018	452	1117	486	2371
2003	2896	433	1071	466	2276
2004	3028	454	1120	485	2392
2005	2408	320	539	534	1741
2006	2313	338	630	448	1742
2007	2346	330	704	543	1662
2008	2330	301	677	592	1618
2009	2364	306	849	751	1412
2010	2367	391	751	676	1316
2011	2379	305	723	647	1296
2012	2393	338	853	609	1349
2013	2332	297	866	681	1067
2014	2955	440	1095	817	1146
2015	3011	385	1019	967	1212
2016	3016	421	919	762	1095
2017	2537	363	796	610	973
2018	1791	232	451	416	682
2019	2552	316	807	735	957
2020	2342	338	673	485	988

19－18 科技成果情况

Basic Statistics on Science and Technology

单位:项 (unit)

类别	Category	2013	2014	2015	2016	2017	2018	2019	2020
一、国家级科技成果奖励成果	**National Scientific and Technical Award**	**21**	**28**	**33**	**31**	**19**	**25**	**32**	**31**
国家技术发明奖	National Technology Invention Award	7	5	5	7	3	4	5	6
国家自然科学奖	State Natural Science Award	1	3	2			3	1	1
国家科技进步奖	The State Scientific and Technological Progress Award	13	20	26	23	16	17	26	24
国际合作奖	International Cooperation Award				1		1		
二、省级重要科技成果	**Important Scientific and Technical Award**	**2332**	**2955**	**3011**	**3016**	**2537**	**1791**	**2552**	**2342**
三、省科学技术奖	**Provincial Science and Technology Award**								
自然科学奖	Natural Science Award	17	20	13	11	17	24	29	39
技术发明奖	Technological Invention Award	16	20	13	12	7	13	13	15
科技进步奖	Scientific and Technological Progress Award	413	195	112	112	122	157	199	215
四、专利情况	**Patent Applications**								
申请量	Number of Patent Applications	155170	158619	193220	212911	204861	238795	263407	369349
其中发明专利	Inventions	67642	77298	93475	88359	67773	75817	69511	87330
授权量	Number of Patent Applications Granted	76976	72818	98101	98093	100522	132382	146481	238778
其中发明专利	Inventions	8913	10538	16881	19404	19090	20338	20652	26745

注:2017年以前，专利申请量是指国家知识产权局受理的专利申请数量；从2017年开始，是指国家知识产权局受理的按规定缴足申请费、符合进入初步审查阶段条件的专利申请数量。

a)Before 2017,the amount of patent application refers to the number of patent applications accepted by the State Intellectual Property Office;from 2017, it refers to the amount of application fees paid by the State Intellectual Property Office and the number of patent applications that have entered the preliminary examination stage.

19−19 各市国内三种专利申请受理数和授权数(2020年)

Patents Application Accepted and Granted by Region(2020)

单位：件 (unit)

地 区	Region	申请受理数合计 Number of Patents Application Accepted	发 明 Inventions	实用新型 Utility Models	外观设计 Designs	申请授权数合计 Number of Patents Application Granted	发 明 Inventions	实用新型 Utility Models	外观设计 Designs
总 计	**Total**	**369349**	**87330**	**252621**	**29398**	**238778**	**26745**	**184564**	**27469**
济南市	Jinan	69642	19859	46163	3620	40903	5827	31862	3214
青岛市	Qingdao	87539	25334	56099	6106	57696	8634	43022	6040
淄博市	Zibo	18990	5101	12708	1181	10633	1066	8488	1079
枣庄市	Zaozhuang	9600	1944	6844	812	6284	344	5184	756
东营市	Dongying	9662	2243	7015	404	7043	763	5865	415
烟台市	Yantai	23980	6399	15740	1841	15461	1756	12105	1600
潍坊市	Weifang	32629	7304	22372	2953	23290	2650	17744	2896
济宁市	Jining	17912	2801	13955	1156	13300	806	11311	1183
泰安市	Tai'an	10686	2063	7937	686	6723	500	5575	648
威海市	Weihai	13427	2297	9809	1321	8510	703	6627	1180
日照市	Rizhao	8017	1941	5606	470	4944	781	3697	466
临沂市	Linyi	20240	2719	13636	3885	12868	884	8676	3308
德州市	Dezhou	12972	1764	9514	1694	8385	411	6496	1478
聊城市	Liaocheng	11589	1808	8768	1013	7368	634	5727	1007
滨州市	Binzhou	10060	1931	7449	680	7502	761	6113	628
菏泽市	Heze	12404	1822	9006	1576	7868	225	6072	1571

19-20 R&D经费支出情况(2020年)

单位：万元

类 别	Category	R&D经费内部支出合计 Internal Expenditure on R&D	基础研究支出 Basic Research	应用研究支出 Applied Research
总 计		**16818915**	**503628**	**1115180**
一、按行业分	**by Sector**			
农、林、牧、渔业	Agriculture,Forestry,Animal Husbandry and Fishing	23597	151	655
采矿业	Mining	356848	1111	52856
制造业	Manufacturing	13360540	19505	273297
电力、燃气及水的生产和供应业	Production and Supply of Electric Power and Heat Power	171335	10	1312
建筑业	Construction	496870	3461	33360
批发和零售业	Wholesale and Retail Trade			
交通运输、仓储和邮政业	Traffic,Transport,Storage and Post	60159	59	166
住宿和餐饮业	Hotels and Catering Services			
信息传输、软件和信息技术服务业	Information Transfer, Software and Information Technology Services	381318	131	14612
金融业	Financial Intermediation	1870		57
房地产业	Real Estate			
租赁和商务服务业	Leasing and Business Services			
科学研究和技术服务业	Scientific Research and Technical Service	1186817	166105	325088
水利、环境和公共设施管理业	Management of Water Conservancy,Environment and Public Facilities	22090		1054
居民服务、修理和其他服务业	Households Services, Repair and Other Services			
教 育	Education	766611	282008	395201
卫生和社会工作	Health and Social Work	86397	23728	45668
文化、体育和娱乐业	Culture,Sports and Entertainment	5460	5	27
公共管理、社会保障和社会组织	Public management and Social Organization			
国际组织	International Organization			
二、按地区分	**by Region**			
济南市	Jinan	2654629	184502	414306
青岛市	Qingdao	3008755	183344	225933
淄博市	Zibo	1026354	16056	50587
枣庄市	Zaozhuang	256286	2495	20400
东营市	Dongying	757612	10885	52972
烟台市	Yantai	1435346	27275	66343
潍坊市	Weifang	1276362	11409	36149
济宁市	Jining	666934	12784	30603
泰安市	Tai'an	663671	17365	47834
威海市	Weihai	713115	1957	13532
日照市	Rizhao	620140	1814	19043
临沂市	Linyi	968454	12207	34867
德州市	Dezhou	989087	5325	40265
聊城市	Liaocheng	682451	8195	24928
滨州市	Binzhou	841534	5478	25114
菏泽市	Heze	258187	2539	12304

Basic Statistics On Expenditure on R&D(2020)

(10 000 yuan)

试验发展支出 Experimental Development	政府资金 Government Appropriation Funds	企业资金 Self-raised Funds by Enterprises	境外资金 Foreign funds	其他资金 Other Funds	R&D经费外部支出合计 External expenditure on R&D	对境内研究机构的支出 Expenditure On Domestic Research Institutions	对境内高等学校支出 Expenditure On Domestic colleges and universities	对境内企业支出 Expenditure On Domestic Enterprises	对境外支出 Expenditure On Overseas
15200108	**1452981**	**15188776**	**46974**	**130184**	**991531**	**201536**	**97412**	**563745**	**128551**
22792	3770	19784		44	1105	861	245		
302881	7377	348954		517	24607	3970	10995	9642	
13067738	307068	12990730	32713	30028	695787	159044	51250	359862	125565
170013	1260	169594		481	35914	2291	4440	29183	
460049	2217	489074	5323	256	16183	4000	5701	6481	2
59934	1135	59024			21859	241	910	20640	69
366576	18267	353123	4042	5887	98928	4535	446	93947	
1813		1870							
695624	697419	409480	3539	76380	37812	14054	6280	16077	1171
21037	118	21967		5	906	381	88	419	18
89402	460868	271808	1343	32592	45612	11899	17158	14772	1727
17001	53968	30571	168	1690	2003	21	12	1970	
5428	27	5428	5		11			11	
2055822	527363	2084348	7644	35275	218150	56075	20908	118414	22733
2599479	503488	2417334	34279	53654	244343	40781	25550	157236	20664
959711	74732	948090	39	3492	42021	23505	4785	12165	1461
233391	8021	245886	1	2379	6354	1987	998	3346	23
693755	25150	728197		4265	28176	7234	9953	9348	1641
1341728	86084	1344160	1041	4061	58915	8368	5460	42656	2416
1228805	34503	1236854	578	4427	139313	5987	5846	97448	30031
623547	38023	626947	1	1963	31624	823	2896	11621	16253
598473	43628	617460	1	2583	21120	7679	3824	8399	1218
697625	18981	691188	2287	658	42252	3909	2989	21373	13981
599283	14848	603325		1967	25569	2139	1483	12399	9543
921379	20787	943910	533	3223	68606	15354	2869	44329	6054
943497	16887	966080	0	6121	26286	12344	3230	10704	8
649328	20259	659514	1	2677	11430	4977	1682	4339	432
810942	14876	824978	117	1563	9507	1396	3010	3429	1672
243344	5352	250507	452	1876	17866	8979	1930	6538	419

19-21 R&D人员情况（2020年）
Basic Statistics On R&D Personnel(2020)

类 别	Category	有研究与试验发展活动单位数(个) Number of Units with Research and Development Activities (unit)	研究与试验发展人员(人) Research and Development Personnel (person)	全时人员 Full-time Personnel	非全时人员 Part-time Personnel
总 计		**13057**	**518955**	**360432**	**158522**
一、按行业分	**by Sector**				
农、林、牧、渔业	Agriculture,Forestry,Animal Husbandry and Fishing	27	848	594	254
采矿业	Mining	139	14907	7961	6946
制造业	Manufacturing	11247	358718	270909	87809
电力、燃气及水的生产和供应业	Production and Supply of Electric Power and Heat Power	221	4902	3062	1840
建筑业	Construction	192	13368	9182	4186
批发和零售业	Wholesale and Retail Trade				
交通运输、仓储和邮政业	Traffic,Transport,Storage and Post	64	2045	970	1075
住宿和餐饮业	Hotels and Catering Services				
信息传输、软件和信息技术服务业	Information Transfer, Software and Information Technology Services	210	11910	10266	1644
金融业	Financial Intermediation	1	133	37	96
房地产业	Real Estate				
租赁和商务服务业	Leasing and Business Services	43	691	574	117
科学研究和技术服务业	Scientific Research and Technical Service	570	31524	22493	9031
水利、环境和公共设施管理业	Management of Water Conservancy,Environment and Public Facilities	36	534	366	168
居民服务、修理和其他服务业	Households Services, Repair and Other Services				
教 育	Education	221	72391	31739	40652
卫生和社会工作	Health and Social Work	67	6637	1994	4643
文化、体育和娱乐业	Culture,Sports and Entertainment	10	366	292	75
公共管理、社会保障和社会组织	Public management and Social Organization				
国际组织	International Organization				
二、按地区分	**by Region**				
济南市	Jinan	1209	83032	54577	28455
青岛市	Qingdao	1914	89678	63731	25946
淄博市	Zibo	842	33403	23148	10255
枣庄市	Zaozhuang	284	9545	5876	3668
东营市	Dongying	266	15174	10706	4468
烟台市	Yantai	1153	49586	35838	13748
潍坊市	Weifang	1015	44760	32924	11836
济宁市	Jining	977	29370	20770	8600
泰安市	Tai'an	450	22568	13946	8622
威海市	Weihai	529	22115	16480	5635
日照市	Rizhao	515	15245	9713	5532
临沂市	Linyi	1068	26734	19303	7430
德州市	Dezhou	919	25865	17450	8415
聊城市	Liaocheng	717	16778	12249	4529
滨州市	Binzhou	768	24677	17118	7560
菏泽市	Heze	430	10426	6604	3822

19−22 R&D人员折合全时当量情况（2020年）
Basic Statistics On Full-time Equivalent of R&D Personnel(2020)

单位：人年 (man year)

类　别	Category	R&D人员折合全时当量 Full-time Equivalent of R&D Personnel	基础研究人员 Basic Research Personnel	应用研究人员 Applied Research Personnel	试验发展人员 Experimental Development Personnel
总　计		**341159**	**23105**	**34858**	**283198**
一、按行业分	**by Sector**				
农、林、牧、渔业	Agriculture,Forestry,Animal Husbandry and Fishing	695	7	41	646
采矿业	Mining	9678	43	2300	7335
制造业	Manufacturing	244573	444	7232	236896
电力、燃气及水的生产和供应业	Production and Supply of Electric Power and Heat Power	2948	1	96	2851
建筑业	Construction	9368	74	1164	8129
批发和零售业	Wholesale and Retail Trade				
交通运输、仓储和邮政业	Traffic,Transport,Storage and Post	915	2	15	899
住宿和餐饮业	Hotels and Catering Services				
信息传输、软件和信息技术服务业	Information Transfer, Software and Information Technology Services	8690	3	654	8033
金融业	Financial Intermediation	28		12	16
房地产业	Real Estate				
租赁和商务服务业	Leasing and Business Services	431		29	402
科学研究和技术服务业	Scientific Research and Technical Service	25156	4886	6675	13596
水利、环境和公共设施管理业	Management of Water Conservancy,Environment and Public Facilities	346		30	316
居民服务、修理和其他服务业	Households Services, Repair and Other Services				
教　育	Education	34462	16803	14823	2835
卫生和社会工作	Health and Social Work	3639	842	1788	1009
文化、体育和娱乐业	Culture,Sports and Entertainment	238	0	2	236
公共管理、社会保障和社会组织	Public management and Social Organization				
国际组织	International Organization				
二、按地区分	**by Region**				
济南市	Jinan	53678	8941	10919	33818
青岛市	Qingdao	61991	6242	6130	49620
淄博市	Zibo	22285	985	1548	19752
枣庄市	Zaozhuang	6071	65	1018	4988
东营市	Dongying	10760	393	1215	9152
烟台市	Yantai	32861	1090	2607	29164
潍坊市	Weifang	30982	643	2329	28008
济宁市	Jining	20343	1307	1724	17314
泰安市	Tai'an	14363	998	2337	11026
威海市	Weihai	14520	87	442	13991
日照市	Rizhao	8061	77	477	7507
临沂市	Linyi	15446	538	900	14009
德州市	Dezhou	15155	461	1041	13653
聊城市	Liaocheng	11436	838	848	9751
滨州市	Binzhou	17373	253	785	16335
菏泽市	Heze	5833	187	537	5109

19-23 规模以上工业企业R&D经费支出情况（2020年）

单位：万元

类别	Category	R&D经费内部支出合计 Internal Expenditure on R&D	基础研究支出 Basic Research
总计		**13656187**	**18798**
一、按企业规模分	by Enterprise Size		
大型企业	Large-sized Enterprises	6639665	7590
中型企业	Medium-sized Enterprises	3302324	7218
小型企业	Small-sized Enterprises	3644032	3874
微型企业	Micro-enterprises	70166	116
二、按登记注册类型分	by Status of Registration		
内资企业	Domestic Funded Enterprises	11826856	16384
国有企业	State-owned Enterprises	123586	
集体企业	Collective-owned Enterprises	6460	
股份合作企业	Cooperative Enterprises	2674	
联营企业	Joint Ownership Enterprises	861	
有限责任公司	Limited Liability Corporations	4496284	5232
股份有限公司	Share-holding Corporations Limited	2661681	6017
私营企业	Private Enterprises	4534744	5135
其他企业	Other Enterprises	566	
港、澳、台商投资企业	Enterprises with Funds from Hong Kong, Macao and Taiwan	720269	50
合资经营企业(港或澳、台资)	Joint-ventures Enterprises	311155	
合作经营企业(港或澳、台资)	Cooperative Enterprises	1633	
港、澳、台商独资经营企业	Enterprises with Sole Investment	360618	
港、澳、台商投资股份有限公司	Share-holding Corporations Ltd. With Funds from Hong Kong, Macao and Taiwan	46823	50
其他港澳台投资企业	Other Enterprises with Funds from Hong Kong,Macao and Taiwan	39	
外商投资企业	Foreign Funded Enterprises	1109062	2365
中外合资经营企业	Joint-venture Enterprises	613350	2037
中外合作经营企业	Cooperation Enterprises	40444	
外资企业	Enterprises with Sole Foreign Funds	351477	328
外商投资股份有限公司	Share-holding Corporations Ltd. With Foreign Investment	101486	
其他外商投资企业	Other Foreign Funded Enterprises	2306	
三、按工业行业大类分	by Sector		
采掘业	**Mining**	**356848**	**1111**
煤炭开采和洗选业	Mining and Washing of Coal	166240	410
石油和天然气开采业	Extraction of Petroleum and Natural Gas	48681	511
黑色金属矿采选业	Mining of Ferrous Metal Ores	28801	
有色金属矿采选业	Mining of Non-ferrous Metal Ores	50658	190
非金属矿采选业	Mining and Processing of Nonmetal Ores	6331	
开采专业及辅助性活动	Mining Specialties and Auxiliary Activities	56137	
其他采矿业	Mining of Other Ores		
制造业	**Manufacturing**	**13128005**	**17677**
农副食品加工业	Processing of Food from Agricultural Products	493559	443
食品制造业	Manufacture of Foods	232881	1488
酒、饮料和精制茶制造业	Manufacture of Wine, Drinks and Refined Tea	101054	3233
烟草制品业	Manufacture of Tobacco	997	
纺织业	Manufacture of Textile	344068	150
纺织服装、服饰业	Manufacture of Textile Wearing Apparel and Finery	78824	
皮革、毛皮、羽毛及其制品和制鞋业	Manufacture of Leather, Fur, Feather & Its Products and Footwear	42188	
木材加工及木、竹、藤、棕、草制品业	Processing of Timbers, Manufacture of Wood, Bamboo, Rattan, Palm, and Straw Products	76328	
家具制造业	Manufacture of Furniture	16546	

Expenditures of Industrial Enterprises above Designated Size on R&D(2020)

(10 000 yuan)

应用研究支出 Applied Research	试验发展支出 Experimental Development	政府资金 Government Appropriation Funds	企业资金 Self-raised Funds by Enterprises	境外资金 Foreign funds	其他资金 Other Funds	R&D经费外部支出合计 External expenditure on R&D	对境内研究机构的支出 Expenditure On Domestic Research Institutions	对境内高等学校支出 Expenditure On Domestic colleges and universities	对境外支出 Expenditure On Overseas
307342	**13330047**	**213703**	**13394981**	**32713**	**14791**	**755451**	**164879**	**66490**	**125565**
170089	6461985	110967	6497623	25012	6063	502950	93758	41475	110493
66351	3228756	48070	3246402	4216	3636	148831	41596	14526	6816
68232	3571926	53830	3581831	3484	4886	102221	28840	10248	8252
2671	67380	836	69125		205	1449	685	242	5
270314	11540159	192108	11592178	29872	12699	626216	130304	63734	92864
4327	119260	1240	121999		348	23499	1284	4611	
1899	4562	79	6381						
	2674	50	2623			2		2	
	861		861						
130277	4360775	74859	4389955	25012	6458	179185	42018	16399	26899
28908	2626756	61406	2598715	389	1171	330112	62593	29816	61281
104765	4424844	54474	4471077	4471	4722	93348	24379	12905	4684
139	427	0	566			70	30		
2931	717288	4456	714613	546	654	61290	19928	370	11532
2857	308298	3381	307025	174	575	44915	16569	275	6387
	1633		1633						
74	360544	946	359221	371	79	10222	3359	66	5146
	46773	128	46695			6153		29	
	39		39						
34097	1072600	17139	1088190	2295	1438	67945	14647	2387	21169
9594	601718	10154	602471	724		56300	14337	1751	18245
8967	31478	549	39895			208		87	
4510	346639	4522	344021	1496	1438	11082	53	455	2925
11027	90459	1914	99496	75		354	257	94	
	2306		2306						
52856	**302881**	**7377**	**348954**		**517**	**24607**	**3970**	**10995**	
43213	122616	1446	164794			7237	1299	2184	
2970	45200	726	47438		517	7989	906	5770	
4147	24654	0	28801			368	122	211	
2222	48246	221	50438			3817	1421	579	
303	6028	304	6027			7			
	56137	4680	51457			5189	222	2252	
253175	**12857153**	**205066**	**12876434**	**32713**	**13792**	**694930**	**158618**	**51055**	**125565**
16906	476210	5975	484723		2862	8069	2345	2108	425
4253	227139	5562	227276		43	4090	1723	1325	91
2715	95107	2335	98598		122	4328	2378	1616	156
263	733		997			80	19	33	
4985	338932	2574	341206		288	2959	1200	895	6
445	78379	2505	76122		197	1745	25	35	77
318	41870	429	41624		135	9		9	
1486	74842	821	75507			548	286	191	29
18	16528	150	16337		59				

19-23 续表

单位：万元

类别	Category	R&D经费内部支出合计 Internal Expenditure on R&D	基础研究支出 Basic Research
造纸及纸制品业	Manufacture of Paper and Paper Products	282497	
印刷和记录媒介复制业	Printing, Reproduction of Recording Media	38602	355
文教、工美、体育和娱乐用品制造业	Manufacture of Culture, Education,Arts and crafts, Sport and Entertainment Goods	145613	
石油、煤炭及其他燃料加工业	Processing of Oil, Coal and Other Fuel	607213	
化学原料和化学制品制造业	Manufacture of Chemical Raw Material and Chemical Products	1455059	419
医药制造业	Manufacture of Medicines	1027460	5516
化学纤维制造业	Manufacture of Chemical Fiber	43679	559
橡胶和塑料制品业	Manufacture of Rubber and Plastic	635185	357
非金属矿物制品业	Manufacture of Non-metallic Mineral Products	609415	1510
黑色金属冶炼及压延加工业	Manufacture and Processing of Ferrous Metals	950044	
有色金属冶炼及压延加工业	Manufacture & Processing of Non-ferrous Metals	607382	
金属制品业	Manufacture of Metal Products	517206	2794
通用设备制造业	Manufacture of General Purpose Machinery	901231	127
专用设备制造业	Manufacture of Special Purpose Machinery	846341	378
汽车制造业	Manufacture of Automotive	930625	276
铁路、船舶、航空航天和其他运输设备制造业	Manufacture of Railroad,Marine,Aerospace and Other Transportation Equipment	298342	
电气机械及器材制造业	Manufacture of Electrical Machinery & Equipment	716089	60
计算机、通信和其他电子设备制造业	Manufacture of Computer, Communications and Other Electronic Equipment	921297	
仪器仪表制造业	Manufacture of Measuring Instrument	179826	
其他制造业	Other Manufacture	7977	
废弃资源综合利用业	Comprehensive Utilization of Waste	13407	12
金属制品、机械和设备修理业	Metal Products, Machinery and Equipment Repair Industry	7070	
电力、热力、燃气及水的生产和供应业	**Production and Supply of Electric, Heat,Has and Water**	**171335**	**10**
电力、热力的生产和供应业	Production and Supply of Electric Power and Heat Power	156196	
燃气生产和供应业	Production and Supply of Gas	7323	10
水的生产和供应业	Production and Supply of Water	7816	
四、按地区分	**by Region**		
济南市	Jinan	1514651	2723
青岛市	Qingdao	1987664	3920
淄博市	Zibo	865914	200
枣庄市	Zaozhuang	224183	
东营市	Dongying	671039	511
烟台市	Yantai	1195495	653
潍坊市	Weifang	1218189	130
济宁市	Jining	598480	219
泰安市	Tai'an	572675	12
威海市	Weihai	695608	1025
日照市	Rizhao	550010	
临沂市	Linyi	919566	6470
德州市	Dezhou	930938	1205
聊城市	Liaocheng	651686	876
滨州市	Binzhou	809594	696
菏泽市	Heze	250496	157

continued

(10 000 yuan)

应用研究支出 Applied Research	试验发展支出 Experimental Development	政府资金 Government Appropriation Funds	企业资金 Self-raised Funds by Enterprises	境外资金 Foreign funds	其他资金 Other Funds	R&D经费外部支出合计 External expenditure on R&D	对境内研究机构的支出 Expenditure On Domestic Research Institutions	对境内高等学校支出 Expenditure On Domestic colleges and universities	对境外支出 Expenditure On Overseas
9713	272784	2153	280344			786	717	45	
86	38161	346	38256			232	33	15	39
249	145364	1777	141863	1693	280	4678	813	604	8
34748	572465	364	606848			13031	6013	1810	1600
22010	1432631	22649	1430411	961	1038	40835	17280	10060	1456
21345	1000599	27946	998904	11	600	184189	54108	6239	26447
863	42258	621	43059			68	22	22	
24789	610039	3417	628002		3767	33425	1701	873	16865
11507	596398	13228	595796	75	316	7171	1466	2342	371
18577	931467	992	948987		66	2465	88	783	
7810	599572	5511	600782		1089	1036	165	604	
5515	508897	3630	512387	412	778	2006	308	824	244
11761	889344	15455	883370	1768	638	62586	1548	4432	19600
18474	827489	15871	829940	1	529	24561	6165	2009	10131
10600	919749	3272	901491	25427	435	72128	43264	1122	11373
8077	290266	20660	277113	569		52377	5650	10444	10297
3491	712539	6704	708898	190	296	36342	9635	1330	4026
6573	914724	17040	902394	1607	257	129753	1308	886	22324
4156	175670	22445	157381			4790	36	169	2
	7977	121	7857			94		12	
1383	12013	517	12890			530	321	199	
61	7010		7070			21		21	
1312	**170013**	**1260**	**169594**		**481**	**35914**	**2291**	**4440**	
768	155428	954	154993		248	35789	2181	4432	
50	7263	156	6976		191	110	110		
494	7322	150	7625		41	15		8	
19623	1492305	20337	1493617	320	377	149048	44670	8275	22733
20058	1963686	55084	1902410	28157	2013	108506	20979	13679	19484
7608	858106	14513	850649		751	38495	23320	4277	1443
9756	214427	3022	221161			5126	1210	704	23
41232	629296	8835	661670		535	27092	6953	9483	1641
41392	1153450	29881	1164342	786	487	54099	7089	5233	2331
10956	1207102	13536	1202915	62	1676	138997	5974	5710	29935
21636	576624	10775	587570	1	134	31252	787	2620	16253
19914	552749	7465	564749		461	15611	6402	1912	1218
11784	682799	15294	677439	2287	589	42201	3901	2989	13977
4779	545231	4234	545725		51	16306	1711	458	9543
27092	886004	12799	905457	533	777	67315	14675	2453	6054
31905	897828	6476	920283		4179	26160	12324	3162	8
13288	637523	3861	647559		267	11265	4899	1640	432
14377	794521	5357	803502	115	620	6293	1028	2007	69
11944	238394	2236	245933	452	1875	17686	8958	1888	419

19-24 规模以上工业企业R&D人员情况（2020年）

单位：人

类 别	Category	研究与试验发展人员 Research and Development Personnel
总 计		**376610**
一、按企业规模分	**by Enterprise Size**	
大型企业	Large-sized Enterprises	139531
中型企业	Medium-sized Enterprises	97857
小型企业	Small-sized Enterprises	136245
微型企业	Micro-enterprises	2977
二、按登记注册类型分	**by Status of Registration**	
内资企业	Domestic Funded Enterprises	330689
国有企业	State-owned Enterprises	4092
集体企业	Collective-owned Enterprises	437
股份合作企业	Cooperative Enterprises	144
联营企业	Joint Ownership Enterprises	56
有限责任公司	Limited Liability Corporations	108832
股份有限公司	Share-holding Corporations Limited	65205
私营企业	Private Enterprises	151889
其他企业	Other Enterprises	34
港、澳、台商投资企业	Enterprises with Funds from Hong Kong, Macao and Taiwan	15871
合资经营企业(港或澳、台资)	Joint-ventures Enterprises	8065
合作经营企业(港或澳、台资)	Cooperative Enterprises	39
港、澳、台商独资经营企业	Enterprises with Sole Investment	6568
港、澳、台商投资股份有限公司	Share-holding Corporations Ltd. With Funds from Hong Kong, Macao and Taiwan	1190
其他港澳台投资企业	Other Enterprises with Funds from Hong Kong,Macao and Taiwan	9
外商投资企业	Foreign Funded Enterprises	30050
中外合资经营企业	Joint-venture Enterprises	14994
中外合作经营企业	Cooperation Enterprises	578
外资企业	Enterprises with Sole Foreign Funds	11517
外商投资股份有限公司	Share-holding Corporations Ltd. With Foreign Investment	2851
其他外商投资企业	Other Foreign Funded Enterprises	110
三、按工业行业大类分	**by Sector**	
采掘业	**Mining**	**14907**
煤炭开采和洗选业	Mining and Washing of Coal	8558
石油和天然气开采业	Extraction of Petroleum and Natural Gas	1480
黑色金属矿采选业	Mining of Ferrous Metal Ores	1148
有色金属矿采选业	Mining of Non-ferrous Metal Ores	1791
非金属矿采选业	Mining and Processing of Nonmetal Ores	304
开采专业及辅助性活动	Mining Specialties and Auxiliary Activities	1626
其他采矿业	Mining of Other Ores	
制造业	**Manufacturing**	**356801**
农副食品加工业	Processing of Food from Agricultural Products	16402
食品制造业	Manufacture of Foods	9919
酒、饮料和精制茶制造业	Manufacture of Wine, Drinks and Refined Tea	2968
烟草制品业	Manufacture of Tobacco	38
纺织业	Manufacture of Textile	18146
纺织服装、服饰业	Manufacture of Textile Wearing Apparel and Finery	4248
皮革、毛皮、羽毛及其制品和制鞋业	Manufacture of Leather, Fur, Feather & Its Products and Footwear	1429
木材加工及木 竹、藤、棕、草制品业	Processing of Timbers, Manufacture of Wood, Bamboo, Rattan, Palm, and Straw Products	3146
家具制造业	Manufacture of Furniture	943

Basic Statistics On R&D Personnel of Industrial Enterprises above Designated Size(2020)

(person)

本年度参加项目人员 Personnel involved in the project current year	科技管理和服务人员 Technology management and service personnel	全时人员 Full-time Personnel	非全时人员 Part-time Personnel
343605	**33005**	**280015**	**96595**
128480	11051	101886	37645
89347	8510	71513	26344
123071	13174	104383	31862
2707	270	2233	744
301230	29459	246121	84568
3703	389	2905	1187
400	37	240	197
132	12	123	21
53	3	51	5
98651	10181	76106	32726
60274	4931	50596	14609
137985	13904	116081	35808
32	2	19	15
14591	1280	11377	4494
7354	711	5426	2639
34	5	25	14
6066	502	5124	1444
1128	62	797	393
9		5	4
27784	2266	22517	7533
13833	1161	11547	3447
551	27	478	100
10637	880	8124	3393
2660	191	2287	564
103	7	81	29
13321	**1586**	**7961**	**6946**
7521	1037	4280	4278
1367	113	1162	318
1058	90	578	570
1593	198	1007	784
243	61	236	68
1539	87	698	928
325837	**30964**	**268992**	**87809**
14735	1667	12103	4299
9156	763	7233	2686
2751	217	2305	663
31	7	16	22
16091	2055	12771	5375
3922	326	3216	1032
1262	167	1059	370
2852	294	2103	1043
811	132	655	288

19－24 续表

单位：人

类 别	Category	研究与试验发展人员 Research and Development Personnel
造纸及纸制品业	Manufacture of Paper and Paper Products	6621
印刷和记录媒介复制业	Printing, Reproduction of Recording Media	1917
文教、工美、体育和娱乐用品制造业	Manufacture of Culture, Education,Arts and crafts, Sport and Entertainment Goods	5746
石油、煤炭及其他燃料加工业	Processing of Oil, Coal and Other Fuel	8158
化学原料和化学制品制造业	Manufacture of Chemical Raw Material and Chemical Products	34397
医药制造业	Manufacture of Medicines	22981
化学纤维制造业	Manufacture of Chemical Fiber	1245
橡胶和塑料制品业	Manufacture of Rubber and Plastic	18225
非金属矿物制品业	Manufacture of Non-metallic Mineral Products	19525
黑色金属冶炼及压延加工业	Manufacture and Processing of Ferrous Metals	10725
有色金属冶炼及压延加工业	Manufacture & Processing of Non-ferrous Metals	10136
金属制品业	Manufacture of Metal Products	17215
通用设备制造业	Manufacture of General Purpose Machinery	31979
专用设备制造业	Manufacture of Special Purpose Machinery	27424
汽车制造业	Manufacture of Automotive	23826
铁路、船舶、航空航天和其他运输设备制造业	Manufacture of Railroad,Marine,Aerospace and Other Transportation Equipment	7599
电气机械及器材制造业	Manufacture of Electrical Machinery & Equipment	20149
计算机、通信和其他电子设备制造业	Manufacture of Computer, Communications and Other Electronic Equipment	23633
仪器仪表制造业	Manufacture of Measuring Instrument	6879
其他制造业	Other Manufacture	316
废弃资源综合利用业	Comprehensive Utilization of Waste	421
金属制品、机械和设备修理业	Metal Products, Machinery and Equipment Repair Industry	445
电力、热力、燃气及水的生产和供应业	**Production and Supply of Electric, Heat,Has and Water**	**4902**
电力、热力的生产和供应业	Production and Supply of Electric Power and Heat Power	3912
燃气生产和供应业	Production and Supply of Gas	557
水的生产和供应业	Production and Supply of Water	433
四、按地区分	**by Region**	
济南市	Jinan	33732
青岛市	Qingdao	53338
淄博市	Zibo	25102
枣庄市	Zaozhuang	7699
东营市	Dongying	11398
烟台市	Yantai	39918
潍坊市	Weifang	39216
济宁市	Jining	23974
泰安市	Tai'an	16518
威海市	Weihai	21154
日照市	Rizhao	12492
临沂市	Linyi	23703
德州市	Dezhou	21749
聊城市	Liaocheng	13886
滨州市	Binzhou	23018
菏泽市	Heze	9713

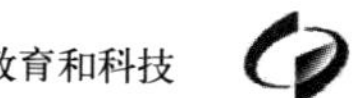

continued

(person)

本年度参加项目人员 Personnel involved in the project current year	科技管理和服务人员 Technology management and service personnel	全时人员 Full-time Personnel	非全时人员 Part-time Personnel
5990	631	4792	1829
1738	179	1338	579
5197	549	4020	1726
7372	786	4535	3623
31364	3033	25656	8741
21141	1840	18320	4661
1161	84	873	372
16695	1530	13998	4227
17652	1873	14519	5006
9572	1153	6885	3840
8917	1219	7753	2383
15688	1527	12949	4266
29512	2467	23929	8050
25283	2141	21736	5688
21784	2042	18805	5021
7055	544	6314	1285
18279	1870	14892	5257
22193	1440	19607	4026
6524	355	5713	1166
295	21	231	85
392	29	345	76
422	23	321	124
4447	**455**	**3062**	**1840**
3602	310	2375	1537
466	91	388	169
379	54	299	134
31090	2642	26248	7484
48280	5058	41804	11534
23042	2060	18733	6369
6982	717	5129	2570
10563	835	7882	3516
36963	2955	30395	9523
36236	2980	30192	9024
21793	2181	17765	6209
15390	1128	10668	5850
19143	2011	15965	5189
11389	1103	8317	4175
21759	1944	17587	6116
19636	2113	15694	6055
12773	1113	10950	2936
19739	3279	16367	6651
8827	886	6319	3394

19-25 规模以上工业企业R&D人员折合全时当量情况（2020年）

Full-time Equivalent of R&D Personnel of Industrial Enterprises above Designated Size(2020)

单位：人年 (man year)

类别	Category	R&D人员折合全时当量 Full-time Equivalent of R&D Personnel	基础研究人员 Basic Research Personnel	应用研究人员 Applied Research Personnel	试验发展人员 Experimental Development Personnel
总计		**255281**	**488**	**9059**	**245735**
一、按企业规模分	**by Enterprise Size**				
大型企业	Large-sized Enterprises	101940	257	5011	96672
中型企业	Medium-sized Enterprises	64566	136	1947	62483
小型企业	Small-sized Enterprises	86951	95	1944	84912
微型企业	Micro-sized Enterprises	1824		156	1668
二、按登记注册类型分	**by Status of Registration**				
内资企业	Domestic Funded Enterprises	224564	432	8167	215966
国有企业	State-owned Enterprises	2909		217	2691
集体企业	Collective-owned Enterprises	303		84	219
股份合作企业	Cooperative Enterprises	132			132
联营企业	Joint Ownership Enterprises	50			50
有限责任公司	Limited Liability Corporations	73920	159	3468	70293
股份有限公司	Share-holding Corporations Limited	49798	208	1090	48500
私营企业	Private Enterprises	97425	64	3307	94054
其他企业	Other Enterprises	27		1	26
港、澳、台商投资企业	Enterprises with Funds from Hong Kong, Macao and Taiwan	10385		87	10298
合资经营企业(港或澳、台资)	Joint-ventures Enterprises	5158		86	5073
合作经营企业(港或澳、台资)	Cooperative Enterprises	27			27
港、澳、台商独资经营企业	Enterprises with Sole Investment	4373		1	4372
港、澳、台商投资股份有限公司	Share-holding Corporations Ltd. With Funds from Hong Kong, Macao and Taiwan	825			825
其他港澳台投资企业	Other Enterprises with Funds from Hong Kong, Macao and Taiwan	2			2
外商投资企业	Foreign Funded Enterprises	20331	56	805	19471
中外合资经营企业	Joint-venture Enterprises	10731	40	566	10125
中外合作经营企业	Cooperation Enterprises	433		99	334
外资企业	Enterprises with Sole Foreign Funds	7400	16	92	7292
外商投资股份有限公司	Share-holding Corporations Ltd. With Foreign Investment	1689		48	1642
其他外商投资企业	Other Foreign Funded Enterprises	77			77
三、按工业行业大类分	**by Sector**				
采掘业	**Mining**	**9678**	**43**	**2300**	**7335**
煤炭开采和洗选业	Mining and Washing of Coal	5385	30	2032	3324
石油和天然气开采业	Extraction of Petroleum and Natural Gas	1163	10	113	1040
黑色金属矿采选业	Mining of Ferrous Metal Ores	699		60	639
有色金属矿采选业	Mining of Non-ferrous Metal Ores	1180	3	95	1082
非金属矿采选业	Mining and Processing of Nonmetal Ores	154		1	153
开采专业及辅助性活动	Mining Specialties and Auxiliary Activities	1096			1096
其他采矿业	Mining of Other Ores				
制造业	**Manufacturing**	**242656**	**444**	**6662**	**235549**
农副食品加工业	Processing of Food from Agricultural Products	10148	19	602	9527
食品制造业	Manufacture of Foods	6723	36	212	6475
酒、饮料和精制茶制造业	Manufacture of Wine, Drinks and Refined Tea	1849	66	89	1694
烟草制品业	Manufacture of Tobacco	16		5	12
纺织业	Manufacture of Textile	12950		229	12720
纺织服装、服饰业	Manufacture of Textile Wearing Apparel and Finery	2568		5	2563
皮革、毛皮、羽毛及其制品和制鞋业	Manufacture of Leather, Fur, Feather & Its Products and Footwear	885		11	874
木材加工及木 竹、藤、棕、草制品业	Processing of Timbers, Manufacture of Wood, Bamboo, Rattan, Palm, and Straw Products	1724		47	1677
家具制造业	Manufacture of Furniture	487		1	486

19-25 续表 continued

单位：人年 (man year)

类别	Category	R&D人员折合全时当量 Full-time Equivalent of R&D Personnel	基础研究人员 Basic Research Personnel	应用研究人员 Applied Research Personnel	试验发展人员 Experimental Development Personnel
造纸及纸制品业	Manufacture of Paper and Paper Products	4315		51	4264
印刷和记录媒介复制业	Printing, Reproduction of Recording Media	1206	2	3	1201
文教、工美、体育和娱乐用品制造业	Manufacture of Culture, Education,Arts and crafts, Sport and Entertainment Goods	3455		26	3429
石油、煤炭及其他燃料加工业	Processing of Oil, Coal and Other Fuel	5122		421	4701
化学原料和化学制品制造业	Manufacture of Chemical Raw Material and Chemical Products	24294	8	511	23774
医药制造业	Manufacture of Medicines	16684	221	513	15949
化学纤维制造业	Manufacture of Chemical Fiber	803	25	36	742
橡胶和塑料制品业	Manufacture of Rubber and Plastic	11830	9	691	11129
非金属矿物制品业	Manufacture of Non-metallic Mineral Products	12391	5	318	12069
黑色金属冶炼及压延加工业	Manufacture and Processing of Ferrous Metals	6451		174	6277
有色金属冶炼及压延加工业	Manufacture & Processing of Non-ferrous Metals	7201		367	6834
金属制品业	Manufacture of Metal Products	11162	8	157	10997
通用设备制造业	Manufacture of General Purpose Machinery	21796	9	554	21233
专用设备制造业	Manufacture of Special Purpose Machinery	19071	7	407	18658
汽车制造业	Manufacture of Automotive	15794	26	251	15517
铁路、船舶、航空航天和其他运输设备制造业	Manufacture of Railroad,Marine,Aerospace and Other Transportation Equipment	5478		455	5023
电气机械及器材制造业	Manufacture of Electrical Machinery & Equipment	14176	1	110	14065
计算机、通信和其他电子设备制造业	Manufacture of Computer, Communications and Other Electronic Equipment	18086		168	17918
仪器仪表制造业	Manufacture of Measuring Instrument	5250		221	5030
其他制造业	Other Manufacture	214			214
废弃资源综合利用业	Comprehensive Utilization of Waste	210	2	20	189
金属制品、机械和设备修理业	Metal Products, Machinery and Equipment Repair Industry	317		9	307
电力、热力、燃气及水的生产和供应业	**Production and Supply of Electric, Heat, Has and Water**	**2948**	**1**	**96**	**2851**
电力、热力的生产和供应业	Production and Supply of Electric Power and Heat Power	2445		86	2359
燃气生产和供应业	Production and Supply of Gas	236	1	3	233
水的生产和供应业	Production and Supply of Water	267		8	259
四、按地区分	**by Region**				
济南市	Jinan	23416	103	444	22869
青岛市	Qingdao	37464	59	467	36938
淄博市	Zibo	17665	3	333	17329
枣庄市	Zaozhuang	5238		633	4605
东营市	Dongying	8043	10	705	7328
烟台市	Yantai	27194	28	1388	25777
潍坊市	Weifang	28143	8	734	27401
济宁市	Jining	17153	6	1121	16027
泰安市	Tai'an	11122	2	872	10247
威海市	Weihai	13970	22	240	13708
日照市	Rizhao	6711		93	6618
临沂市	Linyi	13805	88	432	13286
德州市	Dezhou	13354	5	358	12991
聊城市	Liaocheng	9890	76	290	9525
滨州市	Binzhou	16609	48	477	16084
菏泽市	Heze	5503	31	470	5002

19－26 按行业分规模以上工业企业新产品开发及生产情况(2020年)

New Products Development and Production of Industrial Enterprises above Designated Size by Industrial Sector(2020)

行业	Sector	新产品项目数(项) New Products (unit)	开发新产品经费(万元) Expenditure on new products Development (10 000 yuan)	新产品销售收入(万元) Sales Revenue of New Products (10 000 yuan)
总计	**Total**	**59946**	**12580017**	**170810782**
煤炭开采和洗选业	Mining and Washing of Coal	179	60955	165219
石油和天然气开采业	Extraction of Petroleum and Natural Gas	207	42606	25219
黑色金属矿采选业	Mining of Ferrous Metal Ores	40	7032	145246
有色金属矿采选业	Mining of Non-ferrous Metal Ores	61	6487	270001
非金属矿采选业	Mining and Processing of Nonmetal Ores	18	2044	9016
开采专业及辅助性活动	Mining Specialties and Auxiliary Activities	142	41579	14439
其他采矿业	Mining of Other Ores	1	28	
农副食品加工业	Processing of Food from Agricultural Products	2688	487373	5011500
食品制造业	Manufacture of Foods	1517	200781	2380138
酒、饮料和精制茶制造业	Manufacture of Wine, Drinks and Refined Tea	376	95792	1199785
烟草制品业	Manufacture of Tobacco	20	4345	88860
纺织业	Manufacture of Textile	1643	353069	3217529
纺织服装、服饰业	Manufacture of Textile Wearing Apparel and Finery	398	76100	1075928
皮革、毛皮、羽毛及其制品和制鞋业	Manufacture of Leather, Fur, Feather & Its Products and Footwear	170	40184	289410
木材加工及木、竹、藤、棕、草制品业	Processing of Timbers, Manufacture of Wood, Bamboo, Rattan, Palm, and Straw Products	498	70629	426448
家具制造业	Manufacture of Furniture	182	20347	131347
造纸及纸制品业	Manufacture of Paper and Paper Products	785	284588	4825198
印刷和记录媒介复制业	Printing, Reproduction of Recording Media	340	37376	531487
文教、工美、体育和娱乐用品制造业	Manufacture of Culture, Education,Arts and crafts, Sport and Entertainment Goods	957	143133	1324367
石油、煤炭及其他燃料加工业	Processing of Oil, Coal and Other Fuel	587	380050	8683069
化学原料和化学制品制造业	Manufacture of Chemical Raw Material and Chemical Products	5851	1259008	18785756
医药制造业	Manufacture of Medicines	4692	948989	9601272
化学纤维制造业	Manufacture of Chemical Fiber	207	46918	404502
橡胶和塑料制品业	Manufacture of Rubber and Plastic	2599	584405	7393977
非金属矿物制品业	Manufacture of Non-metallic Mineral Products	3661	532121	5012029
黑色金属冶炼及压延加工业	Manufacture and Processing of Ferrous Metals	971	747929	9686017
有色金属冶炼及压延加工业	Manufacture & Processing of Non-ferrous Metals	1041	489254	9979925
金属制品业	Manufacture of Metal Products	3342	467982	6006278
通用设备制造业	Manufacture of General Purpose Machinery	6288	974548	12459506
专用设备制造业	Manufacture of Special Purpose Machinery	6499	879462	11005604
汽车制造业	Manufacture of Automotive	3820	968815	22187388
铁路、船舶、航空航天和其他运输设备制造业	Manufacture of Railroad,Marine,Aerospace and Other Transportation Equipment	1216	357599	5246329
电气机械及器材制造业	Manufacture of Electrical Machinery & Equipment	4308	778509	9625547
计算机、通信和其他电子设备制造业	Manufacture of Computer, Communications and Other Electronic Equipment	2447	909038	11914889
仪器仪表制造业	Manufacture of Measuring Instrument	1428	195128	1177314
其他制造业	Other Manufacture	58	5837	92027
废弃资源综合利用业	Comprehensive Utilization of Waste	71	10023	126418
金属制品、机械和设备修理业	Metal Products, Machinery and Equipment Repair Industry	61	7754	68155
电力、热力生产和供应业	Production and Supply of Electric Power and Heat Power	485	55937	158046
燃气生产和供应业	Production and Supply of Gas	43	3047	46532
水的生产和供应业	Production and Supply of Water	49	3220	19068

19－27 高技术制造业R&D活动及新产品开发情况
Statistics on R&D Activities and New Products Development in High-tech Manufacturing Industry

行业	Industry	有R&D活动的企业数(个) Number of Enterprises with R&D Activities (unit)		R&D人员折合全时当量(人年) Full-time Equivalent of R&D Personnel (man year)		R&D经费内部支出(万元) Internal Expenditure on R&D (10 000 yuan)	
		2019	2020	2019	2020	2019	2020
合　计	**Total**	**865**	**1067**	**35706**	**44598**	**1959129**	**2307305**
医药制造业	Medical and Pharmaceutical Products	312	400	14097	16684	810290	1027460
航空、航天器及设备制造业	Aviation and Aircrafts Manufacturing	7	8	216	252	6847	6314
电子及通信设备制造业	Electronic and Communication Equipment	281	337	11090	15532	710514	719914
计算机及办公设备制造业	Electronic Computers and Office Equipment	27	34	3673	3905	238960	253290
医疗仪器设备及仪器仪表制造业	Medical Treatment Instruments and Meters	230	280	6559	8133	189179	294300
信息化学品制造业	Manufacture of Electronic Chemicals	8	8	71	92	3339	6028

19－27 续表 continued

行业	Industry	专利申请数(件) Patent Applications (piece)		拥有发明专利(件) Patents in Force (piece)		新产品开发项目数(项) New Products (units)		新产品开发经费支出(万元) Expenditure on New Products Development (10 000 yuan)	
		2019	2020	2019	2020	2019	2020	2019	2020
合　计	**Total**	**11074**	**14146**	**18387**	**17307**	**8339**	**9933**	**2025149**	**2245843**
医药制造业	Medical and Pharmaceutical Products	2319	3869	5306	6197	3902	4692	802234	948989
航空、航天器及设备制造业	Aviation and Aircrafts Manufacturing	44	42	57	86	62	64	9747	6954
电子及通信设备制造业	Electronic and Communication Equipment	5117	5122	8858	6910	2049	2388	720837	729063
计算机及办公设备制造业	Electronic Computers and Office Equipments	1247	1517	1518	1468	345	503	274255	235205
医疗仪器设备及仪器仪表制造业	Medical Treatment Instruments and Meters	2321	3565	2635	2630	1960	2253	215238	319234
信息化学品制造业	Manufacture of Electronic Chemicals	26	31	13	16	21	33	2839	6398.4

注：本表的数据口径为规模以上工业企业。

a)Data in this table cover industrial enterprises above designated size.

19-28 高技术制造业基本情况

Statistics on Production and Management in High-tech Manufacturing Industry

项　目	Item	2015	2016	2017	2018	2019	2020
生产经营情况	**Production Operation**						
企业数　(个)	Number of Enterprises　(unit)	2268	2207	2141	1979	1564	1718
从业人员年平均人数　(万人)	Annual Average Number of Persons Engaged　(10 000 persons)	73.2	75.0	72.8	63.1	54.2	55.8
营业务收入　(亿元)	Revenue from Principal Business　(100 million yuan)	11535.3	12263.5	12206.8	7065.4	5910.6	6741.6
利润　(亿元)	Profits　(100 million yuan)	874.2	952.7	948.2	621.8	478.8	682.2
R&D及相关活动情况	**R&D and related Activities**						
有R&D活动的企业数　(个)	Number of Enterprises with R&D Activities　(unit)	779	904	1001	898	865	1067
R&D人员全时当量　(人年)	Full-time Equivalent of R&D Personnel　(man year)	50774	51955	51057	49617	35706	44598
R&D经费内部支出　(亿元)	Internal Expenditure on R&D　(100 million yuan)	207.7	222.5	250.6	226.6	195.9	230.7
新产品开发经费　(亿元)	Expenditure on New Products Development　(100 million yuan)	195.1	222.1	262.6	218.3	202.5	224.6
专利申请数　(件)	Number of Patent Applications Examined　(unit)	11527	13983	17187	17712	11074	14146
拥有发明专利数　(件)	Number of Invention Patents　(unit)	9569	12298	17553	19986	18387	17307
固定资产投资情况	**Investment in Fixed Assets**						
施工项目数　(个)	Number of Projects Under Construction　(unit)	1576	1828				
#新开工项目数　(个)	Number of New Projects　(unit)	1176	1287				
全部建成或投产项目数　(个)	Number of Projects Completed or Put into Use　(unit)	1124	1249				
投资额　(亿元)	Investment　(100 million yuan)	1643.9	1866.6				
新增固定资产　(亿元)	New Added Fixed Assets　(100 million yuan)	1071.2	1041.5				

注：1.生产经营情况的数据口径为规模以上工业企业。2.从2015年起高技术制造业汇总范围包括信息化学品制造业。

a)Data on production operation cover industrial enterprises above designated size.

b)Data on high-tech manufacturing Industry include manufacture of electronic chemical since 2015.

主要统计指标解释

普通高等学校 指按照国家规定的设置标准和审批程序批准举办的，通过全国普通高等学校统一招生考试，招收高中毕业生为主要培养对象，实施高等教育的全日制大学、独立设置的学院和高等专科学校、高等职业学校和其他机构。

大学、独立设置的学院主要实施本科层次以上教育，高等专科学校、高等职业学校实施专科层次教育，其他机构是承担国家普通招生计划任务不计校数的机构。包括普通高等学校分校和批准筹建的普通高等学校等。

成人高等学校 指按照国家规定的设置标准和审批程序批准举办的，通过全国成人高等学校统一招生考试，招收具有高中毕业或同等学历的在职从业人员为主要培养对象，利用函授、业余、脱产等多种形式对其实施高等学历教育的学校。包括职工高等学校、农民高等学校、管理干部学院、教育学院、独立函授学院、广播电视大学、其他机构等。其他机构是承担国家成人招生计划任务不计校数的机构。

小学学龄儿童净入学率 指调查范围内已入小学学习的学龄儿童占校内外学龄儿童总数(包括弱智儿童，不包括盲聋哑儿童)的比重。计算公式为：

$$\text{小学学龄儿童净入学率}=\frac{\text{已入学的小学学龄儿童数}}{\text{校内外小学学龄儿童总数}}\times 100\%$$

国家财政性教育经费 包括国家财政预算内教育经费，各级政府征收用于教育的税费，企业办学校教育经费，校办产业、勤工俭学和社会服务收入用于教育的经费。

财政预算内教育经费 指中央、地方各级财政或上级主管部门在年度内安排，并计划拨到教育部门和其他部门主办的各级各类学校、教育事业单位，列入国家预算支出科目的教育经费，包括教育事业拨款、科研经费拨款、基建拨款和其他经费拨款。

研究与试验发展(R&D) 指在科学技术领域，为增加知识总量，以及运用这些知识去创造新的应用进行的系统的创造性的活动，包括基础研究、应用研究、试验发展三类活动。国际上通常采用 R&D 活动的规模和强度指标反映一国的科技实力和核心竞争力。

基础研究 指为了获得关于现象和可观察事实的基本原理的新知识(揭示客观事物的本质、运动规律，获得新发现、新学说)而进行的实验性或理论性研究，它不以任何专门或特定的应用或使用为目的。其成果以科学论文和科学著作为主要形式。用来反映知识的原始创新能力。

应用研究 指为获得新知识而进行的创造性研究，主要针对某一特定的目的或目标。应用研究是为了确定基础研究成果可能的用途，或是为达到预定的目标探索应采取的新方法(原理性)或新途径。其成果形式以科学论文、专著、原理性模型或发明专利为主。用来反映对基础研究成果应用途径的探索。

试验发展 指利用从基础研究、应用研究和实际经验所获得的现有知识，为产生新的产品、材料和装置，建立新的工艺、系统和服务，以及对已产生和建立的上述各项作实质性的改进而进行的系统性工作。其成果形式主要是专利、专有技术、具有新产品基本特征的产品原型或具有新装置基本特征的原始样机等。在社会科学领域，试验发展是指把通过基础研究、应用研究获得的知识转变成可以实施的计划(包括为进行检验和评估实施示范项目)的过程。人文科学领域没有对应的试验发展活动。主要反映将科研成果转化为技术和产品的能力，是科技推动经济社会发展的物化成果。

研究与试验发展人员 指参与研究与试验发展项目研究、管理和辅助工作的人员，包括项目(课题)组人员，企业科技行政管理人员和直接为项目(课题)活动提供服务的辅助人员。反映投入从事拥有自主知识产权的研究开发活动的人力规模。

研究与试验发展人员全时当量 指全时人员数加非全时人员按工作量折算为全时人员数的总和。例如：有两个全时人员和三个非全时人员(工作时间分别为 20%、30%和 70%)，则全时当量为 2+0.2+0.3+0.7=3.2 人年。为国际上比较科技人力投入而制定的可比指标。

R&D 经费内部支出合计 指调查单位用于内部开展 R&D 活动（基础研究、应用研究和试验发展）的实际支出。包括用于 R&D 项目（课题）活动的直接支出，以及间接用于 R&D 活动的管理费、服务费、与 R&D 有关的基本建设支出以及外协加工费等。不包括生产性活动支出、归还贷款支出以及与外单位合作或委托外单位进行 R&D 活动而转拨给对方的经费支出。

专　利 是专利权的简称，是对发明人的发明创造经审查合格后，由专利局依据专利法授予发明人和设计人对该项发明创造享有的专有权。包括发明、实用新型和外观设计。反映拥有自主知识产权的科技和设计成果情况。

发　明 指对产品、方法或者其改进所提出的新的技术方案。是国际通行的反映拥有自主知识产权技术的核心指标。

Explanatory Notes on Main Statistical Indicators

Regular Institutions of Higher Learning refer to educational establishments set up according to the government evaluation and approval procedures, enrolling graduates from senior secondary schools and providing higher education courses and training for senior professionals. They include full time universities, colleges, high professional schools, high professional vocational schools and others.

Universities and colleges are mainly providing undergraduate courses; those high professional schools and high professional vocational schools are mainly providing professional trainings; and others refer to educational establishments, which are responsible for enrolling students but not covered in the total number of schools, including: branch schools of universities and colleges, and universities and colleges that have been proved and prepared to construct.

Institutions of Higher Learning for Adults refer to educational establishments, set up in line with relevant rules approved by the government, enrolling staff and workers with senior secondary school or equivalent education, and providing higher education courses in many forms of correspondence, spare time, or full time for adults. Professionals thus trained receive a qualification equivalent to graduates studying regular courses at regular universities, colleges and professional colleges. Institutions of higher learning for adults include schools of high education for staff and workers, schools of high education for peasants, colleges for management cadres, pedagogical colleges, independent correspondence colleges, Radio and TV universities and other educational establishments. Other educational establishments are responsible for enrolling adult students but not covered in the number of schools.

Enrollment Rate of Primary School Age Children refers to the proportion of school age children enrolled at schools to the total number of school age children both in and outside schools (including retarded children, but excluding blind, deaf and mute children). The formula is:

$$\begin{matrix}\text{Enrolment Rate}\\ \text{of Primary}\\ \text{School - age Children}\end{matrix} = \frac{\begin{matrix}\text{Total Primary School - age}\\ \text{Children at Schools}\end{matrix}}{\begin{matrix}\text{Total Primary School - age}\\ \text{Children Whether or}\\ \text{Not Attending School}\end{matrix}} \times 100\%$$

Government Appropriation for Education refers to state budgetary fund for education, taxes and fees collected by governments at all levels that are used for education purpose, education fund for enterprise run schools, income from school run enterprises, work study programme and social services that are used for education purpose.

Budgetary Fund for Education refers to education fund that is planned to allocate to various schools and education institutions by central and local financial departments at various levels within the reference year, which is within the state budgetary expenditure, including: appropriate funds for education, science and research, capital construction and others.

Research and Development (R&D) refers to systematic and creative activities in the field of science and technology aiming at increasing the knowledge and using the knowledge for new application. R&D includes 3 categories of activities: basic research, applied research and experiments and development. The scale and intensity of R&D are widely used internationally to reflect the strength of S&T and the core competitiveness of a country in the world.

Basic Research refers to empirical or theoretical research aiming at obtaining new knowledge on the fundamental principles of phenomena of observable facts to reveal the nature and law of movement of objects and to acquire new discoveries or new theories. Basic research takes no specific or designated application as the aim of the research. Results of basic research are mainly released or disseminated in the form of scientific papers or monographs. This indicator reflects the original innovation capacity of knowledge.

Applied Research refers to creative research aiming at obtaining new knowledge on a specific objective or target. Purpose of the applied research is to identify the possible use of results from basic research, or to explore new (fundamental) methods or new approaches. Results of applied research are expressed in the form of scientific papers, monographs, fundamental models or invention patents. This indicator reflects the exploration of ways to apply the results of basic research.

Experiments and Development refer to systematic activities aiming at using the knowledge from basic and applied researches or from practical experience to develop new products, materials and equipment, to establish new production process, systems and services, or to make substantial improvement on the existing products, process or services. Results of experiment and development activities are embodied in patents, exclusive technology, and monotype of new products or equipment. In social sciences, experiment and development activities refer to the process of converting the knowledge from basic or applied researches into feasible programmes (including conduct of demonstration projects for assessment and evaluation). There are no experiment and development activities in the science of humanities. This indicator reflects the capability of transferring the results of S&T into technique and products, which is the materialized measurement of S&T pushing forward the economic and social development.

R&D Personnel refer to persons engaged in research, management and supporting activities of R&D, including persons in the project teams, persons engaged in the management of S&T activities of enterprises and supporting staff providing direct service to the research projects. This indicator reflects the size of personnel engaged in R&D activities with independent intellectual property.

Full time Equivalent of R&D Personnel refers to the sum of the full time persons and the full time equivalent of part time persons converted by workload. For instance, if there are 2 full time persons and 3 part time workers (20%, 30% and 70% of working hours respectively on R&D activities), the full time equivalent is 2+0.2+0.3+0.7=3.2 person years. This is an internationally comparable indicator of input of personnel in S&T activities.

Total Internal Expenditure of Funds on R&D refers to the real expenditure of surveyed units on their own R&D activities(basic research, application study, test and development)including direct expenditure on R&D activities,expenditure on capital construction and material processing by others.Excluding the expenditure on production activities,return of loan,and fee transferred to coopertated and entrusted agencies on R&D activities.

Patent is an abbreviation for the patent right and refers to the exclusive right of ownership by the inventors or designers for the creation or inventions, given from the patent offices after due process of assessment and approval in accordance with the Patent Law. Patents are granted for inventions, utility models and designs. This indicator reflects the achievements of S&T and design with independent intellectual property.

Inventions refer to the new technical proposals to the products or methods or their modifications. This is universal core indicator reflecting the technologies with independent intellectual property.

第
20
篇

文化、体育和卫生

Culture, Sports and Health

简 要 说 明

一、本篇资料的主要内容

本篇资料反映了全省文化、体育和卫生基本情况。文化部分主要包括文化、文物、广播、电视、档案、报纸杂志出版、图书出版等方面的发展状况。体育部分主要包括运动员、教练员、裁判员发展人数等情况。卫生部分主要包括卫生机构及其人员、床位数、县及县以上医院诊疗人次数、入院人数等基本情况。

二、本篇资料的来源

1.文化部分中，艺术事业、图书馆事业、群众文化事业的资料来源于省文化和旅游厅，广播电视资料来源于省广播电视局，电影有关资料来源于省电影局，新闻出版有关资料来源于省新闻出版局，档案馆有关资料来源于省档案馆。

2.体育部分的资料来源于省体育局。

3.卫生部分的资料来源于省卫健委。

本篇资料由省统计局人口处（社科处）整理提供。

Brief Introduction

I. Content

Data in this chapter show the basic conditions of culture,sports and health. Data on culture show the basic conditions on arts, cultural relics, broadcasting, television, archives and publication. Data on sports mainly include the number of athletes, coaches and referees. Data on health include the number of institutions, personnel, hospital beds.

II. Source of Data

(1)Data on the causes of arts, libraries, mass culture are provided by the Department of Culture and Tourism of Shandong Provincet. Data on broadcasting and television are provided by Shandong Provincial Administration of Radio and Television. Data on film are provided by Shandong Provincial Administration of Film. Data on news and publication are provided by Shandong Provincial Administration of Press and Publication. Data on archives and publication are provided by Shandong Provincial Archives Administration.

(2)Data on sports are provided by Shandong Provincial Physical Culture Administration.

(3)Data on public health are provided by Shandong Provincial Department of Health.

In this chapter, data are prepared by the Division of Urbanization,Population and Employment Statistics（by the Division of Social,Science and Culture Industry Employment Statistics）of Shandong Provincial Bureau of Statistics.

20-1 主要年份文化、文物事业基本情况

Number of Institutions for Culture and Cultural Relics of Major Years

年 份 Year	文化(艺术)馆 Cultural Centre		文化站 Cultural Station		艺术表演团体 Art Performance Troups	
	机构数 (个) Number (unit)	人 数 (人) Personnel (person)	机构数 (个) Number (unit)	人 数 (人) Personnel (person)	机构数 (个) Number (unit)	人 数 (人) Personnel (person)
1949	39				46	
1952	166		139		113	
1957	134		283		175	
1962	130		500		180	
1965	141	1261	6	10	176	9923
1970	137	1601			154	9599
1975	151	1891	887	944	157	12709
1976	150	1979	1644	1803	157	13396
1977	155	2110	1988	2185	156	13557
1978	155	2151	2103	2196	155	13219
1979	155	2138	2104	2163	155	12896
1980	155	2251	2117	2197	156	12562
1981	156	2420	2099	2218	157	11930
1982	155	2490	2107	2268	157	11280
1983	155	2609	2102	2172	157	10584
1984	154	2590	2132	2204	159	9922
1985	157	2818	2198	2230	158	9317
1986	159	2940	2276	2292	149	9177
1987	157	2849	2345	2410	139	7751
1988	159	3043	2423	2787	127	7344
1989	159	3140	2452	2643	123	6992
1990	159	3127	2482	2666	119	6703
1991	156	3100	2504	2783	120	6640
1992	156	3129	2481	2798	120	6657
1993	157	3145	2454	2862	119	6430
1994	157	3197	2387	2882	118	6448
1995	158	3265	2363	3117	118	6170
1996	159	3237	2466	3286	118	6090
1997	158	3264	2482	3177	118	6148
1998	158	3252	2494	3339	118	6170
1999	158	3194	2493	3293	117	6077
2000	159	3055	2422	3304	118	5943
2001	159	2975	1912	2943	121	5990
2002	156	2935	1866	3019	121	6030
2003	157	2968	1792	3022	120	5988
2004	159	3136	1783	3190	118	5995
2005	158	2982	1768	3166	117	6066
2006	158	3058	1857	3330	118	6250
2007	157	3012	1826	3715	119	6163
2008	156	3025	1826	3754	119	6254
2009	158	3115	1867	4593	118	6279
2010	158	3055	1855	4543	119	6268
2011	160	3086	1828	4643	116	6163
2012	158	3033	1821	4987	104	5722
2013	159	3062	1807	4915	103	5557
2014	158	3047	1811	5181	104	5728
2015	157	3034	1814	5534	104	5368
2016	157	3006	1816	5262	103	5651
2017	157	2978	1815	5334	105	5689
2018	157	2950	1819	5329	105	5539
2019	157	2864	1815	5581	104	5665
2020	158	2887	1821	5628	103	5381

20-1 续表 continued

年 份 Year	剧 场(院) Theaters 机构数(个) Number (unit)	人 数(人) Personnel (person)	图 书 馆 Libraries 机构数(个) Number (unit)	人 数(人) Personnel (person)	博 物 馆 Museums 机构数(个) Number (unit)	人 数(人) Personnel (person)
1949	5		3			
1952	15		3			
1957	44		40			
1962	129		84			
1965	128	755	27	257	7	183
1970	83	600	12	193	5	155
1975	81	592	43	436	8	211
1976	71	577	62	564	9	237
1977	76	658	66	621	9	246
1978	75	661	80	737	10	298
1979	77	705	88	876	10	310
1980	71	627	88	924	10	317
1981	72	649	89	1004	9	268
1982	71	667	89	1075	15	338
1983	61	660	89	1131	17	364
1984	65	678	92	1240	19	380
1985	62	705	99	1338	23	488
1986	123	2193	101	1486	30	527
1987	119	2310	105	1613	36	763
1988	116	2388	111	1780	40	876
1989	118	2413	113	1796	40	979
1990	117	2516	115	1876	41	1021
1991	121	2736	118	1956	45	1141
1992	120	2772	122	2055	45	1215
1993	119	2837	126	2178	52	1329
1994	118	2878	126	2256	54	1418
1995	115	2783	130	2318	56	1462
1996	111	2727	131	2359	54	1522
1997	107	2652	131	2471	54	1562
1998	107	2577	131	2536	56	1422
1999	107	2544	133	2555	57	1663
2000	105	2473	133	2506	59	1633
2001	105	2444	136	2503	66	1611
2002	104	2434	140	2559	70	1566
2003	104	2353	140	2573	73	1634
2004	95	2088	142	2633	72	1684
2005	94	1881	145	2690	75	1723
2006	95	2098	143	2624	76	1770
2007	92	1937	145	2640	87	1915
2008	90	1827	147	2606	96	2064
2009	82	1640	150	2669	111	2307
2010	91	1904	149	2680	114	2456
2011	93	2134	150	2697	120	2787
2012	93	2083	150	2647	178	4353
2013	93	1719	153	2760	194	4748
2014	93	1734	153	2730	243	5369
2015	92	1632	154	2750	312	6310
2016	93	1602	154	2828	393	7152
2017	100	1821	154	2877	485	7976
2018	106	1902	154	2843	517	8059
2019	93	1732	154	2816	541	8319
2020	87	1712	154	2904	577	8871

20-2 文化、文物机构人员情况(2020年)

Number of Institution and Personnel in Culture and Culture Relics(2020)

项　目	Item	机构数(个) Number of Institutions (unit)	人员数(人) Number of Employed Persons (person)
总　计	**Total**	**18913**	**98726**
文化	Culture	2688	27767
公有制艺术表演团体	Public Arts Performance Troupes	103	5381
公有制艺术表演场馆	Public Arts Centers	87	1712
艺术展览创作机构	Art exhibition and Creation Institutions	88	621
公共图书馆业	Public Libraries	154	2904
群众文化服务业	Mass Culture	1979	8515
艺术馆、文化馆	Cultural and Art Centers	158	2887
文化站	Cultural Stations	1821	5628
文化和旅游部门教育机构	Culture Education	4	682
文化和旅游科研机构	Art Research	5	156
文化和旅游行政主管部门	Administrative department of culture	159	5818
其他文化和旅游机构	Other cultural institutions	109	1978
文物	Cultural Relics	748	12401
文物保护管理机构	Agency of Relics Preservation	91	2611
文物科研机构	Scientific and Research Historical Relics Agency	12	189
博物馆	Museums	577	8871
其他文物机构	Other cultural relics institutions	68	730
文化市场经营机构	Business Units Dealing in Culture Market	15477	58558
娱乐场所	Place of entertainment	3172	12896
互联网上网服务营业场所(网吧)	Internet service establishments (Internet bar)	9461	11725

注：文化市场经营机构含互联网上网服务营业场所和娱乐场所。
a) Business units dealing in culture market include internet service and entertainment venues.

20-3 各市文化、文物事业基本情况(2020年)

Basic Statistics on Culture and Cultural Relics by Region (2020)

地区	Region	公共图书馆数(个) Public Libraries (unit)	公共图书馆藏书量(万册) Total Collections (10 000 volumes)	艺术表演团体(个) Performance Troupes (unit)	艺术表演场所(个) Art Performance Places (unit)	文化馆(群众艺术馆)(个) Cultural (Mass Art) Centers (unit)	文化站(个) Cultural Stations (unit)	文化事业费(万元) Total Cultural Expenditures (10 000 yuan)	文物事业费(万元) Total Cultural Relics Expenditures (10 000 yuan)	博物馆(个) Museums (unit)
全省总计	**Total**	**154**	**6975**	**103**	**87**	**158**	**1821**	**503101**	**124669**	**577**
济南市	Jinan	13	764	9	8	13	161	48214	10207	42
青岛市	Qingdao	12	840	9	7	12	138	67093	9284	102
淄博市	Zibo	9	316	3	6	9	88	27075	7039	66
枣庄市	Zaozhuang	7	183	2	2	7	62	8734	4208	19
东营市	Dongying	6	323	2	2	6	40	16229	1923	13
烟台市	Yantai	14	673	10	6	15	155	38981	8893	37
潍坊市	Weifang	12	765	6	2	13	118	29178	11244	57
济宁市	Jining	12	307	12	10	12	156	47049	17946	49
泰安市	Tai'an	7	196	4	5	7	88	13605	5036	45
威海市	Weihai	5	397	4	2	6	73	18531	5370	9
日照市	Rizhao	5	152	1	2	5	54	10492	1857	14
临沂市	Linyi	13	386	4	7	13	160	31396	10255	49
德州市	Dezhou	12	201	6	7	12	133	16293	3655	15
聊城市	Liaocheng	8	161	5	7	9	136	16601	3947	17
滨州市	Binzhou	8	186	9	1	8	90	12319	2949	19
菏泽市	Heze	10	198	11	9	10	169	17896	4449	21

注：全省数据含省本级数据。
a)Provincial data include provincial level data.

20-4 电影基本情况
Basic Statistics on Film

项 目	Item	2016	2017	2018	2019	2020
电影剧本(梗概)备案公示数量(部)	Number of Filing and Publicity of Movie Scripts (unit)	102	194	198	109	135
电影完成片数量 (部)	Number of Completed Films (unit)	19	51	42	57	46
农村公益电影放映队数量 (个)	Number of Movie Charity Projection Teams in Rural Areas (unit)	3502	3717	3838	4191	3983
农村公益电影放映场次 (万场)	Number of Movie Charity Projection in Rural Areas (10 000 stages)	82	83	80	78	73
城市影院银幕数量 (块)	Number of Movie Screens in City Cinemas (piece)	2305	2712	3159	3592	3697
城市电影观影人次 (万人)	Number of Movie Viewers in City Cinemas (10 000 persons)	5807	7189	7769	8095	2854
城市电影票房收入 (亿元)	City Movie Box Office (100 million yuan)	18.8	22.9	26.0	28.8	10.0

20-5 广播电视基本情况
Basic Statistics on Radio and Television Stations

项 目	Item	2016	2017	2018	2019	2020
广播	**Radio**					
广播节目综合人口覆盖率 (%)	Radio Coverage Rate of the Population (%)	99.0	99.1	99.1	99.1	99.5
广播节目套数 (套)	Number of Radio Programs (set)	161	162	181	172	171
广播节目制作时间 (万小时)	Length of Radio Programs Produced (10 000 hours)	56.0	56.0	55.9	59.1	59.7
公共广播节目播出时间 (万小时)	Length of Public Radio Programs Broadcasted (10 000 hours)	95.7	94.5	97.0	102.4	103.0
对外广播节目播出套数 (套)	Number of International Radio Programs Broadcasted (set)	1	1	1		
对外广播节目播出时间 (万小时)	Length of International Radio Programs Broadcasted (10 000 hours)	0.1	0.1	0.1		
广播节目播出语言种类 (种)	Kinds of Languages of Radio Programs Broadcasted (kind)	1	1	1	1	1
电视	**Television**					
电视节目综合人口覆盖率 (%)	TV Coverage Rate of Population (%)	98.6	98.9	99.1	99.1	99.6
有线广播电视用户数 (万户)	Number of Users of Cable Radio and TV (10 000 households)	1848.1	1765.7	1684.2	1579.2	1570.6
有线广播电视入户率 (%)	Popularization Rate of Cable Radio and TV (%)	61.5	55.9	53.0	49.2	47.9
电视节目套数 (套)	Number of TV Programs (set)	224	251	261	259	259
电视节目制作时间 (万小时)	Length of TV Programs Produced (10 000 hours)	23.3	25.8	24.4	24.0	20.8
公共电视节目播出时间 (万小时)	Length of Public TV Programs Broadcasted (10 000 hours)	115.5	133.8	141.8	142.4	144.8
电视节目播出语言种类 (种)	Kinds of Languages of TV Programs Broadcasted (kind)	3	3	3	3	2
对外电视节目播出套数 (套)	Number of International TV Programs Broadcasted (set)	1	1	1	1	1
对外电视节目播出时间 (万小时)	Length of International TV Programs Broadcasted (10 000 hours)	0.9	0.9	0.9	0.9	0.9
广播电视技术及其他	**TV Technology and Others**					
广播电视总收入 (亿元)	Revenue of Radio and TV (100 million yuan)	159.8	172.9	170.3	172.7	174.1
广播电视从业人员数 (万人)	Staff and Workers of Radio and TV (10 000 persons)	5.9	5.9	5.3	5.3	5.5
中、短波转播发射台 (座)	Transmission and Relaying Stations of Medium and Short Wave Broadcast (unit)	33	31	30	30	25
调频、电视转播发射台 (座)	Relaying Stations and TV Transmission of Frequency Modulation Broadcasting (unit)	206	204	201	198	192
微波实有站 (座)	Microwave Stations (unit)	28	27	32	34	34

20−6 图书、期刊和报纸出版情况(2020年)
Number of Books,Magazines and Newspapers Published (2020)

类　别	Item	种 数 (种) Number of Publications (kind)	总印数 (万册、万份) Total Printed Copies (10 000 Copies)
图书总计	**Books**	**15406**	**53349.5**
马列主义、毛泽东思想	Marxism-Leninism, Mao Zedong Thought	5	1.0
哲学	Philosophy	163	65.4
社会科学总论	General Social Sciences	59	50.0
政治、法律	Politics and Law	160	112.0
军事	Military Affairs	33	12.6
经济	Economics	137	33.2
文化、科学、教育、体育	Culture, Science, Education and Sports	11099	47824.1
语言、文字	Languages	141	122.5
文学	Literature	1900	3870.4
艺术	Arts	230	74.5
历史、地理	History and Geography	450	592.0
自然科学总论	General Natural Sciences	35	30.8
数理科学、化学	Mathematics and Chemistry	79	41.1
天文学、地球科学	Astronomy and Geology	51	32.7
生物科学	Biology	74	67.2
医学、卫生	Medicine and Health Care	197	78.4
农业科学	Agricultural Science	26	8.9
工业技术	Industrial Technology	362	206.4
交通运输	Transportation	40	15.6
航空、航天	Aeronautics and Aerospace	2	1.4
环境科学	Environmental Science	24	7.6
综合性图书	General Books	36	38.6
图片(不使用《中国标准书号》)	Picture (not subject to CSBN)		
期刊总计	**Magazine**	**265**	**7109.9**
综　合	Synthesis	17	241.2
哲学社会科学	Philosophy and Social Science	34	812.8
自然科学技术	Natural Science and Technology	20	24.7
文化教育	Culture and Education	29	3145.9
文学艺术	Literature and Arts	15	853.1
画　刊	Pictorial		
少　儿	Children's Books	6	3254.2
报纸总计	**Newspaper**	**82**	**154621.4**
综合报	Synthetical Newspaper	39	127073.1
专业报	Special Newspaper	24	19301.4
生活服务报	Life Service Newspaper	15	3677.3
读者对象报	Reader Object Newspaper	4	4569.7
高校校报	College Newspaper	44	777.6

20－7　档案馆基本情况(2020年)

Statistics on Archive Institution(2020)

项　目	Item	总 计 Total	国家综合档案馆 National Comprehen-sive Archive	省 级 Provincial Level	市地级 City Level	县 级 County Level
档案馆　(个)	Number of Institutions　(unit)	209	162	1	16	145
现有专职人数　(人)	Number of Personnel　(person)	2702	2257	90	465	1702
档案馆面积　(平方米)	Floor Space of Archives Institution　(sq.m)	910278	752008	49230	248181	454597
馆藏档案	Number of Archives					
全 宗　(个)	Whole Volume　(unit)	23427	23199	373	4765	18061
案 卷　(卷)	Files　(volume)	21128651	14180892	654410	3779254	9747228
中华人民共和国成立前档案案卷	Before 1949 Files	362538	348927	10462	329325	9140
中华人民共和国成立后档案案卷	After 1949 Files	20766113	13831965	643948	3449929	9738088
馆藏资料　(册)	Number of Material Stored　(volume)	2735476	2661121	112692	600133	1948296
档案资料利用情况	Use of Archiver					
利用档案　(卷(件)次)	Number of Archives Used　(volume-times)	1629110	1061620	38365	412479	610776
利用资料　(册次)	Number of Material Used　(vomume-times)	43847	38384	79	12235	26070
利用档案人次　(人次)	Number of Persons Using Material　(person-times)	784651	209615	8005	33605	168005
开放案卷　(卷)	Opening Archives　(volume)	4998974	1590855		602875	987980
开放档案目录(案卷级)　(万条)	Catalog of Opening Archives (Files)　(10 000 units)	401.42	83.61		41.27	42.34

注：开放案卷、开放档案目录，省级仅有“文件级”的数据，故该两项为空。
a)Catalog of opening archives: only "file level" data is available at the provincial level, so the two items are empty.

20－7　续表 continued

项　目	Item	国家专门档案馆 National Special Archives	部 门档案馆 Depart-ment Archives	大型企业档 案 馆 Enterprise Archive Institution	省、部属事业单位档案馆 Province and Ministry Archive Institution
档案馆　(个)	Number of Institutions　(unit)	21	1	5	20
现有专职人数　(人)	Number of Personnel　(person)	282	4	23	136
档案馆面积　(平方米)	Floor Space of Archives Institution　(sq.m)	103253	3096	16072	35847
馆藏档案	Number of Archives				
全 宗　(个)	Whole Volume　(unit)	10	1	161	56
案 卷　(卷)	Files　(volume)	5248375	51983	631768	1015633
中华人民共和国成立前档案案卷	Before 1949 Files	13465			146
中华人民共和国成立后档案案卷	After 1949 Files	5234910	51983	631768	1015487
馆藏资料　(册)	Number of Material Stored　(volume)	22628	3403	16999	31325
档案资料利用情况	Use of Archiver				
利用档案　(卷(件)次)	Number of Archives Used　(volume-times)	353841	2100	22024	189525
利用资料　(册次)	Number of Material Used　(vomume-times)	4209	35	161	1058
利用档案人次　(人次)	Number of Persons Using Material　(person-times)	326411	260	3285	245080
开放案卷　(卷)	Opening Archives　(volume)	3166664			241455
开放档案目录(案卷级)　(万条)	Catalog of Opening Archives (Files)　(10 000 units)	299.60		5.41	12.80

20-8 等级运动员、教练员、裁判员发展人数
Basic Statistics on Athletes, Coaches and Referees

单位:人 (person)

项 目	Item	2013	2014	2015	2016	2017	2018	2019	2020
等级运动员	**Number of Athletes and Referees in Grades**	**4650**	**4045**	**4006**	**4304**	**2908**	**3356**	**6500**	**4201**
国际运动健将	International Master of Sportsmen	23	13	21	14	9	16	6	5
运动健将	Master of Sportsmen	110	83	134	178	137	174	94	147
一 级	First Grade Sportsmen	572	1109	907	771	742	809	2051	618
二 级	Second Grade Sportsmen	3945	2840	2944	3341	2020	2357	4438	3403
聘任教练员	**Employed Coaches**	**163**	**129**	**134**	**97**	**105**	**127**	**165**	**130**
国家级	National Coaches	1	6			1	2	2	1
高 级	Senior Coaches	25	17	18	6	10	40	35	10
一 级	First Grade Coaches	53	38	39	32	27	43	54	28
二 级	Second Grade Coaches	75	55	59	52	55	35	62	69
三 级	Third Grade Trainers	9	13	18	7	12	7	12	22
等级裁判员	**Number of Referees in Grades**	**3213**	**3481**	**3630**	**2038**	**2524**	**4454**	**5003**	**1804**
国际级	International Referees							4	
国家级	National Referees	1	30	2				21	3
一 级	First Grade Referees	544	928	745	75	196	508	605	551
二 级	Second Grade Referees	2668	2523	2883	1963	2328	3946	4373	1983

20−9 分项目分技术等级运动员发展人数（2020年）

Certified Athletes by Type of Sports and Technical Grade(2020)

单位：人 (person)

项 目	Item	合 计 Total	国际级运动健将 International Master of Sportsmen	运动健将 Master of Sportsmen	一级运动员 First Grade Sportsmen	二级运动员 Second Grade Sportsmen
合计	**Total**	**4021**	**5**	**147**	**618**	**3403**
田径	Track and Field Events	1528			36	1492
游泳	Swimming	312		7	58	254
跳水	Diving	10		3	8	2
体操	Artistic Gymnastics	16		30	7	9
蹦床	Trampoline	7			6	1
举重	Weightlifting	35			6	29
拳击	Boxing	60			19	41
摔跤	Wrestling	111	1		32	79
中国式摔跤	Chinese Wrestling	5				5
柔道	Judo	111			27	84
跆拳道	Taekwondo	35			21	14
自行车	cycling	38	2	5		38
击剑	Fencing	45			9	36
马术	Equestrian	10			1	9
现代五项	Modern Pentathlon	13			12	1
射击	Shooting	16	1	9		16
射箭	Archery	35		8	15	20
赛艇	Rowing	177		13	59	118
皮划艇	Canoe Kayak	168		14	54	114
帆船	Sailing	38		1	28	10
帆板	Windsurfing	1				1
足球	Football	35				35
篮球	Basketball	204		11	43	161
排球	Volleyball	159		3	67	92
沙滩排球	Beach Volleyball	4		19		4
乒乓球	Table Tennis	168		4	13	155
羽毛球	Badminton	40	1	1	18	22
网球	Tennis	114				114
手球	Handball	58		5	3	55
棒球	Baseball	70			10	60
垒球	Softball	43			10	33
短道速滑	Short-track Speed Skating			1		
技巧	Acrobatic Gymnastics	29			4	25
武术	Wushu	73			1	72
围棋	Weiqi	5			2	3
国际象棋	Chess	7		4	3	4
登山	Mountain Climbing	3			3	
攀岩	Rock Climbing	27				27
摩托车	Motorcycle	11				11
铁人三项	Triathlon	4			1	3
高尔夫球	Golf ball	14			11	3
橄榄球	Rugby	42			3	39
健美	Bodybuilding	1			1	
健美操	Aerobics	8				8
竞走	Heel-and-toe Walking Race	45				45
散打	Sanda	47		3	3	44
空手道	Karate	31			16	15
冲浪	Surfing	8			8	
武术套路	Wushu routine			6		

20−10　体育系统机构人员情况（2020年）

Number of Institutions and Engaged Persons of Physical Education System(2020)

单位：个、人　　(unit,person)

指　标	Item	省级 Provincial Level		地级 Prefectural Level		县级 County Level	
		机构 Institutions	人员 Persons	机构 Institutions	人员 Persons	机构 Institutions	人员 Persons
总　计	**Total**	**34**	**3516**	**97**	**3222**	**231**	**4529**
独立行政机关	Independent Administrative Agencies of Government	1	48	15	367	22	449
合并行政机关	Combined Administrative Agencies of Government			2	26	71	1030
竞技体校	Competitive Sports Schools			1	124	15	532
其他事业单位	Other Institutions	12	321	33	303	89	1856
本科院校	Colleges	1	646				
企业	Companies			2	34		
少儿体育运动学校(业余体校)	Spare-time Sports Schools			4	203	18	352
体育场馆	Stadiums and Gymnasiums	1	116	19	609		
体育科研机构	Sport Scientific Research Institutions	1	46	3	20		
体育类民办非企业	People-run Non-enterprise Sport Units						
体育运动学校	Physical Education and Sport Schools	1	130	14	1336	6	93
体育中学	Sport Middle Schools			1	60	10	217
训练基地	Training Bases	2	33	2	54		
运动项目管理部门(优秀运动队)	Sports Events Managing Agencies	15	2176	1	86		
其他机构	Other Institutions						

20−11　卫生总费用

Total Health Expenditure

年份 Year	卫生总费用(亿元) Total Health Expenditure (100 million yuan)	政府卫生支出 Government Health Expenditure		社会卫生支出 Social Health Expenditure		个人现金卫生支出 Out-of-pocket Health Expenditure		人均卫生总费用(元) Per Capita Health Expenditure (yuan)	卫生总费用占GDP比重(%) Health Expenditure as Percentage of GDP (%)
		绝对数(亿元) Level (100 million yuan)	占卫生总费用比重(%) As Percentage of Health Expenditure (%)	绝对数(亿元) Level (100 million yuan)	占卫生总费用比重(%) As Percentage of Health Expenditure (%)	绝对数(亿元) Level (100 million yuan)	占卫生总费用比重(%) As Percentage of Health Expenditure (%)		
1998	195.71	30.66	15.67	56.62	28.93	108.43	55.40	221.44	2.79
1999	227.96	31.96	14.02	58.05	25.46	137.96	60.52	256.63	3.04
2000	271.98	34.96	12.85	67.16	24.69	169.85	62.45	302.30	3.26
2001	301.92	39.60	13.12	90.42	29.95	171.89	56.93	333.94	3.28
2002	353.46	48.42	13.70	96.92	27.42	208.13	58.88	389.19	3.44
2003	399.68	59.13	14.79	117.92	29.50	222.64	55.70	438.01	3.31
2004	448.60	69.68	15.53	136.31	30.39	242.61	54.08	488.67	2.99
2005	542.13	83.83	15.46	168.77	31.13	289.53	53.41	586.21	2.93
2006	650.10	108.89	16.75	219.95	33.83	321.26	49.42	698.36	2.94
2007	801.02	148.01	18.48	272.91	34.07	380.10	47.45	855.15	3.08
2008	987.17	193.19	19.57	359.72	36.44	434.26	43.99	1048.25	3.18
2009	1163.20	254.02	21.84	428.68	36.85	480.51	41.31	1228.26	3.43
2010	1345.30	327.40	24.34	497.02	36.95	520.88	38.72	1403.13	3.43
2011	1648.65	425.10	25.78	616.02	37.37	607.53	36.85	1710.70	3.63
2012	1928.88	498.38	25.84	726.42	37.66	704.09	36.50	1991.65	3.86
2013	2245.97	571.45	25.44	874.71	38.95	799.80	35.61	2307.49	4.11
2014	2484.16	619.70	24.95	1039.50	41.84	824.97	33.21	2537.60	4.18
2015	2844.96	722.22	25.39	1213.99	42.67	908.75	31.94	2889.11	4.52
2016	3354.70	813.19	24.24	1536.92	45.81	1004.59	29.95	3372.70	4.93
2017	3570.82	842.49	23.59	1679.35	47.03	1048.99	29.38	3568.74	4.92
2018	4140.82	917.10	22.15	1982.61	47.88	1241.11	29.97	4121.35	5.41
2019	4284.04	961.00	22.43	2060.05	48.09	1262.99	29.48	4254.18	6.03

20－12　卫生事业基本情况

Basic Statistics of Health Institutions

年 份 Year	卫生机构数(个) Number of Health Institutions (unit)	#医 院、卫生院 Hospitals and Township Hospitals	卫生机构床位数(万张) Number of Beds (10 000 sets)	#医 院、卫生院 Hospitals and Township Hospitals	卫生技术人员数(万人) Medical Technical Personnel (10 000 persons)	#执业(助理)医师 Licensed (Assistant) Doctors
1949	288	112	0.3	0.3	2.6	1.8
1952	1879	223	1.8	0.9	3.9	2.0
1955	4620	221	2.1	1.1	6.0	2.9
1957	10235	232	2.4	1.5	7.3	3.3
1962	19460	349	4.9	3.4	9.0	4.3
1965	16336	502	5.4	3.8	8.9	4.4
1970	6173	2155	6.2	5.7	7.9	3.7
1975	7092	2336	9.3	8.6	12.4	5.0
1976	7438	2402	10.2	9.4	13.6	5.2
1977	8003	2420	11.1	10.3	14.4	5.5
1978	8389	2453	12.0	11.1	15.0	5.7
1979	8731	2541	12.5	11.6	16.1	6.2
1980	8908	2552	12.7	11.7	16.9	6.2
1981	9448	2565	12.9	11.8	17.9	6.9
1982	9830	2583	13.2	12.0	18.7	7.3
1983	9965	2597	13.5	12.2	19.3	7.6
1984	9972	2626	14.1	12.8	19.8	7.7
1985	10304	2623	14.7	13.4	20.5	8.0
1986	10399	2659	15.3	13.9	21.3	8.3
1987	10634	2690	16.2	14.7	22.1	8.7
1988	10475	2767	16.8	15.2	22.8	9.2
1989	10707	2975	17.2	15.5	23.4	10.4
1990	11040	3037	17.7	16.0	24.1	10.7
1991	11141	3066	18.2	16.5	24.1	10.5
1992	10865	3097	18.7	17.1	24.7	10.6
1993	10881	3096	19.5	17.7	25.8	11.1
1994	10654	3134	19.9	18.1	26.4	11.5
1995	10463	3104	20.0	18.2	27.1	11.9
1996	11968	3139	20.0	18.7	28.7	12.8
1997	10993	3151	20.7	19.4	29.4	13.0
1998	11008	3170	20.8	19.6	30.1	13.3
1999	14611	3151	21.3	20.1	30.8	13.9
2000	17118	3150	21.5	20.3	31.5	14.5
2001	17348	3000	21.8	20.7	31.8	14.9
2002	17500	2980	22.1	21.0	32.2	15.4
2003	16025	2929	21.8	20.8	31.1	13.4
2004	16574	2891	23.2	21.6	32.3	13.9
2005	16788	2922	25.1	23.5	32.5	14.1
2006	17016	2942	25.9	24.3	33.7	14.6
2007	15337	3075	28.3	26.5	34.6	15.0
2008	14973	3008	32.0	29.7	37.6	16.0
2009	15094	3024	34.7	32.1	40.6	16.9
2010	16496	3099	38.2	35.1	44.1	17.8
2011	68275	3135	41.6	37.8	48.2	18.6
2012	68840	3188	47.3	43.0	53.0	20.1
2013	75475	3426	49.0	44.6	59.8	23.2
2014	77066	3491	50.0	45.9	60.4	23.1
2015	77435	3556	51.9	47.7	61.9	23.7
2016	77050	3643	54.3	49.8	64.3	24.5
2017	79099	4108	58.5	53.8	68.9	26.5
2018	81512	4219	60.8	56.0	73.9	29.0
2019	83661	4203	63.0	58.1	78.3	31.5
2020	84870	4202	64.7	59.9	81.4	32.9

注：1.自2011年，医疗卫生机构数含村卫生室。2.自2013年，医疗卫生机构数含部分计划生育技术服务机构。

a)Since 2011, the number of health institutions include village health room.

b)Since 2013 ,the data of health institutions include technical service centers for birth control.

20-13 医院工作状况
Basic Statistics of Hospitals above County Level

项目		Item		2015	2016	2017	2018	2019	2020
机构数	(个)	Number of Medical Units	(unit)	1926	2019	2450	2579	2615	2640
诊疗人次数	(万人次)	Number of Patients Treated	(10 000 person-times)	18711	20363	22518	23295	24961	22155
#门诊急诊人次数	(万人次)	Out-Patients and Emergency Patients	(10 000 person-times)	18257	19799	21831	22606	24240	21445
#死亡人数	(人)	Casualties	(person)	24180	25060	29188	27655	29766	33146
观察室收容病人数	(万人次)	Number of Inpatients	(10 000 person-times)	216	229	262	216	183	139
#死亡人数	(人)	Casualties In-Patient	(person)	4223	4312	4108	5056	4737	3935
健康检查人数	(万人)	Number of People Having Physical Checkup	(10 000 persons)	1145	1172	1287	1367	1481	1476
本年入院人数	(万人)	Hospital Admissions	(10 000 persons)	1167	1298	1412	1447	1498	1340
本年出院人数	(万人)	Number of People Discharged from Hospitals	(10 000 persons)	1162	1293	1408	1445	1491	1338
本年住院病人手术人次数	(万人次)	Number of Operations on Inpatients	(10 000 person-times)	283	330	381	396	431	436
年底实有病床数	(张)	Beds Owned by Hospitals at the Year-end	(set)	378320	400077	441012	460690	481391	498935
实际开放总床日数	(万床日)	Total Number of Beds Used at Midnight	(10 000 bed-days)	13208	13925	15073	15769	16457	17177
平均每日开放病床数	(张)	Average Number of Beds Used Every Day	(set)	361851	381505	412962	432014	450867	469322
实际占用总床日数	(万床日)	Total Number of Beds Occupied	(10 000 bed-days)	11135	11812	12572	13015	13278	12199
出院者占用总床日数	(万床日)	Total Number of Beds for Patients Discharged	(10 000 bed-days)	10882	11565	12157	12666	12883	11845
病床周转次数	(次)	Turnover of Beds	(time)	32.1	33.9	34.1	33.4	33.1	28.5
病床工作日	(日)	Days of Beds in Use	(day)	307.7	309.6	304.4	301.3	294.5	259.9
病床使用率	(%)	Utilization Rate of Beds	(%)	84.3	84.8	83.4	82.5	80.7	71.0
出院者平均在院日数	(日)	Average Hospitalization Period	(day)	9.4	8.9	8.6	8.8	8.6	8.9

20–14 各类医疗卫生机构基本情况(2020年)
Basic Statistics on Medical Institutions(2020)

医疗机构分类	Institutions	机构数(个) Number of Institutions (unit)	床位数(张) Number of Beds	卫生技术人员(人) Number of Medical Personnel (person)	执业(助理)医师 Licensed (Assistant) Doctors	注册护士 Registered Nurse	诊疗人次数(万人次) Visit (10 000 times)
总计	**Total**	**84870**	**647007**	**814248**	**329429**	**355701**	**61743**
医院	**Hospital**	**2640**	**499505**	**506934**	**181312**	**251759**	**22155**
综合医院	General Hospital	1468	336371	362072	129717	181813	16794
中医医院	Traditional Chinese Medicine Hospital	335	69559	75181	28944	33511	3083
专科医院	Specialized Hospital	705	82799	63072	20385	33094	2084
基层医疗卫生机构	**Basic Medical Institutions**	**81125**	**118414**	**247135**	**127011**	**81440**	**37161**
社区卫生服务中心(站)	Health Service Center for Community	2422	18389	40256	16723	15527	4242
卫生院	Health Centers	1562	99477	98055	41289	31214	7500
村卫生室	Village clinic	53523		24328	21862	2466	18653
门诊部	Outpatient Department	1650	418	19643	9629	8103	820
诊所、卫生所、医务室	Infirmaries and Clinics	21968	130	64853	37508	24130	5945
专业公共卫生机构	**Specialized Public Health Institutions**	**888**	**26582**	**55626**	**19729**	**20720**	**2399**
疾病预防控制中心	Center for Disease Control and Prevention	192		8890	4322	716	
专科疾病防治院(所、站)	Specialized Disease Prevention &Treatment Institution	109	6069	4685	1621	1939	231
健康教育所(站、中心)	Health Education Institute	2		6	3	2	
妇幼保健院(所、站)	Women and Children Care Agencies	160	20449	35952	13010	16745	2100
急救中心(站)	First-Aid Center	18	64	366	114	180	69
采供血机构	Pick and Supply Blood Institution	24		1951	368	1000	
卫生监督所(中心)	Medical Supervision Institution	144		3043			
计划生育技术服务机构	Institutions of Technical Service for Family Planning	239		733	291	138	
其他机构	**Other Institutions**	**217**	**2506**	**4553**	**1377**	**1782**	**27**
疗养院	Sanatorium	13	2506	1325	487	650	27
临床检验中心	Clinical Laboratory Center	54		942	153	70	

20−15 各市卫生事业基本情况(2020年)
Statistics on Health Service by Region(2020)

地区	Region	卫生机构数(个) Number of Health Institutions (unit)	医院 Hospitals	疾病预防控制机构数 Sanitation Stations	妇幼保健机构 Maternity and Child Care Center	床位数(张) Beds (set)	医院 Hospitals	卫生机构人员(人) Health Care Institutions personnel (person)	卫生技术人员(人) Medical Technical Personnel (person)	执业(助理)医师 Licensed (Assistant) Doctors	注册护士 Nurses
全省总计	**Total**	**84870**	**2640**	**192**	**160**	**647007**	**499505**	**1029008**	**814248**	**329429**	**355701**
济南市	Jinan	7514	284	14	15	68831	58790	126681	102172	40199	45727
青岛市	Qingdao	8531	357	41	12	64423	55452	114244	94854	39708	42760
淄博市	Zibo	4654	154	9	9	33667	25921	53125	43700	18154	18312
枣庄市	Zaozhuang	2745	82	7	7	24916	19097	36335	29715	11575	14391
东营市	Dongying	1753	70	6	6	13288	11659	24185	20528	8284	9218
烟台市	Yantai	5954	186	15	14	43218	33471	68010	53896	21640	22364
潍坊市	Weifang	8150	232	17	14	65768	49712	93723	75506	30912	33360
济宁市	Jining	7195	218	12	12	54648	41676	85928	66552	26051	30130
泰安市	Tai'an	4573	108	8	7	34030	26265	54163	41328	16035	18440
威海市	Weihai	2562	69	5	5	19365	15563	30671	25053	10205	11032
日照市	Rizhao	2468	61	5	5	16345	11325	26989	20805	8355	9016
临沂市	Linyi	8069	221	14	14	70195	49346	96476	74475	28928	32990
德州市	Dezhou	5527	120	12	12	27279	18883	47161	36069	16385	13992
聊城市	Liaocheng	6228	142	9	10	34039	25436	52679	41281	17082	16858
滨州市	Binzhou	3079	99	8	8	23025	17449	35498	28877	11799	12648
菏泽市	Heze	5868	237	10	10	53970	39460	83140	59437	24117	24463

注:1.医院中不包括卫生院。2.本表内数字包括诊所、卫生保健所、医务室的机构、人员数。3.妇幼保健机构包括妇幼保健院、所、站。
a)Number of hospitals exclude the township hospitals.b)Data in this table include the number of clinics,health care centers,medical staff.
c)Maternity and child care centers include centers on different level.

主要统计指标解释

医疗卫生机构 指从卫生计生行政部门取得《医疗机构执业许可证》，或从民政、工商行政、机构编制管理部门取得法人单位登记证书，为社会提供医疗保健、疾病控制、卫生监督服务或从事医学科研和医学在职培训等工作的单位。医疗卫生机构包括医院、基层医疗卫生机构、专业公共卫生机构、其他医疗卫生机构。

医院 包括综合医院、中医医院、中西医结合医院、民族医院、各类专科医院和护理院，不包括专科疾病防治院、妇幼保健院和疗养院。

卫生人员 指在医院、基层医疗卫生机构、专业公共卫生机构及其他医疗卫生机构工作的职工，包括卫生技术人员、乡村医生和卫生员、其他技术人员、管理人员和工勤人员。一律按支付年底工资的在岗职工统计，包括各类聘任人员(含合同工)及返聘本单位半年以上人员，不包括临时工、离退休人员、退职人员、离开本单位仍保留劳动关系人员、本单位返聘和临聘不足半年人员。

卫生技术人员 包括执业医师、执业助理医师、注册护士、药师(士)、检验技师(士)、影像技师(士)、卫生监督员和见习医(药、护、技)师(士)等卫生专业人员。不包括从事管理工作的卫生技术人员(如院长、副院长、党委书记等)。

床位数 指年底固定实有床位(非编制床位)，包括正规床、简易床、监护床、正在消毒和修理床位、因扩建或大修而停用的床位，不包括产科新生儿床、接产室待产床、库存床、观察床、临时加床和病人家属陪侍床。

总诊疗人次数 指所有诊疗工作的总人次数，统计界定原则为：①按挂号数统计，包括门诊、急诊、出诊、预约诊疗、单项健康检查、健康咨询指导（不含健康讲座）人次。患者一次就诊多次挂号，按实际诊疗次数统计，不包括根据医嘱进行的各项检查、治疗、处置工作量以及免疫接种、健康管理服务人次数；②未挂号就诊、本单位职工就诊及外出诊（不含外出会诊）不收取挂号费的，按实际诊疗人次统计。

Explanatory Notes on Main Statistical Indicators

Health Care Institutions refer to the units which have been qualified the Certification of Health Care Institution issued by the administration of public health, or qualified the Certification of Corporate Unit issued by the administration of civil affairs, the administration for industry and commerce, or the commission office for public sector reform, and which engage in medical care, disease prevention and control, health supervision and inspection, medicine research and health education, etc, including: hospitals, primary-level medical and health care institutions, public health centers, and so on.

Hospitals include polyclinics, traditional Chinese therapeutics and western therapeutics, ethical hospitals, various specialty hospitals and nursing hospitals, exclusive of women and children care agencies, special disease prevention and curing agencies.

Health Care Employees refer to the employees engaged in hospitals, primary-level medical and health care institutions, and other medical and health institutions, including medical technical personnel, rural doctors and hygienists, other technical personnel, administrative staff and handmen. The data is based on the year end payroll, including all kinds employees (contract workers) and retired staff, and excluding temporary workers, retired personnel, resigned personnel, personnel who have left the institution but kept labor relations, and retired personnel on duty less than six months.

Medical Technical Personnel refers to the professional staff engaged in health care, including licensed doctors, licensed assistant doctors, registered nurses, pharmacists, and laboratory technicians, imaging technicians, health care supervisors, and intern doctors ,pharmacists, nurses, and technicians and so on, excluding the personnel engaged in managerial jobs, such as presidents, vice presidents or party secretaries.

The Number of Beds refer to the number of fixed existing beds which include regular beds, simple beds, care beds, beds being disinfected or fixed and beds not in use because of expansion and housing repairs, excluding neonatal beds, beds for expectant mothers, stored beds, observation beds, temporarily added beds and accompanying beds.

Total Visits refer to all the people visiting health institutions. The data is based on the registration number, including outpatients, emergency treatments, home visits, appointment clinics, health examinations and health counseling, and also on the number of people on medical treatment unregistered in and out of their units, with excluded the number of people on medical device for physical checkup, treatment, disposal workload, immunization and health management.

第21篇

公共管理和社会服务

Public Management and Social Services

简 要 说 明

一、本篇资料的主要内容

本篇资料反映了全省民政、司法、测绘、标准计量、质检和残疾人事业发展情况。

二、本篇资料的来源

1.民政部分的资料来源于省民政厅、省退役军人事务厅、省法院。

2.司法部分的资料来源于省司法厅、省检察院、省高院。

3.测绘部分的资料来源于省自然资源厅。

4.交通、火灾部分资料来源于省公安厅、省应急厅。

5.标准计量、质检部分的资料来源于省市场监管局。

6.残联资料来源于山东残疾人联合会。

本篇资料中，测绘和标准计量部分由省统计局综合处加工整理，其他各部分资料由省统计局人口处（社科处）整理提供。

Brief Introduction

I. Content

Data in this chapter show the basic conditions of civil affairs，legal and judicial affairs, surveying and mapping, standard measuring ,quality inspection and work for persons with disabilities .

II. Source of Data

(1)Data on civil affairs are provided by Shandong Provincial Department of Civil Affairs,Provincial Department of Retired Military Affairs and Provincial Department of Court.

(2)Data on legal and judicial affairs are provided by Shandong Provincial Department of Justice, Provincial Department of Procuratorate and Provincial Department of High Court.

(3)Data on surveying and mapping are provided by the Department of Nature and Resources of Shandong Province.

(4) Data on traffic and fire are provided by Shandong Provincial Department of Public Security and Provincial Department of Emergency.

(5)Data on standard measuring are provided by Shandong Provincial Department of Market Regulatory Authority .

(6)Data on Disabled persons are from the Shandong Disabled Persons Federation.

In this chapter, data on surveying are prepared by the Division of Comprehensive Statistics of Shandong Provincial Bureau of Statistics. Other data are prepared by the Division of Urbanization,Population and Employment Statistics（by the Division of Social,Science and Culture Industry Employment Statistics）of Shandong Provincial Bureau of Statistics.

21-1 民政事业基本情况
Basic Statistics on Civil Affairs

项　目		Item		2016	2017	2018	2019	2020
一、民政事业支出情况		**Civil Affairs Expenditures**						
民政事业费总支出	(万元)	Total Operating Expenses For Civil Affairs	(10 000 yuan)	3048813	3394553	3209887	1691003	2147802
基本建设支出	(万元)	Capital expenditures	(10 000 yuan)	131334	66800	57604	56021	99174
二、社会救助情况		**Social Relief**						
城镇居民最低生活保障人数	(人)	Number of Urban Residents for Minimum Livelihood Guarantee	(person)	308575	237786	159119	132837	122978
城镇最低生活保障支出	(万元)	Expenditures by Urban Residents for Minimum Livelihood Guarantee	(10 000 yuan)	146030	126638	94895	82403	93355
农村最低生活保障人数	(人)	Number of Rural residents for Minimum Livelihood Guarantee	(person)	2176628	1815546	1171327	1177686	1352566
农村最低生活保障支出	(万元)	Expenditures by Rural residents for Minimum Livelihood Guarantee	(10 000 yuan)	548395	520892	413789	418351	608367
农村特困供养人数	(人)	Rural Poor of Dependents	(person)	210594	210461	55610	241442	324540
三、社会组织情况		**Social Organization**						
社会组织个数	(个)	Total	(unit)	45963	48727	51269	56022	60247
社会团体	(个)	Social Groups	(unit)	17380	17657	17533	18153	18473
民办非企业	(个)	Private Non-Enterprise	(unit)	28448	30903	33536	37657	41532
基金会	(个)	Foundation	(unit)	135	167	200	212	242
四、社会事务情况		**Social Affairs**						
孤儿数	(人)	Number of Orphans	(person)	17360	16072	10818	9479	8184
家庭儿童收养登记数	(件)	Number of Adoption Registration of Children Adopted by Families	(case)	1982	1662	1318	1143	1067
殡葬类单位数	(个)	Number of Funeral and Interment Enterprises	(unit)	172	178	179	199	225
火化炉数	(台)	Number of Cremators	(set)	518	542	569	582	567
全年处理遗体数据	(具)	Cremated Remains During the Year	(bodies)	611920	627723	659823	674830	692940
五、基层自治组织情况		**Primary-Level Self-Governing Bodies**						
村民委员会	(个)	Villagers ' Committee	(unit)	74217	74167	69599	69546	58868
居民委员会	(个)	Residents ' Committee	(unit)	6731	6828	7386	7594	7552
六、福利彩票情况		**Welfare Lottery**						
销售额	(亿元)	Sales	(100 million yuan)	146.9	151.5	152.9	136.0	91.9
全省各级留用公益金	(亿元)	At All Levels In the Province Retained the Community Chest	(100 million yuan)	21.1	21.8	22.1	20.2	14.6

注：2019年开始民政事业费支出不再包含退役军人安置、优待抚恤、减灾救灾、医疗救助等资金支出。
a)Form 2019,total operating expenses for civil affairs does not contain some capital expenditures of veteran placement,preferential treatment, disaster reduction and relief,medical support.

21-2 婚姻登记情况
Basic Statistics on Marriages and Divorces

项目		Item		2016	2017	2018	2019	2020
一、国内登记结婚		**Domestic Marriage Registration**						
准予登记结婚	(对)	Registered Marriage	(couple)	670678	625812	599034	532960	487448
#恢复结婚	(对)	Resuming of Marriage	(couple)	1610	13368	13706	8774	7552
初婚人数	(人)	First Marriage	(person)	995075	901747	839568	723525	668971
再婚人数	(人)	Number of Remarriage	(person)	346281	349877	358500	342395	305925
男　性	(人)	Male	(person)	162761	162598	167142	159052	141555
女　性	(人)	Female	(person)	183520	187279	191358	183343	164370
二、涉外登记结婚		**Marriage Registration Concerning Foreigners**						
准予登记结婚	(对)	Registered Marriage	(couple)	1091	1122	1316	1559	466
准予登记结婚人数	(人)	Number of Persons Registered	(person)	2182	2244	2632	3118	932
国内公民	(人)	Domestic Citizens	(person)	1024	1111	1313	1529	465
男　性	(人)	Male	(person)	361	499	700	973	237
女　性	(人)	Female	(person)	663	612	613	556	228
港澳居民	(人)	Compatriots in Hong Kong and Macao	(person)	91	27	30	36	18
台湾居民	(人)	Compatriots in Taiwan	(person)	138	145	127	146	50
华　侨	(人)	Overseas Chinese	(person)	24	24	28	38	5
外国人	(人)	Foreigners	(person)	905	937	1134	1369	394
三、离婚登记		**Divorce Registration**						
法院受理离婚案件	(件)	Divorce Case Handled	(unit)	117863	114869	115692	107613	102472
准予登记离婚总数	(对)	Number of Registered Divorce	(couple)	254506	272501	274497	284561	259610
民政部门办理离婚	(对)	Divorces Handled through Civil Administration Departments	(couple)	201101	220424	224524	237355	214479
#涉外及华侨、港澳台居民登记离婚	(对)	Divorces Concerning Foreigners,Overseas Chinese, Hong Kong, Macao and Taiwan residents	(couple)	143	172	192	186	91
法院调解离婚	(对)	Divorces through Law Court Mediation	(couple)	33327	35425	35404	33024	32117
法院判决离婚	(对)	Divorces through Law Court Judgment	(couple)	20078	16652	14569	14182	13014

21-3 养老服务机构和设施情况（2020年）
Statistics on Old-age Care Institutions and Facilities(2020)

年份 地区	Year Region	养老机构和设施数量（个） Number of Old-age Care Institutions and Facilities	养老机构数量 Number of Old-age Care Institutions	养老设施数量 Number of Old-age Care Facilities	养老床位数量（个） Number of Beds in Old-age Care Institutions	年末收养人数（人） Number of persons who are cared in Old-age Care Institutions at the End of the Year
全　省	**Total**	**15765**	**2190**	**13575**	**604291**	**186661**
济南市	Jinan	1892	138	1754	48903	9062
青岛市	Qingdao	1230	271	959	54470	21087
淄博市	Zibo	967	147	820	31831	10590
枣庄市	Zaozhuang	528	100	428	24142	6042
东营市	Dongying	322	49	273	12989	2670
烟台市	Yantai	1447	231	1216	63659	17532
潍坊市	Weifang	915	156	759	39343	12896
济宁市	Jining	1046	203	843	59873	14312
泰安市	Tai'an	1261	114	1147	39945	5697
威海市	Weihai	1369	159	1210	46159	16031
日照市	Rizhao	475	40	435	13117	27814
临沂市	Linyi	962	94	868	37984	10745
德州市	Dezhou	532	125	407	21605	7519
聊城市	Liaocheng	481	88	393	30484	7694
滨州市	Binzhou	783	101	682	34659	7779
菏泽市	Heze	1555	174	1381	45128	9191

21－4　律师、公证工作基本情况

Basic Statistics on Lawyers and Notarization

项　　目		Item		2013	2014	2015	2016	2017	2018	2019	2020
律师工作		**Lawyers**									
律师事务所	(个)	Number of Law Offices	(unit)	1372	1512	1629	1796	1931	2029	2165	2290
国资所	(个)	State-owned	(unit)	42	41	37	35	33	25	22	19
合伙所	(个)	Partnership	(unit)	936	1021	1079	1173	1276	1399	1551	1688
个人发起所	(个)	Initiated by Individual	(unit)	394	450	513	588	622	605	592	583
执业律师	(人)	Number of Lawyers	(person)	16941	18405	20043	22043	24437	26986	29960	31468
专职律师	(人)	Full-time Lawyers	(person)	15724	17147	18726	20601	22715	24478		27242
兼职律师	(人)	Part-time Lawyers	(person)	556	568	615	624	656	676		910
公证工作		**Notarization**									
公证处	(个)	Number of Notary Offices	(unit)	158	158	157	157	157	158	160	161
公证员	(人)	Notaries	(person)	903	1040	1054	1017	2292	1037	1013	1012
公证员助理	(人)	Assistant Notaries	(person)	513	518	528	569	714	827	905	1058
办理各类公证事项	(万件)	Number of Notarized Affair	(10 000 units)	64	67.8	70.9	77.1	84.4	87.3	84.6	71.2

21－5　各市交通事故情况（2020年）

Basic Statistics on Traffic Accidents by Region (2020)

地　区	Region	发生数（起）Number of Traffic Accidents (case)	死亡人数（人）Number of Deaths (person)	受伤人数（人）Number of Injuries (person)	直接财产损失（万元）Direct Property Losses (10 000 yuan)
全省总计	**Total**	**12906**	**3489**	**11939**	**4988.90**
济 南 市	Jinan	3313	465	3283	1006.21
青 岛 市	Qingdao	1751	311	1750	533.62
淄 博 市	Zibo	1086	311	884	607.97
枣 庄 市	Zaozhuang	266	110	203	76.39
东 营 市	Dongying	457	127	446	90.27
烟 台 市	Yantai	574	200	460	75.24
潍 坊 市	Weifang	1023	317	939	461.62
济 宁 市	Jining	748	214	731	248.15
泰 安 市	Tai'an	468	194	409	219.78
威 海 市	Weihai	150	122	54	27.98
日 照 市	Rizhao	422	113	319	271.27
临 沂 市	Linyi	526	302	434	241.02
德 州 市	Dezhou	617	212	534	178.82
聊 城 市	Liaocheng	1025	220	1081	483.87
滨 州 市	Binzhou	253	102	250	103.22
菏 泽 市	Heze	155	135	83	78.38

注：全省总计含省公安厅交通管理局五支队和直属公安局数据。

a)The number of total contains No.5 detachment of traffic administration bureau of Provincial Public Security Department and Public Security Bureau directly under.

21−6　火灾事故情况（2020年）

Basic Statistics on Fire Accidents(2020)

项　目	Item	合　计 Total	特　大 Extraordinarily Serious	重　大 Serious	较　大 Comparatively Serious	一　般 Ordinary
发　生　（起）	Fire Accidents (case)	80944			1	80943
死　亡　（人）	Deaths (person)	187			4	183
受　伤　（人）	Injuries (person)	215				215
直接经济损失　（万元）	Direct Economic Losses (10 000 yuan)	41303			50	41253
平均每起事故损失　（元）	Average Loss of Fire (yuan)	5103			500000	5097

注：根据应急管理部消防救援局统一部署，自2020年起，全国消防救援队伍实施“全口径”火灾统计，数据与以往不可比。
a)According to the unified deployment of the Fire Rescue Bureau of the emergency management department,from 2020,The national fire rescue team implements fire statistics of full caliber,and the data are not comparable with the previous.

21−7　各市火灾事故情况（2020年）

Basic Statistic on Fires by Region(2020)

地　区	Region	发生数（起） Number of Fire Accidents (case)	死亡人数（人） Number of Deaths (person)	受伤人数（人） Number of Injuries (person)	直接经济损失（万元） Direct Economic Losses (10 000 yuan)
全省总计	**Total**	**80944**	**187**	**215**	**41302.5**
济 南 市	Jinan	6341	17	20	3920.3
青 岛 市	Qingdao	6925	11	34	2563.3
淄 博 市	Zibo	4358	7	5	1869.9
枣 庄 市	Zaozhuang	3119	5	3	812.0
东 营 市	Dongying	2011	4	13	1584.3
烟 台 市	Yantai	6002	17	12	2725.2
潍 坊 市	Weifang	6775	14	10	1214.6
济 宁 市	Jining	5756	12	10	3652.3
泰 安 市	Tai'an	3644	12	39	1258.7
威 海 市	Weihai	2611	11	10	3550.9
日 照 市	Rizhao	2161	10	6	3484.3
临 沂 市	Linyi	7868	20	21	5710.4
德 州 市	Dezhou	5616	16	4	2890.6
聊 城 市	Liaocheng	5987	8	8	2673.2
滨 州 市	Binzhou	5355	6	7	933.7
菏 泽 市	Heze	6415	17	13	2458.8

21-8 人民检察院审查批准、决定逮捕犯罪嫌疑人和提起公诉被告人情况（2020年）

Arrests of Criminal Suspects and Defendants under Public Prosecution Approved by People's Procuratorate (2020)

案件分类	Category of Cases	批捕、决定逮捕合计 Total of Arrests		决定起诉合计 Total of Public Prosecutions	
		件 (case)	人 (person)	件 (case)	人 (case)
合　计	**Total**	**15546**	**21193**	**63568**	**81761**
公安、安全、监狱机关提请小计	Sub-total of Requests by Departments of State and Public Security and Prisons	15529	21171	63057	81158
危害国家安全案	Offences Against State Security	6	6	5	6
危害公共安全案	Offences Against Public Security	1351	1410	33613	33827
破坏社会主义市场经济秩序案	Offences Against Socialist Economic Order	1516	2333	3596	7776
侵犯公民人身、民主权利案	Offences Against Citizens' Personal and Democratic Rights	3457	3991	7601	9225
侵犯财产案	Offences Against Properties	5219	6515	10139	13894
妨害社会管理秩序案	Offences Against Social Management of Order	3973	6908	8092	16414
危害国防利益案	Offences Against National Defense	7	8	11	16
军人违反职责案	Offences on Dereliction of Duty by Servicemen				
职务犯罪案件小计	Sub-total of Cases Handled Directly by Procuratorate's Offices	16	22	511	602
贪污贿赂案	Offences on Corruption and Bribery	1	4	468	542
渎职侵权案	Offences on Abuse and Dereliction of Duty	15	18	43	60

21-9 人民法院审理一审案件情况

First Trial Cases by Courts

单位：件 (case)

年　份 Year	收　案 Cases Accepted	刑　事 Criminal	民　事 Civil	行　政 Administrative
2005	537098	41768	476405	18925
2006	530542	42175	468457	19910
2007	535832	43501	472368	19963
2008	603565	44935	534050	24580
2009	625334	45711	552631	26992
2010	652618	44885	578371	29362
2011	681311	48777	603837	28697
2012	711631	56597	629299	25735
2013	699878	54966	626509	18403
2014	730167	58763	655196	16208
2015	848676	63910	767974	16792
2016	848117	60802	769902	17413
2017	803382	63629	724970	14783
2018	926131	70425	838135	17571
2019	989818	87276	879704	22838
2020	1064382	64527	973955	25900

注：一审案件指人民法院按照诉讼级别管辖按第一审程序审理的案件。

a) First trial cases refer to cases accepted by people's courts according to the first trial proceedings.

21-10 各市测绘持证单位个数和人员情况(2020年)

Basic Statistics on Surveying and Mapping Departments by Region(2020)

地 区	Region	持证单位数(个) Departments with Certificate (unit)	#甲 级 First-class	乙 级 Second-class	测绘专业技术人员(人) Surveying and Mapping Technical Personnel (person)	#高级职称 Senior Title	中级职称 Intermediate Title	测绘服务总值(万元) Output Value (10 000 yuan)
全省总计	**Total**	**1264**	**65**	**255**	**14768**	**2028**	**5845**	**600759**
济南市	Jinan	231	30	68	4708	715	1826	200580
青岛市	Qingdao	164	7	38	1825	367	696	97025
淄博市	Zibo	63	4	15	653	78	248	38256
枣庄市	Zaozhuang	39		4	294	31	119	3815
东营市	Dongying	78	5	20	823	107	331	66761
烟台市	Yantai	93	3	18	1304	143	512	56466
潍坊市	Weifang	96	3	18	866	75	346	22525
济宁市	Jining	81	2	8	672	88	280	14915
泰安市	Tai'an	55	2	10	544	70	213	14377
威海市	Weihai	40	2	6	341	32	138	11843
日照市	Rizhao	42	2	7	327	40	154	9869
临沂市	Linyi	78	3	12	751	92	289	18967
德州市	Dezhou	64	1	10	575	87	223	21456
聊城市	Liaocheng	38	1	3	370	36	156	8004
滨州市	Binzhou	48		8	270	31	126	6129
菏泽市	Heze	54		10	445	36	188	9773

21-11 残疾人事业基本情况

Basic Statistics on the Work for Persons with Disabilities

项　目		Item		2020
康复		**Rehabilitation**		
视力残疾人接受基本康复服务	(人)	Basic Vision Rehabilitation Services for Persons with Disabilities	(person)	89599
0-6岁儿童	(人)	0-6 Years old Children	(person)	142
7-17岁儿童	(人)	7-17 Years old Children	(person)	1267
成人	(人)	Adult	(person)	88190
听力残疾人接受基本康复服务	(人)	Basic Rehabilitation Services for Persons with Hearing Disabilities	(person)	76124
0-6岁儿童	(人)	0-6 Years old Children	(person)	2154
7-17岁儿童	(人)	7-17 Years old Children	(person)	3222
成人	(人)	Adult	(person)	70748
肢体残疾人接受基本康复服务	(人)	Basic Rehabilitation Services for Persons with Physically Disabled	(person)	729604
0-6岁儿童	(人)	0-6 Years old Children	(person)	2998
7-17岁儿童及成人	(人)	7-17 Years old Children and Adult	(person)	726606
智力残疾人接受基本康复服务	(人)	Basic Rehabilitation Services for People with Mental Retardation	(person)	114185
0-6岁儿童	(人)	0-6 Years old Children	(person)	3945
7-17岁儿童及成人	(人)	7-17Years old Children and Adult	(person)	110240
精神残疾人接受基本康复服务	(人)	Basic Rehabilitation Services for persons with Mental Disabilities	(person)	140397
0-6岁孤独症儿童	(人)	0-6 Years old Autism Children	(person)	2351
7-17岁孤独症儿童	(人)	7-17 Years old Autism Children	(person)	3499
成年精神残疾人	(人)	Adults with Mental Disabilities	(person)	134547
残疾人康复机构	(个)	Rehabilitation of Persons with Disabilities	(unit)	870
康复机构在岗人员	(万人)	Rehabilitation institutions Employed Personnel	(10 000 persons)	3.1
社区康复协调员	(万人)	Community Rehabilitation Coordinator	(10 000 persons)	4.6
教育		**Education**		
高等院校录取残疾考生	(人)	Admissions for Candidates with Disabilities in Colleges and Universities	(people)	1105
就业		**Employment**		
残疾人就业状况	(万人)	the Employment Situation of Persons with Disabilities	(10 000 persons)	50.5
按比例就业	(万人)	Proportional Employment	(10 000 persons)	6.8
集中就业	(万人)	Focus on Employment	(10 000 persons)	1.6
个体就业	(万人)	individual Employment	(10 000 persons)	3.0
公益性岗位就业	(万人)	Public Welfare Jobs Employment	(10 000 persons)	0.5
辅助性就业	(万人)	Accessible Employment	(10 000 persons)	0.3
农村种养殖	(万人)	Species Breeding in Rural Areas	(10 000 persons)	26.4
灵活就业	(万人)	Flexible Employment	(10 000 persons)	11.9
社会保障		**Social Security**		
残疾居民参加城乡社会养老保险	(万人)	Disabled Residents in Urban and Rural Social Endowment insurance	(10 000 persons)	178.7
其中重度残疾人	(万人)	Severe Disabilities	(10 000 persons)	89.6
托养服务机构	(个)	Fostering Services (unit)		353
托养残疾人数	(万人)	Farmed Out the Number of Persons with Disabilities	(10 000 persons)	1.5
扶贫		**Poverty Alleviation**		
残疾人就业基地建设		the Disabled Poor Base Construction		
残疾人就业基地	(个)	Bases for Poverty Alleviation of Persons with Disabilities	(unit)	184
安置残疾人就业	(万人)	Disabled Employment	(10 000 persons)	0.3
扶持带动残疾人户数	(万户)	Support-Led Families of Persons with Disabilities	(10 000 persons)	0.2
实用技术培训	(万人次)	Practical Techniques Training	(10 000 person-times)	1.5
农村残疾人危房改造	(户)	Renovate Dangerous Rural Persons with Disabilities	(household)	5734
维权		**Activist**		
处理残疾人来信	(件次)	Letter From Dealing with Persons with Disabilities	(times)	557
接待残疾人来访	(人次)	Receiving Visiting Persons with Disabilities	(people-times)	3193
电话接听和处理残疾人反映问题	(件次)	Handled Phones Reflect the Problems of Persons with Disabilities	(piece-times)	10826

21－12　制造业各大类行业产品质量合格率(2020年)
Product Quality Qualified Rate of Manufacturing Industry(2020)

类　　别	Category	产品质量合格率(%) Product Quality Qualified Rate (%)
农副食品加工业	Processing of Food from Agricultural Products	99.36
食品制造业	Manufacture of Foods	98.66
酒、饮料和精制茶制造业	Manufacture of Wine, Drinks and Refined Tea	99.32
烟草制品业	Manufacture of Tobacco	100.00
纺织业	Manufacture of Textile	72.37
纺织服装、服饰业	Manufacture of Textile Wearing Apparel and Finery	97.06
皮革、毛皮、羽毛及其制品和制鞋业	Manufacture of Leather, Fur, Feather & Its Products and Footwear	90.92
木材加工和木、竹、藤、棕、草制品业	Processing of Timbers, Manufacture of Wood, Bamboo, Rattan, Palm and Straw Products	97.27
家具制造业	Manufacture of Furniture	96.88
造纸和纸制品业	Manufacture of Paper and Paper Products	99.79
印刷和记录媒介复制业	Printing, Reproduction of Recording Media	100.00
文教、工美、体育和娱乐用品制造业	Manufacture of Culture, Education,Arts and crafts，Sport and Entertainment Goods	99.67
石油、煤炭及其他核燃料加工业	Processing of Oil,Coal and Other Fuel	100.00
化学原料和化学制品制造业	Manufacture of Chemical Raw Material and Chemical Products	94.70
医药制造业	Manufacture of Medicines	99.98
橡胶和塑料制品业	Manufacture of Rubber and Plastic	
非金属矿物制品业	Manufacture of Non-metallic Mineral Products	97.65
黑色金属冶炼和压延加工业	Manufacture and Processing of Ferrous Metals	94.78
有色金属冶炼和压延加工业	Manufacture & Processing of Non-ferrous Metals	95.65
金属制品业	Manufacture of Metal Products	95.87
通用设备制造业	Manufacture of General Purpose Machinery	98.93
专用设备制造业	Manufacture of Special Purpose Machinery	97.19
汽车制造业	Manufacture of Automotive	90.68
铁路、船舶、航空航天和其他运输	Manufacture of Railroad,Marine,Aerospace and Other	96.25
设备制造业	Transportation Equipment	94.47
电气机械和器材制造业	Manufacture of Electrical Machinery & Equipment	95.28
计算机、通信和其他电子设备制造业	Manufacture of Computer, Communications and Other Electronic Equipment	100.00
仪器仪表制造业	Manufacture of Measuring Instrument	100.00
其他制造业	Other Manufacture	

21-13 产品质量监督抽查情况(2020年)
Results of Sampling Check on the Quality of Products (2020)

项　目	Item	抽查企业 (家) Number of Enterprises Supervised (unit)	抽查产品 (批) Production Supervised (batch-time)	不合格产品 (批) Production Unqualified (batch-time)
合　计	**Total**	**4622**	**5379**	**465**
食品相关产品	Food related products	411	470	13
日用消费及纺织品	Consumer Goods and Textiles	970	1196	216
建筑与装饰装修材料	Building & Decoration Material	898	970	33
农业生产资料	Agricultural Means of Production	353	406	17
轻工产品	Light Industry Products	308	405	33
机械及安防产品	Machinery，Security and Protection Products	1044	1145	73
电子电器	Electronic and Electrical Appliances	209	293	39
电工及材料	Electrical Engineering and Materials	429	494	41

21-14 各市质量强省建设情况(2020年)
Statistics on Quality Province by Region(2020)

地 区	Region	国内注册商标期末有效量(件) The Volume of Domestically Registered Trademarks in Validity at the End of the Period (case)	马德里国际注册期末有效量(件) The Volume of Trademarks Registered Under the Madrid System in Validity at the End of the Period (case)	地理标志商标期末有效数(件) The Number of Geographical Indications in Validity at the End of the Period (case)	驰名商标期末实有数(件) The Actual Number of Famous Trademarks at the End of the Period (case)	年末累计省长质量奖(个) Shandong provincial governor Quality Award end to This Year (unit)	年末累计地理标志保护产品(个) Products Protected by Geographical Indications end to This Year (unit)
全省总计	**Total**	**1610086**	**9256**	**792**	**800**	**75**	**80**
济南市	Jinan	263105	761	38	76	12	7
青岛市	Qingdao	306949	4916	26	148	10	6
淄博市	Zibo	65558	147	50	69	4	3
枣庄市	Zaozhuang	38727	88	24	12		4
东营市	Dongying	27392	1460	41	22	6	1
烟台市	Yantai	105994	251	58	75	7	9
潍坊市	Weifang	133779	255	98	103	8	12
济宁市	Jining	66464	90	132	52	4	11
泰安市	Tai'an	47553	86	54	54		2
威海市	Weihai	50182	148	58	35	6	4
日照市	Rizhao	31202	94	39	7	2	3
临沂市	Linyi	214131	87	35	60	5	2
德州市	Dezhou	51598	116	21	30	1	1
聊城市	Liaocheng	66370	61	48	21	6	6
滨州市	Binzhou	42516	242	32	24	2	3
菏泽市	Heze	69395	454	38	12	2	6

21-15 各市标准化工作情况(2020年)
Statistics on Standardization by Region(2020)

单位：项 (unit)

地区	Region	制定国际标准数量 Number of Formulation International Standards		主导制定国家标准数量 Number of Leading Formulation National Standards		制修订地方标准数量 Number of Formulation or Revision Local Standards		标准化试点项目数量 Number of Standardization Project			
								国家级 National		省级 Provincial	
		本年度 This Year	累计 Accu -mulative	本年度 This Year	累计 Accu -mulative	本年度 This Year	累计 Accu -mulative	本年度 This Year	累计 Accu -mulative	本年度 This Year	累计 Accu -mulative
全省总计	**Total**	**35**	**192**	**101**	**1618**	**572**	**4297**	**12**	**431**	**64**	**1404**
省　直	Shengzhi	1	1	26	256	411	2301	0	3	0	10
济南市	Jinan	2	21	13	296	43	595	3	63	4	185
青岛市	Qingdao	15	113	19	505	29	238	4	53	4	99
淄博市	Zibo	7	16	8	136	3	73	1	26	4	72
枣庄市	Zaozhuang	1	2	0	5	6	43	1	11	4	52
东营市	Dongying	2	3	7	30	6	35	1	22	4	49
烟台市	Yantai	4	12	6	114	13	258	1	27	4	84
潍坊市	Weifang	4	8	5	67	13	114	4	51	4	93
济宁市	Jining	0	0	4	39	6	95	2	21	4	84
泰安市	Tai'an	2	2	4	52	10	292	2	25	4	71
威海市	Weihai	3	7	3	34	16	70	1	27	4	95
日照市	Rizhao	0	1	0	7	6	34	3	15	4	96
临沂市	Linyi	1	10	3	25	3	50	1	17	4	91
德州市	Dezhou	1	1	0	19	0	19	2	22	4	71
聊城市	Liaocheng	1	3	1	12	0	36	0	17	4	68
滨州市	Binzhou	0	1	2	13	6	29	2	30	4	101
菏泽市	Heze	0	0	0	8	1	15	1	18	4	83

主要统计指标解释

律　师　指依法取得律师执业证书，担任法律顾问，民事(刑事、行政)案件代理人、刑事案件辩护人、办理非诉讼业务，解答法律询问，代写法律事务文书等，为社会提供法律服务的人员。

公　证　指公证处根据当事人申请，依照事实和法律，按照法定程序制作的，具有法律效力的司法证明文书。

公证员　指在公证处工作的人员总称，包括公证处主任、副主任、公证员、公证员助理(助理公证员)和其他从事辅助性工作的人员。

公证员助理　指在公证机构中协助公证员完成公证执业活动中各项辅助性工作的专职人员。

批准逮捕　指人民检察院对公安机关、国家安全机关、监狱管理机关提出逮捕的犯罪嫌疑人进行审查，根据事实，依法做出逮捕决定。该指标主要反映人民检察院对提请逮捕犯罪嫌疑人进行审查后依法做出批准逮捕决定的情况。

决定逮捕　指人民检察院对直接立案侦查的案件，认为需要逮捕犯罪嫌疑人时，依据法律做出的逮捕决定。该指标主要反映人民检察院对直接受理的案件行使决定逮捕权的情况。

提起公诉　指人民检察院对公安机关移送起诉以及自行侦查终结移送起诉的案件，经审查认为犯罪嫌疑人符合法定的起诉条件而代表国家将其提交人民法院审判的一种诉讼活动。

Explanatory Notes on Main Statistical Indicators

Lawyers refer to professionals who have obtained a lawyer’s practice certificate in accordance with the law, and act as legal advisers, agents in criminal or civil lawsuits, or defenders in criminal lawsuits, to handle non-litigious legal affairs, to advise on legal inquiries , to draft legal documents, or to provide the public with legal services.

Notarization refers to legally binding judicial notary documents, developed at the request of the interested party based on facts and the law following certain legal proceedings.

Notary Personnel refer to people working for notary offices including: directors, deputy directors, notaries, assistant notaries and other people providing assistance.

Assistant Notary refers to the full-time staff who assist the notary in the notary office to complete different auxiliary tasks of notarization.

Approval for Arrest refers to the decision made by the People's Procuratorates, in accordance with the law and relevant facts and after due investigation, to approve the arrest of the suspect(s) as proposed by the public security departments, state security departments or prisons authority. This indicator reflects approved arrests made by the People's Procuratorates that are proposed by related departments.

Decision on Arrest refers to decision made by the People's Procuratorates, in accordance with laws, to arrest the suspect(s) in the cases that are accepted and to be investigated by the People's Procuratorates. This indicator mainly reflects the decision on execution of the authority of arrests by the People's Procuratorates.

Initiation of Public Prosecution refers to the prosecution submitted to the People's Court for trial on behalf of the country by the People's Procuratorates, based on the fact that the suspect(s) is deemed to meet the legal requirements for prosecution after the People's Procuratorates have conducted investigations on the cases transferred by the public security organs.

第
22
篇

各县(市、区)主要经济指标

Main Indicators of Counties
(Cities and Districts at County Level)

简 要 说 明

一、本篇资料的主要内容

本篇资料反映了全省各县（市、区）经济社会事业发展基本情况，主要包括人口、土地面积、农业、财政、金融、出口、农民收入和教育等方面的内容。

二、本篇资料的来源

本篇资料粮食数据、畜牧业数据和居民人均可支配收入分别由山东调查总队农业调查处、农村调查处、居民收支调查处整理提供，其余资料由省统计局农村处、核算处整理提供。

Brief Introduction

I. Content

Data in this chapter show the development in society and economy of counties or cities on the county level, mainly including population, area, agriculture, finance, banking, post services and telecommunication, foreign trade, income of rural households and education.

II. Source of Data

Grain data,Animal husbandry data and disposable income of rural households in this chapter are provided respectively by the Division of Rural Surveys，the Division of Countryside Surveys and the Division of Residents' Income and Expenditure Surveys of NBS Survey office in Shandong. The rest of data are are provided by the Division of Countryside Statistics and National Accounts of Shandong Provincial Bureau of Statistics.

22-1 各县(市、区)主要经济指标(2020年)

Major Economic Indicators of Counties(Cities and Districts at County Level,2020)

地　区	Region	年末总人口(万人) Total Population at Year-end (10 000 persons)	行政区域土地面积(平方公里) Area of Local land (sq.km)	地区生产总值(亿元) Gross Domestic Product (100 million yuan)
济南市	**Jinan**			
历下区	Lixia	74.2	101	1910.4
市中区	Shizhong	67.9	282	1059.6
槐荫区	Huaiyin	46.6	152	624.3
天桥区	Tianqiao	53.8	259	564.6
历城区	Licheng	110.7	1301	2371.7
长清区	Changqing	57.2	1209	338.8
章丘区	Zhangqiu	105.5	1719	1002.5
济阳区	Jiyang	59.9	1099	258.5
莱芜区	Laiwu	99.4	1740	807.3
钢城区	Gangcheng	30.0	506	300.2
平阴县	Pingyin	37.2	715	233.3
商河县	Shanghe	64.2	1162	179.9
青岛市	**Qingdao**			
市南区	Shinan	55.1	32	1272.3
市北区	Shibei	91.7	66	962.2
黄岛区	Huangdao	135.5	2128	3721.7
崂山区	Laoshan	32.9	396	886.4
李沧区	Licang	43.5	99	545.9
城阳区	Chengyang	59.9	584	1209.6
即墨区	Jimo	118.8	1921	1278.4
胶州市	Jiaozhou	87.1	1324	1225.9
平度市	Pingdu	138.2	3176	715.7
莱西市	Laixi	74.2	1568	551.9
淄博市	**Zibo**			
淄川区	Zichuan	63.0	960	461.1
张店区	Zhangdian	87.9	360	966.9
博山区	Boshan	43.5	698	234.0
临淄区	Linzi	61.1	664	733.3
周村区	Zhoucun	34.2	307	238.4
桓台县	Huantai	50.4	509	588.5
高青县	Gaoqing	36.9	831	181.5
沂源县	Yiyuan	57.4	1636	269.7
枣庄市	**Zaozhuang**			
市中区	Shizhong	59.5	374	264.1
薛城区	Xuecheng	59.6	507	329.6
峄城区	Yicheng	42.5	637	147.3
台儿庄区	Taierzhuang	34.5	532	119.4

注：1.表中数据为快报数(以下相关表同)。2.表中年末总人口数为公安户籍人口数。
a)Data in this table are preliminary data(the same as in the following tables).
b)Data of population are taken from the annual reports of public security departments.

22-1 续表 1 continued

地 区	Region	年末总人口(万人) Total Population at Year-end (10 000 persons)	行政区域土地面积(平方公里) Area of Local land (sq.km)	地区生产总值(亿元) Gross Domestic Product (100 million yuan)
山亭区	Shanting	53.7	1019	119.8
滕州市	Tengzhou	176.3	1495	753.1
东营市	**Dongying**			
东营区	Dongying	68.1	1178	451.7
河口区	Hekou	21.5	2267	190.5
垦利区	Kenli	24.1	2331	267.4
利津县	Lijin	31.0	1301	240.3
广饶县	Guangrao	53.4	1166	620.8
烟台市	**Yantai**			
芝罘区	Zhifu	71.0	181	984.8
福山区	Fushan	59.2	937	2034.2
牟平区	Mouping	44.6	1515	324.1
莱山区	Laishan	28.0	332	448.3
蓬莱区	Penglai	48.3	1204	444.8
龙口市	Longkou	63.4	941	1094.0
莱阳市	Laiyang	84.5	1730	444.0
莱州市	Laizhou	83.5	1949	674.1
招远市	Zhaoyuan	55.7	1432	697.6
栖霞市	Qixia	50.5	1793	250.2
海阳市	Haiyang	63.2	1916	420.4
潍坊市	**Weifang**			
潍城区	Weicheng	37.2	270	307.6
寒亭区	Hanting	44.9	1301	508.8
坊子区	Fangzi	55.6	896	224.0
奎文区	Kuiwen	60.0	190	869.0
临朐县	Linqu	92.9	1831	321.8
昌乐县	Changle	63.9	1101	330.3
青州市	Qingzhou	96.0	1569	564.8
诸城市	Zhucheng	111.8	2151	652.8
寿光市	Shouguan	111.0	1990	786.6
安丘市	Anqiu	97.7	1712	329.8
高密市	Gaomi	89.6	1527	510.3
昌邑市	Changyi	58.3	1628	450.4
济宁市	**Jining**			
任城区	Rencheng	126.4	884	862.2
兖州区	Yanzhou	65.2	650	708.9
微山县	Weishan	73.3	1738	388.8
鱼台县	Yutai	48.2	653	186.5

22-1 续表 2 continued

地　区	Region	年末总人口 (万人) Total Population at Year-end (10 000 persons)	行政区域土地面积 (平方公里) Area of Local land (sq.km)	地区生产总值 (亿元) Gross Domestic Product (100 million yuan)
金乡县	Jinxiang	68.3	888	218.4
嘉祥县	Jiaxiang	93.4	975	288.0
汶上县	Wenshang	82.4	889	225.6
泗水县	Sishui	64.7	1118	185.7
梁山县	Liangshan	84.6	961	240.5
曲阜市	Qufu	65.9	815	365.4
邹城市	Zoucheng	121.6	1617	824.1
泰安市	**Tai'an**			
泰山区	Taishan	64.0	337	501.2
岱岳区	Daiyue	100.5	1750	553.1
宁阳县	Ningyang	82.9	1124	251.8
东平县	Dongping	80.9	1340	216.9
新泰市	Xintai	144.7	1934	522.1
肥城市	Feicheng	97.7	1278	721.5
威海市	**Weihai**			
环翠区	Huancui	81.0	992	1237.6
文登区	Wendeng	56.8	1616	556.6
荣成市	Rongcheng	65.2	1528	943.2
乳山市	Rushan	53.6	1665	280.4
日照市	**Rizhao**			
东港区	Donggang	97.6	1262	911.7
岚山区	Lanshan	43.6	784	511.7
五莲县	Wulian	50.9	1497	197.3
莒　县	Juxian	116.9	1821	385.7
临沂市	**Linyi**			4805.3
兰山区	Lanshan	135.3	891	1187.9
罗庄区	Luozhuang	68.3	569	467.7
河东区	Hedong	87.0	834	541.1
沂南县	Yinan	98.6	1719	232.9
郯城县	Tancheng	104.5	1195	320.9
沂水县	Yishui	119.4	2414	444.1
兰陵县	Lanling	145.9	1724	280.5
费　县	Feixian	92.4	1660	408.4
平邑县	Pingyi	112.1	1823	244.9
莒南县	Junan	106.8	1751	296.6
蒙阴县	Mengyin	58.3	1602	175.4
临沭县	Linshu	68.3	1010	204.8

22-1 续表 3 continued

地 区	Region	年末总人口 (万人) Total Population at Year-end (10 000 persons)	行政区域土地面积 (平方公里) Area of Local land (sq.km)	地区生产总值 (亿元) Gross Domestic Product (100 million yuan)
德州市	**Dezhou**			
德城区	Decheng	67.5	538	713.3
陵城区	Lingcheng	59.3	1213	232.0
宁津县	Ningjin	49.0	833	240.2
庆云县	Qingyun	34.6	501	165.5
临邑县	Linyi	55.4	1016	274.7
齐河县	Qihe	64.2	1411	345.5
平原县	Pingyuan	47.4	1047	238.4
夏津县	Xiajin	54.7	882	198.8
武城县	Wucheng	40.0	751	180.1
乐陵市	Leling	71.8	1173	242.9
禹城市	Yucheng	54.1	992	247.6
聊城市	**Liaocheng**			
东昌府区	Dongchangfu	131.9	1443	755.3
茌平区	Chiping	57.2	1003	303.7
阳谷县	Yanggu	83.2	1008	282.7
莘 县	Shenxian	112.0	1388	224.0
东阿县	Donge	41.3	727	147.2
冠 县	Guanxian	87.2	1161	214.5
高唐县	Gaotang	51.3	947	151.2
临清市	Linqing	84.1	951	238.2
滨州市	**Binzhou**			
滨城区	Bincheng	71.3	1040	657.6
沾化区	Zhanhua	39.8	2218	162.6
惠民县	Huimin	65.2	1362	197.4
阳信县	Yangxin	47.2	798	223.4
无棣县	Wudi	49.1	2090	334.9
博兴县	Boxing	50.5	900	373.4
邹平市	Zouping	74.5	1250	558.8
菏泽市	**Heze**			
牡丹区	Mudan	166.7	1415	852.8
定陶区	Dingtao	71.4	846	213.3
曹 县	Caoxian	170.5	1974	463.8
单 县	Shanxian	127.5	1647	344.8
成武县	Chengwu	72.3	998	155.4
巨野县	Juye	110.2	1308	349.3
郓城县	Yuncheng	128.1	1633	436.5
鄄城县	Juancheng	93.5	1032	245.2
东明县	Dongming	88.0	1370	422.0

22-1 续表 4 continued

地 区	Region	年末金融机构各项存款余额（万元）Deposit Balance of Financial Institution at Year-end (10 000 yuan)	城乡居民储蓄存款余额（万元）Urban and Rural Household Savings Deposits (10 000 yuan)	年末金融机构各项贷款余额（万元）Loan Balance of Financial Institution at Year-end (10 000 yuan)	出口总额（万元）Total Exports (10 000 yuan)
济南市	**Jinan**				
历下区	Lixia				354635
市中区	Shizhong				811107
槐荫区	Huaiyin				225582
天桥区	Tianqiao				348341
历城区	Licheng				3218939
长清区	Changqing	4792000	3376000	2493000	95221
章丘区	Zhangqiu	10161628	6625557	7320208	712519
济阳区	Jiyang	3481362	2306149	2363938	213553
莱芜区	Laiwu	9141900		6947300	787709
钢城区	Gangcheng				164461
平阴县	Pingyin	2766295	1865718	1829196	521140
商河县	Shanghe	2516836	1939784	1656349	97163
青岛市	**Qingdao**				
市南区	Shinan				4390730
市北区	Shibei				1290535
黄岛区	Huangdao	24767700	11181600	23104000	9119890
崂山区	Laoshan				3932613
李沧区	Licang				516996
城阳区	Chengyang	14660800		13211900	6683291
即墨区	Jimo	14450400	7771300	11699000	3726736
胶州市	Jiaozhou	11269300	6136600	10461600	5097387
平度市	Pingdu	9227500	6648600	5461000	1699548
莱西市	Laixi	6082814	3922097	5457737	1987984
淄博市	**Zibo**				
淄川区	Zichuan	6657939	4965576	3314096	536246
张店区	Zhangdian	21435246	10940697	18024870	1423021
博山区	Boshan	4010303	3339713	1728309	356527
临淄区	Linzi	8742724	5996951	5227492	658909
周村区	Zhoucun	4425065	3301556	2076476	491638
桓台县	Huantai	5053677	2830139	4455316	498354
高青县	Gaoqing	2130629	1629951	1609636	226755
沂源县	Yiyuan	3471860	2461899	2362921	309415
枣庄市	**Zaozhuang**				
市中区	Shizhong	5265728	3681798	3934241	456191
薛城区	Xuecheng	5484069	3266414	4632267	769850
峄城区	Yicheng	1460771	1089551	961581	332115
台儿庄区	Taierzhuang	1384802	1011940	984356	215316

22-1 续表 5 continued

地 区	Region	年末金融机构各项存款余额（万元）Deposit Balance of Financial Institution at Year-end (10 000 yuan)	城乡居民储蓄存款余额（万元）Urban and Rural Household Savings Deposits (10 000 yuan)	年末金融机构各项贷款余额（万元）Loan Balance of Financial Institution at Year-end (10 000 yuan)	出口总额（万元）Total Exports (10 000 yuan)
山亭区	Shanting	1491013	1070657	793923	271047
滕州市	Tengzhou	8814447	6520017	5996830	453712
东营市	**Dongying**				
东营区	Dongying	24621900	11383500	19398500	452335
河口区	Hekou	2901114	1843372	1655823	160310
垦利区	Kenli	3730816	2313273	4127907	383719
利津县	Lijin	2301082	1405034	1834633	79033
广饶县	Guangrao	6780445	3897933	6005693	2083786
烟台市	**Yantai**				
芝罘区	Zhifu				1548928
福山区	Fushan	23771878	7036974	16702547	9800245
牟平区	Mouping	4802829	3465628	2546339	581142
莱山区	Laishan	6362521	3477197	4285434	904858
蓬莱市	Penglai	5593167	4159693	3728608	757365
龙口市	Longkou	10743611	6918474	7162161	1949367
莱阳市	Laiyang	5364854	4172314	2909402	718714
莱州市	Laizhou	8736914	7136681	3319370	774447
招远市	Zhaoyuan	6647879	4635625	3088981	1052825
栖霞市	Qixia	3217969	2793961	1358301	401262
海阳市	Haiyang	4620189	3846764	3018544	828342
潍坊市	**Weifang**				
潍城区	Weicheng	5129600	2240376	4284800	244000
寒亭区	Hanting	5097700	3186700	3713000	1572384
坊子区	Fangzi	3529073	2620028	2208585	317700
奎文区	Kuiwen	27301272	10454974	21846223	3114123
临朐县	Linqu	5773918	4275162	3642750	408453
昌乐县	Changle	4522703	3276044	3974299	605528
青州市	Qingzhou	9342253	7387451	6118294	776976
诸城市	Zhucheng	9305292	6679414	6754181	1011598
寿光市	Shouguan	12889231	7857530	9299399	1693861
安丘市	Anqiu	5826522	4482344	4730206	634355
高密市	Gaomi	6782288	5135542	5767781	1248000
昌邑市	Changyi	5265000	4217000	3402000	529900
济宁市	**Jining**				
任城区	Rencheng	22640806	11626435	21352173	1353746
兖州区	Yanzhou	5431885	3849356	2995489	672396
微山县	Weishan	2876856	2277160	1521656	139600
鱼台县	Yutai	2146530	1664788	1531069	78134

22-1 续表 6 continued

地 区	Region	年末金融机构各项存款余额（万元） Deposit Balance of Financial Institution at Year-end (10 000 yuan)	城乡居民储蓄存款余额（万元） Urban and Rural Household Savings Deposits (10 000 yuan)	年末金融机构各项贷款余额（万元） Loan Balance of Financial Institution at Year-end (10 000 yuan)	出口总额（万元） Total Exports (10 000 yuan)
金乡县	Jinxiang	3272484	2734187	2012483	497643
嘉祥县	Jiaxiang	4692558	3806512	2361495	250400
汶上县	Wenshang	3679200	2854900	2031000	130500
泗水县	Sishui	2598822	2112621	1354533	85816
梁山县	Liangshan	4714300	4045600	2120500	119900
曲阜市	Qufu	4254026	3196375	2473213	338642
邹城市	Zoucheng	9373500	5263300	8076700	194366
泰安市	**Tai'an**				
泰山区	Taishan	7975900	4044100	6307200	370000
岱岳区	Daiyue	7860000	5170000	5170000	433000
宁阳县	Ningyang	3719235	2941882	2073580	158000
东平县	Dongping	3699600	3028700	2757800	59000
新泰市	Xintai	8354013	6436372	5062341	197336
肥城市	Feicheng	7392134	5379656	3593197	241543
威海市	**Weihai**				
环翠区	Huancui	25799742	13458157	19544659	6863874
文登区	Wendeng	6995728	5167547	4924531	2315452
荣成市	Rongcheng	9815583	6602210	7013031	1937286
乳山市	Rushan	4716750	3844605	2483923	541544
日照市	**Rizhao**				
东港区	Donggang	18471156	8380930	21008873	1728818
岚山区	Lanshan	2897465	2177934	2234092	1118124
五莲县	Wulian	3422703	2626700	1983284	267699
莒　县	Juxian	6479889	5029346	4516699	319965
临沂市	**Linyi**				
兰山区	Lanshan	30102584	14537582	31618707	1238481
罗庄区	Luozhuang	4225023	2854217	5059190	857966
河东区	Hedong	7663800	3555100	6613000	2879382
沂南县	Yinan	4877205	3955077	2788245	291046
郯城县	Tancheng	3685623	3119271	2554286	818702
沂水县	Yishui	6176333	4914617	3781051	766468
兰陵县	Lanling	4750727	3726130	3552461	250056
费　县	Feixian	4310526	3370172	2933543	886922
平邑县	Pingyi	3912697	3124853	2558369	328214
莒南县	Junan	5649338	4189491	3660616	765045
蒙阴县	Mengyin	2976651	2329093	1893309	182297
临沭县	Linshu	3586631	2455517	3074875	657181

22-1 续表 7 continued

地 区	Region	年末金融机构各项存款余额(万元) Deposit Balance of Financial Institution at Year-end (10 000 yuan)	城乡居民储蓄存款余额(万元) Urban and Rural Household Savings Deposits (10 000 yuan)	年末金融机构各项贷款余额(万元) Loan Balance of Financial Institution at Year-end (10 000 yuan)	出口总额(万元) Total Exports (10 000 yuan)
德州市	**Dezhou**				
德城区	Decheng	13716886	8068038	9580942	889104
陵城区	Lingcheng	2833471	2291608	1295557	111661
宁津县	Ningjin	3445796	2775973	1333238	170858
庆云县	Qingyun	1880998	1339703	1052570	44168
临邑县	Linyi	3207190	2411126	1410116	325973
齐河县	Qihe	3777307	2614240	2912234	149518
平原县	Pingyuan	2833636	2280051	1044853	108504
夏津县	Xiajin	2509731	2087189	1416880	66719
武城县	Wucheng	2474645	2045932	1086452	92266
乐陵市	Leling	3141163	2413871	1950670	227383
禹城市	Yucheng	3141700	2272769	2265661	286248
聊城市	**Liaocheng**				
东昌府区	Dongchangfu	16192159	9114332	13309995	766358
茌平区	Chiping	4297228	3170730	2263344	105009
阳谷县	Yanggu	4528336	3429788	2735853	375197
莘 县	Shenxian	4484661	3870700	2020269	60648
东阿县	Donge	2650019	2020001	1565391	92772
冠 县	Guanxian	3760275	2990708	2260897	321803
高唐县	Gaotang	3059308	2422659	2160127	147367
临清市	Linqing	4691434	3989176	2542561	405323
滨州市	**Binzhou**				
滨城区	Bincheng	12611600	5676500	11048500	1136458
沾化区	Zhanhua	1946944	1291149	1197613	100732
惠民县	Huimin	2805942	2205960	2062892	196997
阳信县	Yangxin	2085664	1435365	1707907	100593
无棣县	Wudi	2758387	1812251	2008051	145560
博兴县	Boxing	5117980	3185765	3919142	1072307
邹平市	Zouping	7099715	4357591	7097188	521580
菏泽市	**Heze**				
牡丹区	Mudan	14180300	8754529	12475500	458431
定陶区	Dingtao	3062835	2537845	1788868	71349
曹 县	Caoxian	5691429	4735741	3007428	823620
单 县	Shanxian	4733025	3948518	2631255	173015
成武县	Chengwu	3161207	2741360	1216030	77111
巨野县	Juye	5314364	4415337	2755596	287646
郓城县	Yuncheng	6402800	5634200	2735500	71442
鄄城县	Juancheng	3938716	3392247	1565746	149546
东明县	Dongming	3835540	2996980	2037547	30960

22-1 续表 8 continued

地　区	Region	粮食面积（公顷）Area of Grain (hectares)	粮食产量（吨）Output of Grain (ton)	油料产量（吨）Output of Oil-bearing Crops (ton)	蔬菜产量（吨）Output of Vegetables (ton)	园林水果产量（吨）Output of Fruits (ton)	肉类总产量（吨）Output of Meat (ton)	奶类产量（吨）Output of Milk (ton)
济南市	**Jinan**							
历下区	Lixia							
市中区	Shizhong	3986	18961	11	4062	3530	2323	812
槐荫区	Huaiyin	2140	13087	221	9540		149	2
天桥区	Tianqiao	12288	69378	92	16035	6793	3365	452
历城区	Licheng	19726	104105	1502	207431	143245	10029	9380
长清区	Changqing	44088	263639	17866	518642	56754	18114	53851
章丘区	Zhangqiu	107147	622849	5956	1815187	73179	56040	11684
济阳区	Jiyang	99302	612962	1817	1223875	22963	14930	36216
莱芜区	Laiwu	31400	193434	21781	1122944	101317	52602	8051
钢城区	Gangcheng	4308	24154	9550	193836	105600	20015	3291
平阴县	Pingyin	35140	194277	9324	655890	100950	15739	99342
商河县	Shanghe	120912	791221	32	969874	17674	45880	191217
青岛市	**Qingdao**							
市南区	Shinan							
市北区	Shibei							
黄岛区	Huangdao	47580	256413	94737	600322	101788	52692	2466
崂山区	Laoshan			163	10999	6759		
李沧区	Licang							
城阳区	Chengyang	874	5107	123	38839	16926	2471	8196
即墨区	Jimo	76190	434063	52512	628011	31340	59920	58140
胶州市	Jiaozhou	59129	361829	26663	1094062	42447	31534	6798
平度市	Pingdu	199355	1433515	104271	2933990	244431	155192	13881
莱西市	Laixi	86409	554829	81559	1252257	306209	182016	217224
淄博市	**Zibo**							
淄川区	Zichuan	13850	57689	870	30047	20870	12936	450
张店区	Zhangdian	4130	22288	135	25213	4874	4236	1130
博山区	Boshan	5473	22236	961	57898	80064	3271	110
临淄区	Linzi	46179	332970	23	991677	16247	41032	14800
周村区	Zhoucun	10326	54198	420	20936	7008	9819	1000
桓台县	Huantai	45613	335514	70	48323	4580	9097	6339
高青县	Gaoqing	80937	570391	301	383464	17841	33438	121000
沂源县	Yiyuan	9280	34940	12011	256952	806382	28870	400
枣庄市	**Zaozhuang**							
市中区	Shizhong	14207	76421	10437	154677	15010	14288	3157
薛城区	Xuecheng	37985	228869	5975	238735	15273	12419	834
峄城区	Yicheng	50316	278934	12410	652276	51880	21949	2503
台儿庄区	Taierzhuang	49788	287002	1051	568814	15876	14071	21443

22-1 续表 9 continued

地 区	Region	粮食面积（公顷） Area of Grain (hectares)	粮食产量（吨） Output of Grain (ton)	油料产量（吨） Output of Oil-bearing Crops (ton)	蔬菜产量（吨） Output of Vegetables (ton)	园林水果产量（吨） Output of Fruits (ton)	肉类总产量（吨） Output of Meat (ton)	奶类产量（吨） Output of Milk (ton)
山亭区	Shanting	24063	145861	21219	201555	123153	19364	979
滕州市	Tengzhou	106444	788646	29154	3400679	55277	43585	1014
东营市	**Dongying**							
东营区	Dongying	24637	129620	102	75596	8418	16752	11151
河口区	Hekou	24490	109407	369	23727	29633	53928	198502
垦利区	Kenli	55849	290486	377	48897	7743	57388	55291
利津县	Lijin	66415	346905	998	184341	16276	64811	5059
广饶县	Guangrao	82067	471507		385365	4857	91737	125670
烟台市	**Yantai**							
芝罘区	Zhifu	38	233	131	12670	2928	157	254
福山区	Fushan	2093	10675	11370	77595	402519	15083	6747
牟平区	Mouping	18809	101636	34153	141437	721479	119683	20641
莱山区	Laishan	1602	8961	3939	41045	42147	232	122
蓬莱区	Penglai	8419	48356	19650	152385	1477450	45174	27058
龙口市	Longkou	14424	94472	5976	220543	496199	117176	72987
莱阳市	Laiyang	67778	393499	93166	521382	500988	102670	25624
莱州市	Laizhou	81335	518387	46357	392389	327982	57187	11503
招远市	Zhaoyuan	36420	211886	65897	132116	720900	41059	12502
栖霞市	Qixia	12908	77236	49569	177303	1958622	42783	8931
海阳市	Haiyang	47529	281307	85191	476425	472915	79766	10286
潍坊市	**Weifang**							
潍城区	Weicheng	10545	64977	9	106046	11298	8076	4670
寒亭区	Hanting	43031	270779	1578	274993	39211	32093	38100
坊子区	Fangzi	47505	299597	7333	605454	27385	53697	2230
奎文区	Kuiwen	1495	9048					
临朐县	Linqu	27626	165500	17290	265912	348114	126844	54022
昌乐县	Changle	35288	211758	40566	1231607	56234	93710	17659
青州市	Qingzhou	29260	177894	15	1897018	89880	138048	2950
诸城市	Zhucheng	123457	767854	48638	1037274	66794	194133	2488
寿光市	Shouguan	85048	577615	237	3733399	31299	188964	27690
安丘市	Anqiu	53548	323742	43325	1921381	115801	79302	7770
高密市	Gaomi	129969	855662	25398	746029	51530	147988	12590
昌邑市	Changyi	83249	525575	5896	695290	82920	90243	3193
济宁市	**Jining**							
任城区	Rencheng	64730	459839	106	299382	32896	10839	17166
兖州区	Yanzhou	46364	327020	3135	484492	6790	11635	5608
微山县	Weishan	50386	335963	1153	313254	5817	19027	2556
鱼台县	Yutai	48386	375975		618195	6248	13295	587

22-1 续表 10 continued

地 区	Region	粮食面积(公顷) Area of Grain (hectares)	粮食产量(吨) Output of Grain (ton)	油料产量(吨) Output of Oil-bearing Crops (ton)	蔬菜产量(吨) Output of Vegetables (ton)	园林水果产量(吨) Output of Fruits (ton)	肉类总产量(吨) Output of Meat (ton)	奶类产量(吨) Output of Milk (ton)
金乡县	Jinxiang	35353	222765	2888	2315631	47718	28843	12263
嘉祥县	Jiaxiang	102671	672863	1991	400144	17493	46214	6478
汶上县	Wenshang	99858	678702	7071	219444	12938	43563	61024
泗水县	Sishui	38637	238955	56767	636993	51365	64918	2032
梁山县	Liangshan	97772	615037	7160	829448	57102	76773	37379
曲阜市	Qufu	64141	438455	10763	145119	42980	39078	13006
邹城市	Zoucheng	68687	462259	52158	811133	79176	46818	7103
泰安市	**Tai'an**							
泰山区	Taishan	2108	15307	234	12019	6085	5538	8199
岱岳区	Daiyue	61368	454936	21897	1744211	111734	47369	57210
宁阳县	Ningyang	85253	603175	62949	892454	98148	74353	46176
东平县	Dongping	99887	625745	17854	613681	12070	34845	9816
新泰市	Xintai	52170	381246	84697	1315662	237834	112638	32808
肥城市	Feicheng	70960	490334	8935	1172731	78284	52159	84699
威海市	**Weihai**							
环翠区	Huancui	8904	44916	14399	71502	145971	12926	10171
文登区	Wendeng	36129	208806	63692	271391	316359	62173	6305
荣成市	Rongcheng	34717	201441	41654	222535	252915	22147	17427
乳山市	Rushan	34721	206290	83049	393612	471315	85689	3716
日照市	**Rizhao**							
东港区	Donggang	20840	134547	30872	107446	96006	45887	7556
岚山区	Lanshan	18794	124037	28056	127621	44373	38534	65412
五莲县	Wulian	34305	211255	71451	291373	121194	50808	3512
莒 县	Juxian	55337	370866	82504	577350	152824	146843	11550
临沂市	**Linyi**							
兰山区	Lanshan	30459	174745	20064	136288	63273	34126	10857
罗庄区	Luozhuang	27604	170263	9647	118316	5018	12204	31255
河东区	Hedong	45721	298047	16902	274382	35651	17371	
沂南县	Yinan	58280	355206	73632	1054318	102396	269597	34158
郯城县	Tancheng	94085	722018	12985	602581	17875	54998	2193
沂水县	Yishui	48862	300551	88113	910234	795732	121823	13190
兰陵县	Lanling	99128	667391	60450	3405005	87719	122164	19547
费 县	Feixian	49762	312992	80361	467449	260397	113717	6756
平邑县	Pingyi	46557	295220	68588	303848	290687	65574	239
莒南县	Junan	73424	423299	105580	281483	62008	179179	4151
蒙阴县	Mengyin	18031	129258	33886	184573	1281198	41079	
临沭县	Linshu	52057	315793	160709	164194	37431	62235	16089

22-1 续表 11 continued

地 区	Region	粮食面积(公顷) Area of Grain (hectares)	粮食产量(吨) Output of Grain (ton)	油料产量(吨) Output of Oil-bearing Crops (ton)	蔬菜产量(吨) Output of Vegetables (ton)	园林水果产量(吨) Output of Fruits (ton)	肉类总产量(吨) Output of Meat (ton)	奶类产量(吨) Output of Milk (ton)
德州市	**Dezhou**							
德城区	Decheng	32791	214558	43	93276	12151	14228	1197
陵城区	Lingcheng	130615	949057	288	604753	11395	67182	33275
宁津县	Ningjin	91228	639272	884	370576	11415	41849	5698
庆云县	Qingyun	42414	276885	111	138070	22230	25763	547
临邑县	Linyi	109992	780003	1553	452420	7306	53028	11806
齐河县	Qihe	150930	1108178	1842	995659	16800	83842	59899
平原县	Pingyuan	114906	834381	584	1320345	21082	98110	10214
夏津县	Xiajin	90171	607078	2670	276130	30333	74465	3802
武城县	Wucheng	88392	636674	3810	277251	17727	22954	5525
乐陵市	Leling	117438	841339	15	339185	125154	60122	63316
禹城市	Yucheng	96492	700309	2099	1604293	7370	75384	97515
聊城市	**Liaocheng**							
东昌府区	Dongchangfu	109755	792852	3343	1197723	34451	71831	2809
茌平区	Chiping	104888	730735	1436	420910	23144	49996	2008
阳谷县	Yanggu	107422	780560	3850	1953332	47163	148289	8926
莘　县	Shenxian	114839	792376	11158	2548509	47092	78111	2551
东阿县	Donge	69203	483358	1120	270400	20800	47317	1541
冠　县	Guanxian	102376	695881	7349	1329378	276783	86527	12592
高唐县	Gaotang	95914	657283	7438	250220	12390	51407	1107
临清市	Linqing	102773	705645	899	655372	34489	31236	32323
滨州市	**Binzhou**							
滨城区	Bincheng	74014	455992	108	128110	11706	38771	52999
沾化区	Zhanhua	70745	407957	577	32936	282210	45141	11924
惠民县	Huimin	115962	760518	5148	1129987	86901	78022	6081
阳信县	Yangxin	68024	436759		187424	210896	75220	3210
无棣县	Wudi	74077	438168	1125	34257	119109	133157	1154
博兴县	Boxing	75213	489357	60	114524	3555	27381	1275
邹平市	Zouping	108737	713567	641	71283	35853	53357	32606
菏泽市	**Heze**							
牡丹区	Mudan	130354	870332	22163	1054322	79827	76067	9296
定陶区	Dingtao	89891	617749	7021	752225	21455	36765	9447
曹　县	Caoxian	201958	1359047	36330	651561	36707	128373	137275
单　县	Shanxian	135131	904759	44891	1753634	136293	59944	8788
成武县	Chengwu	82647	557135	2498	1095019	25500	38643	125
巨野县	Juye	101424	673595	8934	1358593	72997	56094	7349
郓城县	Yuncheng	166300	1117403	28057	1261695	47158	117618	18721
鄄城县	Juancheng	122935	825356	35486	355408	43770	64885	7629
东明县	Dongming	151741	1014140	48823	574146	32278	83412	20400

22-1 续表 12 continued

地 区	Region	普通中学专任教师数（人）Full-time Teachers in Secondary Schools (person)	小 学 专任教师数（人）Full-time Teachers in Primary Schools (person)	普通中学在校学生数（人）Total Enrollment in Secondary Schools (person)	小 学 在校学生数（人）Total Enrollment in Primary Schools (person)	城镇居民人均可支配收入（元）Per Capita Disposable Income of Urban Households (yuan)	农村居民人均可支配收入（元）Per Capita Disposable Income of Rural Households (yuan)
济南市	**Jinan**						
历下区	Lixia	2722	4469	33447	74771	62716	
市中区	Shizhong	3233	4084	38325	63362	61192	
槐荫区	Huaiyin	1803	2973	21719	50295	55197	
天桥区	Tianqiao	1411	3050	19725	47266	54198	19205
历城区	Licheng	5677	5378	65962	86329	51393	22942
长清区	Changqing	2338	2082	24602	29485	43578	20417
章丘区	Zhangqiu	4732	4386	45674	58166	42793	24208
济阳区	Jiyang	2352	2710	28579	39624	35404	19236
莱芜区	Laiwu	5040	3087	57254	47380	38473	19324
钢城区	Gangcheng	1304	1024	12588	13725	44914	20507
平阴县	Pingyin	1595	1474	16939	18974	31706	16929
商河县	Shanghe	2203	2392	29289	40592	30933	17046
青岛市	**Qingdao**						
市南区	Shinan	924	2254	9554	34816	64634	
市北区	Shibei	2155	3824	24908	62949	59512	
黄岛区	Huangdao	7841	6464	91657	111619	54739	23937
崂山区	Laoshan	896	1783	8656	25810	62561	26623
李沧区	Licang	1181	2376	13612	43129	59344	
城阳区	Chengyang	3925	4252	45743	77313	59976	25485
即墨区	Jimo	6631	5916	72102	84935	49290	23730
胶州市	Jiaozhou	4142	4232	51092	64120	50607	24026
平度市	Pingdu	6510	4764	65675	67208	47310	22812
莱西市	Laixi	3952	2458	41733	31456	47800	23300
淄博市	**Zibo**						
淄川区	Zichuan	3546	2146	35132	26722	43580	20723
张店区	Zhangdian	5035	4259	65567	68121	48112	24041
博山区	Boshan	2261	1410	22480	14914	42114	19604
临淄区	Linzi	3299	1985	36847	26721	47982	24133
周村区	Zhoucun	1987	1517	20101	17137	41694	20371
桓台县	Huantai	2717	1233	26818	20212	44946	22462
高青县	Gaoqing	1833	1404	19738	14377	35241	17760
沂源县	Yiyuan	2916	2073	29180	20162	42446	20172
枣庄市	**Zaozhuang**						
市中区	Shizhong	2776	3423	41547	62706	35668	18475
薛城区	Xuecheng	3136	3351	41145	56070	32718	17089
峄城区	Yicheng	1884	2322	30703	41507	31517	17736
台儿庄区	Taierzhuang	1361	1971	21033	33193	29237	15392

22−1 续表 13 continued

地 区	Region	普通中学专任教师数(人) Full-time Teachers in Secondary Schools (person)	小 学专任教师数(人) Full-time Teachers in Primary Schools (person)	普通中学在校学生数(人) Total Enrollment in Secondary Schools (person)	小 学在校学生数(人) Total Enrollment in Primary Schools (person)	城镇居民人均可支配收入(元) Per Capita Disposable Income of Urban Households (yuan)	农村居民人均可支配收入(元) Per Capita Disposable Income of Rural Households (yuan)
山亭区	Shanting	1604	2697	19049	38732	24192	15180
滕州市	Tengzhou	6115	8762	85570	135583	38687	18807
东营市	**Dongying**						
东营区	Dongying	2032	1974	23340	30358	53427	23079
河口区	Hekou	1222	916	11228	10929	49717	20909
垦利区	Kenli	1345	1055	14398	13943	48963	20854
利津县	Lijin	1847	978	15183	9788	41663	19762
广饶县	Guangrao	2972	1858	30925	27069	47356	23071
烟台市	**Yantai**						
芝罘区	Zhifu	4026	2740	46772	47099	52663	
福山区	Fushan	2691	2610	33869	48386	50788	25208
牟平区	Mouping	1336	1243	11477	14332	48203	23081
莱山区	Laishan	1038	1027	10983	18312	57762	25689
蓬莱区	Penglai	2114	1352	19546	17002	50418	24481
龙口市	Longkou	3147	2416	31843	36548	53284	25477
莱阳市	Laiyang	3493	2026	33627	29833	37995	18963
莱州市	Laizhou	3880	2327	34871	27420	48620	24021
招远市	Zhaoyuan	2669	1337	23768	19477	49990	24591
栖霞市	Qixia	2687	1671	16974	13173	36007	18087
海阳市	Haiyang	2873	2056	25919	20888	47666	21664
潍坊市	**Weifang**						
潍城区	Weicheng	1546	1951	12131	33970	44619	22597
寒亭区	Hanting	2244	2761	22447	25852	41317	21584
坊子区	Fangzi	3128	2457	34806	32505	40635	21447
奎文区	Kuiwen	1689	3404	17576	58695	48099	
临朐县	Linqu	3944	3036	39195	58455	37422	19867
昌乐县	Changle	3960	2991	48338	37453	38852	20756
青州市	Qingzhou	4478	3916	37881	55754	41867	21899
诸城市	Zhucheng	6074	4266	65611	56889	44028	23211
寿光市	Shouguan	5662	4788	58272	70276	44750	23900
安丘市	Anqiu	4264	4035	55343	46627	37669	20351
高密市	Gaomi	4691	3961	52263	55799	42450	21013
昌邑市	Changyi	1396	2018	27172	29398	39641	21857
济宁市	**Jining**						
任城区	Rencheng	6457	5791	79436	84184	43620	19156
兖州区	Yanzhou	3296	2689	30872	44320	42712	20858
微山县	Weishan	2671	3048	28648	40346	34398	18235
鱼台县	Yutai	1911	1968	22048	30958	32887	17702

22-1 续表 14 continued

地　区	Region	普通中学专任教师数（人）Full-time Teachers in Secondary Schools (person)	小　学专任教师数（人）Full-time Teachers in Primary Schools (person)	普通中学在校学生数（人）Total Enrollment in Secondary Schools (person)	小　学在校学生数（人）Total Enrollment in Primary Schools (person)	城镇居民人均可支配收入（元）Per Capita Disposable Income of Urban Households (yuan)	农村居民人均可支配收入（元）Per Capita Disposable Income of Rural Households (yuan)
金乡县	Jinxiang	3176	3592	42051	49197	34906	19049
嘉祥县	Jiaxiang	4769	5112	69195	87232	33265	17918
汶上县	Wenshang	2808	3336	35939	56946	33264	18013
泗水县	Sishui	2131	3035	31487	41665	27815	14525
梁山县	Liangshan	3195	3719	50415	77755	32722	17484
曲阜市	Qufu	3266	2874	28598	32842	33725	18240
邹城市	Zoucheng	4816	5135	50988	78663	40261	19714
泰安市	**Tai'an**						
泰山区	Taishan	4512	2540	53072	51748	44894	20760
岱岳区	Daiyue	4142	3694	44211	46212	38490	18773
宁阳县	Ningyang	3278	3181	38435	39534	38434	18704
东平县	Dongping	3431	2468	39862	41753	33829	18175
新泰市	Xintai	6647	5350	81756	83073	40106	19626
肥城市	Feicheng	4442	3598	49856	47578	40854	20595
威海市	**Weihai**						
环翠区	Huancui	5095	4110	58506	69066	51769	22592
文登区	Wendeng	2638	1458	22010	20034	47615	24861
荣成市	Rongcheng	3134	1752	28467	26638	48565	25463
乳山市	Rushan	1826	928	14934	11481	42372	19809
日照市	**Rizhao**						
东港区	Donggang	4083	3917	55242	73191	37804	16916
岚山区	Lanshan	1725	1295	15416	21283	37104	18478
五莲县	Wulian	2470	1879	22342	24549	30347	17858
莒　县	Juxian	4166	4388	57228	79286	30254	17569
临沂市	**Linyi**						
兰山区	Lanshan	8202	8648	115344	226454	41373	16791
罗庄区	Luozhuang	3525	3948	59304	94264	41223	16656
河东区	Hedong	3443	4898	44432	88630	40555	16683
沂南县	Yinan	3512	3373	49349	64595	38504	15326
郯城县	Tancheng	3668	5052	49851	88978	39162	15851
沂水县	Yishui	4155	4486	50829	73901	39964	16436
兰陵县	Lanling	5839	6528	93049	131119	36053	16308
费　县	Feixian	3535	3653	44235	77581	39915	15618
平邑县	Pingyi	3387	4917	43629	78151	38816	15716
莒南县	Junan	3878	4118	40268	61600	36305	15277
蒙阴县	Mengyin	2260	2731	24337	43792	37566	14945
临沭县	Linshu	2589	2790	35797	48873	40429	15223

22-1 续表 15 continued

地 区	Region	普通中学专任教师数(人) Full-time Teachers in Secondary Schools (person)	小 学专任教师数(人) Full-time Teachers in Primary Schools (person)	普通中学在校学生数(人) Total Enrollment in Secondary Schools (person)	小 学在校学生数(人) Total Enrollment in Primary Schools (person)	城镇居民人均可支配收入(元) Per Capita Disposable Income of Urban Households (yuan)	农村居民人均可支配收入(元) Per Capita Disposable Income of Rural Households (yuan)
德州市	**Dezhou**						
德城区	Decheng	2048	3714	29611	76663	30704	17363
陵城区	Lingcheng	1840	2471	22743	35362	29154	16751
宁津县	Ningjin	1860	1889	26839	35706	29246	16748
庆云县	Qingyun	1841	1870	23319	35496	29045	16265
临邑县	Linyi	3245	2208	27346	33815	29730	17226
齐河县	Qihe	2063	2498	25978	36478	30110	17459
平原县	Pingyuan	1699	2291	20860	27585	29782	17059
夏津县	Xiajin	2641	1990	33128	39062	28708	16226
武城县	Wucheng	1823	1781	21593	29106	29514	16891
乐陵市	Leling	2854	3052	36076	47014	29688	17159
禹城市	Yucheng	2422	2091	26172	33550	30035	17293
聊城市	**Liaocheng**						
东昌府区	Dongchangfu	7563	10317	104943	164160	31644	15968
茌平区	Chiping	2395	2308	28618	47289	31174	16082
阳谷县	Yanggu	3378	4145	39998	60502	28590	15600
莘 县	Shenxian	4411	5781	69245	118820	27707	16035
东阿县	Donge	1809	2161	20045	26047	25210	15624
冠 县	Guanxian	3273	4765	49656	85694	29346	15451
高唐县	Gaotang	2185	2062	27106	40937	29705	15882
临清市	Linqing	3055	3968	50677	87577	29017	15502
滨州市	**Binzhou**						
滨城区	Bincheng	3542	4055	40692	61648	39903	19603
沾化区	Zhanhua	1661	1627	13419	20021	37703	18738
惠民县	Huimin	2500	2276	24942	35457	37644	17681
阳信县	Yangxin	2185	1803	24345	32589	37253	17083
无棣县	Wudi	2003	2349	21793	41992	37332	19050
博兴县	Boxing	2332	2008	22932	26106	39210	19361
邹平市	Zouping	3286	2973	36966	49066	39195	21319
菏泽市	**Heze**						
牡丹区	Mudan	4155	5216	77698	143446	32179	15441
定陶区	Dingtao	2699	3399	37589	61574	27221	15076
曹 县	Caoxian	5987	8908	85992	164864	29232	14971
单 县	Shanxian	5219	5686	68861	108294	28030	15080
成武县	Chengwu	3479	4320	50354	67003	27974	15177
巨野县	Juye	4463	5332	71082	116601	30209	15316
郓城县	Yuncheng	5655	6551	80459	121151	29874	15449
鄄城县	Juancheng	3203	4429	52899	88703	26693	14592
东明县	Dongming	4153	4435	57502	86696	28472	14940

附录1

全国各省（市、自治区）主要经济指标

Main Economic Indicators of the Whole Country by Region

简 要 说 明

一、本篇资料的主要内容

本篇资料反映了全国各省、自治区、直辖市经济社会发展基本情况，主要包括行政区划、人口、国内生产总值及其构成、财政、价格指数、居民生活、农业、工业、投资、建筑业、交通运输、国内贸易、进出口等方面的资料。

二、本篇资料的来源

本篇资料来源于中国统计出版社出版的《中国统计摘要 2021》，由省统计局综合处整理。

Brief Introduction

I. Content

Data in this chapter reflect the basic Socio-economic development of some provinces, mainly including divisions of administrative areas, population, GDP and its components, finance, price indices, livelihood, agriculture, industry, investment, construction industry, communications, domestic trade, exports and imports etc.

II. Source of Data

Data in this chapter come from China Statistics Abstract 2021 published by China Statistics Press and are prepared and compiled by the Division of Comprehensive Statistics of Shandong Provincial Bureau of Statistics.

附录 1-1 各地区行政区划(2020年底)

Divisions of Administrative Areas by Region(Year-end of 2020)

单位:个 (unit)

省级区划名称	Provinces, Autonomous Regions and Municipalities	地级区划数 Number of Regions at Prefecture Level	#地级市 Cities at Prefecture Level	县级区划数 Number of Regions at County Level	#市辖区 Districts under the Jurisdiction of Cities	#县级市 Cities at County Level	#县 Counties	#自治县 Autonomous Counties
全国总计	**National Total**	**333**	**293**	**2844**	**973**	**388**	**1312**	**117**
北京市	Beijing			16	16			
天津市	Tianjin			16	16			
河北省	Hebei	11	11	167	49	21	91	6
山西省	Shanxi	11	11	117	26	11	80	
内蒙古自治区	Inner Mongolia	12	9	103	23	11	17	
辽宁省	Liaoning	14	14	100	59	16	17	8
吉林省	Jilin	9	8	60	21	20	16	3
黑龙江省	Heilongjiang	13	12	121	54	21	45	1
上海市	Shanghai			16	16			
江苏省	Jiangsu	13	13	95	55	21	19	
浙江省	Zhejiang	11	11	90	37	20	32	1
安徽省	Anhui	16	16	104	45	9	50	
福建省	Fujian	9	9	85	29	12	44	
江西省	Jiangxi	11	11	100	27	12	61	
山东省	**Shandong**	**16**	**16**	**136**	**58**	**26**	**52**	
河南省	Henan	17	17	158	53	22	83	
湖北省	Hubei	13	12	103	39	26	35	2
湖南省	Hunan	14	13	122	36	18	61	7
广东省	Guangdong	21	21	122	65	20	34	3
广西壮族自治区	Guangxi	14	14	111	41	9	49	12
海南省	Hainan	4	4	25	10	5	4	6
重庆市	Chongqing			38	26		8	4
四川省	Sichuan	21	18	183	55	18	106	4
贵州省	Guizhou	9	6	88	16	9	51	11
云南省	Yunnan	16	8	129	17	17	66	29
西藏自治区	Tibet	7	6	74	8		66	
陕西省	Shaanxi	10	10	107	30	6	71	
甘肃省	Gansu	14	12	86	17	5	57	7
青海省	Qinghai	8	2	44	7	5	25	7
宁夏回族自治区	Ningxia	5	5	22	9	2	11	
新疆维吾尔自治区	Xinjiang	14	4	106	13	26	61	6
香港特别行政区	Hong Kong Special Administrative Region							
澳门特别行政区	Macao Special Administrative Region							
台湾省	Taiwan							

注:本表资料由民政部提供。

a)Data in this table are provided by the Ministry of Civil Affairs.

附录 1-1 续表 continued

单位：个 (unit)

省级区划名称	Provinces, Autonomous Regions and Municipalities	乡镇级区划数 Number of Regions at Township Level	#镇数 Number of Towns	#乡数 Number of Townships	#民族乡 Minority Autonomous Township	#街道办事处 Street Communities
全国总计	**National Total**	**38741**	**21157**	**8809**	**962**	**8773**
北京市	Beijing	343	143	35	5	165
天津市	Tianjin	250	125	3	1	122
河北省	Hebei	2254	1230	713	42	310
山西省	Shanxi	1396	579	610		207
内蒙古自治区	Inner Mongolia	1024	508	270	17	246
辽宁省	Liaoning	1355	640	201	54	514
吉林省	Jilin	951	426	181	28	344
黑龙江省	Heilongjiang	1292	562	340	52	390
上海市	Shanghai	215	106	2		107
江苏省	Jiangsu	1258	712	31	1	515
浙江省	Zhejiang	1365	618	259	14	488
安徽省	Anhui	1501	968	271	9	262
福建省	Fujian	1107	658	264	19	185
江西省	Jiangxi	1566	830	568	8	168
山东省	**Shandong**	**1822**	**1072**	**57**		**693**
河南省	Henan	2453	1181	610	12	662
湖北省	Hubei	1251	761	161	10	329
湖南省	Hunan	1940	1133	392	83	415
广东省	Guangdong	1611	1116	11	7	484
广西壮族自治区	Guangxi	1251	806	312	59	133
海南省	Hainan	218	175	21		22
重庆市	Chongqing	1031	621	171	14	239
四川省	Sichuan	3230	1978	793	83	459
贵州省	Guizhou	1509	833	315	193	361
云南省	Yunnan	1410	678	540	140	192
西藏自治区	Tibet	697	142	534	9	21
陕西省	Shaanxi	1313	973	17		323
甘肃省	Gansu	1356	892	337	32	127
青海省	Qinghai	403	144	222	28	37
宁夏回族自治区	Ningxia	241	103	90		48
新疆维吾尔自治区	Xinjiang	1128	444	478	42	205
香港特别行政区	Hong Kong Special Administrative Region					
澳门特别行政区	Macao Special AdministrativeRegion					
台湾省	Taiwan					

注：乡镇级总数包含河北省、新疆维吾尔自治区的各一个区公所。
a)Number of regicns at townships level include one district office of Hebei and Xinjiang separately.

附录 1-2 地区生产总值、增长速度及构成(2020年)
Gross Domestic Product ,Growth Rate and composition(2020)

地区	Region	地区生产总值(亿元) Gross Domestic Product (100 million yuan)				地区生产总值比上年增长(%) Growth Rate (%)	构成 (%) composition		
			第一产业 Primary Industry	第二产业 Secondary Industry	第三产业 Tertiary Industry		第一产业 Primary Industry	第二产业 Secondary Industry	第三产业 Tertiary Industry
北京	Beijing	36102.6	107.6	5716.4	30278.6	1.2	0.3	15.8	83.9
天津	Tianjin	14083.7	210.2	4804.1	9069.5	1.5	1.5	34.1	64.4
河北	Hebei	36206.9	3880.1	13597.2	18729.5	3.9	10.7	37.6	51.7
山西	Shanxi	17651.9	946.7	7675.4	9029.8	3.6	5.4	43.5	51.2
内蒙古	Inner Mongolia	17359.8	2025.1	6868.0	8466.7	0.2	11.7	39.6	48.8
辽宁	Liaoning	25115.0	2284.6	9400.9	13429.4	0.6	9.1	37.4	53.5
吉林	Jilin	12311.3	1553.0	4326.2	6432.1	2.4	12.6	35.1	52.3
黑龙江	Heilongjiang	13698.5	3438.3	3483.5	6776.7	1.0	25.1	25.4	49.5
上海	Shanghai	38700.6	103.6	10289.5	28307.5	1.7	0.3	26.6	73.1
江苏	Jiangsu	102719.0	4536.7	44226.4	53955.8	3.7	4.4	43.1	52.5
浙江	Zhejiang	64613.3	2169.2	26413.0	36031.2	3.6	3.3	40.9	55.8
安徽	Anhui	38680.6	3184.7	15671.7	19824.3	3.9	8.2	40.5	51.3
福建	Fujian	43903.9	2732.3	20328.8	20842.8	3.3	6.2	46.3	47.5
江西	Jiangxi	25691.5	2241.6	11084.8	12365.1	3.8	8.7	43.2	48.1
山东	**Shandong**	**73129.0**	**5363.8**	**28612.2**	**39153.0**	**3.6**	**7.3**	**39.1**	**53.6**
河南	Henan	54997.1	5353.74	22875.3	26768.0	1.3	9.7	41.6	48.7
湖北	Hubei	43443.5	4131.9	17023.9	22287.6	-5.0	9.5	39.2	51.3
湖南	Hunan	41781.5	4240.4	15937.7	21603.4	3.8	10.2	38.1	51.7
广东	Guangdong	110760.9	4770.0	43450.2	62540.8	2.3	4.3	39.2	56.5
广西	Guangxi	22156.7	3555.8	7108.5	11492.4	3.7	16.0	32.1	51.9
海南	Hainan	5532.4	1136.0	1055.3	3341.2	3.5	20.5	19.1	60.4
重庆	Chongqing	25002.8	1803.3	9992.2	13207.3	3.9	7.2	40.0	52.8
四川	Sichuan	48598.8	5556.6	17571.1	25471.1	3.8	11.4	36.2	52.4
贵州	Guizhou	17826.6	2539.9	6211.6	9075.1	4.5	14.2	34.8	51.0
云南	Yunnan	24521.9	3598.9	8287.5	12635.5	4.0	14.7	33.8	51.5
西藏	Tibet	1902.7	150.6	798.3	953.8	7.8	7.9	42.0	50.1
陕西	Shaanxi	26181.9	2267.5	11362.6	12551.7	2.2	8.7	43.4	47.9
甘肃	Gansu	9016.7	1198.1	2852.0	4966.5	3.9	13.3	31.6	55.1
青海	Qinghai	3005.9	334.3	1143.6	1528.1	1.5	11.1	38.1	50.8
宁夏	Ningxia	3920.5	338.0	1609.0	1973.6	3.9	8.6	41.0	50.4
新疆	Xinjiang	13797.6	1981.3	4744.5	7071.8	3.4	14.4	34.4	51.3

注：本表绝对数按当年价格计算，增长速度按不变价格计算。
a)Absolute figure are calculated at current prices,growth rate at constant prices.

附录 1-3 年末常住人口
Basic Statistics on National Population

单位:万人 (10 000 persons)

地 区	Region	2011	2012	2013	2014	2015	2016	2017	2018	2019	2020
全 国	**Total**	**134916**	**135922**	**136726**	**137646**	**138326**	**139232**	**140011**	**140541**	**141008**	**141178**
北 京	Beijing	2024	2078	2125	2171	2188	2195	2194	2192	2190	2189
天 津	Tianjin	1341	1378	1410	1429	1439	1443	1410	1383	1385	1387
河 北	Hebei	7232	7262	7288	7323	7345	7375	7409	7426	7447	7461
山 西	Shanxi	3562	3548	3535	3528	3519	3514	3510	3502	3497	3492
内蒙古	Inner Mongolia	2470	2464	2455	2449	2440	2436	2433	2422	2415	2405
辽 宁	Liaoning	4379	4375	4365	4358	4338	4327	4312	4291	4277	4259
吉 林	Jilin	2725	2698	2668	2642	2613	2567	2526	2484	2448	2407
黑龙江	Heilongjiang	3782	3724	3666	3608	3529	3463	3399	3327	3255	3185
上 海	Shanghai	2356	2399	2448	2467	2458	2467	2466	2475	2481	2487
江 苏	Jiangsu	8023	8120	8192	8281	8315	8381	8423	8446	8469	8475
浙 江	Zhejiang	5570	5685	5784	5890	5985	6072	6170	6273	6375	6457
安 徽	Anhui	5972	5978	5988	5997	6011	6033	6057	6076	6092	6103
福 建	Fujian	3784	3841	3885	3945	3984	4016	4065	4104	4137	4154
江 西	Jiangxi	4474	4475	4476	4480	4485	4496	4511	4513	4516	4519
山 东	**Shandong**	**9665**	**9708**	**9746**	**9808**	**9866**	**9973**	**10033**	**10077**	**10106**	**10153**
河 南	Henan	9461	9532	9573	9645	9701	9778	9829	9864	9901	9937
湖 北	Hubei	5760	5781	5798	5816	5850	5885	5904	5917	5927	5775
湖 南	Hunan	6581	6590	6600	6611	6615	6625	6633	6635	6640	6644
广 东	Guangdong	10756	11041	11270	11489	11678	11908	12141	12348	12489	12601
广 西	Guangxi	4655	4694	4731	4770	4811	4857	4907	4947	4982	5013
海 南	Hainan	890	910	920	936	945	957	972	982	995	1008
重 庆	Chongqing	2944	2975	3011	3043	3070	3110	3144	3163	3188	3205
四 川	Sichuan	8064	8085	8109	8139	8196	8251	8289	8321	8351	8367
贵 州	Guizhou	3530	3587	3632	3677	3708	3758	3803	3822	3848	3856
云 南	Yunnan	4620	4631	4641	4653	4663	4677	4693	4703	4714	4721
西 藏	Tibet	309	315	317	325	330	340	349	354	361	365
陕 西	Shaanxi	3765	3787	3804	3827	3846	3874	3904	3931	3944	3953
甘 肃	Gansu	2552	2550	2537	2531	2523	2520	2522	2515	2509	2502
青 海	Qinghai	568	571	571	576	577	582	586	587	590	592
宁 夏	Ningxia	648	659	666	678	684	695	705	710	717	720
新 疆	Xinjiang	2225	2253	2285	2325	2385	2428	2480	2520	2559	2585

注:1.本表2011-2019年数据根据第七次全国人口普查数据修订，2020年数据为普查时点(2020年11月1日零时)数。2.全国数据包括中国人民解放军现役军人数，但不包括香港、澳门特别行政区和台湾地区数据；分省数据中未包括中国人民解放军现役军人数。

a)The data in this table from 2011 to 2019 are revised based on the data of the seventh national census. The data in 2020 are the census time (zero hours on November 1, 2020) b)The military personnel were included in the national total population,but excluded in the regional total population.The national total population excluded the population of Hong Kong,Macao and Taiwan.

附录 1-4 固定资产投资(不含农户)增长速度

Investment in Fixed Assets growth rate

单位:% (%)

地 区	Region	2016	2017	2018	2019	2020
全国总计	**Total**	**8.1**	**7.2**	**5.9**	**5.4**	**2.9**
北 京	Beijing	5.9	5.3	-5.4	-2.5	2.2
天 津	Tianjin	8.0	0.5	-4.9	13.1	3.0
河 北	Hebei	8.4	5.3	5.7	6.5	3.2
山 西	Shanxi	0.8	6.3	5.7	9.3	10.6
内蒙古	Inner Mongolia	10.1	-7.2	-28.3	6.7	-1.5
辽 宁	Liaoning	-63.5	0.1	3.9	0.3	2.6
吉 林	Jilin	10.1	1.4	1.4	-16.2	8.3
黑龙江	Heilongjiang	5.5	6.2	-4.7	6.3	3.6
上 海	Shanghai	6.3	7.2	5.2	5.1	10.3
江 苏	Jiangsu	7.5	7.5	5.5	5.1	0.3
浙 江	Zhejiang	10.9	8.6	7.2	10.0	5.4
安 徽	Anhui	11.7	11.0	11.8	9.2	5.1
福 建	Fujian	9.3	13.9	11.5	5.9	-0.4
江 西	Jiangxi	14.0	12.3	11.1	9.2	8.2
山 东	**Shandong**	**10.5**	**7.3**	**3.8**	**-8.2**	**3.6**
河 南	Henan	13.7	10.4	8.1	8.0	4.3
湖 北	Hubei	13.1	11.0	10.9	10.7	-18.8
湖 南	Hunan	13.8	13.1	10.0	10.1	7.6
广 东	Guangdong	10.0	13.5	10.7	11.1	7.2
广 西	Guangxi	12.8	12.8	10.7	9.6	4.2
海 南	Hainan	11.7	10.1	-12.5	-9.2	8.0
重 庆	Chongqing	12.1	9.5	7.0	5.6	3.9
四 川	Sichuan	13.1	10.6	10.2	8.6	2.8
贵 州	Guizhou	21.1	20.1	15.8	0.9	3.2
云 南	Yunnan	19.8	18.0	11.6	8.5	7.7
西 藏	Tibet	23.2	23.8	9.9	-2.2	5.4
陕 西	Shaanxi	12.3	14.6	10.4	2.5	4.1
甘 肃	Gansu	10.5	-40.3	-3.9	6.6	7.8
青 海	Qinghai	9.9	10.5	7.3	5.0	-12.2
宁 夏	Ningxia	8.2	3.0	-18.2	-10.3	4.0
新 疆	Xinjiang	-5.1	20.0	-25.2	2.5	16.2

附录 1-5 房地产开发企业（单位）房屋施工、竣工面积和商品房销售面积
Floor Space of Buildings for Real Estate Development

单位：万平方米 (10 000 sq.m)

地区	Region	房屋施工面积 Floor Space of Buildings under Construction		房屋竣工面积 Floor Space of Buildings Completed		商品房销售面积 Floor Space of Buildings Sold	
		2019	2020	2019	2020	2019	2020
全国总计	**Total**	**893821**	**926759**	**95942**	**91218**	**171558**	**176086**
北京	Beijing	12515	13919	1343	1546	939	971
天津	Tianjin	11453	12035	1656	1634	1479	1307
河北	Hebei	29853	31408	2680	2367	5283	6028
山西	Shanxi	19549	21938	2739	1481	2366	2685
内蒙古	Inner Mongolia	15889	15311	951	841	2008	2046
辽宁	Liaoning	23787	24003	1818	1848	3696	3743
吉林	Jilin	12404	12341	1222	965	2122	1831
黑龙江	Heilongjiang	11441	11262	1204	1438	1684	1494
上海	Shanghai	14803	15740	2670	2878	1696	1789
江苏	Jiangsu	65687	67889	9369	11151	13973	15427
浙江	Zhejiang	49605	56725	5739	6693	9378	10250
安徽	Anhui	43591	44975	5674	5101	9229	9534
福建	Fujian	34140	34557	2882	3804	6456	6607
江西	Jiangxi	23557	23581	2231	2239	6459	6733
山东	**Shandong**	**75767**	**79792**	**10179**	**9326**	**12727**	**13272**
河南	Henan	57567	58438	6571	5413	14278	14101
湖北	Hubei	33825	35419	2559	2647	8602	6588
湖南	Hunan	40045	40757	3975	3964	9104	9437
广东	Guangdong	86825	91642	9956	7764	13847	14908
广西	Guangxi	29807	32184	2038	2129	6712	6729
海南	Hainan	9222	8589	1302	687	829	752
重庆	Chongqing	27987	27368	5069	3774	6105	6143
四川	Sichuan	49114	50756	4580	4546	12979	13258
贵州	Guizhou	27775	26923	955	862	5323	5553
云南	Yunnan	26314	25801	1844	1638	4835	4857
西藏	Tibet	764	945	19	28	128	93
陕西	Shaanxi	27728	28358	1782	1746	4401	4452
甘肃	Gansu	10977	11328	674	881	1705	1968
青海	Qinghai	2922	2944	133	154	481	470
宁夏	Ningxia	5937	5563	1011	772	1010	1095
新疆	Xinjiang	12970	14268	1117	902	1724	1964

附录 1-6 房地产开发企业(单位)投资和商品房销售额
Investment and Total Sale of Commercial Buildings of Enterprises for Real Estate Development

单位:亿元 (100 million yuan)

地区	Region	房地产开发投资额 Investment for Real Estate 2019	2020	商品房销售额 Total Sale of Commercial Buildings 2019	2020	#住宅 Residential 2019	2020
全国总计	**Total**	**132194.3**	**141442.9**	**159725.1**	**173612.7**	**139440.0**	**154567.0**
北京	Beijing	3838.4	3938.7	3371.0	3656.8	3032.4	3131.3
天津	Tianjin	2727.8	2608.5	2274.1	2113.6	2132.5	2001.0
河北	Hebei	4347.1	4601.1	4138.6	4950.4	3714.6	4597.9
山西	Shanxi	1656.5	1830.4	1631.8	1885.9	1452.4	1753.4
内蒙古	Inner Mongolia	1041.9	1176.5	1243.9	1365.5	1104.1	1242.6
辽宁	Liaoning	2834.0	2978.9	3049.1	3366.3	2814.9	3114.1
吉林	Jilin	1315.5	1460.8	1581.5	1381.5	1373.5	1238.2
黑龙江	Heilongjiang	958.0	982.9	1268.2	1064.2	1070.0	946.1
上海	Shanghai	4231.4	4698.7	5203.8	6047.0	4457.2	5268.8
江苏	Jiangsu	12009.3	13171.3	16259.6	19408.9	14894.8	18027.3
浙江	Zhejiang	10683.0	11413.7	14352.1	17145.0	12723.1	15584.8
安徽	Anhui	6670.5	7042.3	6823.5	7346.1	6126.7	6760.9
福建	Fujian	5673.1	6026.8	6938.8	7497.7	5685.3	6343.3
江西	Jiangxi	2239.1	2378.1	4710.4	5222.8	4038.0	4425.2
山东	**Shandong**	**8614.9**	**9450.5**	**10271.2**	**11065.6**	**9287.1**	**10109.6**
河南	Henan	7464.6	7782.3	9010.0	9364.4	8016.9	8402.5
湖北	Hubei	5111.7	4888.9	7751.8	6087.9	6903.7	5447.3
湖南	Hunan	4445.5	4880.4	5578.0	5947.1	4721.4	5223.6
广东	Guangdong	15852.2	17312.7	19748.2	22572.5	16758.0	19829.6
广西	Guangxi	3814.4	3845.6	4366.2	4251.5	3913.4	3803.6
海南	Hainan	1336.2	1341.7	1275.8	1232.1	1090.6	1048.9
重庆	Chongqing	4439.3	4352.0	5129.4	5071.3	4457.8	4293.2
四川	Sichuan	6573.2	7315.3	9666.7	10394.3	7869.0	8767.0
贵州	Guizhou	2990.8	3418.7	3183.6	3224.2	2527.4	2760.7
云南	Yunnan	4151.4	4505.2	3846.2	3969.9	3255.8	3452.0
西藏	Tibet	129.6	165.5	96.8	83.9	81.2	72.0
陕西	Shaanxi	3903.6	4404.4	3960.2	4375.3	3359.2	3755.8
甘肃	Gansu	1257.8	1355.6	1019.3	1293.4	907.1	1205.4
青海	Qinghai	406.3	421.3	367.3	383.3	295.6	343.4
宁夏	Ningxia	403.1	433.3	573.9	698.4	498.5	626.3
新疆	Xinjiang	1074.0	1260.9	1034.3	1145.8	877.9	991.1

附录 1-7 一般公共预算收入

General Public Budget Revenue

单位:亿元 (100 million yuan)

地区	Region	2015	2016	2017	2018	2019	2020
地方总计	**Total**	**83002.0**	**87239.4**	**91469.4**	**97903.4**	**101080.6**	**100123.8**
北京	Beijing	4723.9	5081.3	5430.8	5785.9	5817.1	5483.9
天津	Tianjin	2667.1	2723.5	2310.4	2106.2	2410.4	1923.1
河北	Hebei	2649.2	2849.9	3233.8	3513.9	3739.0	3826.4
山西	Shanxi	1642.4	1557.0	1867.0	2292.7	2347.7	2296.5
内蒙古	Inner Mongolia	1964.5	2016.4	1703.2	1857.6	2059.7	2051.3
辽宁	Liaoning	2127.4	2200.5	2392.8	2616.1	2652.4	2655.5
吉林	Jilin	1229.4	1263.8	1210.9	1240.9	1116.9	1085.0
黑龙江	Heilongjiang	1165.9	1148.4	1243.3	1282.6	1262.8	1152.5
上海	Shanghai	5519.5	6406.1	6642.3	7108.1	7165.1	7046.3
江苏	Jiangsu	8028.6	8121.2	8171.5	8630.2	8802.4	9059.0
浙江	Zhejiang	4809.9	5302.0	5804.4	6598.2	7048.6	7248.0
安徽	Anhui	2454.3	2672.8	2812.4	3048.7	3182.7	3216.0
福建	Fujian	2544.2	2654.8	2809.0	3007.4	3052.9	3079.0
江西	Jiangxi	2165.7	2151.5	2247.1	2373.0	2487.4	2507.5
山东	**Shandong**	**5529.3**	**5860.2**	**6098.6**	**6485.4**	**6526.7**	**6559.9**
河南	Henan	3016.1	3153.5	3407.2	3766.0	4041.9	4155.2
湖北	Hubei	3005.5	3102.1	3248.3	3307.1	3388.6	2511.5
湖南	Hunan	2515.4	2697.9	2757.8	2860.8	3007.1	3008.7
广东	Guangdong	9366.8	10390.4	11320.3	12105.3	12654.5	12922.0
广西	Guangxi	1515.2	1556.3	1615.1	1681.4	1811.9	1716.9
海南	Hainan	627.7	637.5	674.1	752.7	814.1	816.1
重庆	Chongqing	2154.8	2227.9	2252.4	2265.5	2134.9	2094.8
四川	Sichuan	3355.4	3388.9	3578.0	3911.0	4070.8	4258.0
贵州	Guizhou	1503.4	1561.3	1613.8	1726.9	1767.5	1786.8
云南	Yunnan	1808.1	1812.3	1886.2	1994.3	2073.6	2116.7
西藏	Tibet	137.1	156.0	185.8	230.4	222.0	221.0
陕西	Shaanxi	2060.0	1834.0	2006.7	2243.1	2287.9	2257.2
甘肃	Gansu	743.9	787.0	815.7	871.1	850.5	874.5
青海	Qinghai	267.1	238.5	246.2	272.9	282.2	298.0
宁夏	Ningxia	373.4	387.7	417.6	436.5	423.6	419.4
新疆	Xinjiang	1330.9	1299.0	1466.5	1531.4	1577.6	1477.2

注:本表数据为地方财政本级收入。

a)Data in this table are the revenue of local governments.

附录 1-8　一般公共预算支出

General Public Budget Expenditure

单位:亿元　　(100 million yuan)

地　区	Region	2015	2016	2017	2018	2019	2020
地方总计	**Total**	**150335.6**	**160351.4**	**173228.3**	**188196.3**	**203743.2**	**210492.5**
北　京	Beijing	5737.7	6406.8	6824.5	7471.4	7408.2	7116.2
天　津	Tianjin	3232.4	3699.4	3282.5	3103.2	3555.7	3150.6
河　北	Hebei	5632.2	6049.5	6639.2	7726.2	8309.0	9021.7
山　西	Shanxi	3423.0	3428.9	3756.4	4283.9	4710.8	5111.0
内蒙古	Inner Mongolia	4253.0	4512.7	4529.9	4831.5	5100.9	5268.2
辽　宁	Liaoning	4481.6	4577.5	4879.4	5337.7	5745.1	6002.0
吉　林	Jilin	3217.1	3586.1	3725.7	3789.6	3933.4	4127.2
黑龙江	Heilongjiang	4020.7	4227.3	4641.1	4676.8	5011.6	5449.4
上　海	Shanghai	6191.6	6918.9	7547.6	8351.5	8179.3	8102.1
江　苏	Jiangsu	9687.6	9982.0	10621.0	11657.4	12573.6	13682.5
浙　江	Zhejiang	6646.0	6974.3	7530.3	8629.5	10053.0	10081.9
安　徽	Anhui	5239.0	5523.0	6203.8	6572.1	7392.2	7471.0
福　建	Fujian	4001.6	4275.4	4684.2	4832.7	5077.9	5214.6
江　西	Jiangxi	4412.5	4617.4	5111.5	5667.5	6386.8	6666.1
山　东	**Shandong**	**8250.0**	**8755.2**	**9258.4**	**10101.0**	**10739.8**	**11231.2**
河　南	Henan	6799.4	7453.7	8215.5	9217.7	10163.9	10382.8
湖　北	Hubei	6132.8	6423.0	6801.3	7258.3	7970.2	8439.0
湖　南	Hunan	5728.7	6339.2	6869.4	7479.6	8034.4	8402.7
广　东	Guangdong	12827.8	13446.1	15037.5	15729.3	17297.9	17484.7
广　西	Guangxi	4065.5	4441.7	4908.6	5310.7	5851.0	6155.4
海　南	Hainan	1239.4	1376.5	1444.0	1691.3	1858.6	1973.9
重　庆	Chongqing	3792.0	4001.8	4336.3	4540.9	4847.7	4893.9
四　川	Sichuan	7497.5	8008.9	8694.8	9707.5	10348.2	11200.7
贵　州	Guizhou	3939.5	4262.4	4612.5	5029.7	5948.7	5723.3
云　南	Yunnan	4712.8	5018.9	5713.0	6075.0	6770.1	6974.0
西　藏	Tibet	1381.5	1588.0	1681.9	1970.7	2187.7	2207.8
陕　西	Shaanxi	4376.1	4389.4	4833.2	5302.4	5718.5	5933.8
甘　肃	Gansu	2958.3	3150.0	3304.4	3772.2	3951.6	4154.9
青　海	Qinghai	1515.2	1524.8	1530.4	1647.4	1863.7	1933.3
宁　夏	Ningxia	1138.5	1254.5	1372.8	1419.1	1438.3	1483.0
新　疆	Xinjiang	3804.9	4138.3	4637.2	5012.5	5315.5	5453.8

注:本表数据为地方财政本级支出。

a)Data in this table are the expenditure of local governments.

附录 1-9 居民消费价格分类指数(2020年)

Consumer Price Indices by Category (2020)

(上年=100) (preceding year=100)

地区	Region	居民消费价格指数 General Index	食品烟酒 Food, Tobacco, Liquor	衣着 Clothing	居住 Residence	生活用品及服务 Daily Necessities and Services	交通和通信 Transportation and Communication	教育文化和娱乐 Recreation, Education and Culture	医疗保健 Medical Care	其他用品和服务 Other Supplies and Services
全国	**Total**	**102.5**	**108.3**	**99.8**	**99.6**	**100.0**	**96.5**	**101.3**	**101.8**	**104.3**
北京	Beijing	101.7	105.7	99.8	99.1	100.0	95.8	102.5	104.9	108.3
天津	Tianjin	102.0	106.5	98.5	100.7	100.2	97.1	102.6	99.9	107.9
河北	Hebei	102.1	107.1	99.7	99.1	99.9	96.9	102.0	102.1	104.5
山西	Shanxi	102.9	106.9	101.3	100.1	100.0	96.6	101.1	109.4	102.4
内蒙古	Inner Mongolia	101.9	105.7	100.1	100.2	99.9	96.4	100.5	103.6	103.0
辽宁	Liaoning	102.4	107.4	99.6	100.2	99.5	96.7	100.8	103.4	103.6
吉林	Jilin	102.3	107.5	99.4	99.8	100.8	96.5	101.4	101.8	104.2
黑龙江	Heilongjiang	102.3	108.0	99.1	98.5	99.7	96.5	102.3	102.5	104.4
上海	Shanghai	101.7	105.3	100.9	100.8	99.8	96.6	101.1	101.2	102.9
江苏	Jiangsu	102.5	109.1	99.7	99.9	100.5	96.5	101.4	100.1	104.8
浙江	Zhejiang	102.3	107.4	100.5	99.9	101.6	96.5	101.8	101.5	104.2
安徽	Anhui	102.7	108.4	100.3	99.8	99.8	96.8	101.5	101.2	103.1
福建	Fujian	102.2	107.0	99.9	100.0	100.6	97.0	101.2	100.2	103.7
江西	Jiangxi	102.6	108.8	99.2	99.4	99.7	96.3	102.1	99.9	104.9
山东	**Shandong**	**102.8**	**109.5**	**100.6**	**99.7**	**99.9**	**96.2**	**101.2**	**101.5**	**104.6**
河南	Henan	102.8	108.5	98.8	99.6	99.9	95.8	102.0	103.4	107.6
湖北	Hubei	102.7	109.3	99.7	99.2	100.1	96.5	100.9	102.2	104.8
湖南	Hunan	102.3	108.3	100.2	99.1	99.9	96.7	100.0	101.0	103.6
广东	Guangdong	102.6	109.1	99.5	98.9	99.7	96.2	100.9	100.8	104.0
广西	Guangxi	102.8	109.2	99.9	98.9	99.7	96.0	100.5	105.5	102.7
海南	Hainan	102.3	108.4	101.5	97.8	100.3	95.4	100.9	100.3	103.2
重庆	Chongqing	102.3	107.9	98.3	99.5	100.0	97.3	101.8	101.9	102.7
四川	Sichuan	103.2	111.0	99.7	98.9	99.9	96.4	101.2	100.7	103.1
贵州	Guizhou	102.6	110.3	98.4	98.4	99.6	95.7	100.8	100.8	103.0
云南	Yunnan	103.6	111.6	100.4	100.1	99.7	96.9	101.0	100.6	103.2
西藏	Tibet	102.2	104.8	101.0	100.1	101.6	98.1	101.2	102.2	104.9
陕西	Shaanxi	102.5	107.6	99.4	100.1	100.3	97.8	101.8	100.9	105.2
甘肃	Gansu	102.0	106.4	99.4	100.1	100.3	97.4	101.2	100.6	104.3
青海	Qinghai	102.6	106.5	99.7	101.0	99.9	97.8	100.2	104.2	106.0
宁夏	Ningxia	101.5	105.4	98.9	100.3	99.6	96.9	101.0	100.6	103.2
新疆	Xinjiang	101.5	104.5	99.4	102.1	99.5	96.8	100.6	100.4	102.6

附录 1−10 全体居民人均收支情况

Per Capita Income and Expenditure of All Households

单位：元 (yuan)

地区 Region	人均可支配收入 Per Capita Disposable Income						人均消费支出 Per Capita Consumption Expenditure					
	2015	2016	2017	2018	2019	2020	2015	2016	2017	2018	2019	2020
全国总计 Total	**21966**	**23821**	**25974**	**28228**	**30733**	**32189**	**15712**	**17111**	**18322**	**19853**	**21559**	**21210**
北 京 Beijing	48458	52530	57230	62361	67756	69434	33803	35416	37425	39843	43038	38903
天 津 Tianjin	31291	34074	37022	39506	42404	43854	24162	26129	27841	29903	31854	28461
河 北 Hebei	18118	19725	21484	23446	25665	27136	13031	14247	15437	16722	17987	18037
山 西 Shanxi	17854	19049	20420	21990	23828	25214	11729	12683	13664	14810	15863	15733
内蒙古 Inner Mongolia	22310	24127	26212	28376	30555	31497	17179	18072	18946	19665	20743	19794
辽 宁 Liaoning	24576	26040	27835	29701	31820	32738	17200	19853	20463	21398	22203	20672
吉 林 Jilin	18684	19967	21368	22798	24563	25751	13764	14773	15632	17200	18075	17318
黑龙江 Heilongjiang	18593	19838	21206	22726	24254	24902	13403	14446	15577	16994	18111	17056
上 海 Shanghai	49867	54305	58988	64183	69442	72232	34784	37458	39792	43351	45605	42536
江 苏 Jiangsu	29539	32070	35024	38096	41400	43390	20556	22130	23469	25007	26697	26225
浙 江 Zhejiang	35537	38529	42046	45840	49899	52397	24117	25527	27079	29471	32026	31295
安 徽 Anhui	18363	19998	21863	23984	26415	28103	12840	14712	15752	17045	19137	18877
福 建 Fujian	25404	27608	30048	32644	35616	37202	18850	20167	21249	22996	25314	25126
江 西 Jiangxi	18437	20110	22031	24080	26262	28017	12403	13259	14459	15792	17650	17955
山 东 Shandong	**22703**	**24685**	**26930**	**29205**	**31597**	**32886**	**14578**	**15926**	**17281**	**18780**	**20427**	**20940**
河 南 Henan	17125	18443	20170	21964	23903	24810	11835	12712	13730	15169	16332	16143
湖 北 Hubei	20026	21787	23757	25815	28319	27881	14316	15889	16938	19538	21567	19246
湖 南 Hunan	19317	21115	23103	25241	27680	29380	14267	15750	17160	18808	20479	20998
广 东 Guangdong	27859	30296	33003	35810	39014	41029	20976	23448	24820	26054	28995	28492
广 西 Guangxi	16873	18305	19905	21485	23328	24562	11401	12295	13424	14935	16418	16357
海 南 Hainan	18979	20653	22553	24579	26679	27904	13575	14275	15403	17528	19555	18972
重 庆 Chongqing	20110	22034	24153	26386	28920	30824	15140	16385	17898	19248	20774	21678
四 川 Sichuan	17221	18808	20580	22461	24703	26522	13632	14839	16180	17664	19338	19783
贵 州 Guizhou	13697	15121	16704	18430	20397	21795	10414	11932	12970	13798	14780	14874
云 南 Yunnan	15223	16720	18348	20084	22082	23295	11005	11769	12658	14250	15780	16792
西 藏 Tibet	12254	13639	15457	17286	19501	21744	8246	9319	10320	11520	13029	13225
陕 西 Shaanxi	17395	18874	20635	22528	24666	26226	13087	13943	14900	16160	17465	17418
甘 肃 Gansu	13467	14670	16011	17488	19139	20335	10951	12254	13120	14624	15879	16175
青 海 Qinghai	15813	17302	19001	20757	22618	24037	13611	14775	15503	16557	17545	18284
宁 夏 Ningxia	17329	18832	20562	22400	24412	25735	13816	14965	15350	16715	18297	17506
新 疆 Xinjiang	16859	18355	19975	21500	23103	23845	12867	14066	15087	16189	17397	16512

附录 1-11 城镇居民人均收支情况

Per Capita Income and Expenditure of Urban Households

单位:元 (yuan)

地 区 Region	人均可支配收入 Per Capita Disposable Income						人均消费支出 Per Capita Consumption Expenditure					
	2015	2016	2017	2018	2019	2020	2015	2016	2017	2018	2019	2020
全国总计 Total	**31195**	**33616**	**36396**	**39251**	**42359**	**43834**	**21392**	**23079**	**24445**	**26112**	**28063**	**27007**
北 京 Beijing	52859	57275	62406	67990	73849	75602	36642	38256	40346	42926	46358	41726
天 津 Tianjin	34101	37110	40278	42976	46119	47659	26230	28345	30284	32655	34811	30895
河 北 Hebei	26152	28249	30548	32977	35738	37286	17587	19106	20600	22127	23483	23167
山 西 Shanxi	25828	27352	29132	31035	33262	34793	15819	16993	18404	19790	21159	20332
内 蒙 古 Inner Mongolia	30594	32975	35670	38305	40782	41353	21876	22744	23638	24437	25383	23888
辽 宁 Liaoning	31126	32876	34993	37342	39777	40376	21557	24996	25379	26448	27355	24849
吉 林 Jilin	24901	26530	28319	30172	32299	33396	17973	19166	20051	22394	23394	21623
黑 龙 江 Heilongjiang	24203	25736	27446	29191	30945	31115	17152	18145	19270	21035	22165	20397
上 海 Shanghai	52962	57692	62596	68034	73615	76437	36946	39857	42304	46015	48272	44839
江 苏 Jiangsu	37173	40152	43622	47200	51056	53102	24966	26433	27726	29462	31329	30882
浙 江 Zhejiang	43714	47237	51261	55574	60182	62699	28661	30068	31924	34598	37508	36197
安 徽 Anhui	26936	29156	31640	34393	37540	39442	17234	19606	20740	21523	23782	22683
福 建 Fujian	33275	36014	39001	42121	45620	47160	23520	25006	25980	28145	30946	30487
江 西 Jiangxi	26500	28673	31198	33819	36546	38556	16732	17696	19244	20760	22714	22134
山 东 Shandong	**31545**	**34012**	**36789**	**39549**	**42329**	**43726**	**19854**	**21495**	**23072**	**24798**	**26731**	**27291**
河 南 Henan	25576	27233	29558	31874	34201	34750	17154	18088	19422	20989	21972	20645
湖 北 Hubei	27051	29386	31889	34455	37601	36706	18192	20040	21276	23996	26422	22885
湖 南 Hunan	28838	31284	33948	36698	39842	41698	19501	21420	23163	25064	26924	26796
广 东 Guangdong	34757	37684	40975	44341	48118	50257	25673	28613	30198	30924	34424	33511
广 西 Guangxi	26416	28324	30502	32436	34745	35859	16321	17268	18349	20159	21591	20907
海 南 Hainan	26356	28453	30817	33349	36017	37097	18448	19015	20372	22971	25317	23560
重 庆 Chongqing	27239	29610	32193	34889	37939	40006	19742	21031	22759	24154	25785	26464
四 川 Sichuan	26205	28335	30727	33216	36154	38253	19277	20660	21991	23484	25367	25133
贵 州 Guizhou	24580	26743	29080	31592	34404	36096	16914	19202	20348	20788	21402	20587
云 南 Yunnan	26373	28611	30996	33488	36238	37500	17675	18622	19560	21626	23455	24569
西 藏 Tibet	25457	27802	30671	33797	37410	41156	17022	19440	21088	23029	25637	24927
陕 西 Shaanxi	26420	28440	30810	33319	36098	37868	18464	19369	20388	21966	23514	22866
甘 肃 Gansu	23767	25693	27763	29957	32323	33822	17451	19539	20659	22606	24454	24615
青 海 Qinghai	24542	26757	29169	31515	33830	35506	19201	20853	21473	22998	23799	24315
宁 夏 Ningxia	25186	27153	29472	31895	34328	35720	18984	20364	20219	21977	24161	22379
新 疆 Xinjiang	26275	28463	30775	32764	34664	34838	19415	21229	22797	24191	25594	22952

附录 1-12　农村居民人均收支情况

Per Capita Income and Expenditure of Rural Households

单位:元　　(yuan)

地　区　Region	人均可支配收入 Per Capita Disposable Income						人均消费支出 Per Capita Consumption Expenditure					
	2015	2016	2017	2018	2019	2020	2015	2016	2017	2018	2019	2020
全国总计 Total	**11422**	**12363**	**13432**	**14617**	**16021**	**17131**	**9223**	**10130**	**10955**	**12124**	**13328**	**13713**
北　京 Beijing	20569	22310	24240	26490	28928	30126	15811	17329	18810	20195	21881	20913
天　津 Tianjin	18482	20076	21754	23065	24804	25691	14739	15912	16386	16863	17843	16844
河　北 Hebei	11051	11919	12881	14031	15373	16467	9023	9798	10536	11383	12372	12644
山　西 Shanxi	9454	10082	10788	11750	12902	13878	7421	8029	8424	9172	9728	10290
内蒙古 Inner Mongolia	10776	11609	12584	13803	15283	16567	10637	11463	12184	12661	13816	13594
辽　宁 Liaoning	12057	12881	13747	14656	16108	17450	8873	9953	10787	11455	12030	12311
吉　林 Jilin	11326	12123	12950	13748	14936	16067	8783	9521	10279	10826	11457	11864
黑龙江 Heilongjiang	11095	11832	12665	13804	14982	16168	8391	9424	10524	11417	12495	12360
上　海 Shanghai	23205	25520	27825	30375	33195	34911	16152	17071	18090	19965	22449	22095
江　苏 Jiangsu	16257	17606	19158	20845	22675	24198	12883	14428	15612	16567	17716	17022
浙　江 Zhejiang	21125	22866	24956	27302	29876	31930	16108	17359	18093	19707	21352	21555
安　徽 Anhui	10821	11720	12758	13996	15416	16620	8975	10287	11106	12748	14546	15024
福　建 Fujian	13793	14999	16335	17821	19568	20880	11961	12911	14003	14943	16281	16339
江　西 Jiangxi	11139	12138	13242	14460	15796	16981	8486	9128	9870	10885	12497	13579
山　东 Shandong	**12930**	**13954**	**15118**	**16297**	**17775**	**18753**	**8748**	**9519**	**10342**	**11270**	**12309**	**12660**
河　南 Henan	10853	11697	12719	13831	15164	16108	7887	8587	9212	10392	11546	12201
湖　北 Hubei	11844	12725	13812	14978	16391	16306	9803	10938	11633	13946	15328	14472
湖　南 Hunan	10993	11930	12936	14093	15395	16585	9691	10630	11534	12721	13969	14974
广　东 Guangdong	13360	14512	15780	17168	18818	20143	11103	12415	13200	15411	16949	17132
广　西 Guangxi	9467	10359	11325	12435	13676	14815	7582	8351	9437	10617	12045	12431
海　南 Hainan	10858	11843	12902	13989	15113	16279	8210	8921	9599	10956	12418	13169
重　庆 Chongqing	10505	11549	12638	13781	15133	16361	8938	9954	10936	11977	13112	14140
四　川 Sichuan	10247	11203	12227	13331	14670	15929	9251	10192	11397	12723	14056	14953
贵　州 Guizhou	7387	8090	8869	9716	10756	11642	6645	7533	8299	9170	10222	10818
云　南 Yunnan	8242	9020	9862	10768	11902	12842	6830	7331	8027	9123	10260	11069
西　藏 Tibet	8244	9094	10330	11450	12951	14598	5580	6070	6691	7452	8418	8917
陕　西 Shaanxi	8689	9396	10265	11213	12326	13316	7901	8568	9306	10071	10935	11376
甘　肃 Gansu	6936	7457	8076	8804	9629	10344	6830	7487	8030	9065	9694	9923
青　海 Qinghai	7933	8664	9462	10393	11499	12342	8566	9222	9903	10352	11343	12134
宁　夏 Ningxia	9119	9852	10738	11708	12858	13889	8415	9138	9982	10790	11465	11724
新　疆 Xinjiang	9425	10183	11045	11975	13122	14056	7698	8277	8713	9421	10318	10778

附录 1－13 农林牧渔业总产值及增长速度(2020年)

Gross Output Value and Growth Rate of Farming,Forestry, Animal Husbandry and Fishery(2020)

地 区	Region	农林牧渔业总产值(亿元) Gross Output Value (100 million yuan)	#农业 Farming	#林业 Forestry	#牧业 Animal Husbandry	#渔业 Fishery	农林牧渔业总产值比上年增长(%) Growth Rate (%)
全国总计	**Total**	**137782.2**	**71748.2**	**5961.6**	**40266.7**	**12775.9**	**3.4**
北京	Beijing	263.4	107.6	97.7	45.2	4.1	-6.7
天津	Tianjin	476.4	228.8	15.7	145.5	68.1	1.4
河北	Hebei	6742.5	3413.3	255.4	2309.7	243.2	3.5
山西	Shanxi	1935.8	1075.9	137.1	606.3	6.6	5.8
内蒙古	Inner Mongolia	3472.4	1699.0	89.8	1603.4	27.8	1.8
辽宁	Liaoning	4582.6	2056.8	121.0	1604.7	617.5	3.0
吉林	Jilin	2976.0	1231.8	71.9	1547.4	41.4	1.8
黑龙江	Heilongjiang	6438.1	4044.1	192.4	1913.0	115.6	2.6
上海	Shanghai	279.8	138.0	15.2	55.1	51.0	-7.0
江苏	Jiangsu	7952.6	4102.2	172.8	1315.8	1774.0	2.0
浙江	Zhejiang	3496.9	1594.0	189.6	472.6	1130.6	1.7
安徽	Anhui	5680.9	2525.4	387.5	1900.2	542.6	2.7
福建	Fujian	4901.1	1818.2	390.6	1141.1	1373.1	3.3
江西	Jiangxi	3820.7	1689.9	367.8	1125.4	473.5	2.7
山东	**Shandong**	**10190.6**	**5168.4**	**214.2**	**2571.9**	**1432.1**	**3.0**
河南	Henan	9956.3	6244.8	126.7	2855.8	117.6	2.7
湖北	Hubei	7303.6	3492.5	245.4	1864.8	1156.8	0.7
湖南	Hunan	7512.0	3364.8	428.0	2721.6	477.5	4.1
广东	Guangdong	7901.9	3769.3	414.3	1778.2	1581.5	4.0
广西	Guangxi	5913.3	3268.8	437.4	1423.8	508.3	5.0
海南	Hainan	1821.0	874.8	121.2	357.1	390.8	2.4
重庆	Chongqing	2749.1	1596.1	126.0	871.9	107.3	5.0
四川	Sichuan	9216.4	4701.9	379.8	3613.8	287.5	5.6
贵州	Guizhou	4358.6	2781.8	293.7	1019.0	61.1	6.5
云南	Yunnan	5920.5	2902.2	429.5	2315.4	104.0	5.8
西藏	Tibet	233.5	104.0	3.7	119.7	0.1	8.2
陕西	Shaanxi	4056.6	2807.1	116.9	893.4	30.0	3.5
甘肃	Gansu	2103.6	1423.8	31.7	495.3	2.0	5.2
青海	Qinghai	507.1	188.6	11.9	295.1	3.9	4.7
宁夏	Ningxia	703.1	397.9	10.9	246.6	19.0	3.6
新疆	Xinjiang	4315.6	2936.3	66.0	1038.1	27.2	4.7

注：本表绝对数按当年价格计算，增长速度按可比价格计算。
a)Absolute figures in this table are calculated at current prices while growth rate at constant prices.

附录 1-14 主要农产品产量(2020年)
Output of Major Agriculture Products(2020)

单位:万吨 (10 000 tons)

地区 Region	粮食 Grain	油料 Oil Crops	棉花 Cotton	蔬菜 Vegetables	水果 Fruits	肉类 Meat	#猪肉 Pork	#牛肉 Beef	#羊肉 Mutton	奶类 Milk
全国总计 Total	**66949.2**	**3586.4**	**591.0**	**74912.9**	**28692.4**	**7748.4**	**4113.3**	**672.4**	**492.3**	**3529.6**
北京 Beijing	30.5	0.3		137.9	53.8	3.5	1.4	0.4	0.2	24.2
天津 Tianjin	228.2	0.3	1.0	266.5	56.4	29.6	15.4	2.7	0.9	50.1
河北 Hebei	3795.9	119.5	20.9	5198.2	1424.4	419.2	226.9	55.6	31.3	488.3
山西 Shanxi	1424.3	14.3	0.2	861.2	909.8	102.7	62.8	7.4	8.6	117.4
内蒙古 Inner Mongolia	3664.1	217.3		1075.1	238.7	268.0	61.4	66.3	113.0	617.9
辽宁 Liaoning	2338.8	99.7		1960.0	851.3	378.2	183.5	31.0	6.9	137.1
吉林 Jilin	3803.2	81.4		464.9	146.6	237.4	105.0	38.7	5.2	39.3
黑龙江 Heilongjiang	7540.8	12.3		674.3	170.1	253.2	143.9	48.3	13.4	501.0
上海 Shanghai	91.4	0.7		252.9	43.9	9.3	7.2	0.3	0.2	29.1
江苏 Jiangsu	3729.1	93.0	1.1	5728.1	974.2	268.2	140.7	2.6	6.3	63.0
浙江 Zhejiang	605.7	32.1	0.7	1945.5	755.3	90.1	54.2	1.4	2.2	18.4
安徽 Anhui	4019.2	162.5	4.1	2330.9	741.5	396.0	183.4	9.9	20.7	37.6
福建 Fujian	502.3	22.7		1630.2	764.6	259.4	103.8	2.5	2.3	17.5
江西 Jiangxi	2163.9	122.7	5.3	1642.7	712.8	285.2	180.7	15.2	2.6	9.1
山东 Shandong	**5446.8**	**290.9**	**18.3**	**8434.7**	**2938.9**	**728.0**	**271.0**	**59.7**	**34.0**	**241.6**
河南 Henan	6825.8	672.6	1.8	7612.4	2563.4	544.1	324.8	36.7	28.6	214.7
湖北 Hubei	2727.4	344.5	10.8	4119.4	1066.8	307.4	203.8	15.4	8.9	13.4
湖南 Hunan	3015.1	260.7	7.4	4110.1	1150.8	455.0	337.7	20.5	16.1	5.6
广东 Guangdong	1267.6	113.5		3706.8	1882.6	401.0	192.4	4.2	1.9	15.2
广西 Guangxi	1370.0	73.9	0.1	3830.8	2785.7	380.4	174.1	13.6	3.6	11.2
海南 Hainan	145.5	7.7		572.8	495.6	58.4	20.9	2.3	1.2	0.3
重庆 Chongqing	1081.4	67.1		2092.6	514.8	161.2	108.8	7.4	6.8	3.2
四川 Sichuan	3527.4	392.9	0.2	4813.4	1221.3	597.8	394.8	37.0	27.3	68.0
贵州 Guizhou	1057.6	103.4		2990.9	548.1	207.9	146.3	23.1	5.0	5.3
云南 Yunnan	1895.9	63.1		2507.9	961.6	417.4	291.6	40.9	20.8	73.1
西藏 Tibet	102.9	5.1		84.3	2.2	28.3	0.9	21.2	5.7	49.2
陕西 Shaanxi	1274.8	59.1	0.1	1957.7	2070.6	107.1	77.7	8.7	9.7	161.5
甘肃 Gansu	1202.2	61.4	3.0	1478.5	779.0	110.2	49.2	24.9	27.6	58.4
青海 Qinghai	107.4	30.2		151.4	2.9	37.0	3.7	19.2	13.3	36.9
宁夏 Ningxia	380.5	6.7		566.4	204.5	33.8	8.0	11.4	11.1	215.3
新疆 Xinjiang	1583.4	54.9	516.1	1714.9	1660.4	173.7	37.5	44.0	57.0	206.9

注:1、水果产量含果用瓜。
a)Data of output of fruits include yield of melon and fruit.

附录 1-15 主要工业产品产量(2020年)

Output of Major Industrial Products(2020)

地区	Region	原油(万吨) Crude Petroleum Oil (10 000 tons)	发电量(亿千瓦小时) Electricity (100 million kW·h)	生铁(万吨) Pig Iron (10 000 tons)	粗钢(万吨) Crude Steel (10 000 tons)	钢材(万吨) Steel (10 000 tons)	水泥(万吨) Cement (10 000 tons)
全国总计	**Total**	**19476.9**	**77790.6**	**88752.4**	**106476.7**	**132489.2**	**239483.7**
北京	Beijing		457.5			184.4	286.9
天津	Tianjin	3242.2	771.6	2198.9	2171.8	5724.0	551.5
河北	Hebei	543.5	3425.1	22903.8	24977.0	31320.1	11860.0
山西	Shanxi		3503.5	6089.1	6637.8	6181.4	5616.7
内蒙古	Inner Mongolia	13.6	5811.0	2380.8	3119.9	2883.9	3610.9
辽宁	Liaoning	1049.4	2135.3	7235.2	7609.4	7578.4	5447.0
吉林	Jilin	404.4	1018.8	1407.7	1525.6	1661.6	2232.8
黑龙江	Heilongjiang	3001.0	1137.8	863.1	986.5	879.0	2409.9
上海	Shanghai	52.0	861.7	1411.3	1575.6	1879.6	398.9
江苏	Jiangsu	152.1	5217.5	10022.9	12108.2	15004.9	15275.1
浙江	Zhejiang		3531.3	852.8	1457.0	3806.7	13272.9
安徽	Anhui		2809.0	2537.3	3696.7	3607.5	14189.3
福建	Fujian		2651.1	1106.2	2466.5	3861.6	9718.4
江西	Jiangxi		1444.7	2332.1	2682.1	3093.9	10030.7
山东	**Shandong**	**2219.2**	**5806.4**	**7523.2**	**7993.5**	**11269.3**	**15970.4**
河南	Henan	239.9	2906.1	2769.5	3530.2	4233.4	11767.9
湖北	Hubei	53.5	3015.8	2727.4	3557.2	3649.1	9826.6
湖南	Hunan		1554.4	2105.4	2612.9	2729.7	11043.2
广东	Guangdong	1613.1	5225.9	2158.7	3382.3	4866.2	17165.5
广西	Guangxi	48.8	1970.9	1457.1	3452.2	4731.2	12129.1
海南	Hainan	30.6	345.5				1838.8
重庆	Chongqing		840.5	637.8	899.9	1310.0	6524.4
四川	Sichuan	7.9	4182.3	2136.8	2792.6	3437.2	14517.5
贵州	Guizhou		2305.4	368.6	461.9	741.1	10820.9
云南	Yunnan		3674.4	1873.3	2233.0	2640.7	13130.3
西藏	Tibet		88.9				1085.0
陕西	Shaanxi	2693.7	2379.4	1232.2	1521.5	2020.0	6809.8
甘肃	Gansu	968.7	1762.4	782.3	1059.2	1102.6	4716.7
青海	Qinghai	228.5	951.9	160.3	193.2	189.1	1225.8
宁夏	Ningxia		1882.4	320.0	466.6	482.0	1979.9
新疆	Xinjiang	2914.8	4121.9	1158.3	1306.1	1420.5	4030.9

附录 1-15 续表 continued

地区	Region	布(亿米) Cloth (100 million m)	家用电冰箱(万台) Home Refrigerators (10 000 units)	农用化肥(万吨) Chemical Fertilizes (10 000 tons)	汽车(万辆) Motor Vehicles (10 000 sets)	程控交换机(万线) Program Controlled Switchboards (10 000 lines)	移动通信手持机(万台) Mobile Communication Handsets (10 000 units)	微型计算机设备(万台) Microcomputer Equipments (10 000 units)
全国总计	**Total**	**460.3**	**9014.7**	**5496.0**	**2532.5**	**702.5**	**146961.8**	**37800.4**
北京	Beijing				166.0		9928.5	552.4
天津	Tianjin	0.4	22.2	14.8	94.6		6.7	
河北	Hebei	11.7		212.8	97.5	49.4		
山西	Shanxi	0.2		400.2	4.9		2261.4	0.5
内蒙古	Inner Mongolia			424.2	2.9			
辽宁	Liaoning	0.8	156.9	35.6	74.8		16.0	46.3
吉林	Jilin	0.2		21.9	265.6			
黑龙江	Heilongjiang			55.3	7.2		36.8	
上海	Shanghai	1.0	21.1	1.0	264.7	2.4	3686.6	1799.5
江苏	Jiangsu	87.2	1265.2	200.8	75.2		5527.5	5029.5
浙江	Zhejiang	112.8	592.7	64.0	90.4	53.7	3704.6	139.2
安徽	Anhui	7.4	2437.9	268.0	116.1		91.3	3097.1
福建	Fujian	77.8		86.2	18.0		2382.8	1493.6
江西	Jiangxi	7.8	78.1	23.4	45.2		5649.1	2188.5
山东	**Shandong**	**42.1**	**832.4**	**352.6**	**115.8**		**606.5**	**0.3**
河南	Henan	14.5	216.1	489.2	54.5		13625.3	1.5
湖北	Hubei	42.7	570.1	490.0	209.3		2667.0	1720.0
湖南	Hunan	1.7		65.1	39.1		2369.2	184.5
广东	Guangdong	20.7	2305.8	11.3	313.3	594.7	61951.1	4621.6
广西	Guangxi	0.4	99.4	47.7	174.5		1504.9	185.1
海南	Hainan			65.3	0.1			
重庆	Chongqing	1.7	148.7	167.2	158.0		13450.5	9130.3
四川	Sichuan	14.9	111.1	359.1	71.3	2.4	13319.8	7527.0
贵州	Guizhou	0.3	157.1	338.9	7.5		1352.9	0.1
云南	Yunnan			224.3	2.0		574.7	82.6
西藏	Tibet							
陕西	Shaanxi	8.2		145.8	62.8		1707.7	
甘肃	Gansu			24.5			51.6	
青海	Qinghai			523.1				
宁夏	Ningxia	0.6		68.2				
新疆	Xinjiang	5.1		315.4	0.9		489.2	1.0

附录 1-16　规模以上工业主要经济指标(2020年)

Main Indicators on Economic Efficiency of Industrial Enterprises above Designated Size(2020)

单位:亿元　　(100 million yuan)

地　区	Region	资产总计 Total Assets	流动资产合计 Current Assets	负债合计 Total Liabilities	营业收入 Business Revenue	营业成本 Business Cost	利润总额 Total Profits
全国总计	**Total**	**1267550.2**	**631504.6**	**710582.5**	**1061433.6**	**890435.0**	**64516.1**
北　京	Beijing	55276.9	21093.8	23838.7	23283.5	19273.9	1785.0
天　津	Tianjin	21375.9	10487.2	11623.7	18627.4	15981.6	961.3
河　北	Hebei	49838.6	23688.9	30024.8	42110.1	36729.4	2038.1
山　西	Shanxi	45287.9	18396.3	32458.5	20673.3	16946.8	963.8
内蒙古	Inner Mongolia	32420.1	10899.6	19231.2	16640.4	13337.7	1315.1
辽　宁	Liaoning	40050.9	20077.9	24944.8	29215.3	24782.7	1286.7
吉　林	Jilin	17202.5	7386.9	9049.9	13147.0	10791.4	567.1
黑龙江	Heilongjiang	17074.9	7613.3	10213.4	9825.8	8392.4	279.1
上　海	Shanghai	47965.7	27915.2	22934.3	38595.2	31094.8	2810.2
江　苏	Jiangsu	130201.4	77201.8	68845.0	122206.8	102659.6	7365.3
浙　江	Zhejiang	95438.3	53235.9	52090.3	77695.4	64378.1	5544.6
安　徽	Anhui	41720.7	21575.6	23803.2	37925.9	32268.4	2294.2
福　建	Fujian	41501.5	21159.9	20908.1	55475.4	47990.5	3470.1
江　西	Jiangxi	28392.1	14266.7	15241.5	37909.2	32764.9	2438.1
山　东	**Shandong**	**99591.1**	**52936.0**	**62190.8**	**84270.4**	**72890.4**	**4282.9**
河　南	Henan	51497.5	24499.4	29360.3	47292.7	41076.3	2544.7
湖　北	Hubei	43851.7	20813.6	22859.0	40743.5	34080.0	2519.0
湖　南	Hunan	31437.0	14964.7	16168.4	38339.9	31193.4	2032.7
广　东	Guangdong	149406.7	89625.4	82985.5	146856.9	121581.9	9286.9
广　西	Guangxi	20114.3	10074.9	12965.1	17639.6	15309.0	876.0
海　南	Hainan	3438.0	1556.8	1813.0	2089.6	1607.4	132.2
重　庆	Chongqing	22307.8	11389.0	12707.7	22529.6	19172.5	1318.8
四　川	Sichuan	50336.2	21929.0	27646.1	45250.1	37557.2	3197.7
贵　州	Guizhou	16315.1	7201.9	9876.2	8832.3	6417.2	1029.4
云　南	Yunnan	22613.9	8503.4	12689.2	14550.3	11400.8	1005.4
西　藏	Tibet	1998.6	476.4	992.6	322.0	250.5	18.9
陕　西	Shaanxi	37394.3	14626.0	20307.6	23435.3	19000.3	1942.3
甘　肃	Gansu	11529.6	4273.4	6805.2	7290.3	6136.6	284.3
青　海	Qinghai	6892.4	2100.0	4679.8	2421.0	2005.5	93.1
宁　夏	Ningxia	10553.2	3344.7	6565.3	4713.0	3958.3	203.9
新　疆	Xinjiang	24525.4	8191.3	14763.5	11526.3	9405.2	629.1

注：本表为快报数据。
a):Data in this table are preliminary data.

附录 1-17 建筑业总产值和房屋建筑面积

Output Value of Construction and Floor Space of Buildings

地区	Region	总产值(亿元) Total Output Value (100 million yuan)		施工面积(万平方米) Floor Space of Buildings Under Construction (10 000 sq.m)		竣工面积(万平方米) Floor Space of Buildings Completed (10 000 sq.m)	
		2019	2020	2019	2020	2019	2020
全国总计	**Total**	**248445.8**	**263947.0**	**1441644.8**	**1494743.4**	**402410.9**	**384819.8**
北京	Beijing	11999.4	12905.9	80556.8	88593.7	10932.1	9588.1
天津	Tianjin	4096.5	4388.2	15616.9	15234.5	2371.7	2453.4
河北	Hebei	5848.0	5948.1	34994.7	35081.6	8939.3	7316.0
山西	Shanxi	4653.3	5113.6	16990.3	19965.8	3836.4	4944.8
内蒙古	Inner Mongolia	1086.1	1134.4	5785.4	7016.7	1459.9	1411.0
辽宁	Liaoning	3554.6	3816.2	15312.8	16234.9	4335.0	4021.3
吉林	Jilin	1863.1	2005.8	7987.5	8447.3	2935.2	2892.8
黑龙江	Heilongjiang	1181.4	1206.4	3430.2	3285.4	1301.4	923.4
上海	Shanghai	7812.7	8277.0	50918.9	53798.6	9232.0	8150.8
江苏	Jiangsu	33103.6	35251.6	255297.7	267407.7	77899.5	77802.9
浙江	Zhejiang	20390.2	20938.6	182718.5	180786.2	43545.6	40742.2
安徽	Anhui	8503.3	9365.1	48611.4	49377.0	15706.7	14441.8
福建	Fujian	13164.4	14117.8	76606.3	82579.1	17810.5	18202.3
江西	Jiangxi	7944.8	8649.2	33897.5	34235.5	14869.3	13911.9
山东	**Shandong**	**14269.3**	**14947.3**	**83686.1**	**86160.1**	**21925.7**	**21309.6**
河南	Henan	12701.0	13122.6	64256.1	65956.9	20736.2	19412.4
湖北	Hubei	16979.6	16136.1	92042.2	85268.2	33907.9	26559.5
湖南	Hunan	10800.6	11863.8	65247.3	67978.8	21041.9	21235.3
广东	Guangdong	16633.4	18429.7	84392.3	91890.6	22174.0	19264.2
广西	Guangxi	5407.3	5853.2	29487.8	28695.3	8685.7	8295.8
海南	Hainan	366.0	391.4	2309.5	1823.7	485.0	299.5
重庆	Chongqing	8223.0	8975.0	36557.8	38122.6	13618.3	14050.1
四川	Sichuan	14668.2	15612.7	61743.0	67655.2	20341.0	22572.8
贵州	Guizhou	3714.9	4080.2	15929.5	17167.5	4131.0	3951.7
云南	Yunnan	6122.1	6724.8	19766.7	20128.8	6805.4	6238.4
西藏	Tibet	220.3	294.7	348.2	477.2	242.7	205.1
陕西	Shaanxi	7883.9	8501.1	35276.5	37555.1	6769.8	7311.2
甘肃	Gansu	1916.4	2049.3	10689.9	10903.3	2686.7	2382.8
青海	Qinghai	460.7	512.2	904.6	927.6	396.3	355.7
宁夏	Ningxia	601.4	641.8	2251.2	2107.7	679.1	757.0
新疆	Xinjiang	2276.7	2693.1	8031.4	9881.0	2609.7	3816.2

附录 1-18　建筑业主要效益指标(2020年)

Main Economic Indicators on Construction Enterprises(2020)

地　区	Region	企业个数(个) Number of Enterprises (unit)	从事建筑业活动的从业人员平均人数(万人) Average Number of Employed Persons (10 000 persons)	按建筑业总产值计算的劳动生产率(元/人) Labor Productivity in Terms of Total Output Value (yuan/person)	人均竣工产值(元/人) Per Capita Output Value of Buildings Completed (yuan/person)	人均施工面积(平方米/人) Per Capita Floor Space of Buildings Under Construction (sq.m/person)	人均竣工面积(平方米/人) Per Capita Floor Space of Buildings Completed (sq.m/person)
全国总计	**Total**	**116716**	**6241.3**	**422906**	**195724**	**239.5**	**61.7**
北　京	Beijing	2503	213.6	604213	236319	414.8	44.9
天　津	Tianjin	1931	111.6	393295	110636	136.5	22.0
河　北	Hebei	2940	98.5	604025	232615	356.3	74.3
山　西	Shanxi	3357	121.3	421446	152710	164.5	40.8
内蒙古	Inner Mongolia	1014	24.0	473094	198647	292.6	58.8
辽　宁	Liaoning	5638	79.2	481816	238718	205.0	50.8
吉　林	Jilin	2511	37.7	532402	284245	224.2	76.8
黑龙江	Heilongjiang	2237	35.3	341327	132972	93.0	26.1
上　海	Shanghai	2365	124.0	667640	320068	433.9	65.7
江　苏	Jiangsu	11000	974.0	361942	261644	274.6	79.9
浙　江	Zhejiang	8004	581.9	359809	189879	310.7	70.0
安　徽	Anhui	5692	204.5	458066	165644	241.5	70.6
福　建	Fujian	6772	493.5	286101	122018	167.3	36.9
江　西	Jiangxi	3751	177.2	488057	219100	193.2	78.5
山　东	**Shandong**	**8081**	**305.9**	**488612**	**209642**	**281.6**	**69.7**
河　南	Henan	7413	310.0	423340	193260	212.8	62.6
湖　北	Hubei	4632	214.6	752086	326161	397.4	123.8
湖　南	Hunan	3335	303.0	391507	186740	224.3	70.1
广　东	Guangdong	7587	372.8	494388	170701	246.5	51.7
广　西	Guangxi	1913	145.4	402603	179745	197.4	57.1
海　南	Hainan	250	7.9	498607	231236	232.3	38.2
重　庆	Chongqing	3335	244.5	367064	153834	155.9	57.5
四　川	Sichuan	7067	456.2	342207	146641	148.3	49.5
贵　州	Guizhou	1770	93.7	435615	152550	183.3	42.2
云　南	Yunnan	3449	187.4	358947	120763	107.4	33.3
西　藏	Tibet	402	6.3	469423	163839	76.0	32.7
陕　西	Shaanxi	3416	168.7	504020	185777	222.7	43.3
甘　肃	Gansu	1827	53.2	384944	142681	204.8	44.8
青　海	Qinghai	383	9.8	521494	204704	94.4	36.2
宁　夏	Ningxia	654	21.2	302575	150893	99.4	35.7
新　疆	Xinjiang	1487	64.6	416649	178444	152.9	59.0

附录 1-19 客运量和旅客周转量(2020年)
Passenger Traffic and Passenger-Kilometers(2020)

地区	Region	客运量(万人) Passenger Traffic (10 000 persons)	#铁路 Railways	#公路 Highways	#水运 Waterways	旅客周转量(亿人公里) Passenger Kilometers (100 million passenger km)	#铁路 Railways	#公路 Highways	#水运 Waterways
全国总计	**Total**	**966542**	**220350**	**689425**	**14987**	**19251.5**	**8266.2**	**4641.0**	**33.0**
北京	Beijing	30936	6388	24548		114.4	70.7	43.7	
天津	Tianjin	10602	2636	7926	40	143.5	96.0	47.5	0.1
河北	Hebei	17677	7102	10575		603.6	520.5	83.1	
山西	Shanxi	12457	4890	7459	108	226.3	135.7	90.6	
内蒙古	Inner Mongolia	6522	3298	3224		164.9	115.5	49.4	
辽宁	Liaoning	33539	7100	26211	228	431.8	288.5	141.7	1.6
吉林	Jilin	15308	3832	11438	38	198.9	120.9	77.9	
黑龙江	Heilongjiang	12297	4590	7608	99	177.5	123.3	54.2	0.1
上海	Shanghai	9234	7605	1332	297	114.6	69.6	44.5	0.5
江苏	Jiangsu	85310	16084	67664	1562	943.1	527.6	414.2	1.3
浙江	Zhejiang	58075	15854	38861	3360	674.1	464.7	204.8	4.5
安徽	Anhui	32366	9479	22776	111	697.3	529.0	168.2	0.2
福建	Fujian	23163	7539	14882	742	314.6	223.2	90.6	0.8
江西	Jiangxi	41913	8157	33643	113	631.4	450.3	180.9	0.2
山东	**Shandong**	**30757**	**10457**	**19475**	**825**	**596.2**	**433.0**	**159.3**	**4.0**
河南	Henan	57909	11415	46322	172	927.1	612.6	314.2	0.3
湖北	Hubei	30112	8148	21731	233	522.9	390.3	131.6	1.0
湖南	Hunan	56376	11392	44144	840	834.6	607.9	224.8	1.9
广东	Guangdong	79351	23060	54946	1345	1190.9	630.3	556.3	4.3
广西	Guangxi	34947	7838	26771	338	553.9	301.6	250.9	1.5
海南	Hainan	7926	2208	4566	1152	74.7	36.3	35.6	2.7
重庆	Chongqing	37205	5232	31450	523	271.1	128.4	140.6	2.1
四川	Sichuan	57508	11296	45258	954	560.3	269.4	289.8	1.0
贵州	Guizhou	40137	5536	33584	1017	524.5	225.0	295.8	3.7
云南	Yunnan	24177	4440	19232	505	263.7	124.5	138.5	0.7
西藏	Tibet	825	249	576		27.0	12.3	14.6	
陕西	Shaanxi	36798	7044	29581	173	452.6	303.5	148.8	0.3
甘肃	Gansu	26686	4153	22478	55	378.7	237.9	140.8	0.1
青海	Qinghai	4135	762	3314	59	88.6	52.1	36.5	0.1
宁夏	Ningxia	3560	558	2903	99	52.5	24.2	28.2	0.1
新疆	Xinjiang	6960	2012	4948		185.0	141.6	43.4	
不分地区	Not Classified by Region	41778				6311.3			

注：不分地区合计为民航完成数。
a)The total passenger traffic not classified by region refers to that completed by civil aviation.

附录 1-20 货运量和货物周转量(2020年)
Freight Traffic and Freight Ton-kilometers(2020)

地区	Region	货运量(万吨) Total (10 000 tons)	#铁路 Railways	#公路 Highways	#水运 Waterways	货物周转量(亿吨公里) Total (100 million ton-km)	#铁路 Railways	#公路 Highways	#水运 Waterways
全国总计	**Total**	**4735566**	**445761**	**3426413**	**761630**	**202068.7**	**30371.8**	**60171.9**	**105834.4**
北京	Beijing	22203	414	21789		1032.8	767.1	265.7	
天津	Tianjin	52519	11124	32261	9134	2600.4	518.2	640.1	1442.0
河北	Hebei	247323	30806	211942	4575	13729.9	4972.0	8103.3	654.7
山西	Shanxi	190232	92002	98206	24	5711.8	2926.7	2785.0	0.1
内蒙古	Inner Mongolia	170547	61545	109002		4431.5	2542.7	1888.8	
辽宁	Liaoning	167341	23975	138569	4797	5421.5	1297.3	2548.3	1575.8
吉林	Jilin	44848	6574	38274		1865.1	570.2	1294.8	
黑龙江	Heilongjiang	48662	12603	35521	538	1584.8	839.6	694.0	51.1
上海	Shanghai	138839	494	46051	92294	32795.0	15.8	684.6	32094.6
江苏	Jiangsu	275209	7118	174624	93467	10890.5	327.4	3524.5	7038.6
浙江	Zhejiang	300276	4500	189582	106194	12324.2	231.2	2210.0	9883.1
安徽	Anhui	374503	7735	243529	123239	10241.7	733.7	3412.2	6095.8
福建	Fujian	140698	4543	91137	45018	9014.3	180.9	1021.7	7811.7
江西	Jiangxi	157149	4553	141899	10697	4010.8	497.3	3247.1	266.4
山东	**Shandong**	**316831**	**31393**	**267230**	**18208**	**10377.0**	**1602.5**	**6784.4**	**1990.1**
河南	Henan	219939	11157	193632	15150	8833.2	2159.5	5572.6	1101.1
湖北	Hubei	160422	5363	114346	40713	5295.0	915.1	1639.9	2739.9
湖南	Hunan	200878	4592	176442	19844	2602.2	856.4	1350.6	395.3
广东	Guangdong	344439	9510	231170	103759	27210.8	281.8	2524.2	24404.8
广西	Guangxi	187444	9269	145323	32852	4159.6	754.2	1486.9	1918.5
海南	Hainan	20670	1135	6853	12682	3683.0	16.8	41.3	3624.9
重庆	Chongqing	121692	2194	99679	19819	3527.4	200.9	1055.5	2271.0
四川	Sichuan	171896	7771	157598	6527	2861.3	951.8	1617.7	291.8
贵州	Guizhou	86444	5801	79412	1231	1265.1	617.8	609.8	37.5
云南	Yunnan	121058	4919	115620	519	1579.7	471.0	1101.5	7.2
西藏	Tibet	4091	52	4039		156.5	39.8	116.7	
陕西	Shaanxi	165260	49056	116057	147	3697.4	1865.6	1831.1	0.6
甘肃	Gansu	67239	5966	61272	1	2516.7	1496.4	1020.3	
青海	Qinghai	14291	3456	10835		414.9	290.3	124.6	
宁夏	Ningxia	42850	8634	34216		698.3	214.6	483.7	
新疆	Xinjiang	57814	17509	40305		1708.0	1217.0	491.1	
不分地区	Not Classified by Region	101960			201	5828.4			137.8

注：1.不分地区合计中包括管道、民航等完成数。货运量和货物周转量的全国总计，等于分省数与不分地区中民航、管道运输数据之和。
a)The data not classified by region refers to pipelines， civil aviation ,etc.Ltd.The total freight traffic and freight ton-kilometers of China refers to the sum of the data classified by region and the data completed by civil aviation and pipelines.

附录 1-21　社会消费品零售总额
Total Retail Sale of Consumer Goods

单位:亿元　　(100 million yuan)

地　区	Region	2019 社会消费品零售总额 Total Retail Sales of Consumer Goods	2019 增　长 (%) Growth Rate (%)	2020 社会消费品零售总额 Total Retail Sales of Consumer Goods	2020 增　长 (%) Growth Rate (%)
全　国	**National Total**	**408017.2**	**8.0**	**391980.6**	**-3.9**
北　京	Beijing	15063.7	4.4	13716.4	-8.9
天　津	Tianjin	4218.2	-0.3	3582.9	-15.1
河　北	Hebei	12985.5	8.4	12705.0	-2.2
山　西	Shanxi	7030.5	7.8	6746.3	-4.0
内蒙古	Inner Mongolia	5051.1	4.1	4760.5	-5.8
辽　宁	Liaoning	9670.6	6.1	8960.9	-7.3
吉　林	Jilin	4212.9	3.4	3824.0	-9.2
黑龙江	Heilongjiang	5603.9	6.2	5092.3	-9.1
上　海	Shanghai	15847.6	6.5	15932.5	0.5
江　苏	Jiangsu	37672.5	6.2	37086.1	-1.6
浙　江	Zhejiang	27343.8	8.7	26629.8	-2.6
安　徽	Anhui	17862.1	10.6	18334.0	2.6
福　建	Fujian	18896.8	10.0	18626.5	-1.4
江　西	Jiangxi	10068.1	11.3	10371.8	3.0
山　东	**Shandong**	**29251.2**	**6.4**	**29248.0**	**持平**
河　南	Henan	23476.1	10.4	22502.8	-4.1
湖　北	Hubei	22722.3	10.3	17984.9	-20.8
湖　南	Hunan	16683.9	10.2	16258.1	-2.6
广　东	Guangdong	42951.8	8.0	40207.9	-6.4
广　西	Guangxi	8200.9	7.0	7831.0	-4.5
海　南	Hainan	1951.1	5.3	1974.6	1.2
重　庆	Chongqing	11631.7	8.7	11787.2	1.3
四　川	Sichuan	21343.0	10.4	20824.9	-2.4
贵　州	Guizhou	7468.2	5.1	7833.4	4.9
云　南	Yunnan	10158.2	10.4	9792.9	-3.6
西　藏	Tibet	773.4	8.7	745.8	-3.6
陕　西	Shaanxi	10213.0	7.4	9605.9	-5.9
甘　肃	Gansu	3700.3	7.7	3632.4	-1.8
青　海	Qinghai	948.5	5.4	877.3	-7.5
宁　夏	Ningxia	1399.4	5.2	1301.4	-7.0
新　疆	Xinjiang	3617.0	5.5	3062.5	-15.3

注：根据第四次全国经济普查结果对2018年社会消费品零售总额进行了修订，2019年相应进行调整。

a) Figures of total retail sales of consumer goods of 2018 are revised according to the result of the fourth national economic census. Figures of 2019 are adjusted accordingly.

附录 1-22 货物进出口总额(按收发货人所在地分)

Total Volume of Imports and Exports (by Location of Importers/Exporters)

单位:亿美元 (100 million USD)

地　区	Region	2015	2016	2017	2018	2019	2020
全国总计	**Total**	**39530.3**	**36855.6**	**41071.6**	**46224.2**	**45778.9**	**46462.6**
北　京	Beijing	3194.4	2823.5	3240.2	4124.9	4164.6	3350.4
天　津	Tianjin	1142.8	1026.6	1129.2	1225.6	1066.5	1059.3
河　北	Hebei	515.1	466.8	498.6	539.0	580.4	637.9
山　西	Shanxi	146.8	166.6	171.9	207.6	209.8	218.7
内蒙古	Inner Mongolia	127.3	116.4	138.7	156.9	159.4	150.7
辽　宁	Liaoning	959.5	865.6	996.0	1146.0	1053.2	944.6
吉　林	Jilin	188.8	184.5	185.4	206.8	189.0	184.9
黑龙江	Heilongjiang	210.1	165.4	189.5	264.4	271.1	222.0
上　海	Shanghai	4492.4	4337.7	4762.0	5156.8	4939.1	5031.9
江　苏	Jiangsu	5455.6	5093.0	5907.8	6639.1	6295.2	6427.7
浙　江	Zhejiang	3467.8	3365.8	3779.1	4323.6	4472.2	4879.3
安　徽	Anhui	478.4	444.1	540.2	628.4	687.3	780.5
福　建	Fujian	1688.5	1568.3	1710.2	1874.1	1931.1	2026.7
江　西	Jiangxi	424.0	400.3	443.4	481.9	508.9	578.2
山　东	**Shandong**	**2406.1**	**2343.6**	**2645.5**	**2924.0**	**2970.0**	**3184.5**
河　南	Henan	737.8	712.1	776.3	828.1	825.0	969.2
湖　北	Hubei	455.5	393.9	463.4	527.8	571.6	620.8
湖　南	Hunan	293.0	262.4	360.3	464.7	628.5	705.3
广　东	Guangdong	10225.0	9553.0	10066.8	10844.6	10366.3	10236.3
广　西	Guangxi	510.9	476.3	578.8	623.0	682.2	702.9
海　南	Hainan	139.7	113.5	103.7	127.3	131.5	135.4
重　庆	Chongqing	744.7	627.5	666.0	790.2	839.5	941.8
四　川	Sichuan	511.9	493.1	681.1	899.2	984.0	1168.0
贵　州	Guizhou	122.2	57.0	81.6	76.0	65.7	79.1
云　南	Yunnan	244.9	199.0	234.5	298.6	336.9	389.5
西　藏	Tibet	9.1	7.8	8.6	7.2	7.0	3.1
陕　西	Shaanxi	305.0	299.5	402.0	533.0	510.3	545.1
甘　肃	Gansu	79.5	68.3	48.3	60.1	55.2	53.9
青　海	Qinghai	19.3	15.3	6.6	7.3	5.4	3.3
宁　夏	Ningxia	37.4	32.5	50.4	37.8	34.9	17.8
新　疆	Xinjiang	196.7	176.4	205.7	200.0	237.1	213.9

附录 1—23 货物进出口总额(按境内目的地、货源地分)

Total Volume of Imports and Exports (by Destination and Origin of Goods in China)

单位:亿美元 (100 million USD)

地 区	Region	2015	2016	2017	2018	2019	2020
全国总计	**Total**	**39530.3**	**36855.6**	**41071.6**	**46224.2**	**45778.9**	**46462.6**
北 京	Beijing	1307.8	1223.2	1216.2	1274.2	1122.8	1148.4
天 津	Tianjin	1189.6	1069.7	1216.9	1417.4	1363.7	1251.5
河 北	Hebei	802.5	749.9	815.4	874.7	947.3	988.5
山 西	Shanxi	174.5	188.4	207.9	246.5	228.6	219.5
内蒙古	Inner Mongolia	139.1	132.2	158.9	198.3	201.2	201.3
辽 宁	Liaoning	1070.7	961.3	1125.3	1340.8	1338.4	1175.4
吉 林	Jilin	199.8	192.4	197.9	215.4	192.4	194.8
黑龙江	Heilongjiang	163.2	139.4	167.1	237.4	248.8	204.8
上 海	Shanghai	4230.4	4046.1	4473.5	4858.6	4737.0	4786.4
江 苏	Jiangsu	5809.7	5471.4	6364.9	7171.3	6785.3	6840.5
浙 江	Zhejiang	3590.6	3434.5	3839.7	4414.5	4517.1	4648.5
安 徽	Anhui	424.9	409.7	509.9	594.0	637.8	746.1
福 建	Fujian	1475.7	1368.0	1530.8	1728.3	1747.7	1717.5
江 西	Jiangxi	406.5	353.6	369.2	411.7	443.5	506.1
山 东	**Shandong**	**2783.7**	**2734.0**	**3162.9**	**3641.1**	**3587.6**	**3511.3**
河 南	Henan	769.6	741.1	813.7	874.9	880.0	1041.0
湖 北	Hubei	445.6	390.2	462.0	513.0	537.7	614.9
湖 南	Hunan	293.0	231.5	300.1	354.6	421.0	476.9
广 东	Guangdong	11651.9	10601.2	11136.6	12112.5	11842.7	12055.2
广 西	Guangxi	462.1	439.1	526.0	607.3	653.3	663.5
海 南	Hainan	155.2	121.7	136.5	180.9	171.7	165.6
重 庆	Chongqing	587.1	518.5	565.7	681.9	755.6	840.1
四 川	Sichuan	469.4	480.6	666.2	932.3	1044.0	1173.0
贵 州	Guizhou	78.3	52.0	81.2	83.6	69.3	74.8
云 南	Yunnan	189.9	174.1	213.9	271.8	334.4	342.0
西 藏	Tibet	6.6	5.9	6.1	6.4	6.2	2.8
陕 西	Shaanxi	298.8	294.7	405.6	522.5	490.7	512.9
甘 肃	Gansu	43.6	44.7	50.0	64.9	53.8	56.0
青 海	Qinghai	5.9	5.2	4.5	5.8	4.9	3.1
宁 夏	Ningxia	33.9	31.0	43.3	40.5	41.9	29.3
新 疆	Xinjiang	270.7	250.0	303.9	347.0	372.8	270.8

附录 1-24 货物进出口总额(2020年)

Total Volume of Imports and Exports (2020)

单位:亿美元 (100 million USD)

地 区	Region	按收发货人所在地分 by Location of Importers/Exporters		按境内目的地、货源地分 by Destination and Origion of Goods	
		出口额 Exports	进口额 Imports	出口额 Exports	进口额 Imports
全国总计	**Total**	**25906.5**	**20556.1**	**25906.5**	**20556.1**
北 京	Beijing	670.1	2680.3	294.9	853.6
天 津	Tianjin	443.6	615.7	405.9	845.6
河 北	Hebei	364.6	273.3	500.5	488.0
山 西	Shanxi	127.3	91.4	142.2	77.3
内 蒙 古	Inner Mongolia	50.4	100.2	65.2	136.0
辽 宁	Liaoning	383.3	561.3	460.3	715.1
吉 林	Jilin	42.0	142.9	46.6	148.2
黑 龙 江	Heilongjiang	52.0	169.9	54.2	150.6
上 海	Shanghai	1981.1	3050.8	1672.7	3113.7
江 苏	Jiangsu	3962.8	2464.9	3975.7	2864.8
浙 江	Zhejiang	3632.7	1246.7	3520.0	1128.5
安 徽	Anhui	455.8	324.6	477.8	268.3
福 建	Fujian	1224.0	802.6	1109.2	608.3
江 西	Jiangxi	420.9	157.3	350.1	156.0
山 东	**Shandong**	**1890.4**	**1294.1**	**1795.4**	**1715.9**
河 南	Henan	593.0	376.2	659.5	381.5
湖 北	Hubei	390.6	230.2	381.3	233.6
湖 南	Hunan	478.6	226.7	306.5	170.4
广 东	Guangdong	6283.7	3952.6	7561.6	4493.6
广 西	Guangxi	391.9	311.0	212.4	451.1
海 南	Hainan	40.1	95.2	40.0	125.7
重 庆	Chongqing	605.3	336.5	550.3	289.8
四 川	Sichuan	672.5	495.5	658.6	514.5
贵 州	Guizhou	62.3	16.7	59.2	15.6
云 南	Yunnan	221.4	168.1	170.4	171.6
西 藏	Tibet	1.9	1.2	2.5	0.3
陕 西	Shaanxi	278.9	266.2	267.4	245.5
甘 肃	Gansu	12.4	41.5	18.1	37.9
青 海	Qinghai	1.8	1.5	1.8	1.3
宁 夏	Ningxia	12.5	5.3	22.4	6.9
新 疆	Xinjiang	158.4	55.5	123.5	147.3

附录 1-25　外商投资企业进出口总额

Volume of Import and Export of Foreign-funded Enterprises

单位:万美元　　(10 000 USD)

地　区	Region	2019			2020		
		进出口总额 Total	出口额 Exports	进口额 Imports	进出口总额 Total	出口额 Exports	进口额 Imports
全国总计	**Total**	**182390872**	**96606035**	**85784837**	**179759020**	**93227385**	**86531635**
北　京	Beijing	7417853	1617361	5800492	7832735	1949513	5883222
天　津	Tianjin	5337793	2129997	3207796	5503326	2026901	3476425
河　北	Hebei	859579	467227	392352	859109	471967	387142
山　西	Shanxi	1192508	729285	463223	1263027	836207	426820
内蒙古	Inner Mongolia	95149	45833	49316	92705	44414	48291
辽　宁	Liaoning	4374608	2002773	2371835	3660681	1578527	2082154
吉　林	Jilin	871770	114499	757271	921153	105030	816122
黑龙江	Heilongjiang	183460	93410	90050	167678	76836	90842
上　海	Shanghai	31666135	12367216	19298919	32483346	11917931	20565416
江　苏	Jiangsu	37545432	21572898	15972534	36109729	20235539	15874190
浙　江	Zhejiang	8257240	5045052	3212188	7835808	4866946	2968862
安　徽	Anhui	1956809	1124826	831983	2214450	1256472	957978
福　建	Fujian	6204770	3576479	2628290	5654720	3348399	2306320
江　西	Jiangxi	1345235	786246	558990	1291600	756347	535253
山　东	**Shandong**	**7490567**	**4567943**	**2922624**	**7075642**	**4379911**	**2695731**
河　南	Henan	5102252	3342964	1759288	5989658	3558968	2430690
湖　北	Hubei	1348584	738358	610226	1223451	667317	556134
湖　南	Hunan	793023	473979	319044	778977	375066	403910
广　东	Guangdong	43475066	26244268	17230799	40292326	24410960	15881366
广　西	Guangxi	1114013	566825	547188	1127216	529414	597802
海　南	Hainan	737061	397548	339513	437789	230078	207711
重　庆	Chongqing	4843995	3290984	1553011	5043083	3432200	1610883
四　川	Sichuan	6619211	3597061	3022150	8267110	4453731	3813379
贵　州	Guizhou	69189	46350	22839	35464	23486	11977
云　南	Yunnan	78900	34301	44599	73908	33099	40809
西　藏	Tibet	73		73	2112	4	2108
陕　西	Shaanxi	3331866	1597867	1733999	3470025	1638040	1831986
甘　肃	Gansu	5069	1302	3768	6970	1506	5464
青　海	Qinghai	506	425	81	643	602	42
宁　夏	Ningxia	55690	26019	29671	30146	16730	13416
新　疆	Xinjiang	17466	6739	10727	14435	5245	9190

附录2

国际统计资料

International Statistical Data

简 要 说 明

一、本篇资料的主要内容

本篇资料反映了近年来世界主要国家经济社会事业发展基本情况，主要包括人口、土地面积、国内生产总值及其增长、农业、工业、国际贸易、直接投资、国际旅游、国际储备、外债、医疗卫生、互联网用户等方面的内容。

二、本篇资料的来源

本篇资料来源于中国统计出版社出版的《国际统计年鉴 2020》，由省统计局综合处整理。

Brief Introduction

I. Content

Data in this chapter show the social and economic indicators of other countries, mainly including population, territory, GDP, agriculture, industry, international trade, direct investment, international tourism, international reserve, international debts, public health, internet users, indicators on development of population and culture, and TOP500 of international companies, etc.

II. Source of Data

Data in this chapter come from International Statistical Yearbook 2020 published by China Statistics Press and are prepared and compiled by the Division of Comprehensive Statistics of Shandong Provincial Bureau of Statistics.

附录2-1 中国主要指标居世界的位次
Ranking of China in the World in Terms of Main Indicators

资料来源：联合国贸发会议数据库、世界贸易组织数据库、世界银行WDI数据库、国际货币基金组织数据库。
Source: UNCTAD Database;WTO Database;World Bank WDI Database;IMF Database.

指　标	Indicator	1978	1980	1990	2000	2010	2018	2019
国土面积	Country Area	4	4	4	4	4	4	4
人　口	Population	1	1	1	1	1	1	1
国内生产总值	Gross Domestic Product	11	12	11	6	2	2	2
人均国民总收入①	GNI per capita ①	175(188)	177(188)	178(200)	141(207)	120(215)	71(192)	71(192)
货物进出口贸易总额	Foreign Trade Total	29	26	16	8	2	1	1
出口额	Exports	31	30	15	7	1	1	1
进口额	Imports	29	22	18	8	2	2	2
外商直接投资	Foreign Direct Investment Inflows	128	55	12	8	2	2	2
对外直接投资	Foreign Direct Investment Outflows	45	63	22	33	5	2	4
外汇储备	Foreign Exchange Reserves	38	36	10	2	1	1	1

注：①括号中所列为参加排序的国家和地区数。
Note:①The number in the parentheses indicates the number of countries or territories the order based on.

附录2-2 中国主要指标占世界的比重
Major Indicators as Percentage of the World for China

资料来源：联合国贸发会议数据库、世界贸易组织数据库、世界银行WDI数据库、国际货币基金组织数据库、联合国FAO数据库。
Source: UNCTAD Database,WTO Database,World Bank WDI Database,IMF Database,FAO Database.

单位：%　　(%)

指　标	Indicator	1978	1980	1990	2000	2010	2018	2019
国土面积	Country Area	7.1	7.1	7.1	7.1	7.1	7.1	7.1
人　口	Mid-year Population	22.3	22.1	21.5	20.7	19.3	18.3	18.2
国内生产总值	Gross Domestic Product	1.7	1.7	1.6	3.6	9.2	16.1	16.4
货物进出口贸易总额	Foreign Trade Total	0.8	0.9	1.6	3.6	9.7	11.8	12.0
出口额	Exports	0.8	0.9	1.8	3.9	10.3	12.8	13.2
进口额	Imports	0.8	1.0	1.5	3.4	9.0	10.8	10.8
外商直接投资	Foreign Direct Investment Inflows		0.1	1.7	3.0	8.2	9.3	9.2
对外直接投资	Foreign Direct Investment Outflows			0.3	0.1	4.9	14.5	8.9
外汇储备	Foreign Exchange Reserves		0.6	3.3	8.5	30.7	26.9	26.3
稻谷产量	Rice Production	35.5	35.3	36.5	31.4	27.9	27.1	27.7
小麦产量	Wheat Production	12.1	12.5	16.6	17.0	18.0	17.9	17.4
玉米产量	Maize Production	14.2	15.8	20.0	17.9	20.8	22.4	22.7
大豆产量	Soybeans Production	10.0	9.8	10.1	9.6	5.7	4.1	4.7

附录2-3 中国农业主要产品产量居世界的位次
Ranking of China in the World in Terms of Major Agricultural Products

资料来源：联合国FAO数据库。
Source: FAO Database.

项 目	Item	1978	1980	1990	2000	2005	2010	2018	2019
谷物	Cereals	2	1	1	1	1	1	1	1
肉类①	Meat①	3	3	2	1	1	1	1	1
籽棉	Seed Cotton	2	2	1	1	1	1	1	1
大豆	Soybeans	3	3	3	4	4	4	4	4
花生	Groundnuts in Shell	2	2	2	1	1	1	1	1
油菜籽	Rapeseed	2	2	1	1	1	1	2	2
甘蔗	Sugar Cane	10	10	4	3	3	3	3	4
茶叶	Tea	2	2	2	2	1	1	1	1
水果	Fruit	6	8	1	1	1	1	1	1

注：①1990年以前为猪、牛、羊肉产量的位次。
Note: ①Data refer to pork,beef and mutton prior to 1990.

附录2-4 中国工业主要产品产量居世界位次
Ranking of China in the World in Terms of Major Industrial Products

资料来源：联合国统计月报数据库、联合国FAO数据库。
Source: UN Monthly Bulletin of Statistics Database,FAO Database.

项 目	Item	1978	1980	1990	2000	2005	2010	2018	2019
粗 钢	Crude Steel	5	5	4	1	1	1	1	1
煤	Coal	3	3	1	1	1	1	1	1
原 油	Crude Petroleum	8	6	5	5	5	4	6	6
发电量	Electricity	7	6	3	2	2	2	1	1
水 泥	Cement	4	4	1	1	1	1	1	1
化 肥	Fertilizer	3	3	3	1	1	1	1	1
棉 布	Woven Cotton Fabrics	1	1	1	2	2	1	1	1

附录2-5　国土面积与人口密度

Country Area and Population Density

资料来源：世界银行WDI数据库。
Source: World Bank WDI Database.

国家或地区	Country or Area	国土面积（万平方公里） Surface Area(10 000 sq.km)	人口密度（人/平方公里） Population Density(persons/sq.km)		
		2018	2010	2017	2018
世　界	**World**	**13202.5**	**54.4**	**59.0**	**59.6**
中　国	China	960.0	142.5	147.7	148.3
中国澳门	Macao, China		18121.9	20479.8	20777.5
孟加拉国	Bangladesh	14.8	1133.7	1226.6	1239.6
文　莱	Brunei Darussalam	0.6	73.7	80.5	81.4
柬埔寨	Cambodia	18.1	81.1	90.7	92.1
印　度	India	298.0	415.1	450.2	454.9
印度尼西亚	Indonesia	191.4	133.5	146.1	147.8
伊　朗	Iran	174.5	45.3	49.5	50.2
以色列	Israel	2.2	352.3	402.6	410.5
日　本	Japan	37.8	351.3	347.8	347.1
哈萨克斯坦	Kazakhstan	272.5	6.0	6.7	6.8
韩　国	Korea, Rep.	10.0	509.8	526.8	529.4
老　挝	Laos	23.7	27.1	30.1	30.6
马来西亚	Malaysia	33.0	85.9	94.7	96.0
蒙　古	Mongolia	156.4	1.8	2.0	2.0
缅　甸	Myanmar	67.7	77.5	81.7	82.2
巴基斯坦	Pakistan	79.6	232.8	269.7	275.3
菲律宾	Philippines	30.0	315.1	352.7	357.7
中国香港	Hong Kong, China	0.1	6689.7	7039.7	7096.2
新加坡	Singapore	0.1	7231.8	7915.7	7953.0
斯里兰卡	Sri Lanka	6.6	323.1	342.0	345.6
泰　国	Thailand	51.3	131.5	135.5	135.9
越　南	Viet Nam	33.1	283.7	305.1	308.1
埃　及	Egypt	100.1	83.1	96.9	98.9
尼日利亚	Nigeria	92.4	174.0	209.6	215.1
南　非	South Africa	121.9	42.2	47.0	47.6
加拿大	Canada	998.5	3.7	4.0	4.1
墨西哥	Mexico	196.4	58.7	64.2	64.9
美　国	United States	983.2	33.8	35.5	35.7
阿根廷	Argentina	278.0	14.9	16.1	16.3
巴　西	Brazil	851.6	23.4	24.9	25.1
委内瑞拉	Venezuela	91.2	32.2	33.3	32.7
捷　克	Czech Rep.	7.9	135.6	137.2	137.7
法　国	France	54.9	118.8	122.1	122.3
德　国	Germany	35.8	234.6	236.6	237.3
意大利	Italy	30.1	201.5	205.8	205.4
荷　兰	Netherlands	4.2	492.6	508.5	511.5
波　兰	Poland	31.3	124.2	124.0	124.0
俄罗斯	Russia	1709.8	8.7	8.8	8.8
西班牙	Spain	50.6	93.2	93.3	93.7
土耳其	Turkey	78.5	94.0	105.4	107.0
乌克兰	Ukraine	60.4	79.2	77.4	77.0
英　国	United Kingdom	24.4	259.4	273.0	274.7
澳大利亚	Australia	774.1	2.9	3.2	3.2
新西兰	New Zealand	26.8	16.5	18.2	18.4

附录2-6 国内生产总值(现价美元)
Gross Domestic Product(USD)

资料来源：世界银行WDI数据库。
Source: World Bank WDI Database.
单位：亿美元 (100 million USD)

国家或地区	Country or Area	2000	2005	2010	2015	2018	2019
世　界	**World**	**336186**	**475172**	**661131**	**751988**	**863571**	**876975**
高收入国家	**High Income**	**276503**	**377268**	**455812**	**481639**	**545747**	**550454**
中等收入国家	**Middle Income**	**58310**	**95869**	**201478**	**265374**	**312931**	**321660**
中等偏下收入国家	**Lower Middle Income**	**12199**	**20207**	**39309**	**51882**	**60037**	**63411**
中等偏上收入国家	**Upper Middle Income**	**46114**	**75662**	**162169**	**213447**	**252893**	**258171**
中低收入国家	**Low and Middle Income**	**59583**	**97802**	**205356**	**270526**	**318196**	**327058**
东亚和太平洋	**East Asia and Pacific**	**17378**	**31101**	**78746**	**132944**	**165930**	**172144**
欧洲和中亚	**Europe and Central Asia**	**6611**	**15826**	**29399**	**29121**	**31850**	**32395**
拉丁美洲和加勒比	**Latin America and Caribbean**	**20826**	**25754**	**49051**	**49982**	**52195**	**51363**
中东和北非国家	**Middle East and North Africa**	**4518**	**6988**	**13837**	**14356**		
南　亚	**South Asia**	**6304**	**10506**	**20608**	**26973**	**34466**	**35980**
撒哈拉以南非洲	**Sub-Saharan Africa**	**3946**	**7628**	**13698**	**16528**	**16981**	**17391**
低收入国家	**Low Income**	**1301**	**1960**	**3901**	**5191**	**5090**	**5213**
最不发达地区	**Least Developed Countries**	**2157**	**3413**	**6804**	**9547**	**10670**	**11054**
重债穷国	**Heavily Indebted Poor Countries**	**1658**	**2543**	**4864**	**6661**	**7455**	**7593**
中　国	China	12113	22860	60872	110616	138948	143429
中国香港	Hong Kong, China	1717	1816	2286	3094	3617	3660
中国澳门	Macao, China	67	121	281	454	551	539
阿富汗	Afghanistan		62	159	199	195	191
阿尔巴尼亚	Albania	35	81	119	114	151	153
阿尔及利亚	Algeria	548	1032	1612	1660	1738	1700
安道尔	Andorra	14	32	34	28	32	32
安哥拉	Angola	91	370	838	1162	1014	946
安提瓜和巴布达	Antigua and Barbuda	8	10	11	13	16	17
阿根廷	Argentina	2842	1987	4236	5947	5199	4497
亚美尼亚	Armenia	19	49	93	106	125	137
阿鲁巴岛	Aruba	19	23	24	29		
澳大利亚	Australia	4152	6934	11461	13517	14339	13927
奥地利	Austria	1968	3160	3919	3818	4555	4463
阿塞拜疆	Azerbaijan	53	132	529	531	471	480
巴哈马	Bahamas	81	98	101	118	124	128
巴　林	Bahrain	91	160	257	311	377	386
孟加拉国	Bangladesh	534	694	1153	1951	2740	3026
巴巴多斯	Barbados	31	38	45	47	51	52
白俄罗斯	Belarus	127	302	572	565	600	631
比利时	Belgium	2362	3856	4810	4621	5427	5296
伯利兹	Belize	8	11	14	17	19	19
贝　宁	Benin	35	66	95	114	143	144
百慕大	Bermuda	35	49	57			
不　丹	Bhutan	4	8	15	20	24	
玻利维亚	Bolivia	84	95	196	330	403	409
波　黑	Bosnia and Herzegovina	55	112	172	162	202	200
博茨瓦纳	Botswana	58	99	128	144	187	183
巴　西	Brazil	6554	8916	22089	18022	18855	18398
文　莱	Brunei Darussalam	60	95	137	129	136	135
保加利亚	Bulgaria	132	299	504	506	662	679
布基纳法索	Burkina Faso	30	61	101	118	162	157
布隆迪	Burundi	9	11	20	31	30	30
柬埔寨	Cambodia	37	63	112	180	246	271
喀麦隆	Cameroon	101	179	262	309	387	388
加拿大	Canada	7423	11694	16135	15561	17163	17364
佛得角	Cape Verde	5	10	17	16	20	20
中　非	Central African Rep.	9	13	21	17	22	22

附录2-6 续表 1 continued

单位：亿美元 (100 million USD)

国家或地区	Country or Area	2000	2005	2010	2015	2018	2019
乍　得	Chad	14	66	107	110	112	113
海峡群岛	Channel Islands	64	88				
智　利	Chile	779	1230	2185	2439	2983	2823
哥伦比亚	Colombia	999	1456	2866	2935	3336	3238
科摩罗	Comoros	4	7	9	10	12	12
刚果(金)	Congo, Dem. Rep.	191	120	216	379	468	473
刚果(布)	Congo, Rep.	32	61	120	86	117	108
哥斯达黎加	Costa Rica	149	199	373	548	606	618
科特迪瓦	Cote D'Ivoire	107	171	249	458	577	588
克罗地亚	Croatia	217	454	598	495	610	604
古　巴	Cuba	306	426	643	871	1000	
塞浦路斯	Cyprus	100	184	257	198	250	246
捷　克	Czech Rep.	616	1363	2075	1868	2450	2465
丹　麦	Denmark	1642	2645	3220	3027	3557	3481
吉布提	Djibouti	6	7	11	24	30	33
多米尼克	Dominica	3	4	5	5	6	6
多米尼加	Dominican Rep.	243	361	539	712	856	889
厄瓜多尔	Ecuador	183	415	696	993	1076	1074
埃　及	Egypt	998	897	2189	3327	2509	3032
萨尔瓦多	El Salvador	118	147	184	234	261	270
赤道几内亚	Equatorial Guinea	10	82	163	132	133	110
厄立特里亚	Eritrea	7	11	16			
爱沙尼亚	Estonia	57	141	197	230	307	314
埃塞俄比亚	Ethiopia	82	124	299	646	843	961
法罗群岛	Faeroe Islands	11	17	23	25		
斐　济	Fiji	17	30	31	47	55	55
芬　兰	Finland	1257	2048	2492	2344	2759	2688
法　国	France	13622	21961	26426	24382	27879	27155
法属波立尼西亚	French Polynesia	34					
加　蓬	Gabon	51	96	144	144	169	167
冈比亚	Gambia	8	10	15	14	16	18
格鲁吉亚	Georgia	31	64	122	150	176	177
德　国	Germany	19431	28458	33964	33605	39495	38456
加　纳	Ghana	50	107	322	486	656	670
希　腊	Greece	1301	2478	2994	1966	2181	2099
格陵兰	Greenland	11	18	25	25	31	
关　岛	Guam		42	49	57	59	
危地马拉	Guatemala	193	272	413	622	731	767
几内亚	Guinea	30	29	69	88	122	136
几内亚比绍	Guinea-Bissau	4	6	8	10	15	13
圭亚那	Guyana	7	8	23	32	39	43
海　地	Haiti	40	43	66	87	97	85
洪都拉斯	Honduras	71	97	158	210	240	251
匈牙利	Hungary	472	1130	1311	1245	1579	1610
冰　岛	Iceland	90	168	137	174	257	242
印　度	India	4684	8204	16756	21036	27132	28751
印度尼西亚	Indonesia	1650	2859	7551	8609	10422	11192
伊　朗	Iran	1096	2265	4868	3850		
伊拉克	Iraq	259	500	1385	1775	2242	2341
爱尔兰	Ireland	999	2116	2221	2915	3827	3887
马恩岛	Isle of Man	16	30	59	68		
以色列	Israel	1323	1425	2340	2998	3706	3951
意大利	Italy	11438	18575	21340	18359	20858	20012
牙买加	Jamaica	90	112	132	142	157	165
日　本	Japan	48875	47554	57001	43895	49548	50818

附录2-6　续表 2　continued

单位：亿美元　　(100 million USD)

国家或地区	Country or Area	2000	2005	2010	2015	2018	2019
约　　旦	Jordan	86	128	268	380	422	437
哈萨克斯坦	Kazakhstan	183	571	1480	1844	1793	1802
肯 尼 亚	Kenya	127	187	400	640	878	955
基里巴斯	Kiribati	1	1	2	2	2	2
韩　　国	Korea, Rep.	5762	9349	11441	14658	17206	16424
科 威 特	Kuwait	377	808	1154	1146	1406	1348
吉尔吉斯斯坦	Kyrgyzstan	14	25	48	67	83	85
老　　挝	Laos	17	27	71	144	180	182
拉脱维亚	Latvia	79	169	238	271	343	341
黎 巴 嫩	Lebanon	173	215	384	499	550	534
莱 索 托	Lesotho	9	17	23	24	26	25
利比里亚	Liberia	9	9	20	32	33	31
利 比 亚	Libya	383	473	748	278	526	521
列支敦士登	Liechtenstein	25	37	51	63		
立 陶 宛	Lithuania	115	261	370	414	535	542
卢 森 堡	Luxemburg	213	373	532	577	709	711
马 其 顿	Macedonia, FYR	38	63	94	101	126	127
马达加斯加	Madagascar	46	59	100	113	139	141
马 拉 维	Malawi	17	37	70	64	69	77
马来西亚	Malaysia	938	1435	2550	3014	3586	3647
马尔代夫	Maldives	6	12	26	41	53	57
马　　里	Mali	30	62	107	131	172	175
马 耳 他	Malta	41	64	87	107	146	148
马绍尔群岛	Marshall Islands	1	1	2	2	2	
毛里塔尼亚	Mauritania	18	29	56	62	70	76
毛里求斯	Mauritius	47	65	100	117	142	142
墨 西 哥	Mexico	7079	8775	10578	11706	12207	12583
密克罗尼西亚	Micronesia, Fed.	2	3	3	3	4	
摩尔多瓦	Moldova	13	30	70	77	115	120
摩 纳 哥	Monaco	26	42	54	63	72	
蒙　　古	Mongolia	11	25	72	117	131	139
黑　　山	Montenegro	10	23	41	41	55	55
摩 洛 哥	Morocco	389	623	932	1012	1179	1187
莫桑比克	Mozambique	56	85	111	160	147	149
缅　　甸	Myanmar	89	120	495	678	762	761
纳米比亚	Namibia	38	71	113	113	135	124
瑙　　鲁	Nauru				1	1	1
尼 泊 尔	Nepal	55	81	160	214	292	306
荷　　兰	Netherlands	4164	6851	8466	7653	9141	9091
新喀里多尼亚	New Caledonia	27					
新 西 兰	New Zealand	526	1147	1466	1775	2079	2069
尼加拉瓜	Nicaragua	51	63	88	128	131	125
尼 日 尔	Niger	22	44	78	97	128	129
尼日利亚	Nigeria	694	1761	3634	4946	3982	4481
挪　　威	Norway	1712	3089	4288	3858	4342	4033
阿　　曼	Oman	195	311	570	684	793	770
巴基斯坦	Pakistan	820	1201	1772	2706	3146	2782
帕　　劳	Palau	1	2	2	3	3	
巴 拿 马	Panama	123	164	294	541	651	668
巴布亚新几内亚	Papua New Guinea	35	49	143	217	234	250
巴 拉 圭	Paraguay	89	107	272	362	404	381
秘　　鲁	Peru	517	761	1475	1898	2220	2268
菲 律 宾	Philippines	837	1074	2084	3064	3468	3768
波　　兰	Poland	1719	3061	4793	4776	5871	5922
葡 萄 牙	Portugal	1183	1972	2379	1993	2413	2377

附录2-6 续表 3 continued

单位：亿美元 (100 million USD)

国家或地区	Country or Area	2000	2005	2010	2015	2018	2019
波多黎各	Puerto Rico	617	839	984	1034	1010	1050
卡塔尔	Qatar	178	445	1251	1617	1914	1835
罗马尼亚	Romania	373	985	1662	1779	2416	2501
俄罗斯	Russia	2597	7640	15249	13635	16696	16999
卢旺达	Rwanda	17	26	61	86	96	101
圣基茨和尼维斯	Saint Kitts and Nevis	4	6	8	9	10	11
圣卢西亚	Saint Lucia	9	11	15	18	21	21
圣文森特和格林纳丁斯	Saint Vincent and the Grenadines	4	6	7	8	8	8
萨摩亚	Samoa	3	5	7	8	8	9
圣马力诺	San Marino	10	18	19	14	16	
圣多美和普林西比	Sao Tome and Principe	1	1	2	3	4	4
沙特阿拉伯	Saudi Arabia	1895	3285	5282	6543	7865	7930
塞内加尔	Senegal	59	110	162	178	232	236
塞尔维亚	Serbia	69	277	418	396	506	514
塞舌尔	Seychelles	6	9	10	14	16	17
塞拉利昂	Sierra Leone	6	17	26	42	41	39
新加坡	Singapore	961	1278	2398	3080	3732	3721
斯洛伐克	Slovakia	292	628	902	885	1058	1054
斯洛文尼亚	Slovenia	203	362	482	431	540	537
所罗门群岛	Solomon Islands	4	4	7	12	14	14
南非	South Africa	1364	2578	3753	3176	3683	3514
西班牙	Spain	5969	11533	14207	11951	14197	13941
斯里兰卡	Sri Lanka	163	244	567	806	884	840
苏丹	Sudan	123	265	617	743	261	189
苏里南	Suriname	9	18	44	48	35	40
斯威士兰	Swaziland	17	32	44	40		
瑞典	Sweden	2628	3922	4958	5051	5555	5308
瑞士	Switzerland	2721	4087	5838	6798	7051	7031
叙利亚	Syrian Arab Republic	193	289	591			
塔吉克斯坦	Tajikistan	9	23	56	79	75	81
坦桑尼亚	Tanzania	134	184	320	474	580	632
泰国	Thailand	1264	1893	3411	4013	5065	5436
东帝汶	Timor-Leste	4	5	9	16	16	17
多哥	Togo	15	23	34	42	54	55
汤加	Tonga	2	3	4	4	5	
特立尼达和多巴哥	Trinidad And Tobago	82	160	222	251	238	241
突尼斯	Tunisia	215	323	441	432	398	388
土耳其	Turkey	2730	5014	7719	8598	7714	7544
土库曼斯坦	Turkmenistan	29	81	226	358	408	
图瓦卢	Tuvalu						
乌干达	Uganda	62	90	265	321	328	344
乌克兰	Ukraine	313	861	1360	910	1309	1538
阿联酋	United Arab Emirates	1043	1806	2898	3581	4222	4211
英国	United Kingdom	16578	25387	24752	29286	28607	28271
美国	United States	102523	130366	149921	182193	205290	213744
乌拉圭	Uruguay	228	174	403	533	596	560
乌兹别克斯坦	Uzbekistan	138	143	467	818	504	579
瓦努阿图	Vanuatu	3	4	7	8	9	9
委内瑞拉	Venezuela	1171	1455	3932			
越南	Viet Nam	312	576	1159	1932	2452	2619
约旦河西岸和加沙	West Bank and Gaza	43	48	89	127	146	
也门	Yemen	97	167	309	370	276	
赞比亚	Zambia	36	83	203	212	270	231
津巴布韦	Zimbabwe	67	58	120	200	243	214

附录2-7 人均国内生产总值

GDP per Capita

资料来源：世界银行WDI数据库。
Source: World Bank WDI Database.

单位：美元 (USD)

国家或地区	Country or Area	2000	2005	2010	2015	2018	2019
世　界	**World**	**5498**	**7297**	**9551**	**10247**	**11375**	**11429**
高收入国家	**High Income**	**25103**	**33172**	**38650**	**39731**	**44351**	**44540**
中等收入国家	**Middle Income**	**1265**	**1952**	**3866**	**4804**	**5480**	**5575**
中等偏下收入国家	**Lower Middle Income**	**566**	**860**	**1543**	**1887**	**2090**	**2177**
中等偏上收入国家	**Upper Middle Income**	**1878**	**2953**	**6089**	**7696**	**8912**	**9040**
中低收入国家	**Low and Middle Income**	**1189**	**1820**	**3576**	**4416**	**5002**	**5080**
东亚和太平洋	**East Asia and Pacific**	**957**	**1641**	**4005**	**6523**	**7971**	**8222**
欧洲和中亚	**Europe and Central Asia**	**1791**	**4270**	**7781**	**7461**	**8014**	**8111**
拉丁美洲和加勒比	**Latin America and Caribbean**	**4225**	**4884**	**8767**	**8461**	**8583**	**8368**
中东和北非国家	**Middle East and North Africa**	**1618**	**2293**	**4158**	**3944**		
南　亚	**South Asia**	**453**	**692**	**1257**	**1542**	**1900**	**1960**
撒哈拉以南非洲	**Sub-Saharan Africa**	**594**	**1007**	**1579**	**1663**	**1577**	**1573**
低收入国家	**Low Income**	**324**	**424**	**734**	**861**	**782**	**780**
最不发达地区	**Least Developed Countries**	**328**	**459**	**813**	**1014**	**1057**	**1070**
重债穷国	**Heavily Indebted Poor Countries**	**352**	**468**	**779**	**927**	**956**	**947**
中　国	China	959	1753	4550	8067	9977	10262
中国香港	Hong Kong, China	25757	26650	32550	42432	48543	48756
中国澳门	Macao, China	15710	25043	52253	75341	87209	84096
阿富汗	Afghanistan		242	543	578	524	502
阿尔巴尼亚	Albania	1127	2674	4094	3953	5284	5353
阿尔及利亚	Algeria	1765	3113	4481	4178	4115	3948
安道尔	Andorra	21854	40066	40853	35763	41793	40886
安哥拉	Angola	557	1902	3588	4167	3290	2974
安提瓜和巴布达	Antigua and Barbuda	10921	12548	13049	14286	16727	17790
阿根廷	Argentina	7708	5110	10386	13789	11684	10006
亚美尼亚	Armenia	623	1644	3218	3607	4220	4623
澳大利亚	Australia	21679	33999	52022	56756	57396	54907
奥地利	Austria	24564	38403	46858	44178	51525	50277
阿塞拜疆	Azerbaijan	655	1578	5843	5500	4740	4794
巴哈马	Bahamas	27098	30278	28443	31406	32218	32933
巴　林	Bahrain	13636	17959	20722	22689	23991	23504
孟加拉国	Bangladesh	418	499	781	1248	1698	1856
巴巴多斯	Barbados	11268	13823	16056	16525	17745	18148
白俄罗斯	Belarus	1276	3126	6029	5949	6330	6663
比利时	Belgium	23042	36796	44142	40992	47491	46117
伯利兹	Belize	3364	3883	4271	4776	4885	4815
贝　宁	Benin	511	822	1037	1077	1241	1219
百慕大	Bermuda	56284	75882	88207			
不　丹	Bhutan	718	1228	2258	2753	3243	
玻利维亚	Bolivia	998	1034	1955	3036	3549	3552
波　黑	Bosnia and Herzegovina	1468	2981	4636	4727	6072	6073
博茨瓦纳	Botswana	3522	5520	6435	6800	8280	7961
巴　西	Brazil	3750	4790	11286	8814	9001	8717
文　莱	Brunei Darussalam	18013	26105	35270	31165	31628	31087
保加利亚	Bulgaria	1621	3900	6810	7054	9424	9738
布基纳法索	Burkina Faso	255	458	648	653	820	775
布隆迪	Burundi	136	152	234	306	272	261
柬埔寨	Cambodia	303	474	786	1163	1512	1643
喀麦隆	Cameroon	650	1012	1287	1328	1534	1498
加拿大	Canada	24190	36266	47448	43586	46313	46195
佛得角	Cape Verde	1259	2099	3378	3043	3617	3604
中　非	Central African Rep.	251	331	488	377	476	468
乍　得	Chad	166	658	893	776	726	710
海峡群岛	Channel Islands	43382	58197				

附录2-7 续表 1 continued

单位：美元 (USD)

国家或地区	Country or Area	2000	2005	2010	2015	2018	2019
智　　利	Chile	5075	7599	12808	13574	15925	14896
哥伦比亚	Colombia	2520	3414	6337	6176	6719	6432
科 摩 罗	Comoros	646	1069	1316	1243	1416	1394
刚果(金)	Congo, Dem. Rep.	405	218	334	497	557	545
刚果(布)	Congo, Rep.	1030	1680	2812	1762	2224	2011
哥斯达黎加	Costa Rica	3773	4655	8142	11299	12112	12238
科特迪瓦	Cote D'Ivoire	651	931	1213	1973	2303	2286
克罗地亚	Croatia	4850	10530	13924	11783	14920	14853
古　　巴	Cuba	2747	3787	5730	7694	8822	
塞浦路斯	Cyprus	14388	24959	31024	23334	28690	27858
捷　　克	Czech Rep.	6012	13346	19808	17716	23047	23102
丹　　麦	Denmark	30744	48800	58041	53255	61391	59822
吉 布 提	Djibouti	768	905	1343	2659	3142	3409
多米尼克	Dominica	4788	5160	6967	7596	7691	8300
多米尼加	Dominican Rep.	2869	3970	5555	6922	8051	8282
厄瓜多尔	Ecuador	1445	3002	4634	6124	6296	6184
埃　　及	Egypt	1450	1188	2645	3599	2549	3020
萨尔瓦多	El Salvador	2002	2429	2983	3706	4068	4187
赤道几内亚	Equatorial Guinea	1726	10963	17289	11283	10144	8132
厄立特里亚	Eritrea	308	389	501			
爱沙尼亚	Estonia	4076	10406	14791	17522	23258	23660
埃塞俄比亚	Ethiopia	124	162	342	641	772	858
斐　　济	Fiji	2077	3660	3653	5391	6267	6220
芬　　兰	Finland	24285	39040	46460	42785	50021	48686
法　　国	France	22364	34760	40638	36638	41631	40494
法属波立尼西亚	French Polynesia	14324					
加　　蓬	Gabon	4126	6889	8849	7385	7957	7667
冈 比 亚	Gambia	594	666	861	650	713	751
格鲁吉亚	Georgia	750	1643	3233	4014	4723	4769
德　　国	Germany	23636	34507	41532	41140	47639	46259
加　　纳	Ghana	258	492	1299	1744	2202	2202
希　　腊	Greece	12043	22552	26918	18168	20324	19583
格 陵 兰	Greenland	19004	32490	43988	44536	54471	
格林纳达	Grenada	5057	6644	7258	9097	10486	10966
危地马拉	Guatemala	1664	2102	2899	3995	4473	4620
几 内 亚	Guinea	363	322	672	769	983	1064
几内亚比绍	Guinea-Bissau	308	436	558	603	778	698
圭 亚 那	Guyana	954	1105	3033	4166	4979	5468
罗马教廷	Holy See						
洪都拉斯	Honduras	1080	1297	1904	2302	2506	2575
匈 牙 利	Hungary	4624	11201	13114	12652	16151	16476
冰　　岛	Iceland	32018	56659	43025	52564	72969	66945
印　　度	India	443	715	1358	1606	2006	2104
印度尼西亚	Indonesia	780	1263	3122	3332	3894	4136
伊　　朗	Iran	1670	3246	6600	4904		
伊 拉 克	Iraq	1086	1856	4657	4990	5834	5955
爱 尔 兰	Ireland	26241	50878	48715	61995	78621	78661
马 恩 岛	Isle of Man	20323	37761	69767	81606		
以 色 列	Israel	21044	20567	30694	35777	41720	43641
意 大 利	Italy	20088	32043	36001	30230	34520	33190
牙 买 加	Jamaica	3385	4089	4704	4908	5354	5582
日　　本	Japan	38532	37218	44508	34524	39159	40247
约　　旦	Jordan	1675	2214	3690	4105	4242	4330
哈萨克斯坦	Kazakhstan	1229	3771	9070	10511	9813	9731
肯 尼 亚	Kenya	397	512	952	1337	1708	1817
基里巴斯	Kiribati	797	1215	1517	1543	1698	1655

附录2–7 续表 2 continued

单位：美元 (USD)

国家或地区	Country or Area	2000	2005	2010	2015	2018	2019
韩 国	Korea, Rep.	12257	19403	23087	28732	33340	31762
科威特	Kuwait	18440	35591	38577	29870	33994	32032
吉尔吉斯斯坦	Kyrgyzstan	280	477	880	1121	1308	1309
老 挝	Laos	325	476	1141	2135	2542	2535
拉脱维亚	Latvia	3351	7553	11348	13699	17805	17836
黎巴嫩	Lebanon	4492	4575	7762	7645	8025	7784
莱索托	Lesotho	436	843	1137	1152	1222	1158
利比里亚	Liberia	307	295	513	710	677	622
利比亚	Libya	7143	8163	12065	4338	7877	7684
列支敦士登	Liechtenstein	74854	105414	141200	167291		
立陶宛	Lithuania	3297	7863	11957	14249	19081	19455
卢森堡	Luxemburg	48736	80290	104965	101376	116654	114705
马其顿	Macedonia, FYR	1854	3038	4543	4840	6063	6093
马达加斯加	Madagascar	294	320	472	467	528	522
马拉维	Malawi	156	290	479	381	381	412
马来西亚	Malaysia	4044	5587	9041	9955	11373	11415
马尔代夫	Maldives	2235	3640	7077	9033	10331	10791
马 里	Mali	270	489	710	751	900	891
马耳他	Malta	10391	15858	21107	24003	30133	29416
马绍尔群岛	Marshall Islands	2273	2568	2877	3214	3788	
毛里塔尼亚	Mauritania	677	971	1611	1524	1601	1678
毛里求斯	Mauritius	3929	5283	8000	9260	11208	11204
墨西哥	Mexico	7158	8278	9271	9606	9673	9863
密克罗尼西亚	Micronesia, Fed.	2172	2358	2885	2906	3568	
摩尔多瓦	Moldova	441	1035	2438	2732	4234	4499
摩纳哥	Monaco	82368	124194	150725	166012	185829	
蒙 古	Mongolia	474	999	2643	3919	4135	4295
黑 山	Montenegro	1627	3675	6682	6517	8850	8832
摩洛哥	Morocco	1335	2018	2840	2875	3222	3204
莫桑比克	Mozambique	314	415	471	590	499	492
缅 甸	Myanmar	191	245	979	1287	1418	1408
纳米比亚	Namibia	2136	3674	5318	4869	5495	4957
尼泊尔	Nepal	229	316	592	793	1039	1071
荷 兰	Netherlands	26149	41979	50950	45175	53048	52448
新喀里多尼亚	New Caledonia	12580					
新西兰	New Zealand	13641	27751	33700	38616	42950	42084
尼加拉瓜	Nicaragua	1008	1162	1504	2050	2021	1913
尼日尔	Niger	198	321	473	483	572	555
尼日利亚	Nigeria	568	1268	2292	2730	2033	2230
挪 威	Norway	38131	66810	87694	74356	81734	75420
阿 曼	Oman	8601	12377	18757	16029	16415	15474
巴基斯坦	Pakistan	576	749	987	1357	1482	1285
帕 劳	Palau	7648	9326	10220	15872	15859	
巴拿马	Panama	4060	4917	8082	13630	15593	15731
巴布亚新几内亚	Papua New Guinea	602	749	1949	2679	2720	2845
巴拉圭	Paraguay	1664	1844	4356	5407	5806	5415
秘 鲁	Peru	1956	2729	5082	6229	6941	6978
菲律宾	Philippines	1073	1244	2217	3001	3252	3485
波 兰	Poland	4493	8021	12600	12572	15461	15595
葡萄牙	Portugal	11498	18773	22499	19242	23462	23145
波多黎各	Puerto Rico	16192	21959	26436	29763	31622	32874
卡塔尔	Qatar	29976	51456	67403	63039	68794	64782
罗马尼亚	Romania	1660	4618	8210	8977	12409	12920
俄罗斯	Russia	1772	5323	10675	9313	11371	11585
卢旺达	Rwanda	219	292	612	755	783	802
圣基茨和尼维斯	Saint Kitts and Nevis	9836	12330	15509	18029	19275	19896

附录2-7 续表 3 continued

单位：美元 (USD)

国家或地区	Country or Area	2000	2005	2010	2015	2018	2019
圣卢西亚	Saint Lucia	5950	6949	8540	10094	11358	11611
圣文森特和格林纳丁斯	Saint Vincent and the Grenadines	3676	5071	6293	6921	7361	7464
萨摩亚	Samoa	1542	2590	3566	4074	4183	4316
圣马力诺	San Marino	36602	60901	60239	42650	48481	
圣多美和普林西比	Sao Tome and Principe	550	867	1095	1596	2001	1995
沙特阿拉伯	Saudi Arabia	9171	13791	19263	20628	23339	23140
塞内加尔	Senegal	605	994	1280	1219	1466	1447
塞尔维亚	Serbia	915	3720	5735	5585	7246	7402
塞舌尔	Seychelles	7579	11093	10805	14745	16391	17402
塞拉利昂	Sierra Leone	139	292	402	588	534	504
新加坡	Singapore	23852	29961	47237	55647	66189	65233
斯洛伐克	Slovakia	5413	11686	16727	16309	19428	19329
斯洛文尼亚	Slovenia	10201	18099	23510	20882	26055	25739
所罗门群岛	Solomon Islands	1054	881	1290	1914	2138	2128
索马里	Somalia				293	315	
南非	South Africa	3032	5384	7329	5735	6374	6001
西班牙	Spain	14713	26419	30503	25732	30338	29614
斯里兰卡	Sri Lanka	870	1249	2800	3844	4081	3853
苏丹	Sudan	366	689	1401	1910	624	442
苏里南	Suriname	2012	3591	8256	8562	6004	6855
斯威士兰	Swaziland	1637	2874	3690	3048		
瑞典	Sweden	29625	43437	52869	51545	54589	51610
瑞士	Switzerland	37868	54953	74606	82082	82818	81994
叙利亚	Syrian Arab Republic	1178	1572	2747			
塔吉克斯坦	Tajikistan	138	341	750	929	827	871
坦桑尼亚	Tanzania	411	493	743	948	1061	1122
泰国	Thailand	2008	2894	5076	5840	7295	7808
东帝汶	Timor-Leste	415	465	806	1335	1237	1294
多哥	Togo	302	406	534	571	679	676
汤加	Tonga	2066	2598	3553	4321	4364	
特立尼达和多巴哥	Trinidad And Tobago	6435	12327	16683	18290	17130	17276
突尼斯	Tunisia	2212	3193	4142	3862	3439	3318
土耳其	Turkey	4317	7384	10672	10949	9370	9042
土库曼斯坦	Turkmenistan	643	1704	4439	6433	6967	
图瓦卢	Tuvalu	1463	2184	3022	3198	3701	4059
乌干达	Uganda	262	326	816	840	767	777
乌克兰	Ukraine	636	1827	2965	2125	3097	3659
阿联酋	United Arab Emirates	33291	39365	33893	38663	43839	43103
英国	United Kingdom	28150	42030	39436	44975	43043	42300
美国	United States	36335	44115	48468	56823	62840	65118
乌拉圭	Uruguay	6875	5227	11992	15614	17278	16190
乌兹别克斯坦	Uzbekistan	558	547	1634	2615	1529	1725
瓦努阿图	Vanuatu	1471	1887	2967	2802	3096	3058
委内瑞拉	Venezuela	4842	5505	13825			
越南	Viet Nam	390	687	1318	2085	2567	2715
约旦河西岸和加沙	West Bank and Gaza	1476	1455	2354	2968	3199	
也门	Yemen	554	833	1335	1395	968	
赞比亚	Zambia	346	703	1489	1338	1556	1291
津巴布韦	Zimbabwe	563	477	948	1445	1684	1464

附录2-8 三次产业对国内生产总值的贡献率

Share of the Contributions of the Three Strata of Industry to the Increase of GDP

资料来源：世界银行WDI数据库。
Source: World Bank WDI Database.

单位：% (%)

国家或地区	Country or Area	第一产业 Primary Industry		第二产业 Secondary Industry		第三产业 Tertiary Industry	
		2000	2019	2000	2019	2000	2019
中　国	China	5.0	3.6	47.5	42.5	47.6	53.9
中国香港	Hong Kong, China				51.1		48.9
孟加拉国	Bangladesh	25.4	6.5	23.5	50.1	51.1	43.4
文　莱	Brunei Darussalam	1.4	-0.3	78.8	66.9	19.9	33.4
柬埔寨	Cambodia	13.2	-2.1	51.2	59.0	35.6	43.1
印　度	India	-0.1	10.9	42.9	11.7	57.2	77.5
印度尼西亚	Indonesia	6.6	9.6	57.2	31.9	36.3	58.5
伊　朗	Iran	4.8	6.6①	73.0	33.4①	22.2	60.1①
以色列	Israel	1.5	-1.1②	28.4	18.2②	70.1	82.8②
日　本	Japan	4.1	2.2②	30.7	57.3②	65.2	40.5②
哈萨克斯坦	Kazakhstan	-2.7	4.3②	58.3	40.8②	44.4	55.0②
韩　国	Korea, Rep.	0.1	2.3	43.5	17.7	56.4	80.0
马来西亚	Malaysia	8.1	3.3	60.3	20.9	31.6	75.7
蒙　古	Mongolia		23.9		21.9		54.1
缅　甸②	Myanmar②		6.1		40.0		53.9
巴基斯坦	Pakistan	42.6	6.5	5.9	-24.5	51.5	118.1
菲律宾	Philippines	12.1	2.0	49.9	25.9	38.0	72.1
新加坡	Singapore	-0.1	0.2	35.9	-22.3	64.2	122.1
斯里兰卡	Sri Lanka	3.0	2.0	35.0	34.4	62.1	63.6
泰　国	Thailand	19.6	0.4	21.9	1.8	58.4	97.7
越　南	Viet Nam	17.4	4.6	50.6	50.4	32.0	45.0
埃　及	Egypt	-111.0	8.6②	-444.6	42.1②	655.5	49.3②
尼日利亚	Nigeria	11.4	26.1	63.3	22.6	25.3	51.3
南　非	South Africa	3.6	-85.9	33.8	-205.9	62.6	391.9
加拿大	Canada		2.2		-13.8		111.5
墨西哥	Mexico	0.6	-35.8	32.5	308.2	66.9	-172.4
美　国	United States	3.8	-3.3①	27.5	17.7①	68.8	85.6①
阿根廷	Argentina	24.7	-75.3	109.2	72.6	-33.9	102.8
巴　西	Brazil	3.3	7.1	33.2	10.6	63.5	82.4
委内瑞拉	Venezuela	9.8		60.7		29.5	
捷　克	Czech Rep.	0.8	1.0	34.0	17.8	65.2	81.1
法　国	France	-0.5	-0.8	29.4	9.3	71.1	91.5
德　国	Germany	-1.2	3.8	41.1	-174.0	60.0	270.2
意大利	Italy	-0.3	-13.5	19.9	14.2	80.3	99.3
荷　兰	Netherlands	0.5	0.8	20.1	13.3	79.4	86.0
波　兰	Poland	-0.1	-0.2	-10.3	32.3	110.4	67.9
俄罗斯	Russia	7.4	1.9	49.0	24.3	43.6	73.8
西班牙	Spain	4.6	-3.4	29.9	14.1	65.5	89.3
土耳其	Turkey	12.4	22.5	26.2	-56.4	61.4	133.9
乌克兰	Ukraine	15.5	4.4	48.8	13.9	35.7	81.7
英　国	United Kingdom	0.3	-0.5	10.2	-2.6	89.5	103.2
澳大利亚	Australia	4.3	-4.5	24.7	3.6	71.0	100.9
新西兰	New Zealand	10.9	18.6②	8	16.0②	81.2	65.4②

注：①2017年数据。②2018年数据。Note:①Data refer to 2017.②Data refer to 2018.

附录2-9 资本形成总额、消费支出及净出口对国内生产总值增长的贡献率

Share of the Contributions of Gross Capital Formation,Final Consumption Expenditure and External Balance on Goods and Services to the Increase of GDP

资料来源：世界银行数据库。
Source: World Bank Database.
单位：% (%)

国家或地区	Country or Area	资本形成总额 Gross Capital Formation		消费支出 Final Consumption Expenditure		净出口 External Balance on Goods and Services	
		2000	2019	2000	2019	2000	2019
中　　国	China	21.1		76.5		2.4	
中国香港①	Hong Kong, China①		14.3		138.8		-53.1
中国澳门	Macao, China	-275.4	71.3	-107.0	-22.5	482.4	51.2
文　　莱	Brunei Darussalam	-117.0	-86.1	-0.2	73.2	217.2	112.9
印度尼西亚	Indonesia		15.3		58.1		26.6
伊　　朗	Iran	129.8	76.9②	-88.8	42.1②	59.0	-19.0②
以 色 列①	Israel①		20.2		87.2		-7.4
日　　本①	Japan①		23.8		69.0		7.2
哈萨克斯坦	Kazakhstan	42.6		43.6		13.8	
韩　　国	Korea, Rep.		-37.8		94.9		42.8
马来西亚	Malaysia	61.2	-20.7	46.5	106.3	-7.7	14.4
蒙　　古②	Mongolia②		164.5		50.9		-115.4
新 加 坡	Singapore	65.2	-66.4	78.7	188.9	-43.9	-22.5
泰　　国	Thailand	58.5	-37.3	144.6	95.4	-103.1	41.9
越　　南③	Viet Nam③		69.5		159.5		-129.0
尼日利亚	Nigeria	40.3	72.3①	23.2	231.9①	36.5	-204.1①
南　　非	South Africa	10.6		58.7		30.7	
加 拿 大	Canada	32.0		53.6		14.4	
墨 西 哥②	Mexico②		-32.9		202.0		-69.0
巴　　西	Brazil	25.8	40.5①	68.4	84.0①	5.7	-24.5①
委内瑞拉	Venezuela	49.8		84.1		-33.9	
捷　　克	Czech Rep.	78.5	35.9	18.9	76.3	2.6	-12.3
法　　国	France	47.1		59.0		-6.1	
德　　国	Germany	28.2	-42.0	44.3	245.7	27.4	-103.7
意 大 利	Italy	31.3	-120.8	60.8	58.3	7.9	162.5
荷　　兰	Netherlands	7.9	59.8	62.9	56.9	29.2	-16.7
波　　兰	Poland		-3.7		75.7		28.0
俄 罗 斯	Russia	78.7	72.9	28.6	143.8	-7.3	-116.8
西 班 牙	Spain		20.1		54.1		25.9
乌 克 兰	Ukraine	59.1		20.0		20.9	
英　　国	United Kingdom	3.4		98.7		-2.2	
澳大利亚	Australia	27.3	-23.5	67.2	83.9	5.5	39.5
新 西 兰	New Zealand	-13.3	46.3②	47.1	78.9②	66.3	-25.2②

注：①2018年数据。②2017年数据。③2015年数据。
Note:①Data refer to 2018.②Data refer to 2017.③Data refer to 2015.

附录2-10 年中人口
Mid-year Population

资料来源：世界银行WDI数据库。
Source: World Bank WDI Database.

国家或地区	Country or Area	年中人口（万人） Mid-year Population (10 000 persons)				增长率(%) Growth Rate (%)
		2000	2005	2010	2019	2019
世　界	**World**	**611433.3**	**651174.8**	**692187.2**	**767353.4**	**1.1**
高收入国家	**High Income**	**110148.0**	**113730.2**	**117932.9**	**123585.3**	**0.4**
中等收入国家	**Middle Income**	**461108.5**	**491176.7**	**521128.3**	**576922.6**	**1.0**
中低收入国家	**Low and Middle Income**	**501285.3**	**537444.7**	**574254.3**	**643768.1**	**1.2**
低收入国家	**Low Income**	**40176.8**	**46268.0**	**53126.0**	**66845.5**	**2.6**
中　国	China	126264.5	130372.0	133770.5	139771.5	0.4
中国香港	Hong Kong, China	666.5	681.3	702.4	750.7	750.7
中国澳门	Macao, China	42.8	48.3	53.8	64.0	1.4
阿富汗	Afghanistan	2078.0	2565.4	2918.6	3804.2	2.3
阿尔巴尼亚	Albania	308.9	301.1	291.3	285.4	-0.4
阿尔及利亚	Algeria	3104.2	3315.0	3597.7	4305.3	1.9
美属萨摩亚	American Samoa	5.8	6.0	5.6	5.5	-0.3
安道尔	Andorra	6.5	7.9	8.4	7.7	0.2
安哥拉	Angola	1639.5	1943.4	2335.6	3182.5	3.2
安提瓜和巴布达	Antigua and Barbuda	7.6	8.1	8.8	9.7	0.9
阿根廷	Argentina	3687.1	3889.3	4078.8	4493.9	1.0
亚美尼亚	Armenia	307.0	298.1	287.7	295.8	0.2
阿鲁巴岛	Aruba	9.1	10.0	10.2	10.6	0.4
澳大利亚	Australia	1915.3	2039.5	2203.2	2536.4	1.5
奥地利	Austria	801.2	822.8	836.3	887.7	0.4
阿塞拜疆	Azerbaijan	804.9	839.2	905.4	1002.3	0.8
巴哈马	Bahamas	29.8	32.5	35.5	38.9	1.0
巴　林	Bahrain	66.5	88.9	124.1	164.1	4.5
孟加拉国	Bangladesh	12765.8	13903.6	14757.5	16304.6	1.0
巴巴多斯	Barbados	27.2	27.6	28.2	28.7	0.1
白俄罗斯	Belarus	998.0	966.4	949.1	946.7	-0.2
比利时	Belgium	1025.1	1047.9	1089.6	1148.4	0.5
伯利兹	Belize	24.7	28.4	32.2	39.0	1.9
贝　宁	Benin	686.6	798.2	919.9	1180.1	2.7
百慕大	Bermuda	6.2	6.4	6.5	6.4	
不　丹	Bhutan	59.1	64.9	68.6	76.3	1.1
玻利维亚	Bolivia	841.8	923.2	1004.9	1151.3	1.4
波　黑	Bosnia and Herzegovina	375.1	376.5	370.5	330.1	-0.7
博茨瓦纳	Botswana	164.3	179.9	198.7	230.4	2.2
巴　西	Brazil	17479.0	18612.7	19571.4	21105.0	0.8
文　莱	Brunei Darussalam	33.3	36.5	38.9	43.3	1.0
保加利亚	Bulgaria	817.0	765.9	739.6	697.6	-0.7
布基纳法索	Burkina Faso	1160.8	1342.2	1560.5	2032.1	2.8
布隆迪	Burundi	637.9	736.5	867.6	1153.1	3.1
柬埔寨	Cambodia	1215.5	1327.3	1431.2	1648.7	1.4
喀麦隆	Cameroon	1551.4	1773.3	2034.1	2587.6	2.6
加拿大	Canada	3068.6	3224.4	3400.5	3758.9	1.4
佛得角	Cape Verde	42.8	46.3	49.3	55.0	1.1
开曼群岛	Cayman Islands	4.2	4.9	5.7	6.5	1.2
中　非	Central African Rep.	364.0	403.8	438.7	474.5	1.7
乍　得	Chad	835.6	1009.7	1195.2	1594.7	3.0
海峡群岛	Channel Islands	14.8	15.2	16.0	17.2	1.0
智　利	Chile	1534.2	1618.3	1706.3	1895.2	1.2
哥伦比亚	Colombia	3963.0	4264.8	4522.3	5033.9	1.4
科摩罗	Comoros	54.2	61.2	69.0	85.1	2.2
刚果(金)	Congo, Dem. Rep.	4710.6	5478.6	6456.4	8679.1	3.2
刚果(布)	Congo, Rep.	312.7	362.3	427.4	538.1	2.6
哥斯达黎加	Costa Rica	396.2	428.6	457.7	504.8	1.0
科特迪瓦	Cote D'Ivoire	1645.5	1835.5	2053.3	2571.7	2.5
克罗地亚	Croatia	446.8	431.0	429.5	406.8	-0.5

附录2-10 续表 1 continued

国家或地区	Country or Area	年中人口（万人） Mid-year Population (10 000 persons)				增长率(%) Growth Rate (%)
		2000	2005	2010	2019	2019
古　巴	Cuba	1112.6	1126.2	1122.6	1133.3	
塞浦路斯	Cyprus	94.3	102.8	111.3	119.9	0.8
捷　克	Czech Rep.	1025.5	1021.1	1047.4	1067.0	0.4
丹　麦	Denmark	534.0	541.9	554.8	581.9	0.4
吉布提	Djibouti	71.8	78.3	84.0	97.4	1.5
多米尼克	Dominica	7.0	7.1	7.1	7.2	0.3
多米尼加	Dominican Rep.	847.1	909.7	969.5	1073.9	1.0
厄瓜多尔	Ecuador	1268.1	1382.6	1501.1	1737.4	1.7
埃　及	Egypt	6883.2	7552.4	8276.1	10038.8	2.0
萨尔瓦多	El Salvador	588.8	605.2	618.4	645.4	0.5
赤道几内亚	Equatorial Guinea	60.6	75.0	94.4	135.6	3.5
厄立特里亚	Eritrea	229.2	282.7	317.0		
爱沙尼亚	Estonia	139.7	135.5	133.1	132.7	0.3
埃塞俄比亚	Ethiopia	6622.5	7634.6	8764.0	11207.9	2.6
法罗群岛	Faeroe Islands	4.7	4.8	4.8	4.9	0.4
斐　济	Fiji	81.1	82.2	86.0	89.0	0.7
芬　兰	Finland	517.6	524.6	536.3	552.0	0.1
法　国	France	6091.3	6317.9	6502.8	6706.0	0.1
法属波立尼西亚	French Polynesia	24.1	25.9	26.6	27.9	0.6
加　蓬	Gabon	122.8	139.1	162.4	217.3	2.5
冈比亚	Gambia	131.8	154.4	179.3	234.8	2.9
格鲁吉亚	Georgia	407.7	390.2	378.7	372.0	-0.2
德　国	Germany	8221.2	8246.9	8177.7	8313.3	0.3
加　纳	Ghana	1927.9	2181.5	2478.0	3041.8	2.2
直布罗陀	Gibraltar	3.1	3.3	3.4	3.4	
希　腊	Greece	1080.6	1098.7	1112.1	1071.6	-0.2
格陵兰	Greenland	5.6	5.7	5.7	5.6	0.4
格林纳达	Grenada	10.3	10.5	10.6	11.2	0.5
关　岛	Guam	15.5	15.8	15.9	16.7	0.9
危地马拉	Guatemala	1159.0	1294.8	1426.0	1660.4	1.6
几内亚	Guinea	824.1	911.0	1019.2	1277.1	2.8
几内亚比绍	Guinea-Bissau	120.1	134.5	152.3	192.1	2.5
圭亚那	Guyana	74.7	74.6	74.9	78.3	0.5
海　地	Haiti	846.4	919.5	994.9	1126.3	1.3
洪都拉斯	Honduras	657.5	745.9	831.7	974.6	1.6
匈牙利	Hungary	1021.1	1008.7	1000.0	977.0	-0.1
冰　岛	Iceland	28.1	29.7	31.8	36.1	2.4
印　度	India	105657.6	114761.0	123428.1	136641.8	1.0
印度尼西亚	Indonesia	21151.4	22628.9	24183.4	27062.6	1.1
伊　朗	Iran	6562.3	6976.2	7376.3	8291.4	1.4
伊拉克	Iraq	2349.8	2692.2	2974.2	3931.0	2.3
爱尔兰	Ireland	380.5	416.0	456.0	494.1	1.5
马恩岛	Isle of Man	7.7	8.0	8.5	8.5	0.6
以色列	Israel	628.9	693.0	762.4	905.3	1.9
意大利	Italy	5694.2	5796.9	5927.7	6029.7	-0.2
牙买加	Jamaica	265.5	274.0	281.0	294.8	0.5
日　本	Japan	12684.3	12777.3	12807.0	12626.5	-0.2
约　旦	Jordan	512.2	576.6	726.2	1010.2	1.5
哈萨克斯坦	Kazakhstan	1488.4	1514.7	1632.2	1851.4	1.3
肯尼亚	Kenya	3196.5	3662.5	4203.1	5257.4	2.3
基里巴斯	Kiribati	8.4	9.2	10.3	11.8	1.5
朝　鲜	Korea, Dem.	2292.9	2390.4	2454.9	2566.6	0.5
韩　国	Korea, Rep.	4700.8	4818.5	4955.4	5170.9	0.2
科威特	Kuwait	204.5	227.0	299.2	420.7	1.7
吉尔吉斯斯坦	Kyrgyzstan	489.8	516.3	544.8	645.7	2.1

附录2-10 续表 2 continued

国家或地区	Country or Area	年中人口（万人）Mid-year Population (10 000 persons)				增长率(%) Growth Rate (%)
		2000	2005	2010	2019	2019
老　挝	Laos	532.4	575.2	624.9	716.9	1.5
拉脱维亚	Latvia	236.8	223.9	209.8	191.3	-0.7
黎 巴 嫩	Lebanon	384.3	469.9	495.3	685.6	0.1
莱 索 托	Lesotho	203.3	199.6	199.6	212.5	0.8
利比里亚	Liberia	284.8	321.8	389.1	493.7	2.4
利 比 亚	Libya	535.8	579.9	619.8	677.7	1.5
列支敦士登	Liechtenstein	3.3	3.5	3.6	3.8	0.3
立 陶 宛	Lithuania	350.0	332.3	309.7	278.7	-0.5
卢 森 堡	Luxemburg	43.6	46.5	50.7	62.0	1.9
前南马其顿	Macedonia, FYR	203.5	206.0	207.1	208.3	
马达加斯加	Madagascar	1576.7	1833.7	2115.2	2696.9	2.7
马 拉 维	Malawi	1114.9	1262.6	1454.0	1862.9	2.6
马来西亚	Malaysia	2319.4	2569.1	2820.8	3195.0	1.3
马尔代夫	Maldives	27.9	32.0	36.6	53.1	2.9
马　里	Mali	1094.6	1277.6	1504.9	1965.8	3.0
马 耳 他	Malta	39.0	40.4	41.5	50.3	3.7
马绍尔群岛	Marshall Islands	5.1	5.5	5.6	5.9	0.6
毛里塔尼亚	Mauritania	263.0	302.4	349.4	452.6	2.7
毛里求斯	Mauritius	118.7	122.8	125.0	126.6	
马约特岛	Mayotte	14.9	17.5	20.4		
墨 西 哥	Mexico	9890.0	10600.5	11409.3	12757.6	1.1
密克罗尼西亚	Micronesia, Fed.	10.7	10.6	10.3	11.4	1.0
摩尔多瓦	Moldova	292.4	288.8	286.1	265.8	-1.8
摩 纳 哥	Monaco	3.2	3.4	3.6	3.9	0.7
蒙　古	Mongolia	239.7	252.6	272.0	322.5	1.7
黑　山	Montenegro	60.5	61.4	61.9	62.2	
摩 洛 哥	Morocco	2879.4	3045.6	3234.3	3647.2	1.2
莫桑比克	Mozambique	1771.2	2049.4	2353.2	3036.6	2.9
缅　甸	Myanmar	4672.0	4895.0	5060.1	5404.5	0.6
纳米比亚	Namibia	179.5	193.8	211.9	249.5	1.9
尼 泊 尔	Nepal	2394.1	2574.5	2701.3	2860.9	1.8
荷　兰	Netherlands	1592.6	1632.0	1661.5	1733.3	0.6
荷属安的列斯	Netherlands Antilles	18.1	18.6			
新喀里多尼亚	New Caledonia	21.3	23.2	25.0	28.8	1.3
新 西 兰	New Zealand	385.8	413.4	435.1	491.7	1.6
尼加拉瓜	Nicaragua	506.9	543.9	582.4	654.6	1.2
尼 日 尔	Niger	1133.2	1362.4	1646.4	2331.1	3.8
尼日利亚	Nigeria	12228.4	13886.5	15850.3	20096.4	2.6
北马里亚纳群岛	Northern Mariana Islands	5.7	5.7	5.4	5.7	0.6
挪　威	Norway	449.1	462.3	488.9	534.8	0.7
阿　曼	Oman	226.8	251.1	304.1	497.5	3.0
巴基斯坦	Pakistan	14234.4	16030.4	17942.5	21656.5	2.0
帕　劳	Palau	1.9	2.0	1.8	1.8	0.6
巴 拿 马	Panama	303.0	333.0	364.3	424.6	1.7
巴布亚新几内亚	Papua New Guinea	584.8	649.5	731.1	877.6	2.0
巴 拉 圭	Paraguay	532.3	582.4	624.8	704.5	1.3
秘　鲁	Peru	2646.0	2786.6	2902.8	3251.0	1.6
菲 律 宾	Philippines	7799.2	8632.6	9396.7	10811.7	1.4
波　兰	Poland	3825.9	3816.5	3804.3	3797.1	
葡 萄 牙	Portugal	1029.0	1050.3	1057.3	1026.9	-0.1
波多黎各	Puerto Rico	381.1	382.1	372.2	319.4	
卡 塔 尔	Qatar	59.2	86.5	185.6	283.2	1.8
罗马尼亚	Romania	2244.3	2132.0	2024.7	1935.7	-0.6
俄 罗 斯	Russia	14659.7	14351.9	14284.9	14437.4	-0.1
卢 旺 达	Rwanda	793.4	884.0	1003.9	1262.7	2.6

附录2-10　续表 3　continued

国家或地区	Country or Area	年中人口（万人） Mid-year Population (10 000 persons)				增长率(%) Growth Rate (%)
		2000	2005	2010	2019	2019
圣基茨和尼维斯	Saint Kitts and Nevis	4.4	4.7	4.9	5.3	0.7
圣卢西亚	Saint Lucia	15.7	16.3	17.4	18.3	0.5
圣文森特和格林纳丁斯	Saint Vincent and the Grenadines	10.8	10.9	10.8	11.1	0.3
萨 摩 亚	Samoa	17.4	18.0	18.6	19.7	0.5
圣马力诺	San Marino	2.7	2.9	3.1	3.4	0.2
圣多美和普林西比	Sao Tome and Principe	14.2	15.7	18.0	21.5	1.9
沙特阿拉伯	Saudi Arabia	2066.4	2381.6	2742.1	3426.9	1.7
塞内加尔	Senegal	979.8	1109.0	1267.8	1629.6	2.8
塞尔维亚	Serbia	751.6	744.1	729.1	694.5	-0.5
塞 舌 尔	Seychelles	8.1	8.3	9.0	9.8	0.9
塞拉利昂	Sierra Leone	458.5	564.6	641.6	781.3	2.1
新 加 坡	Singapore	402.8	426.6	507.7	570.4	1.1
斯洛伐克	Slovakia	538.9	537.3	539.1	545.4	0.1
斯洛文尼亚	Slovenia	198.9	200.0	204.9	208.8	0.7
所罗门群岛	Solomon Islands	41.3	47.0	52.8	67.0	2.6
索 马 里	Somalia	887.2	1044.7	1204.4	1544.3	2.9
南　　非	South Africa	4496.8	4788.1	5121.7	5855.8	1.3
西 班 牙	Spain	4056.8	4365.3	4657.7	4707.7	0.6
斯里兰卡	Sri Lanka	1877.8	1954.5	2026.2	2180.3	0.6
苏　　丹	Sudan	2727.5	3095.0	3454.5	4281.3	2.4
苏 里 南	Suriname	47.1	49.9	52.9	58.1	0.9
斯威士兰	Swaziland	106.1	110.6	120.3		
瑞　　典	Sweden	887.2	903.0	937.8	1028.5	1.1
瑞　　士	Switzerland	718.4	743.7	782.5	857.5	0.7
叙 利 亚	Syrian Arab Republic	1641.1	1836.1	2136.3	1707.0	1.0
塔吉克斯坦	Tajikistan	621.6	678.9	752.7	932.1	2.4
坦桑尼亚	Tanzania	3349.9	3845.0	4434.7	5800.5	3.0
泰　　国	Thailand	6295.3	6541.6	6719.5	6962.6	0.3
东 帝 汶	Timor-Leste	88.4	99.5	109.4	129.3	2.0
多　　哥	Togo	492.4	561.2	642.2	808.2	2.4
汤　　加	Tonga	9.8	10.1	10.4	10.4	1.2
特立尼达和多巴哥	Trinidad And Tobago	126.7	129.7	132.8	139.5	0.4
突 尼 斯	Tunisia	970.8	1010.7	1063.5	1169.5	1.1
土 耳 其	Turkey	6324.0	6790.3	7232.7	8343.0	1.3
土库曼斯坦	Turkmenistan	451.6	475.5	508.7	594.2	1.5
特克斯和凯科斯群岛	Turks and Caicos Islands	2.0	2.8	3.3	3.8	1.4
图 瓦 卢	Tuvalu	0.9	1.0	1.1	1.2	1.2
乌 干 达	Uganda	2365.0	2768.5	3242.8	4427.0	3.6
乌 克 兰	Ukraine	4917.7	4710.5	4587.1	4438.5	-0.5
阿 联 酋	United Arab Emirates	313.4	458.8	855.0	977.1	1.4
英　　国	United Kingdom	5889.3	6040.1	6276.6	6683.4	0.6
美　　国	United States	28216.2	29551.7	30932.2	32824.0	0.5
美属维尔京群岛	Virgin Islands(US)	10.9	10.8	10.8	10.7	-0.3
乌 拉 圭	Uruguay	332.0	332.2	335.9	346.2	0.4
乌兹别克斯坦	Uzbekistan	2465.0	2616.7	2856.2	3358.1	1.9
瓦努阿图	Vanuatu	18.5	20.9	23.6	30.0	2.4
委内瑞拉	Venezuela	2419.2	2643.2	2844.0	2851.6	-1.2
越　　南	Viet Nam	7991.0	8383.3	8796.8	9646.2	1.0
约旦河西岸和加沙	West Bank and Gaza	292.2	332.0	378.6	468.5	2.5
也　　门	Yemen	1740.9	2010.7	2315.5	2916.2	2.3
赞 比 亚	Zambia	1041.6	1185.6	1360.6	1786.1	2.9
津巴布韦	Zimbabwe	1188.1	1207.7	1269.8	1464.5	1.4

附录2-11 万美元国内生产总值能耗(2017年不变价，PPP)

Energy Use per Ten Thousand USD of GDP (Constant 2017 PPP)

资料来源：世界银行WDI数据库。
Source:World Bank WDI Database.
单位：吨标准油/万美元 (ton of oil equivalent per 10 000 USD)

国家或地区	Country or Area	2000	2005	2010	2013	2014	2015
世　界	**World**	**1.44**	**1.38**	**1.31**	**1.24**	**1.21**	
高收入国家	**High Income**	**1.28**	**1.19**	**1.11**	**1.04**	**1.02**	**0.98**
中等收入国家	**Middle Income**	**1.71**	**1.65**	**1.53**	**1.44**	**1.40**	
中　国	China	2.60	2.61	2.20	1.99	1.88	
中国香港	Hong Kong, China	0.56	0.42	0.38	0.35	0.35	
孟加拉国	Bangladesh	0.74	0.72	0.72	0.66	0.65	
文　莱	Brunei Darussalam	1.04	0.87	1.23	1.13	1.35	
柬埔寨	Cambodia	1.88	1.22	1.36	1.24	1.24	
印　度	India	1.62	1.39	1.33	1.26	1.25	
印度尼西亚	Indonesia	1.29	1.19	1.06	0.91	0.90	
伊　朗	Iran	1.86	2.06	2.01	2.29	2.35	
以色列	Israel	0.92	0.85	0.87	0.78	0.74	0.74
日　本	Japan	1.15	1.09	1.04	0.92	0.89	0.86
哈萨克斯坦	Kazakhstan	2.33	2.03	2.04	2.02	1.82	
韩　国	Korea, Rep.	1.74	1.52	1.47	1.41	1.39	1.39
马来西亚	Malaysia	1.32	1.41	1.27	1.30	1.26	
蒙　古	Mongolia	2.21	2.02	1.94	1.76	1.66	
缅　甸	Myanmar	2.51	1.59	0.89	0.85	0.92	
巴基斯坦	Pakistan	1.39	1.29	1.21	1.14	1.10	
菲律宾	Philippines	1.15	0.89	0.73	0.68	0.68	
新加坡	Singapore	0.83	0.75	0.64	0.57	0.58	
斯里兰卡	Sri Lanka	0.75	0.66	0.53	0.44	0.45	
泰　国	Thailand	1.17	1.23	1.22	1.26	1.24	
越　南	Viet Nam	1.22	1.25	1.32	1.14		
埃　及	Egypt	0.76	0.97	0.85	0.82	0.80	
尼日利亚	Nigeria	2.36	1.90	1.53	1.46	1.38	
南　非	South Africa	2.40	2.34	2.22	2.03	2.09	
加拿大	Canada	2.21	1.99	1.73	1.65	1.65	1.60
墨西哥	Mexico	0.85	0.95	0.86	0.87	0.83	0.80
美　国	United States	1.60	1.44	1.32	1.23	1.21	1.16
阿根廷	Argentina	0.90	0.89	0.82	0.81	0.86	
巴　西	Brazil	0.92	0.92	0.91	0.92	0.95	
捷　克	Czech Rep.	1.59	1.44	1.26	1.19	1.14	1.07
法　国	France	1.04	1.02	0.95	0.89	0.85	0.85
德　国	Germany	0.96	0.93	0.85	0.79	0.74	0.75
意大利	Italy	0.70	0.72	0.68	0.64	0.60	0.61
荷　兰	Netherlands	0.99	1.00	0.96	0.89	0.82	0.80
波　兰	Poland	1.43	1.27	1.10	0.99	0.92	0.89
俄罗斯	Russia	2.89	2.26	2.01	1.92	1.86	
西班牙	Spain	0.86	0.85	0.73	0.71	0.68	0.69
土耳其	Turkey	0.78	0.68	0.74	0.64	0.63	0.63
乌克兰	Ukraine	3.77	2.77	2.45	2.03	1.98	
英　国	United Kingdom	0.99	0.86	0.77	0.69	0.63	0.62
澳大利亚	Australia	1.46	1.31	1.28	1.16	1.12	1.14
新西兰	New Zealand	1.37	1.12	1.14	1.12	1.15	1.10

附录2－12 广义货币占国内生产总值比重

Broad Money (M2) as Percentage of GDP

资料来源：世界银行WDI数据库。
Source: World Bank WDI Database.
单位：% (%)

国家或地区	Country or Area	2000	2005	2010	2015	2017	2018	2019
中　　国	**China**	**135.6**	**151.1**	**176.1**	**202.1**	**201.4**	**195.0**	**197.0**
中国香港	Hong Kong, China	224.4	257.7	315.3	365.6	396.2	386.1	400.1
中国澳门	Macao, China	157.4	140.0	108.0	130.5	145.2	146.5	158.2
孟加拉国	Bangladesh	30.6	47.4	58.7	64.5	65.7	64.3	63.7
文　　莱	Brunei Darussalam	85.7	57.8	67.3	80.8	86.7	81.6	84.7
柬 埔 寨	Cambodia	12.9	19.3	41.6	72.4	88.2	100.7	107.7
印　　度	India	54.6	65.5	77.7	78.0	74.1	73.8	75.9
印度尼西亚	Indonesia	53.9	43.4	36.0	39.5	39.9	38.8	38.8
伊　　朗	Iran	37.2	41.5	54.1	81.4			
以 色 列	Israel	81.3	97.6	74.5	83.9	85.6	85.2	86.7
日　　本	Japan	232.9	198.5	217.7	236.5	247.5	252.9	255.0
哈萨克斯坦	Kazakhstan	15.3	27.2	38.9	41.9	35.8	33.7	30.9
韩　　国	Korea, Rep.	63.4	106.7	125.5	135.5	137.8	142.6	152.2
老　　挝	Laos	16.5	19.1	36.2				
马来西亚	Malaysia	122.7	125.0	129.6	132.8	122.6	125.2	123.1
蒙　　古	Mongolia	21.1	37.5	48.0	43.4	56.9	60.1	56.5
缅　　甸	Myanmar	31.5	21.6	23.6	45.4	51.4	52.0	54.2
巴基斯坦	Pakistan	34.8	45.5	52.5	53.3	57.3	58.0	59.0
菲 律 宾	Philippines	55.9	52.1	58.8	70.9	75.4	74.5	76.6
新 加 坡	Singapore	103.2	103.3	123.3	122.9	122.9	119.7	124.6
斯里兰卡	Sri Lanka	38.4	41.7	32.6	52.5	58.8	60.8	
泰　　国	Thailand	111.2	104.1	109.0	127.7	124.1	122.9	123.5
越　　南	Viet Nam	44.6	71.0	114.9	137.6	155.3	158.1	164.9
埃　　及	Egypt	76.7	97.1	80.7	78.0	92.3	81.8	77.2
尼日利亚	Nigeria	14.7	11.3	21.4	22.4	24.8	25.4	23.9
南　　非	South Africa	52.7	67.0	75.8	73.5	72.2	72.8	74.1
加 拿 大	Canada	71.3	149.0					
墨 西 哥	Mexico	22.4	26.6	30.6	36.4	38.5	37.8	39.2
美　　国	United States	68.5	72.5	85.2	88.9	90.5	89.3	93.0
阿 根 廷	Argentina	31.8	28.7	25.3	27.6	28.5		
巴　　西	Brazil	46.5	60.1	74.2	88.1	93.1	95.3	98.2
委内瑞拉	Venezuela	19.8	23.7	32.2				
捷　　克	Czech Rep.	60.8	55.6	69.7	78.2	83.7	84.4	84.6
法　　国	France	101.0	76.1	89.9				
德　　国	Germany	169.6	73.8	84.0				
意 大 利	Italy	81.5	64.6	84.2				
荷　　兰	Netherlands	138.2	100.6	108.4				
波　　兰	Poland	40.5	43.1	54.2	64.2	66.6	68.2	68.8
俄 罗 斯	Russia	21.5	33.4	51.4	61.8	59.5	58.7	58.6
西 班 牙	Spain	97.8	94.0	107.2				
土 耳 其	Turkey	33.7	39.1	53.2	52.7	54.3	53.6	59.3
乌 克 兰	Ukraine	18.6	44.0	55.4	50.0	40.5	35.9	36.2
英　　国	United Kingdom	94.6	116.4	164.1	134.1	146.0	148.6	141.9
澳大利亚	Australia	67.7	78.5	100.7	113.2	116.3	113.5	122.9
新 西 兰	New Zealand	78.9	78.7	92.6	99.5	101.2	103.6	103.8

附录2-13 生产者价格指数

Producer Price Indices

资料来源：联合国统计月报数据库。
Source: UN Monthly Bulletin of Statistics Database.

2010年=100 (2010=100)

国家或地区	Country or Area	2010	2015	2016	2017	2018	2019
中国香港	**Hong Kong, China**						
按供给组成分	by Components of Supply						
工业产品	Industrial Products	100.0	100.4	101.6	105.6		
孟加拉国①	Bangladesh①						
按生产阶段分	by Stage of Processing						
中间产品	Intermediate Products	218.3					
按最终用途分	by End-Use						
消费品	Consumers' Goods	296.8					
投资用品	Capital Goods	280.8					
印　度②	**India②**						
按供给组成分	by Components of Supply						
国内供应	Domestic Supply	100.0	110.8	108.0	114.1	119.0	121.2
农业产品	Agricultural Products	100.0	130.1	136.1	142.7	142.3	152.9
工业产品	Industrial Products	100.0	110.6	108.0	112.9	117.2	118.1
按生产阶段分	by Stage of Processing						
原材料	Raw Materials	100.0	120.8	124.3	130.2	133.0	141.2
印度尼西亚	**Indonesia**						
按供给组成分	by Components of Supply						
农业产品	Agricultural Products	100.0	129.8	133.0	136.4	140.7	143.2
工业产品	Industrial Products	100.0	134.6	137.7	141.1	144.8	147.5
伊　朗	**Iran**						
按供给组成分	by Components of Supply						
国内生产	Domestic Production	63.9③	90.8⑧	95.3⑧	100.0⑧	110.0⑧	
农业产品	Agricultural Products	75.9③	92.4⑧	97.6⑧	100.0⑧	111.0⑧	
工业产品	Industrial Products	53.1③	96.9⑧	96.5⑧	100.0⑧	110.7⑧	
以 色 列	**Israel**						
按供给组成分	by Components of Supply						
工业产品	Industrial Products	100.0	104.8	101.0	102.5	105.9	104.7
日　本④	**Japan④**						
按供给组成分	by Components of Supply						
国内供应	Domestic Supply	97.4	100.0	93.2	97.2	100.9	99.4
国内生产	Domestic Production	100.2	100.0	96.5	98.7	101.3	101.5
农业产品	Agricultural Products	93.4	100.0	102.5	107.6	109.8	108.9
工业产品	Industrial Products	99.1	100.0	97.0	98.9	101.1	101.3
进口产品	Import Products	88.1	100.0	83.6	92.7	99.7	94.4
按生产阶段分	by Stage of Processing						
原材料	Raw Materials	97.2	100.0	78.6	95.9	109.5	103.8
中间产品	Intermediate Products	96.3	100.0	93.4	97.4	101.6	100.6
按最终用途分	by End-Use						
消费品	Consumers' Goods	98.7	100.0	96.4	97.0	97.3	95.8
投资用品	Capital Goods	99.5	100.0	97.9	98.0	97.9	97.5
韩　国④	**Korea, Rep.④**						
按供给组成分	by Components of Supply						
国内供应	Domestic Supply		100.0	97.3	101.4	104.5	104.7
国内生产	Domestic Production	101.8	100.0	96.8	101.1	103.3	102.5
农业产品	Agricultural Products	95.3	100.0	105.8	112.6	116.7	114.0
工业产品	Industrial Products	104.0	100.0	96.5	101.1	103.3	102.3
按生产阶段分	by Stage of Processing						
原材料	Raw Materials	126.4	100.0	84.7	104.0	119.4	118.8
中间产品	Intermediate Products	105.9	100.0	96.8	100.9	103.6	103.5
按最终用途分	by End-Use						
消费品	Consumers' Goods	98.0	100.0	99.2	100.1	100.3	100.5
投资用品	Capital Goods	100.2	100.0	101.5	100.4	100.2	102.6

附录2-13 续表 1 continued

2010年=100 (2010=100)

国家或地区	Country or Area	2010	2015	2016	2017	2018	2019
马来西亚	**Malaysia**						
按供给组成分	by Components of Supply						
国内供应	Domestic Supply	100.0	104.0				
国内生产	Domestic Production	100.0	102.2	101.1	108.0	106.7	105.2
进口产品	Import Products	100.0	107.7				
巴基斯坦	**Pakistan**						
按供给组成分	by Components of Supply						
国内供应	Domestic Supply	100.0	140.1	142.5	147.4	159.6	
农业产品	Agricultural Products	100.0	138.6	148.3	156.6	165.8	
菲 律 宾	**Philippines**						
按供给组成分	by Components of Supply						
国内供应	Domestic Supply	100.0	107.0	108.0	110.1	112.2	114.0
工业产品	Industrial Products	100.0	85.8				
新 加 坡	**Singapore**						
按供给组成分	by Components of Supply						
国内供应	Domestic Supply	100.0	86.8	80.7	86.4	92.0	89.0
国内生产	Domestic Production	100.0	89.9	85.0	88.2	92.1	89.0
进口产品	Import Products	100.0	86.2	81.7	86.4	90.7	89.7
泰 国	**Thailand**						
按供给组成分	by Components of Supply						
国内供应	Domestic Supply	100.0	102.6	101.4	102.7	102.9	101.5
按生产阶段分	by Stage of Processing						
原材料	Raw Materials	100.0	97.5	94.4	95.9	97.9	98.4
按最终用途分	by End-Use						
消费品	Consumers' Goods	100.0	109.5	109.7	106.2	105.1	109.3
投资用品	Capital Goods	100.0	101.1	100.5	99.6	97.8	95.6
埃 及⑤	**Egypt⑤**						
按供给组成分	by Components of Supply						
国内生产	Domestic Production	156.1	207.6	220.5			203.8
农业产品	Agricultural Products	202.1	299.5	339.8			171.7
按生产阶段分	by Stage of Processing						
原材料	Raw Materials	152.4	180.4	140.6			158.3
中间产品	Intermediate Products	129.7	161.5	178.4			250.9
按最终用途分	by End-Use						
消费品	Consumers' Goods	110.2	124.7	142.8			183.0
投资用品	Capital Goods	140.6	171.9	178.5			231.5
南 非⑥	**South Africa⑥**						
按供给组成分	by Components of Supply						
农业产品②	Agricultural Products②		113.1	131.6	132.2	134.0	131.6
工业产品	Industrial Products		118.0	126.3	132.5	139.7	146.2
按生产阶段分	by Stage of Processing						
中间产品	Intermediate Products		117.6	125.6	130.6	135.2	138.7
加 拿 大	**Canada**						
按供给组成分	by Components of Supply						
农业产品	Agricultural Products	100.0	130.2	124.8	125.9	124.3	125.1
工业产品	Industrial Products	100.0	110.3	110.1	113.5	118.0	117.8
按生产阶段分	by Stage of Processing						
原材料	Raw Materials	100.0	94.2	89.8	99.7	108.8	106.1

附录2-13 续表 2 continued

2010年=100 (2010=100)

国家或地区	Country or Area	2010	2015	2016	2017	2018	2019
墨西哥	**Mexico**						
按供给组成分	by Components of Supply						
国内供应	Domestic Supply	100.0	119.2	125.9	136.2	144.6	149.8
国内生产	Domestic Production	100.0	117.9	124.6	133.2	140.5	144.8
农业产品	Agricultural Products	100.0	119.6	130.6	140.3	144.7	147.4
工业产品	Industrial Products	100.0	118.6	128.1	136.6	143.3	148.1
进口产品	Import Products	100.0	105.3	104.2	106.8	110.6	110.8
按生产阶段分	by Stage of Processing						
中间产品	Intermediate Products	100.0	118.1	123.9	135.1	144.1	147.2
按最终用途分	by End-Use						
消费品	Consumers' Goods	100.0	120.2	126.4	135.4	142.2	
投资用品	Capital Goods	100.0	118.0	125.4	137.4	148.0	152.7
美国	**United States**						
按供给组成分	by Components of Supply						
国内生产	Domestic Production	100.0	103.1	100.4	104.8	109.4	108.2
农业产品	Agricultural Products	100.0	114.8	104.0	107.0	106.6	107.0
工业产品	Industrial Products	100.0	101.0	98.7	103.5	108.9	107.3
按生产阶段分	by Stage of Processing						
原材料	Raw Materials	100.0	89.1	81.7	89.8	94.3	87.6
中间产品	Intermediate Products	100.0	102.6	99.4	104.0	109.5	108.0
按最终用途分	by End-Use						
消费品	Consumers' Goods	100.0	108.1	106.5	110.6	114.7	115.0
投资用品	Capital Goods	100.0	107.1	107.6	108.6	110.4	112.8
阿根廷	**Argentina**						
按供给组成分	by Components of Supply						
国内供应	Domestic Supply	100.0					
国内生产	Domestic Production	100.0					
农业产品	Agricultural Products	100.0					
工业产品	Industrial Products	100.0					
进口产品	Import Products	100.0					
白俄罗斯	**Belarus**						
按供给组成分	by Components of Supply						
工业产品	Industrial Products	100.0	444.4	498.0	546.7	584.2	626.8
按生产阶段分	by Stage of Processing						
中间产品	Intermediate Products	100.0	478.1	533.8	593.2	639.1	689.3
按最终用途分	by End-Use						
消费品	Consumers' Goods	100.0	399.5	445.3	474.2	498.9	515.8
投资用品	Capital Goods	100.0	420.6	487.0	532.5	565.6	583.6
捷克	**Czech Rep.**						
按供给组成分	by Components of Supply						
农业产品	Agricultural Products	100.0	118.9	113.1	122.0	100.8	106.5
工业产品	Industrial Products	100.0	104.4	101.0	102.8	104.9	107.7
进口产品	Import Products	100.0	108.3	103.9	105.0	104.2	104.5
按生产阶段分	by Stage of Processing						
中间产品	Intermediate Products	100.0	106.8	103.9	106.3	108.7	109.6
按最终用途分	by End-Use						
消费品	Consumers' Goods	100.0	108.3	106.6	109.2	109.1	112.7
投资用品	Capital Goods	100.0	103.7	102.8	102.5	102.4	104.1
法国	**France**						
按供给组成分	by Components of Supply						
国内供应	Domestic Supply	100.0	102.1	99.2	101.8	104.6	104.8
农业产品	Agricultural Products	100.0	113.3	113.5	117.7	120.2	122.4
工业产品	Industrial Products	100.0	104.8	102.4	104.8	107.6	108.1
进口产品	Import Products	100.0	98.4	94.7	97.6	100.3	100.1
按生产阶段分	by Stage of Processing						
原材料	Raw Materials	100.0	98.6	88.2	96.6	108.8	107.7
中间产品	Intermediate Products	100.0	101.1	98.3	101.5	103.8	103.9
按最终用途分	by End-Use						
消费品	Consumers' Goods	100.0	105.5	104.9	105.5	105.1	105.5
投资用品	Capital Goods	100.0	101.4	100.8	101.2	101.7	102.7

附录2-13 续表 3 continued

2010年=100 (2010=100)

国家或地区	Country or Area	2010	2015	2016	2017	2018	2019
德 国	**Germany**						
按供给组成分	by Components of Supply						
农业产品	Agricultural Products	100.0	105.3	103.9	114.3	114.6	117.5
工业产品	Industrial Products	100.0	103.9	102.2	105.0	107.8	108.9
进口产品	Import Products	100.0	100.7	97.5	101.2		101.8
按生产阶段分	by Stage of Processing						
中间产品	Intermediate Products	100.0	102.1	100.6	104.6	107.4	107.1
按最终用途分	by End-Use						
消费品	Consumers' Goods	100.0	108.1	108.8	112.1	112.8	114.7
投资用品	Capital Goods	100.0	104.1	104.7	105.9	107.3	108.9
意 大 利	**Italy**						
按供给组成分	by Components of Supply						
工业产品	Industrial Products	100.0	102.6	100.3	102.9	107.0	107.0
按生产阶段分	by Stage of Processing						
中间产品	Intermediate Products	100.0	103.8	102.6	105.5	107.6	107.5
按最终用途分	by End-Use						
消费品	Consumers' Goods	100.0	107.1	106.9	108.2	108.9	109.6
投资用品	Capital Goods	100.0	104.0	104.4	105.3	105.9	107.3
荷 兰	**Netherlands**						
按供给组成分	by Components of Supply						
工业产品	Industrial Products	100.0	100.9	98.4	102.7	105.9	107.7
按生产阶段分	by Stage of Processing						
中间产品	Intermediate Products	100.0	103.5	100.8	106.4	110.0	110.0
按最终用途分	by End-Use						
消费品	Consumers' Goods	100.0	109.1	110.1	113.6	113.7	116.9
投资用品	Capital Goods	100.0	105.2	106.2	108.0	109.3	116.5
波 兰	**Poland**						
按供给组成分	by Components of Supply						
工业产品	Industrial Products	100.0	106.1	106.0	111.1	114.2	115.5
按生产阶段分	by Stage of Processing						
原材料	Raw Materials	100.0	106.4	103.4	111.6	112.1①	116.7①
中间产品	Intermediate Products	100.0	108.6	108.9	113.3	117.5	118.6
按最终用途分	by End-Use						
消费品	Consumers' Goods	100.0	106.5	107.7	111.8	112.5	114.4
投资用品	Capital Goods	100.0	101.0	104.3	105.9	105.0	104.3
俄 罗 斯	**Russia**						
按供给组成分	by Components of Supply						
农业产品	Agricultural Products	100.0	148.5	142.3	150.3	148.2	160.2
工业产品	Industrial Products	100.0	153.8	160.5	172.7	193.7	197.6

附录2-13 续表 4 continued

2010年=100 (2010=100)

国家或地区	Country or Area	2010	2015	2016	2017	2018	2019
西 班 牙	**Spain**						
按供给组成分	by Components of Supply						
工业产品	Industrial Products	100.0	107.9	104.5	109.1	112.3	111.8
按生产阶段分	by Stage of Processing						
中间产品	Intermediate Products	100.0	105.8	104.3	107.8	110.6	110.3
按最终用途分	by End-Use						
消费品	Consumers' Goods	100.0	108.2	108.5	110.5	110.3	110.5
投资用品	Capital Goods	100.0	102.5	103.1	104.0	104.8	105.9
土 耳 其	**Turkey**						
按供给组成分	by Components of Supply						
农业产品	Agricultural Products	100.0	100.0④	103.0④	115.5④	128.9④	158.2④
工业产品	Industrial Products	100.0	142.9	149.1	172.7	219.3	257.8
乌 克 兰⑦	**Ukraine⑦**						
按供给组成分	by Components of Supply						
农业产品	Agricultural Products		234.6	264.2		327.2	310.6
工业产品	Industrial Products		196.4	237.0	299.7	352.4	367.0
英 国	**United Kingdom**						
按供给组成分	by Components of Supply						
农业产品	Agricultural Products	100.0	104.1	108.7	124.8	129.5	126.9
工业产品	Industrial Products	100.0	106.6	107.1	110.7	113.9	115.7
进口产品	Import Products	100.0	98.6	103.4	111.0	114.3	116.1
按生产阶段分	by Stage of Processing						
原材料	Raw Materials	100.0	95.7	97.6	108.3	116.2	116.8
中间产品	Intermediate Products	100.0	106.3	106.5	110.6	115.5	117.8
按最终用途分	by End-Use						
消费品	Consumers' Goods	100.0	108.8	108.6	112.2	114.3	115.6
投资用品	Capital Goods	100.0	108.7	111.5	115.0	116.8	119.4
澳大利亚	**Australia**						
按供给组成分	by Components of Supply						
国内供应	Domestic Supply	100.0	109.2	110.2	111.8	113.9	115.9
国内生产	Domestic Production	100.0	109.3	110.4	112.6	114.5	
农业产品	Agricultural Products	100.0	127.1	131.4	133.3	134.9	
工业产品	Industrial Products	100.0	107.4	106.8	110.2	116.0	115.9
进口产品	Import Products	100.0	110.5	110.7	108.5	111.3	
按生产阶段分	by Stage of Processing						
原材料	Raw Materials	100.0	110.6	111.0	113.8	118.8	
中间产品	Intermediate Products	100.0	110.7	111.3	114.2	118.9	
按最终用途分	by End-Use						
消费品	Consumers' Goods	100.0	110.9	111.9	113.9	115.7	
投资用品	Capital Goods	100.0	109.2	110.0	111.1	114.0	
新 西 兰	**New Zealand**						
按供给组成分	by Components of Supply						
农业产品	Agricultural Products	100.0	99.2	102.1	121.5	126.9	130.5
工业产品	Industrial Products	100.0	103.1	100.5	108.8	113.6	115.4
按生产阶段分	by Stage of Processing						
中间产品	Intermediate Products	100.0	105.1	105.6	110.4	114.3	117.5

注：①1988年7月1日至1989年6月30日为基期。②以2011—2012年为基期。③以2011财政年度(2011年3月21日—2012年3月20日)为基期。④以2015年为基期。⑤2004年7月1日至2005年6月30日为基期。⑥以2012年为基期。⑦以2005年为基期。⑧以2016财政年度(2016年3月21日—2017年3月20日)为基期。

Note: ①The base year is from 1 July 1988 to 30 June 1989.②The base year is 2011-2012.③The base year is fiscal year 2011(from 21 March 2011 to 20 March 2012).④The base year is 2015.⑤The base year is from 1 July 2004 to 30 June 2005.⑥The base year is 2012. ⑦The base year is 2005.⑧The base year is fiscal year 2016(from 21 March 2016 to 20 March 2017).

附录2-14 居民消费价格指数

Consumer Price Indices

资料来源：世界银行WDI数据库。
Source: World Bank WDI Database.

2010年=100　　(2010=100)

国家或地区	Country or Area	2013	2014	2015	2016	2017	2018	2019
中　国	China	111.2	113.3	114.9	117.2	119.1	121.6	125.1
中国香港	Hong Kong, China	114.3	119.4	122.9	125.9	127.8	130.8	134.6
中国澳门	Macao, China	118.5	125.6	131.3	134.5	136.1	140.2	
孟加拉国	Bangladesh	127.2	136.1	144.6	152.5	161.2	170.2	179.7
文　莱	Brunei Darussalam	100.6	100.4	99.9	99.3	98.4	99.4	99.0
柬埔寨	Cambodia	111.8	116.1	117.5	121.1	124.6	127.6	
印　度	India	132.0	140.4	148.6	155.9	159.8	167.6	180.4
印度尼西亚	Indonesia	116.9	124.4	132.3	137.0	142.2	146.7	151.2
伊　朗	Iran	219.5	256.0	288.0	306.5	333.7	393.8	550.9
以色列	Israel	106.9	107.4	106.7	106.1	106.4	107.2	108.2
日　本	Japan	100.0	102.8	103.6	103.5	104.0	105.0	105.5
哈萨克斯坦	Kazakhstan	116.9	124.8	133.1	157.6	163.8	173.6	182.8
韩　国	Korea, Rep.	107.7	109.1	109.8	110.9	113.1	114.7	115.2
老　挝	Laos	119.3	124.2	125.8	127.8	128.9	131.5	135.9
马来西亚	Malaysia	107.1	110.5	112.8	115.1	119.6	120.7	121.5
蒙　古	Mongolia	137.0	153.7	162.5	165.5	170.8	182.4	195.8
缅　甸	Myanmar	112.6	118.2	129.3	138.3	144.6	154.5	168.2
巴基斯坦	Pakistan	132.2	141.7	145.3	150.8	156.9	164.9	182.3
菲律宾	Philippines	110.7	114.7	115.4	116.9	120.2	126.5	129.6
新加坡	Singapore	112.7	113.8	113.2	112.6	113.3	113.8	114.4
斯里兰卡	Sri Lanka	122.7	126.6	131.4	136.6	147.1	150.2	155.5
泰　国	Thailand	109.3	111.3	110.3	110.6	111.3	112.5	113.3
越　南	Viet Nam	138.0	143.6	144.6	150.5	153.6	159.1	163.5
埃　及	Egypt	129.1	142.1	156.8	178.5	231.1	264.4	
尼日利亚	Nigeria	134.9	145.8	158.9	183.9	214.2	240.1	267.5
南　非	South Africa	117.4	124.6	130.3	138.9	146.1	152.6	158.9
加拿大	Canada	105.5	107.5	108.7	110.2	112.0	114.5	116.8
墨西哥	Mexico	111.8	116.2	119.4	122.8	130.2	136.6	141.5
美　国	United States	106.8	108.6	108.7	110.1	112.4	115.2	117.2
阿根廷	Argentina		105.5			112.9	151.6	232.8
巴　西	Brazil	119.4	126.9	138.4	150.5	155.7	161.4	167.4
委内瑞拉	Venezuela	214.7	348.2	772.0	2740.3			
捷　克	Czech Rep.	106.8	107.1	107.5	108.2	110.9	113.3	116.5
法　国	France	105.0	105.5	105.6	105.8	106.9	108.8	110.0
德　国	Germany	105.7	106.7	107.2	107.7	109.4	111.2	112.9
意大利	Italy	107.2	107.5	107.5	107.4	108.7	110.0	110.6
荷　兰	Netherlands	107.5	108.5	109.2	109.5	111.0	112.9	115.9
波　兰	Poland	109.0	109.1	108.1	107.4	109.6	111.6	114.1
俄罗斯	Russia	121.6	131.2	151.5	162.2	168.2	173.0	180.8
西班牙	Spain	107.2	107.0	106.5	106.3	108.4	110.2	111.0
土耳其	Turkey	124.6	135.7	146.1	157.4	175.0	203.5	234.4
乌克兰	Ukraine	108.3	121.4	180.5	205.6	235.3	261.1	281.7
英　国	United Kingdom	109.0	110.6	111.0	112.1	114.9	117.6	119.6
澳大利亚	Australia	107.7	110.4	112.0	113.5	115.7	117.9	119.8
新西兰	New Zealand	106.3	107.6	107.9	108.6	110.7	112.4	114.2

附录2-15 主要农产品产量

Production of Major Farm Crops

资料来源：联合国FAO数据库。
Source:FAO Database.

单位：万吨 (10 000 tons)

国家或地区	Country or Area	谷物 Cereals, Total 2010	谷物 Cereals, Total 2019
世界	**World**	**246741.5**	**297898.2**
中国	China	49634.3	61272.0
美国	United States	40112.6	42154.9
印度	India	26783.8	32430.1
巴西	Brazil	7516.0	12122.3
俄罗斯	Russia	5961.9	11786.8
印度尼西亚	Indonesia	8479.7	8529.7
阿根廷	Argentina	4026.7	8494.9
乌克兰	Ukraine	3868.6	7444.2
法国	France	6583.9	7037.9
加拿大	Canada	4612.2	6113.5
孟加拉国	Bangladesh	5186.3	5918.2
越南	Viet Nam	4461.4	4820.8
德国	Germany	4403.9	4430.2
巴基斯坦	Pakistan	3481.1	4326.0
墨西哥	Mexico	3492.5	3616.4
土耳其	Turkey	3276.5	3439.9
泰国	Thailand	4088.9	3316.3
罗马尼亚	Romania	1671.3	3041.2
埃塞俄比亚	Ethiopia	1776.1	2967.3
澳大利亚	Australia	3346.5	2923.9
缅甸	Myanmar	3404.3	2868.2
波兰	Poland	2722.8	2845.1
尼日利亚	Nigeria	2465.0	2824.3
菲律宾	Philippines	2214.9	2679.4
英国	United Kingdom	2094.6	2551.7
埃及	Egypt	1946.5	2412.6
伊朗	Iran	1959.7	2381.2
西班牙	Spain	1988.0	2058.9
哈萨克斯坦	Kazakhstan	1211.6	1735.6
意大利	Italy	1850.3	1636.4
匈牙利	Hungary	1226.9	1565.0
南非	South Africa	1470.1	1331.2
柬埔寨	Cambodia	901.9	1229.6
日本	Japan	1136.7	1183.0
保加利亚	Bulgaria	713.6	1113.1
尼泊尔	Nepal	777.1	1062.5
塞尔维亚	Serbia	929.5	1045.8
马里	Mali	533.9	1045.1
坦桑尼亚	Tanzania	864.3	1039.9
丹麦	Denmark	886.3	951.8
巴拉圭	Paraguay	497.6	811.2
捷克	Czech Rep.	688.2	764.6
乌兹别克斯坦	Uzbekistan	747.4	699.3
白俄罗斯	Belarus	674.2	699.2
伊拉克	Iraq	436.2	691.4
叙利亚	Syrian Arab Republic	390.1	636.0
瑞典	Sweden	428.0	614.8
阿尔及利亚	Algeria	421.1	563.4
苏丹	Sudan	356.2	563.0
朝鲜	Korea, Dem.	451.5	560.0

国家或地区	Country or Area	稻谷 Rice, Paddy 2010	稻谷 Rice, Paddy 2019
世界	**World**	**70113.9**	**75547.4**
中国	China	19576.1	20961.4
印度	India	14396.3	17764.5
印度尼西亚	Indonesia	6646.9	5460.4
孟加拉国	Bangladesh	5006.1	5458.6
越南	Viet Nam	4000.6	4344.9
泰国	Thailand	3570.3	2835.7
缅甸	Myanmar	3206.5	2627.0
菲律宾	Philippines	1577.2	1881.5
巴基斯坦	Pakistan	723.5	1111.5
柬埔寨	Cambodia	824.5	1088.6
日本	Japan	1060.4	1052.7
巴西	Brazil	1123.6	1036.9
尼日利亚	Nigeria	447.3	843.5
美国	United States	1102.7	837.7
埃及	Egypt	433.0	669.0
尼泊尔	Nepal	402.4	561.0
韩国	Korea, Rep.	581.1	501.6
斯里兰卡	Sri Lanka	430.1	459.2
马达加斯加	Madagascar	473.8	423.1
坦桑尼亚	Tanzania	265.0	347.5
老挝	Laos	307.1	343.8
马里	Mali	129.6	319.6
秘鲁	Peru	283.1	318.8
哥伦比亚	Colombia	198.8	301.2
马来西亚	Malaysia	246.5	291.2
朝鲜	Korea, Dem.	242.6	280.4
几内亚	Guinea	161.4	259.9
伊朗	Iran	249.0	199.3
科特迪瓦	Cote D'Ivoire	120.6	188.4
中国台湾	Taiwan, China	145.1	179.1
意大利	Italy	151.6	149.3
刚果(金)	Congo, Dem. Rep.	31.8	137.9
乌拉圭	Uruguay	114.9	120.0
阿根廷	Argentina	124.3	119.0
塞内加尔	Senegal	60.4	115.6
厄瓜多尔	Ecuador	170.6	110.0
俄罗斯	Russia	106.1	109.9
多米尼加	Dominican Rep.	85.0	108.1
巴拉圭	Paraguay	31.5	106.9
圭亚那	Guyana	55.6	105.0
土耳其	Turkey	86.0	100.0
塞拉利昂	Sierra Leone	102.7	94.8
加纳	Ghana	49.2	92.5
西班牙	Spain	92.8	77.9
委内瑞拉	Venezuela	90.0	76.5
玻利维亚	Bolivia	44.2	60.0
伊拉克	Iraq	15.6	57.5
哈萨克斯坦	Kazakhstan	37.3	56.1
尼加拉瓜	Nicaragua	45.4	46.8
贝宁	Benin	12.5	40.6

附录2-15 续表 1 continued

单位：万吨 (10 000 tons)

国家或地区	Country or Area	小麦 Wheat 2010	小麦 Wheat 2019	国家或地区	Country or Area	玉米 Maize 2010	玉米 Maize 2019
世　界	**World**	**64080.3**	**76577.0**	**世　界**	**World**	**85168.0**	**114848.7**
中　国	China	11518.1	13359.6	美　国	United States	31561.8	34704.8
印　度	India	8080.4	10359.6	中　国	China	17742.5	26077.9
俄 罗 斯	Russia	4150.8	7445.3	巴　西	Brazil	5536.4	10113.9
美　国	United States	6006.2	5225.8	阿 根 廷	Argentina	2266.3	5686.1
法　国	France	3820.7	4060.5	乌 克 兰	Ukraine	1195.3	3588.0
加 拿 大	Canada	2330.0	3234.8	印度尼西亚	Indonesia	1832.8	3069.3
乌 克 兰	Ukraine	1685.1	2837.0	印　度	India	2172.6	2771.5
巴基斯坦	Pakistan	2331.1	2434.9	墨 西 哥	Mexico	2330.2	2722.8
德　国	Germany	2378.3	2306.3	罗马尼亚	Romania	904.2	1743.2
阿 根 廷	Argentina	901.6	1946.0	俄 罗 斯	Russia	308.4	1428.2
土 耳 其	Turkey	1967.4	1900.0	加 拿 大	Canada	1204.3	1340.4
澳大利亚	Australia	2183.4	1759.8	法　国	France	1397.5	1284.5
伊　朗	Iran	1214.3	1680.0	南　非	South Africa	1281.5	1127.6
英　国	United Kingdom	1487.8	1622.5	尼日利亚	Nigeria	767.7	1100.0
哈萨克斯坦	Kazakhstan	963.8	1129.7	埃塞俄比亚	Ethiopia	498.6	963.6
波　兰	Poland	940.8	1080.8	匈 牙 利	Hungary	698.5	823.0
罗马尼亚	Romania	581.2	1029.7	菲 律 宾	Philippines	637.7	797.9
埃　及	Egypt	717.7	900.0	埃　及	Egypt	704.1	745.0
意 大 利	Italy	685.0	674.0	塞尔维亚	Serbia	720.7	734.5
保加利亚	Bulgaria	409.5	632.0	巴基斯坦	Pakistan	370.7	723.6
乌兹别克斯坦	Uzbekistan	674.5	609.4	意 大 利	Italy	849.6	627.9
西 班 牙	Spain	594.1	604.1	土 耳 其	Turkey	431.0	600.0
巴　西	Brazil	617.1	560.4	坦桑尼亚	Tanzania	473.3	565.2
匈 牙 利	Hungary	374.5	537.8	巴 拉 圭	Paraguay	310.9	557.7
埃塞俄比亚	Ethiopia	285.6	531.5	越　南	Viet Nam	460.7	475.6
阿 富 汗	Afghanistan	453.2	489.0	泰　国	Thailand	486.1	431.0
捷　克	Czech Rep.	416.2	481.2	西 班 牙	Spain	332.5	418.5
丹　麦	Denmark	506.0	464.2	保加利亚	Bulgaria	204.7	406.0
伊 拉 克	Iraq	274.9	434.4	肯 尼 亚	Kenya	346.5	389.7
摩 洛 哥	Morocco	487.6	402.5	马　里	Mali	135.6	381.7
阿尔及利亚	Algeria	260.5	387.7	德　国	Germany	421.2	366.5
立 陶 宛	Lithuania	171.0	384.4	波　兰	Poland	199.4	366.5
瑞　典	Sweden	214.3	347.7	孟加拉国	Bangladesh	88.7	356.9
墨 西 哥	Mexico	367.7	324.4	马 拉 维	Malawi	341.9	303.0
叙 利 亚	Syrian Arab Republic	308.3	308.5	安 哥 拉	Angola	107.3	281.9
塞尔维亚	Serbia	163.0	253.5	加　纳	Ghana	187.2	276.0
拉脱维亚	Latvia	98.9	237.1	尼 泊 尔	Nepal	185.5	265.3
白俄罗斯	Belarus	173.9	230.9	乌 干 达	Uganda	237.4	257.5
阿塞拜疆	Azerbaijan	127.2	211.4	朝　鲜	Korea, Dem.	168.3	256.7
尼 泊 尔	Nepal	155.7	200.6	喀 麦 隆	Cameroon	167.0	231.0
斯洛伐克	Slovakia	118.5	193.9	奥 地 利	Austria	195.6	229.9
比 利 时	Belgium	185.0	190.2	克罗地亚	Croatia	206.8	229.8
奥 地 利	Austria	151.8	159.7	刚果(金)	Congo, Dem. Rep.	115.6	213.9
南　非	South Africa	143.0	153.5	摩尔多瓦	Moldova	142.0	213.0
土库曼斯坦	Turkmenistan	147.7	150.0	莫桑比克	Mozambique	209.0	208.5
突 尼 斯	Tunisia	82.2	144.0	赞 比 亚	Zambia	279.6	200.4
智　利	Chile	152.4	140.0	缅　甸	Myanmar	135.4	198.6
巴 拉 圭	Paraguay	140.2	135.8	委内瑞拉	Venezuela	237.3	194.1
摩尔多瓦	Moldova	74.4	114.8	危地马拉	Guatemala	163.8	187.0
荷　兰	Netherlands	137.0	113.1	布基纳法索	Burkina Faso	113.4	171.1

附录2-15 续表 2 continued

单位：万吨 (10 000 tons)

国家或地区	Country or Area	大豆 Soybeans 2010	大豆 Soybeans 2019	国家或地区	Country or Area	根茎类作物 Roots and Tubers 2010	根茎类作物 Roots and Tubers 2019
世　界	**World**	**26508.8**	**33367.2**	**世　界**	**World**	**74114.5**	**86104.2**
巴　西	Brazil	6875.6	11426.9	中　国	China	14836.0	15055.1
美　国	United States	9066.3	9679.3	尼日利亚	Nigeria	8731.2	11765.0
阿根廷	Argentina	5267.6	5526.4	印　度	India	4573.2	5632.2
中　国	China	1508.3	1572.4	刚果(金)	Congo, Dem. Rep.	1631.2	4197.7
印　度	India	1273.6	1326.8	加　纳	Ghana	2094.0	3240.9
巴拉圭	Paraguay	746.0	852.0	泰　国	Thailand	2245.7	3162.8
加拿大	Canada	444.5	604.5	巴　西	Brazil	2925.7	2224.9
俄罗斯	Russia	122.2	436.0	俄罗斯	Russia	2114.1	2207.5
乌克兰	Ukraine	168.0	369.9	美　国	United States	1943.3	2063.4
玻利维亚	Bolivia	169.3	299.1	乌克兰	Ukraine	1870.5	2026.9
乌拉圭	Uruguay	179.3	282.8	印度尼西亚	Indonesia	2739.5	1818.6
南　非	South Africa	56.6	117.0	柬埔寨	Cambodia	436.1	1382.3
意大利	Italy	55.3	104.3	坦桑尼亚	Tanzania	845.6	1313.0
印度尼西亚	Indonesia	90.7	94.0	马拉维	Malawi	1149.5	1279.6
塞尔维亚	Serbia	54.1	70.1	科特迪瓦	Cote D'Ivoire	784.1	1260.1
尼日利亚	Nigeria	36.5	63.0	越　南	Viet Nam	1026.7	1184.2
罗马尼亚	Romania	15.0	44.0	安哥拉	Angola	1568.7	1113.6
法　国	France	14.0	42.9	德　国	Germany	1014.3	1060.2
哈萨克斯坦	Kazakhstan	11.4	28.2	孟加拉国	Bangladesh	823.7	989.1
赞比亚	Zambia	11.2	28.1	喀麦隆	Cameroon	629.5	959.2
朝　鲜	Korea, Dem.	35.0	26.4	法　国	France	665.8	856.0
克罗地亚	Croatia	15.4	24.4	秘　鲁	Peru	560.2	719.3
墨西哥	Mexico	16.8	23.3	贝　宁	Benin	614.8	705.3
贝　宁	Benin	6.3	23.0	荷　兰	Netherlands	684.4	696.1
奥地利	Austria	9.5	21.8	波　兰	Poland	844.8	648.2
日　本	Japan	22.3	21.8	白俄罗斯	Belarus	783.1	610.5
柬埔寨	Cambodia	15.7	17.6	老　挝	Laos	60.2	569.6
马拉维	Malawi	7.3	17.0	埃　及	Egypt	413.8	566.0
匈牙利	Hungary	8.5	17.0	巴基斯坦	Pakistan	361.3	541.5
加　纳	Ghana	14.6	16.7	加拿大	Canada	544.1	541.0
伊　朗	Iran	15.7	16.0	英　国	United Kingdom	605.6	525.2
土耳其	Turkey	8.7	15.0	阿尔及利亚	Algeria	330.0	502.0
缅　甸	Myanmar	25.5	14.2	土耳其	Turkey	454.9	498.1
埃塞俄比亚	Ethiopia	1.6	12.6	乌干达	Uganda	517.1	497.3
斯洛伐克	Slovakia	2.4	12.0	塞拉利昂	Sierra Leone	345.9	477.0
哥伦比亚	Colombia	5.4	11.4	莫桑比克	Mozambique	1079.9	474.7
孟加拉国	Bangladesh	7.0	11.1	哥伦比亚	Colombia	439.8	466.1
韩　国	Korea, Rep.	10.5	10.5	马达加斯加	Madagascar	438.8	450.3
德　国	Germany	0.2	8.4	埃塞俄比亚	Ethiopia	622.3	438.7
越　南	Viet Nam	29.9	7.6	赞比亚	Zambia	142.8	418.5
摩尔多瓦	Moldova	11.1	6.4	布隆迪	Burundi	166.3	403.3
布基纳法索	Burkina Faso	2.2	5.2	比利时	Belgium	345.6	402.8
埃　及	Egypt	4.3	4.4	哈萨克斯坦	Kazakhstan	255.5	391.2
津巴布韦	Zimbabwe	5.7	4.0	肯尼亚	Kenya	389.7	389.2
厄瓜多尔	Ecuador	7.0	4.0	卢旺达	Rwanda	381.3	363.7
泰　国	Thailand	15.9	3.9	伊　朗	Iran	427.5	348.3
危地马拉	Guatemala	4.4	3.9	巴拉圭	Paraguay	266.8	343.8
安哥拉	Angola	0.6	3.7	菲律宾	Philippines	291.6	340.2
尼泊尔	Nepal	2.2	3.2	尼泊尔	Nepal	267.5	328.9
乌干达	Uganda	2.7	2.8	日　本	Japan	355.5	327.8

附录2-15 续表 3 continued

单位：万吨 (10 000 tons)

国家或地区	Country or Area	花生 Groundnuts,with Shell 2010	2019
世　界	**World**	**4348.2**	**4875.7**
中　国	China	1564.4	1752.0
印　度	India	826.5	672.7
尼日利亚	Nigeria	379.9	445.0
苏　丹	Sudan	76.3	282.8
美　国	United States	188.6	249.3
缅　甸	Myanmar	137.0	161.6
塞内加尔	Senegal	128.7	142.1
阿根廷	Argentina	61.1	133.7
几内亚	Guinea	33.2	95.8
乍　得	Chad	110.3	93.9
坦桑尼亚	Tanzania	46.5	68.0
巴　西	Brazil	26.2	58.1
尼日尔	Niger	40.6	54.4
加　纳	Ghana	53.1	53.6
喀麦隆	Cameroon	53.6	50.0
刚果(金)	Congo, Dem. Rep.	38.8	45.5
越　南	Viet Nam	48.7	43.9
布基纳法索	Burkina Faso	34.0	39.6
马　里	Mali	31.5	36.9
马拉维	Malawi	29.8	35.0
印度尼西亚	Indonesia	130.2	27.7
埃　及	Egypt	20.3	23.1
尼加拉瓜	Nicaragua	18.0	22.4
安哥拉	Angola	11.5	21.2
贝　宁	Benin	15.4	20.4
土耳其	Turkey	9.7	16.9
乌干达	Uganda	27.6	16.0
埃塞俄比亚	Ethiopia	7.2	15.7
科特迪瓦	Cote D'Ivoire	9.0	15.6
中　非	Central African Rep.	14.0	14.4
赞比亚	Zambia	16.4	13.1
冈比亚	Gambia	13.8	11.0
塞拉利昂	Sierra Leone	8.2	10.6
巴基斯坦	Pakistan	6.8	9.5
津巴布韦	Zimbabwe	13.7	9.0
墨西哥	Mexico	8.2	8.1
莫桑比克	Mozambique	15.8	8.0
孟加拉国	Bangladesh	5.4	6.3
马达加斯加	Madagascar	3.0	5.9
老　挝	Laos	5.1	5.3
中国台湾	Taiwan, China	6.5	5.3
几内亚比绍	Guinea-Bissau	3.6	5.0
多　哥	Togo	4.7	4.5
摩洛哥	Morocco	5.0	4.0
加　蓬	Gabon	1.8	3.4
泰　国	Thailand	4.9	3.1
菲律宾	Philippines	3.0	2.9
乌兹别克斯坦	Uzbekistan	0.8	2.8
玻利维亚	Bolivia	1.3	2.8
斯里兰卡	Sri Lanka	1.4	2.7

国家或地区	Country or Area	油菜籽 Rapeseed 2010	2019
世　界	**World**	**5985.0**	**7051.1**
加拿大	Canada	1278.9	1864.9
中　国	China	1308.2	1348.5
印　度	India	660.8	925.6
法　国	France	481.5	352.3
乌克兰	Ukraine	147.0	328.0
德　国	Germany	569.8	283.0
澳大利亚	Australia	190.7	236.6
波　兰	Poland	222.9	226.9
俄罗斯	Russia	67.0	206.0
英　国	United Kingdom	223.0	175.2
美　国	United States	111.2	155.3
捷　克	Czech Rep.	104.2	115.7
匈牙利	Hungary	53.1	91.2
罗马尼亚	Romania	94.3	79.8
丹　麦	Denmark	58.0	72.9
立陶宛	Lithuania	41.7	69.3
白俄罗斯	Belarus	37.5	57.8
保加利亚	Bulgaria	54.5	43.3
斯洛伐克	Slovakia	32.3	42.2
拉脱维亚	Latvia	22.6	40.8
瑞　典	Sweden	27.6	38.2
巴基斯坦	Pakistan	16.2	34.3
孟加拉国	Bangladesh	22.2	31.2
伊　朗	Iran	14.6	29.0
哈萨克斯坦	Kazakhstan	10.9	24.1
爱沙尼亚	Estonia	13.1	19.1
智　利	Chile	4.4	18.5
土耳其	Turkey	10.7	18.0
西班牙	Spain	3.6	14.5
奥地利	Austria	17.1	10.7
克罗地亚	Croatia	3.3	10.4
南　非	South Africa	3.7	9.5
乌拉圭	Uruguay	0.9	9.1
塞尔维亚	Serbia	2.4	8.4
摩尔多瓦	Moldova	3.7	7.7
瑞　士	Switzerland	6.8	6.8
巴拉圭	Paraguay	10.2	6.0
巴　西	Brazil	7.0	4.8
埃塞俄比亚	Ethiopia	1.8	4.2
芬　兰	Finland	17.9	4.2
阿根廷	Argentina	2.3	4.0
意大利	Italy	5.0	3.8
爱尔兰	Ireland	2.8	3.8
比利时	Belgium	4.6	3.3
蒙　古	Mongolia	0.3	2.5
阿尔及利亚	Algeria	2.5	2.3
挪　威	Norway	1.0	1.5
卢森堡	Luxemburg	1.6	1.0
希　腊	Greece	2.5	1.0
斯洛文尼亚	Slovenia	1.6	1.0

附录2－15　续表 4　continued

单位：万吨 (10 000 tons)

国家或地区	Country or Area	芝麻 Sesame Seed 2010	芝麻 Sesame Seed 2019	国家或地区	Country or Area	籽棉 Seed Cotton 2010	籽棉 Seed Cotton 2019
世　界	**World**	**432.2**	**655.0**	**世　界**	**World**	**6922.0**	**8258.9**
苏　丹	Sudan	24.8	121.0	中　国	China	1791.0	2350.5
缅　甸	Myanmar	78.7	74.5	印　度	India	1776.0	1855.0
印　度	India	89.3	68.9	美　国	United States	947.4	1295.6
坦桑尼亚	Tanzania	14.4	68.0	巴　西	Brazil	295.0	689.3
尼日利亚	Nigeria	14.9	48.0	巴基斯坦	Pakistan	561.4	449.5
中　国	China	58.7	46.7	乌兹别克斯坦	Uzbekistan	344.3	269.4
布基纳法索	Burkina Faso	9.1	37.5	土耳其	Turkey	215.0	220.0
埃塞俄比亚	Ethiopia	32.8	26.3	澳大利亚	Australia	93.9	162.7
乍　得	Chad	12.6	17.0	墨西哥	Mexico	44.1	91.7
乌干达	Uganda	11.9	14.4	阿根廷	Argentina	75.4	87.3
巴　西	Brazil	0.5	12.8	贝　宁	Benin	13.7	79.2
尼日尔	Niger	8.6	9.8	布基纳法索	Burkina Faso	53.0	72.4
莫桑比克	Mozambique	6.3	9.5	马　里	Mali	24.4	71.1
喀麦隆	Cameroon	1.3	7.0	土库曼斯坦	Turkmenistan	128.6	58.2
巴基斯坦	Pakistan	3.1	6.2	塔吉克斯坦	Tajikistan	31.1	40.3
墨西哥	Mexico	3.7	5.8	科特迪瓦	Cote D'Ivoire	17.5	35.6
马　里	Mali	1.3	5.1	哈萨克斯坦	Kazakhstan	24.0	34.4
危地马拉	Guatemala	5.0	3.8	乍　得	Chad	5.2	32.5
埃　及	Egypt	4.6	3.8	喀麦隆	Cameroon	19.0	32.3
索马里	Somalia	2.6	3.6	埃　及	Egypt	37.8	30.5
阿富汗	Afghanistan	3.2	3.3	阿塞拜疆	Azerbaijan	3.8	29.5
柬埔寨	Cambodia	3.0	3.3	缅　甸	Myanmar	50.5	28.9
孟加拉国	Bangladesh	3.2	3.2	坦桑尼亚	Tanzania	26.7	26.8
泰　国	Thailand	4.8	3.1	尼日利亚	Nigeria	60.2	23.3
伊　朗	Iran	4.6	2.9	苏　丹	Sudan	13.6	18.7
塞内加尔	Senegal	0.5	2.4	埃塞俄比亚	Ethiopia	5.8	15.5
巴拉圭	Paraguay	4.0	2.4	叙利亚	Syrian Arab Republic	47.3	14.2
越　南	Viet Nam	1.7	2.4	玻利维亚	Bolivia	10.7	11.9
也　门	Yemen	2.6	2.2	多　哥	Togo	4.3	11.7
委内瑞拉	Venezuela	1.5	1.8	津巴布韦	Zimbabwe	15.0	10.7
土耳其	Turkey	2.4	1.7	伊　朗	Iran	16.7	10.6
老　挝	Laos	1.0	1.7	乌干达	Uganda	8.4	10.3
玻利维亚	Bolivia	1.0	1.6	孟加拉国	Bangladesh	4.3	8.1
乌兹别克斯坦	Uzbekistan	0.4	1.4	南　非	South Africa	2.1	7.3
韩　国	Korea, Rep.	1.3	1.3	阿富汗	Afghanistan	3.3	7.3
肯尼亚	Kenya	1.1	1.1	赞比亚	Zambia	10.7	7.3
贝　宁	Benin	1.0	1.0	哥伦比亚	Colombia	9.0	6.0
尼加拉瓜	Nicaragua	0.4	1.0	秘　鲁	Peru	6.4	5.8
中　非	Central African Rep.	2.9	0.7	吉尔吉斯斯坦	Kyrgyzstan	7.4	5.8
斯里兰卡	Sri Lanka	1.7	0.6	莫桑比克	Mozambique	6.2	5.3
厄立特里亚	Eritrea	0.4	0.5	马拉维	Malawi	2.9	4.6
哥伦比亚	Colombia	0.2	0.5	几内亚	Guinea	3.7	4.4
刚果(金)	Congo, Dem. Rep.	0.5	0.5	朝　鲜	Korea, Dem.	3.5	3.9
沙特阿拉伯	Saudi Arabia	0.5	0.4	刚果(金)	Congo, Dem. Rep.	2.6	2.9
海　地	Haiti	0.4	0.4	巴拉圭	Paraguay	1.5	2.7
叙利亚	Syrian Arab Republic	0.5	0.4	也　门	Yemen	2.5	2.3
塞拉利昂	Sierra Leone	0.3	0.4	以色列	Israel	1.8	2.2
安哥拉	Angola	0.3	0.4	中　非	Central African Rep.	1.1	2.1
科特迪瓦	Cote D'Ivoire	0.3	0.3	塞内加尔	Senegal	2.6	1.7
马拉维	Malawi		0.3	马达加斯加	Madagascar	1.4	1.6

附录2-15 续表 5 continued

单位：万吨 (10 000 tons)

国家或地区	Country or Area	甘蔗 Sugar Cane 2010	甘蔗 Sugar Cane 2019
世　界	**World**	**168284.0**	**194931.0**
巴　西	Brazil	71746.4	75289.5
印　度	India	29230.2	40541.6
泰　国	Thailand	6880.8	13100.2
中　国	China	11078.9	10938.8
巴基斯坦	Pakistan	4937.3	6688.0
墨西哥	Mexico	5042.2	5933.4
哥伦比亚	Colombia	3253.9	3266.3
澳大利亚	Australia	3123.5	3241.5
印度尼西亚	Indonesia	2660.0	2910.0
危地马拉	Guatemala	2231.4	2908.7
美　国	United States	2482.1	2897.3
菲律宾	Philippines	1792.9	2071.9
南　非	South Africa	1601.6	1948.2
阿根廷	Argentina	1889.0	1765.3
埃　及	Egypt	1570.9	1631.6
越　南	Viet Nam	1616.2	1527.0
缅　甸	Myanmar	925.0	1184.6
秘　鲁	Peru	985.5	1092.9
玻利维亚	Bolivia	640.3	955.9
伊　朗	Iran	564.8	928.5
厄瓜多尔	Ecuador	834.7	925.8
古　巴	Cuba	1160.0	872.5
尼加拉瓜	Nicaragua	489.4	737.2
萨尔瓦多	El Salvador	512.7	717.8
巴拉圭	Paraguay	513.1	582.0
苏　丹	Sudan	752.7	544.9
洪都拉斯	Honduras	649.1	540.9
赞比亚	Zambia	350.0	499.4
多米尼加	Dominican Rep.	457.7	489.6
乌干达	Uganda	355.0	489.2
肯尼亚	Kenya	571.0	460.6
哥斯达黎加	Costa Rica	373.5	442.1
委内瑞拉	Venezuela	684.2	438.0
莫桑比克	Mozambique	272.0	410.7
坦桑尼亚	Tanzania	280.1	359.0
津巴布韦	Zimbabwe	269.2	356.2
尼泊尔	Nepal	259.3	355.8
毛里求斯	Mauritius	436.6	340.5
马达加斯加	Madagascar	290.6	317.4
孟加拉国	Bangladesh	449.1	314.2
马拉维	Malawi	250.0	313.7
巴拿马	Panama	222.9	267.1
刚果(金)	Congo, Dem. Rep.	207.9	231.9
老　挝	Laos	81.9	197.1
科特迪瓦	Cote D'Ivoire	180.1	196.8
伯利兹	Belize	112.3	179.4
海　地	Haiti	122.0	169.0
斐　济	Fiji	175.1	151.5
埃塞俄比亚	Ethiopia	296.9	149.9
尼日利亚	Nigeria	85.0	145.6

国家或地区	Country or Area	甜菜 Sugar Beets 2010	甜菜 Sugar Beets 2019
世　界	**World**	**22840.9**	**27849.8**
俄罗斯	Russia	2225.6	5435.0
法　国	France	3187.5	3802.4
德　国	Germany	2343.2	2972.8
美　国	United States	2906.1	2594.6
土耳其	Turkey	1794.2	1808.6
波　兰	Poland	997.3	1383.7
中　国	China	929.6	1227.3
埃　及	Egypt	784.0	1052.5
乌克兰	Ukraine	1374.9	1020.5
英　国	United Kingdom	652.8	745.0
荷　兰	Netherlands	528.0	664.5
伊　朗	Iran	386.7	529.7
比利时	Belgium	446.5	507.2
白俄罗斯	Belarus	377.3	492.7
日　本	Japan	309.0	398.6
摩洛哥	Morocco	243.6	369.3
捷　克	Czech Rep.	306.5	366.1
西班牙	Spain	353.5	275.3
丹　麦	Denmark	240.9	234.0
塞尔维亚	Serbia	332.5	230.5
瑞　典	Sweden	197.4	202.9
奥地利	Austria	313.2	196.5
意大利	Italy	355.0	177.9
瑞　士	Switzerland	130.2	145.5
智　利	Chile	142.0	131.3
斯洛伐克	Slovakia	97.8	125.2
立陶宛	Lithuania	70.7	100.2
罗马尼亚	Romania	83.8	91.7
加拿大	Canada	50.8	90.4
匈牙利	Hungary	81.9	82.4
吉尔吉斯斯坦	Kyrgyzstan	13.9	74.1
克罗地亚	Croatia	124.9	70.9
摩尔多瓦	Moldova	83.8	60.7
芬　兰	Finland	54.2	50.1
哈萨克斯坦	Kazakhstan	15.2	48.6
土库曼斯坦	Turkmenistan	23.4	24.5
阿塞拜疆	Azerbaijan	25.2	21.9
希　腊	Greece	88.9	7.9
突尼斯	Tunisia		7.5
亚美尼亚	Armenia	2.6	6.7
巴基斯坦	Pakistan	5.3	3.9
伊拉克	Iraq	2.0	3.8
哥伦比亚	Colombia	1.5	3.3
阿尔巴尼亚	Albania	4.0	3.1
委内瑞拉	Venezuela	2.0	2.4
叙利亚	Syrian Arab Republic	142.8	1.9
马　里	Mali	0.4	1.2
斯洛文尼亚	Slovenia		1.1
阿富汗	Afghanistan	1.5	0.9
厄瓜多尔	Ecuador	0.4	0.5

附录2-15 续表 6 continued

单位：万吨 (10 000 tons)

国家或地区	Country or Area	茶叶 Tea 2010	茶叶 Tea 2019
世　界	**World**	**462.2**	**649.7**
中　国	China	145.0	277.7
印　度	India	99.1	139.0
肯 尼 亚	Kenya	39.9	45.9
斯里兰卡	Sri Lanka	33.1	30.0
越　南	Viet Nam	19.9	26.9
土 耳 其	Turkey	23.5	26.1
印度尼西亚	Indonesia	15.0	13.8
缅　甸	Myanmar	9.5	13.3
伊　朗	Iran	12.1	9.1
孟加拉国	Bangladesh	6.0	9.1
阿 根 廷	Argentina	9.2	8.6
日　本	Japan	8.5	8.2
乌 干 达	Uganda	4.9	7.4
坦桑尼亚	Tanzania	3.3	6.3
泰　国	Thailand	6.7	5.9
马 拉 维	Malawi	5.2	5.0
莫桑比克	Mozambique	2.9	3.4
卢 旺 达	Rwanda	2.2	3.2
尼 泊 尔	Nepal	1.7	2.5
中国台湾	Taiwan, China	1.8	1.5
埃塞俄比亚	Ethiopia	0.8	1.3
布 隆 迪	Burundi	3.8	1.1
老　挝	Laos	0.1	0.9
马来西亚	Malaysia	2.0	0.7
喀 麦 隆	Cameroon	0.6	0.6
巴布亚新几内亚	Papua New Guinea	0.6	0.6
刚果(金)	Congo, Dem. Rep.	0.3	0.3
韩　国	Korea, Rep.	0.2	0.3
格鲁吉亚	Georgia	0.4	0.2
毛里求斯	Mauritius	0.2	0.2
秘　鲁	Peru	0.3	0.2
南　非	South Africa	0.2	0.1
厄瓜多尔	Ecuador	0.2	0.1
玻利维亚	Bolivia	0.1	0.1
赞 比 亚	Zambia	0.1	0.1
阿塞拜疆	Azerbaijan	0.1	0.1
津巴布韦	Zimbabwe	2.4	0.1
萨尔瓦多	El Salvador	0.1	0.1
巴　西	Brazil	0.4	0.1
马达加斯加	Madagascar		
危地马拉	Guatemala	0.1	
俄 罗 斯	Russia		
哥伦比亚	Colombia		
马　里	Mali		
黑　山	Montenegro		
塞 舌 尔	Seychelles		
美属维尔京群岛	Virgin Islands(US)		
阿尔巴尼亚	Albania		
斯洛文尼亚	Slovenia		
阿 富 汗	Afghanistan		

国家或地区	Country or Area	水果 Fruit Primary 2010	水果 Fruit Primary 2019
世　界	**World**	**74054.2**	**88341.6**
中　国	China	19604.6	24662.1
印　度	India	7640.9	10416.6
巴　西	Brazil	4142.6	4009.9
美　国	United States	2915.7	2530.4
墨 西 哥	Mexico	1705.9	2367.9
土 耳 其	Turkey	1922.9	2331.3
印度尼西亚	Indonesia	1563.5	2145.3
西 班 牙	Spain	1791.5	1831.8
伊　朗	Iran	1783.0	1745.9
意 大 利	Italy	1861.3	1725.4
菲 律 宾	Philippines	1937.9	1666.0
埃　及	Egypt	1231.3	1552.5
尼日利亚	Nigeria	1076.3	1196.2
哥伦比亚	Colombia	856.5	1079.2
越　南	Viet Nam	732.7	1002.7
泰　国	Thailand	1039.5	961.0
巴基斯坦	Pakistan	707.9	957.3
法　国	France	904.4	867.1
厄瓜多尔	Ecuador	936.5	815.8
阿 根 廷	Argentina	748.3	795.9
南　非	South Africa	613.0	721.8
阿尔及利亚	Algeria	575.1	707.0
秘　鲁	Peru	501.9	703.2
哥斯达黎加	Costa Rica	530.4	701.0
危地马拉	Guatemala	432.9	682.3
加　纳	Ghana	488.7	674.9
智　利	Chile	613.9	673.9
喀 麦 隆	Cameroon	495.1	672.4
刚果(金)	Congo, Dem. Rep.	406.9	663.1
摩 洛 哥	Morocco	429.7	638.2
俄 罗 斯	Russia	361.5	594.4
乌兹别克斯坦	Uzbekistan	388.0	579.8
坦桑尼亚	Tanzania	497.3	579.4
多米尼加	Dominican Rep.	256.5	544.4
安 哥 拉	Angola	264.1	536.2
孟加拉国	Bangladesh	391.8	489.7
希　腊	Greece	404.3	423.0
乌 干 达	Uganda	534.9	402.5
肯 尼 亚	Kenya	320.9	400.4
波　兰	Poland	278.9	393.1
马 拉 维	Malawi	168.1	389.6
澳大利亚	Australia	348.3	355.5
委内瑞拉	Venezuela	283.3	352.6
苏　丹	Sudan		331.7
沙特阿拉伯	Saudi Arabia	215.5	319.5
韩　国	Korea, Rep.	362.0	313.5
阿 富 汗	Afghanistan	136.0	307.9
日　本	Japan	345.5	299.1
乌 克 兰	Ukraine	281.9	291.9
罗马尼亚	Romania	280.0	289.8

附录2-16 互联网网民占总人口比重

Individuals using the Internet as Percentage of Population

资料来源：世界银行WDI数据库。
Source: World Bank WDI Database.
单位：%

(%)

国家或地区	Country or Area	2010	2015	2016	2017	2018	2019
世　界	**World**	**28.8**	**41.7**	**44.8**	**49.0**		
高收入国家	**High Income**	**71.5**	**79.4**	**83.7**	**85.4**	**86.8**	
中等收入国家	**Middle Income**	**21.5**	**36.5**	**39.6**	**44.5**		
低收入国家	**Low Income**	**5.0**	**12.2**	**13.0**	**16.3**		
中　国	China	34.3	50.3	53.2	54.3		
中国香港	Hong Kong, China	72.0	84.9	87.5	89.4	90.5	91.7
中国澳门	Macao, China	55.2	77.6	81.6	83.2	83.8	86.5
孟加拉国	Bangladesh	3.7	14.4	18.0	15.0		12.9
文　莱	Brunei Darussalam	53.0	71.2	90.0	94.9	95.0	95.0
柬埔寨	Cambodia	1.3	6.4	32.4	32.9	40.5	
印　度	India	7.5	17.0	22.0	32.0	20.1	
印度尼西亚	Indonesia	10.9	22.1	25.4	32.3	39.9	47.7
伊　朗	Iran	15.9	45.3	53.2	64.0	70.0	
以色列	Israel	67.5	77.4	79.7	81.6	83.7	86.8
日　本	Japan	78.2	91.1	93.2	91.7	91.3	
哈萨克斯坦	Kazakhstan	31.6	70.8	74.6	76.4	78.9	81.9
韩　国	Korea, Rep.	83.7	89.9	92.8	95.1	96.0	96.2
老　挝	Laos	7.0	18.2	21.9	25.5		
马来西亚	Malaysia	56.3	71.1	78.8	80.1	81.2	84.2
蒙　古	Mongolia	10.2	22.5	22.3	23.7	47.1	51.1
缅　甸	Myanmar	0.3	21.7	25.1	23.6		
巴基斯坦	Pakistan	8.0	14.0	12.4	17.1		17.1
菲律宾	Philippines	25.0	36.0	55.5	60.1		43.0
新加坡	Singapore	71.0	79.0	84.5	84.5	88.2	88.9
斯里兰卡	Sri Lanka	12.0	12.1	16.4	34.1		
泰　国	Thailand	22.4	39.3	47.5	52.9	56.8	66.7
越　南	Viet Nam	30.7	45.0	53.0	58.1	69.8	68.7
埃　及	Egypt	21.6	37.8	41.2	45.0	46.9	57.3
尼日利亚	Nigeria	11.5	36.0	25.7	7.5		
南　非	South Africa	24.0	51.9	54.0	56.2		
加拿大	Canada	80.3	90.0	91.2	92.7		
墨西哥	Mexico	31.1	57.4	59.5	63.9	65.8	70.1
美　国	United States	71.7	74.6	85.5	87.3	88.5	
阿根廷	Argentina	45.0	68.0	71.0	74.3		
巴　西	Brazil	40.7	58.3	60.9	67.5	70.4	
委内瑞拉	Venezuela	37.4	64.0	60.0	64.3		
捷　克	Czech Rep.	68.8	75.7	76.5	78.7	80.7	80.9
法　国	France	77.3	78.0	79.3	80.5	82.0	83.3
德　国	Germany	82.0	87.6	84.2	84.4	87.0	88.1
意大利	Italy	53.7	58.1	61.3	63.1	74.4	
荷　兰	Netherlands	90.7	91.7	90.4	93.2	92.6	93.3
波　兰	Poland	62.3	68.0	73.3	76.0	77.5	84.5
俄罗斯	Russia	43.0	70.1	73.1	76.0	80.9	82.6
西班牙	Spain	65.8	78.7	80.6	84.6	86.1	90.7
土耳其	Turkey	39.8	53.7	58.3	64.7	71.0	74.0
乌克兰	Ukraine	23.3	48.9	53.0	58.9	62.6	
英　国	United Kingdom	85.0	92.0	94.8	90.4	90.7	92.5
澳大利亚	Australia	76.0	84.6	86.5	86.5		
新西兰	New Zealand	80.5	88.2	88.5	90.8		

附录2-17 世界主要国家或地区货物进出口总额

Merchandise Imports and Exports by Country or Area

资料来源：世界贸易组织数据库。
Source: WTO Database.
单位：亿美元 (100 million USD)

国家或地区	Country or Area	2000	2005	2010	2015	2018	2019
世　界	**World**	**131015**	**212956**	**307427**	**332782**	**392950**	**381519**
中　国	China	4743	14219	29740	39530	46224	45774
中国香港	Hong Kong, China	4167	5923	8421	10693	11951	11127
中国澳门	Macao, China	52	70	65	119	127	128
孟加拉国	Bangladesh	153	232	470	744	997	970
文　莱	Brunei Darussalam	50	77	114	96	107	116
柬埔寨	Cambodia	33	70	119	218	302	348
印　度	India	939	2425	5766	6621	8392	8102
印度尼西亚	Indonesia	1090	1627	2934	2931	3689	3388
伊　朗	Iran	426	963	1667	1152	1544	969
以色列	Israel	691	877	1171	1261	1385	1350
日　本	Japan	8588	11108	14638	12730	14866	14265
哈萨克斯坦	Kazakhstan	139	452	911	765	935	951
韩　国	Korea, Rep.	3327	5457	8916	9633	11401	10456
老　挝	Laos	9	14	38	93	115	121
马来西亚	Malaysia	1802	2559	3632	3759	4651	4432
蒙　古	Mongolia	12	22	62	85	129	137
缅　甸	Myanmar	40	57	134	283	360	360
巴基斯坦	Pakistan	199	414	592	663	835	737
菲律宾	Philippines	751	907	1100	1336	1886	1832
新加坡	Singapore	2723	4297	6627	6487	7838	7500
斯里兰卡	Sri Lanka	117	152	221	295	341	319
泰　国	Thailand	1309	2291	3762	4170	5012	4825
越　南	Viet Nam	301	692	1571	3277	4806	5182
埃　及	Egypt	199	354	794	849	996	999
尼日利亚	Nigeria	297	712	1282	949	1036	1169
南　非	South Africa	597	1139	1882	1857	2079	1976
加拿大	Canada	5214	6829	7902	8402	9213	9106
墨西哥	Mexico	3458	4424	6085	7858	9272	9285
美　国	United States	20412	26338	32477	38179	42782	42131
阿根廷	Argentina	515	690	1250	1170	1273	1142
巴　西	Brazil	1138	1962	3935	3702	4278	4070
委内瑞拉	Venezuela	497	797	1047	706	462	223
捷　克	Czech Rep.	611	1546	2596	2992	3869	3774
法　国	France	6666	9676	11348	10770	12582	12235
德　国	Germany	10490	17480	23137	23773	28449	27236
意大利	Italy	4793	7579	9343	8679	10528	10062
荷　兰	Netherlands	4514	7702	10907	10825	13722	13447
波　兰	Poland	808	1911	3378	3956	5325	5260
俄罗斯	Russia	1499	3692	6493	5344	6920	6734
西班牙	Spain	2714	4814	5814	5941	7373	7056
土耳其	Turkey	823	1903	2994	3646	4083	3912
乌克兰	Ukraine	285	704	1124	756	1044	1107
英　国	United Kingdom	6228	9154	10125	10959	11587	11646
澳大利亚	Australia	1354	2314	4143	3962	4925	4932
新西兰	New Zealand	272	479	620	709	835	819

附录2-18 货物出口总额

Merchandise Export

资料来源：世界贸易组织数据库。
Source: WTO Database.
单位：亿美元 (100 million USD)

国家或地区	Country or Area	2000	2005	2010	2015	2018	2019
世　界	**World**	**64540**	**105103**	**153065**	**165556**	**194681**	**188887**
中　国	China	2492	7620	15778	22735	24867	24990
中国香港	Hong Kong, China	2027	2921	4007	5105	5685	5349
中国澳门	Macao, China	25	25	9	13	15	16
孟加拉国	Bangladesh	64	93	192	324	393	379
文　莱	Brunei Darussalam	39	62	89	64	66	65
柬埔寨	Cambodia	14	31	51	85	127	141
印　度	India	424	996	2264	2680	3248	3242
印度尼西亚	Indonesia	654	870	1578	1504	1802	1675
伊　朗	Iran	287	563	1013	703	1050	551
以色列	Israel	314	428	584	641	620	584
日　本	Japan	4792	5949	7698	6249	7381	7055
哈萨克斯坦	Kazakhstan	88	278	600	460	610	573
韩　国	Korea, Rep.	1723	2844	4664	5268	6049	5422
老　挝	Laos	3	6	17	37	53	59
马来西亚	Malaysia	982	1416	1986	2000	2475	2382
蒙　古	Mongolia	5	11	29	47	70	76
缅　甸	Myanmar	16	38	87	114	167	174
巴基斯坦	Pakistan	90	161	214	221	234	234
菲律宾	Philippines	381	413	515	588	693	703
新加坡	Singapore	1378	2296	3519	3516	4130	3908
斯里兰卡	Sri Lanka	54	63	86	105	119	120
泰　国	Thailand	690	1109	1933	2143	2530	2462
越　南	Viet Nam	145	324	722	1621	2437	2643
埃　及	Egypt	53	129	264	213	276	290
尼日利亚	Nigeria	210	505	840	502	605	617
南　非	South Africa	300	516	913	810	940	900
加拿大	Canada	2766	3605	3875	4101	4508	4469
墨西哥	Mexico	1664	2142	2983	3806	4507	4611
美　国	United States	7819	9011	12785	15026	16640	16456
阿根廷	Argentina	263	404	682	568	618	651
巴　西	Brazil	551	1185	2019	1911	2393	2226
委内瑞拉	Venezuela	335	557	657	373	344	165
捷　克	Czech Rep.	291	781	1330	1579	2022	1985
法　国	France	3276	4634	5238	5063	5818	5697
德　国	Germany	5518	9709	12589	13262	15605	14892
意大利	Italy	2405	3731	4473	4570	5495	5327
荷　兰	Netherlands	2331	4064	5743	5704	7267	7092
波　兰	Poland	317	894	1597	1991	2636	2640
俄罗斯	Russia	1050	2438	4006	3414	4431	4188
西班牙	Spain	1153	1926	2544	2823	3468	3336
土耳其	Turkey	278	735	1139	1510	1772	1809
乌克兰	Ukraine	146	342	515	381	473	501
英　国	United Kingdom	2832	3935	4202	4658	4864	4688
澳大利亚	Australia	639	1061	2126	1877	2571	2716
新西兰	New Zealand	133	217	314	344	397	395

附录2-19 货币汇率(年平均价)

Exchange Rate (Period Average)

资料来源：世界银行WDI数据库。
Source: World Bank WDI Database.
单位：1美元合本币数 (local currency unit per US dollar)

国家或地区	Country or Area	2000	2005	2010	2015	2018	2019
中　　国	**China**	**8.28**	**8.19**	**6.77**	**6.23**	**6.62**	**6.91**
中国香港	Hong Kong, China	7.79	7.78	7.77	7.75	7.84	7.84
中国澳门	Macao, China	8.03	8.01	8.00	7.99	8.07	8.07
孟加拉国	Bangladesh	52.14	64.33	69.65	77.95	83.47	84.45
文　　莱	Brunei Darussalam	1.72	1.66	1.36	1.38	1.35	1.36
柬 埔 寨	Cambodia	3840.75	4092.50	4184.92	4067.75	4051.17	4061.15
印　　度	India	44.94	44.10	45.73	64.15	68.39	70.42
印度尼西亚	Indonesia	8421.78	9704.74	9090.43	13389.41	14236.94	14147.67
伊　　朗	Iran	1764.86	8963.96	10254.18	29011.49	40864.33	42000.00
以 色 列	Israel	4.08	4.49	3.74	3.89	3.59	3.57
日　　本	Japan	107.77	110.22	87.78	121.04	110.42	109.01
哈萨克斯坦	Kazakhstan	142.13	132.88	147.35	221.73	344.71	382.75
韩　　国	Korea, Rep.	1130.96	1024.12	1156.06	1131.16	1100.50	1165.36
老　　挝	Laos	7887.64	10655.17	8254.16	8127.61	8401.33	8679.41
马来西亚	Malaysia	3.80	3.79	3.22	3.91	4.04	4.14
蒙　　古	Mongolia	1076.67	1205.25	1357.06	1970.31	2472.48	2663.54
缅　　甸	Myanmar	6.52	5.82	5.64	1162.62	1429.81	1518.26
巴基斯坦	Pakistan	53.65	59.51	85.19	102.77	121.82	150.04
菲 律 宾	Philippines	44.19	55.09	45.11	45.50	52.66	51.80
新 加 坡	Singapore	1.72	1.66	1.36	1.38	1.35	1.36
斯里兰卡	Sri Lanka	77.01	100.50	113.06	135.86	162.47	178.75
泰　　国	Thailand	40.11	40.22	31.69	34.25	32.31	31.05
越　　南	Viet Nam	14167.75	15858.92	18612.92	21697.57	22602.05	23050.24
埃　　及	Egypt	3.47	5.78	5.62	7.69	17.77	16.77
尼日利亚	Nigeria	101.70	131.27	150.30	192.44	306.08	306.92
南　　非	South Africa	6.94	6.36	7.32	12.76	13.23	14.45
加 拿 大	Canada	1.49	1.21	1.03	1.28	1.30	1.33
墨 西 哥	Mexico	9.46	10.90	12.64	15.85	19.24	19.26
美　　国	United States	1.00	1.00	1.00	1.00	1.00	1.00
阿 根 廷	Argentina	1.00	2.90	3.90	9.23	28.10	48.15
巴　　西	Brazil	1.83	2.43	1.76	3.33	3.65	3.94
委内瑞拉	Venezuela	0.68	2.09	2.58	6.28	33765.99	
捷　　克	Czech Rep.	38.60	23.96	19.10	24.60	21.73	22.93
法　　国	France	1.09	0.80	0.75	0.90	0.85	0.89
德　　国	Germany	1.09	0.80	0.75	0.90	0.85	0.89
意 大 利	Italy	1.09	0.80	0.75	0.90	0.85	0.89
荷　　兰	Netherlands	1.09	0.80	0.75	0.90	0.85	0.89
波　　兰	Poland	4.35	3.24	3.02	3.77	3.61	3.84
俄 罗 斯	Russia	28.13	28.28	30.37	60.94	62.67	64.74
西 班 牙	Spain	1.09	0.80	0.75	0.90	0.85	0.89
土 耳 其	Turkey	0.63	1.34	1.50	2.72	4.83	5.67
乌 克 兰	Ukraine	5.44	5.13	7.94	21.85	27.20	25.85
英　　国	United Kingdom	0.66	0.55	0.65	0.66	0.75	0.78
澳大利亚	Australia	1.73	1.31	1.09	1.33	1.34	1.44
新 西 兰	New Zealand	2.20	1.42	1.39	1.43	1.45	1.52

附录2-20 外商直接投资
Foreign Direct Investment

资料来源：联合国贸发会议FDI数据库。
Source: UNCTAD FDI Database .
单位：亿美元 (100 million USD)

国家或地区	Country or Area	外商直接投资 FDI Inflows			对外直接投资 FDI Outflows		
		2000	2010	2019	2000	2010	2019
世　界	**World**	**13566.1**	**13962.0**	**15398.8**	**11637.3**	**13960.3**	**13137.7**
中　国	China	407.1	1147.3	1412.3	9.2	688.1	1171.2
中国香港	Hong Kong, China	545.8	705.4	683.8	540.8	862.5	592.8
中国澳门	Macao, China		28.3	19.0		-4.4	-1.6
孟加拉国	Bangladesh	5.8	9.1	16.0		0.2	
文　莱	Brunei Darussalam	5.5	4.8	2.7	0.3	-0.4	
柬埔寨	Cambodia	1.5	14.0	37.1	0.1	0.2	1.0
印　度	India	35.9	274.2	505.5	5.1	159.5	121.0
印度尼西亚	Indonesia	-45.5	137.7	234.3		26.6	33.8
伊　朗	Iran	1.9	36.5	15.1	0.1	2.4	0.8
以色列	Israel	69.6	69.8	182.2	33.4	79.4	85.7
日　本	Japan	83.2	-12.5	145.5	315.6	562.6	2266.5
哈萨克斯坦	Kazakhstan	12.8	115.5	31.2		78.9	-25.9
韩　国	Korea, Rep.	115.1	95.0	105.7	48.4	282.2	355.3
老　挝	Laos	0.3	2.8	5.6	0.1	0.3	
马来西亚	Malaysia	37.9	90.6	76.5	20.3	134.0	63.0
蒙　古	Mongolia	0.5	16.9	24.4		0.6	1.3
缅　甸	Myanmar	0.9	66.7	27.7			
巴基斯坦	Pakistan	3.1	20.2	22.2	0.1	0.5	-0.1
菲律宾	Philippines	22.4	13.0	50.0	1.3	29.4	6.6
新加坡	Singapore	147.5	574.6	920.8	68.5	354.1	332.8
斯里兰卡	Sri Lanka	1.8	4.8	7.6		0.4	0.8
泰　国	Thailand	34.1	145.6	41.5	-0.2	79.4	118.5
越　南	Viet Nam	12.9	80.0	161.2		9.0	4.7
埃　及	Egypt	12.4	63.9	90.1	0.5	11.8	4.1
尼日利亚	Nigeria	13.1	61.0	33.0	1.7	9.2	2.8
南　非	South Africa	8.9	36.4	46.2	2.7	-0.8	31.2
加拿大	Canada	668.0	284.0	503.3	446.8	347.2	766.0
墨西哥	Mexico	182.5	271.3	329.2		143.7	102.3
美　国	United States	3140.1	1980.5	2462.2	1426.3	2777.8	1249.0
阿根廷	Argentina	104.2	113.3	62.4	9.0	9.6	15.7
巴　西	Brazil	327.8	776.9	719.9	22.8	220.6	155.2
委内瑞拉	Venezuela	47.0	15.7	9.3	5.2	24.9	10.8
捷　克	Czech Rep.	49.9	61.4	75.8	0.4	11.7	49.2
法　国	France	275.0	138.9	339.6	1619.5	481.5	386.6
德　国	Germany	1982.8	656.4	363.6	570.9	1254.5	987.0
意大利	Italy	133.7	91.8	265.7	66.9	326.9	249.3
荷　兰	Netherlands	638.6	-71.8	842.2	756.3	683.6	1246.5
波　兰	Poland	94.5	128.0	132.2	0.2	61.5	21.3
俄罗斯	Russia	26.5	316.7	317.4	31.5	411.2	225.3
西班牙	Spain	395.8	398.7	124.1	582.1	378.4	241.3
土耳其	Turkey	9.8	90.9	84.3	8.7	14.7	28.4
乌克兰	Ukraine	6.0	65.0	30.7		7.4	6.5
英　国	United Kingdom	1153.0	582.0	591.4	2327.4	480.9	314.8
澳大利亚	Australia	141.9	368.0	361.6	28.6	198.0	54.0
新西兰	New Zealand	13.5	-0.6	54.3	6.1	7.2	-1.8

附录2-21　外汇储备与黄金储备

Foreign Exchange and Gold Reserves

资料来源：国际货币基金组织IFS数据库。
Source: IMF IFS Database.

国家或地区	Country or Area	外汇储备（亿美元） Foreign Exchange (100 million USD)			黄金储备（万盎司） Gold Reserves(10000 fine troy ounces)		
		2000	2010	2019	2000	2010	2019
中　国	**China**	**1655.7**	**28473.4**	**31079.2**	**1270.0**	**3389.0**	**6264.0**
中国香港	**Hong Kong, China**	**1075.4**	**2686.5**	**4412.2**	**7.0**	**7.0**	**7.0**
中国澳门	**Macao, China**	**33.2**	**237.3**	**222.1**			
孟加拉国	Bangladesh	14.9	99.0	306.5	11.0	43.0	45.0
文　莱	Brunei Darussalam	3.6	12.1	37.0			14.0
柬 埔 寨	Cambodia	5.0	31.5	168.8	40.0	40.0	114.0
印　度	India	372.6	2678.1	4268.8	1150.0	1793.0	2041.0
印度尼西亚	Indonesia	282.8	899.7	1227.1	310.0	235.0	253.0
以 色 列	Israel	231.6	692.7	1242.5			
日　本	Japan	3472.1	10362.6	12559.0	2455.0	2460.0	2460.0
哈萨克斯坦	Kazakhstan	15.9	246.9	93.2	184.0	216.0	1239.0
韩　国	Korea, Rep.	958.6	2869.3	3978.8	44.0	46.0	336.0
老　挝	Laos	1.4	6.2		2.0	29.0	
马来西亚	Malaysia	274.3	1023.2	994.7	117.0	117.0	125.0
蒙　古	Mongolia	1.8	21.2	31.8	8.0	6.0	74.0
缅　甸	Myanmar	2.2	57.1	54.7	23.0	23.0	23.0
巴基斯坦	Pakistan	15.0	131.2	131.7	209.0	207.0	208.0
菲 律 宾	Philippines	129.7	539.9	780.5	723.0	495.0	636.0
新 加 坡	Singapore	795.1	2236.8	2769.7	410.0	410.0	410.0
斯里兰卡	Sri Lanka	9.8	66.3	66.2	34.0	35.0	63.0
泰　国	Thailand	319.3	1656.6	2145.7	237.0	320.0	495.0
越　南	Viet Nam	34.2	120.5	779.5			
埃　及	Egypt	129.1	323.5	400.3	243.0	243.0	255.0
尼日利亚	Nigeria	99.1	323.4	360.2	69.0	69.0	
南　非	South Africa	57.9	354.2	459.0	590.0	402.0	403.0
加 拿 大	Canada	290.2	448.9	736.1	118.0	11.0	
墨 西 哥	Mexico	351.4	1148.8	1705.8	25.0	23.0	386.0
美　国	United States	312.4	520.8	415.4	26161.0	26150.0	26150.0
阿 根 廷	Argentina	244.1	466.2	392.2	2.0	176.0	176.0
巴　西	Brazil	324.3	2805.7	3464.9	212.0	108.0	217.0
委内瑞拉	Venezuela	126.3	91.9		1024.0	1176.0	
捷　克	Czech Rep.	130.2	403.4	1482.4	45.0	41.0	26.0
法　国	France	321.1	362.1	517.3	9725.0	7830.0	7832.0
德　国	Germany	496.7	373.6	359.9	11152.0	10934.0	10824.0
意 大 利	Italy	224.2	356.8	427.1	7883.0	7883.0	7883.0
荷　兰	Netherlands	70.0	89.0	43.7	2932.0	1969.0	1969.0
波　兰	Poland	263.2	863.2	1158.2	331.0	331.0	735.0
俄 罗 斯	Russia	242.6	4329.5	4333.0	1236.0	2536.0	7302.0
西 班 牙	Spain	295.2	133.1	544.6	1683.0	905.0	905.0
土 耳 其	Turkey	223.1	790.5	770.4	374.0	373.0	1682.0
乌 克 兰	Ukraine	11.0	333.2	240.7	45.0	89.0	81.0
英　国	United Kingdom	341.6	493.3	1375.4	1567.0	997.0	998.0
澳大利亚	Australia	167.8	327.9	504.5	256.0	257.0	157.0
新 西 兰	New Zealand	36.2	151.3	162.6			

附录2-22 研究与开发经费支出和公共教育经费支出占国内生产总值比重

Research and Development Expenditure and Public Spending on Education as Percentage of GDP

资料来源：世界银行WDI数据库。
Source: World Bank WDI Database.

单位：% (%)

国家或地区	Country or Area	研究与开发经费支出占国内生产总值比重 Research and Development Expenditure as of GDP			公共教育经费支出占国内生产总值比重 Public Spending on Education, Total as of GDP		
		2000	2010	2017	2000	2010	2017
世　界	**World**	**2.1**	**2.0**	**2.1**	**3.9**	**4.5**	**4.5**
高收入国家	**High Income**	**2.3**	**2.4**	**2.6**	**4.7**	**5.3**	**4.9**
中等收入国家	**Middle Income**	**0.6**	**1.1**	**1.4**	**3.6**	**4.5**	**4.4**
中　国	China	0.9	1.7	2.1			
中国香港	Hong Kong, China	0.5	0.7	0.8		3.5	3.3
中国澳门	Macao, China		0.1	0.2	3.3	2.6	2.7
孟加拉国	Bangladesh				2.1	1.9①	1.5②
文　莱	Brunei Darussalam				3.7	2.0	4.4②
柬埔寨	Cambodia			0.1③	1.7	1.5	1.9④
印　度	India	0.8	0.8	0.7	4.3	3.4	
印度尼西亚	Indonesia	0.1	0.1①	0.2		2.8	3.6③
伊　朗	Iran		0.3	0.8	4.0	3.7	3.8
以色列	Israel	3.9	3.9	4.8	6.1	5.5	6.1
日　本	Japan	2.9	3.1	3.2	3.5	3.6	3.2
哈萨克斯坦	Kazakhstan	0.2	0.2	0.1	3.3	3.1①	2.8
韩　国	Korea, Rep.	2.2	3.5	4.6		4.7①	4.3②
老　挝	Laos				1.5	1.7	2.9④
马来西亚	Malaysia	0.5	1.0	1.4②	6.0	5.0	4.7
蒙　古	Mongolia	0.2	0.2	0.1	5.6	4.6	4.1
缅　甸	Myanmar	0.1			0.6		2.1
巴基斯坦	Pakistan	0.1	0.4①	0.2	1.8	2.3	2.9
菲律宾	Philippines		0.1①	0.2③	3.2	2.5①	
新加坡	Singapore	1.8	1.9	1.9	3.3	3.1	
斯里兰卡	Sri Lanka	0.1	0.1	0.1③		1.7	2.8
泰　国	Thailand	0.2	0.2①	1.0	5.3	3.5	
越　南	Viet Nam			0.5		5.1	4.3②
埃　及	Egypt	0.2	0.4	0.7		3.8⑤	
尼日利亚	Nigeria		0.1				
南　非	South Africa		0.7	0.8	5.4	5.7	6.1
加拿大	Canada	1.9	1.8	1.7	5.4	5.4	
墨西哥	Mexico	0.3	0.5	0.3	4.0	5.2	4.5
美　国	United States	2.6	2.7	2.8		5.4	5.0④
阿根廷	Argentina	0.4	0.6	0.5	4.6	5.0	5.5
巴　西	Brazil	1.0	1.2	1.3	3.9	5.6	6.3
委内瑞拉	Venezuela	0.4	0.2	0.1②		6.9①	
捷　克	Czech Rep.	1.1	1.3	1.8	3.7	4.1	3.9
法　国	France	2.1	2.2	2.2	5.5	5.7	5.5
德　国	Germany	2.4	2.7	3.0		4.9	4.9
意大利	Italy	1.0	1.2	1.4	4.3	4.3	4.0
荷　兰	Netherlands	1.8	1.7	2.0	4.6	5.5	5.2
波　兰	Poland	0.6	0.7	1.0	5.0	5.1	4.6
俄罗斯	Russia	1.1	1.1	1.1	2.9	4.1⑤	4.7
西班牙	Spain	0.9	1.4	1.2	4.2	4.9	4.2
土耳其	Turkey	0.5	0.8	1.0	2.5		4.3③
乌克兰	Ukraine	1.0	0.8	0.4	4.2	7.3①	5.4
英　国	United Kingdom	1.6	1.7	1.7	4.0	5.7	5.4
澳大利亚	Australia	1.6	2.4	1.9	4.9	5.6	5.1
新西兰	New Zealand		1.3①	1.4		7.0	6.3

注：①2009年数据。②2016年数据。③2015年数据。④2014年数据。⑤2008年数据。⑥2007年数据。
Note:①Data refer to 2009.②Data refer to 2016.③Data refer to 2015.④Data refer to 2014.⑤Data refer to 2008.⑥Data refer to 2007.

附录2-23 医疗支出占国内生产总值比重及人均医疗支出

Health Expenditure as Percentage of GDP and Health Expenditure per Capita

资料来源：世界银行WDI数据库。
Source: World Bank WDI Database.

国家或地区	Country or Area	医疗支出占国内生产总值的比重(%) Health Expenditure, Total as Percentage of GDP(%)			人均医疗支出(美元) Health Expenditure per Capita(USD)		
		2000	2010	2017	2000	2010	2017
世　界	**World**	**8.6**	**9.5**	**9.9**	**475.0**	**908.9**	**1061.1**
高收入国家	**High Income**	**9.4**	**11.5**	**12.5**	**2396.3**	**4527.5**	**5284.1**
中等收入国家	**Middle Income**	**5.1**	**5.1**	**5.4**	**65.2**	**194.9**	**269.5**
低收入国家	**Low Income**	**4.2**	**6.0**	**5.7**	**15.6**	**39.1**	**44.8**
中　国	China	4.5	4.2	5.2	42.4	187.7	440.8
孟加拉国	Bangladesh	2.0	2.5	2.3	8.3	20.2	36.3
文　莱	Brunei Darussalam	2.5	2.3	2.4	508.4	803.5	671.4
柬埔寨	Cambodia	6.5	6.9	5.9	19.7	54.3	82.1
印　度	India	4.0	3.3	3.5	18.6	45.3	69.3
印度尼西亚	Indonesia	1.9	3.0	3.0	16.2	92.2	115.0
伊　朗	Iran	4.7	6.8	8.7	80.2	440.9	475.5
以色列	Israel	6.8	7.0	7.4	1496.9	2211.0	3144.6
日　本	Japan	7.2	9.2	10.9	2740.5	4060.2	4169.0
哈萨克斯坦	Kazakhstan	4.2	2.7	3.1	50.5	247.4	279.6
韩　国	Korea, Rep.	4.0	6.2	7.6	473.9	1374.3	2283.1
老　挝	Laos	4.3	2.9	2.5	14.4	35.0	62.1
马来西亚	Malaysia	2.6	3.2	3.9	111.4	292.9	384.1
蒙　古	Mongolia	4.9	3.7	4.0	27.0	99.1	148.8
缅　甸	Myanmar	1.8	1.8	4.7	3.4	15.1	58.0
巴基斯坦	Pakistan	2.9	2.6	2.9	16.0	26.6	44.6
菲律宾	Philippines	3.2	4.3	4.4	32.8	91.8	132.9
新加坡	Singapore	3.4	3.2	4.4	820.7	1513.6	2618.7
斯里兰卡	Sri Lanka	4.2	3.9	3.8	43.7	108.6	159.5
泰　国	Thailand	3.1	3.4	3.7	62.3	172.1	247.0
越　南	Viet Nam	4.8	6.0	5.5	18.8	78.2	129.6
埃　及	Egypt	4.9	4.2	5.3	72.5	111.4	105.8
尼日利亚	Nigeria	3.2	3.3	3.8	17.7	76.7	73.9
南　非	South Africa	7.4	7.4	8.1	221.8	539.6	499.2
加拿大	Canada	8.3	10.7	10.6	1998.6	5044.1	4754.9
墨西哥	Mexico	4.4	6.0	5.5	309.6	538.7	494.7
美　国	United States	12.5	16.4	17.1	4560.1	7957.3	10246.1
阿根廷	Argentina	8.5	8.6	9.1	705.2	891.1	1324.6
巴　西	Brazil	8.3	7.9	9.5	311.7	891.8	928.8
委内瑞拉	Venezuela	7.3	6.8	1.2	350.9	926.7	94.2
捷　克	Czech Rep.	5.7	6.9	7.2	342.9	1373.9	1475.9
法　国	France	9.6	11.2	11.3	2156.5	4593.4	4379.7
德　国	Germany	9.8	11.0	11.2	2334.7	4597.2	5033.5
意大利	Italy	7.6	9.0	8.8	1520.5	3214.5	2840.1
荷　兰	Netherlands	7.7	10.2	10.1	2023.1	5186.6	4911.4
波　兰	Poland	5.3	6.4	6.5	238.0	809.2	906.8
俄罗斯	Russia	5.0	5.0	5.3	95.4	567.4	585.9
西班牙	Spain	6.8	9.0	8.9	1002.8	2775.1	2506.5
土耳其	Turkey	4.6	5.1	4.2	199.5	539.3	444.7
乌克兰	Ukraine	5.3	6.8	7.0	35.1	202.3	177.4
英　国	United Kingdom	6.0	8.4	9.6	1674.3	3309.5	3858.7
澳大利亚	Australia	7.6	8.4	9.2	1632.4	4952.8	5331.8
新西兰	New Zealand	7.5	9.6	9.2	1053.9	3216.2	3937.2

附录3

统计公报和统计工作

Shandong Statistics Communique and Shandong Statistical Undertaking

简 要 说 明

一、本篇资料的主要内容

本篇主要包括统计公报、统计工作综述和山东省统计局工作大事记。统计公报和统计工作综述综合反映全省经济社会发展概况和山东省统计工作情况；山东省统计局工作大事记按时间顺序记载了2020年山东省统计局发生的大事要事，包括局领导重要活动、方法制度改革、统计法制建设、统计基层基础建设、统计信息化建设、统计干部队伍建设等方面的内容。

二、本篇资料的来源

本篇资料由省统计局办公室和综合处整理提供。

Brief Introduction

I. Content

This chapter contains Bureau of Statistics Shandong Statistics Communique, Summary of Shandong Statistical Undertaking and Events of Shandong Provincial. Bureau of Statistics Shandong Statistics Communique and Summary of Shandong Statistical Undertaking comprehensively reflect the development of society and economy and show the achievements in statistics of Shandong Province. Events happened in 2020 of Shandong Statistical Bureau are recorded in time order, mainly including important activities of leaders, reform of statistical laws, development of primary-level statistical work, construction of information system, and training of statistics professionals, etc.

II. Source of Data

Data and files are provided by the Administrative Office and the Division of Comprehensive Statistics of Shandong Provincial Bureau of statistics.

2020 年山东省国民经济和社会发展统计公报

山 东 省 统 计 局
国家统计局山东调查总队

2020 年，面对错综复杂的国际形势、艰巨繁重的改革发展稳定任务，特别是新冠肺炎疫情的严重冲击，全省上下坚持以习近平新时代中国特色社会主义思想为指导，全面贯彻党的十九大和十九届二中、三中、四中、五中全会精神，认真落实习近平总书记对山东工作的重要指示要求，坚持稳中求进工作总基调，坚持新发展理念，深化供给侧结构性改革，锚定“走在前列、全面开创”，创新实施八大发展战略，强力推进九大改革攻坚，统筹疫情防控和经济社会发展，扎实做好“六稳”工作、全面落实“六保”任务，全省经济社会经受住了空前考验，抗疫斗争取得决定性胜利，经济运行逆势上扬，高质量发展积厚成势，新旧动能转换初见成效，人民福祉水平持续提升，社会大局和谐稳定，“十三五”实现圆满收官，全面建成小康社会取得决定性进展和历史性成就。

一、综合

经济发展好于预期。初步核算，全省实现生产总值 73129.0 亿元，按可比价格计算，比上年增长 3.6%。分产业看，第一产业增加值 5363.8 亿元，增长 2.7%；第二产业增加值 28612.2 亿元，增长 3.3%；第三产业增加值 39153.1 亿元，增长 3.9%。三次产业结构由上年的 7.3∶39.9∶52.8 调整为 7.3∶39.1∶53.6。

图1　2016—2020年地区生产总值

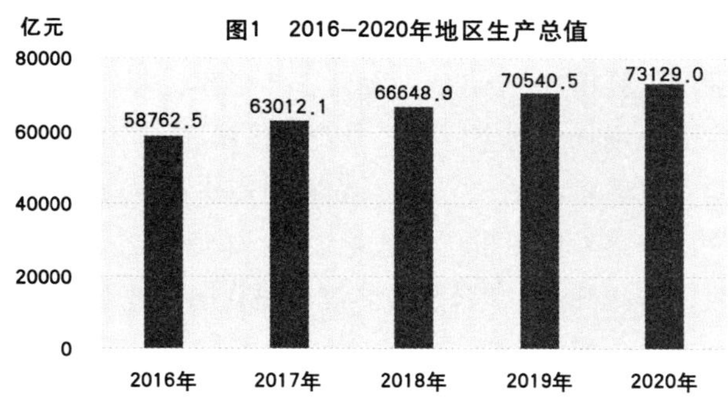

图2　2016—2020年三次产业增加值占地区生产总值比重

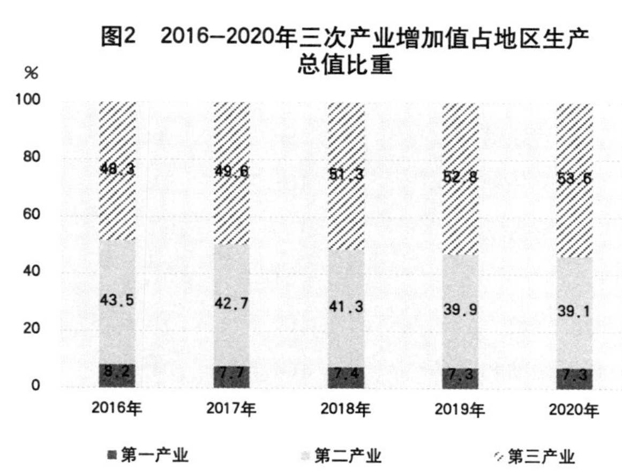

就业形势基本稳定。城镇新增就业 122.7 万人。其中，失业人员再就业 48.0 万人，困难群体再就业 7.5 万人。城镇登记失业率为 3.10%，比上年降低 0.19 个百分点。

图3　2016—2020年城镇新增就业人数

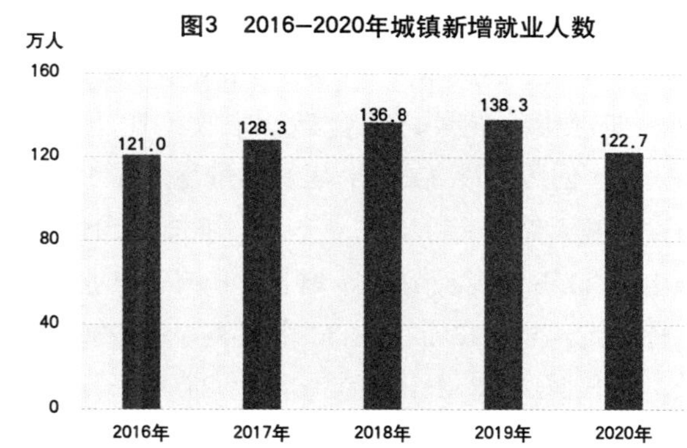

物价总体涨势温和。居民消费价格比上年上涨 2.8%。其中，消费品价格上涨 4.2%，服务项目价格上涨 0.4%；食品价格上涨 12.1%，非食品价格上涨 0.4%。农业生产资料价格上涨 5.6%，农产品生产者价格上涨 8.7%。工业生产者出厂价格下降 1.9%，购进价格下降 2.5%。

表 1　2020 年居民消费价格指数（以上年为 100）

指　标	全省	城市	农村
居民消费价格指数	102.8	102.5	103.6
食品烟酒	109.5	108.9	111.1
粮食	102.4	102.7	101.6
鲜菜	109.9	109.3	111.8
猪肉	152.2	152.4	151.7
鸡蛋	87.8	88.6	85.9
鲜瓜果	89.3	90.5	85.4
衣着	100.6	100.7	100.4
居住	99.7	99.4	100.5
生活用品及服务	99.9	99.9	100.1
交通和通信	96.2	96.0	96.9
教育文化和娱乐	101.2	101.3	100.8
健身活动	100.1	100.2	98.9
旅游	101.3	101.5	99.0
医疗保健	101.5	101.4	101.9
其他用品和服务	104.6	104.5	105.0
养老服务	101.1	100.7	102.8

“六稳”“六保”落实落地。部署开展“四进”攻坚行动，制定“六保三促”工作方案，密集出台助企纾困、“扩强稳”等一揽子措施，复工复产走在全国前列，生产生活秩序快速恢复。就业稳步好转，城镇新增就业完成年度高目标的 111.5%，农民工总量恢复至上年的 98.2%。持续落实减税降费政策，为市场主体新增减负 1850 亿元。企业经营压力缓解，规模以上工业企业每百元营业收入中的成本为 86.5 元，比上年下降 0.4 元。粮食和能源供给充足，粮食喜获丰收，比上年增长 1.7%，单产创历史最高水平；煤炭产量稳定在 1.1 亿吨左右；供应天然气 212.6 亿立方米，增长 13.1%；接纳省外电量 1158.7 亿千瓦时，增长 24.0%。产业链供应链保持稳定，规模以上工业 30 个大类行业增加值实现增长，增长面达 73.2%，比上年扩大 24.4 个百分点。基层运转保障有力，省财政下达市县各类转移支付 2914 亿元；中央新增财政资金 661.5 亿元，直达市县基层、直接惠企利民。

二、重点战略

动能转换初见成效。坚决淘汰落后产能，压减焦化产能 729 万吨，退出地炼产能 1176 万吨。坚决改造提升传统动能，裕龙岛炼化一体化、世界高端铝业基地、山东重工绿色智造产业城等重大制造业项目落地实施；工业技改投资比上年增长 17.6%。坚决培育壮大新动能，“四新”经济增加值占比达到 30.2%，投资占比达到 51.3%。新登记“四新”经济企业增长 83.4%。新增高新技术企业 3157 家，总量达到 1.46 万家，增长 27.5%。高新技术产业产值占规模以上工业产值比重为 45.1%，比上年提高 5.0 个百分点。十强产业中，新一代信息技术制造业、新能源新材料、高端装备等增加值分别增长 14.5%、19.6%和 9.0%，依次高于规模以上工业 9.5、14.6 和 4.0 个百分点。高技术制造业增加值增长 9.8%，高于规模以上工业 4.8 个百分点。光电子器件、服务器、半导体分立器件、碳纤维、工业机器人等高端智能产品产量分别增长 24.8%、35.3%、15.5%、129.5%和 24.9%。软件业务收入 5848.5 亿元，增长 12.4%；软件业务出口 15.8 亿美元，下降 1.0%。

图4　2017—2020年“四新”经济增加值占地区生产总值比重

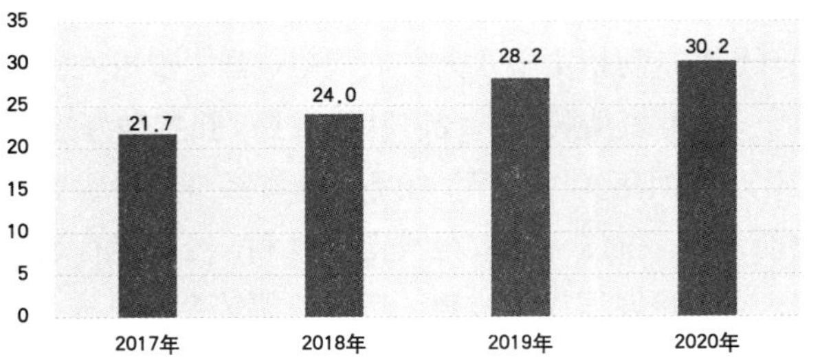

图5　2016—2020年高新技术产业产值占规模以上工业产值比重

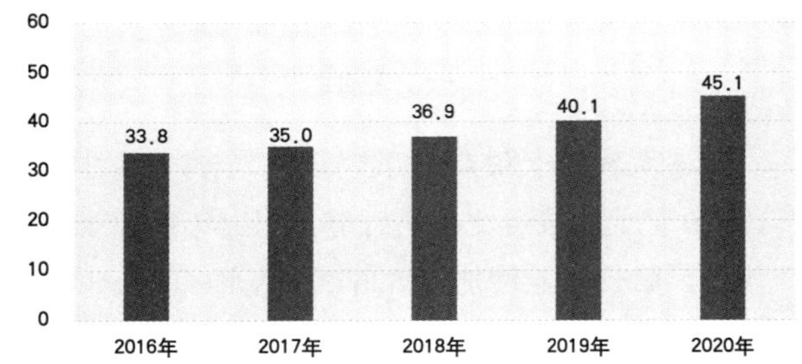

乡村振兴稳步推进。融合集聚发展优势凸显，累计创建国家级优势特色产业集群 2 个，现代农业产业园 8 个，特色农产品优势区 17 个，绿色发展先行区 2 个，农业产业强镇 59 个。农业经营主体培育壮大，累计培育家庭农场 8.7 万家，农民专业合作社 23.6 万个。累计培育高素质农民 52 万人。农村电商快速发展，实现农产品网络零售额 360.3 亿元，比上年增长 22.3%。休闲农业持续升温，累计创建各类省级休闲农业示范 669 个，其中，新增农业示范点（村）42 个、农业精品园区（农庄）45 个。农村人居环境显著改善，改造危房

3.3万户，新增清洁取暖216.4万户，完成农厕改造23.5万户。乡村文化事业繁荣发展，乡镇（街道）综合文化站建成率达99.6%，行政村（社区）综合性文化服务中心基本实现全覆盖。

*海洋强省建设取得重要进展。*海洋新兴产业加快培养，推动成立省海洋生物医药产业投资基金，国家一类抗肿瘤海洋新药BG136即将进入临床。建成海水淡化工程31个，日产能达35.9万吨。海洋传统产业转型升级，新增国家级海洋牧场示范区10处，累计达到54处，占全国的39.7%；新增省级海洋牧场示范创建项目14个。港口资源深化整合，沿海港口集装箱吞吐量3191万标箱，比上年增长6.0%，总量居全国第2位。海洋科技创新引领发展，省级海洋工程技术协同创新中心107家，省级以上海洋科技创新平台132家，“透明海洋”“蓝色药库”“超高速高压水动力平台”等纳入国家重大项目。

*三大攻坚取得显著成效。*防范化解金融风险成效显著，年末金融机构不良贷款余额1986.2亿元，比年初减少511.8亿元；不良贷款率2.03%，比年初下降0.86个百分点。脱贫攻坚取得决定性成就，省标以下贫困人口全部实现脱贫，8654个省扶贫工作重点村全部退出。稳步推进黄河滩区居民迁建，23个外迁社区整体搬迁入住，60万滩区群众安居梦想即将实现。197.9万脱贫享受政策人员和3.45万即时帮扶人员全部落实医保扶贫政策。生态环境质量明显改善，细颗粒物（$PM_{2.5}$）平均浓度46μg/m³，比上年下降11.5%；环境空气质量综合指数4.87，下降11.3%；重污染天数平均8.8天，减少4.4天；优良天数比例平均为69.1%，上升10.4个百分点。国控地表水考核断面优良水体比例达到73.5%，全面消除劣五类水体。近岸海域水质优良面积比例达到91.5%。

*基础设施建设加速加力。*高速铁路建设扎实推进，在建6条高铁，潍莱高铁建成通车，高铁通车里程达到2110公里。高速公路建设强力推进，公路通车里程28.68万公里，比上年增加6489公里。其中，高速公路通车里程达到7473.4公里，新增1026公里。水运建设成绩显著，沿海港口生产型泊位607个，其中新增万吨级以上深水泊位14个，累计达到340个。能源项目建设全力推动，原油、成品油、天然气管道里程分别为3980公里、2200公里和6730公里。可再生能源发电装机总容量4541.2万千瓦，占电力总装机容量的28.6%，比上年提高6.0个百分点；光伏、生物质发电装机居全国首位。

图6 2016—2020年铁路通车里程和高速公路通车里程

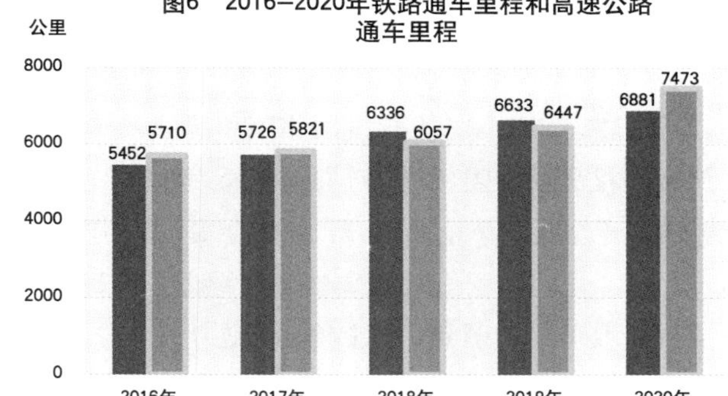

对外开放打造新优势。《中国（山东）自由贸易试验区条例》正式发布，自贸试验区试点任务实施104项，上合示范区“四个中心”建设初见成效。高能级平台作用凸显，新增2个综合保税区，累计达13个。线上线下融合拓市场，举办“儒商青企会”“山东与世界500强连线”“山东与世界500强产业链高质量合作发展对话”“全省重点外资项目集中签约仪式”等活动，签约外资项目237个，合同外资104.9亿美元。加快培育新动能，5市纳入全国跨境电商零售进口试点，3市获批国家级跨境电商综试区。人才队伍不断壮大，两院院士59人，享受国务院政府特殊津贴专家3510人，省有突出贡献的中青年专家1536人，齐鲁首席技师1805人，高技能人才330.2万人，获得“山东惠才卡”人选5952人。

表2　2020年主要人才培养平台数量

指　标	数量（个）
博士后科研工作站	357
博士后创新实践基地	279
国家级高技能人才培训基地	43
国家技能大师工作室	49
省级人力资源服务产业园	20
技工教育特色名校	20
齐鲁技能大师特色工作站	100

*区域发展构建新格局。*省会、胶东、鲁南经济圈一体化发展协同推进，三大经济圈分别实现生产总值27466.0亿元、31113.4亿元和14515.9亿元，按可比价格计算，比上年分别增长3.8%、3.5%和3.6%，对全省经济增长的贡献率分别为38.7%、41.2%和20.1%。济青烟“三核”引领作用突出，合计实现生产总值30357.9亿元，增长4.0%；占全省GDP比重为41.5%，比上年提高0.6个百分点。

三、改革与创新

*重点改革领域持续深化。*国资国企改革成效显著，

深入实施省属企业混改三年工作计划，省属企业混改户数比例达到 68.9%。省属企业控股上市公司达 44 家。山东能源与兖矿集团、山东高速与齐鲁交通实施联合重组，新组建南郊集团、人才发展集团和国欣颐养、国欣文旅、产权交易集团。275 户省属“僵尸企业”全部完成处置。开发区改革全面推开，管委会内设机构平均压减 58.7%，管辖面积压减 48%，代管乡镇压减 50.7%。农业农村改革成效明显，推进农村土地“三权分置”改革，土地流转率达到 42.3%；圆满完成农村集体产权制度改革整省试点，超过 99%的村（组）完成成员身份确认。医药卫生体制改革不断深化，组建 388 个医共体，42 个国家紧密型医共体试点县完成 3 个以上区域资源共享中心建设。

*营商环境不断改善。*简政放权大力推进，下放省级行政权力事项 720 项（次）。政务服务全面优化，政务服务事项可网办率达 90%以上，窗口平均服务时间缩减到 10 分钟左右。市场环境更加公平便利，不动产登记 50 类登记业务实现线上线下融合、随时随地网办；工程建设项目审批事项数量由 112 项精简为 73 项；税收业务 75%以上涉税事项一次办结，个体工商户办税时间压缩 80%。企业活力稳步增强，年末实有各类市场主体 1185.8 万户，比上年增长 14.2%。实有民营经济市场主体增长 14.4%。新登记市场主体 221.4 万户，增长 2.1%。其中，新登记企业 79.5 万户，增长 11.7%。

*质量强省建设加快推进。*年末有效注册商标 161.0 万件，比上年末增长 24.1%。其中，驰名商标 796 件，地理标志商标 792 件。马德里国际注册商标 9118 件，增长 11.9%。地理标志保护产品 80 个，中欧地理标志协定互认清单产品 17 个。年末累计批准创建山东省优质产品基地 51 个。44 个品牌入围 2020 年“中国 500 最具价值品牌”榜单。评选制造业高端品牌培育企业 288 家、服务业高端品牌培育企业 67 家。20 家企业的 20 个产品获得“泰山品质”认证。开展重点领域标准建设，累计发布地方标准 3627 项，建设开展国家级、省级标准化试点示范项目 563 个和 1338 个。

*创新驱动战略全面实施。*知识产权保护加强，发明专利申请 87330 件，比上年增长 25.6%；发明专利授权 26745 件，增长 29.5%；PCT 国际专利申请量 3013 件，增长 29.4%。有效发明专利拥有量 124512 件，增长 23.4%，每万人口有效发明专利量达到 12.4 件，比上年增加 2.3 件。推动技术标准创新应用，建设国家技术标准创新基地 5 个。平台建设提质增速，首批 5 家山东省实验室启动布局，建成省级“政产学研金服用”创新创业共同体 30 家。院士工作站 392 家。创新创业活力激发，35 项成果获国家科学技术奖。国家企业技术中心 198 家，新增 9 家。国家科技型中小企业库企业 18203 家，增长 91.3%。科技企业孵化器 225 家，其中国家级 98 家，省级 127 家。众创空间 419 家，其中国家级 242 家，省级 177 家。

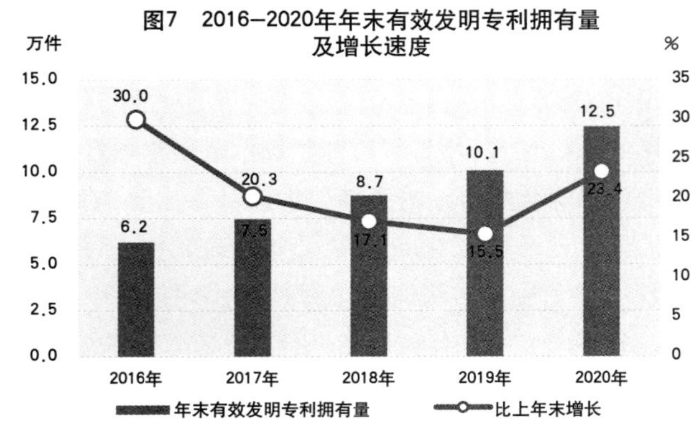

四、农业

*农业发展稳固增效。*农林牧渔业总产值 10190.6 亿元，按可比价格计算，比上年增长 3.0%，成为全国首个突破万亿元省份。粮食总产量 1089.4 亿斤，增加 18.0 亿斤，连续 7 年过千亿斤。无公害农产品、绿色食品、有机农产品和农产品地理标志获证产品 10275 个，增长 1.6%。

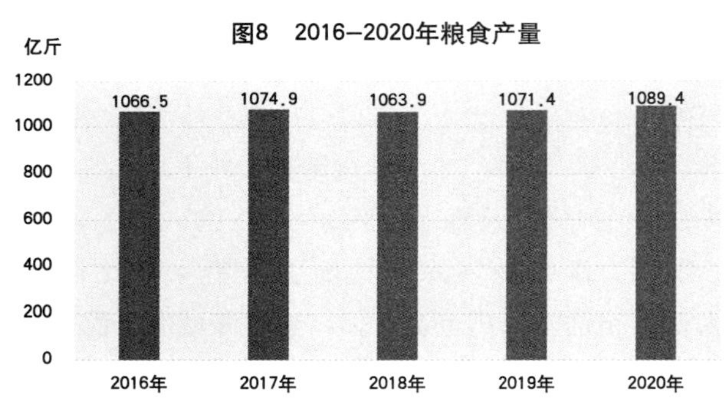

表 3 2020 年农林牧渔业产值及增长速度

指 标	产值（亿元）	比上年增长（%）
农林牧渔业	10190.6	3.0
农业	5168.4	3.4
林业	214.2	6.3
牧业	2571.9	2.3
渔业	1432.1	1.3
农林牧渔专业及辅助性活动服务业	804.1	5.3

表 4　2020 年主要农产品产量及增长速度

指　标	产量（万吨）	比上年增长（%）
粮食	5446.8	1.7
夏粮	2569.2	0.6
秋粮	2877.6	2.6
棉花	18.3	-6.6
油料	290.9	0.7
蔬菜及食用菌	8434.7	3.1
水果	2938.9	3.5
园林水果	1829.8	5.2

林牧渔业发展平稳。林地面积 356.4 万公顷，森林覆盖率 18.25%。活立木总蓄积量 13040.5 万立方米。猪牛羊禽肉产量 721.8 万吨，比上年增长 3.3%；禽蛋产量（不含小品种）480.9 万吨，增长 6.8%；牛奶产量 241.4 万吨，增长 5.9%。水产品总产量（不含远洋渔业产量）790.2 万吨。其中，海水产品产量 679.5 万吨，淡水产品产量 110.7 万吨。年末专业远洋渔船 546 艘。

农业高质量发展基础增强。开工建设 45 项抗旱水源工程，其中已完成 11 项。积极供水抗旱，累计受益农田面积超过 3000 万亩。启动引黄灌区农业节水工程 72 项，完成投资 161 亿元。新增国家级渔业健康养殖示范县 2 个。新增国家级、省级水产健康养殖示范场 44 家和 81 家，省级以上示范场总数达 528 家。农作物耕种收综合机械化率达到 89.0%，主要农作物良种覆盖率超过 98%，畜禽粪污综合利用率达到 90.1%。

五、工业和建筑业

工业发展稳中向好。全部工业增加值 23111.0 亿元，比上年增长 3.6%。规模以上工业增加值增长 5.0%，其中，装备制造业增长 12.6%，高技术制造业增长 9.8%。规模以上工业营业收入增长 2.4%，利润总额增长 19.6%；营业收入利润率为 5.1%，比上年提高 0.8 个百分点。规模以上工业产品产销率为 98.2%，提高 1.3 个百分点。

图9　2016—2020年全部工业增加值

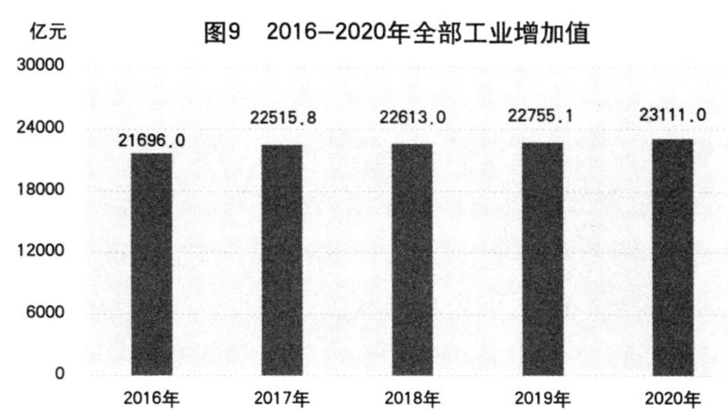

表 5　2020 年规模以上工业主要产品产量及增长速度

指　标	单位	产量	比上年增长（%）
原煤	万吨	10922.0	-8.6
焦炭	万吨	3162.6	-32.0
天然气	亿立方米	5.8	15.9
原油	万吨	2219.2	-0.3
机制纸及纸板	万吨	2297.7	9.2
水泥	万吨	15768.0	4.1
平板玻璃	万重量箱	7782.1	1.6
粗钢	万吨	7993.5	8.2
钢材	万吨	11269.3	8.4
原铝	万吨	807.9	-0.4
发动机	万千瓦	38616.2	21.0
汽车	万辆	115.8	13.0
动车组	辆	996.0	-9.3
家用电冰箱	万台	832.4	24.5
家用洗衣机	万台	662.2	46.1
电子计算机整机	万台	146.1	35.8
移动通信手持机	万台	606.5	-23.9

建筑业发展壮大。具有总承包和专业承包资质的有工作量建筑业企业 8081 家，比上年增加 782 家。其中，国有及国有控股企业 582 家，增加 28 家。建筑业总产值 14947.3 亿元，比上年增长 4.8%。

图10　2016—2020年建筑业总产值

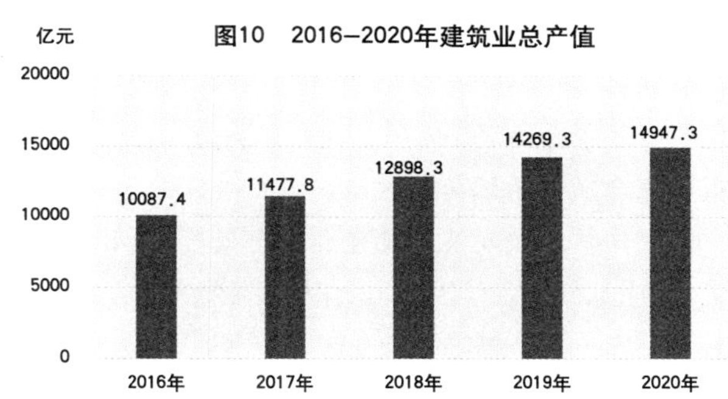

表 6　2020 年建筑业总产值、增长速度及构成

指　标	产值（亿元）	比上年增长（%）	比重（%）
建筑业	14947.3	4.8	100.0
按资质分			
特级企业	5303.4	14.2	35.5
一级企业	5516.2	-6.3	36.9
其　他	4127.7	10.4	27.6
按经济性质分			
国有及国有控股企业	4824.4	12.5	32.3
非国有企业	10122.9	1.4	67.7

六、服务业

服务业支撑作用持续显现。服务业实现增加值 39153.1 亿元，按可比价格计算，比上年增长 3.9%；占

全省生产总值（GDP）比重为 53.6%，比上年提高 0.8 个百分点；对经济增长的贡献率为 55.1%。规模以上服务业营业收入增长 3.5%，营业利润增速由负转正，增长 0.7%。新兴行业保持较快增长，高技术服务业营业收入增长 11.5%，其中电子商务服务、研发与设计服务、科技成果转化服务分别增长 27.7%、22.7%和 19.4%。

图11　2016—2020年服务业增加值

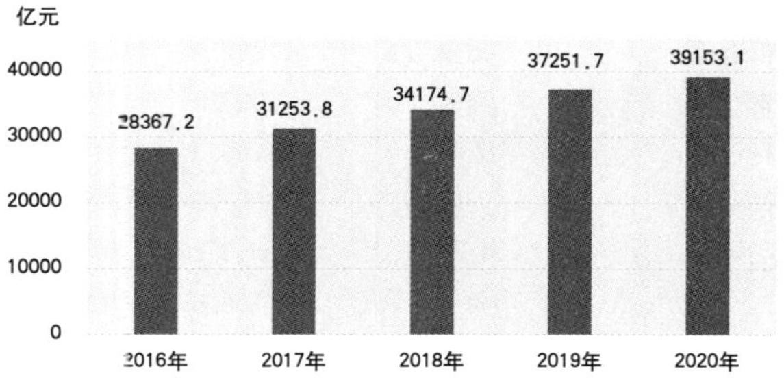

旅游复苏提振有效。接待国内外游客 5.77 亿人次，实现旅游总收入 6019.7 亿元，分别恢复至上年水平的 61.5%和 54.3%。A 级旅游景区 1227 家，其中，5A 级旅游景区 13 家，新获国家评定 1 家。星级饭店 539 家，旅行社 2685 家。旅游度假区 46 家，其中，国家级 5 家，新获评 1 家；省级 41 家。旅游新业态积极打造，省级工业旅游示范基地 67 家，省级康养旅游（中医药健康旅游）示范基地 25 家，省级中小学生研学基地 111 家，省级体育旅游示范基地 13 家。威海荣成市、临沂沂南县、烟台蓬莱区、德州齐河县、济南章丘区获评第二批国家全域旅游示范区。

邮政电信加快发展。邮电业务总量 8193.8 亿元，比上年增长 26.7%。其中，电信业务总量 7200.1 亿元，增长 24.4%；邮政业务总量 993.7 亿元，增长 38.4%。快递业务量 41.5 亿件，增长 43.7%。光缆线路总长度 263.1 万公里，增长 9.0%。年末固定电话用户 1125.2 万户，比上年末下降 5.1%；移动电话用户 10907.1 万户，增长 1.1%。电话普及率为每百人 119.5 部，比上年增加 0.4 部。（固定）互联网宽带接入用户 3445.6 万户，新增 259.5 万户。

图12　2016—2020年快递业务总量及增长速度

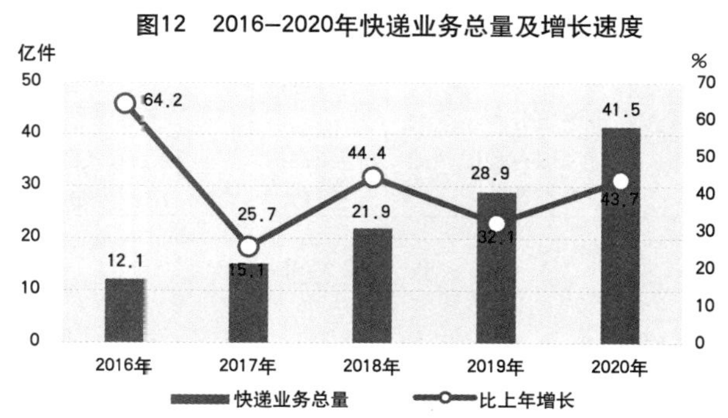

图13　2016—2020年末（固定）互联网宽带接入用户数

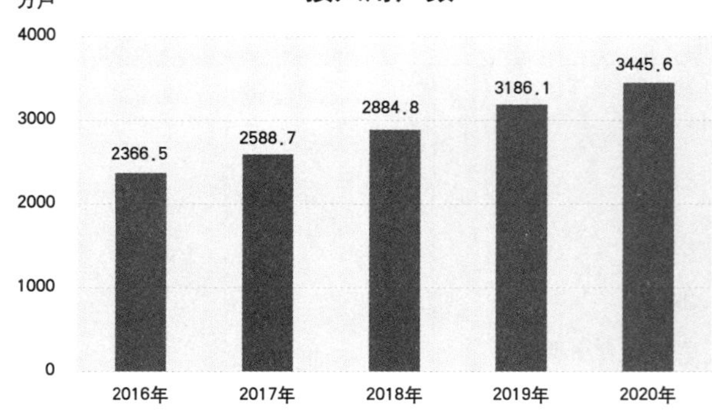

交通运输平稳回升。铁路、公路、水路共完成旅客运量 3.0 亿人次，比上年下降 55.9%；货运量 30.9 亿吨，增长 1.1%。沿海港口货物吞吐量 16.9 亿吨，增长 4.9%。年末机动车保有量 3085.6 万辆，比上年末增长 9.8%。其中，汽车 2552.4 万辆，增长 8.6%；新能源机动车 41.9 万辆，增长 22.3%。

表 7　2020 年客货运输量及增长速度

	旅　　客			
	运输量（亿人次）	比上年增长（%）	周转量（亿人公里）	比上年增长（%）
合　计	3.0	-55.9	595.2	-55.4
铁　路	1.0	-41.0	431.9	-47.9
公　路	1.9	-60.7	159.3	-67.7
水　路	0.1	-59.9	4.0	-71.0

表 7　续表

	货物			
	运输量（亿吨）	比上年增长（%）	周转量（亿吨公里）	比上年增长（%）
合　计	30.9	1.1	10340.6	1.9
铁　路	2.3	10.2	1566.1	3.9
公　路	26.7	0.4	6784.4	0.6
水　路	1.8	1.0	1990.1	5.0

七、固定资产投资

投资总体平稳增长。固定资产投资（不含农户）比上年增长 3.6%。三次产业投资构成为 2.3∶31.3∶66.4。重点领域中，民间投资增长 6.9%，占全部投资的比重为 63.9%，比上年提高 2.0 个百分点；制造业投资增长 7.6%，对全部投资增长贡献率为 51.9%。新兴产业投资加速，“四新”经济投资增长 18.7%，占全部投资的比重为 51.3%，比上年提高 6.5 个百分点；高技术产业投资增长 21.6%，其中高技术制造业、服务业投资分别增长 38.1%和 8.4%。

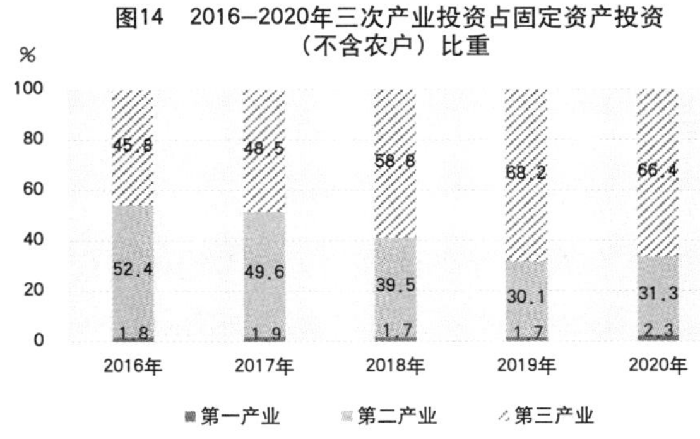

*房地产市场健康运行。*房地产开发投资 9450.5 亿元，比上年增长 9.7%。其中，住宅投资 7296.4 亿元，增长 9.4%。商品房施工面积 79791.9 万平方米，增长 5.3%。其中，住宅施工面积 58913.6 万平方米，增长 5.3%。商品房销售面积 13271.7 万平方米，增长 4.3%。其中，住宅销售面积 11904.7 万平方米，增长 4.2%。商品房销售额 11065.6 亿元，增长 7.7%。其中，住宅销售额 10109.6 亿元，增长 8.9%。年末商品房待售面积 2533.4 万平方米，比上年末增长 4.1%。

八、消费市场

*消费市场加快复苏。*社会消费品零售总额 29248.0 亿元，基本恢复至上年水平。其中，餐饮收入 3129.1 亿元，比上年下降 6.2%；商品零售 26118.9 亿元，增长 0.8%。城镇零售额 23671.8 亿元，下降 0.3%；乡村零售额 5576.2 亿元，增长 1.4%。

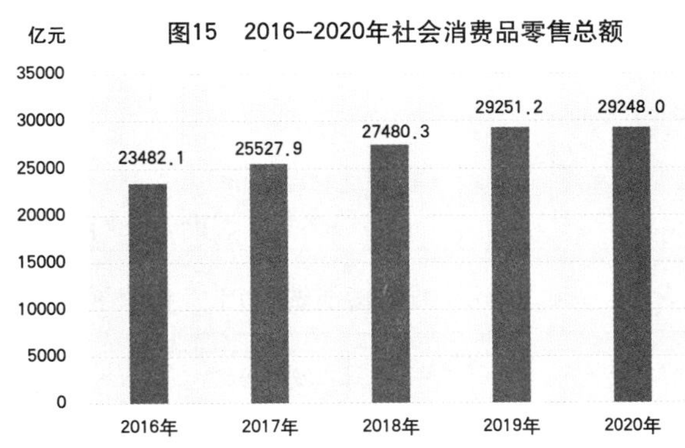

*消费结构持续优化。*新兴消费高速增长，智能家电和音像器材、新能源汽车比上年分别增长 1.6 倍和 49.1%，能效等级 1、2 级家电商品增长 80.8%。品质消费渐成趋势，限额以上体育娱乐用品、文化办公用品类零售额分别增长 9.3%和 13.4%。

*线上市场快速拓展。*实现网上零售额 4613.3 亿元，比上年增长 13.8%。其中，实物商品网上零售额 4043.4 亿元，增长 17.5%；占社会消费品零售总额的比重为 13.8%，比上年提高 4.2 个百分点。

九、开放型经济

*对外贸易逆势增长。*货物进出口总额 22009.4 亿元，比上年增长 7.5%。其中，出口 13054.8 亿元，增长 17.3%；进口 8954.6 亿元，下降 4.1%。出口商品中，机电产品出口 5590.7 亿元，增长 19.2%；纺织服装出口 1867.4 亿元，增长 19.9%；农产品出口 1257.4 亿元，增长 1.9%。

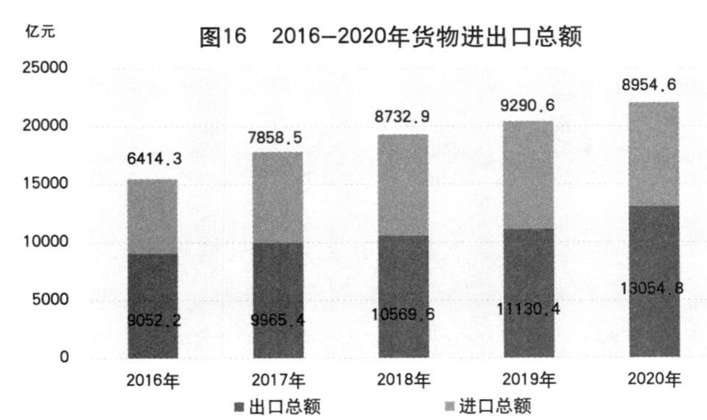

表 8 2020 年对主要国家和地区货物进出口总值及增长速度

国家和地区	进出口		出口		进口	
	总值（亿元）	比上年增长（%）	总值（亿元）	比上年增长（%）	总值（亿元）	比上年增长（%）
合计	22009.4	7.5	13054.8	17.3	8954.6	-4.1
东盟	3006.8	24.4	1818.8	29.9	1188.0	16.8
美国	2431.3	26.4	1996.9	24.1	434.4	37.8
欧盟	2322.5	14.8	1748.2	19.1	574.2	3.5
韩国	2078.8	6.6	1333.5	15.6	745.3	-6.5
日本	1567.5	3.7	1203.3	0.9	364.1	14.2

*利用外资增长迅速。*新设立外商投资企业 3060 家，比上年增长 21.6%；实际使用外资 176.5 亿美元，增长 20.1%。其中，制造业实际使用外资 37.8 亿美元，增长 11.0%；服务业实际使用外资 124.4 亿美元，增长 26.1%。

*对外投资合作更加深入。*实际对外投资 576.3 亿元，比上年增长 36.2%。对外承包工程完成营业额 650.4 亿元，下降 17.9%。新签千万美元以上大项目 147 个，合同额 640.8 亿元，占全省的 91.9%。

*"一带一路"融合发展。*对"一带一路"沿线国家和地区进出口 6608.2 亿元，比上年增长 9.1%。其中，出口 3883.5 亿元，增长 18.2%；进口 2424.7 亿元，下降 1.6%。实际对外投资 157.1 亿元，增长 16.8%。对外承包工程完成营业额 383.9 亿元，占全省的 59.0%。

十、财政金融

财政支出保障有力。地方一般公共预算收入6559.9亿元，比上年增长0.5%。其中，税收收入4757.6亿元，下降1.9%，占比为72.5%。地方一般公共预算支出11231.2亿元，增长4.6%。其中，民生支出占比为79.4%。

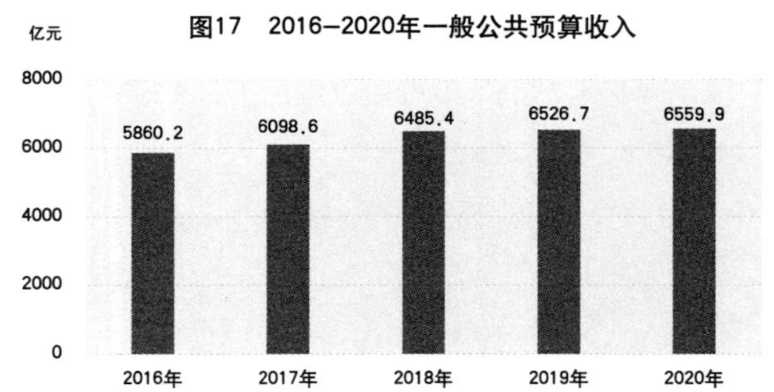

金融市场健康发展。社会融资规模增量20108亿元，是上年的1.5倍，增量创历史新高。年末金融机构本外币存款余额118349.4亿元，比上年增长13.0%，比年初增加13610.5亿元。年末金融机构本外币贷款余额97880.6亿元，增长13.4%，增加11555.0亿元。其中，涉农贷款余额29580.4亿元，增长9.6%，增加2768.3亿元；小微企业贷款余额17096.7亿元，增长12.2%，增加1888.3亿元，其中，普惠小微贷款余额8176.8亿元，增长40.1%，增加2345.3亿元。

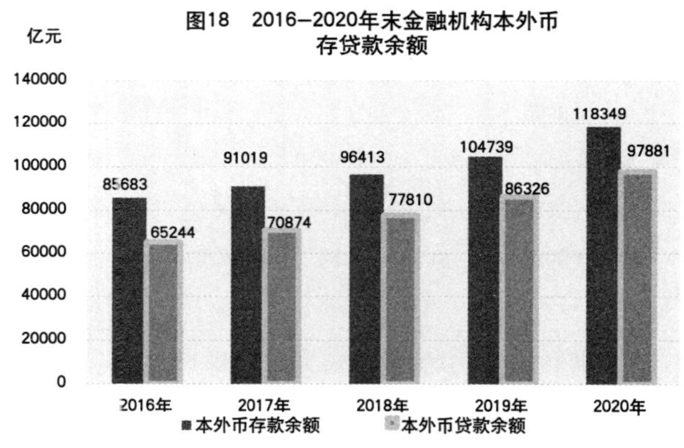

资本市场韧性增强。年末上市公司334家，新增29家。其中，境内上市公司229家，股票总市值3.5万亿元。"新三板"、齐鲁股权交易中心、青岛蓝海股权交易中心挂牌企业分别为508家、4859家和1928家。私募基金管理机构707家，比上年增加120家；管理基金规模2581.7亿元，增长19.9%。

保险业平稳发展。保险保费收入3482.5亿元，比上年增长7.5%。其中，财产险保费收入929.2亿元，增长7.3%；人身险保费收入2553.3亿元，增长7.6%。承担各类风险责任金额248.2万亿元，增长31.7%。支付各类赔款与给付1036.5亿元。农业保险保费收入44.1亿元，增长22.4%，为1582.2万户（次）农户提供1119.7亿元的风险保障。

十一、民生保障

居民生活质量持续提高。居民人均可支配收入32886元，比上年增长4.1%；人均消费支出20940元，增长2.5%。其中，城镇居民人均可支配收入43726元，增长3.3%；人均消费支出27291元，增长2.1%。农村居民人均可支配收入18753元，增长5.5%；人均消费支出12660元，增长2.9%。居民人均现住房建筑面积40.0平方米，其中城镇、农村居民分别为37.3平方米和43.4平方米。

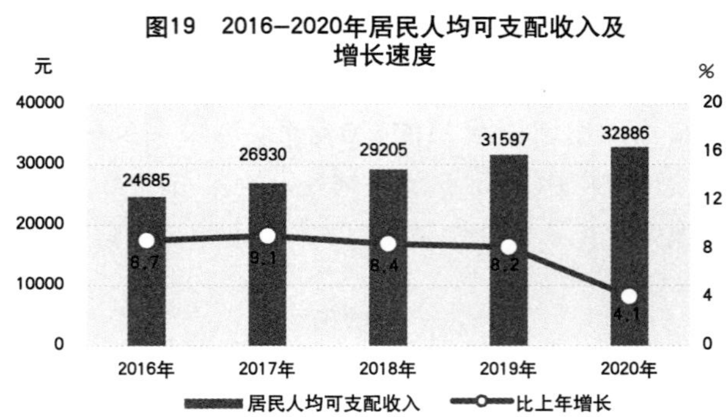

表9 2020年居民人均可支配收入及增长速度

指标	全省居民		城镇居民		农村居民	
	绝对量（元）	比上年增长（%）	绝对量（元）	比上年增长（%）	绝对量（元）	比上年增长（%）
人均可支配收入	32886	4.1	43726	3.3	18753	5.5
工资性收入	18716	3.3	27250	2.4	7591	5.9
经营净收入	6964	2.2	6097	0.8	8095	3.8
财产净收入	2357	6.6	3793	6.1	485	6.3
转移净收入	4848	8.7	6586	8.0	2582	9.7

表10 2020年居民人均消费支出及增长速度

指标	全省居民		城镇居民		农村居民	
	绝对量（元）	比上年增长（%）	绝对量（元）	比上年增长（%）	绝对量（元）	比上年增长（%）
人均消费支出	20940	2.5	27291	2.1	12660	2.9
食品烟酒	5757	6.3	7319	5.1	3722	8.7
衣着	1438	-0.4	2013	-1.5	689	2.6
居住	4437	1.5	5973	1.5	2435	0.6
生活用品及服务	1571	2.1	2149	3.1	818	-2.4
交通通信	3004	0.4	3688	-2.0	2112	5.7
教育文化娱乐	2374	-1.5	3204	1.0	1291	-9.7
医疗保健	1914	5.4	2298	5.2	1413	5.2
其他用品和服务	445	0.9	647	1.1	181	-1.9

表 11　2020 年末每百户居民家庭主要耐用消费品拥有量

指　标	单位	全省居民	城镇居民	农村居民
家用汽车	辆	52.3	61.2	40.0
摩托车	辆	23.0	11.8	38.4
电冰箱(柜)	台	104.1	106.4	101.0
洗衣机	台	99.1	100.9	96.7
热水器	台	97.5	102.9	90.1
空调	台	127.6	151.3	95.0
彩色电视机	台	106.9	106.4	107.6
照相机	台	17.5	28.0	3.2
计算机	台	63.7	79.4	42.0
固定电话	部	9.4	10.9	7.4
移动电话	部	234.4	236.8	231.0
接入互联网的移动电话	部	196.3	206.7	181.9
健身器材	台	6.6	10.2	1.7
空气净化器（含新风系统）	台	6.3	10.2	0.9
洗碗机	台	1.2	1.7	0.6

城市品质持续提升。城市建设完成投资 1642.7 亿元，比上年增长 9.3%。新增城市地下综合管廊 74.6 公里，设区市新增海绵城市面积 200 平方公里。新建改造修复城市污水管网 3320.8 公里，设区市建成区 166 条城市黑臭水体全部通过“长制久清”评估验收。累计建成运行城市污水处理厂 328 座，新增城市污水处理能力 80 万吨/日；建成运行垃圾无害化处理厂（场）128 座，新增垃圾无害化处理能力 1.5 万吨/日。新增城市（县城）清洁取暖面积 7816.5 万平方米。设区市新增城市公共停车位 3.6 万个。

社会保障逐步健全。年末职工基本养老、基本医疗（含生育保险）、失业、工伤保险参保人数分别为 3046.3 万人、2323.3 万人、1466.1 万人和 1822.1 万人。居民基本养老保险和医疗保险参保人数分别为 4590.4 万人和 7374.5 万人。企业退休人员基本养老金月人均 2981.8 元。居民基本养老保险基础养老金最低标准为每人每月 142 元，居民基本医疗保险财政补贴标准由人均不低于 520 元提高至 550 元。医保电子凭证激活人数及开通应用定点医药机构分别为 3878.1 万人和 4.7 万家。跨省和省内异地就医联网即时结算医院 3970 家。失业保险金标准平均增长 10.0%，1 至 4 级工伤职工伤残津贴平均增长 3.2%。城市最低生活保障人数 12.3 万人，月人均保障标准 732 元，比上年提高 157 元。农村最低生活保障人数 135.3 万人，月人均保障标准 560 元，比上年提高 127 元。养老机构 2373 处，养老机构床位 39.2 万张，比上年增加 3.7 万张；护理型床位 17 万张，建有社区老年人日间照料中心 3069 处、农村幸福院 10026 处。

住房条件日趋改善。棚户区改造开工 14.8 万套、基本建成 20.4 万套，发放城镇住房保障家庭租赁补贴 5.1 万户，筹集公租房 4312 套。开工改造老旧小区 1745 个，惠及居民 50.8 万户，住房公积金缴存 1436.9 亿元。

安全事故形势稳定。生产安全事故起数和死亡人数比上年分别下降 38.0%和 38.4%，亿元 GDP 生产安全事故死亡率 0.0074，十万人工矿商贸企业就业人员生产安全事故死亡率 0.40，道路交通万车死亡率 1.13，煤矿百万吨死亡率 0.142。

十二、社会事业

教育事业不断进步。完成配套幼儿园整治 2120 所，新建、改扩建幼儿园 1463 所，新增学位 30.1 万个。普通中小学 56 人及以上大班额实现动态清零，残疾儿童少年义务教育入学率达到 99.5%。新补充中小学教师 4.2 万人、公办幼儿园教师 0.6 万人，小学教育、初中教育、高中教育专任教师分别为 45.4 万人、30.5 万人和 14.9 万人。中等职业学校专任教师 4.9 万人，普通高等学校专任教师 12.5 万人。新设立 6 所高职（专科）院校，成立尼山世界儒学中心联合研究生院，高校新增获批国家一流本科专业 213 个、国家一流本科课程 204 门。获得全国职业院校技能大赛改革试点赛金牌 39 枚、奖牌 53 枚，金牌数和奖牌数全国“双第一”。

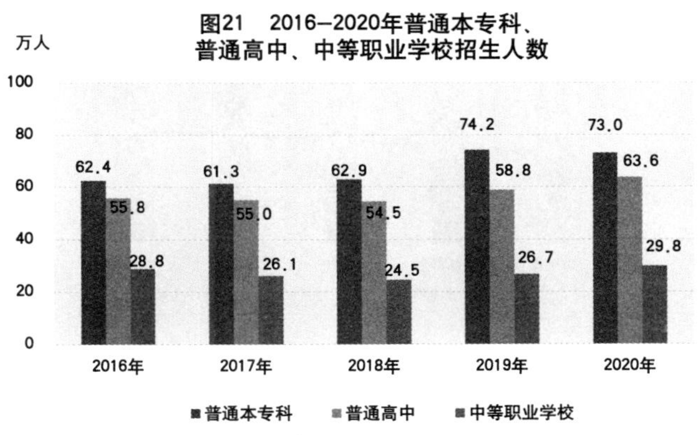

表 12　2020 年各类学校基本情况

指 标	数量（个）	招生数（万人）	在校生数（万人）
研究生培养机构	34	5.1	13.2
普通高等教育	152	73.0	229.2
中等职业学校（不含技工学校）	397	29.8	77.7
技工学校	181	17.4	40.5
普通高中	682	63.6	176.0
普通初中	3238	124.0	372.7
普通小学	9619	129.6	743.3
特殊教育学校	152	0.8	4.8
幼儿园	24701	146.1	380.8

文化事业产业全面繁荣。成功举办旅游发展大会暨首届中国国际文化旅游博览会、第六届中国非物质文化遗产博览会、第四届文化和旅游惠民消费季。年末广播人口、电视人口综合覆盖率分别为 99.45%和 99.59%。城市、县城和乡镇影院 580 家，票房 10.0 亿元。公有制艺术表演团体 104 个，艺术表演场馆 93 个，博物馆 603 个，公共图书馆 154 个，群众艺术馆和文化馆 157 个，美术馆 55 个，文化站 1815 个。出版各类图书 16182 种，报纸 83 种，期刊 265 种。国家级、省级文化产业示范园区(基地)分别为 17 个和 171 个。国家级、省级非遗代表性项目分别为 173 项和 751 项。国家、省级重点文物保护单位分别为 226 处和 1711 处。在全国第四批博物馆定级评估中，99 家博物馆成功晋级。

卫生健康质量提升。年末医疗卫生机构 8.5 万所。其中，医院 2640 所，比上年末增加 25 所；基层医疗卫生机构 8.1 万所，增加 0.1 万所。社区卫生服务中心及乡镇卫生院中医药综合服务区设置率分别为 91.7%和 94.2%。人均基本公共卫生服务经费补助标准由 69 元提高至 74 元。累计组建家庭医生服务团队 3.1 万个，签约居民 3377.4 万人。112 个国家集采药品平均降价 60%以上，39 个省级集采药品平均降价 67.3%；国家集采冠脉支架平均价格从 1.3 万元降至 700 元左右，5 类省级集采高值医用耗材平均降价 66.0%。

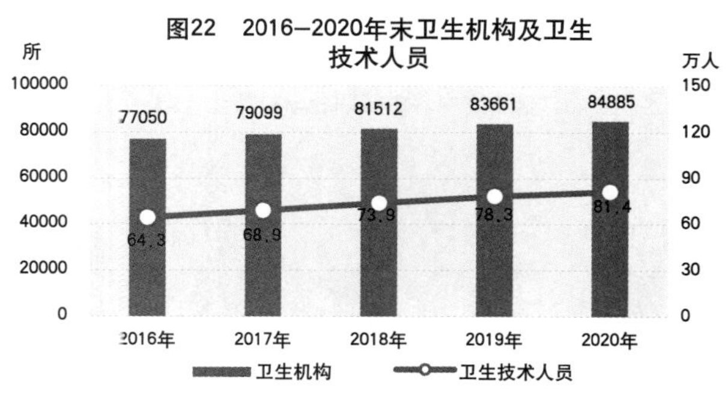

体育事业蓬勃发展。举办第十届全民健身运动会赛事活动 3364 项次，参与总人数达 311.6 万人次；举办线上线下各级各类马拉松活动 44 场，参与 56.3 万人。省、市、县、乡各级体育社会组织 9566 个，新增 1108 个；村级体育总会 38678 个，新增 1161 个。农村健身设施覆盖率超过 95%。年度全国最高水平比赛获金牌 54 枚。

灾害防御水平增强。启动重大气象灾害应急响应 701 次，人工作业增加降水 4.97 亿立方米，减少雹灾损失 4.51 亿元。妥善应对显著性有感地震 26 次。

注：

1. 本公报中数据均为初步统计数，部分数据因四舍五入影响，存在总计与分项合计不等情况。

2. 全省生产总值、各产业增加值按现价计算，增长速度按可比价格计算。

3. 2020 年开展第七次全国人口普查，人口相关数据将通过《山东省 2020 年第七次全国人口普查主要数据公报》进行公布。

4. 规模以上工业企业指年主营业务收入 2000 万元及以上的工业法人企业。

5. 规模以上服务业企业，一是年营业收入 2000 万元及以上的交通运输、仓储和邮政业，信息传输、软件和信息技术服务业，水利、环境和公共设施管理业，卫生行业法人单位；二是年营业收入 1000 万元及以上的房地产业(不含房地产开发经营)，租赁和商务服务业，科学研究和技术服务业，教育行业法人单位；三是年营业收入 500 万元及以上的居民服务、修理和其他服务业，文化、体育和娱乐业，社会工作行业法人单位。未包括金融业，批发和零售业，住宿和餐饮业，房地产开发经营业法人单位。

6. 固定资产投资（不含农户）包括城镇和农村各种登记注册类型的企业、事业、行政单位以及城镇个体户计划总投资 500 万元及以上的建设项目投资，有开发经营活动的全部房地产开发经营业法人单位开发项目投资。

7. 限额以上批发业企业指年主营业务收入 2000 万元及以上的批发业企业，限额以上零售业企业指年主营业务收入 500 万元及以上的零售业企业，限额以上住宿和餐饮业企业指年主营业务收入 200 万元及以上的住宿和餐饮业企业。

8. 软件业务收入统计范围：一是在我国境内注册(港澳台地区除外)，主要从事软件和信息技术服务业务，且主营业务年收入 500 万元以上，具有独立法人资格的软件企业；二是在我国境内注册，主营业务年收入在 1000 万元以上，有软件和信息技术服务收入，且该收入占本企业主营业务收入 30 以上的独立法人单位；三是在我国境内注册，主要从事集成电路设计的企业或其集成电路设计和测试的收入占本企业主营业务收入 60 以上，且主营业务年收入 500 万元以上的独立法人单位。

2020年山东统计工作综述

2020年，是极不平凡的一年。面对突如其来的新冠疫情，全省统计系统在各级党委、政府的坚强领导下，迅速响应、全力应对，充分发挥职能优势，密切监测调度企业生产经营状况和复工复产、复商复市情况，快速报送统计数据和重点行业分析，为准确评估疫情冲击和出台支持政策提供有力支撑。一年来，各级统计机构和广大统计人员以新作为应对新挑战，以新思维引领新发展，以新担当开创新局面，各项工作取得丰硕成果。

一、全面从严治党向纵深发展

一是思想理论武装持续加强。全省统计系统坚持以习近平新时代中国特色社会主义思想为指导，深入学习贯彻党的十九大和十九届二中、三中、四中、五中全会精神，不断巩固深化“不忘初心、牢记使命”主题教育成果，党员干部“四个意识”不断增强、“四个自信”更加坚定、“两个维护”落实有力。二是管党治党责任持续压实。全面接受省委巡视监督，深入开展形式主义官僚主义专项整治，持续加强党风廉政和统计行风建设，健全完善内审内控机制，从严治党不断向纵深推进。三是模范机关建设持续推动。积极创建“让党中央放心、让人民群众满意”模范机关，强力推动、抓实抓紧。完善绩效考核办法，推进事业单位改革，选派优秀干部参加万名干部下基层、“四进”攻坚等工作，在急难险重任务中磨练才干。省局继续保持“全国文明单位”称号，并获得“国家级公共机构能效领跑者”称号。滨州局创建成为“全国文明单位”，临沂局被推荐为中组部绩效管理试点单位，彰显了统计系统良好形象。

二、人口普查取得阶段性胜利

提请省政府印发《关于开展第七次全国人口普查的通知》，推动省市县乡四级成立2110个普查机构，精心选聘52万余名普查指导员和普查员，协调争取普查经费12.1亿元。在泰安、滨州分别开展省级综合试点和专项试点。制定普查宣传方案，开展多种形式的宣传活动，营造了良好普查氛围。全省普查员攻坚克难、决战决胜，顺利完成普查摸底和入户登记。在普查登记关键时期，31位省级领导、各市县乡党政一把手带头现场登记，发挥了引领示范作用。青岛有力应对局部出现的疫情，做到“普查”“防疫”两手抓、两手硬。威海、日照创新普查理念方式，推进普查工作扎实开展。我省普查数据质量得到国务院人普办事后质量抽查组高度肯定。宁吉喆局长指出，山东的普查工作是扎实的。我省作为人普工作唯一典型在全国统计工作会议上作经验交流。

三、统计数据质量显著提高

一是管控制度更加有力。完善统计数据质量管理体系，制定统计数据质量预警防控办法、固定资产投资项目统计入库管理办法，划分单位入库纳统工作职责，扎紧了数据质量管理制度“笼子”。二是审核核查更加有效。创新数据审核比对方式，利用用电、税收等指标评估工业数据，利用车辆购置税、机动车登记等行政记录资料比对汽车销售数据。对全省“四上”企业数据质量进行全覆盖核查。三是入库纳统更加规范。探索创新“小升规”企业摸排办法，指导达到规模标准的企业及时申报纳统，全年新纳入企业2万余家，在库企业数量比上年净增加1.1万余家，创近年来新高。济南、枣庄、潍坊、聊城等市以工作专班或政府文件形式明确部门升规纳统职责，青岛局对纳统项目建立“一项目一档案”，东营局、泰安局开发数据监测平台，持续提升统计数据质量。国家统计督察组指出，山东没有发现系统性统计造假、弄虚作假问题，数据质量比较可靠。

四、统计改革创新提质增效

一是聚焦中心工作完善监测体系。建立新旧动能转换监测报告制度和“六保三促”、乡村振兴齐鲁样板等监测制度，科学测算2019年省定贫困标准，开展全面建成小康社会等10余项监测。李干杰省长批示，省统计局“六保三促”统计监测办得好，工作就是要这样，紧紧围绕中心重点，主动靠上做好服务支撑。二是统计制度方法改革稳妥实施。完成地区生产总值统一核算改革，建立市级生产总值统一核算机制，建立覆盖城乡法人单位的劳动工资统计调查制度，实行

500-5000 万元投资项目联网直报。积极承担国家改革试点任务，完成社会消费商品和服务零售总额测算，在东营开展完善统计名录库动态维护更新机制改革试点。三是自主改革创新扎实推进。开展投资项目进度数据库、统计数据自动生成实现方式等可行性论证，在济宁开展全省统计改革试点，提出“升规纳统”六步工作法，在潍坊开展专项试点，探索花卉市场等产业纳统模式，为破解难题找到了新思路、新模式。

五、统计法治建设全面深化

一是普法宣传走向深入。开展形式多样的普法宣传活动，搭建“互联网+”普法平台，通报统计违纪违法典型案例，全社会统计法治观念明显增强。二是执法检查有力有效。坚持有案必查、违法必究，统计执法“双随机”检查企业 1300 多家，对 95 家企业进行行政处罚，对 25 家统计严重失信企业进行公示，有力维护了统计工作严肃性。三是配合完成统计督察。国家统计局去年进驻我省开展统计督察，省统计局发挥牵头作用，积极配合完成资料调阅、个别谈话、问卷调查、执法检查等各项督察任务，得到督察组高度评价。济南、淄博、烟台 3 市行动迅速，全方位保障下沉督察。针对初步反馈意见，坚持即知即改，从 8 个方面部署整改工作，取得初步成效。

六、统计服务水平全面提升

一是创新数据报送机制。建立统计数据实时报送制度，每月 5 次报送主要经济数据，第一时间报送全国及十四省市主要指标数据。刘家义书记、李干杰省长多次给予肯定。二是强化形势分析解读。加强经济运行分析研判，撰写综合性分析报告 140 余篇，省领导批示 400 余次。《关于我省在构建“双循环”新发展格局中几个问题的初步思考》等分析报告进入领导决策，引起良好反响。强化信息资源开发，向省“两办”报送信息 1100 余条，信息得分在省委办公厅居第 4 位，在省政府办公厅居第 2 位。三是加大统计宣传力度。围绕经济社会发展亮点和统计工作成效加强宣传，在《中国信息报》发稿 180 余篇，在山东电视台、《大众日报》发稿 50 余条次，接受中央电视台、山东电视台等媒体采访 30 余人次。德州局信息工作走在前列，威海局创新经济运行监测机制，日照局、菏泽局围绕中心精准服务，有效发挥了统计作用。

七、统计基层基础更加巩固

加大政策资金资源向基层倾斜力度，向财政困难县和承担专项工作的基层统计局拨付经费 1200 多万元，有力保障了工作开展。选拔第二批基层统计人才，推动 13 个市、22 个县开展基层统计人才培育工程，政策覆盖面和受益面不断扩大。制作两批近 50 节统计微课，分类汇编全省改革创新典型案例。济南开展基层统计网格化管理试点，德州以购买服务方式创新人员管理，临沂推广企业电子统计台账，烟台为贸易金样本单位发放补贴，淄博明确部门统计工作职责，聊城制定部门统计工作规范化管理办法，工作质量明显提升。

总的来看，省委、省政府对统计工作是满意的。刘家义书记指出，全省统计系统积极服务疫情防控和经济社会发展大局，扎实组织统计调查，及时开展监测分析，为全省高质量发展作出了重要贡献。李干杰省长指出，全省统计系统认真履职、创新实干，在组织重大普查调查、统计监测评价、统计服务等方面做了大量工作，为科学决策提供了扎实依据，向同志们表示感谢和问候！这些成绩的取得，主要得益于省委、省政府和国家统计局的坚强领导，得益于各级各部门大力支持，得益于全省广大统计干部职工艰苦奋斗和不懈努力。全省统计系统将始终坚持以习近平新时代中国特色社会主义思想为指导，认真学习宣传贯彻党的十九大和十九届二中、三中、四中、五中全会精神，深入贯彻落实习近平总书记对统计工作重要讲话指示批示精神，全面贯彻落实党中央、国务院决策部署和国家统计局、省委省政府工作安排，以党的政治建设为统领，以国家统计督察和省委巡视整改为契机，全面提高统计数据质量，推进七个工作体系建设，持续巩固统计基层基础，不断深化统计改革创新，更好地反映发展趋势，改进服务方式，支撑科学决策，为新时代现代化强省建设作出新的贡献，以优异成绩庆祝建党 100 周年。

2020年山东省统计局大事记

1月3日，省委常委、常务副省长王书坚对省统计局报送的《关于申请成立山东省第七次全国人口普查领导小组的请示》作出批示。

1月7日，全省服务业统计工作暨服务业统计报表制度布置会议在济南召开。

1月8日，省统计局党组召开2019年度党支部书记抓基层党建述职会议。

1月9日，山东省第四次经济普查领导小组印发《关于表彰山东省第四次经济普查先进集体和先进个人的决定》。

1月10日，全省统计工作暨第四次经济普查表彰会议在济南召开。会议深入学习了习近平总书记等中央领导同志关于统计工作重要讲话指示批示精神，传达学习了全国统计工作会议、省委经济工作会议精神，宣读了省领导对统计工作的批示精神，表彰了全省第四次经济普查先进集体、先进个人。省统计局党组书记、局长郭训成代表局党组作了题为《砥砺奋进 攻坚克难 推动统计事业转型发展开创新局面》的工作报告。

1月10日，省委书记刘家义，省委常委、省委秘书长孙立成分别对省统计局报送的《关于2019年度企业入库纳统情况的汇报》作出批示。

1月14日，山东省第四次经济普查公报联审会议在济南召开。

1月15日，省委书记刘家义，省委常委、省委秘书长孙立成分别对省统计局报送的《关于对2019年度入库纳统情况的说明》作出批示。

1月17日，全省第七次人口普查准备工作布置暨1%人口抽样调查数据评估会议在济南召开。

1月18日，省委书记刘家义，省委副书记杨东奇，省委常委、省委秘书长孙立成，省委常委、常务副省长王书坚，副省长于国安分别对省统计局报送的《生猪生产形势好转　产能恢复尚有压力》作出批示。

1月19日，省统计局召开2019年度总结表彰会议。

1月21日，山东省政府召开新闻发布会，通报2019年全省经济社会发展情况和第四次经济普查工作及数据修订情况。省统计局党组成员、副局长，新闻发言人陆万明出席发布会介绍有关情况并回答记者提问。

1月22日，山东省第十三届人民代表大会第三次会议举行第二场新闻发布会。省统计局党组书记、局长郭训成出席发布会并介绍第七次人口普查工作情况。

2月3日，省统计局党组书记、局长郭训成主持召开专题会议，传达学习习近平总书记、李克强总理关于疫情防控工作的重要指示批示，深入学习刘家义书记关于疫情防控工作的讲话及省委有关文件精神，对疫情防控工作进行再部署再落实。

2月3日，省统计局印发《关于印发新型冠状病毒疫情防控工作方案的通知》（鲁统办字〔2020〕5号），安排部署新冠肺炎疫情防控工作。

2月6日，省统计局召开全省经济运行调度暨疫情影响情况视频会议。

2月14日，省委书记刘家义，省委常委、省委秘书长孙立成，副省长于国安分别对省统计局报送的《关于1月份我省农业经济运行暨疫情影响情况的汇报》作出批示。

2月17日，山东省政府发布《关于做好第七次全国人口普查的通知》，要求切实做好山东省第七次人口普查工作。

2月18日，省统计局印发《关于印发2020年工作要点的通知》（鲁统办字〔2020〕7号）。

2月20日，省统计局召开经济形势调度视频会议，研判疫情对经济社会发展影响，调度全省企业复工复产情况，安排部署下一阶段重点工作。局党组书记、局长郭训成主持会议并讲话。

2月24日，省第七次全国人口普查领导小组印发《关于成立山东省第七次全国人口普查办公室的通知》（鲁人普组字〔2020〕1号），成立山东省第七次全国人口普查办公室。

2月25日，省统计局印发《关于深入学习贯彻习近平总书记重要讲话精神统筹推进新冠肺炎疫情防控和经济社会发展工作的通知》（鲁统字〔2020〕12号），就全省统计系统学习贯彻习近平总书记重要讲话精神，统筹推进新冠肺炎疫情防控、强化统计监测预警、促进经济社会发展作出部署。

2月，省委书记刘家义，省委副书记、省长龚正，省委常委、常务副省长王书坚，省委常委、省委秘书长孙立成对省统计局报送的《关于新型冠状病毒疫情对我省工业运行的影响及分析建议》《关于2019年度我省重点项目建设情况的汇报》《关于我省投资项目复工调度情况的汇报》作出批示。

2月，省机关事务管理局转发《山东省爱国卫生运动委员会办公室关于命名2019年度山东省卫生先进单位的通知》（鲁爱卫办发〔2020〕1号），山东省统计局获得“2019年度山东省卫生先进单位”称号。

3月6日，省统计局印发《关于认真做好我省劳动工资统计改革的通知》（鲁统办字〔2020〕9号）。

3月13日，省统计局党组书记、局长郭训成一行到济南调研疫情防控和复工复产情况，深入了解疫情对经济发展影响。济南市委常委、高新区管委会主任王宏志，市委常委、副市长郑德雁陪同。

3月16日，省统计局党组书记、局长郭训成主持召开经济形势分析专题会议，分析研判当前经济形势，安排部署下步工作。

3月17日，省统计局举办全省劳动工资非一套表统计业务网络培训班，各市统计局业务人员在视频会议分会场参加培训，区县及乡镇统计机构和样本单位参训人员通过网络直播参加培训。

3月19日，省委书记刘家义对省统计局报送的《我省消费市场承压前行彰显较强韧劲》作出批示。

3月19日，省统计局印发《关于开展“双随机”执法检查的通知》（鲁统字〔2020〕15号）。

3月20日，省委常委、常务副省长王书坚对省统计局报送的《1-2月全省积极应对疫情影响 经济运行总体呈现缓中趋稳态势》《关于1-2月全省规模以上工业运行基本情况的汇报》《关于1-2月我省投资情况的汇报》分别作出批示。

3月20日，省统计局印发《2020年度山东省统计局政务信息统计分析评价办法》（鲁统办字〔2020〕16号）。

3月24日，省统计局组织召开《山东省新旧动能转换监测报告制度》专题座谈会，研究贯彻落实省政府常务会议精神。局党组书记、局长郭训成出席会议并讲话。

3月27日，省统计局党组书记、局长郭训成带队到济南市市中区泺源街道办事处永长街社区开展“双报到”活动，调研疫情防控和复工复产工作。

3月30日，省委常委、常务副省长王书坚对省统计局报送的《关于我省社会评价工作情况的报告》作出批示。

3月，省扶贫开发领导小组通报2019年度扶贫开发工作成效考核结果，省统计局考核等次为“好”，连续3年荣获考核最高等次。

4月1日，省统计局党组印发《关于开展模范机关建设工作的实施方案》。

4月2日至3日，省统计局联合省发展改革委、省科学院赴德州调研重点耗能企业生产经营情况。

4月3日，省统计局印发《季度市级生产总值统一核算方案》。

4月13日，省统计局党组书记、局长郭训成主持召开专题会议分析研究全省一季度经济形势。

4月14日，省统计局印发《关于落实全省“重点工作攻坚年”的实施方案》。

4月15日，省委书记刘家义，省委常委、常务副省长王书坚，副省长于杰分别对省统计局报送的《关于我省社会评价结果的报告》作出批示。

4月20日至29日，省人普办组织8个督查组，对全省16市开展第七次全国人口普查“四落实”（普查机构、经费、人员、办公场所）情况进行专项督查。

4月22日，省委常委、常务副省长王书坚，省委常委、省委宣传部部长关志鸥，副省长于杰分别对省统计局报送的《关于我省规模以上文化产业结构有关情况的汇报》作出批示。

4月24日，省人普办、省委宣传部联合印发《山东省第七次全国人口普查宣传工作实施方案》，启动第七次全国人口普查宣传工作。

4月26日，省政府召开新闻发布会，通报一季度全省经济运行情况。省统计局党组成员、副局长，新闻发言人陆万明出席发布会介绍有关情况并回答记者提问。

4月27日，山东省人民政府办公厅印发省统计局代拟的《山东省新旧动能转换监测报告制度》（鲁政办字〔2020〕53号），监测反映全省新旧动能转换重大工程落实情况。

4月27日至30日，省统计局党组书记、局长郭训成带队到德州、滨州、东营调研当前经济运行形势。相关市委、市政府有关领导，市统计局主要负责同志陪同调研活动。

4月28日，省统计局召开全省核算及各专业工作视频会议，研究部署核算及相关专业统计工作，培训有关统计业务。

4月28日，省委书记刘家义，省委副书记、代省长李干杰，省委副书记杨东奇，省委常委、常务副省长王书坚，副省长凌文分别对省统计局报送的《关于我省食品工业发展情况的分析汇报》作出批示。

4月29日，省统计局党组印发《关于认真开展落实全面从严治党主体责任自查整改工作方案的通知》。

5月11日，山东省第七次全国人口普查综合试点在泰安市岱岳区天平街道正式启动。

5月16日至17日，省人普办在泰安举办全省第七次全国人口普查综合试点业务培训。

5月17日，省委书记刘家义、副省长于国安分别对省统计局报送的《关于我省新旧动能转换监测有关核算数据情况的汇报》作出批示。

5月17日，省委书记刘家义，省委副书记、代省长

李干杰，省委副书记杨东奇，省委常委、常务副省长王书坚分别对省统计局报送的《关于统计督察相关工作情况的汇报》作出批示。

5月17日，副省长于国安对省统计局报送的《关于生态环境质量改善贸易程度调查有关情况的汇报》作出批示。

5月19日，省委书记刘家义，省委常委、常务副省长王书坚，副省长凌文、任爱荣、刘强分别对省统计局报送的《关于我省1-4月份消费市场情况的汇报》作出批示。

5月21日，省统计局、省发展改革委联合召开省直有关部门服务业发展与统计工作座谈会。

5月21日至22日，省统计局分两期在济南召开全省统计工作研讨会议。会议深入学习贯彻习近平总书记关于统计工作重要讲话指示批示精神，贯彻落实省委、省政府安排部署，围绕GDP统一核算改革、规上企业联网直报、升规纳统工作开展交流研讨。省统计局党组书记、局长郭训成出席会议并讲话。

5月25日，省统计局印发《山东省统计局数字政府建设“四个一”重点任务攻坚推进工作方案》《山东省统计数据质量管理体系（2020）》。

5月26日，山东财经大学校长赵忠秀一行到省统计局就进一步深化双方战略合作事宜进行对接。省统计局党组书记、局长郭训成会见赵忠秀一行并参加座谈。

5月28日，省统计局召开全面从严治党暨党风廉政建设工作会议。会议传达学习十九届中央纪委四次全会、省纪委十一届五次全会主要精神，省统计局党组书记、局长郭训成作工作报告，省纪委监委驻省统计局纪检监察组副组长王延峰代表纪检监察组讲话，省统计局党组成员、副局长陆万明主持会议。

6月1日，山东省第七次全国人口普查综合试点入户登记工作在泰安市岱岳区天平街道全面启动。

6月1日，省委书记刘家义，省委副书记、代省长李干杰，省委常委、常务副省长王书坚分别对省统计局报送的《关于开展社会消费商品好服务零售总额测算国家试点工作的汇报》作出批示。

6月2日，省委副书记、代省长李干杰，省委常委、常务副省长王书坚分别对省统计局报送的《投资态势稳步向好 问题仍需加力解决》《关于当前我省节能环保产业面临机遇及发展形势的分析汇报》作出批示。

6月2日，省统计局印发《固定资产投资项目统计入库管理办法》。

6月4日，山东省第七次全国人口普查领导小组暨全省人口普查工作视频会议在济南召开。会议贯彻落实国务院第七次全国人口普查领导小组第一次全体会议精神，安排部署我省第七次全国人口普查工作。省第七次全国人口普查领导小组组长，省委常委、常务副省长王书坚出席会议并讲话。

6月5日，山东省人普办举办全省人普办第一次主任会议暨区划绘图视频培训，传达国务院人口普查办公室第七次全国人口普查综合试点总结暨全国人口普查办公室主任视频会议主要精神，部署下一阶段工作任务，培训人口普查区划制图工作。

6月8日，省统计局印发《山东省统计局统计数据质量预警防控办法（试行）》。

6月10日，山东省第七次全国人口普查网络自主填报专项试点工作在滨州市博兴县全面启动。

6月16日，省统计局印发《关于印发高效有序运行流程再造落实措施的通知》《中共山东省统计局党组关于开展形式主义官僚主义突出问题专项整治工作的方案》。

6月17日，省统计局印发《2020年省统计局精神文明建设重点工作方案》。

6月18日，省委副书记、代省长李干杰，省委常委、常务副省长王书坚分别对省统计局报送的《关于我省〈新旧动能转换监测报告制度〉实施情况的汇报》作出批示。

6月23日，省统计局召开正处级以上干部会议，省委常委、常务副省长王书坚出席会议并讲话，省委组织部副部长于富华宣读省委关于省统计局主要负责同志职务调整的决定。省委决定：辛树人同志任山东省统计局党组书记、局长，郭训成同志不再担任山东省统计局党组书记、局长职务。

6月24日，山东省委常委会召开专题会议，深入学习习近平总书记关于统计工作的重要讲话指示批示精神和中央有关文件，研究贯彻落实意见。省委书记刘家义主持会议并讲话。

6月24日，省委副书记杨东奇，省委常委、常务副省长王书坚，副省长于国安分别对省统计局报送的《关于我省农业产业化龙头企业发展情况的汇报》作出批示。

7月2日，省委书记刘家义，省委副书记、代省长李干杰，省委常委、常务副省长王书坚分别对省统计局报送的《关于国家统计局发文要求压实工业生产月报数据质量责任有关情况的汇报》作出批示。

7月4日，省委副书记杨东奇、副省长于国安分别对省统计局报送的《关于国家2020年公众生态环境满意度调查有关情况的汇报》作出批示。

7月7日，省委书记刘家义对省统计局报送的《关于我省人口流动情况的报告》作出批示。

7月8日，省统计局印发《山东省统计局2020年政务公开工作实施方案》。

7月10日，省委书记刘家义，省委副书记、代省长李干杰，省委常委、常务副省长王书坚分别对省统计局报送的《关于国有企业统计监测工作有关情况的报告》作出批示。

7月10日，省统计局印发《2020年度山东省统计局政务信息统计分析评价办法》。

7月13日，省统计局召开完善名录库动态维护更新机制改革试点业务培训视频会议。

7月17日，省统计局召开非公有制企业人才资源状况调查动员布置视频会议。

7月18日，省政府召开新闻发布会，通报上半年全省经济运行情况。省政府副秘书长、新闻发言人于成河介绍有关情况，省统计局党组成员、副局长，新闻发言人陆万明出席发布会并回答记者提问。

7月20日，省委书记刘家义，省委副书记、代省长李干杰，省委常委、常务副省长王书坚，副省长凌文分别对省统计局报送的《关于上半年全省煤炭压减情况的汇报》作出批示。

7月20日，省委书记刘家义对省统计局报送的《关于我省上半年消费市场情况的汇报》作出批示。

7月20日，省统计局党组书记、局长辛树人一行，到省统计局联系服务民营企业济南圣泉集团股份有限公司开展调研。

7月21日，省委常委、省委秘书长刘强对省统计局报送的《关于季度地区生产总值统一核算工作有关情况的汇报》作出批示。

7月26日，省委书记刘家义，省委副书记、省长李干杰，省委常委、常务副省长王书坚，副省长凌文、汲斌昌分别对省统计局报送的《关于上半年“六保三促”工作统计监测的报告》作出批示。

7月29日，省政府召开第七次全国人口普查电视电话会议，贯彻国务院第七次全国人口普查电视电话会议精神，对我省人口普查工作进行再动员再部署。省第七次全国人口普查领导小组组长、省委常委、常务副省长王书坚出席会议并讲话。

7月31日，省委书记刘家义，省委副书记、省长李干杰，省委常委、常务副省长王书坚，省委常委、省委秘书长刘强分别对省统计局报送的《关于做好统计督察相关准备工作情况的汇报》作出批示。

8月5日，省统计局印发《进一步巩固统计造假专项整治成果推进依法统计、依法治统实施方案》。

8月5日至6日，省统计局党组书记、局长辛树人带队到菏泽市调研驻村帮扶工作，并走访帮包村老党员、生活困难党员、困难群众等。菏泽市委书记张新文，市委副书记、市长陈平会见了调研组一行，市委常委、常务副市长王磊及市统计局、东明县、成武县有关人员陪同调研。

8月7日，省统计局印发《关于开展基层统计人才培育工程选拔工作的通知》，部署开展第二届基层统计人才培育工程选拔工作。

8月9日，省委常委、省委秘书长刘强对省统计局报送的《关于地区生产总值统一核算有关情况的报告》《关于我省第二产业投资到位资金情况的汇报》作出批示。

8月12日，省委书记刘家义，省委副书记、省长李干杰，省委副书记杨东奇，省委常委、常务副省长王书坚，省委常委、省委秘书长刘强，副省长于国安分别对省统计局报送的《关于青州市花卉产业纳统有关情况的汇报》作出批示。

8月13日，省委副书记、省长李干杰，省委常委、常务副省长王书坚分别对省统计局报送的《关于全面建成小康社会统计监测有关情况的报告》作出批示。

8月20日，省委书记刘家义，省委副书记、省长李干杰，省委常委、常务副省长王书坚，副省长凌文、汲斌昌分别对省统计局报送的《关于2019年我省研发经费情况的汇报》作出批示。

8月21日，经党中央、国务院授权和批准，国家统计局2020年第6统计督察组进驻山东开展统计督察工作。21日上午，督察组与省委、省政府进行对接沟通。督察组组长、国家统计局副局长鲜祖德传达了习近平总书记等中央领导同志关于统计工作重要讲话指示批示精神，通报统计督察事宜，提出工作要求。省委书记刘家义，省委副书记、省长李干杰参加对接沟通并讲话。

8月25日，国家统计局核算司副司长吕峰在山东调研当前经济形势。省统计局党组书记、局长辛树人，济南市政府副秘书长杨传军等陪同调研活动。

8月27日，省委副书记、省长李干杰，省委常委、常务副省长王书坚，副省长凌文分别对省统计局报送的《关于1-7月“六保三促”工作统计监测的报告》作出批示。

8月31日，省统计局与国家统计局山东调查总队联合印发《关于开展第十一届“中国统计开放日”暨第七次全国人口普查宣传月启动仪式的通知》。

9月3日，省统计局召开全省能源统计业务培训视频会议。

9月4日，全省人普办主任会议在济南召开，会议传达国务院人普办主任会议精神，通报贯彻落实全国、全省人口普查电视电话会议精神情况，总结前期人口普查工作，全面部署下一阶段任务。

9月6日，省委常委、常务副省长王书坚，副省长凌文分别对省统计局报送的《关于上半年国有经济统计监测情况的报告》作出批示。

9月8日，副省长汲斌昌对省统计局报送的《鲁苏

浙粤四省规模以上服务业发展比较分析》作出批示。

9月10日，省委书记刘家义，省委副书记、省长李干杰，省委副书记杨东奇，省委常委、常务副省长王书坚分别对省统计局报送的《关于全省农业“新六产”发展监测情况的报告》《关于国家统计督察有关情况的汇报》作出批示；副省长于国安对《关于全省农业“新六产”发展监测情况的报告》作出批示。

9月10日，省统计局党组书记、局长辛树人一行以“四不两直”方式，到济南市调研“四上”企业统计数据联网直报工作。

9月14日，省委书记刘家义，省委副书记杨东奇，省委常委、常务副省长王书坚，省委常委、省委秘书长刘强，副省长于国安分别对省统计局报送的《关于我省乡村振兴齐鲁样板监测情况的汇报》作出批示；省委副书记、省长李干杰，省委常委、常务副省长王书坚分别对省统计局报送的《关于我省乡村振兴规划主要指标完成情况的汇报》作出批示。

9月15日，省统计局印发《关于开展全省统计数据质量核查工作的通知》（ 鲁统字〔2020〕65号），决定在全省开展“四上”企业数据质量核查工作。

9月16日，省委书记刘家义，省委副书记、省长李干杰，省委常委、常务副省长王书坚分别对省统计局报送的《关于2019年我省就业人员数据情况的汇报》作出批示；省委常委、常务副省长王书坚对省人普办报送的《关于国务院人普办主任会议有关情况的汇报》作出批示。

9月18日，省统计局召开全省统计工作务虚会议。会议深入学习贯彻习近平总书记关于统计工作重要讲话重要指示批示精神，围绕推进统计治理体系、治理能力现代化建设，深入分析当前统计工作面临的困难和问题，探索研究推动统计高质量发展的路径和方法。局党组书记、局长辛树人出席会议并讲话。

9月21日至22日，国家统计局投资司副司长李俊波一行到青岛调研房地产市场形势和房地产统计工作。

9月23日，山东省第七次全国人口普查领导小组办公室、山东省统计局联合国家统计局山东调查总队、泰安市人民政府主办，泰安市统计局、国家统计局泰安调查队承办的山东第十一届“中国统计开放日”暨第七次全国人口普查宣传月启动仪式在泰安国际会展中心成功举办。

9月23日，国务院人口普查办公室副主任、国家统计局总统计师曾玉平率调研组在青岛调研人口普查工作。省委常委、青岛市委书记王清宪会见调研组一行，省人普办主任、省统计局党组书记、局长辛树人陪同调研。

9月23日至25日，国家统计局贸经司副司长刘金钟一行到山东调研服务消费地区测算试点工作进展，赴济南、济宁、泰安调研消费市场、旅游市场复苏情况。

9月25日，省委副书记、省长李干杰，省委常委、常务副省长王书坚分别对省统计局报送的《关于1-8月“六保三促”工作统计监测的报告》《关于我省上半年新旧动能转换监测情况的汇报 》作出批示；副省长凌文、孙继业分别对《关于1-8月“六保三促”工作统计监测的报告》作出批示。

9月26日，省委第二巡视组巡视省统计局党组工作动员会召开。省委第二巡视组组长丁信贤作动员讲话，省统计局党组书记、局长辛树人主持会议并作表态发言。

9月27日至29日，国家统计局工业司副司长朱虹一行到潍坊、烟台调研工业经济运行形势。

9月28日，经省政府同意，省统计局向各市人民政府和省直有关部门印发《关于印发2018-2019年山东省社会评价结果的通知》（鲁统字〔2020〕70号），通报全省社会评价结果。

10月7日，省委副书记、省长李干杰，省委常委、常务副省长王书坚分别对省统计局报送的《关于我省人口流动情况的汇报》作出批示。

10月12日，省委书记刘家义，省委副书记、省长李干杰，省委常委、常务副省长王书坚，省委常委、省委秘书长刘强分别对省统计局报送的《关于我省经济运行的八个初步判断》作出批示。

10月15日，省统计局党组与省纪委监委驻省统计局纪检监察组共同召开党风廉政建设专题会议，总结党风廉政建设工作情况，分析工作存在的问题，研究加强党风廉政建设工作的新举措。局党组书记、局长辛树人主持会议并讲话。

10月16日，省统计局印发《山东省统计局统计数据管理办法（试行）》（鲁统办字〔2020〕40号），加强和规范统计数据发布、提供和使用管理工作。

10月20日，省政府召开新闻发布会，通报前三季度全省经济运行情况。省政府副秘书长、新闻发言人于成河介绍有关情况，省统计局党组成员、副局长，新闻发言人陆万明出席发布会并回答记者提问。

10月22日，省统计局召开全省基本单位年定报布置总结视频会议。

10月24日，省委书记刘家义，省委副书记、省长李干杰，省委常委、常务副省长王书坚分别对省统计局报送的《关于年度地区生产总值核算方法培训班主要精神的汇报》作出批示。

10月26日至27日，国家统计局人口司副司长崔红艳一行4人到山东调研第七次全国人口普查摸底工作。

10月27日，省统计局召开全省联网直报程序和网络安全技术视频培训会议。

10月27日，省统计局组织党课专题辅导报告会，局党组书记、局长辛树人以“创新进取、担当作为，高标准高质量推进模范机关建设”为主题，为全体党员干部上了一堂生动的党课。

10月28日至29日，省统计局党组书记、局长辛树人一行3人，到德州调研统计基层基础工作及当前经济运行情况。

10月29日，山东省政府新闻办召开新闻发布会，介绍山东省第七次全国人口普查开展情况。省统计局党组书记、局长，省第七次全国人口普查领导小组副组长、办公室主任辛树人，省统计局一级巡视员、省第七次全国人口普查领导小组办公室常务副主任刘银田，省统计局二级巡视员、省第七次全国人口普查领导小组办公室常务副主任姜西海，出席发布会介绍有关情况并回答记者提问。

11月1日，第七次全国人口普查正式进入登记阶段，省委书记刘家义，省委副书记、省长李干杰分别参加第七次全国人口普查登记。省第七次全国人口普查领导小组组长，省委常委、常务副省长王书坚，到济南市市中区人口普查登记现场视察工作开展情况，慰问一线普查工作人员，并随同普查员入户采集普查数据。

11月3日，省委副书记、省长李干杰对省统计局报送的《前三季度“六保三促”工作目标完成情况的监测分析》作出批示。

11月4日，省委书记刘家义，省委副书记、省长李干杰分别对省统计局报送的《关于我省第七次全国人口普查摸底情况的汇报》作出批示。

11月4日，省统计局印发《关于做好2020年山东省战略性新兴产业企业申报认定工作的通知》（鲁统字〔2020〕79号），部署2020年战略性新兴产业企业认定申报相关工作。

11月4日至5日，省统计局党组书记、局长辛树人一行4人赴临沂市调研人口普查工作及当前经济运行情况。临沂市委常委、常务副市长侯晓滨陪同调研。

11月8日，省委书记刘家义，省委副书记、省长李干杰，省委常委、常务副省长王书坚分别对省统计局报送的《关于第七次全国人口普查登记工作动员视频会议主要精神的汇报》作出批示。

11月10日，省统计局机关团委召开换届选举大会，选举产生新一届机关团委委员。

11月11日，全省农村统计制度布置工作视频会议在济南召开。

11月12日，省统计局在东营召开完善名录库动态维护更新机制改革国家试点工作培训会议。

11月15日，省委书记刘家义，省委副书记、省长李干杰，副省长凌文分别对省统计局报送的《前三季度全省国有经济统计监测分析报告》作出批示。

11月15日，省委书记刘家义，省委副书记、省长李干杰，省委常委、常务副省长王书坚分别对省统计局报送的《关于2020年前三季度我省GDP增速拉动情况的汇报》作出批示。

11月18日，2020年度国家统计执法证山东地区统一考试在济南举行，全省统计局系统共196人报名考试，167人通过，合格率再创新高。

11月18日至20日，国家统计局信息景气中心副厅级干部王海峰一行3人，到我省调研社情民意调查工作，检查2020年下半年全国群众安全感调查项目。

11月20日，省委常委、常务副省长王书坚对省统计局报送的《关于第七次全国人口普查工作视频会议主要精神的汇报》作出批示。

11月24日，省统计局组织召开省直有关部门座谈会，对《全省粮食安全统计监测方案》（讨论稿）征求意见建议。

11月24日，省委宣讲团成员，省统计局党组书记、局长辛树人赴滨州宣讲党的十九届五中全会精神。滨州市委书记、市人大常委会主任佘春明主持报告会。

11月25日，省统计局党组书记、局长辛树人在滨州调研统计工作。

11月26日，省委书记刘家义，省委副书记、省长李干杰，省委常委、省委宣传部部长于杰，副省长凌文分别对省统计局报送的《前三季度我省文化产业情况》作出批示。

12月2日，省统计局党组书记、局长，保密委员会主任辛树人主持召开山东省统计局保密委员会会议，集中学习习近平总书记关于总体国家安全观重要论述和有关文件精神，研究加强和改进保密工作的措施。局党组成员、二级巡视员、两总师及各处室（中心）主要负责人参加会议。

12月3日，省统计局举办保密知识专题培训班，邀请省国家保密局专家作专题辅导。

12月7日，省委书记刘家义，省委副书记、省长李干杰，副省长凌文分别对省统计局报送的《关于我省前三季度新旧动能转换监测情况的汇报》作出批示。

12月7日，省统计局党组书记、局长辛树人一行赴泰安调研当前经济运行情况。泰安市委常委、常务副市长宋洪银，省统计局总经济师、一级调研员宫照华及统计执法监督局、综合处有关同志陪同调研。

12月8日，山东省统计局与泰安市人民政府联合举办庆祝《中华人民共和国统计法》颁布37周年暨“统计法治宣传月”启动仪式。省统计局党组成员、副局长周尊考，泰安市委常委、常务副市长宋洪银出席启动仪式并致辞。

12月11日至20日，国务院人普办人口普查事后质量山东抽查组共51人进驻我省，对7个县（市、区）的21个普查小区开展第七次全国人口普查事后质量抽查工作。

12月14日，省委书记刘家义，省委副书记、省长李干杰，省委常委、常务副省长王书坚分别对省统计局报送的《关于国务院人普办到我省开展人口普查事后质量抽查工作的报告》作出批示。

12月15日，国家机关事务管理局、国家发展和改革委员会、财政部印发《关于公布2019-2020节约型公共机构示范单位和能效领跑者名单的通知》（国管节能〔2020〕400号），山东省统计局荣获“国家级公共机构能效领跑者”称号，是我省唯一获此殊荣的省直机关。

12月18日，省统计局印发《山东省统计局关于做好部分行业事业单位统计调查的通知》（鲁统字〔2020〕94号），部署2021年教育、卫生和社会工作事业单位月度统计调查工作。

12月23日，省委书记刘家义、省委副书记杨东奇分别对省统计局报送的《关于我省在构建“双循环”新发展格局中几个问题的初步思考》作出批示。

12月30日，省委书记刘家义，省委副书记、省长李干杰，省委常委、常务副省长王书坚分别对省统计局报送的《关于报送2020年工作总结的报告》作出批示。

12月30日，省委常委、常务副省长王书坚，副省长于国安、凌文、汲斌昌分别对省统计局报送的《聚集六个群体 促动多元并进 更加有效提高我省居民收入规模》作出批示。

中国统计出版社有限公司最新图书简目

（仅供参考，以实际出版为准）

统计资料

中国统计年鉴　中国统计摘要　中国第三产业统计年鉴
中国第三次全国农业普查综合资料　国际统计年鉴　金砖国家联合统计手册
中国-东盟国家统计手册　中国农村统计年鉴　中国县域统计年鉴
中国农产品价格调查年鉴　中国城市统计年鉴　中国价格统计年鉴
中国贸易外经统计年鉴　中国零售和餐饮连锁企业统计年鉴　中国商品交易市场统计年鉴
大中型批发零售和住宿餐饮企业统计年鉴　中国住户调查年鉴　中国工业统计年鉴
中国环境统计年鉴　中国能源统计年鉴　中国建筑业统计年鉴
中国房地产统计年鉴　中国投资领域统计年鉴　长江经济带发展统计年鉴
中国人口和就业统计年鉴　中国劳动统计年鉴　中国社会统计年鉴
中国科技统计年鉴　中国高技术产业统计年鉴　全国企业创新调查年鉴
中国文化及相关产业统计年鉴　中国妇女儿童状况统计资料　中国青年发展状况统计年鉴
中国基本单位统计年鉴　中国教育统计年鉴　中国教育经费统计年鉴
中国民族统计年鉴　中国残疾人事业统计年鉴　中国电力统计年鉴

省级综合统计年鉴系列

北京 天津 河北 山西 内蒙古 辽宁 吉林 黑龙江 上海 江苏 浙江 安徽 福建 江西 山东 河南 湖北 湖南
广东 广西 海南 重庆 四川 贵州 云南 西藏 陕西 甘肃 青海 宁夏 新疆 新疆生产建设兵团

市（县）级综合统计年鉴系列

滨海新区 石家庄 唐山 邯郸 邢台 保定 承德 沧州 衡水 太原 大同 晋城 晋中 长治 忻州 朔州 临汾 运城
阳泉 吕梁 呼和浩特 包头 鄂尔多斯 赤峰 大连 长春 四平 延吉 延边 哈尔滨 齐齐哈尔 黑龙江垦区 浦东新区
南京 无锡 徐州 常州 苏州 南通 淮安 盐城 扬州 镇江 宿迁 江阴 丹阳 海门 张家港 通州 如东 杭州 宁波
绍兴 台州 温州 金华 嘉兴 湖州 丽水 舟山 合肥 安庆 福州 厦门 漳州 宁德 龙岩 莆田 泉州 三明 南平 思明
南昌 上饶 抚州 赣州 九江 景德镇 宁都 济南 青岛 枣庄 潍坊 聊城 郑州 洛阳 三门峡 南阳 商丘 平顶山
信阳 济源 武汉 宜昌 十堰 荆州 荆门 咸宁 黄冈 长沙 广州 东莞 惠州 深圳 汕尾 珠海 南宁 桂林 柳州
防城港 贵港 梧州 玉林 钦州 海口 三亚 儋州 成都 贵阳 毕节 黔南 昆明 文山 德宏 西安 安康 延安 汉中
渭南 商洛 榆林 银川 兰州 庆阳 乌鲁木齐

调查年鉴系列

天津 内蒙古 上海 河南 湖北 湖南 广西 重庆 四川 云南 甘肃 宁夏 南宁 桂林 贵港 昆明

统计方法应用/实用手册

Python数据分析基础（第二版）　非参数统计（第五版）　现代金融投资统计分析（第四版）
国民经济核算初级教程（第二版）　国民经济核算教程（第五版）　概率统计基础
全国统计专业技术资格考试系列考试用书：统计业务知识（第四版修订版）　统计业务知识学习指导与习题
全国统计专业技术资格考试系列考试用书：统计相关知识（第四版）　统计相关知识学习指导与习题

统计通俗读物/统计科普图书

领导干部统计知识问答（第二版）　统计公文写作及会议办理实用手册　大数据在统计工作中的应用案例汇编
中国国民经济核算知识问答（修订版）　地区生产总值核算国际比较研究　新中国统计制度方法的发展与改革

重点图书

第七次全国人口普查年鉴　第四次全国经济普查地图集　中国经济普查年鉴2018
新编英汉汉英统计大词典　中国国民经济核算体系2016　国民经济行业分类注释
挑大学选专业2020—考研择校指南　挑大学选专业2020—高考志愿填报指南　中华医学统计百科全书